Hans Küng
Sämtliche Werke
Band 11

Hans Küng
Sämtliche Werke

Herausgegeben von
Hans Küng und Stephan Schlensog

Band 11
Glaube und Naturwissenschaft

Hans Küng

Glaube und Naturwissenschaft

FREIBURG · BASEL · WIEN

© Verlag Herder GmbH, Freiburg im Breisgau 2017
Alle Rechte vorbehalten
www.herder.de
Umschlaggestaltung: Verlag Herder
Satz: Meta Systems Publishing & Printservices GmbH, Wustermark
Herstellung: GGP Media GmbH, Pößneck

Printed in Germany

ISBN 9783-451-35211-9

Inhalt

Einleitung: Natur – Wissenschaft – Religion 11
1. Naturmystik? 11
2. Papst Benedikt XVI. und die Naturwissenschaft 12
3. Religion im Zwielicht 13
4. Ungelöste Fragen: Weltformel – Paralleluniversen –
   Ich-Bewusstsein 14

TEIL A. Glauben und Bekennen

I. Die Glaubwürdigkeit (1976) 19
Einführung 19
    Das Original 19
    Biographischer Kontext 19

Die Glaubwürdigkeit 21

II. „Wozu sind wir auf Erden?" (1977) 23
Einführung 23
    Das Original und seine Übersetzungen 23
    Biographischer Kontext 23

Die Problematik der Katechismusfrage „Wozu sind wir auf Erden?" .. 23
    1. Eine ökumenische Aufgabe 23
    2. Zu beachtende nichtchristliche Antworten 25
    3. Zu beachtende christliche Perspektive 28

III. „Ein ökumenisches Glaubensbekenntnis?"
    (mit Jürgen Moltmann; 1978) 30
Einführung 30
    Das Original 30
    Biographischer Kontext 30

Ein ökumenisches Glaubensbekenntnis? 30

TEIL B. „Credo. Das Apostolische Glaubensbekenntnis – Zeitgenossen erklärt" (1992)

„Credo. Das Apostolische Glaubensbekenntnis – Zeitgenossen
erklärt" (1992) 37
Einführung 37
    Das Original und seine Übersetzungen 37
    Biographischer Kontext 38

	Credo – heute?	38
I.	Gott der Vater: Gottesbild und Weltschöpfung	43
	1. Kann man das alles glauben?	43
	2. Was heißt „glauben"?	45
	3. Gilt die moderne Religionskritik noch?	47
	4. Schöpfungsglaube und Kosmologie – ein Widerspruch?	49
	5. Glauben an den Schöpfergott im Zeitalter der Kosmologie?	53
	6. Der Übergang zum Leben – ein Eingriff des Schöpfergottes?	55
	7. Glauben an den Schöpfer im Zeitalter der Biologie?	59
	8. Glauben an Gott, den „Vater", den „allmächtigen"?	60
	9. Der gemeinsame Gottesglaube der drei prophetischen Religionen	63
II.	Jesus Christus: Jungfrauengeburt und Gottessohnschaft	66
	1. Glauben an eine Jungfrauengeburt?	67
	2. Christusglaube im Zeitalter der Psychotherapie	68
	3. Jungfrauengeburt – ein biologisches Faktum?	73
	4. Die politische Dimension von Weihnachten	77
	5. Glaube an Christus oder Krischna – dasselbe?	79
	6. Die Herausforderung des Buddha	81
	7. Was Jesus und Gautama verbindet	82
	8. Was Jesus und Gautama unterscheidet	84
	9. Der Erleuchtete und der Gekreuzigte	86
	10. Was heißt: Gott hat einen Sohn?	87
	11. Der Sinn von Inkarnation	90
III.	Der Sinn von Christi Kreuz und Tod	92
	1. Im Koordinatenkreuz der Weltreligionen	92
	2. Das Bild des Leidenden schlechthin	94
	3. Ein politischer Revolutionär?	98
	4. Ein Asket und Mönch?	100
	5. Ein frommer Pharisäer?	102
	6. Nicht übliche Schulstreitigkeiten, sondern Konfrontation und Konflikt	105
	7. In wessen Namen?	106
	8. Wer ist schuld am Tod Jesu?	108
	9. Ein gekreuzigter Gott?	113
	10. Testfall der Theodizee-Frage: Gott in Auschwitz?	116
	11. Sinnloses Leid nicht theoretisch verstehen, sondern vertrauend bestehen	118
IV.	Höllenfahrt – Auferweckung – Himmelfahrt	121
	1. Das Bild des Auferweckten	121
	2. Abstieg zur Unterwelt?	123

Inhalt

- 3. Eine Himmelfahrt? ... 126
- 4. Ans leere Grab glauben? ... 128
- 5. Auferweckung von den Toten – unjüdisch? ... 130
- 6. Glauben an die Auferweckung des Einen? ... 132
- 7. Was „Auferweckung" meint und nicht meint ... 135
- 8. Ein einziges oder mehrere Leben? ... 137
- 9. Radikalisierung des Glaubens an den Gott Israels ... 141
- 10. Eine Entscheidung des Glaubens ... 143

V. Heiliger Geist: Kirche, Gemeinschaft der Heiligen und Vergebung der Sünden ... 145
  - 1. Vergeistigte Malerei ... 145
  - 2. Was heißt überhaupt Heiliger Geist? ... 146
  - 3. Pfingsten – ein historisches Ereignis? ... 148
  - 4. In der Kirche bleiben? ... 151
  - 5. Was ist Kirche? ... 153
  - 6. Kirche – apostolisch, aber undemokratisch? ... 155
  - 7. Was heißt heute noch katholisch? Und was: evangelisch? ... 158
  - 8. Eine „heilige" Kirche? ... 160
  - 9. Was meint „Gemeinschaft der Heiligen"? ... 162
  - 10. Was meint „Vergebung der Sünden"? ... 165
  - 11. Warum im Apostolikum keine Rede von der Dreieinigkeit? ... 170
  - 12. Wie von Vater, Sohn und Geist reden? ... 172
  - 13. Geist der Freiheit ... 174

VI. Auferstehung der Toten und ewiges Leben ... 175
  - 1. Der Himmel als künstlerische Illusion ... 176
  - 2. Der Himmel des Glaubens ... 179
  - 3. Weltuntergang physikalisch – vom Menschen gemacht ... 181
  - 4. Die Weltgeschichte als Weltgericht? ... 184
  - 5. An den Teufel glauben? ... 187
  - 6. Eine ewige Hölle? ... 189
  - 7. Das Fegefeuer und die unabgegoltene Schuld ... 193
  - 8. Die Bestimmung des Menschen ... 195
  - 9. Nur Gott schauen? ... 197
  - 10. Eine andere Einstellung zum Sterben ... 201
  - 11. Wozu sind wir auf Erden? ... 204

TEIL C. „Religion – das letzte Tabu? Über die Verdrängung der Religiosität in Psychologie, Psychiatrie und Psychotherapie" (1987)

Religion – das letzte Tabu? Über die Verdrängung der Religiosität in
Psychologie, Psychiatrie und Psychotherapie 209
   Einführung 209
      Vorbemerkung 209
      Das Original und seine Übersetzungen 209
      Biographischer Kontext 209
Religion – das letzte Tabu? 210
  I.   Verdrängung oder Explosion der Religiosität? 211
     1. Die Frage nach der Religiosität des Psychiaters 212
     2. Religion als Neurose in psychiatrischen Handbüchern 214
  II. Mit Freud gegen Freud? 216
     1. Die Berechtigung der Kritik Freuds 217
     2. Kritik der Kritik Freuds 218
  III. Die Verdrängung der ältesten, stärksten, dringendsten Wünsche
      der Menschheit 221
     1. Ersatz-Erfüllung? 221
     2. Therapie durch Religion? 222
  IV. Analyse des Gotteskomplexes 224
     1. Eine richtige Diagnose 224
     2. Und eine Rückfrage 225
  V. Zur Überwindung des Gotteskomplexes 227
     1. Keine Exklusivität naturwissenschaftlichen Denkens 227
     2. Religionsoffene Therapien heute 229
  VI. Konsequenzen für eine humane Therapie 231
     1. Keine Verdrängung von Psychiatrie oder Religion 231
     2. Für gegenseitige Herausforderung 232

TEIL D. „Der Anfang aller Dinge. Naturwissenschaft und Religion" (2005)

„Der Anfang aller Dinge. Naturwissenschaft und Religion" (2005) . . 239
   Einführung 239
      Das Original und seine Übersetzungen 239
      Biographischer Kontext 239
Es werde Licht! 245
A. Eine vereinheitlichte Theorie für alles? 249
     1. Das Rätsel der Wirklichkeit 249

Inhalt

- 2. Physikalische Beschreibung des Anfangs 255
- 3. Was die Welt im Innersten zusammenhält 259
- 4. Der Grundlagenstreit in der Mathematik 265
- 5. Ungenügen des Positivismus 270
- 6. Die Fraglichkeit der Wirklichkeit 276
- 7. Naturwissenschaft und Theologie: unterschiedliche Perspektiven 280
- B. Gott als Anfang? 286
  - 1. Die Frage nach dem Anfang der Anfänge 286
  - 2. Naturwissenschaft blockiert durch Religionskritik? 290
  - 3. Woher die Naturkonstanten? 295
  - 4. Reaktionen auf die kosmische Feinabstimmung 303
  - 5. Warum gibt es nicht nichts? 312
- C. Weltschöpfung oder Evolution? 322
  - 1. Der Anfang als Anfang eines Werdens 323
  - 2. Theologische Abwehr 326
  - 3. Evolution mit oder ohne Gott? 331
  - 4. Wie Gott denken? 338
  - 5. Bibel und Schöpfung 344
  - 6. Glaubenszeugnis über das letzte Woher 353
- D. Leben im Kosmos? 359
  - 1. Seit wann gibt es Leben? 360
  - 2. Wie entstand Leben? 366
  - 3. Zufall oder Notwendigkeit? 369
  - 4. Warum ein lebensfreundlicher Kosmos? 374
  - 5. Wunder 379
  - 6. Wie Gottes Wirken denken? 382
- E. Der Anfang der Menschheit 387
  - 1. Physische Entwicklung des Menschen 387
  - 2. Psychische Entwicklung des Menschen 393
  - 3. Gehirn und Geist 398
  - 4. Grenzen der Hirnforschung 403
  - 5. Anfänge des menschlichen Ethos 414
- Epilog: Das Ende aller Dinge 419
  - Dankeswort 426

Postscriptum: 12. Februar 2009
Ein Brief an Charles Darwin zum 200. Geburtstag 428
Einführung 428
    Das Original 428

Dankeswort 430

Einleitung: Natur – Wissenschaft – Religion

1. Naturmystik?

In der Zentralschweiz am Sempachersee bin ich aufgewachsen. Und dieser unser See zwischen den sanften grünen Hügeln des Luzerner Mittellandes ist immer um ein paar Grade wärmer als der nahe, direkt von Gletscherwasser gespeiste Vierwaldstättersee. Schwimmen macht Freude, ich lerne es früh als Autodidakt unter Gleichaltrigen. Zutiefst beeindruckt mich, dass ich eines Tages die Erfahrung machen kann: „Das Wasser trägt mich". Strahlend komme ich nach Hause: „Ich kann schwimmen!" Dieses Erlebnis bleibt für mich eine Illustration für das Wagnis des Glaubens, das sich ja auch nicht durch einen „Trockenkurs" zuerst theoretisch beweisen lässt, sondern das einfach versucht sein will: ein durchaus vernünftiges Wagnis, dessen Vernünftigkeit sich aber erst im Vollzug erweist.

Glücklicherweise besitzt unsere Familie ein solides Ruderboot. Auf ihm fahre ich, größer geworden, ungezählte Male ganz allein hinaus auf den See oder lege irgendwo an, lese dort und schreibe. Mutterseelenallein weit draußen im See schwimmend verspüre ich ganz am Anfang, besonders angesichts bedeckten Himmels, doch ein klein wenig Unbehagen beim Gedanken an die gewaltige Tiefe des Sees (durchschnittlich 45 m, maximal 90 m). Nein, ich bin kein Naturmystiker, der „Gott im Wald" oder auf dem See findet. Und für mich ist die kleine Schweizer Geburtsstadt Sursee nicht der mit Lyrismen zu preisende Ort metaphysischer Erfahrung – wie für den Philosophen Theodor W. Adorno das Odenwaldstädtchen Amorbach oder für Martin Heidegger der Schwarzwälder „Feldweg" –, was auch mir die Gotteserfahrung ersetzen könnte. Aber ich kann es sehr wohl erleben, dass ich mich auf „meinem" See ganz und gar vergesse. Nirgendwo kann man so wie hier diese Erfahrung machen: dass das Ich in einem größeren umfassenden Ganzen aufgeht und doch nicht zu einem Tropfen Wasser wird, sondern sich selber bleibt. Ungezählte Ideen, Gedanken, Einfälle sind mir, mich vergessend, im See gekommen. Und auch Gebete der Dankbarkeit: „Du hältst mich hinten und vorn umschlossen und hast Deine Hand auf mich gelegt" (Psalm 139,5).

Und so werde ich denn in diesem See all die Jahrzehnte und zu allen Jahreszeiten schwimmen und oft gleichzeitig meditieren und reflektieren. Am liebsten am Morgen früh im Sonnenlicht bei glattem, unberührtem Wasser. Aber auch bei grauem Himmel, oft in Regen und Sturm, wo der See gekräuselt giftgrün mit weißen Schaumkrönchen zornig aufgepeitscht erscheint. Da ich oft alle Stunden des Tages bei wenig Schlaf von früh bis spät am Schreibtisch sitze, brauche ich solche Abwechslung und manchmal auch körperliche

Herausforderung.[1] Doch es gibt auch andere Herausforderungen mehr geistiger Natur.

2. Papst Benedikt XVI. und die Naturwissenschaft

Es war ein Naturerlebnis eigener Art, verbunden mit einer besonderen intellektuellen Herausforderung: Am 24. September 2005 stehe ich auf der riesigen Dachterrasse des Päpstlichen Palastes von Castel Gandolfo und genieße den wunderbaren Blick auf den Lago di Albano und die Albaner Berge. Auf der anderen Seite die weite römische Campagna mit der am Horizont sich deutlich abzeichnenden mächtigen Kuppel des Petersdomes. Ich bin einer Einladung zu einem Gespräch mit dem (so sagte man noch zur Zeit von Pius XII.) „glücklich regierenden Pontifex" gefolgt. Seit einigen Wochen ist dies mein früherer Tübinger Kollege Joseph Ratzinger, jetzt Benedikt XVI., der meiner Bitte um eine persönliche Begegnung beinahe umgehend entsprochen hatte – und dies trotz unserer völlig konträren Standpunkte in Sachen kirchlicher Reform.

Es war mir wichtig, dass der erste Punkt unseres vierstündigen Gesprächs dem Thema Naturwissenschaft gewidmet ist. Joseph Ratzinger war sichtlich erfreut, dass ich ihm mein kurz zuvor erschienenes Buch „Der Anfang aller Dinge" zugeschickt hatte und gerade direkt von einer Diskussion mit hochrangigen Naturwissenschaftlern in der Europäischen Akademie in Potsdam kam. Und so liest man denn auch in dem vom Papst und mir gemeinsam verfassten Pressecommuniqué: „Das Gespräch konzentrierte sich auf zwei Bereiche, die besonders in jüngerer Zeit im Vordergrund der Arbeit von Hans Küng stehen: die Frage des Weltethos und der Dialog der Vernunft der Naturwissenschaften mit der Vernunft des christlichen Glaubens … Der Papst bekräftigte seine Zustimmung zu den Mühen von Professor Küng, den Dialog zwischen Glaube und Naturwissenschaft neu zu beleben und die Gottesfrage dem naturwissenschaftlichen Denken gegenüber in ihrer Vernünftigkeit und Notwendigkeit zur Geltung zu bringen."

Ich fand es hocherfreulich, dass Papst Ratzinger sich zu einem solchen Gespräch bereit erklärt hatte – im Gegensatz zu seinem Vorgänger Papst Wojtyla, der vor, während und nach dem Entzug meiner kirchlichen Lehrbefugnis keinen Brief von mir beantwortet, kein Buch von mir verdankt hatte und zu keinem Gespräch bereit war.

Wir hatten uns freilich von vornherein darauf geeinigt, dass es sich bei unserem Gespräch um eine brüderliche Begegnung handeln sollte, ohne den

---
[1] Vgl. Hans Küng, Erkämpfte Freiheit. Erinnerungen, München 2002, S. 36–38.

Versuch institutionell-rechtlich verwertbarer Ergebnisse etwa hinsichtlich meiner kirchlichen Lehrbefugnis. Denn es war klar, dass wir die Rolle und Politik des Lehramtes unterschiedlich beurteilen. Für mich hat sich das Lehramt in strittigen wissenschaftlichen Fragen nach der Vernunft zu richten, für Ratzinger umgekehrt die Vernunft nach dem kirchlichen Lehramt. Heute lässt sich meines Erachtens nicht mehr ignorieren, dass das kirchliche Lehramt mit seinen zahlreichen Fehlentscheidungen vom Fall Galilei bis zur Frage der Empfängnisverhütung für die Konflikte zwischen Glauben und Naturwissenschaft die Hauptverantwortung trägt und so den Atheismus eher gefördert als verhindert hat. Erst 1992 wurde die Verurteilung Galileis widerrufen, und auch dies mit allzu schwacher Selbstkritik.

3. Religion im Zwielicht

Der Dialog Glaube – Naturwissenschaft erhält in den 2000er-Jahren eine neue Dringlichkeit vor dem Hintergrund viel gelesener Bücher, die von einer kleinen Gruppe englischer oder amerikanischer Naturwissenschaftler gegen Religion und Gottesglauben geschrieben worden sind. Diese Autoren bringen allerdings weniger naturwissenschaftliche Argumente gegen die Existenz Gottes vor als oft völlig einseitige Polemik gegen Religion im Allgemeinen und das Christentum im besonderen. Dies lässt sich freilich aus der zeitgeschichtlichen Situation heraus leicht verstehen:
- Viele Menschen sind schockiert über islamistische Glaubensfanatiker und Terrorangriffe.
- Andere nehmen Anstoß am evangeliumswidrigen Personenkult um den Papst und an seinem restaurativen kirchenpolitischen Kurs in Liturgie und Theologie, aber auch bezüglich der anderen Kirchen und Religionen.
- Wieder andere sind alarmiert durch die Umtriebe neuer Kreationisten in verschiedenen amerikanischen Schulen und Staaten und über unqualifizierte Äußerungen von Kirchenmännern zur Evolutionslehre.
- Schließlich ärgern sich andere über Politfrömmler wie den amerikanischen Präsidenten George W. Bush, der aufgrund eines Orwellschen Lügengebäudes bei seinen verhängnisvollen Invasionen in Afghanistan und im Irak Gott auf seiner Seite zu haben meint.

Ja, es gibt viele und auch sehr ernste Gründe, gegen Religion und vor allem gegen deren Missbrauch zu sein. Und ich habe ja wie wenige Theologen der letzten Jahrzehnte auch die negativen Seiten von Religion immer wieder zur Sprache gebracht. Doch an die Adressen jener Naturwissenschaftler gerichtet: Statt in einseitiger, oberflächlicher und unfairer Weise einen Kampf gegen die Religion überhaupt zu inszenieren, wäre es hilfreicher, wenn alle

Aufgeklärten – sie seien religiös oder nichtreligiös – gemeinsam angingen gegen religiös oder oft auch „rational" begründete Gewalt und Kriege, gegen von Religionen und modernen Ideologien motivierte Unterdrückung von Minderheiten und die Diskriminierung von Frauen, gegen Obskurantismus, Aberglauben, Wundersucht und so weiter. Bekanntlich haben nicht nur Religionen, sondern auch totalitäre atheistische Systeme Verbrechen gegen die Menschlichkeit begangen – im Fall von Nazismus, Stalinismus und Maoismus mit Hunderten von Millionen Opfern.

Nun habe ich mich selbst mit den großen Vordenkern des Atheismus und der Religionskritik – Feuerbach, Marx, Nietzsche und Freud – intensiv auseinandergesetzt (vgl. HKSW 9). Und da hätte ich erwartet, dass etwa ein Entwicklungsbiologe wie Richard Dawkins in seinem viel zitierten, gegen Religion und Gottesglauben gerichteten Buch „The God Delusion" (Der Gotteswahn) sich wenigstens einen Bruchteil der Mühe gemacht hätte, um das Phänomen der Religion zu verstehen, die unsereiner sich macht, wenn er sich um die naturwissenschaftliche Erklärung der Evolution des Kosmos, des Lebens und des Menschen bemüht. Wie immer: Ich habe Dawkins' Buch bald gelangweilt weggelegt. Ich hatte wenig Neues gefunden, nur ein Sammelsurium von bekannten Einwänden und Skandalen, das man in analoger Weise statt über Gott über das britische Königshaus zusammenschreiben könnte, was diesem natürlich ebenso wenig gerecht würde. Von den Gebildeten unter den Verächtern der Religion dürfte man erwarten, dass sie sich wenigstens einige elementare Kenntnisse der historisch-kritischen Exegese und damit ein zeitgemäßes Bibelverständnis aneignen und dass sie die Kirchen- und Dogmengeschichte nicht nur nach ihren dunklen Seiten abklopfen. Soll ich mich darüber wundern, dass ein Mann wie Dawkins meine umfassenden Studien „Existiert Gott?" und „Das Christentum. Wesen und Geschichte", die auch im angelsächsischen Sprachraum weite Beachtung gefunden haben, bequemerweise lieber gar nicht zur Kenntnis nimmt?

4. Ungelöste Fragen: Weltformel – Paralleluniversen – Ich-Bewusstsein

„Nachhilfeunterricht" kann ich religionskritischen Naturwissenschaftlern für einen vernünftigen, fairen und fruchtbaren Dialog zwischen Naturwissenschaft und Religion anbieten. In jenem von mir Papst Benedikt XVI. schon früh zugesandten Buch habe ich auch die ungelösten inneren Probleme der Naturwissenschaft zur Sprache gebracht. Zum Beispiel die seit langem von Physikern gesuchte „Weltformel", die von einer großen Hoffnung zu einer großen Enttäuschung wurde. In diesem Zusammenhang die Bemühungen des Physikers Stephen Hawking in Cambridge um eine „Große Vereinheitlichte Theorie" (Grand Unified Theory = GUT) für alles (Theory of Everything = TOE), mit der er alle bekannten Wechselwirkungen verschmelzen und so erklären wollte, was die Welt im Innersten zusammenhält. Gott sei als Schöpfer nicht mehr notwendig, hat er erklärt. Allerdings musste Hawking schließlich, wie ich im Buch berichte, das Scheitern seiner diesbezüglichen Bemühungen zugeben.

Eine weitere ungelöste Frage: Sollen wir an parallele Universen glauben? Die Gegenposition zur positiven Antwort von Sir Martin Rees (Astronomer Royal, Cambridge) vertritt Professor Carlo Rovelli (Universität Aix-Marseille, Mitbegründer der Theorie für Schleifen-Quantengravitation). Seine Auffassung: Dem Multiversum fehle eine solche empirische Basis. Hinzu komme, dass zahlreiche, sehr unterschiedliche Versionen dieser Idee existieren: „Quasi ein ganzer Zoo von Multiversumstypen, jeder davon von einer eigenen theoretischen Motivation getrieben ... Verstehen Sie mich nicht falsch, ich respektiere Kolleginnen und Kollegen, die spekulieren. Vielleicht wird die Idee eines Multiversums eines Tages auch seriös prüfbar sein. Bis dahin sollten Physikerinnen und Physiker aber zurückhaltend sein, wenn sie Spekulationen als Wissen verkaufen. Es ist schnell passiert, dass sich Forschende in ihren Ideen verlieren. Die Wissenschaftsgeschichte ist voll von faszinierenden Ideen, die sich später als unbrauchbar herausstellten. Zu behaupten, wir wüssten, was außerhalb des aktuell beobachtbaren Universums liegt, ist, als ob wir sagen würden, wir hätten Beweise für Engelschöre jenseits der Fixsterne."[2]

Auch nicht außerhalb des aktuell beobachtbaren Universums befinden sich die „Exoplaneten", die andere Sonnen umkreisen als die unsere. Mit Hilfe des Weltraumteleskops „Kepler" suchen die Astrophysiker außerhalb des Sonnensystems in einer „habitablen", lebensfreundlichen Zone nach einer zweiten Erde – bisher ohne Erfolg, aber wer weiß, welche Überraschungen das Universum noch bereithält.

Eine andere ungelöste Frage bewegt die Neurowissenschaften: die kausale Beziehung von Gehirn und Bewusstsein. Man versuchte besonders, die elektro-chemischen Hirnprozesse und die religiösen Erfahrungen zu erforschen. Unbestreitbar haben diese eine neurobiologische Grundlage. Doch empirisch lässt sich im menschlichen Gehirn kein bestimmter Ort für Religiöses oder so etwas wie ein „Gottes-Modul" nachweisen. Zwar gibt es Überlegungen über die biologischen Grundlagen eines Ich-Bewusstseins, aber es sind dies Spekulationen, welche die Erklärungslücke zwischen physischen Prozessen und dem Bewusstsein nicht zu überwinden vermögen.

---
[2] Carlo Rovelli, in: Schweizer Nationalfonds – Akademien Schweiz, Horizonte Nr. 109 (Mai 2016).

Diese Erklärungslücke können auch die Theologen nicht schließen, wohl aber verfügen sie über andere wichtige Einsichten, wie mein Buch „Der Anfang aller Dinge" zeigt, das den Abschluss dieses Bandes über Glaube und Naturwissenschaft bildet. Es soll eine kritisch-konstruktive Interaktion ermöglichen und lädt ein zu einer aufregenden Exkursion an die Grenzen des menschlichen Wissens, zu den Fragen, die die Menschheit seit Anbeginn beschäftigt haben. Mir geht es darum zu zeigen, dass Glaube und Naturwissenschaft (beide in ihrem Recht) keineswegs schroffe Gegensätze bilden müssen, sondern, recht verstanden, zwei komplementäre Sichtweisen auf ein und dieselbe Wirklichkeit darstellen können.

Tübingen, im April 2017 *Hans Küng*

TEIL A. Glauben und Bekennen

I. Die Glaubwürdigkeit (1976)

Einführung

Das Original

Die Glaubwürdigkeit (Umfrage: Die Fundamente unserer Gesellschaft. Haben sich unsere Wertvorstellungen verändert?), in: Frankfurter Allgemeine Zeitung (Bilder und Zeiten) vom 24.12.1976.

Biographischer Kontext

Eine positive Folge des Konzils: Der in der Gegenreformation 1557 geschaffene Index der für Katholiken verbotenen Bücher, in meinem ersten römischen Studienjahr 1948 noch einmal mit 492 Seiten neu aufgelegt, aber schon vom Konzilspapst Johannes XXIII. nicht mehr weitergeführt, wird am 9. April 1966 faktisch abgeschafft. Er habe nur noch „historischen Wert", erklärt Kardinal Alfredo Ottaviani, der gefürchtete Chef der vatikanischen Inquisitionsbehörde, jetzt in Kongregation für die Glaubenslehre, kurz Glaubenskongregation umbenannt. Doch man bleibt im Vatikan an der genauen Reglementierung des Glaubens der Gläubigen und der Theorien der Theologen interessiert.

Am 30. Juni des Jahres 1968 veröffentlicht, wieder aus heiterem römischen Himmel, Papst Paul VI. ein *Glaubensbekenntnis*, das aber nicht, wie es der Wahrheit entspräche, als Glaubensbekenntnis des Papstes bezeichnet wird, sondern – in tendenziösem Gebrauch eines vom Konzil wieder aufgewerteten Terminus – als Credo des „Gottesvolkes". Ein typisch römisches Identifikationsgebaren: Ohne das Gottesvolk oder auch nur den Episkopat zu fragen, erklärt man sich selbst zum Gottesvolk: „L'église c'est moi!" Das wäre freilich nur halb so schlimm, wenn es ein Glaubensbekenntnis wäre, das wirklich zeitgemäß den Glauben des Gottesvolkes darstellte, gegründet in der Bibel und auf der großen katholischen Tradition. Aber was der Papst da sagt – so die Kritik nicht nur von Theologen –, hätte man genauso auch vor 400 Jahren sagen können; denn er ignoriere alles, was in den letzten Jahren an Fruchtbarem und Weiterführendem gedacht und gelebt worden sei.

„Die Wahrheit ist permanent, aber nicht statisch", kommentiert seinerzeit die führende katholische Zeitschrift der USA „The National Catholic Reporter" (10.7.1968): „Wir glauben durchaus, dass es des Papstes Funktion ist, die Wahrheit über die Wahrheit zu lehren, aber dass er diese Aufgabe nicht erfüllt, wenn er suggeriert, wie dieses Credo es tut, dass die brauchbare, relevante, lebendige Wahrheit aufbewahrt wird in einer Art von katholischem Fort Knox, wo sie aufgestapelt ist in reinen Goldbarren, bewahrt vor jeglicher Verunreinigung."

Ich habe meine Freude an solch originellen und zugleich geistreichen Formulierungen. Als Konzilstheologe kann ich freilich einer eigenen Stellungnahme kaum ausweichen. Anfragen von Rundfunkanstalten und Zeitungen sind bei solchen Ereignissen die Regel. Selbstverständlich lehne ich solche Anfragen des öfteren ab, vor allem, wenn ich eine Frage nicht gründlich studiert oder schon viele Statements in derselben Sache abgegeben habe. Doch in der Frage des Credo meine ich mich auszukennen. Und was die Medien betrifft, sind diese nun einmal an Stellungnahmen interessiert, die zugleich kompetent, allgemein verständlich und vor allem ehrlich sind. Und da hapert es notorisch bei vielen Theologen beider Kirchen, die sich bei unbequemen Fragen gerne winden und wenden, während Bischöfe sich in Ergebenheit üben und in steter Angst vor Rom zuallermeist schweigen, wo immer es brenzlig zu werden droht.

„Sendungsfanatismus" treibt mich also nicht an, wohl aber ein realistisches Bewusstsein, das eine Stellungnahme zu Glaubensbekenntnis und Gottesvolk erheischt. Vor allem zwei Gesichtspunkte erscheinen mir der Kritik bedürftig:

1. Die im Ökumenismus-Dekret des Konzils geforderte Hierarchie der Wahrheiten wird sträflich missachtet. Zentrale christliche Glaubensaussagen dürfen nun einmal nicht mit peripheren auf die gleiche Stufe gestellt werden.
2. Auch problematische Konstrukte römischer Traditionen werden als von Gott geoffenbarte Wahrheiten hingestellt. Vor allem natürlich die neuen vier vatikanischen Dogmen, die als nicht in der Schrift begründet anzusehen sind: Unbefleckte Empfängnis (1854) und leibliche Aufnahme Mariens in den Himmel (1950) sowie Herrschaftsprimat und Unfehlbarkeit des Papstes (1870).

Bei all dem missachtet Papst Paul VI. die Mahnung seines Vorgängers Johannes' XXIII., der in der Eröffnungsrede zum Konzil am 11. Oktober 1962 erklärt hat: „Der ‚springende Punkt' dieses Konzils" sei „nicht Diskussion dieses oder jenes grundlegenden Glaubensartikels ...; diese darf man als unserem Geist wohlbekannt und vertraut voraussetzen." Vielmehr sei entscheidend die zeitgemäße Glaubensverkündigung und damit der Auszug aus dem intellektuellen, terminologischen und religiösen Getto: ein Sprung nach vorn („un balzo inanzi"), hin auf ein vertieftes Glaubensverständnis und eine Gewissensbildung – gewiss in Treue zur authentischen Lehre, doch auch diese dargelegt in der Formulierung eines modernen Denkens. Deshalb ein Glaubensbekenntnis, das die Kirche nicht verwirrt und spaltet, sondern erhellt und eint, das die Theologie nicht reglementieren, sondern fundieren und inspirieren will.

Ein glaubwürdiges Credo also nicht für gestern, sondern für heute und morgen! Glaubwürdigkeit: dies ist meine zentrale Forderung, mit der ich auf die Umfrage der FAZ nach den Fundamenten und Wertvorstellungen unserer Gesellschaft für die Weihnachtsnummer 1976 antworte.[a]

Die Glaubwürdigkeit

Nach rechts hin gesagt: man beklagt – besonders in den Kirchen – die Auflösung überkommener Wertvorstellungen. Trotzdem zögere ich als Theologe, öffentlich gegen den neu gesetzten Generalwert „Kritik" zur Generalverteidigung der „überkommenen Werte" („Grundwerte") anzutreten. Warum? Mit zahllosen evangelischen und katholischen Christen halte ich Kritik für unbedingt notwendig,
- wenn offizielle Kirchenvertreter selbstgerecht die Schuld am Wertezerfall nur bestimmten Gruppen, Parteien oder dem Staat zuschieben;
- wenn sie aus parteipolitischem Interesse bestimmte „Grundwerte" oder „Grundrechte" einseitig undifferenziert propagieren;
- wenn sie sich durch Mangel an christlicher Glaubwürdigkeit mitverantwortlich machen für die Skepsis gegenüber „tragenden Werten" unseres Gemeinwesens;
- wenn insbesondere Glieder der katholischen Hierarchie für bestimmte Wertvorstellungen (bezüglich Geburtenregelung, Abtreibung, Ehescheidung) dogmatisch einen Glaubenskonsens in Tradition und Gegenwart behaupten und andererseits bestimmte Grundrechte (innerkirchliche Freiheit, Recht auf Ehe auch für Amtsträger) mit geistlich-ungeistlichen Machtmitteln verweigern und so immer mehr Gemeinden der seelsorglichen Betreuung berauben.

Also: Die Schuld für manche Verschiebungen im Wert- und Normbewusstsein unserer Gesellschaft müssten Kirchenleitungen sowie konservative Gruppen und Parteien zuerst bei sich selber suchen.

Nach links hin gesagt:
1. Die allermeisten Zeitgenossen sind trotz aller Wertkritik davon überzeugt, dass ohne eine minimale Übereinstimmung in – vorgegebenen – Werten, Normen und Haltungen menschliches Zusammenleben und auch das

---
[a] Vgl. Hans Küng, Umstrittene Wahrheit. Erinnerungen, München 2007, S. 70–72.

Funktionieren unseres Staates nicht möglich sind: kein Staat ohne Rechtsordnung, keine Rechtsordnung ohne Rechtsbewusstsein, kein Rechtsbewusstsein ohne Ethos, kein Ethos ohne Werte, Normen, Haltungen.
2. Die rein humanen Werte bleiben faktisch – und zum Wohl der Menschheit – christlich bestimmt: unantastbare Menschenwürde, Freiheit, Gerechtigkeit, Solidarität, Frieden wären ohne christliche Füllung formale, vieldeutige und manipulierbare Begriffe.
3. Es ist (wie nicht nur Nietzsche und Horkheimer bestätigen) geradezu unmöglich, rein rational zu begründen, warum – wenn es gegen meine Interessen geht! – Freiheit besser sein soll als Unterdrückung, Gerechtigkeit besser als Profitgier, Gewaltlosigkeit besser als Gewalt, Liebe besser als Hass, Friede besser als Krieg. Hier haben die Religionen ihre Funktion und Bedeutung: kein unbedingt verpflichtendes Ethos ohne Annahme eines verpflichtenden Unbedingten, ohne Religion!
4. Die christliche Botschaft gibt bezüglich all dieser Werte eine unbedingt verpflichtende und in Jesus Christus konkret begründete Antwort. Christen können die humanen Werte nicht weniger bejahen als Nichtchristen. Von Jesus Christus her, seiner Botschaft, seinem Verhalten und seinem Geschick, können diese Werte sogar in einer letzten Radikalität verstanden und realisiert werden, gerade weil das Negative (Leid, Schuld, Tod, Leere) voll einbezogen werden kann. Also gegen alle Missachtung des Menschen: Achtung der Menschenwürde – bis hin zur Feindesliebe. Gegen alle Unterdrückung: Freiheit – bis hin zum selbstlosen Dienst. Gegen alle Ungerechtigkeit: Gerechtigkeit – bis hin zum freiwilligen Rechtsverzicht. Gegen allen Egoismus: Solidarität – bis hin zum Einsatz des eigenen Lebens. Gegen allen Unfrieden: Frieden – bis hin zur Versöhnung ohne Grenzen.

Deshalb: Wären die Christen und ihre Kirchen glaubwürdiger, wären dann nicht auch die Werte, die sie vertreten, glaubwürdiger? Würden die Christen und ihre Kirchen wieder christlicher, würde dann nicht auch die verdeckte Christlichkeit der humanen Werte wieder sichtbarer? Statt ständig Forderungen an Staat und Gesellschaft zu stellen, sollten die Christen und ihre Kirchen zuerst etwas mehr Christlichkeit bei sich selber verwirklichen, um gerade so für mehr Menschlichkeit in der Welt zu sorgen.

II. „Wozu sind wir auf Erden?" (1977)

Einführung

Das Original und seine Übersetzungen

Die Problematik der Katechismusfrage „Wozu sind wir auf Erden?", in: Concilium, Vol. 13 (Einsiedeln – Zürich/Mainz 1977) Heft 8, S. 493–496.

Niederländ.: Waartoe zijn wij op aarde? Fundamentele vragen, in: Concilium, Vol. 13 (Amersfoort 1977) Heft 8, S. 3–8.
Franz.: Problématique de la question du catéchisme: Pourquoi sommes-nous sur terre?, in: Concilium (Paris 1977) Heft 128, S. 9–15.
Ital.: La problematica della domanda del Catechismo: Per qual fine Dio ci ha creati?, in: Concilium, Vol. 13 (Brescia 1977) Heft 8, S. 13–21.
Span.: ¿Para qué estamos en la tierra? Problemática de la pregunta del catecismo, in: Concilium (Madrid 1977) Heft 128, S. 149–156.
Port.: A problemática da pergunta do catecismo: Para que estamos na terra?, in: Concilium (Petrópolis 1977) Heft 128, S. 3–9.
Poln.: Po co jestesmy na swiecie?, in: Novum 6 (1978) S. 44–52.

Biographischer Kontext

Unsere Wertvorstellungen haben sich in den vergangenen Jahrzehnten stark verändert. Auch die christlichen Kirchen haben sich elementaren Fragen nach Sinn und Norm des Menschenlebens neu zu stellen. Das Direktionskomitee unserer Internationalen Zeitschrift für Theologie „Concilium" stellt sich 1975 in München der öffentlichen Theologenbefragung „Zur Lage der Christenheit". Dabei ging es an erster Stelle um die elementare Frage: „Gilt die alte Katechismusfrage noch? Was antworten Sie heute?". Die vorausgegangene Konsultation des Direktionskomitees sowie des Sektionskomitees Ökumenismus habe ich in folgendem Beitrag zusammengefasst.

Die Problematik der Katechismusfrage „Wozu sind wir auf Erden?"

1. Eine ökumenische Aufgabe

„Wozu sind wir auf Erden?
  Wir sind auf Erden, um Gott zu erkennen, ihn zu lieben, ihm zu dienen und dadurch (einst) in den Himmel zu kommen."

Diese Frage steht an der Spitze traditioneller katholischer Katechismen. In anderen Sprachen wird weniger die angeführte Formulierung von Joseph Deharbe SJ aus dem Jahre 1847 als vielmehr die aus dem Catechismus catholicus des Kardinals Pietro Gasparri aus dem Jahre 1930 benutzt:

„*Warum hat Gott dich erschaffen?*

Gott hat mich erschaffen, damit ich ihn erkenne, ihn liebe und seine Gebote halte, um dadurch nach dem Tode im Himmel selig zu werden" (Frage 3).

Es geht also zunächst um eine typisch katholische Frage. Doch stellt sie sich auch in den Katechismen anderer Kirchen, wenngleich vielfach an anderer Stelle und meist in anderer Form und auch mit anderer Antwort. Um als Beispiel Jean Calvins Genfer Katechismus von 1542 zu zitieren, wo es gleich am Anfang „Über die Artikel des Glaubens" heißt:

„1. Le ministre: *Quelle est la principale fin de la vie humaine?* L'enfant: C'est de congnoistre Dieu.

2. Pourquoy dis-tu cela? Pource qu'il nous a crée et mis au monde pour estre glorifié en nous. Et c'est bien raison, que nous rapportions nostre vie à sa gloire: puis qu'il en est le commancement."

Die Katechismusfrage zielt auf die *Frage nach dem Sinn des Lebens*: Sie wird jede Kirche – ob in Katechismen oder nicht, ob in dieser Form oder in einer anderen – beantworten müssen. Diesen verschiedenen konfessionellen Antworten theologisch nachzugehen, kann eine eminent ökumenische Aufgabe sein.

Drei Bedingungen müssen dafür erfüllt werden:

dass man die positiven kerygmatischen, katechetischen, pastoralen Intentionen der traditionellen konfessionellen Formeln heraushebt;

dass man sowohl Frage wie Antwort auf ihre Übereinstimmung mit der biblischen Botschaft und ihre Verständlichkeit in heutiger Zeit und Gesellschaft überprüft;

dass man sich schließlich in ökumenischem Geist um eine ergänzte und korrigierte und so umfassendere und vertiefte Antwort bemüht, die nicht nur in der eigenen Konfession, sondern in der ganzen Ökumene verstanden werden kann.

Die alte Formel soll also nicht zum alten Eisen geworfen, aber auch nicht stereotyp wiederholt werden. Bei kritischer Überprüfung dürfte sich die alte Antwort weder als einfach unsinnig noch als überzeitlich ewig herausstellen, sondern vielmehr als gesellschaftlich und geschichtlich bedingte und deshalb als immer wieder neu zu suchende. Nicht auf die Konstanz der Terminologie und Begrifflichkeit kommt es dabei an, wohl aber auf die *Konstanz der großen Intentionen und entscheidenden Inhalte*. An der von der Schrift gedeckten Wahrheit der alten Formel soll nichts abgestrichen werden. Sie soll vielmehr besser ins Licht gestellt werden, indem sie aus dem damaligen soziokulturellen Kontext in den heutigen hinein übersetzt wird. Es wird dabei nicht notwendig sein, für alle Kirchen unbedingt eine gemeinsame ökumenische *Formel* zu haben; es sind verschiedene konfessionsspezifische und kulturspezifische Akzentuierungen möglich. Doch im gemeinsamen *Glauben* an einen christlichen Sinn im Leben sollten Christen übereinstimmen. Und diese Gemeinsamkeit des Glaubens sollte auch in verschiedenen Formeln zum Ausdruck gebracht werden.

Nun hat aber die für dieses Heft wie üblich vorgenommene Konsultation des Direktionskomitees von CONCILIUM und des Sektionskomitees „Ökumenismus" ergeben, dass bei dieser ökumenisch-theologischen Aufgabe insbesondere *zwei Perspektiven* ständig präsent sein müssen, die in diesem Einleitungsartikel wenigstens in Erinnerung gerufen werden sollen:

Es gibt eine Konkurrenz von anderen nichtchristlichen Antworten auf die Frage nach dem Lebenssinn, sowohl von seiten der säkularen Ideologien wie von seiten der großen Weltreligionen.

Es gibt andere Perspektiven auch in Schrift und christlicher Tradition, die in den traditionellen Katechismusantworten der verschiedenen Konfessionen nicht oder nicht genügend zum Ausdruck kommen.

2. Zu beachtende nichtchristliche Antworten

Keiner langen Erörterung bedarf es, dass die Frage „Wozu sind wir auf Erden?" im demokratischen Westen nicht weniger materialistisch und oft noch banaler beantwortet wird als im kommunistischen Osten. Der kleinen oder großen *säkularen Ideologien*, die Lebenssinn vermitteln, sind gerade im Westen viele. Und oft ist ja der Lebenssinn für den einzelnen Menschen ein individuell gemischter „Cocktail" aus recht verschiedenen Sinnangeboten. Man sieht den Sinn des Lebens mehr oder weniger reflektiert in Arbeit, Beruf, Karriere und Reichtum, in einem guten und immer besseren Leben. Oder wenn man es etwas idealistischer ausdrückt: in der allseitigen Selbstverwirklichung, universalen Humanisierung, optimalen Entfaltung der einzelnen Person in einer entsprechend veränderten Gesellschaft. Freilich fragt man sich gerade unter der jüngeren Generation zumindest seit den Studentenunruhen, ob dies alles als Lebenszweck wirklich ausreicht; ob Lebensstandard Ersatz für Lebenssinn sein kann; ob heute nicht neue inspirierende Ideale, Modelle und Wertmaßstäbe, ob nicht Neubestimmung der Werte und Prioritäten, ja ein neuer Lebensstil, ein neues Lebensziel, ein neuer Lebenssinn erfordert sind.

Aber auch im *Osten*, im materialistischen Marxismus-Leninismus, beginnt man die auch dort nie ganz unterdrückbaren Fragen nach Sinn, Schuld, Tod im Leben des einzelnen Menschen differenzierter zu diskutieren. Die gängigen orthodoxen Antworten des Marxismus sind bekannt: Sinn, Glück, Erfüllung des Lebens liegen in Arbeit, kämpferischer Solidarität der Klasse, dialogischer Existenz, in der Aufhebung der Entfremdung des Menschen durch die sozialistische Gesellschaft. Aber diese gängigen Antworten können die bedrückenden „Privatfragen" progressiver Marxisten in Ost und West und ungezählter Unbekannter nicht zum Schweigen bringen: Was ist es denn um die Schuld, um Leid, Tod und persönliches Schicksal des Individuums? Was ist der Sinn des Lebens für den Einzelnen gerade angesichts der noch nirgends im Sinne von Karl Marx realisierten sozialistischen Gesellschaft? Oder soll etwa nur die Nation – wie früher in Europa und heute noch in Nordamerika und in der Dritten Welt – den letzten Sinn des Menschenlebens ausmachen, dem alles unterzuordnen und notfalls zu opfern ist: der Nationalismus statt des Sozialismus als Quasi-Religion?

Aber auch die *Wissenschaft*, die oft in West und Ost die Frage nach dem Sinn des Lebens verdrängt und als Religionsersatz gedient hat, trägt heute zur Neubesinnung bei: In den Natur- und Humanwissenschaften erkennen heute manche besser die Unzulänglichkeiten des materialistisch-positivistischen Weltbildes und Wirklichkeitsverständnisses. Sie beginnen, den Absolutheitsanspruch ihrer eigenen wissenschaftlichen Methode zu relativieren und für andere weitergehende Fragestellungen offen zu sein. Manche Natur- und Humanwissenschaftler haben es klar erkannt: Verantwortliches wissenschaftlich-technisches Handeln impliziert die Frage nach Ethik; die Ethik aber impliziert die Frage nach Wertskalen, Leitbildern, Sinnfindung. Insbesondere hat die Psychologie und ganz besonders die Tiefenpsychologie die ungeheure Bedeutung der Sinnfrage für die menschliche Psyche, ihre Selbstfindung und ihre Heilung entdeckt. Neuere Psychoanalytiker konstatieren einen signifikanten Zusammenhang von Rückgang der Religiosität und zunehmender Orientierungslosigkeit, Normenlosigkeit, Sinnleere: Leiden, die für unsere Zeit ebenso charakteristisch sind wie die Sexualneurosen für die viktorianisch-prüde Zeit Sigmund Freuds.

Aber gerade weil sich im Rahmen der säkularen Ideologien die Frage nach dem Sinn des Lebens stellt, müssen deren *positive Anliegen* zur vertieften Bestimmung eines christlich gedeuteten Lebenssinnes ernster genommen werden: Wäre nicht umfassender als bisher zu bedenken, was im Zusammenhang des „Gott dienen und einst in den Himmel kommen" andere Perspektiven bedeuten? Nicht nur Gott und das Göttliche, sondern auch der Mensch und alles Menschliche? Nicht nur der Himmel, sondern auch die Erde, irdisches Leben und irdische Güter? Nicht nur das „Gott erkennen", „Gott lieben", „Gott dienen", sondern auch des Menschen und des Mitmenschen Selbstverwirklichung, Selbstentfaltung, Humanisierung? Nicht nur das Einst, sondern auch das Jetzt? Und wäre nicht deutlicher als bisher zu bedenken,

II. „Wozu sind wir auf Erden?" (1977)

was für das letzte Ziel des Menschen die tägliche Arbeit bedeutet, das Eingefügtsein in menschliches Kollektiv und gesellschaftliche Verhältnisse, die notwendige Aufhebung der Entfremdung und die echte Emanzipation?

Doch mit den Antworten der säkularen Ideologien muss man sich gleichzeitig die der großen *Weltreligionen*, deren Ausstrahlungen auch in Europa, Amerika und Afrika fühlbarer sind als früher, gegenwärtig halten. Um auch deren Antworten wiederum nur in Erinnerung zu rufen:

Wofür lebt ein *Hindu*? Nur stichwortartig geantwortet: um durch Wohlstand, Lust und Liebe und Erfüllung aller ethisch-religiösen Pflichten zu einem glücklichen Leben und zur Wiedergeburt in einem besseren Leben und dann schließlich durch vielfältigste Formen der Askese und Meditation zur Erlösung aus dem Kreislauf der Wiedergeburten zu gelangen – ein Eingehen des Selbst aus der trügerischen Scheinwelt (*maya*) in das ewig Unwandelbare, Absolute, Brahma.

Und wofür lebt der *Buddhist*? Wiederum stichwortartig: um anders als der Hindu auf einem „mittleren Weg" zwischen Sinnenlust und asketischer Selbstquälerei, durch rechte Anschauung und rechtes Wollen, rechtes Reden und rechtes Tun, rechtes Leben und rechtes Streben, rechtes Gedenken und rechtes Sichversenken (der „achtfache Pfad" des Buddha) die Selbstsucht oder den Lebensdurst, diese Ursache allen Leids und immer wieder neuer Wiedergeburten, zu erkennen und so das Leid selbst zu überwinden: eine Erlösung durch Einsicht in das Nichts, durch bewusstes Nichtsammeln von positiven und negativen Lebensdaten (*karma*) und schließlich die Befreiung aus dem endlosen Geburtenkreislauf der Scheinwelt des Lebens durch Verlöschen im Unendlichen (*Nirwana*).

Wofür lebt der *Moslem*? Auch hier wieder ganz kurz: um im Glauben an den einen Gott und seinen einen Propheten durch das ganze Leben „Hingabe" (= *Islam*) an Gottes Willen zu üben, als dessen unabänderliche Entscheidung auch das Leid anzusehen ist, der neben dem Glaubensbekenntnis vor allem tägliches Pflichtgebet, Armensteuer, Fasten im Monat Ramadan und Wallfahrt nach Mekka (die „fünf Grundpfeiler" des Islams) fordert, damit der Mensch in das Paradies voller irdischer Wonnen gelange.

Auch von den großen Religionen her werden also viele *positive Anliegen* laut, die für eine christliche Antwort auf die Frage nach dem Sinn des Lebens besser zu berücksichtigen sind. Müsste nicht zum Beispiel jene Urerfahrung und Urhoffnung ernster genommen werden, die alle von Indien ausgehenden Religionen, besonders Hinduismus und Buddhismus, durchdringt: dass das Leben Leiden bedeutet und neues Leben neues Leid erzeugt, und dass doch eine Überwindung des Leidens, eine Befreiung und Erlösung möglich ist? Ist eine derart zum Ausdruck gebrachte *Urerfahrung und Urhoffnung* nicht eine Warnung gegenüber allem allzu oberflächlichen europäisch-amerikanischen

Humanismus, der zur Bestimmung des Lebenszieles nur das Positive, das Wahre, Gute und Schöne berücksichtigt? Damit sind nun aber bereits einige Themen angeklungen, die auch von der christlichen Tradition selbst her stärkere Berücksichtigung verdienen.

3. Zu beachtende christliche Perspektive

Schon unsere Konsultation hat verschiedene Desiderata gezeigt, die Berücksichtigung verdienen. Yves Congar insbesondere macht auf drei wichtige Gesichtspunkte aufmerksam. Nach ihm ist die klassische Antwort wahr, aber unvollständig, formuliert in einem geistigen Klima und in einer Sprache, die von der heutigen Generation nicht mehr akzeptiert werden. Es fehlen der klassischen Antwort, auch nach der Auffassung anderer Theologen:

eine *soziale* Dimension, wobei nicht nur an die Menschheit und den Sinn der Menschheitsgeschichte, sondern auch an den konkreten Mitmenschen in der kleinen Gemeinschaft und dessen Bedeutung für den Lebenssinn zu denken ist: Überwindung eines falschen Glaubensindividualismus;

eine Heraushebung unserer *irdisch-geschichtlichen* Aufgabe: Aufhebung eines unchristlichen Dualismus;

Eine *christologische* Ausrichtung: Korrektur einer unkritischen „natürlichen Theologie".

Nachdem die ersten beiden Anliegen schon von den Ideologien und Religionen her zur Sprache gekommen sind, sei hier besonders auf das dritte hingewiesen, das *das spezifisch Christliche* umschließt. Müssten Christen heute nicht neu überlegen, was ihr Christus für den christlich verstandenen Sinn ihres Lebens bedeutet? Um es hier nur kurz anzudeuten:

Jesus Christus ermöglicht und vermittelt eine neue *Grundorientierung* und *Grundhaltung*, eine neue *Lebenseinstellung*: Derjenige Mensch oder diejenige Menschengemeinschaft dürfen und können anders, echter, menschlicher leben, die als konkretes Leitbild und Lebensmodell für ihr Verhältnis zu Mensch, Welt und Gott diesen Jesus Christus vor sich haben; er ermöglicht eine Identität und innere Kohärenz im Leben.

Jesus Christus ermöglicht und vermittelt einen neuen *Sinnhorizont* und eine neue *Zielbestimmung* in Dispositionen des unprätentiösen Engagements für die Mitmenschen, der Solidarisierung mit den Benachteiligten, des Kampfes gegen ungerechte Strukturen; Dispositionen der Dankbarkeit, Freiheit, Großzügigkeit, Selbstlosigkeit, Freude, aber auch des Schonens, Verzeihens und Dienens; Dispositionen, die sich auch in Grenzsituationen bewähren, in der Leidensbereitschaft aus der Fülle des Sichverschenkens, im Verzicht auch da, wo man es nicht nötig hätte, in der Einsatzbereitschaft um der größeren Sache willen.

II. „Wozu sind wir auf Erden?" (1977)

Jesus Christus ermöglicht und vermittelt einen neuen *Sinnhorizont* und ein neue *Zielbestimmung* in der letzten Wirklichkeit, in der Vollendung von Mensch und Menschheit in Gottes Reich, die nicht nur das Positive des Menschenlebens, sondern auch das Negative zu tragen vermögen: Im Licht und in der Kraft Jesu Christi wird nicht nur für Leben und Handeln, sondern auch für Leid und Sterben des Menschen, wird nicht nur für die Erfolgsgeschichte, sondern auch für die Leidensgeschichte der Menschheit dem Glaubenden ein letzter Sinn angeboten.

In einer solchen Sicht könnte nicht nur der oft gerügte Moralismus, der das Geschenktsein eines guten Lebens vernachlässigt, sondern auch jener Theismus, der Gott allzu oberhalb oder außerhalb des Menschenlebens und der Menschheitsgeschichte ansiedelt, vermieden werden.

Doch diese Ausführungen sollen die nachfolgenden Untersuchungen nicht präjudizieren. Sie hatten nur den Zweck, auf verschiedene Implikationen der Thematik aufmerksam zu machen und womöglich einige Anregungen zum Bedenken der traditionellen Antwort zu geben.

III. „Ein ökumenisches Glaubensbekenntnis?"
(mit Jürgen Moltmann; 1978)

Einführung

Das Original

Ein ökumenisches Glaubensbekenntnis?, Concilium 14 (1978) Heft 10

Biographischer Kontext

Die Diskussion über die Katechismusfrage „Wozu sind wir auf Erden?" des Jahres 1977 zielte auf die verschiedenen christlichen Konfessionen oder Bekenntnisse. Im Jahr darauf aber hatte mein evangelischer Kollege Professor Jürgen Moltmann meinen Kollegen Professor Walter Kasper als Mitherausgeber der Ökumenismushefte von „Concilium" abgelöst. Gemeinsam stellten wir uns der Frage, ob es nicht an der Zeit sei, ein gemeinsames ökumenisches Glaubensbekenntnis zu erarbeiten und zu verbreiten.

Hans Küng – Jürgen Moltmann

Ein ökumenisches Glaubensbekenntnis?

Ein ökumenisches Glaubensbekenntnis? Diese Frage ist eine echte Frage. „Bekenntnis" ist ja weithin ein antiökumenischer Begriff, der bezeichnet, was nicht eint, sondern trennt: Man spricht von „Bekenntnis" und meint die verschiedenen, unterschiedenen, geschiedenen „Bekenntniskirchen": man ist „lutherischen Bekenntnisses" und kann nicht zugleich „reformierten" oder gar „römisch-katholischen Bekenntnisses" sein – und umgekehrt. Das verschiedene Glaubensbekenntnis also Ausdruck, ja Ursache der Glaubens- und Kirchenspaltung! Wäre es deshalb – wenn man die Glaubens- und Kirchenspaltung überwinden will – nicht notwendig, grundlegend notwendig, sich auf ein *gemeinsames* Glaubensbekenntnis zu einigen: ein *ökumenisches Glaubensbekenntnis*?

Doch diese Frage ist zugleich eine schwierige Frage. Was zunächst ganz einfach scheint, ist näher besehen eine höchst komplexe Angelegenheit. Denn: bei einem Glaubensbekenntnis ist eben das Ganze des Glaubens mit im Spiel. Und so fragt man sich: Wird hier dem Bekenntnis nicht zu viel zugemutet? Kann die Einheit des Glaubens und der Glaubensgemeinschaft

III. „Ein ökumenisches Glaubensbekenntnis?"

überhaupt durch ein Bekenntnis hergestellt werden? Und wenn überhaupt, durch welches? Vielleicht durch ein *altes*? Aber sind die Glaubensbekenntnisse der alten Kirche nicht sehr zeitgebunden und zum Teil polemisierende Zusammenfassungen des Glaubens, die doch schon damals keineswegs alles aussagten, was wesentlich zum christlichen Glauben gehört? Fällt nicht insbesondere die ethische und ganz besonders die sozialethische Dimension völlig aus? Und sind die alten Glaubensbekenntnisse nicht erst recht für die heutige Situation in Europa und Nordamerika – von der verschiedenen Situation in Lateinamerika, Afrika und Asien ganz zu schweigen – nicht einfachhin unzureichend?

Sollte man es deshalb nicht mit einem *neuen* Bekenntnis versuchen? Aber lässt sich ein solches ohne drängenden Anlass schlicht proklamieren und konstruieren? Andererseits: Ist die gegenwärtige Situation der Christenheit nicht bedrängend genug, um endlich zu einer Gemeinsamkeit des Glaubens zu gelangen, auch wenn ein solches gemeinsames Glaubensbekenntnis kaum dieselbe Verbindlichkeit haben dürfte wie die altkirchlichen? Setzt ein solches neues Bekenntnis nicht in jedem Fall bereits ein hohes Maß an Einheit voraus?

Damit sind wir beim unmittelbar entscheidenden Punkt. Der Leser wird in diesem Heft eine reiche Palette von Antworten erhalten: bezüglich Wesens und möglicher Funktionen des Bekennens, bezüglich der verschiedenen Bedeutungen des Bekenntnisses in den verschiedenen konfessionellen Traditionen, bezüglich der Wünschbarkeit eines neuen Bekenntnisses in den verschiedenen Kirchen und der Betonung neuer Momente und Perspektiven in den verschiedenen Kulturräumen. Unmittelbar entscheidend jedoch wird sein: wie weit das Bekenntnis der Kirchen von ihrem *Leben* angeregt und getragen, von ihrer *Praxis* gedeckt ist, wie weit also schon jetzt zwischen den Kirchen *Einheit verwirklicht* ist, die für ein gemeinsames Bekennen Voraussetzung ist! Kein gemeinsames Bekenntnis ohne Gemeinsamkeiten!

Und da kommt den *Kirchenleitungen* – und der katholischen ganz besonders – heute eine schwere Verantwortung zu. Tun sie wirklich genug zum Ausbau der doch bereits grundlegend bestehenden Einheit? Müssten sie nicht sehr viel mehr tun, um ihren Kirchen zum zunehmend gemeinsamen Leben und gemeinsamen Bekennen zu verhelfen? Ein gemeinsames Bekennen in Wort und Tat ist ja auch ohne ein gemeinsames ausformuliertes Bekenntnis möglich. Müssten die Kirchenleitungen nicht in ganz anderer Weise die Impulse der Basis aufnehmen?

In diesem Zusammenhang ist wohl zu beachten: In den *Gemeinden* vieler Länder etabliert sich in aller Stille eine neue ökumenische Praxis, die Voraussetzung eines gemeinsamen Bekennens und vielleicht auch einmal eines neuen gemeinsamen, ökumenischen Bekenntnisses sein kann. Aus verständlichen

Gründen ist diese ökumenische Praxis an der Basis nur schwer zu analysieren. Ihre Formen sind höchst vielfältig, Fakten und Zahlen nur zum geringen Teil bekannt. Diese ökumenische Praxis kann nur im inoffiziellen Bereich wachsen. Dies ist aber kein Grund zu ihrer Verurteilung oder Geringschätzung. Viele Christen nämlich empfinden die Trennung der Kirchen als Skandal. Sie haben positive Erfahrungen gemacht, die sie lehrten, dass sie mit anderen Christen zusammen an denselben Gott und Jesus Christus glauben, dass sie deshalb zur einen Gemeinschaft der Getauften, des Geistes, des Glaubens, der Tat und der Eucharistie gehören. Diese neue ökumenische Praxis der Basis ist eine große Hoffnung. Zugleich aber darf ihre Gefahr nicht übersehen werden. Wenn es der Kirchenleitung nicht gelingt, diese ökumenischen Impulse aufzunehmen, wird ihr nicht nur das Gesetz des Handelns entgleiten. Es wird ihr im Laufe der Zeit nicht mehr gelingen, die Ökumene der Basis in die Einheit der Kirche überzeugend zu integrieren.

Deshalb ist diese inoffizielle Ökumene, die sich an der Basis der Gemeinden unter engagierten Christen und Seelsorgern aller Kirchen herausbildet, sehr ernstzunehmen. Zeichen vorweggenommener Einheit sind an vielen Orten überall auf der Welt zur Gewohnheit geworden: die Praxis der Interkommunion und gemeinsamen Eucharistiefeiern in Gruppen und privaten Häusern; die vorbehaltlose Teilnahme an Gottesdienst und Eucharistie anderer Kirchen, die offene Gastfreundschaft gewähren, vor allem auch für Mischehen; die steigende Zahl der Pfarrer, die trotz strenger Verbote eucharistische Gastfreundschaft gewähren, ökumenischen Religionsunterricht praktizieren und vom offiziellen Amtsverständnis ihrer eigenen Kirche in Theorie und Praxis Abstand genommen haben; das Gewicht und Zeugnis der Basisgemeinden an Orten und in Situationen, wo die normale Seelsorge der Großkirchen keinen Einfluss mehr hat und Unterschiede der Konfessionen keine Rolle mehr spielen (Studentengemeinden, Arbeiterseelsorge, Seelsorge für die Randgruppen, Gemeinden in sozial extrem benachteiligten Gebieten).

Wenn die Kirchenleitungen vorläufig noch nicht bereit sind, diese Praxis zu legitimieren, dann müssten sie sie wenigstens mit aller Klugheit und Ehrlichkeit zur Kenntnis nehmen, in ihrer Bedeutung analysieren und für die Zukunft die nötigen Schlüsse ziehen. Besser freilich wäre es, in dieser wachsenden inoffiziellen Ökumene jetzt schon das Wirken des Geistes anzuerkennen, statt sie aus den offiziellen Kirchen ins Niemandsland zwischen den Konfessionen zu verbannen.

Man übersehe nicht: Die offiziellen Einigungsbemühungen auf *universaler* oder *nationaler* Ebene haben eine *subsidiäre* Funktion. Ökumenische Erfahrungen auf *lokaler* Ebene aber sind *Ausgangspunkt und Ziel aller Bestrebungen*. Dort nämlich wird ökumenische Programmatik zuerst zu ökumenischem Leben. Nicht eine große uniforme Einheitskirche ist das Ziel, sondern

III. „Ein ökumenisches Glaubensbekenntnis?"

eine Kirche in liturgischer theologischer und organisatorischer Vielfalt, die jedoch im Gottesdienst der Gemeinde *keine* gegenseitigen Exkommunikationen mehr kennt.

Aufgabe und Recht der lokalen Ökumene ist es, in Loyalität zur Regional- und Gesamtkirche Impulse zu wecken, die Ökumene voranzutreiben und die theologischen Ergebnisse in eine *möglichst vielfältige Praxis* umzusetzen. Ökumene ist nicht erst dann legitim, wenn sie offiziell gebilligt ist. Vielmehr haben alle Verbote und Einschränkungen von oben die Last des Beweises. Höchst bedenklich ist deshalb der Versuch, die inoffizielle Ökumene prinzipiell in den Status der Illegitimität abzudrängen, solange sie nicht gebilligt ist. Lokale Ökumene weiß, dass die Gemeinsamkeit der Christen oft mehr durch verschiedenen Frömmigkeitsstil, Emotionen und Angst um die eigene Identität belastet ist als durch ausdrückliche Lehrdifferenzen. Lokale Ökumene muss diesen Schwierigkeiten durch den Versuch begegnen, *neue gemeinsame Erfahrungen des Glaubens* zu gewinnen: indem sie gemeinsam betet, feiert, handelt und bekennt.

So kann die Gemeinsamkeit des *Lebens* wachsen. Und mit ihr wächst auch die Gemeinsamkeit des *Bekennens* in Wort und Tat. Ob daraus einmal ein gemeinsames ausformuliertes ökumenisches *Bekenntnis* hervorgehen wird, ist gewiss wichtig und wäre zu wünschen. Aber gegenüber diesem gemeinsamen Leben und Bekennen ist es zweitrangig.

TEIL B. „Credo. Das Apostolische Glaubensbekenntnis – Zeitgenossen erklärt" (1992)

„Credo. Das Apostolische Glaubensbekenntnis – Zeitgenossen erklärt" (1992)

Einführung

Das Original und seine Übersetzungen

Credo. Das Apostolische Glaubensbekenntnis – Zeitgenossen erklärt (Piper, München 1992; Taschenbuchausgabe: Serie Piper 2024, München 1995, [8]2010); Sonderausgabe: Einführung in den christlichen Glauben (Piper, München 2006; Taschenbuchausgabe: Serie Piper 5166, München 2008).

> *Engl. Ausgabe*: Credo. The Apostles' Creed Explained for Today (SCM Press, London 1993).
> *Amerik. Ausgabe*: Credo. The Apostles' Creed – Explained for Today (Doubleday, New York 1993).
> *Kroat. Teilausgabe*: Credo, in: Treci Program. Hrvatskog radija, 36 (Zagreb 1992) S. 70–110.
> *Kroat. Sonderausgabe*: Uvod u Krsćansku Vjeru. Apostolsko vjerovanje protumaceno nasim suvremenicima, FMC Svjetlo rijeci, Sarajevo 2011.
> *Ital. Ausgabe*: Credo. La fede, la chiesa e l'uomo contemporaneo (Rizzoli, Milano 1994, BUR Saggi [2]2007; Lizenzausgabe: Credo. La fede, la chiesa e l'uomo contemporaneo (Edizione CDE, Milano 1994).
> *Niederländ. Ausgabe*: Credo. De Apostolische Geloofsbelijdenis uitgelegd aan tijdgenoten (Kok, Kampen 1993).
> *Span. Ausgabe*: Credo. El Símbolo des los Apóstoles explicado al hombre de nuestro tiempo (Editorial Trotta, Madrid 1994, [8]2010; Buchclubausgabe: Círculo de Lectores, Barcelona 1994).
> *Poln. Ausgabe*: Credo. Apostolskie Wyznanie Wiary Objaśnione Ludziom Współczesnym (Marba Crown, Warschau 1995).
> *Slowen. Ausgabe*: Credo. Razlaga vere za naš čas (Zalozba Znamenje, Petrovce 1995).
> *Ungar. Ausgabe*: Credo. Hiszek. Az Apostoli Hitvallás magyarázata kortársaknak (Kódex, Györ 1997).
> *Port. Ausgabe*: Credo. A Profissão de Fé Apostólica Explicada ao Homem Contemporaneo (Instituto Piaget, Lissabon 1997).
> *Franz. Ausgabe*: Credo. La confession de foi des apôtres expliquée aux hommes d'aujourd'hui (Seuil, Paris 1996).
> *Rätorom. Ausgabe*: Credo. La credentscha apostolica – declerada per la glieud dad hozindi (Rudolf Bezzola, Celerina 2005).

Tschech. Ausgabe: Krédo. Apoštolské vyznání víry dnes? (Vyšehrad, Prag 2007).

Biographischer Kontext

Das war schon ein kühnes Wagnis, für das Studium generale einer säkularen Universität im Sommersemester 1991 als Thema schlicht auf unseren Plakaten anzukündigen: „CREDO. Das Apostolische Glaubensbekenntnis – für heute erklärt". Und dies für den größten Hörsaal mit rund 600 Plätzen. Für mich war meine ganze Vorlesungsreihe über das Credo ein Beweis dafür, dass eine schriftbezogene und zeitgemäße Theologie auch heute noch bei den Menschen Anklang findet. Auch bei dieser Vorlesung ist der Hörsaal voll. Ähnlich ist es in München an der Katholischen Akademie von Bayern, als ich am 10. Oktober 1992 in drei Vorträgen das Glaubensbekenntnis erkläre und anschließend der Eucharistiefeier vorstehe. Es gibt tosenden Beifall, als der angesehene Münchner Theologe Professor Heinrich Fries von der Amtskirche eine „Wiedergutmachung" im Fall Hans Küng mit den Worten fordert: „Ist die katholische Kirche so eng, dass sie einen Mann wie Küng nicht ertragen kann, oder ist sie so reich, dass sie auf ihn verzichten kann?" Fries nannte mich einen „Hoffnungsträger", weil ich trotz meiner Verurteilung durch die Kirche nicht resigniert hätte.

Meine Motivation und Absicht zur Arbeit am Credo habe ich ausführlich dargelegt im Einführungskapitel des 1992 erschienenen Buchs *Credo. Das Apostolische Glaubensbekenntnis – Zeitgenossen erklärt*. Dieser Text folgt hier unmittelbar unter seinem Originaltitel „Credo – heute?".

Credo – heute?

Wie viele Menschen interessieren sich überhaupt noch für das traditionelle christliche Glaubensbekenntnis? Viele nennen sich religiös, doch nicht christlich, viele christlich, doch nicht kirchlich. Aber heftige Auseinandersetzungen vor allem in der katholischen Kirche um einzelne traditionelle Glaubensaussagen erregen auch über die Kirchenmauern hinaus Aufmerksamkeit und zeigen, wie wenig „erledigt" die uralten Grundfragen des christlichen Glaubensbekenntnisses sind. Gestritten wird in aller Öffentlichkeit um das Verständnis von Schlüsselaussagen gerade des traditionellen Credo, des „Apostolischen Glaubensbekenntnisses": „Geboren aus der Jungfrau Maria. Auferstanden von den Toten. Hinabgestiegen zu der Hölle. Aufgefahren in den Himmel". Erbittert wird dann wieder einmal der Streit ausgefochten zwischen Lehramt und zeitgenössischer Theologie um die richtige Auslegung – und nicht selten ergeben sich falsche Alternativen zwischen „objektiver" kirchlicher Lehre und subjektiv-psychologischer Bildinterpretation.

Dabei ist klar: Zum Glauben kann heute – erfreulicherweise – niemand mehr gezwungen werden. Doch viele Zeitgenossen möchten gerne glauben, aber so wie man im Altertum, im Mittelalter oder in der Reformationszeit glaubte, können sie es nicht. Zu viel hat sich verändert in der Gesamtkonstellation unserer Zeit. Zu vieles im christlichen Glauben erscheint fremd, scheint der Natur- und Humanwissenschaft und auch den humanen Impulsen unserer Zeit zu widersprechen. Hier will dieses Buch helfen. Was Papst Johannes XXIII. 1962 in seiner berühmten Eröffnungsansprache den „springenden Punkt" des Konzils nannte, kann man auch als den springenden Punkt dieses Buches bezeichnen. Es geht nicht um „die Diskussion dieses oder jenes Grundartikels der Lehre der Kirche in weitschweifiger Wiederholung der Lehre der Väter sowie der alten und modernen Theologen, welche man unserem Geist immer gegenwärtig und vertraut voraussetzen darf". Sondern es geht um „einen Sprung voran, hin auf eine Lehrdurchdringung und eine Bildung der Gewissen, gewiß in einer vollkommeneren Entsprechung und Treue zur echten Lehre, doch diese studiert und dargelegt in den Formen der Forschung und literarischen Formulierung eines modernen Denkens".

Meine hier vorgelegte Erklärung des Apostolischen Glaubensbekenntnisses, des Apostolikums, fühlt sich diesem Geist des Konzils verpflichtet. Sie will

nicht eine persönlich-willkürliche, sondern eine auf der Basis der Schrift formulierte Auslegung der in diesem „Credo" festgelegten christlichen Glaubensartikel sein;

nicht eine esoterische oder steril dogmatische, sondern eine die Fragen der Zeitgenossen ernst nehmende Interpretation liefern: keine Geheimwissenschaft nur für schon Glaubende, sondern Verständlichkeit, möglichst auch für Nicht-Glaubende, ohne wissenschaftliches Imponiergehabe und sprachliche Gestelztheit; keine offensichtlich vernunftwidrigen Behauptungen, wohl aber Argumentation für Vertrauen in eine Wirklichkeit jenseits der Grenzen der reinen Vernunft;

nicht irgendeine kirchliche Sondertradition favorisieren, aber auch umgekehrt sich nicht einer bestimmten psychologischen Denkschule ausliefern, sondern sich in unbedingter intellektueller Redlichkeit am Evangelium, das heißt an der ursprünglichen christlichen Botschaft orientieren, wie sie heute mit den Mitteln historisch-kritischer Forschung dargelegt werden kann;

keiner konfessionellen Gettomentalität Vorschub leisten, sondern ökumenische Weite anstreben, bei der sich sowohl die drei großen christlichen Kirchen verstanden fühlen können als auch ein Brückenschlag zum Gespräch mit den Weltreligionen ermöglicht wird.

Die Einheit der christlichen Kirchen (Abschaffung aller gegenseitigen Exkommunikationen) ist notwendig, der Friede zwischen den Religionen (als Voraussetzung für einen Frieden zwischen den Nationen) ist möglich. Doch eine maximale ökumenische Offenheit schließt die Treue zur eigenen religiösen Überzeugung nicht aus. Gesprächsbereitschaft in Standfestigkeit ist erwünscht.

Vierzig Jahre theologischer Arbeit sind in dieses Buch eingegangen. Was an Glaubensüberzeugungen durch unermüdliches Studieren und Reflektieren in mir gewachsen ist, soll hier auf knappem Raum dargelegt werden. Die Wahrheit soll stets in Wahrhaftigkeit gesagt werden, wobei die historische Kritik nicht zugunsten eines individualistisch verengten Psychologismus aufgegeben wird. Selbstverständlich konnte in diesem kleinen Buch längst nicht alles angesprochen werden, was zum christlichen Glauben und Leben gehört, von all den Spezialfragen der Dogmatik angefangen bis zu Fragen der Ethik und der Spiritualität. Das liegt nicht zuletzt am „Credo" selbst, das nun einmal eine begrenzte „Auswahl" aus den möglichen „Artikeln" christlichen Glaubens bietet und auf die Fragen des christlichen Handelns gar nicht eingeht. Früher hätte man dies wohl einen „Kleinen Katechismus" des christlichen Glaubens genannt.

Für all die genannten Fragen, die ich hier nicht behandeln konnte, muss ich deshalb auf meine größeren Bücher verweisen, die den Hintergrund dieses Bändchens bilden, vor allem die Bücher über die Rechtfertigung, die Kirche, das Christsein, die Existenz Gottes, das ewige Leben, die Weltreligionen und das Weltethos. Auf diese Schriften, die ausführliche Literaturangaben enthalten, wird am Schluss – als Beleg und zur möglichen Vertiefung – noch eigens verwiesen. Auf die historische Entwicklung von Kirche und Dogma und die gegenwärtige Lage des Christentums hoffe ich im zweiten Band meiner Trilogie „Die religiöse Situation der Zeit", im Band über das Christentum eingehen zu können, und zwar im gleichen Stil, wie ich dies im Band über das Judentum, der 1991 erscheinen konnte, bereits getan habe.

Obwohl das „Credo" aufgrund seiner Entstehungszeit in der ersten Jahrtausendhälfte unübersehbare inhaltliche Grenzen hat, empfand ich es doch als größere Herausforderung, mich gerade mit den traditionellen Glaubensformulierungen auseinanderzusetzen, statt mit eigenen Worten ein modernes Glaubensbekenntnis neu zu formulieren; an einer völlig diffusen, gar konfusen Frömmigkeit kann ja niemand interessiert sein. Und es haben nun einmal gerade diese Artikel – nicht zuletzt durch ihre Verwendung in Liturgie und Kirchenmusik bis auf den heutigen Tag – die Christenheit zutiefst geprägt und bis in den Raum der bildenden Kunst hinein Wirkungen erzielt. Aus diesem Grunde ist der bildenden Kunst diesmal besondere Aufmerksamkeit gewidmet, nachdem ich mir zuvor im Zusammenhang mit dem Namen Mozart Gedanken über die musikalische Gestaltung traditioneller Glaubensaussagen gemacht habe: In jedem der sechs folgenden Kapitel habe ich mich bemüht, die jeweiligen Glaubensartikel von einem klassischen Beispiel christlicher Ikonographie her einzuführen, um das Bild des traditionellen Glaubens mit der so verschiedenen Grundhaltung des heutigen Zeitgenossen vergleichen zu können.

Ein gebührendes Wort des Dankes für die Hilfe, die ich auch dieses Mal empfangen durfte, sei am Schluss ausgesprochen. Das ist alles andere als eine Formalität für mich. Denn ich bin mir im klaren darüber, dass ich mein enormes Arbeitspensum nicht ohne zuverlässige technische und wissenschaftliche Unterstützung bewältigen könnte. Die technische Betreuung des Manuskripts lag auch diesmal wieder in den Händen von Frau Eleonore Henn und Frau Margarita Krause, sorgfältig Korrektur gelesen haben mein Doktorand Matthias Schnell und stud. theol. Michel Hofmann. Die satztechnische Gestaltung hat wiederum Dipl.-Theol. Stephan Schlensog besorgt, der mir auch durch seine kritische Lektüre des Manuskripts eine Hilfe war. Für alle inhaltlichen und stilistischen Fragen aber danke ich insbesondere Frau Marianne Saur und dem stellvertretenden Direktor des Instituts für ökumenische Forschung, Privatdozent Dr. Karl-Josef Kuschel. Ihnen allen, die mir zum Teil schon so viele Jahre treu zur Seite stehen, sei so in aller Öffentlichkeit von Herzen gedankt.

Von keiner anderen Überzeugung als der folgenden wird diese Erklärung des Apostolischen Glaubensbekenntnisses geleitet: dass man auch als Zeitgenosse des ausgehenden 20. Jahrhunderts, trotz aller Kritik an Christentum und Kirche, in einer Haltung vernünftigen Vertrauens sagen kann: Credo, ich glaube. Ich kann Ja sagen zu den (gewiss recht verschieden gewichtigen) Artikeln des Apostolischen Glaubensbekenntnisses als Orientierung für das eigene Leben und Hoffnung für das eigene Sterben.

Tübingen, im Mai 1992 *Hans Küng*

Symbolum Apostolorum

Credo in Deum Patrem
omnipotentem
creatorem coeli et terrae.

Et in Iesum Christum
Filium eius unicum, Dominum
nostrum
qui conceptus est de Spiritu Sancto
natus ex Maria Virgine

passus sub Pontio Pilato
crucifixus, mortuus et sepultus

descendit ad inferos
tertia die resurrexit a mortuis

ascendit ad coelos
sedet ad dexteram Dei Patris
omnipotentis
inde venturus est
iudicare vivos et mortuos.

Credo in Spiritum Sanctum
sanctam Ecclesiam catholicam
sanctorum communionem

remissionem peccatorum
carnis resurrectionem
et vitam aeternam

Amen

Das Apostolische Glaubensbekenntnis

Ich glaube an Gott, den Vater,
den allmächtigen,
den Schöpfer des Himmels und der Erde.

Und an Jesus Christus,
seinen eingeborenen Sohn, unsern
Herrn,
empfangen durch den Heiligen Geist,
geboren von der Jungfrau Maria,

gelitten unter Pontius Pilatus,
gekreuzigt, gestorben und begraben,

hinabgestiegen in das Reich des Todes,
am dritten Tage auferstanden von den
Toten,

aufgefahren in den Himmel;
er sitzt zur Rechten Gottes,
des allmächtigen Vaters;
von dort wird er kommen,
zu richten die Lebenden und die
Toten.

Ich glaube an den Heiligen Geist,
die heilige katholische Kirche,
Gemeinschaft der Heiligen,

Vergebung der Sünden,
Auferstehung der Toten
und das ewige Leben.

Amen

I. Gott der Vater: Gottesbild und Weltschöpfung

In sechs Kapiteln, klar gegliedert, möchte ich aufzuzeigen versuchen, wie man die zwölf Artikel des traditionellen Glaubensbekenntnisses verstehen kann: jenes Glaubensbekenntnisses, das zweifellos nicht auf die Apostel zurückgeht, aber von der apostolischen Botschaft inspiriert ist. Erst um 400 tauchen der Name „Symbolum Apostolorum" und die Erzählung vom apostolischen Ursprung auf. Erst im 5. Jahrhundert liegt es vollendet vor, und erst im 10. Jahrhundert wurde es von Kaiser Otto dem Großen in Rom anstelle des Nizäno-Konstantinopolitanischen Glaubensbekenntnisses als Taufsymbol eingeführt. Bis heute aber hat es sich in der katholischen Kirche wie in den Kirchen der Reformation als einfach erzählende Zusammenfassung des christlichen Glaubens auf der Grundlage der apostolischen Verkündigung halten können. Es hat von daher auch eine ökumenisch wichtige Funktion. Und doch kommt jedem Zeitgenossen sofort die Frage: „Kann man das alles glauben?"

1. Kann man das alles glauben?

Direkt und persönlich die alte Tauffrage gestellt: „Glauben Sie an Gott, den Vater, den allmächtigen, den Schöpfer des Himmels und der Erde?" Schon dieser erste Satz des Glaubensbekenntnisses mutet einem bereits viel „zu glauben" zu. „Gott" – „Vater" – „allmächtig" – „Schöpfer" – „Himmel und Erde": Nichts ist mehr selbstverständlich an diesen Worten. Jedes von ihnen bedarf der Erklärung, der Übersetzung in unsere Zeit.

Nun lebt der Mensch gewiss nicht von Begriffen und Ideen allein, sondern von jedem *Bild*, das er seit seiner Jugend tief in sich aufgenommen hat. Und auch des Menschen Glaube lebt nicht nur von Sätzen, Dogmen und Argumenten, sondern von jedem großen Bild, das sich ihm als eine Glaubenswahrheit eingeprägt hat und das eben nicht nur Intellekt und kritisch-rationalen Diskurs, sondern auch seine Einbildungskraft und seine Emotionen anzusprechen vermag. Glauben wäre ja nur eine halbe Sache, wenn nur des Menschen Verstand und Vernunft und nicht der ganze Mensch, auch sein Herz, angesprochen wäre.

Vielen Zeitgenossen fällt denn auch beim Wort Gott, Schöpfergott, weniger ein Begriff oder eine Definition denn ein Bild ein, ein großes klassisches Bild von Gott und Welt, Gott und Mensch. Jene Fresken etwa, die der kaum fünfunddreißigjährige *Michelangelo Buonarotti*, der bis dahin fast nur als Bildhauer und Architekt gearbeitet hatte, im Auftrag von Papst Julius II. della Rovere an das riesige Gewölbe der päpstlichen Palastkapelle gemalt hat, 1508–12. Einzigartige Bilder stehen hier vor uns: einzigartig nicht nur wegen der unerhört dichten künstlerischen Gesamtkonzeption, der alles tragenden Scheinarchitektur, der kühnen Perspektivität und Monumentalität der Figuren und der jetzt wieder restaurierten leuchtenden Farben. Einzigartig auch wegen ihres theologischen Gehalts: Michelangelo selber wollte – statt der vom Papst gewünschten Apostel auf hohen Thronen in einem gemalten geometrischen Felderwerk – Schöpfungsgeschichte und Urgeschichte der Menschheit darstellen.

Etwas Unerhörtes entstand. Hatten die frühchristlichen Maler sich damit begnügt, Gott mit Chiffren und Symbolen darzustellen, so wagt Michelangelo, was vor ihm keiner wagte: den Schöpfungsprozess und das Geschehen schon am ersten Schöpfungstag unmittelbar anschaulich zu malen:

Gottvater im leeren Raum schwebend und mit gewaltigem Gestus der Arme das Licht von der Dunkelheit scheidend.

Dann, auf dem zweiten Riesenfresko, Gott als Schöpfer heranbrausend, Sonne und Mond schaffend im Nu, so dass man ihn auf dem gleichen Bild vom Rücken her davonfliegen sieht.

Weiter – nach der Trennung des Landes vom Wasser auf dem vierten Mittelbild (an Pflanzen und Tieren war Michelangelo sein Leben lang nie interessiert) – Gottvater heranfliegend, in einer Engelschar die liebenswürdige halbwüchsige Gestalt der Eva mit sich führend. Vom rechten Zeigefinger Gottes springt der Lebensfunke auf die kraftlos entgegengestreckte Hand Adams über.

Nicht nur vorher, sondern auch nachher hat kein Mensch solche Bilder zu malen gewagt: sie blieben unübertroffen. Und doch brechen hier sofort Fragen des skeptischen Zeitgenossen auf: „Sollen wir das *so glauben*? Vor allem jene legendenhaften *Erzählungen der Bibel* von einem Schöpfungswerk in sechs Tagen, von einem Gott da oben in der Höhe, einem Übermenschen und Übervater, ganz und gar männlich von Gestalt und allmächtig dazu! Mutet uns das Glaubensbekenntnis nicht zu, das kritische Denken beim Eintritt in die Kirche abzugeben?"

Zugegeben: Wir leben nicht mehr in den Zeiten Michelangelos, der übrigens wie kaum einer in seinen späteren Jahren die Kunst zugunsten der Religion relativiert hat; leben auch nicht mehr in den Zeiten Luthers und Melanchthons, welche damals das wahrhaft revolutionäre Buch des katholischen Domherrn Nikolaus Kopernikus vom heliozentrischen Weltsystem in den Händen hatten und es – wegen seines klaren Widerspruchs zur Bibel – verwarfen, ohne allerdings Kopernikus den Prozess zu machen wie später die Päpste dem Galilei. Rund 400 Jahre nach Kopernikus, 300 Jahre nach Galilei, 200 Jahre nach Kant und 100 Jahre nach Darwin (allesamt von einem lernunfähigen römischen „Lehramt" zunächst verurteilt) bin ich mir bewusst, dass buchstäblich *jedes Wort* des „apostolischen Glaubensbekennt-

I. Gott der Vater: Gottesbild und Weltschöpfung

nisses" in die nachkopernikanische, nachkantsche, auch nachdarwinsche und nacheinsteinsche Welt hinein *übersetzt werden muss*, wie ja auch frühere Generationen an entscheidenden Epochenbrüchen – Frühmittelalter, Reformation, Aufklärung – dasselbe Glaubensbekenntnis wieder neu zu verstehen hatten. Und leider: Jedes Wort dieses Credo – vom Wort „Ich glaube" und vom Wort „Gott" angefangen – ist im Lauf der Jahrhunderte ja auch missverstanden, missbraucht, gar geschändet worden.

Doch sollen wir diese Bekenntnisworte deshalb wegwerfen – fort damit auf den Abfallhaufen der Geschichte? Nein! Wir sollten Stück für Stück die Grundlagen theologisch neu legen und die skeptischen Fragen der Zeitgenossen ganz und gar ernst nehmen. Denn das Glaubensbekenntnis setzt ja allzu selbstverständlich voraus, was unter neuzeitlichen Bedingungen gerade zu *beweisen* wäre: dass es eine transzendente Wirklichkeit überhaupt gibt, dass *Gott existiert*. Aber beweisen? Heißt „glauben" beweisen?

2. Was heißt „glauben"?

Zugegeben: Glaubensaussagen haben nicht den Charakter mathematischer oder physikalischer Gesetze. Ihr Inhalt kann weder wie in der Mathematik noch wie in der Physik durch direkte Evidenz oder mit dem Experiment ad oculos demonstriert werden. Die Wirklichkeit Gottes aber wäre auch gar nicht *Gottes* Wirklichkeit, wenn sie so sichtbar, greifbar, empirisch konstatierbar, wenn sie experimentell verifizierbar oder mathematisch-logisch deduzierbar wäre. „Einen Gott, den es gibt, gibt es nicht", sagte der evangelische Theologe und Widerstandskämpfer Dietrich Bonhoeffer einmal zu Recht. Denn: Gott – im Tiefsten und Letzten verstanden – kann nie einfach Objekt, ein Gegenstand sein. Ist er das, wäre dies nicht Gott. Gott wäre dann der Götze der Menschen. Gott wäre ein Seiendes unter Seiendem, über das der Mensch verfügen könnte, und sei es auch nur in seiner Erkenntnis.

Gott ist per definitionem das Un-definierbare, Un-begrenzbare: eine buchstäblich unsichtbare, unermessliche, unbegreifliche, unendliche Wirklichkeit. Ja, er ist nicht irgendeine weitere Dimension unserer vieldimensionalen Wirklichkeit, sondern ist die Dimension Unendlich, die in all unserem alltäglichen Rechnen verborgen präsent ist, auch wenn wir sie nicht wahrnehmen – außer eben in der Infinitesimalrechnung, die bekanntlich zur höheren Mathematik gehört.

Die nicht nur mathematische, sondern *reale Dimension Unendlich*, dieser Bereich des Ungreifbaren und Unbegreifbaren, diese unsichtbare und unermessliche Wirklichkeit Gottes lässt sich *rational nicht beweisen*, so sehr dies Theologen und manchmal auch Naturwissenschaftler immer wieder versucht haben – im Gegensatz zur Hebräischen Bibel, im Gegensatz zum Neuen Testament und im Gegensatz zum Koran, wo ja die Existenz Gottes nirgendwo argumentativ demonstriert wird. Philosophisch gesehen hat Immanuel Kant recht: So weit reicht unsere reine, theoretische Vernunft nicht. An Raum und Zeit gebunden, kann sie nicht beweisen, was außerhalb des Horizonts unserer raum-zeitlichen Erfahrung ist: weder dass Gott existiert noch – und das übersehen Atheisten meist – dass Gott nicht existiert. Auch für die Nichtexistenz Gottes hat bisher noch nie jemand einen überzeugenden Beweis geleistet. Nicht nur die Existenz Gottes, auch die Existenz eines Nichts lässt sich nicht beweisen.

Deshalb gilt: Niemand ist rein denkerisch-philosophisch dazu gezwungen, die Existenz Gottes anzunehmen. Wer die Existenz einer meta-empirischen Wirklichkeit „Gott" annehmen will, hat gar keine andere Möglichkeit, als sich ganz praktisch auf sie einzulassen. Auch für Kant ist die Existenz Gottes ein Postulat der praktischen Vernunft. Ich möchte lieber von einem Akt des Menschen insgesamt reden, des Menschen mit Vernunft (Descartes!) und Herz (Pascal!), genauer: ein *Akt vernünftigen Vertrauens*, das zwar keine strengen Beweise, aber gute Gründe hat. Wie ja doch auch ein Mensch, der nach manchen Zweifeln auf einen anderen Menschen sich in Liebe einlässt, genau besehen keine strengen Beweise für sein Vertrauen hat, wohl aber – wenn es sich nicht um eine fatale „blinde Liebe" handelt – gute Gründe. Blinder Glaube aber kann ebenso verheerende Folgen haben wie blinde Liebe.

Insofern also ist *des Menschen Glaube an Gott* weder ein rationales Beweisen noch ein irrationales Fühlen noch ein dezisionistischer Akt des Willens, sondern ein begründetes und in diesem Sinn eben vernünftiges *Vertrauen*. Dieses vernünftige Vertrauen, das Denken, Fragen und Zweifeln einschließt und das zugleich Sache des Verstandes, des Willens und des Gemütes ist: dies heißt im biblischen Sinn „*Glauben*". Kein bloßes Fürwahrhalten von Sätzen also, sondern ein Sicheinlassen des ganzen Menschen, und zwar nicht primär auf bestimmte Sätze, sondern auf die Wirklichkeit Gottes selbst. Wie es schon der große Lehrer der lateinischen Kirche Augustinus von Hippo unterschieden hat: nicht nur ein „etwas glauben" („credere aliquid"), auch nicht nur „jemandem glauben" („credere alicui"), sondern „an jemand glauben" („credere in aliquem"). Dies meint das Urwort „*Credo*": „Ich glaube"
- nicht an die Bibel (das sage ich gegen den protestantischen Biblizismus), sondern an den, den die Bibel bezeugt;
- nicht an die Tradition (das sage ich gegen den östlich orthodoxen Traditionalismus), sondern an den, den die Tradition überliefert;
- nicht an die Kirche (das sage ich gegen den römisch-katholischen Autoritarismus), sondern an den, den die Kirche verkündet;
- also, und das ist unser ökumenisches Bekenntnis: „Credo in Deum": ich glaube an Gott!

I. Gott der Vater: Gottesbild und Weltschöpfung

Auch das Glaubensbekenntnis ist nicht der Glaube selbst, sondern ist nur Ausdruck, Ausformulierung, Artikulation des Glaubens; deshalb spricht man von „Glaubensartikeln". Und doch wird mich der Zeitgenosse fragen: „Macht nicht, wer heute noch an Gott glaubt, die Aufklärung rückgängig? Fällt er nicht, gewollt oder ungewollt, ins Mittelalter oder zumindest in die Reformationszeit zurück? Wird so die ganze Religionskritik der Moderne nicht schlechthin vergessen, ja verdrängt?"

3. Gilt die moderne Religionskritik noch?

Nein, ich habe sie nicht vergessen, die *Kritik der Religion*, habe sie jahrelang studiert, mit viel Passion und wahrhaftig nicht ohne Sympathie für die Großen dieses Genres, von Feuerbach über Marx bis Nietzsche und Freud. In allzu vielem hatten und haben sie recht, als dass man sie auch heute noch (oder heute wieder) ungestraft ignorieren könnte. Denn analysiert man das Persönlichkeitsprofil so mancher frommer „Gläubiger" – und dies wahrhaftig nicht nur im Christentum –, so wird man es mit *Ludwig Feuerbach* nicht bestreiten können: Der Glaube an Gott kann den Menschen von sich selber entfremden und verkümmern lassen, weil der Mensch Gott mit den Schätzen seines eigenen Innern ausgestattet hat. Zu wenig menschlich, zu wenig Menschen sind diese Gottgläubigen, als dass Gottlose sich von ihrem Gottesglauben anstecken lassen könnten! Ja, man kann den Republikaner Feuerbach verstehen, dass er die Menschen von Kandidaten des Jenseits zu Studenten des Diesseits machen wollte: aus den religiösen und politischen Kammerdienern der himmlischen und irdischen Monarchie und Aristokratie zu freien, selbstbewussten Bürgern.

Allerdings haben wir seit Feuerbach ein Doppeltes hinzugelernt:
1. Dass Gott nur das ins Jenseits hinausprojizierte, hypostasierte Spiegelbild des Menschen sei, hinter dem in Wirklichkeit nichts stehe, wurde von Feuerbach nie bewiesen, immer nur behauptet. Heute gibt es ungezählte Menschen, die freie, selbstbewusste Bürger der Erde sind, gerade weil sie an Gott glauben als den Grund und die Garantie ihrer Freiheit und Mündigkeit.
2. Auch der gottlose Humanismus hatte allzu oft inhumane Folgen, und in den Schreckenserfahrungen unseres Jahrhunderts – zwei Weltkriege, Gulag, Holocaust, Atombombe – erwies sich der Weg von der Humanität ohne Divinität zur Bestialität oft als kurz.

Aber Rückfrage: Gilt die Aussage von den freien, selbstbewussten Menschen, die an Gott glauben, nicht bestenfalls für westliche Wohlstandsgesellschaften, kaum aber für Kontinente wie Lateinamerika? Hat man dort zur Analyse der unmenschlichen Verhältnisse, an denen nicht zuletzt Religion und Kirche schuld sind, nicht zu Recht Einsichten von *Karl Marx* herangezogen? Marx wollte die Kritik des Himmels in die Kritik der Erde verwandeln, die Kritik der Religion in die Kritik des Rechts, die Kritik der Theologie in die Kritik der Politik. Wer die oft unmenschlichen Verhältnisse etwa in Lateinamerika kennt, kann kaum bestreiten, dass der herrschende Gott der Christen vielfach der Gott der Herrschenden war: eine Jenseitsvertröstung, eine Deformation des Bewusstseins, ein Schmücken der Ketten mit Blumen, anstatt sie zu zerbrechen.

Inzwischen hat sich allerdings auch für die bisher Unbelehrbaren unwiderlegbar gezeigt, dass bei allen richtigen Analysen die Marxschen Lösungen – Abschaffung des Privateigentums und Sozialisierung von Industrie, Landwirtschaft, Erziehung und Kultur – zu einer beispiellosen Ausbeutung der Völker und einer Zerstörung von Moral und Natur geführt haben. Zu einem automatischen Absterben der Religion aber kam es, wie Marx annahm, global gesehen nicht. Statt der Religion war zwar eine Zeitlang die Revolution das Opium des Volkes – von der Elbe bis Wladiwostok, auch in Kuba, in Vietnam, Kambodscha und China. Aber jetzt hat sich von Osteuropa und der DDR über Südafrika bis nach Südamerika und den Philippinen gezeigt, dass Religion nicht nur Mittel der sozialen Beschwichtigung und Vertröstung sein kann, sondern auch – so schon in der nordamerikanischen Bürgerrechtsbewegung – Katalysator der sozialen Befreiung: und dies ohne jene revolutionäre Gewaltanwendung, die einen Teufelskreis von immer neuer Gewalt zur Folge hat.

„Gewiss", sagt da so mancher Zeitgenosse, „Gottesglaube mag Katalysator der äußeren, sozialen Befreiung sein. Aber die noch dringlichere innere, psychische Befreiung von Angst, Unreife und Unfreiheit?" Ich gebe zu: Mit vollem Recht kritisierte *Sigmund Freud* Machtarroganz und Machtmissbrauch der Kirchen, kritisierte er die Fehlformen der Religion, Realitätsblindheit, Selbsttäuschungen, Fluchtversuche und Verdrängung der Sexualität, kritisierte er aber auch ganz direkt das traditionelle autoritäre Gottesbild. In der Tat wird hinter der Ambivalenz dieses Gottesbildes sehr oft das ins Metaphysische, ins Jenseits oder in die Zukunft projizierte eigene frühkindliche Vater- oder Mutterbild sichtbar. Und selbst heute noch wird manchmal in religiösen Familien der strafende Vater-Gott von Eltern als Erziehungsinstrument zur Disziplinierung der Kinder missbraucht, mit langfristigen negativen Folgen für die Religiosität der Heranwachsenden. Der Gottesglaube erscheint so als Rückwendung zu infantilen Strukturen, als Regression auf kindliches Wünschen.

In der Zwischenzeit hat sich freilich erwiesen,
- dass nicht nur die Sexualität, sondern auch die Religiosität verdrängt werden kann,

I. Gott der Vater: Gottesbild und Weltschöpfung

- dass die ältesten, stärksten, dringendsten Wünsche der Menschheit, die Freud zufolge die Stärke der Religion ausmachen, besser nicht als reine Illusionen abqualifiziert werden sollten;
- dass in einer Zeit allgemeiner Orientierungs- und vielfacher Sinnlosigkeit gerade der Gottesglaube zu definitiver Sinnerfüllung im Leben und auch im Sterben verhelfen kann, aber auch zu unbedingten ethischen Maßstäben und zu einer geistigen Heimat.

So kann denn der Gottesglaube nicht zuletzt im psychischen Bereich statt einer versklavenden eine befreiende, statt einer schädigenden eine heilende, statt einer labilisierenden eine echt stabilisierende Funktion haben.

Damit dürfte deutlich geworden sein: Wer heute an Gott glaubt – zunächst allgemein umschrieben als transzendentimmanente, allumgreifend allesdurchwaltende wirklichste Wirklichkeit im Menschen und in der Welt –, der braucht weder ins Mittelalter noch in die Reformationszeit noch in die eigene Kindheit zurückzufallen, der kann durchaus Zeitgenosse unter Zeitgenossen sein – gerade heute, im schmerzhaft langsamen Übergang zu einer nachmodernen Weltepoche.

Meine Antwort also auf die moderne Religionskritik zusammengefasst:
- Der Gottesglaube war und ist gewiss oft autoritär, tyrannisch und reaktionär. Er kann Angst, Unreife, Engstirnigkeit, Intoleranz, Ungerechtigkeit, Frustration und soziale Abstinenz produzieren, kann geradezu Unmoral, gesellschaftliche Missstände und Kriege in einem Volk oder zwischen Völkern legitimieren und inspirieren. Aber:
- Der Gottesglaube konnte sich gerade in den letzten Jahrzehnten wieder zunehmend als befreiend, zukunftsorientiert und menschenfreundlich erweisen: Gottesglaube kann Lebensvertrauen, Reife, Weitherzigkeit, Toleranz, Solidarität, kreatives und soziales Engagement verbreiten, kann geistige Erneuerung, gesellschaftliche Reformen und den Weltfrieden fördern.

„Aber die konkreten Aussagen unseres christlichen Glaubensbekenntnisses? Wie ist unter den Bedingungen der neuzeitlichen Religionskritik zu verstehen, dass Gott ‚Schöpfer' des Himmels und der Erde ist? Stehen nicht gerade die Erkenntnisse der modernen Kosmologie im Widerspruch zu einem Schöpfer-Glauben?" Viele Zeitgenossen fragen so.

4. Schöpfungsglaube und Kosmologie – ein Widerspruch?

„Im Anfang schuf Gott den Himmel und die Erde", so lautet der allererste Satz der Bibel. Diese Welt also hatte einen Anfang, gesetzt durch einen Akt Gottes. Auch viele Naturwissenschaftler nehmen ja heute durchaus an, dass die Welt nicht ewig, anfangslos ist, sondern einen zeitlichen Beginn hatte, der möglicherweise mit einem Ur-Knall zusammenfiel. Doch sofort höre ich den Einwand: „Wollen Sie den Satz der Bibel von einer göttlichen Weltschöpfung naturwissenschaftlich verifizieren? Ist für Sie der Zeitpunkt des Ur-Knalls (Big Bang), mit dem unsere Welt nach Meinung bedeutender Forscher angefangen hat, gar mit dem Zeitpunkt der *Weltschöpfung* aus dem Nichts durch göttliche Allmacht identisch?"

Das auf der Basis der *Urknall-Theorie* entwickelte kosmologische „Standardmodell" (S. Weinberg) der Weltentstehung hat allerneuestens eine erstaunliche Bestätigung gefunden. Schon 1929 hatte der amerikanische Physiker Edwin P. Hubble aus den von ihm gefundenen Rotverschiebungen der Spektrallinien von Galaxien (Milchstraßensystemen) auf die immer noch weitergehende Expansion unseres Weltalls geschlossen. Mit einer Geschwindigkeit, die ihrer Entfernung von uns proportional ist, bewegen sich demnach die Galaxien außerhalb unserer eigenen Milchstraße von uns fort. Seit wann? Seit ewigen Zeiten kann es nicht sein. Es muss einen Anfang gegeben haben, in welchem alle Strahlung und alle Materie in einem kaum beschreibbaren Ur-Feuerball von kleinstem Umfang und größter Dichte und Hitze komprimiert war. Mit einer gigantischen kosmischen Explosion, dem „Ur-Knall" – bei einer Temperatur von 100 Milliarden Grad Celsius und etwa viermilliardenmal so dicht wie Wasser – soll vor fast 15 Milliarden Jahren die noch immer andauernde gleichförmige (und isotrope) Expansion des Universums begonnen haben.

Schon in den ersten Sekunden dürften aus extrem energiereichen Photonen schwere Elementarteilchen (Protonen, Neutronen) und leichte (Elektronen, Positronen) gebildet worden sein, die Bauelemente der Atome. Danach wurden durch Kernprozesse aus Protonen und Neutronen Heliumkerne und wiederum einige hunderttausend Jahre später auch Wasserstoff- und Heliumatome aufgebaut. Erst sehr viel später – bei nachlassendem Druck der ursprünglich hochenergetischen Lichtquanten und weiterer Abkühlung – konnte das Gas durch die Gravitation zu Klumpen und schließlich, bei weiterer allmählicher Verdichtung, zu Galaxien und Gestirnen kondensieren ... Die 1964 von A. A. Penzias und R. W. Wilson entdeckte Radiostrahlung im Dezimeter- und Zentimeterbereich (kosmische Mikrowellen- oder Hintergrundstrahlung) wäre demnach nichts anderes als das Überbleibsel jener sehr heißen, mit dem Urknall verbundenen kosmischen Strahlung, welche durch die Expansion des Weltalls in eine Strahlung sehr niedriger Temperatur überging, ein Urknall-Echo sozusagen. Im April 1992 gelang es erstmals, mit Hilfe des US-Forschungssatelliten COBE die Spuren jener winzigen und frühesten Strukturen im Raum-Zeit-Gefüge zu messen, die durch den ersten Explosionsprozess verursacht wurden und aus denen sich schließlich die Galaxien gebildet haben: also die größten und ältesten Strukturen (Dichte-

I. Gott der Vater: Gottesbild und Weltschöpfung 51

schwankungen im frühen kosmischen Energiebrei), die 300 000 Jahre nach dem Ur-Knall entstanden sind.

Liegt Michelangelo also so ganz falsch? Und hat nicht die Bibel doch recht: „Und Gott sprach: Es werde Licht! Und es ward Licht. Und Gott sah, dass das Licht gut war ... ein erster Tag" (Gen 1,3 f.): Beweist die Theorie vom Urknall nicht eindeutig die *Wahrheit einer Weltschöpfung?* Hat dieser plötzliche Schöpfungsakt nicht etwas von einem Urknall, unendlich grandioser als die biblischen Schriftsteller und auch Michelangelo sich dies zu ihrer Zeit hatten vorstellen können? Nach jener Theorie fand der Urknall zwar vor langer, aber endlicher Zeit statt. Die Welt hätte also einen Anfang, ein bestimmtes Alter: rund 15 Milliarden Jahre. Und unser Planet: aus kosmischen Staubwolken am Rand einer der hundert Millionen Milchstraßensysteme gebildet vor vielleicht fünf Milliarden Jahren. Ja, die jüngsten Messungen legen das Alter des Sonnensystems, entstanden aus einer sich verdichtenden Spiralwolke aus Gas und Staub, aus der sich auch unsere Ur-Erde gebildet hat, auf 4,5 Milliarden Jahre fest.[1]

Doch der Pferdefuß dieser Theorie: Nach wie vor ist nicht darüber entschieden, ob die Expansion des Weltalls dauernd weitergeht oder einmal zum Stehen kommt und danach wieder in Kontraktion übergehen wird. Das kann erst von weiteren Beobachtungen her entschieden werden, von denen es auch abhängt, ob das Weltall offen oder geschlossen, der Weltraum also unendlich groß ist oder ein endliches Volumen besitzt. *Albert Einstein* hatte bekanntlich schon vor der Urknall-Theorie ein, allerdings damals noch statisches, neues *Weltmodell* entwickelt, das von der klassischen Physik Newtons völlig abwich: Aufgrund der Gleichungen seiner allgemeinen Relativitätstheorie wird die Gravitation als Folge einer Krümmung des nicht-anschaulichen „Raum-Zeit-Kontinuums" aufgefasst, das heißt eines vierdimensionalen Zahlenraums, der mit nichteuklidischer Geometrie aus Raum- und Zeitkoordinaten gebildet wird. Ein räumlich gekrümmtes Universum, das als unbegrenzt gedacht werden muss, aber doch ein endliches Volumen hat – ähnlich wie im dreidimensionalen Raum die Oberfläche einer Kugel, welche einen endlichen Flächeninhalt und doch keine Begrenzung hat.

Vertreter des Dialektischen Materialismus hatten schon früh aus Glaubensgründen Einsteins Weltmodell von einem zeitlich und räumlich endlichen Universum als „idealistisch" verurteilt: Es schien ihr Dogma von der Unendlichkeit und Ewigkeit der Materie nicht zu bestätigen. Als dann in apologetischen christlichen Schriften immer mehr versucht wurde, den Zeit-

---

[1] Vgl. L. Badash, Der lange Streit um das Alter der Erde, in: Spektrum der Wissenschaft, Oktober 1989, S. 120–126.

punkt des Ur-Knalls tatsächlich mit einer göttlichen Weltschöpfung zu identifizieren, wurden auch nichtmarxistische Naturwissenschaftler beunruhigt: „Einige jüngere Forscher", so der deutsche Astronom Otto Heckmann, „wurden so aufgeregt über diese theologischen Tendenzen, daß sie ihre kosmologische Quelle einfach zu verstopfen beschlossen: Sie schufen die ‚Steady State Cosmology', die Kosmologie des expandierenden, aber doch unveränderlichen Universums."[2] Doch diese Theorie von einem stationären Universum setzte eine Spontanerzeugung von Materie voraus und erschien als widersprüchlich; und nach der Entdeckung der kosmischen Mikrowellenstrahlung, aber auch der Quasare und Pulsare in den 60er Jahren hat diese Theorie kaum noch Aussicht, sich durchzusetzen.

Doch ich höre die Skeptiker nachfragen: „Wollen Sie also tatsächlich von einer naturwissenschaftlichen Bestätigung der biblischen Aussagen von einer Weltschöpfung durch Gott sprechen?" Nein, das will ich nicht. Zu Recht werfen Naturwissenschaftler den *Theologen* vor, sie hätten Gott allzu oft als kosmischen Lückenbüßer missbraucht, um bislang Unerklärliches zu erklären, und hätten so ihrerseits zu der vom Zoologen Ernst Haeckel um die Jahrhundertwende bissig festgestellten „Wohnungsnot Gottes" beigetragen. In der Tat: Wird Gott mit jeder neuen naturwissenschaftlichen Erklärung nicht entbehrlicher und stirbt dann, wie der englische Philosoph Antony Flew bemerkte, den Tod von tausend Einschränkungen? Und sollen Gottgläubige sich auf den noch nicht erklärten Rest der Welt zurückziehen, um von daher einen Schöpfer zu beweisen? Nein, der Theologe darf die Glaubenswahrheit der Weltschöpfung nicht vom zufälligen Stand der Teilchenphysik oder der Molekularbiologie abhängig machen.

Umgekehrt aber gilt auch: Es darf ein *Philosoph oder Naturwissenschaftler* – Nobelpreis hin oder her – nicht mit physikalischen oder biologischen Ergebnissen seinen atheistischen Standpunkt (den zu vertreten er das volle Recht hat) beweisen wollen. Hier droht Inkompetenz, ja, hier werden die von Kant festgestellten Grenzen der reinen Vernunft überschritten. Es muss dabei zu denken geben, dass die Atom- und Astrophysik ganz elementare Rätsel des Ursprungs („Origins" – eine Interviewsammlung führender Kosmologen 1990 unter diesem Titel beweist es)[3] noch nicht oder vielleicht überhaupt nicht lösen können: Warum beginnt der Kosmos nicht mit einem Chaos, sondern mit einem Urzustand erstaunlicher Ordnung? Warum sind vom Urknall an, dem wir Energie und Materie, aber auch Raum und Zeit

---

[2] O. Heckmann, Sterne, Kosmos, Weltmodelle. Erlebte Astronomie, München 1976, S. 37.
[3] A. Lightman – R. Brawer, Origins. The Lives and Worlds of Modern Cosmologists, Cambridge/Mass. 1990.

I. Gott der Vater: Gottesbild und Weltschöpfung

verdanken, bereits alle Naturkonstanten (etwa die Lichtgeschwindigkeit) und ganz bestimmte Naturgesetze gegeben? Warum herrschen dann überall im Kosmos dieselben physikalischen Bedingungen (Temperatur)? Warum zerfällt der Kosmos nach dem physikalischen Gesetz der Entropie aus einem Zustand relativer Ordnung nicht schon am Anfang wieder in Chaos?

Statt sich darüber zu ärgern, dass sie den Schöpfungsmoment selbst (sozusagen die erste Billiardstelsekunde) nicht erklären können, sollten sich die Kosmologen besser ganz rational der Frage stellen: Was war „vor" Big Bang? Genauer: Was war die Bedingung der Möglichkeit des Big Bang – von Energie und Materie, von Raum und Zeit? Hier wird die kosmologische Frage freilich zur theologischen jenseits der Grenzen der reinen Vernunft, und auch für den Kosmologen wird sie zur großen Vertrauensfrage. Deshalb nochmals die Frage, die jetzt konstruktiv beantwortet werden kann:

5. Glauben an den Schöpfergott im Zeitalter der Kosmologie?

Die Frage nach dem ersten schöpferischen Grund der Gründe, den wir Gott, eben den Schöpfergott heißen, ist nicht nur die Frage nach einem singulären Ereignis am Anfang. Aufgeworfen ist die Frage nach der grundlegenden Beziehung von Welt und Gott überhaupt. Die Schöpfung geht weiter, Gottes Schöpfungsakt geht weiter! Und erst wenn wir überholte moderne Ideen von einem „Gott ohne Wohnung" oder einem „sinnlosen Universum" verabschieden, dann können wir etwas ahnen von der Großartigkeit einer *andauernden Schöpfung*, einer Creatio continua. Bezüglich des *Anfangs der Welt* aber, wie ihn die Bibel berichtet und das Glaubensbekenntnis voraussetzt, kann ich jetzt meine Antwort, von der heutigen Bibelexegese gedeckt, in wenigen Sätzen wie folgt zusammenfassen:

1. Dass (naturwissenschaftlich gesehen) unser Universum möglicherweise endlich ist in Raum und Zeit, ist für unser Welt- und Selbstverständnis (auch theologisch gesehen) von nicht geringer Bedeutung; es bestätigt die Einsicht in die Endlichkeit von allem, was ist. Aber auch umgekehrt gilt: Selbst ein unendliches Universum könnte den unendlichen Gott, der ja in allen Dingen ist, nicht beschränken. Das heißt: Der *Gottesglaube* ist *mit verschiedenen Weltmodellen vereinbar*. Und die theologischen Apologeten sind ebenso auf dem Holzweg wie ihre antitheologischen Kontrahenten.
2. Die Frage jedoch nach dem letzten Woher von Welt und Mensch – *was war vor Urknall und Wasserstoff?* – bleibt eine unabweisbare Frage des Menschen. Sie führt direkt zu der (Leibniz und Heidegger zufolge) Grundfrage der Philosophie: Warum gibt es überhaupt etwas und nicht vielmehr nichts? Der Naturwissenschaftler, der jenseits des Erfahrungshorizonts nicht mehr zuständig ist, kann sie nicht beantworten; aber er darf sie

nicht – weil sie ihm (und oft auch dem Philosophen) lästig fällt – als unnütz oder gar sinnlos abtun. Wer hätte denn ausgerechnet bewiesen, dass die Frage nach dem Sinn des Ganzen sinnlos sei?

3. Die Sprache der *Bibel* ist keine naturwissenschaftliche Faktensprache, sondern eine metaphorische Bildersprache. Die Bibel will keine naturwissenschaftlichen Fakten konstatieren, sie will sie deuten. Die beiden biblischen Schöpfungsberichte – der erste geschrieben um 900 und der zweite um 500 v. Chr. – geben keine Auskunft über die Entstehung des Universums im modernen naturwissenschaftlichen Sinn. Aber: Sie geben ein *Glaubenszeugnis* über sein letztes Woher, das die Naturwissenschaft weder bestätigen noch widerlegen kann. Und das Zeugnis lautet: Am Anfang der Welt stehen nicht Zufall und Willkür, nicht ein Dämon oder blinde Energie, sondern steht Gott selbst, seine gute Absicht mit der Schöpfung. Dieser Gott braucht weder als der große Baumeister noch als der kluge Uhrmacher verstanden zu werden, der die Dinge von außen perfekt zusammenfügt und ihre Ordnung völlig determiniert.

4. Dass Gott die Welt *„aus dem Nichts"* geschaffen hat, ist keine naturwissenschaftliche Aussage über ein „falsches Vakuum" mit „negativer Schwerkraft", bedeutet aber auch keine Verselbständigung des Nichts (sozusagen ein schwarzer leerer Raum) vor oder neben Gott, sondern ist theologischer Ausdruck dafür, dass sich Welt und Mensch samt Raum und Zeit Gott allein und keiner anderen Ursache verdanken.

5. Das Glaubenszeugnis der biblischen Schöpfungsberichte wie auch die Fresken Michelangelos beantworten in Bildern und Gleichnissen ihrer Zeit Fragen, die auch für den Menschen von heute unabweisbar sind und welche die Naturwissenschaft mit ihrer Methode und Sprache nicht beantworten kann. Und dies ist die Botschaft der ersten Seite der Bibel:
   – Der gute Gott ist der Ursprung von allem und jedem.
   – Er steht mit keinem bösen oder dämonischen Gegenprinzip in Konkurrenz.
   – Die Welt im Ganzen und im Einzelnen, auch die Nacht, auch Materie, auch niedriges Getier, auch Menschenleib und Geschlechtlichkeit sind grundsätzlich gut.
   – Schon des guten Gottes Schöpfung bedeutet seine gnädige Zuwendung zu Welt und Mensch.
   – Der Mensch also ist das Ziel des Schöpfungsprozesses, und gerade deshalb ist er für die Pflege seiner Um-Welt, der Natur, verantwortlich.

Damit ist deutlich geworden: An den einen Gott zu glauben, der Himmel und Erde, eben das ganze Universum, geschaffen hat, heißt nicht, sich für das eine oder andere Weltmodell, die eine oder andere Kosmostheorie (sie

I. Gott der Vater: Gottesbild und Weltschöpfung

mögen richtig oder falsch sein) zu entscheiden. Geht es doch, wenn von *Gott* die Rede ist, um die *Voraussetzung* aller Weltmodelle und der Welt überhaupt. An Gott, den Schöpfer des Himmels und der Erde, glauben, heißt also nicht, an irgendwelche Mythen der Vorzeit zu glauben, heißt auch nicht, Gottes Schöpfersein in der Weise so für wahr zu halten, wie Michelangelo es an die Decke der Sixtina gemalt hat. Hier enden alle Vorstellungen. Und Bilder bleiben – Bilder!

An den Schöpfer der Welt glauben, heißt, in aufgeklärtem Vertrauen bejahen, dass Welt und Mensch nicht im letzten Woher unerklärlich bleiben, dass Welt und Mensch nicht sinnlos aus dem Nichts ins Nichts geworfen sind, sondern dass sie als Ganzes sinnvoll und wertvoll sind, nicht nur Chaos, sondern Kosmos: weil sie nun einmal in Gott als ihrem Urgrund, Urheber, Schöpfer eine erste und letzte Geborgenheit haben. Und dieser entscheidende Gedanke kommt auch auf den Bildern des großen Michelangelo zum Ausdruck. Bezüglich des Anfangs aller Anfänge, des Ursprungs aller Ursprünge darf man also – weil es hier um Gott selber geht – das von Theologen oft für Vernunftwidrigkeiten missbrauchte Wort *Mysterium = Geheimnis* in den Mund nehmen: „Gott als Geheimnis der Welt" (Eberhard Jüngel).

Doch dabei ist wichtig: Nichts zwingt mich zu diesem Glauben. Ich kann mich für ihn in aller Freiheit entscheiden! Aber habe ich mich entschieden, dann verändert dieser Glaube meine Stellung in der Welt, verändert meine Einstellung zur Welt; er *verankert mein Grundvertrauen* zu dieser so ambivalenten Wirklichkeit und *konkretisiert mein Gott-Vertrauen*. Und doch bedarf die Frage nach dem Deus Creator et Evolutor einer noch gründlicheren Antwort – und zwar vor allem im Hinblick auf die neuesten Ergebnisse der Biologie. Die für den Zeitgenossen wichtige Frage kann nicht umgangen werden: „Wie verhält es sich mit der Entstehung des Lebens?"

6. Der Übergang zum Leben – ein Eingriff des Schöpfergottes?

Gott, Mensch und Welt müssen heute – die Schultheologie hat den Streit mit der Naturwissenschaft zwar äußerlich beigelegt, aber nicht ausgetragen! – im Horizont der *Evolution* gesehen werden. Noch 1950 wollte Pius XII. in der Enzyklika „Humani Generis" Kirche und Theologie darauf festlegen, die ganze Menschheit sei aus einem einzigen Menschenpaar hervorgegangen – natürlich, um an der biblischen Erzählung vom Sündenfall wortwörtlich festhalten zu können. Vollkommener Urzustand – Sündenfall – Erlösung: drei historische Etappen? Als ob nicht auch hier zwischen Sprachbildung, Symbolen, Ausdrucksweisen und der gemeinten Sache zu unterscheiden wäre. Als ob nicht auch das dritte Kapitel des Buches Genesis (die Geschichte vom Urfall) statt bloß auf ein erstes Menschenpaar auf den Menschen überhaupt bezogen werden müsste. Als ob es je eine Welt ohne Trieb und Tod, Fressen und Gefressenwerden gegeben hätte.

Von der Sache selbst, von der Verflochtenheit aller Menschen in Schuld und Sünde, wird noch zu reden sein. Aber die – weder in der Hebräischen Bibel noch im Neuen Testament sich findende, sondern vom Kirchenvater Augustin propagierte – Vorstellung von einer durch geschlechtliche Zeugung weitergegebenen „*Erb-Sünde*"[4] (weswegen schon Neugeborene getauft werden müssten!) ist schon deshalb nicht mehr aufrechtzuerhalten, weil es dieses eine Menschenpaar, das für die ganze Menschheit gesündigt hätte, nie gegeben hat. Der Theologe und Teilhard-Spezialist Karl Schmitz-Moormann hat recht, wenn er sagt: „Die klassische Theorie der Erlösung ist in einer statischen Weltschau gefangen, in der am Anfang alles gut war und in der das Übel erst durch den Menschen in die Welt kam. Die Vorstellung dieser traditionellen Sicht der Erlösung als Versöhnung und Loskauf von den Folgen des Sündenfalls Adams ist ein Unsinn für jeden, der um den evolutiven Hintergrund der menschlichen Existenz in der heutigen Welt weiß."[5]

Viele Zeitgenossen heute haben freilich weniger Schwierigkeiten mit der biblischen Schöpfungsgeschichte, dem (nun weithin bildlich verstandenen) Sechs-Tage-Werk, als mit der (von Michelangelo nur angedeuteten) darauffolgenden Heilsgeschichte und den biblischen Wundergeschichten. Ihre Schwierigkeiten: „Ist die Geschichte der Welt nicht von Anfang bis Ende eine in sich zusammenhängende, folgerichtige Entwicklung, wo alles unter dem Gesetz von – innerweltlicher! – Ursache und Wirkung steht und jeder Schritt aus dem vorausgehenden einsichtig folgt? Wo soll denn da noch Raum sein für ein besonderes Eingreifen, ‚Inter-venieren', ‚Dazwischen-Kommen' Gottes?"

Nun hat gerade bezüglich der *Entstehung des Lebens* die Biologie der letzten Jahrzehnte derart sensationelle Erfolge zu verzeichnen, dass man heute Darwins Evolutionstheorie als geradezu physikalisch – nicht nur auf der Ebene der lebendigen Zelle, sondern der Moleküle – begründet und experimentell nachgeprüft ansehen darf: durch die *Molekular-Biologie*, welche seit der Jahrhundertmitte so etwas wie die neue Basis der Biologie darstellt. Schon Darwin hatte die Hoffnung geäußert, dass das Prinzip des Lebens eines Tages als Teil oder Folge eines ganz allgemeinen Gesetzes erkannt würde. Was aber noch vor wenigen Jahrzehnten ein Traum schien, ist Wirklichkeit geworden: Die Molekular-Biologie unserer Tage scheint dieses Gesetz

---

[4] Vgl. U. Baumann, Erbsünde? Ihr traditionelles Verständnis in der Krise heutiger Theologie, Freiburg 1970.
[5] K. Schmitz-Moormann (Hrsg.), Neue Ansätze zum Dialog zwischen Theologie und Naturwissenschaft, Düsseldorf (erscheint Herbst 1992).

I. Gott der Vater: Gottesbild und Weltschöpfung

gefunden zu haben. Die Biologie wurde dadurch ebenso revolutioniert wie wenig früher die Physik durch die Quantenmechanik.

Wir wissen heute: Elementare *Träger des Lebens* sind *zwei Klassen von Makromolekülen*, nämlich Nukleinsäuren und Proteine. Die Kettenmoleküle der Nukleinsäuren (DNA, RNA), vorwiegend im Zellkern, bilden die Steuerzentrale. Sie enthalten aufgereiht den kompletten Bau- und Funktionsplan jedweden Lebewesens in verschlüsselter Form (nach einem „genetischen Code", der aus nur vier „Buchstaben" besteht) und geben ihn von Zelle zu Zelle, von Generation zu Generation weiter. Die Proteine (vielseitige Strukturen aus Aminosäuren) aber übernehmen diese „Information": Sie führen die ihnen durch diese Bau- und Funktionsanleitung übertragenen Funktionen der lebenden Zelle aus. So also funktioniert, so propagiert sich das Leben: eine Wunderwelt auf der elementarsten Ebene, wo in kleinstem Raum Moleküle in oft einer Millionstelsekunde ihre Umsetzungen durchführen.

Doch wie immer man den Übergang zum Leben im Einzelnen erklärt: Er beruht auf einer *Selbstorganisation der Materie*, der Moleküle. Denn das ist ja der Grund für das „Ansteigen" der Evolution von Primitivformen zu immer höheren Formen, die man besser statt Deszendenztheorie Aszendenztheorie genannt hätte: Schon auf der Ebene der Moleküle regiert das von Darwin zunächst in der Pflanzen- und Tierwelt festgestellte Prinzip der „natürlichen Auswahl" und des „Überlebens der Tüchtigsten", das die Entwicklung auf Kosten der weniger tüchtigen Moleküle unaufhaltsam nach oben treibt! Dass es angesichts der sich selber organisierenden Materie, der sich selber regulierenden Evolution eines besonderen Eingriffs des Schöpfergottes bedurft hätte, ist nach diesen neuesten biophysikalischen Ergebnissen nicht einzusehen: Die Entstehung des Lebens ist bei den vorgegebenen materiellen Voraussetzungen ein ganz und gar nach inneren Gesetzen ablaufendes Geschehen; der Übergang vom Unbelebten zum Belebten vollzog sich kontinuierlich, genauer: fast kontinuierlich!

Es zeigt sich hier dieselbe Problematik wie in der Quantenmechanik: eine Unbestimmtheit, Unschärfe, *Zufälligkeit in den Einzelprozessen*. So stellt man denn eine merkwürdige Ambivalenz fest: Der Gesamtablauf der biologischen Evolution ist bestimmt, ist, von Gesetzen gesteuert, *notwendig*. Aber: Mehrfach stand die Höherentwicklung an einem Scheideweg, und oft ist die Natur beide Wege – z. B. zugleich den zu den Insekten wie den zu den Säugetieren – gegangen. Das heißt: Die Einzelereignisse in ihrer zeitlichen Abfolge sind unbestimmt, „*zufällig*". Das heißt: Die Wege, welche die Evolution im Einzelnen nimmt, sind nicht von vornherein festgelegt. Zufällig sind die jähen, mikroskopisch kleinen Erbänderungen (Mutationen), aus denen sich durch lawinenartiges Anwachsen oder Hochschaukeln nun auch im makroskopischen Bereich plötzliche Veränderungen und neue Erscheinungen ergeben. Leben also entwickelt sich nach „Zufall und Notwendigkeit" (Demokrit)! Unter diesen Titel hat der französische Molekularbiologe und Nobelpreisträger Jacques Monod sein bekanntes Buch (1970) veröffentlicht, dabei aber dem Zufall entschieden den Vorrang eingeräumt: „Der reine Zufall, nichts als der Zufall, die absolute, blinde Freiheit als Grundlage des wunderbaren Gebäudes der Evolution".[6] *Alles also Zufall?* Und schon deswegen keine Notwendigkeit eines Schöpfers und Erhalters dieses Gebäudes, wie Monod annimmt?

Der deutsche Biophysiker Manfred Eigen, ebenfalls Nobelpreisträger, hat in dem Buch „Das Spiel" (1975) die heute weithin von Biologen geteilte Gegenthese formuliert mit dem Untertitel: *„Naturgesetze steuern den Zufall".*[7] Oder wie Eigen im Vorwort zur deutschen Ausgabe von Monod schreibt: „So sehr die individuelle Form ihren Ursprung dem Zufall verdankt, so sehr ist der Prozeß der Auslese und Evolution unabwendbare Notwendigkeit. Nicht mehr! Also keine geheimnisvolle inhärente ‚Vitaleigenschaft' der Materie, die schließlich auch noch den Gang der Geschichte bestimmen soll! Aber auch nicht weniger – nicht *nur* Zufall!"[8] Gott würfelt also? „Gewiß!", antwortet der Wiener Biologe Rupert Riedl im Anschluss an Eigen, „doch er befolgt auch seine Spielregeln. Und nur die Spanne zwischen beiden gibt uns Sinn und Freiheit zugleich."[9] Für die Erklärung der Evolution also, der „Strategie der Genesis", seien Zufall und Notwendigkeit, Indetermination und Determination, ja, Materialismus und Idealismus falsche Alternativen.

Daran ändert auch die „Chaos-Theorie" – abstrakte Wissenschaften (und Medien) lieben dramatische Namen – wenig (denn auch sie setzt bekanntlich Ordnung voraus); die Frage „Spielt Gott Roulette?" (so der deutsche Titel des geistreichen Buches Ian Stewarts) ist deshalb ganz analog zu beantworten. Die Antwort dieses britischen Mathematikers macht allerdings nachdenklich: „Ein unendlich intelligentes Wesen mit perfekten Sinnen – Gott, der ‚Umfassende Verstand' oder ‚Deep Thought' – könnte tatsächlich dazu in der Lage sein, genau vorherzusagen, wann ein bestimmtes Atom zerfallen wird und ein bestimmtes Elektron seine Bahn verändert. Mit unseren begrenzten Fähigkeiten und unzureichenden Sinnen jedoch werden wir niemals fähig sein, den Dreh zu finden."[10]

---

[6] J. Monod, Le hasard et la nécessité, Paris 1970; dt.: Zufall und Notwendigkeit. Philosophische Fragen der modernen Biologie, München 1971, ⁵1973, S. 141.
[7] M. Eigen – R. Winkler, Das Spiel. Naturgesetze steuern den Zufall, München 1975.
[8] M. Eigen, Vorrede zu J. Monod, Zufall und Notwendigkeit, S. XV.
[9] R. Riedl, Die Strategie der Genesis. Naturgeschichte der realen Welt, München 1976, S. 122.
[10] I. Stewart, Does God Play Dice?, Cambridge/Mass. 1989; dt.: Spielt Gott Roulette? Chaos in der Mathematik, Basel 1990, S. 311.

I. Gott der Vater: Gottesbild und Weltschöpfung 59

Wenn aber Gott so innerhalb von Regeln würfelt, stellt sich für den Zeitgenossen noch immer die Frage: „Würfelt hier überhaupt *Gott*? Macht die sich selber organisierende Materie, die sich selber regulierende Evolution, die Annahme Gottes *nicht überflüssig?*"

7. Glauben an den Schöpfer im Zeitalter der Biologie?

Zunächst ist zu unterscheiden:
- Eine unbegründete Annahme ist es – darin wäre Monod und anderen Biologen zuzustimmen –, aufgrund des Übergangs von der unbelebten Welt zur Biosphäre oder auch aufgrund der molekularen Unbestimmtheit die *Existenz Gottes zu postulieren*; dies wäre erneut der unselige Lückenbüßergott!
- Eine unbegründete Annahme ist es aber auch, aufgrund des molekularbiologischen Befundes eine *Existenz Gottes auszuschließen*. So wenig die Naturwissenschaften einen Gottesbeweis hergeben, so wenig postulieren sie, dass der Mensch „eines Gottesglaubens nicht bedarf".

Deshalb kann nun auch die Frage konstruktiv beantwortet werden: „Im Zeitalter der Biologie an einen Schöpfer glauben?" Wie der Kosmologe so ist der Biologe vor eine *existentielle Alternative* gestellt:

Entweder man sagt Nein zu einem Urgrund, Urhalt und Urziel des ganzen Evolutionsprozesses: dann muss man die Sinnlosigkeit des ganzen Prozesses annehmen und die totale Verlassenheit des Menschen in Kosmos und Bios in Kauf nehmen, wie Monod dies konsequent getan hat.

Oder man sagt (wie viele Biologen) *Ja* zu einem Urgrund, Urhalt und Urziel und darf dann eine grundlegende Sinnhaftigkeit des ganzen Prozesses zwar nicht aus dem Prozess selbst beweisen, wohl aber vertrauend voraussetzen. Und die Frage nach dem Geheimnis der Materie, der Energie, der Evolution, ja, die Frage nach dem *Geheimnis des Seins* („Warum ist etwas und nicht nichts?") wäre dann beantwortet. Denn: „Nicht *wie* die Evolution sich abspielt, ist das Geheimnis, sondern *daß* sie sich abspielt", so der Naturwissenschaftler Hoimar von Ditfurth: „Wir beginnen zu durchschauen, wie sie abläuft. Unsere Wissenschaft muß sich jedoch als unzuständig bekennen, wenn wir danach fragen, warum diese Entwicklung und ihre Ordnung überhaupt existiert."[11]

Freilich sollte man es vermeiden, naturwissenschaftliche Erkenntnisse und religiöse Bekenntnisse zu vermischen: Man wird nicht aus (durchaus lobens-

---

[11] H. v. Ditfurth, Wir sind nicht nur von dieser Welt. Naturwissenschaft, Religion und die Zukunft des Menschen, Hamburg 1981, S. 229.

werten) ethisch-religiösen Impulsen wie Teilhard de Chardin dem Evolutionsprozess selbst die Richtung auf einen bestimmten Endzustand Omega und damit eine Sinngebung zuschreiben. Eine solche kann nun einmal nicht die Wissenschaft, sondern nur der religiöse Glaube liefern. Ich habe für ein Ja zu einem „Alpha" als „Grund" von allem plädiert und werde auch für ein „Omega" als „Ziel" von allem plädieren. Aber es muss klar bleiben, dass es sich dabei um ein Ja „jenseits von Wissenschaft" handelt.

Wenn dies aber klar ist, dann kann die Antwort auf die Frage nach dem Verhältnis von Schöpferglaube und Entstehung des Lebens nur die folgende sein:

1. Nach Auffassung führender Biologen erscheint ein unmittelbares *übernatürliches Eingreifen Gottes* bei der Entstehung des Lebens – und analog dann auch des Menschengeistes! – mehr denn je als *unnötig*. Der Evolutionsprozess als solcher schließt, naturwissenschaftlich betrachtet, einen Ur-Grund, einen Schöpfer und Lenker (ein Alpha) und ein letztes Sinn-Ziel (ein Omega) weder ein noch aus.
2. Aber auch für den Biologen, so lange er sich zu seinem Menschsein bekennt, stellt sich die *existentielle Frage des Menschen nach Ur-Grund und Sinn-Ziel des ganzen Prozesses*. Woher und wozu das Ganze? Diese Frage ist naturwissenschaftlich unbeantwortbar. Sie verlangt eine existentielle Entscheidung.
3. Diese *Entscheidung* ist erneut *Sache vernünftigen Vertrauens*: Entweder man nimmt eine letzte Grund-, Halt- und Sinnlosigkeit an oder aber einen Urgrund, Urhalt und Ursinn von allem, einen Schöpfer, Lenker und Vollender des Evolutionsprozesses. Nur das *glaubende Ja* zu einem Urgrund, Urhalt und Ursinn kann die Frage nach Ursprung, Halt und Ziel des Evolutionsprozesses beantworten und so dem Menschen Hoffnung auf eine letzte Gewissheit und Geborgenheit geben.

Damit sind wir vorbereitet, die ebenso schwierige Frage nach bestimmten Attributen Gottes zu beantworten. Denn dies ist ja heute auch für viele Glaubende zu einer echten Frage geworden: „Kann man an Gott als einen Vater, einen allmächtigen glauben?"

8. Glauben an Gott, den „Vater", den „allmächtigen"?

Schon lange sind die Bedenken verbreitet gegenüber einem für alles unmittelbar zuständigen „Allmächtigen", der dann mit dem Fortschritt der Neuzeit bestenfalls als der nur noch beschränkt zuständige, wundertätige Nothelfer verstanden wird. Ja, wer hat nicht Bedenken gegenüber einem Gott, der in Natur und Geschichte überall dort herbeizitiert werden kann, wo wir mit

I. Gott der Vater: Gottesbild und Weltschöpfung

unserer menschlichen Wissenschaft und Technik, Wirtschaft und Politik nicht mehr weiterkommen oder mit unseren persönlichen Problemen nicht mehr fertig werden. Das wäre ein Gott, der mit dem geistig-materiellen Fortschritt und der Entwicklung der Psychologie immer mehr intellektuell entbehrlich, auch praktisch überflüssig und deshalb auch immer unglaubhafter würde.

Aber ich gestehe darüber hinaus, dass ich nach Auschwitz, dem Gulag und zwei Weltkriegen erst recht nicht mehr vollmundig von „Gott, dem Allmächtigen", reden kann, der da als „absoluter" Machthaber „losgelöst", unberührt von allem Leid, doch alles dirigiert, alles macht oder mindestens alles machen könnte, wenn er wollte, und der dann doch angesichts größter Naturkatastrophen und Menschheitsverbrechen nicht eingreift, sondern schweigt und schweigt und schweigt ...

„*Allmächtiger*" (griech. „Pantokrátor" = „Allherrscher", lat. „omnipotens" = „allesvermögend"): Dieses Attribut drückt zunächst nicht Gottes Schöpferkraft aus, sondern seine Überlegenheit und Wirkmächtigkeit, der kein von ihm unabhängiges Prinzip numinoser oder politischer Art entgegensteht. In der griechischen Übersetzung der Hebräischen Bibel wird das Wort meist für „Zebaot" (Herr der „Heerscharen") eingesetzt, im Neuen Testament aber – abgesehen von der Apokalypse (und einem Zitat bei Paulus) – auffälligerweise vermieden. In der Patristik wurde dieses Gottesattribut dann allerdings Ausdruck des universalen Anspruchs des Christentums im Namen des einen Gottes, und in der Scholastik Gegenstand vieler Spekulationen über alles das, was Gott kann und (weil in sich unmöglich) nicht kann.

Wenn moderne Staatsverfassungen noch „im Namen Gottes, des Allmächtigen" proklamiert werden, wird damit die politische Macht nicht nur legitimiert, sondern zugleich jeder Verabsolutierung menschlicher Macht eine Grenze gesetzt. Nur der aufgeklärte Gottesglaube ist eine letztlich begründete Antwort auf den „Gotteskomplex" (Horst Eberhard Richter), den Allmachtswahn des Menschen. Im Credo freilich (und in vielen offiziellen Gebeten) würde man vom Neuen Testament her andere, häufigere und „christlichere" Attribute zweifellos dem Prädikat „all-mächtig" vorziehen: „all-gütiger" oder auch (wie im Koran) „all-erbarmender" Gott. Oder eben – wenn das Wort nicht so völlig verschlissen wäre – schlicht „lieber Gott" zum Ausdruck dessen, was, christlich gesehen, die tiefste Beschreibung Gottes sein dürfte: *„Gott ist die Liebe"* (1 Joh 4,8. 16).

Auf die Frage nach Gott und dem Menschenleid müssen wir später noch eigens eingehen. Aber nach allem, was wir bereits gehört haben, dürfen wir von vorneherein nicht mittelalterlich oder auch noch reformatorisch von einem Gott „über" oder „außerhalb" der Welt ausgehen:

1. Wenn unter den Bedingungen der Neuzeit (Hegel und die Folgen) Gott von einem neuzeitlich-einheitlichen Wirklichkeitsverständnis her zu den-

ken ist, dann kann nur *Gott in der Welt* und die *Welt in Gott* gedacht werden, dann kann Gottes Wirken in der Welt nicht in der Weise des Endlichen und Relativen verstanden werden, sondern nur als das Unendliche *im* Endlichen und das Absolute *im* Relativen. Deshalb:

2. Gott wirkt dann nicht von oben oder außen als unbewegter Beweger, als Baumeister oder Uhrmacher, in die Welt hinein, sondern er wirkt als die dynamische wirklichste Wirklichkeit *von innen* im Entwicklungsprozess der Welt, den er ermöglicht, durchwaltet und vollendet. Er wirkt nicht über dem Weltprozess, sondern *im Weltprozess*: in, mit und unter den Menschen und Dingen. Er selbst ist Ursprung, Mitte und Ziel des Weltprozesses!

3. Gott wirkt also nicht nur an einzelnen besonders wichtigen Punkten oder Lücken des Weltprozesses, sondern er wirkt als der *schöpferische und vollendete Urhalt* und so als der weltimmanent-weltüberlegene Lenker der Welt *unter voller Respektierung der Naturgesetze*, deren Ursprung er ja selber ist. Er selbst ist der alles umgreifende und alles durchwaltende Sinn-Grund des Weltprozesses, der freilich nur im Glauben angenommen werden kann.

Aber wenn ich das alles weiß, dann darf ich vielleicht doch in zurückhaltender Weise auch wieder in einer „zweiten Naivität" (Paul Ricoeur) von Gott, dem „Vater im Himmel", reden, darf durchaus nach oben schauen, zum Firmament, zum Himmel, der in seiner Unendlichkeit, Klarheit und Schönheit schon immer Gottes Realsymbol war und dies – gerade für naturwissenschaftlich Gebildete – durchaus auch heute sein kann. Denn ich weiß ja, dass Gott, wie wir ihn heute verstehen, nicht Mensch, nicht Person ist wie wir, sondern unendlich mehr als Person. Aber so, dass Gott nicht einfach zu einem abstrakten apersonalen Prinzip wird, unpersönlich, weniger als eine Person. Gott ist vielmehr *transpersonal, überpersönlich*: das Unendliche selbst in allem Endlichen, *reiner Geist*. Er, der Unendliche und Unfassbare, ist das Meer, das (trotz Nietzsches „tollem Menschen") nicht ausgetrunken, ist der Horizont, der nicht weggewischt werden kann, ist die Sonne, von der Erde und Mensch nicht losgekettet werden können ...

Aber wenn ich somit weiß, dass Gott die allumgreifende, alles durchwaltende, unendliche Wirklichkeit ist, die von meiner Endlichkeit nicht getrennt, aber unterschieden gedacht werden muss, dann kann ich erkennen, dass es nicht sinnlos ist, diese umfassende geistige Wirklichkeit auch als ein Gegenüber zu erkennen, ja, dieses übergreifend begründende Gegenüber draußen oder in mir *anzureden*. Dann kann ich zu ihm, dem mich umfangenden Unendlichen, doch in Ehrfurcht „*Du*" sagen, ja, dann kann ich wieder – wie dies Menschen aller Kontinente in der vieltausendjährigen jüdisch-christlich-

I. Gott der Vater: Gottesbild und Weltschöpfung

islamischen Tradition getan haben – *beten*: lobend und oft auch klagend, dankend, bittend und manchmal auch empört aufbegehrend.

„Aber Gott als Vater – eine ganz und gar *männliche Gestalt*?" Auch hier, von den Beiträgen feministischer Theologinnen angestoßen, weiß ich heute besser denn je zuvor, dass dieser Gott kein Mann ist, dass er weder männlich noch weiblich ist, dass er Männlichkeit und Weiblichkeit transzendiert, dass alle unsere Begriffe für Gott, auch das Wort „Vater", nur Analogien und Metaphern, nur Symbole und Chiffren sind, und dass keines der Symbole Gott „festlegt", so dass man im Namen eines solchen patriarchalen Gottes etwa die Frauenbefreiung in der Gesellschaft und die Frauenordination in der Kirche verhindern dürfte.

Aber wenn ich so weiß, dass Gott das unsagbare Geheimnis unserer Wirklichkeit ist, das alle Gegensätze dieser Welt, auch die des Geschlechts, umschließt und positiv aufhebt (coincidentia oppositorum, ein Ineinanderfallen der Gegensätze, wie Nikolaus von Kues es nannte), dann kann, da wir Menschen nun einmal keine höheren Namen haben als Menschennamen und uns „Vater" oder „Mutter" mehr sagt als „das Absolute" oder „das Sein selbst", dann kann doch wieder ganz einfach und zugleich nachpatriarchalisch – also Gottes Muttersein einschließend – so gebetet werden, wie es uns vor bald zweitausend Jahren Jesus zu beten gelehrt hat: „Vater unser".

Doch heute fragen da viele Zeitgenossen: „Das, was Christen von der Schrift des Alten (Gott als Schöpfer) und Neuen (Gott als Vater, der sich um seine Schöpfung kümmert) Bundes her glauben dürfen: Muss dies so völlig verschieden sein von dem, was andere Religionen von ihren Meistern gelernt haben?" Antwort: Nein! Und deshalb am Ende dieses ersten Kapitels ein wichtiger interreligiöser Ausblick:

9. Der gemeinsame Gottesglaube der drei prophetischen Religionen

Was ich hier bezüglich Gottes- und Schöpfungsverständnis entwickelt habe, ist nicht nur für das Christentum gültig. Auch Judentum und Islam glauben an Gott, den allmächtigen, den Schöpfer des Himmels und der Erde. Judentum, Christentum und Islam bilden ja bekanntlich die drei prophetischen Religionen, die an den einen und selben Gott Abrahams glauben.

Noch wichtiger als die Herkunft aus der gleichen nahöstlichen Region und der gleichen semitischen Sprachgruppe ist für Judentum, Christentum und Islam die grundlegende Gemeinsamkeit des Glaubens:
- *der Glaube an den einen und selben Gott* Abrahams, ihres Stammvaters, der nach allen drei Überlieferungen der große Zeuge dieses einen wahren und lebendigen Gottes gewesen ist;

- eine nicht in kosmischen Zyklen denkende, sondern *zielgerichtete Geschichtsschau*: eine universale Heilsgeschichte vom Anfang in Gottes Schöpfung fortschreitend durch die Zeiten, ausgerichtet auch für den einzelnen Menschen auf ein Ende durch Gottes Vollendung;
- die *prophetische Verkündigung* und die in der Heiligen Schrift ein für alle Male niedergelegte und bleibend normative Offenbarung;
- das im Glauben an den einen Gott begründete *Grundethos* einer elementaren Humanität: die zehn (oder ihnen entsprechende) „Worte" oder Gebote als Ausdruck von Gottes Willen. Hier haben wir einen Nukleus, einen Kern, einen Grundbestand für ein gemeinsames *Weltethos der Weltreligionen*, wofür sich Parallelen auch in den anderen Religionen finden lassen.

Mit einem Satz gesagt: Judentum, Christentum und Islam, diese drei abrahamischen Religionen, bilden zusammen die ethisch ausgerichtete *monotheistische Weltbewegung* nahöstlich-semitischen Ursprungs und prophetischen Charakters. Ein gemeinsames Engagement dieser drei Religionen für Frieden, Gerechtigkeit und Freiheit, für Menschenwürde und Menschenrechte ohne allen ständig drohenden religiösen Fanatismus ist dringend – gerade angesichts verstärkter fundamentalistischer Strömungen in allen drei Religionen.

Doch hier müssten selbstverständlich – ich deute es nur an – auch die Religionen indischen und chinesischen Ursprungs einbezogen werden. Denn auch sie glauben an ein Absolutes, an eine allerletzte, allerhöchste Wirklichkeit: Brahman in der hinduistischen, Dharma, Dharmakaja oder Nirvana in der buddhistischen, Tao oder T'ien/Himmel in der chinesischen Tradition.

Die Gemeinsamkeiten und Unterschiede zwischen den Religionen in den drei verschiedenen Stromsystemen – semitischen, indischen und chinesischen Ursprungs – zu entfalten, würde in eine systematische Theologie der Weltreligionen gehören. Bezüglich unseres ersten Glaubensartikels ist nur zu betonen: Man darf sich nicht täuschen lassen vom wirklichen oder auch nur scheinbaren Polytheismus in den Religionen des indischen wie des chinesischen Stromsystems. Wenn Inder, Chinesen oder Japaner eine bayerische oder italienische Barockkirche betreten, erhalten sie auch nicht gerade den Eindruck von einer monotheistischen Religion. Umgekehrt werden alle die verschiedenen Dämonen- und Götterwesen in Indien, China oder Japan durchaus unterschieden von der einen letzten Wirklichkeit. Auch die Religionen chinesischen und indischen Ursprungs erkennen und anerkennen ein Letztes, Höchstes oder Tiefstes, das alle Wirklichkeit bestimmt, sei es als beherrschende oder innewohnende Person, sei es als überragendes und durchwaltendes Prinzip:
- Die *chinesische Religion* kennt seit frühester Zeit zwei Namen für Gott: einerseits „Herr in der Höh'" (Schang-ti), der oberste Herrscher über alle

I. Gott der Vater: Gottesbild und Weltschöpfung

Naturgötter und -geister, andererseits „Himmel" (T'ien): eine Intelligenz und Willen besitzende, kosmische moralische Macht (Ordnung, Wesen), die unparteiisch das Schicksal aller Menschen leitet; beide Namen werden verbunden zur Bezeichnung des einen höchsten Wesens, der allübergreifenden Macht. Für diese letzte transzendente Wirklichkeit steht im chinesischen Taoismus das Tao („der Weg").

– In den *hinduistischen Religionen* wird seit der Zeit der Upanishaden das eine umfassende Brahman als die letzte Wirklichkeit angenommen, zu dem der Mensch auf dem Weg mystischer Versenkung Zugang findet, so sehr dieser Glaube mit einer Überfülle anthropomorpher, personalistischer Mythen verbunden ist.

Freilich: Bei allen Gemeinsamkeiten dürfen die Unterschiede zwischen den Religionen nicht verwischt werden und selbst zwischen den drei prophetischen Religionen, die an den einen Gott Abrahams glauben, gibt es wesentliche Differenzen. Das Judentum ist auf Gottes Volk und Land konzentriert, das Christentum auf Gottes Messias und Sohn, der Islam auf Gottes Wort und Buch. Aber über diese Unterschiede gilt es heute nicht im Ungeist des Triumphalismus und des frommen Fanatismus, sondern im Geist der Verständigung und des Friedens zu reden. Und wenn ich in den folgenden Kapiteln mich auf das spezifisch Christliche zu konzentrieren habe, so ist gleichzeitig alles zu tun, um auch nur den Anschein von Antijudaismus oder Antiislamismus zu vermeiden. Ich werde mich bemühen, das spezifisch Christliche so zu sagen, dass Juden und Muslime nicht abgeschreckt, sondern eingeladen werden, den Weg zumindest ein wenig verständlicher zu finden, vielleicht ihn ein Stück weit mitzugehen.

Dass der Glaube an den einen Gott Konsequenzen für die Ethik hat, ist bereits deutlich geworden. In einer Übergangsepoche wie der unsrigen, in der viele (zumal Intellektuelle und Menschen in Schlüsselpositionen) angesteckt sind von jenem „universalen diffusen Zynismus", in einer Welt, in der so viele Werte verschlissen, so viele Überzeugungen käuflich, der Glaube an eine Verbesserung heruntergekommen, die Moral durch egoistische Interessenwahrnehmung ersetzt zu sein scheint, da wird es um des Überlebens der Menschheit willen notwendig sein, eine andere, eine *alternative ethische Grundhaltung* einzunehmen und zu leben. Worin sie gründen? Im vernünftigen Vertrauen auf Gott besitze ich als Mensch einen „archimedischen Punkt", einen festen Standpunkt, von dem aus ich zumindest „meine Welt" bestimmen, bewegen und verändern kann. Ein Absolutes, an das ich mich halten kann. Die freie Bindung an dieses eine Absolute schenkt mir die große Freiheit gegenüber allem Relativen in dieser Welt – es mag noch so wichtig, noch so mächtig sein. Diesem Gott allein bin ich letztlich verantwortlich und nicht dem Staat oder der Kirche, nicht einer Partei oder einer Firma, nicht dem Papst oder irgendeinem Führer. Ankerpunkt also einer alternativen ethischen Grundhaltung ist dieser Glaube an Gott. Ihr Maßstab ist – wie wir im nächsten Kapitel sehen werden – Gottes Wort, ihre Vitalität sein Geist. Ihre Mitte aber ist Freiheit und Liebe und ihre Spitze – vielleicht auch für manchen Zeitgenossen – neue Hoffnung und Lebensfreude.

II. Jesus Christus: Jungfrauengeburt und Gottessohnschaft

Evolution (davon war bisher die Rede) und *Inkarnation* (davon soll im folgenden die Rede sein) – wie soll das zusammengehen können? Evolution, so wurde in unserem Jahrhundert immer deutlicher, ist ein universaler Begriff, der die ganze Wirklichkeit von Welt, Leben und Mensch, von Kosmogenese, Biogenese und Anthropogenese umfasst. Also konkret:
– die *Kosmogenese*: Evolution meint nicht erst die biologische Entwicklungsgeschichte, sondern die gesamte Entwicklung des Kosmos, jene Welt-Geschichte, die mit dem Urknall vor rund 15 Milliarden Jahren begonnen hat;
– die *Biogenese*: Auch die ersten Lebensformen haben sich aus den vorausgehenden Entwicklungsphasen der unbelebten Materie entwickelt, wie dies die Mikrobiologie schon weithin zu erklären vermag;
– die *Anthropogenese*: Erst recht hat der Mensch selber sich aus niederen Lebensformen entwickelt und entwickelt sich, freilich in ungeheuer großen Zeiträumen, möglicherweise noch weiter, falls er sich nicht selber zerstört, so dass der heutige Mensch keineswegs schon als Ziel der Entwicklung, Gipfel der Evolution, „Krone der Schöpfung" zu verstehen wäre.

Dies alles aber bedeutet nun: Keine grundsätzliche Zäsur im Evolutionsprozess! Keine Trennung dieser Welt in zwei Hälften: als ob in der einen ausschließlich die Naturgesetze regierten und in der anderen der unmittelbare Eingriff eines göttlichen Schöpfers. Deshalb die Frage: „Was soll in einer solchen kosmisch-biologisch-anthropologischen Evolution eine göttliche Inkarnation, in einem derart universalen Geschehen ein absolut partikulares Ereignis? Oder kann man sich vielleicht eine Menschwerdung denken, die nicht die naiv-religiöse Behauptung eines mirakulösen göttlichen ‚Intervenierens', ‚Dazwischen-kommens' voraussetzt? Eine Inkarnation, die den kausalen Ablauf nicht unterbricht, die kein unvermitteltes ‚übernatürliches' Hinabsteigen in den sonst ungestörten naturgesetzlichen Prozess bedeutet?" Doch da zeigt sich im Apostolischen Glaubensbekenntnis schon eine erste, fast unüberwindliche Schwierigkeit:

II. Jesus Christus: Jungfrauengeburt und Gottessohnschaft

1. Glauben an eine Jungfrauengeburt?

Auch was diesen Glaubenssatz betrifft, so haben viele Menschen weniger Glaubensdefinitionen als Glaubensdarstellungen im Kopf: Bilder von der Inkarnation, von Mariä Verkündigung und Jesu Geburt. Wer kennt nicht das klassisch gewordene Bild von der Verkündigung an Maria, das ein halbes Jahrhundert vor Michelangelos Fresken – zwischen 1436 und 1445 – im damals neuen Kloster San Marco zu Florenz ein Dominikanermönch groß und doch innerlich geschlossen an die Wand einer Mönchszelle gemalt hat, er, Fra Giovanni da Fiesole, nach seinem Tod *Fra Angelico* genannt.

„Beato Angelico": Der einzige Künstler, den die Kirche je „beatus", „selig" gesprochen hat. „Beatus" natürlich nicht, weil er auf dem Übergang vom schönen, weichen, höfisch verfeinerten Stil der abklingenden Internationalen Gotik zur italienischen Frührenaissance den Goldgrund durch die Landschaft ersetzt hat und die Flächenhaftigkeit durch wissenschaftlich korrekte Perspektivität und Plastizität der Figurengestaltung, oder weil ihm die dekorativen Details weniger wichtig waren als die klassische Einfachheit. „Beatus" vielmehr, weil er mitten im lebenslustigen Florenz des Cosimo di Medici in unberührter, stiller Beschaulichkeit für die Meditation der Mönche malte.

Vor einer perspektivisch vollendet dargestellten Säulenhalle, der des Hofes von San Marco ähnlich, und in einer ganz eigenen Harmonie heller Farbtöne sieht man auf dieser Zellenwand zwei liebenswürdige, einander in Zwiesprache zugeneigte Gestalten: links in fein gerafftem Rosa mit farbenprächtigen Flügeln der Engel, rechts auf einem Schemel sitzend in blaßrotem Gewand und blauem Mantel die Jungfrau Maria – in demütigem Erschrecken über des Engels Gruß und was er zu bedeuten habe: „Du hast Gnade bei Gott gefunden. Siehe, Du wirst schwanger werden und einen Sohn gebären und Du sollst ihm den Namen Jesus geben" (Lk 1,30 f.). „Vezzoso" sei diese Kunst, hieß es schon früh, lieblich, anmutig, und „ornato", geschmackvoll, und von großer „facilità", Leichtigkeit, Mühelosigkeit. Eine Verbindung jedenfalls von mittelalterlich-naiver Gläubigkeit und einer vornehm einfachen frührenaissanceschen Szenerie. Ein „hortus conclusus", ein mit Brettern von den hochstämmigen Bäumen im Hintergrund abgeschlossener blühender Garten: Symbol offensichtlich für die ohne männliche Zeugung erfolgte Empfängnis Jesu durch Maria, die Jungfrau. Ein Bild zwischen Tag und Traum ...

„Aber", höre ich da den Zeitgenossen sagen, „das ist doch mehr Traum als Tag! Mehr Bild als Sinn! Mehr Mythos als Logos! Sie wollen doch nicht, dass wir – wie die Natur auf Fra Angelicos Bild – gleichsam den Atem anhalten, um den weihevollen Augenblick nicht zu stören? Sie wollen uns mit diesem gewiss selten schönen Andachtsbild aus dem Quattrocento doch nicht im 20. Jahrhundert zum Bekenntnis an ‚Jesus Christus ... empfangen durch den Heiligen Geist (conceptu de Spiritu Sancto), geboren von der Jungfrau Maria (natus ex Maria Virgine)' verlocken?"

Vielleicht aber kann ich hier als Theologe angesichts der schwierigen Problematik die Psychologie, und vor allem Tiefenpsychologie, zu Hilfe rufen? Aber – soll ich, darf ich?

2. Christusglaube im Zeitalter der Psychotherapie

Bekanntlich hatte Freud einen großen Konkurrenten in der Psychotherapie, der mehr mit der Religion anzufangen wusste als er selber, der wegen der materialistischen Naturwissenschaften zum Atheisten geworden war: den Schweizer *Carl Gustav Jung*, den Begründer der „Komplexen Psychologie". Jung hat sich in vielen Schriften gerade auch der christlichen Glaubenssymbole angenommen, um sie auf die hier manifest gewordenen psychischen Tiefenstrukturen hin zu befragen. So auch beim „Symbol" der Jungfrauengeburt. Für Jung ist das „göttliche Kind", geboren aus der Jungfrau, ein Urbild, eine jener Vorstellungen, die sich im Unbewussten niedergeschlagen haben, uns seit Urzeiten genetisch überkommen und allen Menschen gemeinsam sind, eines der Abbilder ursprünglich von instinktiven, psychisch notwendigen Reaktionen auf bestimmte Situationen – vergleichbar mit anderen Urbildern: der Mutter, dem strahlenden Helden, dem bösen Geist, dem Drachen, der Schlange. In Jungs Terminologie: Das Bild vom göttlichen, heilenden, rettenden Kind ist ein *Archetyp*, ein Urmuster der Seele. Es drückt sich in verschiedenartigen Bildern und Erlebnissen, Abläufen und Auffassungen aus, und dies besonders im Zusammenhang erlebnisstarker Erfahrungen des Menschenlebens wie Geburt, Reife, Liebe, Gefährdung, Errettung und Tod.

Den berühmten Begriff „Archetyp" hatte Jung nicht erfunden. Er war von Haus aus ein theologischer Begriff und stammte aus der gnostischen Geheimlehre des spätantiken Corpus Hermeticum. Jung übernahm ihn vor allem aus den Schriften des angeblichen Paulus-Schülers Dionysios Areopagites (er vermittelte im 5./6. Jahrhundert dem Westen die östliche Mystik) und aus dem Werk Augustins, der Platons ewige Ideen als „ideae principales" im göttlichen Intellekt verankert hatte. Aber während die idealen Urbilder Platons und Augustins von höchster lichter Vollkommenheit sind, so haben die Archetypen Jungs, der seine Einsichten aus seiner therapeutischen Praxis wie aus der Beschäftigung mit den religiösen Traditionen alter Völker schöpfte, eine *bipolare*, *ambivalente Struktur*; zeigen sie doch sowohl eine lichte wie eine dunkle Seite.

Was nun besagt der Archetyp „göttliches Kind, geboren von einer Jungfrau", das in allen Zeiten und in allen Völkern, in Märchen und Mythen, in

II. Jesus Christus: Jungfrauengeburt und Gottessohnschaft

der Kunst und in der Religion vielfältigsten Ausdruck gefunden hat? Nach Jung ist das göttliche Kind für unsere Träume und Mythen das große Symbol für das „Nichterzeugte", Nichtgemachte in unserer individuellen oder auch kollektiven Psyche. Dieser „jungfräulichen" Gestalt ist die Gestalt des Mannes, das heißt die Vernunft, der Verstand, entgegengesetzt. Die Sprache des Unbewussten ist ja nun einmal eine gefühlsbestimmte Bildersprache. Mythen, Sagen, Märchen sind ja so etwas wie objektivierte Träume. So auch beim göttlichen Kind. Es ist ein Archetyp und wie alle anderen Archetypen eine unerschöpfliche Quelle uralten Wissens um die tiefsten Zusammenhänge von Mensch, Welt und Gott!

Kein Wunder, so gesehen, dass sich das Symbol des göttlichen Kindes, geboren aus der Jungfrau, auch schon in der *Bibel* findet. Allerdings auffälligerweise noch nicht in der Hebräischen Bibel. Denn in der berühmten Immanuel-Wahrsagung des Jesajabuches (7,14) ist nur von einer „jungen Frau" (hebräisch „alma") die Rede, die einen Sohn gebären wird, dem sie den Namen „Immanuel" = „Gott mit uns" gibt. In der griechischen Übersetzung der Hebräischen Bibel allerdings wird „alma" (fälschlicherweise) mit „parthénos" = „Jungfrau" wiedergegeben, und so ist diese Stelle auch ins Neue Testament eingewandert als alttestamentlicher „Beleg" für die Jungfrauenschaft der Mutter des Messias. So steht denn die Vorstellung vom göttlichen Kind und der Jungfrau in den wundersamen Eingangshallen zu den Großevangelien des Mattäus und Lukas, die beide im Neuen Testament allein eine *Kindheitsgeschichte Jesu* bieten mit Stammbaum und Nennung der Eltern, mit Geistzeugung und jungfräulicher Geburt.

So kann es denn kaum erstaunen, dass nicht wenige Theologen und Theologinnen in Europa und Amerika sich heutzutage angeregt sehen, den ungeahnten Schatz an menschlicher Tiefenerfahrung, der sich gerade auch in den biblischen Schriften findet, ins Bewusstsein zu heben. Und wenn man schon vor über 40 Jahren als Student der Philosophie sich intensiv mit seinem Landsgenossen C. G. Jung beschäftigte, kann man sich darüber nur freuen und solches Tun verteidigen gegen die Inquisitoren in Rom und in Deutschland, die eine Exegese im Dienst der Psychotherapie als subversiv und glaubensgefährdend empfinden und nichts lernen aus ihren zahllosen amtlichen Fehlentscheidungen in Sachen des Glaubens und der Sitten. Es gibt nun einmal viele Sinn-Schichten in der Bibel. Und so muss es auch viele Zugänge zur Bibel geben, und keine Methode ist die allein seligmachende. Warum also sollte in einem solchen Methodenpluralismus nicht auch die tiefenpsychologische Methode der Bibelauslegung gestattet sein?

Man wird deshalb dem nur zustimmen können, was – nach manchen anderen – der Theologe und Psychotherapeut *Eugen Drewermann* versucht hat: die Bibel und so auch die Kindheitsgeschichte Jesu auf der Linie C. G.

Jungs zu deuten, eine Geschichte, die von der kirchlichen Überlieferung überdogmatisiert und von der historisch-kritischen Exegese völlig entmythologisiert wurde. Man kann nur froh sein, wenn es Drewermann gelingt, mit Hilfe der Tiefenpsychologie – und auf dem Hintergrund des schon längst historisch-kritisch aufgearbeiteten Materials der vergleichenden Religionsgeschichte – die biblischen Erzählungen manchen Zeitgenossen verständlicher zu machen. Diese Bilder – in erster Linie gehe es um Bilder und nicht um Worte – will Drewermann wieder neu zum Sprechen bringen. Menschen unserer Tage soll in der Begegnung mit diesen Bildern geholfen werden, sich aus dem Getto der existentiellen Angst zu befreien und die eigene Identität zu finden. In den Archetypen und den Gefühlen liege nun einmal das Verbindende, das Einende zwischen den Kulturen und Religionen aller Zeiten und Zonen, während die Sprache, die Ratio, die moralischen Kategorien- und Wertetafeln, zeitgebunden wie sie sind, sich als trennend erwiesen. Aufgabe der Bibelexegese sei es, mit Hilfe der Tiefenpsychologie die archetypischen Erzählungen, für welche eine distanzierte historisch-kritische Forschung keinen Sinn habe, mit allen Techniken und Regeln so zu interpretieren, dass dem Menschen zum Vertrauen und zur Selbstfindung verholfen wird.

Und was heißt dies für die Kindheitsgeschichten Jesu? Auch hier gilt: Die tiefenpsychologisch inspirierte Exegese will die biblischen Symbole wie Jungfrauengeburt in ihrer bleibenden überzeitlichen Wahrheit für das Glaubensverständnis erschließen. Wie das Neue Testament nämlich Geburt und Kindheit des Erlösers schildere, so Drewermann, male es „in allen archetypischen Handlungsabfolgen die Stadien, die in dem Leben eines jeden Menschen notwendig durchlaufen werden müssen, um von Gott her sich selbst in einem wahren Leben wiederzugewinnen": *„Im Menschen selber* (ich hebe die entscheidenden Worte hervor) liegt, wenn er nur auf sein eigenes Wesen hört, das Wunder der jungfräulichen Geburt begründet; *in seiner eigenen Seele* liegt die anfangs verachtete, für hurenhaft gehaltene Gestalt der ‚Mutter', die sich gleichwohl auf die Engelsbotschaft hin am Ende als Madonna zu erkennen gibt; *in ihm selbst* gibt es den hörbereiten, träumenden, engelverstehenden, mutigen Josef, sowie die Magier, die aus dem Land der Frühe einem Stern nachfolgen; es gibt *in ihm* aber auch einen Herodes, der selbst dem ausdrücklichen Gotteswort entgegenhandelt und in dem Terror seiner Angst nur Mord und Tod verbreitet; *in ihm selbst* gibt es die stolze Stadt Jerusalem und das geringfügige Bethlehem, wo alten Prophezeiungen zufolge allein das Heil der Welt geboren werden kann; es gibt *in jeder Menschenseele* Orte der Flucht und Orte der Bestimmung, – und alles das ineins formt sich am Beispiel der Geschichte Jesu zu der Vorbilderzählung eines jeden Menschen auf dem Weg *zu seiner Inkarnation* und Menschlichkeit."[1] Dies alles heißt: „Ein

---

[1] E. Drewermann, Tiefenpsychologie und Exegese, Bd. I, Olten 1984, S. 527.

II. Jesus Christus: Jungfrauengeburt und Gottessohnschaft

jeder Mensch trägt vor Gott die Berufung, in sich selber ein ‚Eingepflanzter' (Messias) Gottes, ein ‚Mann aus Nazareth' zu werden (Mt 2,23). Immer ist es ja auch das Bild des Traumes und die Stimme der unbewußten Vernunft unserer Seele, durch die hindurch wir Gottes Stimme hören."[2]

Es ist keine Frage: Die historisch-kritische Methode – heutzutage ohnehin eine komplexe Kombination verschiedener Methoden von der Linguistik bis hin zur Soziologie – bedarf der Ergänzung durch die Tiefenpsychologie. Und doch sind *Rückfragen* zu stellen: Ist die Bibel in erster Linie Mythos und nicht Geschichte? Stellt nicht schon die Hebräische Bibel das in der Religionsgeschichte einzigartige Dokument einer radikalen Mythenkritik im Namen des einen Gottes dar? Haben Mythen – sofern sie sich überhaupt in der Bibel finden – nicht zuallermeist die Geschichte als konstitutives Element, so dass es hier, anders als in manchen anderen Religionen, nicht einfach um die Erscheinung des Ewigen in der Zeit geht? Und sollen Mythos, Sage, Märchen grundsätzlich Vorrang haben vor dem Logos, dem Wort? Also Re-mythologisierung statt Ent-mythologisierung? Soll der Traum, so wichtig er ist, dem Wort vorgeordnet und sozusagen zum methodischen Schlüssel für die gesamte Bibeldeutung avancieren?

Gegenüber einem tiefenpsychologischen Interpretationsmonopol jedenfalls tauchen Fragen auf: Gewiss, es geht gerade in diesen biblischen Kindheitsgeschichten Jesu nicht um historische (oder phantastische) biographische Fakten, und man mag sie auch als symbolische Wesensbeschreibungen lesen, die uns heute etwas über unsere eigenen psychologischen Möglichkeiten sagen, so weit wir uns dem Göttlichen öffnen. Dass ein Psychologe wie Jung allein nach der psychologischen Wahrheit fragt, lässt sich verstehen, aber ein kritischer Theologe? „Wenn die Psychologie z. B. von dem Motiv der jungfräulichen Geburt spricht", sagt Jung, „so beschäftigt sie sich nur mit der Tatsache, daß es eine solche Idee gibt, aber sie beschäftigt sich nicht mit der Frage, ob eine solche Idee in irgend einem Sinne wahr oder falsch sei. Die Idee ist psychologisch wahr, insoweit sie existiert."[3] Doch darf man die psychologische Wahrheit so von der tatsächlichen, historischen Wahrheit trennen? Müssen wir nicht immer wieder die Verfasser der Texte fragen, was sie selber sagen wollten? Darf der Theologe also das Geschichtliche der Bibel als irrelevant vernachlässigen oder gar eliminieren, als ob es hier um Grimms Märchen ginge, bei denen es völlig gleichgültig ist, ob „Rotkäppchen" gelebt hat oder nicht? Zu Recht bemerkt Erich Fromm kritisch zu Jungs Auffassung von Religion: „Sogar der praktizierende Psychiater kann

---

[2] Ebd.
[3] C. G. Jung, Psychologie und Religion (1939), in: Psychologie und Religion, Studienausgabe Olten 1971, S. 11–127, Zit. S. 12.

nicht arbeiten, ohne sich um die Wahrheit einer Idee zu bekümmern ... sonst vermöchte er nicht von Selbsttäuschung oder einer paranoiden Verfassung zu sprechen."[4]

Und was Drewermann betrifft, in dessen beiden großen Bänden über „Tiefenpsychologie und Exegese" das Stichwort „Wahrheit" im Index fehlt: Die biblischen Kindheitsgeschichten wollen das Geheimnis Jesu gewiss nicht erklären, sondern verklären; sie wollen nicht beweisen, sondern hinweisen; wollen nicht begreifen, sondern ergreifen. Aber schließen sich historische Distanz und existentielle Ergriffenheit notwendig aus? Und wichtiger: Vereinnahmt man nicht doch alle diese Texte und Personen psychologisch in wenig bescheidener Weise, wenn sie ihr Ureigenes kaum noch sagen können? Maria, Josef und das Kind, die Magier, Herodes und der Engel, der Stern, die Stadt Jerusalem, Ägypten, Bethlehem und Nazaret, alle werden sie samt und sonders – wie Drewermann sagt – „die Gestalten und die Zonen *einer* Seele, *einer* Seelenlandschaft"?[5]

Nein, hier ist zu fragen: Ist der Traum wirklich der Vater aller Dinge? Wird nicht auch in diesen stark legendären Kindheitsgeschichten mehr als nur geträumt? Sind die Bilder wirklich wichtiger als die Worte, die Gefühle wichtiger als die Handlungen? Wird da nicht deutlich und klar eine Botschaft ausgerichtet, welche erheblich mehr besagt als nur eine psychotherapeutische Anleitung zur Identitätsfindung, mehr als eine Lebenshilfe, die man zur Not ja auch ohne die Bibel direkt von C. G. Jung beziehen kann? Sind in der Bibel Gottes Offenbarungen insgesamt nicht doch mehr an geschichtliche Ereignisse denn an Träume gebunden? Und geht es in den Kindheitsgeschichten Jesu wirklich nur oder auch nur primär um eine „Seelenlandschaft", um meine Seelenlandschaft, gar um meine mir gerade von diesem Therapeuten mit Hilfe der Jungschen Methode analysierte Seelenlandschaft? Habe ich das „göttliche Kind", meinen Erlöser, wirklich schon in mir selbst, so dass ich mir seiner nur bewusst werden muss, um selber ein „Mann aus Nazaret" zu werden? Ich – der „Mann aus Nazaret", der „Messias"? Nein, auf diese Weise erscheint mir die einmalige und unverwechselbare historische Gestalt Jesu von Nazaret doch allzu sehr in meine seelische Befindlichkeit hinein absorbiert zu sein! Dort kann dieser Jesus dann auch immer nur wieder die gleichen, gewiss sehr wichtigen psychotherapeutischen Wahrheiten sagen, die allesamt kreisen um die Befreiung von Angst und Abhängigkeit, um Vertrauen und Liebe und so um die Selbstwerdung des Menschen in seinen verschiedenen Lebensstadien von innen her.

---

[4] E. Fromm, Psychoanalysis and Religion (1950); dt.: Psychoanalyse und Religion, Zürich 1966, S. 24.
[5] E. Drewermann, aaO S. 527.

II. Jesus Christus: Jungfrauengeburt und Gottessohnschaft

Manche Zeitgenossen, bereits ungeduldig, möchten sich vermutlich nicht zu lange mit der Psychologie und Psychotherapie aufhalten: „Wie lange wollen Sie selber sich noch um die Wahrheitsfrage herummogeln, um die Frage nämlich, ob eine Jungfrauengeburt im Falle Jesu historisch ist, wirklich geschehen ist, wie dies von so vielen Kanzeln zu Mariä Verkündigung (am 25. März, neun Monate vor dem Fest Christi Geburt) und erst recht an Weihnachten selber gepredigt wird?" Zugegeben: Angesichts der Tatsache, dass Biologen heutzutage die „Parthenogenese" (die Fortpflanzung durch Verdopplung der weiblichen Erbsubstanz) schon aufgrund der verschiedenen Prägung männlicher und weiblicher Gene nicht nur für den Menschen, sondern für höhere Lebewesen überhaupt radikal ausschließen, kann man diese Frage in unserer naturwissenschaftlich-industriellen Welt, wo manche technologischen „Wunder" die biblischen Wunder bei weitem übertreffen, nicht einfach mit der Berufung auf ein „Wunder" gegen alle Naturgesetze erledigen. Aber wie verhält es sich überhaupt mit diesem „Wunder" in der Schrift?

3. Jungfrauengeburt – ein biologisches Faktum?

Nachdem ich im ersten Glaubensartikel über Gott, den Vater, versucht habe, dreihundert Jahre experimenteller Naturforschung ernst zu nehmen, werde ich nun bezüglich des Glaubensartikels an Jesus Christus, den Sohn, auch die über zweihundert Jahre historisch-kritischer Bibelforschung nicht weniger ernst nehmen müssen. Fürwahr, selbst wenn ich wollte, könnte ich mich über die hier offensichtlichen *historischen Probleme* nicht hinwegmogeln. Denn auch der einfache Bibelleser – der also nicht nur die biblischen Bilder (im Mittelalter die „biblia pauperum", „die Bibel der Armen" genannt) im Kopf, sondern auch die Texte der Bibel vor sich hat – kann sehr leicht feststellen, dass es in den Kindheitsgeschichten ganz anders als dann im öffentlichen Leben Jesu zugeht: Allzuviel geschieht in Träumen, und Engel gehen ständig ein und aus. Soll das historisch sein? Darüber hinaus gibt es zwischen den beiden Kindheitserzählungen *nichtharmonisierbare Widersprüche*: Während Mattäus nichts von Nazaret als dem Aufenthaltsort der Mutter Jesu zu wissen scheint, so umgekehrt Lukas nichts von den (in profanen Quellen unerwähnten) öffentlichen Geschehnissen des Magierbesuches, des Kindermordes in Bethlehem und der Flucht nach Ägypten – zumeist Szenen, die Fra Angelico in San Marco ebenfalls dargestellt hat. Die Frage verschärft sich von daher: Sind solche Geschichten überhaupt historisch glaubwürdig?

Antwort: Auch von katholischen Exegeten wird heute zugegeben, dass es sich bei den Kindheitsgeschichten Jesu – trotz einer nicht auszuschließenden Verwertung historischen Materials – weithin um *historisch ungesicherte, stark legendäre Erzählungen* eigener Prägung handelt, die letztlich theologisch motiviert sind. Was aber ist die Theo-logie, was ist der Sinn dieser Geschichten? Sicher nicht nur das, was der tiefenpsychologischen Deutung des Bildes vom göttlichen Kind zufolge die „Generalerlaubnis" ist, nämlich endlich mit Vertrauen „anfangen" zu dürfen und angstfrei selbst von innen her zu leben: Selbstfindung. Vielmehr geht es in den Kindheitserzählungen, wenn auch nicht um historische Berichte, so doch um nicht unpolitische *Bekenntnis- und Verkündigungsgeschichten*. Sie dürften aus den judenchristlichen Gemeinden stammen, sind von Mattäus und Lukas bearbeitet und dann ihren Evangelien vorangestellt worden. Sie besagen: Jesus ist der „Messias" Israels. Er ist nicht einfach nur „Kind", er ist der Christus seines Volkes. Ja, er ist der erwartete Davidssohn; er ist der neue Mose. Deshalb machen sich Mattäus und Lukas die Mühe, einerseits den Stammbaum Jesu bis auf David zurückzuführen, andererseits die Mose-Geschichte deutlich anklingen zu lassen. So wie Mose als Kind vor Pharao errettet wurde, so ja auch Jesus vor Herodes. So wie Mose in Ägypten war, so auch Jesus – durch seine Flucht mit den Eltern. Für die Kindheitsgeschichten bei Mattäus und bei Lukas gibt es also Vorbilder und Parallelen in der Hebräischen Bibel. Die Geschichten des Alten und Neuen Bundes werden so quasi verkoppelt. Und auch die ägyptische Literatur kennt Vorstellungen dieser Art ...

„Aber eben", so fällt mir da ein Zeitgenosse ins Wort, „man kann doch nicht bestreiten, daß die Jungfrauengeburt ein in der Antike von Ägypten bis nach Indien verbreiteter Mythos ist?" Wahrhaftig, das kann man nicht bestreiten, und persönlich halte ich es mit der Tübinger Ägyptologin Emma Brunner-Traut, die in ihrem schönen Aufsatz über „Pharao und Jesus als Söhne Gottes" schreibt: „So gut wie alle Episoden des Wunders der Weihnacht sind in Ägypten nachweisbar, wie auch Einzelzüge des weiteren Lebens und Wirkens von Marias Sohn ihre Gegenstücke haben ... Das in das (ägyptische) Königsdogma hineingeformte Geburtsritual des göttlichen Kindes ist in ptolemäisch-hellenistischer Zeit ... auch in die Osirismysterien eingezogen und hat von da aus in den ganzen östlichen Mittelmeerraum ausgestrahlt; wir können uns den Einfluß der hellenistisch-ägyptischen Mysterien auf die judaeo-christliche ‚Legenden'bildung kaum stark genug vorstellen."[6]

Ja, der Pharao Ägyptens wird als Gottkönig wunderbar gezeugt: aus dem Geistgott Amon-Re in der Gestalt des regierenden Königs und der jungfräulichen Königin. Aber auch in der griechisch-hellenistischen Mythologie gehen Götter mit Menschentöchtern „heilige Ehen" ein, aus denen Göttersöhne wie Perseus und Herakles oder auch geschichtliche Gestalten wie Homer,

---

[6] E. Brunner-Traut, Pharao und Jesus als Söhne Gottes (1961), in: dies., Gelebte Mythen. Beiträge zum altägyptischen Mythos, Darmstadt 1981, 3. erweiterte Auflage 1988, S. 31–59, Zit. S. 51.53.

II. Jesus Christus: Jungfrauengeburt und Gottessohnschaft 75

Platon, Alexander und Augustus hervorgehen können. Es ist unübersehbar: Etwas exklusiv Christliches ist gerade die Jungfrauengeburt aus sich selbst heraus nicht! Der Topos Jungfrauengeburt wird denn auch nach Auffassung heutiger Exegese von den beiden Evangelisten als *„ätiologische" Legende oder Sage* benützt, welche im Nachhinein eine „Begründung" (griech. „Aitía") für die Gottessohnschaft liefern soll.

Dennoch sind die *Unterschiede* der beiden neutestamentlichen Erzählungen zu den antiken Mythen signifikant (und Fra Angelico hat dies intuitiv getroffen):

- Die Ankündigung und Annahme des Empfängnisgeschehens bei *Maria* vollzieht sich im Wort, ohne alle Vermischung von Gott und Mensch, in einem völlig unerotischen, vergeistigten Kontext. Maria erscheint nicht als ein gnadenspendendes Himmelswesen, sondern als ein begnadetes Menschenwesen, das Zeugnis nicht nur von Jesu wahrem Menschsein gibt, sondern auch von Jesu Ursprung in Gott; Maria hat von daher Bedeutung für die christliche Frömmigkeit als Mutter Jesu, als Beispiel und Vorbild des christlichen Glaubens und als prophetische Zeugin der Großtaten Gottes („Magnifikat").
- Der *Heilige Geist* wird nicht als zeugender Partner oder Vater, sondern als wirkende Kraft der Empfängnis Jesu verstanden. Grobe Personifizierungen des Heiligen Geistes, der Kraft und Macht Gottes, verbieten sich, der denn in der biblischen Szene selber nicht einmal in der Gestalt einer Taube zu sehen ist. Gegenüber der ursprünglichen Formulierung etwa des Symbolum Romanum „geboren aus dem Heiligen Geist und der Jungfrau Maria" wird seit dem 4. Jahrhundert unterschieden: „empfangen vom Heiligen Geist" (conceptus de ...) und „geboren aus Maria" (natus ex ...).

Ist also die Jungfrauengeburt bereits Ausdruck christlicher leib-, sexual- und ehefeindlicher Tendenzen? Jedenfalls findet sich im Neuen Testament noch nicht jene Hochstilisierung der Jungfräulichkeit Mariens zum großen Ideal, die für viele Zeitgenossen symptomatisch geworden ist für die „sexuelle Verklemmtheit" der Kirche ... Gleichzeitig darf hier eine für Therapeuten wie Theologen fundamentale Feststellung zur Jungfrauengeburt nicht unterschlagen werden: Außer diesen beiden genannten Evangelien weiß das ganze Neue Testament von einer Jungfrauengeburt Jesu rein nichts! Schon deshalb kann hier das Ursprüngliche oder Zentrale der christlichen Botschaft nicht liegen. In den paulinischen Briefen, den frühesten Dokumenten des Neuen Testaments, ist ohne Namensnennung nur lapidar von der Geburt Jesu „aus der Frau" (Gal 4,4), nicht aber aus „der Jungfrau" die Rede – zur Betonung von Jesu Menschlichkeit.

Das früheste Evangelium des Markus kennt überhaupt keine Geburtsgeschichte und setzt ohne alle Träume sofort mit Johannes dem Täufer und

Jesu öffentlichem Leben und Lehren ein, worüber in unserem Apostolikum leider kein Wort steht. Müssten „Mariologen" den exegetischen Befund nicht ernster nehmen? Von *Maria* hören wir bei Markus – außer einer Namensnennung zusammen mit den Namen der vier Brüder und der Schwestern Jesu (Mk 6,3) – nur ein einziges Mal: als nämlich seine Mutter mit seinen Brüdern Jesus, den sie für verrückt hielten, mit Gewalt nach Hause holen wollten (Mk 3,21.31–35). Unter dem Kreuz wie auch in den Ostergeschichten fehlt Maria – sämtlichen drei synoptischen Evangelien zufolge. Nur das späte Evangelium nach Johannes, um das Jahr 100 geschrieben, berichtet von einer offenkundig symbolischen Szene unter dem Kreuz (Joh 19,25–27), weiß aber auch wie alle übrigen neutestamentlichen Zeugen nichts von einer Jungfrauengeburt.

Daraus ergibt sich als schwerwiegende Folgerung: Die Jungfrauengeburt gehört offensichtlich *nicht zur Mitte des Evangeliums*. Sie ist nicht nur nicht exklusiv christlich, sie ist auch nicht zentral christlich! Anders gesagt: Man konnte sich wie Markus, Paulus oder Johannes zu Jesus als dem Messias, Christus oder Gottessohn bekennen, auch wenn man nichts von der Jungfrauengeburt wusste. Und was heißt das für heute? Das heißt für den Zeitgenossen: Der Christusglaube steht und fällt keineswegs mit dem Bekenntnis zur Jungfrauengeburt!

Damit dürften wir vorbereitet sein, um eine eindeutige Antwort auf die Frage nach der historischen Realität und dem theologischen Sinn der Jungfrauengeburt zu geben: Die Erzählung von der Jungfrauengeburt ist kein Bericht von einem biologischen Faktum, sondern ist *Deutung von Wirklichkeit mit Hilfe eines Ursymbols*. Ein sehr sinnträchtiges Symbol dafür: *Mit Jesus ist von Gott her* – in der Geschichte der Welt und nicht nur in meinem Seelenleben – *ein wahrhaft neuer Anfang gemacht* worden. Ursprung und Bedeutung von Jesu Person und Geschick erklären sich nicht aus dem innerweltlichen Geschichtsablauf allein, sondern sind für den glaubenden Menschen letztlich aus dem Handeln Gottes durch ihn und in ihm zu verstehen. Das ist der christologische und theologische Sinn dieser Geschichte von der Jungfrauengeburt. Dieser Sinn aber kann damals wie heute auch anders verkündet werden – etwa durch Zurückführung von Jesu Stammbaum auf Gott oder durch Deutung Jesu als eines „zweiten Adam" (Paulus) oder als „fleischgewordenes Wort" (Johannes).

Doch ich höre den Einwand: „Zerstört solche historische Kritik nicht die Botschaft von Weihnachten und verschärft so noch die oberflächliche Säkularisierung und betriebsame Kommerzialisierung dieses Festes?" Diese Frage ist berechtigt. Doch man bedenke: Nicht nur die historische Kritik und nicht nur die Säkularisierung und Kommerzialisierung, sondern auch die verharmlosende Idyllisierung und die psychologisierende Privatisierung können den

II. Jesus Christus: Jungfrauengeburt und Gottessohnschaft

Sinn der Weihnachtsbotschaft und des Weihnachtsfestes entleeren. Nicht nur die rationalistische Aufklärung, auch eine re-mythologisierende Romantik – ob psychologisch oder mariologisch – kann das Credo auflösen. Was in der psychotherapeutischen wie in der dogmatischen Interpretation zumeist übersehen wird, muss jetzt deutlich herausgestellt werden:

4. Die politische Dimension von Weihnachten

Wir sahen: Die Geburtsgeschichten, auch wenn sie keine Berichte eines Historikers sind, sind auf ihre Weise wahr, tun eine *Wahrheit* kund, die mehr ist als historische Faktenwahrheit. Dies kann in der Form einer im Einzelnen legendären Geschichte vom Krippenkind in Bethlehem bildhafter und eindrücklicher geschehen als durch eine noch so einwandfrei datierende und lokalisierende Geburtsurkunde. Man muss nur die ursprünglichen biblischen Texte von Jesu Geburt im historischen Kontext wieder neu reflektieren, um zu verstehen, warum auch im Credo von Jesus Christus, „*unserem Herrn*", die Rede ist: „Dominus noster".

Hier wird nämlich angesichts der religiös-politischen Herrschaft und ihrer Machthaber so etwas wie der *Kern einer Befreiungstheologie* sichtbar, welche zur zeitgenössischen Psychotheologie den notwendigen politischen Gegenpol bildet. Man lese nur diese Weihnachtsgeschichte aufmerksam und beachte:

- Nirgendwo ist die Rede von „stiller Nacht" und „holdem Knaben im lockigen Haar"; Krippe, Windeln sind konkrete Signale aus einer Welt der Niedrigkeit und Armut.
- Der im Stall geborene Heiland der Notleidenden offenbart deutlich eine Parteinahme für die Namen- und Machtlosen (die „Hirten") gegen die mit Namen genannten Machthaber (der Kaiser Augustus, der kaiserliche Statthalter Quirinius).
- Das Magnifikat Marias, der begnadeten „Magd des Herrn", von der Erniedrigung der Mächtigen und der Erhöhung der Niedrigen, von der Sättigung der Hungrigen und der Vernachlässigung der Reichen, kündet kämpferisch eine Umwertung der Rangordnung an.
- Die holdselige Nacht des Neugeborenen lässt von seinem Wirken und seinem Schicksal drei Jahrzehnte später nicht absehen; das Krippenkind trägt sozusagen das Zeichen des Kreuzes schon auf der Stirn.
- Schon in den Verkündigungsszenen (vor Maria und den Hirten), die ja nun die Mitte der Weihnachtsgeschichte ausmachen, wird (ähnlich wie später im Prozess vor dem jüdischen Tribunal) durch mehrere nebeneinander gestellte Hoheitstitel – Gottessohn, Heiland, Messias, König, ja *Herr* – das vollendete Glaubensbekenntnis der Gemeinde zum Ausdruck

gebracht, und zwar so, dass die *Herrschaft* statt dem Kaiser Augustus diesem Kind zugesprochen wird!
- Und schließlich wird hier statt der trügerischen Pax Romana, erkauft mit erhöhten Steuern, Eskalation der Rüstung, Druck auf die Minderheiten und Wohlstands-Pessimismus, mit „großer Freude" die wahre Pax Christi angekündigt: gründend in einer Neuordnung der zwischenmenschlichen Beziehungen im Zeichen der Menschenfreundlichkeit Gottes und des Friedens unter den Menschen.

So wird denn dem politischen Heiland und der politischen Theologie des Imperium Romanum, welche die kaiserliche Friedenspolitik ideologisch unterstützte, der *wahre Friede* entgegengehalten. Dieser kann nicht dort erwartet werden, wo einem Menschen, einem Autokraten oder Theokraten göttliche Ehre dargebracht wird, sondern nur wo Gott „in der Höhe" zu Ehren kommt und sein Wohlgefallen auf den Menschen ruht. Nicht mehr von den übermächtigen römischen Cäsaren, sondern von diesem ohnmächtigen, gewaltlosen Kind wird jetzt (therapeutisch) der Seelenfriede *und* (politisch) das Ende der Kriege, werden Befreiung von der Angst *und* lebenswerte Verhältnisse, wird das gemeinsame Glück, kurz allseitiges Wohl, eben das „Heil" der Menschen und der Welt erwartet.

Dies ist auch Zeitgenossen verständlich: Die Weihnachtsgeschichte, richtig verstanden, ist alles andere als eine harmlos erbauliche oder psychologisch raffinierte Geschichte vom lieben Jesuskind. All diese biblischen Erzählungen sind *theologisch hoch reflektierte Christusgeschichten* im Dienst einer sehr gezielten Verkündigung, welche die wahre Bedeutung Jesu als des Messias zum Heil für alle Völker der Erde kunstvoll, plastisch und radikal gesellschaftskritisch anschaulich machen wollen. Diese Kindheitsgeschichten sind also nicht etwa die erste Phase einer Biographie Jesu oder einer trauten Familiengeschichte, sind auch nicht eine vom ägyptischen Mythos nur unwesentlich verschiedene psychotherapeutische Anleitung. Vielmehr sind sie eine mächtige Ouvertüre zu den großen Evangelien des Mattäus und Lukas, die (wie so manche gute Ouvertüre) die Botschaft in nuce anklingen lassen, die dann später narrativ entfaltet wird. Sie sind *Eingang zum Evangelium*: In Jesus, dem Auserwählten Gottes, sind Verheißungen an die „Väter" des ersten Bundes in Erfüllung gegangen.

Damit ist klar: Die *Mitte des Evangeliums* bilden nicht Vorgänge um die Geburt Jesu. Die Mitte ist er selber, *Jesus Christus in seinem ganz persönlichen Reden, Tun und Leiden*. Er als lebendige, im Geist auch nach seinem Tod lebende und herrschende Person ist die Mitte. Mit seiner Botschaft, seinem Verhalten, seinem Geschick liefert er den höchst konkreten Maßstab, an dem sich Menschen orientieren können. Und dieser Jesus hat nicht durch

II. Jesus Christus: Jungfrauengeburt und Gottessohnschaft

Träume und in Träumen gewirkt, sondern im hellen Tag der Geschichte. Und obwohl er selber kein Wort aufgeschrieben hat, obwohl wir von ihm nur Verkündigungstexte und so immer nur indirekt historische Berichte haben, steht doch unbestritten fest: Jesus von Nazaret ist eine Figur der Geschichte, und als solche unterscheidet er sich nicht nur von allen Gestalten der Mythen, Sagen, Märchen und Legenden, sondern auch von anderen wichtigen Figuren der Religionsgeschichte, nicht zuletzt auch – und manche Zeitgenossen sind gerade an ihr noch mehr interessiert als an der ägyptischen – der lebendigen, mythenreichen indischen Religion. Das ist wichtig, wenn wir uns nun der Frage der Gottessohnschaft zuwenden, der Frage, wie dieser Jesus als Gottes Offenbarung verstanden werden kann. Aufschlussreich dürfte hier ein knapper Vergleich gerade zwischen Jesus Christus und dem göttlichen Krischna sein.

5. Glaube an Christus oder Krischna – dasselbe?

Krischna, im indischen Nationalepos Mahabharata als der große Held der indischen Mythologie, ist die bekannteste aller Gottheiten. Er gilt als die Inkarnation (Sanskrit: der „Avatara" = die „Herablassung") des einen Gottes (= Vischnus). Krischna ist es, der die „Bhagavad-Gita" (den „Gesang des Erhabenen") gebracht hat, ein philosophisches Lehrgedicht, welches als eine Art „Evangelium" des Hinduismus gilt. Im Westen wird oft nicht zur Kenntnis genommen, was für viele gläubige Hindus selbstverständlich ist: Es geht auch bei Krischna um eine historische Person, zu deren Wirkstätten man pilgert, um – wenn ich hier Begriffe des klassischen christologischen Dogmas einführen darf – einen authentischen *Menschen* („vere homo"), zugleich aber geht es in ihm um die *Offenbarung des einen Gottes* („vere Deus").

Das heißt: Auch für Hindus hat sich der eine Gott zu einer bestimmten Zeit an einem bestimmten Ort geoffenbart. Auch für Hindus gibt es innerhalb eines zyklischen Weltgeschehens ein entscheidendes Handeln Gottes, das, wie im Falle Krischnas, für diese Weltzeit sozusagen endzeitlichen (eschatologischen) Charakter hat. Grundlegende Offenbarung für diesen Hinduismus ist also dieser „Avatara", diese „Herabkunft" Gottes in Krischna, der die frohe Botschaft der Bhagavad-Gita gebracht hat. Vor diesem Hintergrund wird das unter toleranten Hindus weitverbreitete Diktum verständlich: „Ihr glaubt an Christa, wir an Krischna – es ist dasselbe!" Eine Parallele zwischen Christus-Kind und Krischna-Kind, Christus-Glauben und Krischna-Glauben also ist nicht zu leugnen. Sind beide aber unter verschiedenem Namen wirklich dasselbe? Das ist die Frage.

Unbestreitbar ist, dass es sich auch bei Krischna um eine historische Person handelt, wenngleich sie nur sehr vage im Zusammenhang mit der

Schlacht auf dem Kuru-Feld auf die nachvedische Zeit datiert und loziert werden kann und sich alle möglichen Traditionsmaterialien an diese Gestalt angelagert haben. Aber selbst wenn die Aufzeichnungsdichte größer und der historische Forschungsstand besser wären, die *Unterschiede* zwischen Krischna und Christus sind ebenfalls nicht zu übersehen:

– Erstens ist Jesus Christus *nicht* wie Krischna eine *Verschmelzung aus verschiedenen mythischen und historischen Gestalten*: Krischna wird bereits in einer Upanishad (8. Jahrhundert?) erwähnt, erhält aber steigende Bedeutung erst viele Jahrhunderte später durch seine Identifikation mit Krischna Vasudeva, dem Begründer der Religion der monotheistischen Bhagavatas, die schon im zweiten Jahrhundert vor Christus die liebevolle Hingabe an Gott („bhakti") als Heilsweg lehrten.

– Zweitens ist Jesus Christus *nicht* wie Krischna eine *Offenbarung oder Inkarnation Gottes unter vielen*: Krischna wird als Offenbarung des Gottes Vishnu verstanden, und zwar als seine achte, der eine neunte (= Buddha) und noch eine letzte (= Kalkin) folgen werden.

Man kann es nicht übersehen: Im Krischna-Glauben manifestiert sich nun doch jenes weniger ausgeprägte Geschichtsbewusstsein, das dem zyklischen indischen Denken eigen ist. Weil die Gestalt Krischnas aus mehreren Traditionen zusammengeflossen ist, ließ sich von vornherein nicht vermeiden, was die christliche Gemeinde bei der eindeutig datier- und lozierbaren Person Jesu durch Kanonisierung der glaubwürdigen Zeugnisse im Neuen Testament zu verhindern wusste: dass eine Menge von – zumindest vom ethischen Niveau der Bhagavad-Gita her gesehen – recht fragwürdigen Mythen sich mit der Gestalt Krischnas verbinden konnte; man vergleiche nur einige der Erzählungen von Listen und Streichen, Liebesabenteuern und Ehebrüchen Krischnas mit den Evangelien, die in ihrer Verbindung von Historie und Kerygma, Geschichte und Verkündigung nicht allein eine eigene Literaturgattung, sondern auch Dokumente von einem außerordentlichen sittlichen Ernst darstellen.

Durchaus vergleichbar mit der historischen Gestalt Jesu von Nazaret aber ist jene andere große Gestalt der indischen Geschichte, die dort im 5./4. Jahrhundert v. Chr. „das Rad der Lehre" in Bewegung gesetzt hat: der Buddha Gautama. Er ist die große Kontrastfigur unter den „Religionsstiftern" und – sehr viel mehr als Mose, Muhammad oder Konfuzius – die große Alternative zu Jesus von Nazaret, die immer wieder Herausforderung an unser Denken ist.

6. Die Herausforderung des Buddha

Romano Guardini hat dies schon früh erkannt und wie folgt zum Ausdruck gebracht: „Einen Einzigen gibt es, der den Gedanken eingeben könnte, ihn in die Nähe Jesu zu rücken: Buddha. Dieser Mann bildet ein großes Geheimnis. Er steht in einer erschreckenden, fast übermenschlichen Freiheit; zugleich hat er dabei eine Güte, mächtig wie eine Weltkraft. Vielleicht wird Buddha der letzte sein, mit dem das Christentum sich auseinanderzusetzen hat. Was er christlich bedeutet, hat noch keiner gesagt. Vielleicht hat Christus nicht nur einen Vorläufer aus dem Alten Testament gehabt, Johannes, den letzten Propheten, sondern auch einen aus dem Herzen der antiken Kultur, Sokrates, und einen dritten, der das letzte Wort östlich-religiöser Erkenntnis und Überwindung gesprochen hat, Buddha."[7] Es lohnt sich also, der Frage nachzugehen: *Was verbindet*, was unterscheidet *den Christus und den Buddha*?

Wie „der Christus", „der Gesalbte", so ist auch „der Buddha", „der Erleuchtete" (wörtlich: „der Erwachte", „der zur Erkenntnis Gelangte") ein Würdename, ein Hoheitstitel. Als „Gott" dagegen hat Buddha Gautama sich ebenso wenig bezeichnet wie der Christus Jesus. Spätere Generationen freilich haben in Buddha nicht nur den Weisen, sondern geradezu den Erlöser gesehen, den man als Nothelfer anrief, dem man – als allen Göttern überlegen – Verehrung („puja") schulde, was man durch symbolische Handlungen, zum Beispiel Spenden vor dem Altar, zum Ausdruck brachte. Das heißt: Wie der Jesus der Geschichte nicht einfach identisch ist mit den Christus-Vorstellungen der späteren christlichen Theologie, so ist auch der Gautama der Geschichte nicht einfach identisch mit den Buddha-Bildern der späteren buddhistischen Schulen.

Anders als in der mythologischen hinduistischen Volksreligion und ihrer wohl berühmtesten Gestalt, Krischna, steht auch beim Buddha am Anfang nicht der Mythos, sondern die Geschichte, die zum Mythos führt: die Geschichte des Prinzen und dann Asketen Siddhartha Gautama, der nach langen Übungen tiefer Versenkung der „Erwachte", der „Buddha" wurde, ein Wegweiser aus diesem leidvollen Leben zu einem Zustand letzter Ruhe jenseits von Unbeständigkeit und Leiden.

Gewiss, auch buddhistische Frömmigkeit stattete diese Geschichte schon früh mit einer Reihe *wunderbarer Ereignisse* aus. Wie beim Christus geschieht auch beim Buddha die Empfängnis nicht auf normale menschliche Weise, sondern der himmlische Seher und Bodhisattva ging „als ein junger weißer Elefant ... zur rechten Seite in den Leib seiner Mutter ein", und bei der Geburt „zur rechten Seite seiner Mutter heraus. Er war bei vollem Be-

---

[7] R. Guardini, Der Herr, Basel 1937, S. 381.

wußtsein und nicht mit dem Schmutz des Mutterleibes behaftet."[8] Ähnlich wie von Jesus werden auch von Gautama zahlreiche Wundertaten berichtet, und an der Tatsache charismatischer Heilungen durch Jesus zweifelt kein seriöser Historiker. Doch Wunder im strengen neuzeitlichen Sinn einer „übernatürlichen" Außerkraftsetzung von Naturgesetzen sind weder von Gautama noch von Jesus historisch erweislich.

Reduzierte sich also das, was man „Gottessohnschaft" Jesu nennt, auf derartige außerordentliche Ereignisse bei der Geburt oder mirakulöse Geschehnisse im Leben und Sterben, würde sich Jesus Christus nicht wesentlich unterscheiden vom Buddha oder anderen nichtchristlichen Religionsstiftern. „Was aber", wird der Zeitgenosse fragen, „unterscheidet dann den Christus Jesus wirklich von den anderen maßgebenden Gestalten der Religionsgeschichte, vom Buddha insbesondere?" Um uns an diese schwierige Frage vorsichtig heranzutasten, müssen wir ausgehen von gewissen äußeren, aber auch inneren Ähnlichkeiten zwischen Gautama und Jesus, die erstaunlich sind.

7. Was Jesus und Gautama verbindet

Einige *ethische Grundanweisungen* sind im Buddhismus wie in der ganzen jüdisch-christlich-islamischen Tradition ohnehin *gleich*: nicht zu morden, nicht zu stehlen, nicht zu lügen, nicht Unzucht zu treiben ... Ethische Imperative der Menschlichkeit, die als unverrückbare Maßstäbe für ein gemeinsames Ethos der Menschheit, ein Weltethos, dienen könnten. Nur vom Verbot des Rauschmittelgenusses spricht Jesus nicht, und das ist kein Zufall; denn er ist kein Asket und soll häufig an Gastmählern teilgenommen haben, wo selbstverständlich Wein gereicht wurde.

Doch sicher ist: In seinem ganzen *Verhalten* zeigt Jesus mehr Ähnlichkeit mit Gautama als etwa mit *Muhammad*, dem Propheten, General und Staatsmann, der lebensfreudig blieb bis an sein Ende, oder auch mit *Konfuzius*, dem am idealisierten Altertum orientierten und am Einhalten der alten Riten interessierten fernöstlichen Weisen, der für soziale Ordnung und Harmonie in Familie und Staat plädierte:
- Wie *Gautama* war Jesus ein Wanderprediger, arm, heimatlos, anspruchslos, der eine entscheidende Wende in seinem Leben erfahren hatte, die ihn zur Verkündigung bewog.

---

[8] E. Waldschmidt, Die Legende vom Leben des Buddha. In Auszügen aus den heiligen Texten aus dem Sanskrit, Pali und Chinesischen übersetzt und eingeführt, Graz 1982, S. 33.42.

II. Jesus Christus: Jungfrauengeburt und Gottessohnschaft

- Wie Gautama bediente sich Jesus bei der Verkündigung nicht einer unverständlich gewordenen Sakralsprache (Sanskrit – Hebräisch), sondern der Umgangssprache (mittelindoarischer Dialekt – aramäische Volkssprache), hat er weder eine Niederschrift noch gar eine Kodifikation seiner Lehre veranlasst.
- Wie Gautama appelliert Jesus an die Vernunft und die Erkenntnisfähigkeit des Menschen, wenngleich nicht mit systematisch-erwägenden Vorträgen und Gesprächen, so doch mit allgemeinverständlichen, eingängigen Spruchworten, Kurzgeschichten, Gleichnissen, die aus dem jedermann zugänglichen, ungeschminkten Alltag genommen sind, ohne sich auf Formeln, Dogmen, Mysterien festzulegen.
- Wie für Gautama, so bedeuteten auch für Jesus Raffgier, Macht, Verblendung die große Versuchung, die – so nach den Versuchungsgeschichten des Neuen Testament – der großen Aufgabe entgegenstand.
- Wie Gautama stand auch Jesus, durch kein Amt legitimiert, in Opposition zur religiösen Tradition und zu deren Hütern, zur formalistisch-ritualistischen Kaste der Priester und Schriftgelehrten, die für die Leiden des Volkes so wenig Sensibilität zeigten.
- Wie Gautama hatte auch Jesus bald engste Freunde um sich, seinen Jüngerkreis und eine weitere Gefolgschaft.

Aber nicht nur in ihrem Verhalten, sondern auch in ihrer *Verkündigung* zeigt sich eine grundlegende Ähnlichkeit:
- Wie Gautama trat Jesus wesentlich als Lehrer auf, für beide lag ihre Autorität weniger in ihrer schulmäßigen Ausbildung als in der außerordentlichen Erfahrung einer letzten Wirklichkeit.
- Wie Gautama hatte auch Jesus eine dringende, eine frohe Botschaft (der „Dharma", das „Evangelium") auszurichten, die von den Menschen ein Umdenken („in den Strom steigen", „metánoia") und Vertrauen („shraddha", „Glauben") forderte: nicht Orthodoxie, sondern Orthopraxie.
- Wie Gautama wollte Jesus keine Welterklärung geben, übte er keine tiefsinnige philosophische Spekulation oder gelehrte Gesetzeskasuistik; seine Lehren sind keine geheimen Offenbarungen über die Beschaffenheit des Gottesreiches; sie zielen auch nicht auf eine bestimmte Ordnung der weltlichen Rechts- und Lebensverhältnisse.
- Wie Gautama geht Jesus aus von der Vorläufigkeit und Vergänglichkeit der Welt, der Unbeständigkeit aller Dinge und der Unerlöstheit des Menschen: seiner Blindheit, Torheit, Verstricktheit in die Welt und seiner Lieblosigkeit gegenüber den Mitmenschen.
- Wie Gautama zeigt Jesus einen Weg der Erlösung aus der Ichsucht, Weltverfallenheit, Blindheit: eine Befreiung, die nicht durch theoretisches Spe-

kulieren erreicht wird, sondern durch eine religiöse Erfahrung und einen inneren Wandel: ein ganz praktischer Weg zum Heil.
- Wie bei Gautama werden bei Jesus auf dem Weg zu diesem Heil besondere Voraussetzungen intellektueller, moralischer oder weltanschaulicher Art nicht gemacht: Der Mensch soll hören, verstehen und daraus die Konsequenzen ziehen; niemand wird nach dem wahren Glauben, nach dem orthodoxen Bekenntnis abgefragt.
- Wie Gautamas Weg so ist auch der Weg Jesu ein Weg der Mitte zwischen den Extremen der Sinnenlust und der Selbstquälerei, zwischen permissivem Hedonismus und rigorosem Asketismus, ein Weg, der eine neue selbstlose Zuwendung zum Mitmenschen ermöglicht: Nicht nur die allgemeinen Sittengebote entsprechen sich bei Buddha und Jesus weithin, sondern auch, im Prinzip, die „Gesinnungsethik" und die Grundforderungen der Güte und der Mitfreude, des liebenden Mitleids (Buddha) und der mitleidenden Liebe (Jesus).

Aber: So groß die Ähnlichkeit im ganzen Verhalten und in Grundzügen der Verkündigung und Einstellung ist, so groß ist nun doch die Unähnlichkeit in der näheren Ausformung, in der konkreten Gestaltung, in der praktischen Realisierung.

8. Was Jesus und Gautama unterscheidet

Nach den Zeugnissen des Neuen Testaments stammte Jesus nicht aus einer Familie reicher, adliger Großgrundbesitzer; er wuchs nicht auf, wie Gautama nach der Überlieferung von sich bekennt, verwöhnt, sehr verwöhnt durch Feste und vielerlei Lebensgenuss. Nein, Jesus kam offenbar aus einer Handwerkerfamilie, die sich kaum jenen Überfluss gestatten konnte, der so manche reiche Söhne wie Gautama zum Lebensüberdruss und dann zur Flucht aus dem Elternhaus trieb.

Anders als Gautama wandte sich Jesus auch nicht primär den von der Zivilisation übersättigten Zeitgenossen zu, die in Lebensekel aussteigen wollten aus der Gesellschaft des Überflusses. Er wandte sich – von keiner Partei oder menschlichen Autorität gedeckt, ohne Würdetitel in Anspruch zu nehmen und seine eigene Rolle oder Würde zum Thema seiner Botschaft zu machen – an die Mühseligen und Beladenen, die Armen, die er nicht deshalb seligpries, weil Armut ein wünschenswertes Ideal wäre, sondern weil diese noch eine Offenheit bewahrt haben für jene andere Wirklichkeit, auf die es ihm ankam.

Jesus war kein Einsamer unter Einsamen (= Monachus, Mönch), die um das Eine ringen. Er war der Meister in einer alternativen Lebensgemeinschaft

II. Jesus Christus: Jungfrauengeburt und Gottessohnschaft

von Jüngern und Jüngerinnen, für die er keinen Orden gegründet, keine Ordensregeln, Gelübde, asketischen Gebote, auch keine besonderen Kleider und Traditionen vorgeschrieben hatte.

Die Welt war für Jesus nichts Nichtiges, aus der es sich zurückzuziehen gelte und die im Akt der Versenkung in ihrer Nichtigkeit zu durchschauen wäre; sie ist erst recht nicht mit dem Absoluten einfach zu identifizieren, sie ist vielmehr die gute, wenngleich vom Menschen immer wieder verdorbene Schöpfung.

Die Wende in Jesu Leben bedeutet kein Aufgeben eines falschen Weges und das Suchen der eigenen Erlösung; nie beruft er sich auf ein eigentliches Erleuchtungs- oder Bekehrungserlebnis. Die Wende bedeutet bei ihm ein Hervortreten aus der Verborgenheit in die Öffentlichkeit: keine Wendung nach innen, sondern eine Hinwendung zur Welt aus einer eigentümlichen Unmittelbarkeit zu dem einen Gott Israels heraus, den er aber – in skandalöser Vertrautheit – mit „Abba", „lieber Vater", anredet, was Distanz und Nähe, Kraft und Geborgenheit zugleich ausdrückt. Kein Aussteigen also aus einem Kreislauf der Geburten durch eigenes Bemühen ist das Ziel, sondern das Eingehen in die Vollendung, in Gottes endgültiges Reich.

Am deutlichsten können wir uns den Unterschied zwischen Gautama und Jesus klarmachen, wenn wir auf die Unterscheidung zwischen *mystischer und prophetischer* Frömmigkeit zurückgreifen, wie sie von Friedrich Heiler und anderen entwickelt und neuerdings von Gustav Mensching auf den Buddha Gautama und den Christus Jesus angewandt wurde. So gesehen haben der Buddha wie der Christus ihre je eigene Größe:

– Der Buddha Gautama ist ein harmonisch in sich ruhender *Erleuchteter und Wegweiser aus mystischem Geist*:
  Von niemandem gesandt, fordert er für die Erlösung vom Leiden im Nirvana ein Aufgeben des Lebenswillens, ruft er zu Weltabkehr und Inneneinkehr, zu methodischer Meditation in Stufen der Versenkung und so schließlich zur Erleuchtung. So bringt er in Gleichmut ohne alle persönliche Anteilnahme jeder fühlenden Kreatur – Mensch und Tier – Sympathie, Milde und Freundlichkeit entgegen: ein universales *Mitleid* und friedvolles *Wohlwollen*.

– Der Christus Jesus aber ist ein leidenschaftlich ergriffener *Gesandter und Wegweiser aus prophetischem Geist* und, für viele schon zu seinen Lebzeiten, der Gesalbte („Messias", „Christus"):

Für die Erlösung aus Schuld und allem Übel im Reich Gottes ruft er die Menschen zur Umkehr; statt an ein Aufgeben des Willens appelliert er gerade an des Menschen Willen, den er nach dem Willen Gottes auszurichten fordert, welcher ganz auf das umfassende Wohl, das Heil, des Menschen zielt.

So verkündet er eine persönlich anteilnehmende Liebe, die alle Leidenden, Unterdrückten, Kranken, Schuldiggewordenen und auch des Menschen Gegner, Feinde einschließt: eine universale *Liebe* und aktive *Wohltätigkeit*.

Worin also besteht – wenn wir bei der historischen Betrachtungsweise bleiben – zuallerletzt der grundlegende Unterschied zwischen Jesus und Gautama?

9. Der Erleuchtete und der Gekreuzigte

Wir bekommen den entscheidenden Unterschied wohl nur dann in den Blick, wenn wir es wagen, die Figur des lächelnden Buddha, sitzend auf einer Lotosblüte, und die des leidenden Jesus, ans Kreuz genagelt, nebeneinanderzuhalten. Nur von dieser historischen Perspektive her lässt sich die sehr viel umfassendere Bedeutung des Buddha für die Buddhisten und des Christus für die Christen richtig verstehen.

Der *Buddha Gautama* ging durch seine Erleuchtung in das – schon in diesem Leben zugängliche – Nirvana ein, lebte danach aber als der Erleuchtete noch Jahrzehnte, bis er schließlich durch den, aus nichtigem Anlass erfolgten, Tod einging ins endgültige Nirvana, ins Parinirvana. Er lebte, wenngleich nicht ohne Schmerz und Leid, so doch heiterernsten Sinnes, harmonisch und erfolgreich, schließlich hoch angesehen bei den Mächtigen; seine Lehre breitete sich aus, und seine Jüngerzahl wuchs ins Ungezählte. Er starb im hohen Alter von 80 Jahren an einer Lebensmittelvergiftung, aber auch dies friedlich, umgeben von seinen Jüngern. Überall in der Welt künden noch heute die Statuen dieses Buddha von seiner Gelassenheit, Abgeklärtheit, seinem Frieden, seiner tiefen Harmonie, ja seiner Heiterkeit.

Ganz anders der *Mann aus Nazaret*: Sein öffentliches Leben dauerte nicht Jahrzehnte, sondern bestenfalls drei Jahre, möglicherweise nur einige wenige dramatische Monate, bevor es in Jerusalem gewaltsam beendet wurde. Eine höchst angespannte Geschichte von Anfang bis Ende, bestimmt von einem lebensgefährlichen Konflikt mit dem religiös-politischen Establishment, der Hierarchie: seine ganze Geschichte letztlich eine Leidensgeschichte mit Verhaftung, Auspeitschung und schließlich Hinrichtung in grausamster, schändlichster Form. Nichts Abgeklärtes und Vollendetes lässt dieses Leben erkennen. Es blieb Fragment, ein Torso. Ein Fiasko? Von Erfolg zu Lebzeiten jedenfalls keine Spur; dieser Mann stirbt nach den vorliegenden Berichten als Verachteter, Verfemter und Verfluchter. Ein Ende in Einsamkeit unter größter Qual: von seiner Mutter und seiner Familie gemieden, seinen Jüngern und Anhängern verlassen, seinem Gott offenkundig vergessen. Das allerletzte, was sie von ihm hören, ist sein Schrei am Kreuz. Von damals bis heute unverwechselbar – für Buddhisten und auch nicht-abgestumpfte Christen

II. Jesus Christus: Jungfrauengeburt und Gottessohnschaft

schwer erträglich – das Bild des *Leidenden schlechthin*! Ein Leiden freilich, das schon die ersten christlichen Gemeinden nicht als schiere Verzweiflung eines Gescheiterten verstanden, sondern als einen Akt höchster Hingabe, letzter Liebe zu Gott und den Menschen.

Wahrhaftig, ein Leidender, der nicht Mitleid verströmt, sondern selber Mitleid erheischt, der nicht in sich ruht, sondern sich total hingibt. So also, als *der in Hingabe und Liebe Leidende*, unterscheidet sich dieser Jesus nach christlichem Verständnis vom Buddha, dem Wohlwollenden, Mitleidenden. So unterscheidet er sich unverwechselbar auch von all den vielen Göttern und vergotteten Religionsstiftern, unterscheidet er sich von allen religiösen Genies und Gurus, Heroen und Cäsaren der Weltgeschichte: als der Leidende, als der Hingerichtete, als der *Gekreuzigte*.

Doch wie immer es sich mit Buddha verhält, jedem Zeitgenossen wird sich im Blick auf Jesus die Frage aufdrängen: „Wie erklärt es sich dann aber, daß es trotz dieses Schandtodes zu einer Jesus-Bewegung, gar zum Glauben an Jesus als den Sohn Gottes kam, so daß es im Credo ganz selbstverständlich heißen kann: Ich glaube an Jesus Christus, Gottes ‚eingeborenen' Sohn, diesen einen und keinen anderen? Welch ein Kontrast: der Gekreuzigte – Gottes Sohn!" Aber:

10. Was heißt: Gott hat einen Sohn?

Gerade nicht von Jesu Geburt, sondern von Jesu Tod ist auszugehen, wenn man verstehen will, warum Jesu Jünger dazu kamen, ihn als Gottes Sohn zu verkünden. Der Sterbensruf Jesu „Mein Gott, mein Gott, warum hast zu mich verlassen?" (Mk 15,34) wird schon im Lukasevangelium ins Positive gewendet mit dem Psalmwort: „Vater, in deine Hände befehle ich meinen Geist" (Ps 31,6; Lk 23,46). Vollends bei Johannes: „Es ist vollbracht!" (19,30). Ja, dieses eine war von Anfang an die felsenfeste Überzeugung der ersten Christusgemeinde, die sich wie der Apostel Paulus auf Erfahrungen berief: Dieser Gekreuzigte ist nicht ins Nichts gefallen, sondern ist aus der vorläufigen, vergänglichen, unbeständigen Wirklichkeit in das wahre, ewige Leben Gottes eingegangen. Er lebt – wie immer zu erklären. Und auch hier gilt: Kein „über-natürlicher" Eingriff eines Deus ex machina, wie wir noch sehen werden, muss damit gemeint sein, sondern wie bei Lukas mit „in deine Hände" oder wie im Johannesevangelium mit der „Erhöhung" angedeutet, das „natürliche" Hineinsterben und Aufgenommenwerden aus dem Tod in die eigentliche, wahre Wirklichkeit: ein Endzustand jedenfalls ohne alles Leiden.

Dem Apostolikum entsprechend werde ich über Kreuz und Auferweckung eigens zu handeln und dann auch den jüdischen Kontext der Geschichte Jesu stärker einzubeziehen haben. Hier an dieser Stelle geht es zunächst nur um die Erklärung des Titels „Sohn Gottes", und dafür ist nach heutiger neutestamentlicher Exegese grundlegend: Jesus hat sich nie Gott genannt, im Gegenteil: „Warum nennst du mich gut? Niemand ist gut als Gott allein" (Mk 10,18). Erst *nach seinem Tod*, als man aufgrund bestimmter österlicher Erfahrungen, Visionen und Auditionen, glauben durfte, dass er nicht in Leid und Tod geblieben, sondern in Gottes ewiges Leben aufgenommen, durch Gott zu Gott „erhöht" worden war, hat die *glaubende Gemeinde angefangen, den Titel „Sohn" oder „Sohn Gottes" für Jesus zu gebrauchen.*

Warum? Dies dürfte (und hier schließt sich der Kreis, und wir kehren zu unserem Ausgangspunkt in den Evangelien zurück) auch für manche Juden damals durchaus nachvollziehbar gewesen sein:

– Erstens erinnerte man sich, aus welcher innigen Gotteserfahrung, Gottverbundenheit und Gottesunmittelbarkeit heraus der Nazarener gelebt, verkündet und gehandelt hat: wie er Gott als den Vater aller Menschen anzusehen gelehrt („Vater unser") und ihn selber Vater genannt hat („Abba, lieber Vater"). Es gab also für Juden, die Jesus nachfolgten, einen sachlichen Grund und eine innere Logik dafür, dass er, der Gott „*Vater*" genannt hatte, von seinen gläubigen Anhängern dann auch ausdrücklich *der „Sohn"* genannt wurde. Nicht wie früher der König Israels, den es schon so lange nicht mehr gab; sondern er, der erwartete und gekommene Messias, war jetzt in einzigartiger Weise Gottes Sohn.

– Zweitens begann man die messianisch verstandenen Lieder des Psalters zu Ehren des vom Tod Erweckten zu singen, besonders die Thronbesteigungspsalmen. Die Erhöhung zu Gott konnte man sich als Jude damals leicht in Analogie zur Thronbesteigung eben des israelitischen Königs denken. Wie dieser – wahrscheinlich in Anlehnung an altorientalische Königsideologie – *im Moment seiner Thronbesteigung zum „Sohn Gottes" eingesetzt* wurde, so jetzt auch der Gekreuzigte durch seine Auferweckung und Erhöhung.

Besonders dürfte es Psalm 110, in welchem König David seinen zukünftigen „Sohn", der zugleich sein „Herr" war, besang, gewesen sein, der immer wieder gesungen und zitiert wurde: „Es sprach der Herr zu meinem Herrn: Setze dich zu meiner Rechten!" (Vers 1). Denn dieser Vers beantwortete den jüdischen Anhängern Jesu die brennende Frage nach dem „Ort" und der Funktion des Auferweckten (Martin Hengel[9]): Wo ist der Auferstandene

---

[9] M. Hengel hat in einer erstmaligen umfassenden Darstellung die christologische Schlüsselfunktion dieses Psalmverses überzeugend herausgearbeitet: „Setze dich zu meiner Rechten!". Die Inthronisation Christi zur Rechten Gottes und Ps 110,1, in: M. Philonenko (Hrsg.), Le trône de Dieu (erscheint Tübingen 1993).

II. Jesus Christus: Jungfrauengeburt und Gottessohnschaft

jetzt? Man konnte antworten: Beim Vater, „zur Rechten des Vaters": nicht in einer Wesensgemeinschaft, wohl aber in einer „Throngemeinschaft" mit dem Vater, so dass Gottesreich und Messiasreich faktisch identisch werden: „Die Einsetzung des gekreuzigten Messias Jesus als des ‚Sohnes' beim Vater ‚durch die Auferweckung von den Toten' gehört so doch wohl zur ältesten, allen Verkündigern gemeinsamen Botschaft, mit der die ‚Messiasboten' ihr eigenes Volk zur Umkehr und zum Glauben an den gekreuzigten und von Gott auferweckten und zu seiner Rechten erhöhten ‚Messias Israels' aufriefen."[10]

Und in der Tat: In Psalm 2,7 – einem Thronbesteigungsritual – wird der Messias-König sogar ausdrücklich als „Sohn" angesprochen: „Mein Sohn bist du; ich habe dich heute gezeugt." Wohl zu beachten: „Zeugung" ist hier Synonym für Inthronisierung, Erhöhung. Von einer physisch-sexuellen Zeugung wie beim ägyptischen Gott-König und bei hellenistischen Göttersöhnen oder auch von einer meta-physischen Zeugung im Sinne der späteren hellenistisch-ontologischen Trinitätslehre gibt es, wie in der Hebräischen Bibel so auch im Neuen Testament, keine Spur!

Deshalb kann es dann in einem der ältesten Glaubensbekenntnisse (wohl schon vorpaulinisch) zur Einleitung des Römerbriefes heißen: Jesus Christus wurde „eingesetzt zum Sohne Gottes in Macht seit der Auferstehung von den Toten" (Röm 1,4). Deshalb kann in der Apostelgeschichte dieser Thronbesteigungspsalm 2 aufgegriffen und jetzt auf Jesus angewendet werden: „Er (Gott) sprach zu mir (nach Ps 2,7 zum König, zum Gesalbten, nach Apg 13,33 aber zu Jesus): ‚Mein Sohn bist du; ich habe dich heute gezeugt.'" Und warum kann dies alles geschehen? Weil hier im Neuen Testament noch gut jüdisch gedacht wird: „Gezeugt" als König, „gezeugt" als Gesalbter (= Messias, Christus) heißt eben nichts anderes als eingesetzt als Stellvertreter und Sohn. Und mit dem „heute" (im Psalm der Tag der Thronbesteigung) ist in der Apostelgeschichte eindeutig nicht etwa Weihnachten, sondern Ostern gemeint, also nicht das Fest der Niederkunft, der Menschwerdung, der „Inkarnation", sondern der Tag der Auferweckung, der Erhöhung Jesu zu Gott, Ostern, das Hauptfest der Christenheit.

Was also ist ursprünglich jüdisch und so auch neutestamentlich mit der Gottessohnschaft gemeint? Was immer später von hellenistischen Konzilien mit hellenistischen Begriffen in dieser Sache definiert wurde: Im Neuen Testament ist ohne Frage nicht eine Abkunft, sondern die *Einsetzung in eine Rechts- und Machtstellung im hebräisch-alttestamentlichen Sinne* gemeint. Nicht eine physische Gottessohnschaft, wie in den hellenistischen Mythen

---

[10] Ebd.

und wie von Juden und Muslimen bis heute oft angenommen und zu Recht verworfen, sondern eine *Erwählung und Bevollmächtigung* Jesu durch Gott, ganz im Sinn der Hebräischen Bibel, wo bisweilen auch das Volk Israel kollektiv „Sohn Gottes" genannt werden kann. Gegen ein solches Verständnis von Gottessohnschaft war vom jüdischen Ein-Gott-Glauben her kaum Grundsätzliches einzuwenden; sonst hätte es die jüdische Urgemeinde auch gewiss nicht vertreten. Würde die Gottessohnschaft auch heute wieder in ihrem ursprünglichen Verständnis vertreten, so bräuchte, scheint es, auch heute vom jüdischen oder islamischen Monotheismus her wenig Grundsätzliches eingewendet zu werden.

Doch manche Zeitgenossen werden nicht überzeugt sein: „Die Idee einer Menschwerdung Gottes ist ja nun doch bestimmt unjüdisch, um nicht zu sagen: widersinnig?"

11. Der Sinn von Inkarnation

Es ist keine Frage: Mit der Zeit trat neben die ursprüngliche von unten her gedachte Erhöhungschristologie eine von oben her kommende Inkarnationschristologie. Paulus spricht noch von einer *„Sendung"* des Gottes*sohnes*, aber schon Johannes von einer *„Fleischwerdung"* des Gottes*wortes* – beide indessen sprechen nicht von der Sendung/Fleischwerdung Gottes, des Vaters, selbst, sondern von der Sendung seines Sohnes, von der Fleischwerdung seines Wortes! Wie muss man das verstehen? Sind damit schon alle Brücken zum Judentum abgebrochen, wie manche meinen?

Mein Tübinger Kollege Karl-Josef Kuschel hat in seiner großen Studie zur Präexistenz-Christologie „Geboren vor aller Zeit?" überzeugend herauszustellen vermocht, dass die *paulinischen Aussagen* von der *Sendung* des Gottessohnes keine Präexistenz Christi als mythologisch verstandenes Himmelswesen voraussetzen, sondern ebenfalls vor jüdischem Hintergrund gesehen werden müssen, im Kontext der Propheten-Tradition nämlich: „Die Metapher ‚Sendung' (der prophetischen Tradition entlehnt)", sagt er, „bringt dabei die Überzeugung zum Ausdruck, daß Jesu Person und Werk nicht innergeschichtlichen Ursprungs sind, sondern sich ganz Gottes Initiative verdanken."[11] „Die Bekenntnisse des Paulus beziehen sich auf Ursprung, Herkunft und Gegenwart Christi aus Gott und in Gott, nicht aber auf eine zeitlich isolierte vorweltliche ‚Existenz' ... Für Paulus ist Christus die gekreu-

---

[11] K.-J. Kuschel, Geboren vor aller Zeit? Der Streit um Christi Ursprung, München 1990, S. 393.

II. Jesus Christus: Jungfrauengeburt und Gottessohnschaft

zigte Weisheit Gottes in Person, nicht die personifizierte präexistente Weisheit."[12]

Ähnliches ist zu sagen vom *Johannesevangelium*. Auch in diesem späten, vierten Evangelium werden Gott und sein Gesandter klar unterschieden: „Das ist das ewige Leben: dich, den einzigen wahren Gott zu erkennen und Jesus Christus, den du gesandt hast" (Joh 17,3). Oder: „Ich gehe hinauf zu meinem Vater und zu eurem Vater, zu meinem Gott und zu eurem Gott" (Joh 20,17). Nein, auch dieses Evangelium entwickelt keine spekulative metaphysische Christologie – herausgerissen aus dem jüdischen Wurzelboden –, sondern vertritt eine mit der Welt des Judenchristentums noch durchaus verbundene Christologie, in der es um Sendung und Offenbarung geht, in der freilich die (unmythologisch verstandene) Präexistenzaussage eine verstärkte Bedeutung bekommt. Solche Präexistenzaussagen aber haben keinen spekulativen Wert, keine selbständige theologische Bedeutung, sondern eine eng begrenzte „Funktion": Sie stehen im Dienst der Offenbarung und Erlösung Gottes *durch* den gesandten Sohn: „Johannes fragt nicht nach dem metaphysischen Wesen und Sein des präexistenten Christus; ihm geht es nicht um die Erkenntnis, daß es vor der Inkarnation zwei präexistente göttliche Personen gegeben habe, die in der einen göttlichen Natur verbunden seien."[13] Was also wollte Johannes positiv? „Die Bekenntnisaussage steht im Vordergrund: der Mensch Jesus von Nazareth ist der Logos Gottes in Person. Er ist es gerade als sterblicher Mensch; er ist es aber nur für die, die bereit sind, in seinem Wort Gottes Wort, in seiner Praxis Gottes Taten, in seinem Weg Gottes Geschichte, in seinem Kreuz Gottes Mitleiden vertrauend zu glauben."[14]

Also doch „*Menschwerdung*" des Sohnes Gottes? Gewiss: Die Kategorie „Menschwerdung" ist jüdischem und ursprünglich judenchristlichem Denken fremd und entstammt der hellenistischen Welt. Und doch kann auch dieses Wort vom jüdischen Kontext her richtig verstanden werden. Denn alles wird falsch, wenn man sich bei der Menschwerdung auf das „punctum mathematicum" oder „mysticum" der Empfängnis („Mariä Verkündigung") oder Geburt Jesu („Weihnachten") fixiert. Im Kontext der Geschichte des Juden Jesus muss das griechische Vorstellungsmodell „Inkarnation" gewissermaßen geerdet werden. Tut man dies, so wird – wie angedeutet – Menschwerdung nur vom *ganzen Leben und Sterben und neuen Leben Jesu* her richtig verstanden.

---

[12] AaO S. 393 f.
[13] AaO S. 502.
[14] Ebd.

Was also heißt dann Menschwerdung? Menschwerdung heißt: In diesem Menschen haben Gottes Wort, Wille, Liebe menschliche Gestalt angenommen. In *all* seinem Reden und Verkündigen, in seinem ganzen Verhalten, Geschick, in seiner ganzen Person hat der Mensch Jesus gerade nicht als Gottes „Nebenbuhler" („zweiter Gott") gewirkt. Vielmehr hat er des einen Gottes Wort und Willen verkündet, manifestiert, geoffenbart. So könnte vielleicht auch in jüdischem Kontext die Aussage gewagt werden: Er, in dem sich nach den Zeugnissen Wort und Tat, Lehre und Leben, Sein und Handeln völlig decken, *ist* in menschlicher Gestalt Gottes „Wort", Gottes „Wille", Gottes „Bild", Gottes „Sohn". Um eine Einheit Jesu mit Gott geht es hier, gewiss. Aber selbst nach den christologischen Konzilien geht es nicht um eine „Vermischung" und „Beigesellung", wie Juden und Muslime fürchten, sondern – so nach dem Neuen Testament – um eine Einheit des „Thrones", des Erkennens, des Wollens, des Handelns Jesu mit Gott, um eine Einheit des Offenbarens Gottes mit und durch Jesus. „Wer mich sieht", so nach dem Johannesevangelium, „sieht den Vater" (Joh 14,9).

In diesem ursprünglichen Sinn ist Jesus von Nazaret das Fleisch gewordene Wort, Gottes Logos in Person, Gottes Weisheit in menschlicher Gestalt, und in diesem Sinn kann es auch der zeitgenössische Christ am Ende des zweiten nachchristlichen Jahrtausends bekennen: „Credo, ich glaube an Jesus Christus, Gottes eingeborenen Sohn, unseren Herrn".

III. Der Sinn von Christi Kreuz und Tod

Wollte man so etwas wie eine weltanschauliche Positionsbestimmung vornehmen, ohne von vornherein zu werten, so ließe sich der Christus der Christen mitten in einem welthistorischen Koordinatenkreuz sehen, welches von den maßgebenden religiösen Gestalten der Menschheit und den von ihnen inspirierten Religionen bestimmt wird. Was ist damit gemeint?

1. Im Koordinatenkreuz der Weltreligionen

In diesem Koordinatenkreuz stünde bei der Markierung links der Name *Buddha*, der Prototyp, wie wir sahen, des Erleuchteten und Meisters der Meditation: Symbolfigur von Indien bis Japan für geistige Versenkung und Verinnerlichung und die mönchische *Weltentsagung* in der Gemeinschaft eines Ordens. Der Buddha – Leitfigur für ein Leben nach dem achtfachen Pfad, der zur Aufhebung des Leidens und zum Nirvana führt.

Bei der Markierung rechts wäre der Name *Konfuzius* zu sehen, er, der Prototyp des fernöstlichen Weisen, der für ein Ethos steht, das seinen Einfluss ausübt in der ganzen Welt von Peking bis Tokio und von Seoul bis

III. Der Sinn von Christi Kreuz und Tod

Taipeh, wo immer man chinesische Schriftzeichen lesen kann. Kung Fu-tzu – die Symbolgestalt für eine beständige, im Geist und Ritual einer idealen Vorzeit erneuerte Moral in Familie und Gesellschaft, Garant einer moralischen *Weltordnung*, Leitfigur eines Lebens in Harmonie von Mensch und Mitmensch, Mensch und Natur.

Bei der oberen Markierung wäre der Name *Mose* zu lesen, von dem wie alle Israeliten auch Jesus herkommt: Mose – der Prototyp des Propheten, die gewaltige Symbolgestalt für die Tora, die unbedingte Geltung der geschriebenen Weisung Gottes, wie sie dann von den Menschen immer mehr ausgebaut wurde. Mose – Leitfigur der Juden allüberall für ein Leben nach Gottes Weisung, Gottes Gesetz in dieser Welt und gerade so Aufruf zu einer sittlichen *Weltbemächtigung*.

Bei der Markierung unten steht der Name *Muhammads*, der sich als Prophet ganz auf der Linie des Mose und auch Jesu, des Messias, sieht, als den Abschluss, das bestätigende „Siegel" aller vorherigen Propheten. Von Marokko bis Indonesien, von Zentralasien bis zum Horn von Afrika gilt er als der Prophet schlechthin, die Symbolgestalt für eine Religion, die auch den Raum der Gesellschaft ganz durchdringen will und die in *Welteroberung* auf die Einrichtung theokratischer Staaten ausgerichtet ist. Muhammad – Leitfigur für ein Leben nach dem Koran, Gottes ursprüngliche und endgültige Offenbarung auf dem Weg zu Weltgericht und Paradies.

Es dürfte deutlich sein, wie unverwechselbar und unauswechselbar diese Repräsentanten der großen drei Stromsysteme der Hochreligionen sind, die ihren Ursprung in ganz verschiedenen Weltregionen haben:
- des semitischen Stromsystems, das prophetischen Charakter hat: Mose und Muhammad,
- des indischen Stromsystems, das mystischen Charakter hat: Buddha und Krischna,
- des fernöstlichen Stromsystems, das weisheitlichen Charakter hat: Kung Fu-tzu und Lao-tzu.

Keine mehr oder weniger zufälligen Möglichkeiten sind dies, sondern Repräsentanten von einigen wenigen religiösen Grundpositionen, besser: Grundoptionen. Denn hier muss der Mensch wählen: Bei allem Respekt für andere Wege – er kann sie nicht alle auf einmal gehen. Zu verschieden sind sie, auch wenn sie sich heute, so ist zu hoffen, vielfach angleichen und irgendwo im verborgenen Ziel einmal zusammentreffen mögen.

Wer als Weg seines Lebens die Nachfolge Jesu Christi wählt – und Glaube ist eine Wahl unbedingten, unerschütterlichen Vertrauens –, der wählt eine Gestalt, die von allen diesen verschieden ist: Jesus Christus ist
- anders als der Augen und Ohren schließende Mystiker im Geist indischer Innerlichkeit und Alleinheit;

- anders als der abgeklärte Weise im Geist fernöstlicher Harmonie und Humanität;
- anders als der charismatische Gesetzesverkünder und Anführer des Exodus im Geist einer nahöstlich-semitischen Glaubens- und Hoffnungsreligiosität;
- anders auch als der kampferprobte Prophet und Heerführer im Geist eines sieghaften arabischen Eingottglaubens.

Radikal anders also, ja, für manche fast erschreckend anders ist dieser Christus, wenn wir uns an sein Bild erinnern, das wir uns schon im Vergleich mit dem des lächelnden Buddha auf der Lotosblüte vergegenwärtigt haben: als das Bild des Leidenden schlechthin.

2. Das Bild des Leidenden schlechthin

Rund tausend Jahre lang hat man das Bild des Leidenden nicht realistisch zu malen gewagt. In den ersten Jahrhunderten war man sich nämlich noch bewusst, welche Monstrosität, ja, Absurdität die christliche Botschaft der Welt zumutet: ein am Schandpfahl Verendender als Messias, Christus, Sohn Gottes! Und das *Marterkreuz* – dieses scheußlichste aller Exekutions- und Abschreckungsinstrumente – *als Lebens-, Heils- und Siegeszeichen*! Was immer heute Symbolforscher, Psychotherapeuten und Esoteriker aus der Religionsgeschichte an Kreuzessymbolik heraus- oder hineinlesen wollen: Das Kreuz Jesu war zunächst ein brutales historisches Faktum (deshalb kam auch Pontius Pilatus ins Credo!) und hatte mit Leben, Ganzheitlichkeit und wahrer Menschlichkeit nichts, aber auch gar nichts zu tun. Gerade ein in zwei Welten, der jüdischen und der hellenistischen, beheimateter Mann wie der Apostel Paulus war sich im klaren, was er mit seinem „Wort vom Kreuz" seinen Zeitgenossen zumutete: den Griechen „eine Torheit" und den Juden „ein Skandalon"[1]! So empfand man es natürlich erst recht im Rom der Cäsaren: Was von diesem Nazarener gesagt wurde, musste wie ein schlechter Scherz, eine einfältig-dumme Eselsbotschaft klingen, und dies ganz wörtlich verstanden! Denn genau dies bedeutet jene erste bildliche Darstellung vom Gekreuzigten, die wir haben: eine Karikatur, die irgendwann im 3. Jahrhundert auf eine Wand oben auf dem Palatin, der kaiserlichen Residenz in Rom, eingeritzt wurde. Sie stellt den Leidenden am Kreuz dar, aber versehen mit einem Eselskopf und darunter das Graffito: „Alexamenos betet seinen Gott an".

---

[1] Vgl. 1Kor 1,23.

III. Der Sinn von Christi Kreuz und Tod

So ist es denn kaum erstaunlich, dass es in den ersten drei Jahrhunderten des Christentums zwar Darstellungen Christi etwa als des bartlosen jugendlichen guten Hirten gibt, aber keine Darstellung des Gekreuzigten, und dass erst nach der Konstantinischen Wende das Kreuz als Symbol und Darstellungsthema in Übung kommt, zuerst auf Sarkophagen. *Die ältesten erhaltenen Kreuzigungsdarstellungen* stammen aus dem 5. Jahrhundert: die eine auf einer Elfenbeintafel, aufbewahrt im Britischen Museum, die andere auf einer Holztüre der Basilika Santa Sabina in Rom. Aber hier wie dort wird jeder Ausdruck des Leidens vermieden; Christus erscheint in der Haltung des Siegers oder des Betenden. Noch im Frühmittelalter und in der Romanik ist die Christusdarstellung ganz und gar geprägt von Scheu und Ehrfurcht; die Königskrone ziert nicht nur den Weltenrichter, sondern auch den Herrschenden am Kreuz, auch wenn man ihn jetzt immer mehr in Großplastiken darzustellen wagt.

Erst in der Hochgotik und in der Frührenaissance verliert die Christusgestalt wieder ihre hieratische Strenge zugunsten edler Menschlichkeit. Unter dem Einfluss der Leidensmystik eines Bernhard von Clairvaux und Franz von Assisi wird jetzt Christi Leiden akzentuiert. Aber erst die *Spätgotik* macht das *Leiden des Gekreuzigten zum beherrschenden Thema*. Und während der Christus bei Fra Angelico, dem Florentiner Dominikanermönch der italienischen Frührenaissance, noch in stiller Schönheit leidet, so wird nördlich der Alpen der Leidende jetzt immer mehr im Stil des krassen Realismus dargestellt, mit der Dornenkrone auf dem Kopf. Und während die italienische Hochrenaissance, philosophisch vom Neuplatonismus beeinflusst und gesellschaftlich getragen von den oberen Schichten, den Christus als Prototyp des Idealmenschen darstellt, so die deutsche Spätgotik, die viel mehr aus dem religiösen Ringen des Einzelnen und den Umbrüchen der Gesellschaft heraus erwächst, als ausgepeitschten, gemarterten, gebrochenen, sterbenden Schmerzensmann.

Doch keine der eindrücklichen Darstellungen des Gekreuzigten aus jener Zeit dürfte diejenige übertreffen, die ein Künstler gemalt hat, der bis heute eine recht unbekannte Persönlichkeit geblieben ist und dessen eigentlicher Name erst im 20. Jahrhundert überhaupt wieder bekannt wurde: die Kreuzigung des Mathis Gothardt-Neithardt, genannt *Matthias Grünewald* (ca. 1470–1528). Am Vorabend der Reformation von 1512–1515, da Deutschland reicher war an malerischer Begabung als je zuvor, hat Grünewald in seinem Flügelaltar zu Isenheim, einem gewaltigen „Buch" der Verkündigung, das über dem Altar „aufgeblättert" werden kann, gewichtige Aussagen des Apostolikums bildlich umgesetzt. Gewissermaßen für die Werktage, wenn das „Buch" geschlossen blieb, schuf er eine Darstellung der *Kreuzigung Jesu*. Sie ist von einer erschütternden Kraft, so dass der Gekreuzigte des Grünewald zum Inbegriff grenzenlosen Leidens schlechthin wurde.

Nur vier Begleitfiguren kennt dieses Passionsgemälde: Rechts unter dem Kreuz – vom Betrachter aus gesehen – der Täufer Johannes, fast ungerührt und standfest, der mit gebieterisch ausgestrecktem Zeigefinger auf ihn, der da leidet, hinweist (gemalte Christozentrik sozusagen – der Grund, warum gerade dieses Bild Karl Barths Arbeitszimmer schmückte, für den das unschuldige kleine weiße Opferlamm zu Füßen des Täufers mit dem goldenen Kreuz, dessen Blut in den Abendmahlskelch fließt – Symbol für das Sakrament –, freilich weniger wichtig war).

Links vom Kreuz Jesu Mutter mit fahlem, erstarrtem Gesicht und leichenblassem Gewand, die betenden Hände ihrem Sohn entgegengestreckt und doch der Ohnmacht nahe, gehalten nur vom schmerzvoll mitleidenden Lieblingsjünger, ganz in Rot gemalt. Und schließlich vor dem Kreuz kniend, üppig in Kleidung, Farbe und langem blonden Haar, mit emporgereckten Händen Maria von Magdala, Symbolgestalt für das verzweifelte Ringen des Einzelnen um Gott, das durch dieses Fiasko provoziert wird.

Durch diese wenigen Begleitfiguren tritt der überlebensgroße Christus noch mehr hervor: Krampfhaft ausgespreizt und verkrümmt die Finger, das beinahe Schmerzlichste an diesem Schmerzensmenschen, wie auch seine Füße durchbohrt von einem übergroßen Nagel. Sein ganzer verzerrter Leib hängt, von Wunden übersät, schwer darnieder. Sein Kopf, von einer Krone zackiger Dornen zusätzlich gepeinigt, ist auf die Brust herabgesunken. Seine Lippen, nach dem Schrei der Gottverlassenheit, erscheinen offen, blutleer und erstarrt. Eine unerhörte Passionspredigt für Gebildete und Analphabeten zugleich.

„Genug! Zuviel des Leidens!", mit diesem Gedanken werden sich manche Zeitgenossen im Museum Unterlinden zu Colmar von diesem Bild der Qual und Schande abwenden, erschreckt, abgestoßen sogar. „Man kann auch das Leiden übertreiben ..." Doch: Auf diesem Bild ist nichts übertrieben, und wer so redet, weiß nicht, wer da zur Zeit des Grünewald im Kloster zu Isenheim vor diesem Gekreuzigten gebetet hat: Es waren nicht nur die Stiftsherren vorne im Chorgestühl samt sonstigem Personal, sondern abgetrennt von ihnen wegen Berührungs- und Ansteckungsgefahr die Ärmsten der Armen. Gequält, zusammengepresst und verunstaltet sahen sie durch die großen Stäbe des Gitters hindurch über die Priester hinweg zu ihrem leidenden Herrn. Menschen mit Lepra waren es, von der Seuche, dem „brennenden Leiden", dem „Höllenbrand" Befallene, deren Gesichts-, Finger-, Haut- und Knochendeformationen denen des Grünewaldschen Christus nicht unähnlich waren. Sie beteten vor diesem Gekreuzigten. Erbarmungslos wurden die Aussätzigen ja auch noch im späten Mittelalter aus der menschlichen Gesellschaft ausgestoßen, oft enterbt und vielfach sogar für tot erklärt. Gegen 20 000 Leprosarien für die lebenslängliche Zwangsisolierung Aussätziger

III. Der Sinn von Christi Kreuz und Tod

zählte man in Europa schon um 1200, eines davon dann, angeschlossen an das Antoniterkloster, in Isenheim, in dessen Hospitalkirche sich früher Grünewalds Altar befand.

„Aber das haben wir doch hinter uns, das ist doch alles frommes, schauriges Mittelalter", rufen heutige Zeitgenossen, die sich vom Gekreuzigten abgewendet haben, „schon die Reformation hat mit den Bildern und vielfach sogar mit dem Kreuz in der Kirche aufgeräumt, und unsere optimistische Aufklärung erst recht. Sie wissen ja besser als wir, wie viel Unfug man in der Kirche mit dem Kreuz angestellt hat – und dies bis auf den heutigen Tag."

Ja, es ist bitter, ich kann es nicht bestreiten: Leider ist gerade dieses Tiefste und Stärkste im Christentum mehr und mehr in Verruf gekommen durch jene „Frommen", die, wie der Pfarrerssohn Nietzsche höhnte, als „Dunkler und Munkler und Ofenhocker" krumm *„zum Kreuze kriechen"* und, alt- und kaltgeworden, alle „Morgen-Tapferkeit" verloren haben.[2]

Und so meint denn „zu Kreuze kriechen" im heutigen Sprachgebrauch so etwas wie klein beigeben, sich nicht trauen, nachgeben, stumm den Nacken beugen, sich ducken, unterwerfen, ergeben. Und „sein Kreuz tragen" meint sich ergeben, sich demütigen, sich verkriechen, nicht mucksen, die Faust in der Tasche behalten ... Das Kreuz, ein Zeichen für Schwächlinge und Duckmäuser gerade in der Kirche, wo manche Hierarchen mit kostbarem Kreuz auf der Brust sowohl selbst verschuldete Repression wie Zölibat und Frauendiskriminierung wie auch Schicksalsschläge aller Art und gar unerwünschten Kindersegen als „gottgewolltes Kreuz" zu rechtfertigen versuchen.

Aber meint Kreuzesnachfolge all dies? Nein, wirklich nein. Kreuzesnachfolge, das sei grundsätzlich gesagt, meint dem Neuen Testament zufolge nicht akzeptierte Unmündigkeit, meint auch nicht einfach kultische Anbetung oder mystische Versenkung, meint nicht esoterisch-symbolische Selbstfindung durch Bewusstmachung des Unbewussten und meint auch nicht wortwörtliche ethische Nachahmung des Lebensweges Jesu, der nun einmal nicht imitiert werden kann. Kreuzesnachfolge meint nicht Christi Kreuz, sondern meint schlicht *das eigene Lebenskreuz auf sich nehmen*, das niemand besser kennt als der Betroffene selbst und das selbstverständlich „die Annahme seiner selbst" (Romano Guardini) und seines „Schattens" (C. G. Jung) mit einschließt. Kreuzesnachfolge meint, im Risiko der eigenen Situation und in der Ungewissheit der Zukunft seinen eigenen Weg zu gehen – nach der Wegweisung dessen freilich, der den Weg vorausgegangen ist und auf den der Finger des Johannes zeigt.

---

[2] Vgl. F. Nietzsche, Also sprach Zarathustra. Ein Buch für Alle und Keinen, Teil III: Von den Abtrünnigen; Werke, hrsg. v. K. Schlechta, Bd. II, München 1955, S. 428.

Und da genügt es nun nicht, wie in unserem Credo (oder auch auf dem Isenheimer Altar) gleichsam von Weihnachten über das ganze öffentliche Leben Jesu, seine Verkündigung und sein Verhalten, hinweg zum Karfreitag hinüberzuspringen. Das traditionelle Credo – dies vermissen gerade die bewussten Christen unter den Zeitgenossen am meisten – enthält ja kein Wort über Jesu Botschaft und Leben! Um aber zu verstehen, warum Jesus von Nazaret *sterben* musste, muss man verstehen, wie er *gelebt* hat. Um zu begreifen, warum er *diesen Tod* sterben musste, muss man etwas von der Zeit begriffen haben, in der er lebte. Um zu ahnen, warum er *so früh* sterben musste, muss man eine Ahnung haben von dem, wer er gewesen ist, für was er eintrat und gegen wen er gesprochen und gekämpft hat. Ohne die politisch-sozial-religiöse Situation seiner Zeit wird Jesus kaum richtig verstanden.

3. Ein politischer Revolutionär?

Was immer unter jüdischen und christlichen Gelehrten umstritten sein mag – darin besteht Übereinstimmung: Jesus war *kein Mann des jüdischen Establishments*. Er war kein Sadduzäer, war weder Priester noch Theologe. Er war ein „Laie"! Er sah seinen Platz nicht bei der herrschenden Klasse und zeigte sich nirgendwo als Konformist, als Apologet des Bestehenden oder Verteidiger von Ruhe und Ordnung. Man kann als christlicher Theologe dem jüdischen Jesus-Forscher Joseph Klausner nur zustimmen, wenn er sagt: „Jesus und seine Jünger, die den breiten Volksschichten und nicht der herrschenden und reichen Klasse entstammten, wurden von den Sadduzäern nur wenig beeinflusst … Jesus, der galiläische Zimmermann und Sohn eines Zimmermanns, und die einfachen Fischerleute seiner Umgebung … (waren) vom Sadduzäismus … so weit entfernt wie jene aristokratischen Priester vom einfachen Volke. Die bloße Tatsache, dass die Sadduzäer die Auferstehung der Toten leugneten und den messianischen Gedanken nicht weiter entwickelten, muß Jesus und seine Jünger von ihnen ferngehalten haben."[3]

Doch – die wichtige Frage: War er deshalb *ein politischer Revolutionär*, wie eine erste Gruppe jüdischer Interpreten annimmt? Nun zeigen uns die Evangelien zweifellos einen sehr klarsichtigen, entschlossenen, unbeugsamen, wenn es sein musste, auch kämpferischen und streitbaren, in jedem Fall aber furchtlosen Jesus. Er sei ja gekommen, um Feuer auf die Erde zu werfen. Keine Angst müsse man haben vor denen, die nur den Leib töten und darü-

---

[3] J. Klausner, Jesus of Nazareth. His Life, Times, and Teaching (ursprünglich hebräisch 1922; engl. 1925); dt.: Jesus von Nazareth. Seine Zeit, sein Leben und seine Lehre, Berlin ³1952, S. 299.

III. Der Sinn von Christi Kreuz und Tod

ber hinaus nichts vermöchten. Eine Schwertzeit, eine Zeit größter Not und Gefahr stehe bevor. Aber klar ist auch: Jesus war *kein Prediger von Gewalt*. Die Frage nach der Gewaltanwendung wird in der Bergpredigt auf der ganzen Linie negativ beantwortet. Bei seiner Verhaftung sagt Jesus denn auch: „Steck dein Schwert in die Scheide, denn alle, die zum Schwert greifen, werden durch das Schwert umkommen" (Mt 26,52). Jesus selber war bei seiner Verhaftung waffenlos, wehrlos, gewaltlos. Und so werden denn auch die Jünger, die als politische Verschwörungsgruppe zweifellos mitverhaftet worden wären, unbehelligt gelassen.

Aber: „Wie steht es denn mit der *Tempelreinigung*, die manchmal sogar als eine Tempelbesetzung interpretiert wird?" Nun, Jesus hatte durchaus den Mut zu zeichenhafter Provokation. Der Nazarener war keineswegs so zart und sanft, wie die „Nazarener" des 19. Jahrhunderts – keine Grünewalds – ihn zu malen beliebten. Doch von einer Tempelbesetzung kann nach den Quellen keine Rede sein; da hätte ja auch die römische Kohorte von der Burg Antonia aus sofort eingegriffen, und die Passionsgeschichte hätte einen anderen Verlauf genommen. Nein, um eine Vertreibung der Händler und Wechsler geht es nach den Quellen: ein symbolträchtiges Eingreifen, eine individuelle *prophetische Provokation*, welche eine demonstrative Parteinahme darstellt: gegen das Markttreiben und die daraus Gewinn ziehenden Hierarchen und Profiteure, für die Heiligkeit des Ortes, der ein Ort des Gebetes sein soll! Diese Tempelaktion war möglicherweise verbunden mit einem Drohwort über die Zerstörung des Tempels und seinen Neubau in dieser Endzeit. Eine solche religiöse Provokation hat zweifellos die klerikale Hierarchie und vermutlich aber auch die am Wallfahrtsrummel und am weitergehenden Tempelausbau finanziell interessierten Kreise der Stadtbevölkerung in krasser Weise herausgefordert. Sie spielte bei der späteren Verurteilung des Nazareners offensichtlich eine gewichtige, wenngleich keineswegs exklusive Rolle.

Aber nochmals: Von einer *zionistisch-messianischen Revolution*, wie manche jüdische Gelehrte vermuten, kann *keine Rede* sein:
- Forderte Jesus vielleicht zum Steuerboykott auf? Kaum! „Gebt dem Kaiser, was des Kaisers ist!" (Mt 22,21), lautet seine Antwort, und das ist kein Aufruf zur Steuerverweigerung. Das heißt freilich auch umgekehrt: Gebt dem Kaiser nicht, was Gottes ist! Wie die Münze dem Kaiser gehört, gehört der Mensch selber Gott.
- Proklamierte Jesus einen nationalen Befreiungskrieg? Nein: Von übelsten Kollaborateuren mit der Besatzungsmacht ließ er sich bekanntlich zum Essen einladen, und den beinahe noch mehr als die Heiden verhassten samaritanischen Volksfeind stellte er bisweilen als Beispiel hin.
- Propagierte Jesus den Klassenkampf? Wie denn? Teilte er doch die Menschen nicht wie so viele Militante seiner Zeit in Freunde und Feinde ein!

– Hob Jesus das Gesetz auf um der Revolution willen? Nein, helfen wollte er, heilen, wen immer er, ein charismatischer Krankenheiler, heilen konnte. Nein, keine Zwangsbeglückung des Volkes nach dem Willen einzelner Aktivisten. Zuerst das Reich Gottes, und alles andere wird hinzugegeben werden!

So gipfelte denn Jesu Botschaft vom Gottesreich nicht im Appell zum Erzwingen der besseren Zukunft durch Gewalt: Wer zum Schwert greift, wird durch das Schwert umkommen. Seine Botschaft zielt auf einen Verzicht von Gewalt: Dem Bösen nicht zu widerstehen; denen wohlzutun, die uns hassen; die zu segnen, die uns fluchen; für die zu beten, die uns verfolgen, diejenigen von ihren Dämonen zu befreien, die gequält, verängstigt, blockiert, psychosomatisch krank sind. In diesem Sinn war Jesus ein „Revolutionär", dessen Forderungen im Grunde radikaler waren als die der politischen Revolutionäre und die Alternative von etablierter Ordnung und sozialpolitischer Revolution überstiegen. Richtig verstanden also war Jesus in seiner praktizierten Güte *revolutionärer als die Revolutionäre*:
– Statt Verletzen und Verwunden Heilen und Trösten!
– Statt Zurückschlagen bedingungslose Vergebung!
– Statt Gebrauch von Gewalt Bereitschaft zum Leiden!
– Statt Hass- und Rachegesängen Seligpreisung der Friedfertigen!
– Statt Vernichtung der Feinde Liebe zu den Feinden!

„Heißt das nun aber nicht", die Rückfrage drängt sich auf, „daß Jesus der Vertreter einer weltabgewandten Frömmigkeit, ja eines mönchischen Asketismus war?" Die Frage muss beantwortet werden angesichts der Tatsache, dass diesbezüglich Pseudowissenschaftler immer wieder wilde Spekulationen angestellt haben.

4. Ein Asket und Mönch?

Dass es zur Zeit Jesu jüdische Mönche gab, und zwar im *Qumran-Kloster* am Toten Meer, weiß man freilich erst seit der Mitte unseres Jahrhunderts. Dass es von der Welt abgesondert in den Dörfern (und vereinzelt auch in den Städten) lebende „Fromme" (aramäisch „chasidjja", hebräisch „chasidim"), jetzt „Essäer" oder „Essener" genannt, gab, ist jedoch schon seit dem Geschichtsschreiber Flavius Josephus bekannt. In den Hoch-Zeiten der Qumran-Forschung hat man immer wieder Verbindungen zwischen Qumran und dem Täufer Johannes (die möglich sind), aber auch zwischen Qumran und Jesus finden wollen, was sich aber als eine immer unwahrscheinlichere Hypothese herausgestellt hat. Weder die Qumran-Gemeinde noch die Essener-Bewegung werden denn auch in den neutestamentlichen Schriften auch nur

III. Der Sinn von Christi Kreuz und Tod

erwähnt, wie sich umgekehrt in den Qumran-Schriften (deren Veröffentlichung von eifersüchtig-kleinkarierten Spezialisten verzögert, aber nicht, wie in einem journalistischen Machwerk behauptet, wegen neuer gefährlicher Texte verhindert wurde) auch keine Erwähnung des Namens Jesu findet.

Es war schon der große Gelehrte und nachmalige „Urwalddoktor" Albert Schweitzer, der noch in seiner Zeit als wissenschaftlicher Theologe gegen die gutbürgerliche liberale Theologie darauf aufmerksam gemacht hat: Die Evangelien präsentieren Jesus *nicht* als *eine sozial angepasste Erscheinung*. Während seiner öffentlichen Tätigkeit führte Jesus ein unstetes Wanderleben; für seine Familie war er eher ein „Aussteiger", den sie, Mutter und Brüder, als „verrückt" zurückholen wollten. Auch lebte Jesus offensichtlich ehelos, was die Phantasie von Romanschreibern, Filmregisseuren und Musicalkomponisten immer wieder zu wenig interessanten unverifizierbaren Hypothesen verlockt hat.

War Jesus also ein Anhänger oder Sympathisant dieser mönchischen Gemeinde? Nein, Jesus war *kein hochgeistiger Ordensmann und kein asketischer Mönch*. Was unterscheidet ihn? Vieles:

- Jesus lebte nicht abgesondert von der Welt: Er wirkte in aller Öffentlichkeit, in den Dörfern und Städten, mitten unter den Menschen. Auch mit gesellschaftlich Anrüchigen, mit den gesetzlich „Unreinen" und von Qumran Abgeschriebenen, selbst mit den Aussätzigen, hielt er Kontakt und nahm Skandale in Kauf. Wichtiger als alle äußeren Reinheitsvorschriften war ihm ganz offensichtlich die Reinheit des Herzens.
- Jesus predigte anders als die Qumranmönche keine Zweiteilung der Menschheit: Eine Aufteilung der Menschen in Söhne des Lichts und Söhne der Finsternis, in Gute und Böse – und zwar von vornherein und von Anfang an – war seine Sache nicht. Jeder hat umzukehren, jeder kann aber auch umkehren; allen wird Vergebung angeboten, ein Neuanfang ermöglicht.
- Jesus lebte nicht asketisch, war kein Gesetzeseiferer wie die essenischen und qumranischen Ordensleute: Er forderte keine Entsagung um der Entsagung willen, keine asketischen Sonderleistungen. Vielmehr nahm er am Leben der Menschen teil, aß und trank mit den Seinen und ließ sich zu Gastmählern einladen. Verglichen mit dem Täufer musste er sich offensichtlich den Vorwurf gefallen lassen, er sei ein Fresser und Säufer. Nicht durch die Taufe, sondern durch sein Abendmahl vor seiner drohenden Verhaftung hat er sich seinen Jüngern unvergesslich eingeprägt. Die Ehe aber war für ihn nichts Verunreinigendes, sondern Wille des Schöpfers. Sein Eheverzicht war freiwillig, und niemandem legte er ein Zölibatgesetz auf. Auch der Verzicht auf allen materiellen Besitz war (wenn man nicht mit ihm durch das Land ziehen wollte) keineswegs unbedingt notwendig zur Nachfolge.

– Jesus stellte keine Ordensregel auf: Die damals wie heute auch in Orden übliche hierarchische Ordnung wurde von ihm auf den Kopf gestellt; die Niedrigen sollen die Höchsten, und die Höchsten die Diener aller sein. Unterordnung hat gegenseitig zu geschehen, im gemeinsamen Dienst. Und dafür braucht es kein Noviziat, kein Eintrittsversprechen, kein Gelübde, keinen Treueeid. Jesus forderte keine regelmäßigen Frömmigkeitsübungen, keine langen Gebete, keine unterscheidende Kleidung, keine rituellen Bäder. Was ihn kennzeichnet, ist eine im Vergleich mit Qumran sträfliche Ungeregeltheit, Selbstverständlichkeit, Spontaneität und Freiheit. Unermüdliches Beten meint für ihn nicht ein Stundengebet oder einen unaufhörlichen Gebetsgottesdienst, vielmehr die ständige Gebetshaltung des Menschen, der allzeit alles von Gott erwartet, allerdings auch Zeit für Gott hat.

Doch, was bleibt nun übrig – für damals, für heute? Antwort: Der Jesus der Geschichte steht auch in einem *innerjüdischen Koordinatenkreuz* verschiedener Optionen, die bis heute von Bedeutung sind: Wenn Jesus sich nicht dem *Establishment* verschreiben, andererseits aber auch nicht den politischen Radikalismus einer gewalttätigen *Revolution* wollte, wenn er schließlich ebenso wenig einen apolitischen Radikalismus der frommen *Emigration* predigte, musste dann damals nicht eine vierte innerjüdische Option für ihn zutreffen: die Option des moralischen Kompromisses, die *Harmonisierung* von Gesetzesforderung und der Alltagsforderung? Das war ja damals das Lebenskonzept des Pharisäismus gewesen. Die Frage ist also: War Jesus so etwas wie ein Pharisäer?

5. Ein frommer Pharisäer?

Doch höre ich den Zeitgenossen, und wahrhaftig nicht nur den jüdischen: „Heute wissen wir doch, dass die Pharisäer in den Evangelien in vielem nicht sachgemäß gezeichnet sind. Ihr Bild ist von vornherein durch den Konflikt verzerrt, den die junge Christengemeinde gerade mit ihnen ausfocht. Sie waren ja auch die einzigen Vertreter des offiziellen Judentums, die nach dem Untergang des Tempels und der ganzen Stadt Jerusalem übrig geblieben waren. Sie waren jetzt die Hauptgegner der jungen Christengemeinden, Sündenböcke für vieles." Richtig. Heute kann man selbst in kirchlichen Dokumenten die Forderung nach einem Umdenken gegenüber den Pharisäern finden: Pharisäern ging es entscheidend darum, die Tora als in der Gegenwart verpflichtendes Wort Gottes zu aktualisieren, Männer, denen es mit großem Ernst um die Sache Gottes ging und welche die „Freude am Gesetz" zu ihrer Grundhaltung machten.

III. Der Sinn von Christi Kreuz und Tod

Der Name Pharisäer bedeutet die „Abgesonderten". Und diese „Abgesonderten" wollten konkret zweierlei: Sie wollten *Gottes Gebote* unbedingt *ernst nehmen* und peinlich genau einhalten. Ja, ausgehend von der Überzeugung, dass Israel ein „Königreich von Priestern und ein heiliges Volk" (Ex 19,6) sei, wollten sie freiwillig die nach dem Gesetz nur für die Priester verbindlichen Reinheitsvorschriften (und besonders auch die Zehentvorschriften) streng einhalten. Zugleich aber wollten sie als Männer (Frauen spielten auch in der pharisäischen Bewegung keine Rolle), die dem Volk ganz anders nahe waren als die Priester im Tempel, das *Gesetz durch kluge Anpassung* an die Gegenwart *im Alltag lebbar* machen. Sie wollten das Gewissen der Menschen entlasten, ihnen Sicherheit geben; wollten genau bestimmen, wie weit man gehen dürfe, ohne zu sündigen.

Und Jesus? Hat er nicht vieles gemeinsam gerade mit den Pharisäern? Differenziert wäre die Beziehung Jesu zum Pharisäismus zu diskutieren; im Buch über das Judentum habe ich es getan. Allzu sehr haben christliche Jesus-Interpreten tendenziös auf Kosten des Judentums die *Gemeinsamkeiten Jesu mit den Pharisäern* übersehen oder vernachlässigt. Dabei lebte Jesus wie die Pharisäer mitten unter dem Volk; er wirkte, diskutierte und lehrte in Synagogen wie sie. Mit Pharisäern stand Jesus in Verbindung und hatte nach Lukas auch Tischgemeinschaft mit ihnen. Ja, folgt man jüdischen und christlichen Autoren, so können zu den meisten Versen der Bergpredigt irgendwelche rabbinische Parallelen und Analogien aufgewiesen werden. Kein Wunder also, dass die meisten jüdischen Interpreten den Nazarener in der Nähe der Pharisäer sehen. Und in der Tat: So wie für die Pharisäer, so stand auch für Jesus die Autorität des Mose nicht in Frage. Man hätte es nie bestreiten dürfen: Auch er wollte die Tora nicht abschaffen, nicht aufheben, er wollte sie „erfüllen" (Mt 5,17).

Aber man bedenke: „Erfüllen" – das ergibt sich aus den diesem Wort folgenden Passagen der Bergpredigt –, „erfüllen" heißt für Jesus, *das Gesetz Gottes vertiefen, konzentrieren und radikalisieren*: von seiner innersten Dimension, nämlich von der Grundabsicht Gottes her. Nichts darf nach Jesu Überzeugung aus dem Gesetz herausgelesen, nichts in das Gesetz hineingelesen werden, was dieser Grundabsicht, dem Willen Gottes – und der zielt auf das Wohl des Menschen – widerspricht. Dies bezieht sich naturgemäß besonders auf den halachischen Teil der Tora, der mit seinen Worten, Geboten und Rechtssätzen knapp ein Fünftel des Pentateuchs ausmachen dürfte. Konkret heißt „erfüllen":

– das Gesetz vertiefen durch das entschlossene Ernstnehmen des Willens Gottes im Gesetz;
– das Gesetz konzentrieren durch die Verbindung von Gottes- und Nächstenliebe; Liebe ist Kern und Richtmaß des Gesetzes;

– das Gesetz radikalisieren durch die Ausdehnung der Nächstenliebe über die Volksgenossen hinaus auch auf die Feinde. Und wie? Durch Vergeben ohne Grenzen, durch Verzicht auf Macht und Recht ohne Gegenleistung, durch einen Dienst ohne Über- und Unterordnung.

Was die rabbinischen Parallelen und Analogien zur Bergpredigt (und zur Verkündigung Jesu überhaupt) betrifft, so dürfte der jüdische Gelehrte Pinchas Lapide mit seiner Feststellung recht haben: Die Bergpredigt ist im Vergleich zu den jüdischen Parallelen so verschieden wie das Gebäude von den Steinen eines Steinbruchs, aus dem es errichtet wurde. Nur so erklärt sich ja die ungeheure Wucht der Botschaft, welche die Christen selbst immer wieder beschämt und welche selbst Menschen aus einem völlig anderen Kulturkreis wie Mahatma Gandhi inspirieren konnte. Es ist nun einmal ein Unterschied, ob sich drei Dutzend Sentenzen bei drei Dutzend verschiedenen Rabbinern an drei Dutzend Stellen des Talmud belegen lassen oder sich bei einem einzigen finden und dort konzentriert. Nicht also die einzelnen Sätze Jesu sind unverwechselbar, sondern seine Botschaft insgesamt. Und nicht ob Gottes- und Nächstenliebe sich auch schon in der Hebräischen Bibel finden, ist die Frage (sie finden sich dort unbestreitbar!), sondern welchen Stellenwert sie in der Verkündigung des Rabbi aus Nazaret besitzen, welche Rangordnung sie einnehmen und welche Konsequenzen daraus gezogen werden.

Anders gesagt: Nicht das Geringste gegen die Pharisäer „an sich" und ihre echten Tugenden. Gerade der von Jesus in der berühmten Parabel als Exempel herangezogene Pharisäer (Lk 18,9–14) ist ja kein Heuchler. Er ist ein durchaus ehrlicher, frommer Mann, der die reine Wahrheit spricht. Hatte er doch nach seiner Überzeugung alles getan, was das Gesetz von ihm verlangt. Die Pharisäer waren überhaupt von vorbildlicher Moral und genossen entsprechendes Ansehen bei denen, die es damit nicht so weit brachten. Was soll also gegen sie sprechen?

Aber noch einmal: War Jesus also einfach ein frommer, ein „liberaler" Pharisäer? Antwort: In Details des täglichen Lebens sind Ähnlichkeiten unleugbar, aber *in seiner ganzen religiösen Grundhaltung war Jesus anders*. Nichts von Stolz auf eigene Leistungen, eigene Gerechtigkeit, nichts von Verachtung des gesetzesunkundigen gemeinen Volkes („Am-ha-arez"). Keine Absonderung von den Unreinen und Sündern, keine strenge Vergeltungslehre. Was dann? Vertrauen allein auf Gottes Gnade und Erbarmen: „Gott, sei mir Sünder gnädig!" (Lk 18,13). Der armselige Zöllner, der Gott gegenüber keine Leistungen aufzuweisen hat, wird um seines glaubenden Vertrauens willen gelobt, der Pharisäer nicht. Rechtfertigung des Sünders – aufgrund seines Glaubens.

Nein, aufgrund der authentischen Quellen kommt man um die Feststellung nicht herum: Ein typischer Pharisäer mit „Freude am Gebot" und kasu-

III. Der Sinn von Christi Kreuz und Tod

istischer Auslegung war Jesus nun gerade nicht. Man sollte nicht kontextlos nur einzelne Sätze vergleichen; man sollte die Texte im Kontext lesen. Dann kann man feststellen, wie alle Evangelien es völlig übereinstimmend bezeugen: Die 613 Gebote und Verbote des Gesetzes, die den Pharisäern so wichtig waren, waren nicht das, was Jesus einschärfen wollte. Nirgendwo fordert er seine Jünger zum Torastudium auf. Nirgendwo will er wie die Pharisäer mit Ausführungsbestimmungen einen „Zaun um das Gesetz" bauen, eine Schutzwehr, um die Einhaltung der Gebote zu garantieren. Nirgendwo will er wie sie die Ideale der Reinheit und Heiligkeit der Priester beim Tempeldienst auf die Laien und ihren praktischen Alltag ausdehnen.

Kurz, die Grundhaltung, die Gesamttendenz ist anders: Jesus ist im Vergleich zu allen Pharisäern von erstaunlicher Unbefangenheit und Laxheit! Musste es nicht die gesamte Moral untergraben, wenn man sich so mit den Unreinen und Sündern solidarisiert, ja zu Tische setzt, wenn der verlorene, ausgeflippte Sohn beim Vater schließlich besser dasteht als der brav daheimgebliebene, ja, wenn der Zollgauner bei Gott besser abschneiden soll als der fromme Pharisäer, der doch wohl wirklich nicht ist wie andere Menschen, wie Betrüger und Ehebrecher? Bei aller Sympathie zum rabbinischen Judentum, die ich hege, aber an diesem Punkt darf man nichts verschleiern, sondern muss die Differenz unvoreingenommen zur Kenntnis nehmen.

6. Nicht übliche Schulstreitigkeiten, sondern Konfrontation und Konflikt

Die meisten jüdischen und christlichen Jesus-Interpreten stimmen heute darin überein, dass es Jesus, dem „größten Beobachter und Kritiker der pharisäischen Spiritualität"[4], *nicht um die Einhaltung der Tora um ihrer selbst willen, sondern um das Wohl des konkreten Menschen* ging. Seine freiere Einstellung zum Gesetz und sein Umgang mit den Gesetzesunkundigen und Gesetzesbrechern hatte so ernsthafte Konfrontationen zur Folge. Dies ist das unzweideutige Gesamtbild, das uns die authentischen Quellen, die Evangelien, vermitteln: Durch seine Tempelkritik nicht nur, sondern durch seine verschiedene Gesetzesinterpretation, ja, durch seine ganze Grundhaltung hat Jesus im Konkreten Anstoß, Ärgernis erregt. Dies betrifft vor allem drei Problemfelder, die im Judentum bis heute von Bedeutung sind:
– die Reinheitsvorschriften,
– die Fastenvorschriften und
– den Sabbat.

---

[4] C. Thoma, Spiritualität der Pharisäer, in: Bibel und Kirche 35 (1980), S. 118.

Hilft solche Unterscheidung dem jüdisch-christlichen Dialog? Ich glaube, Sympathie, gründliche Forschung und intellektuelle Redlichkeit helfen ihm am meisten. Denn als christlicher Ökumeniker wehre ich mich leidenschaftlich gegen die christliche Isolierung Jesu vom jüdischen Wurzelboden. Aber umgekehrt, so ist zu hoffen, werden sich auch jüdische Ökumeniker gegen eine innerjüdische Nivellierung der – im Judentum so lange abgelehnten – Botschaft Jesu wenden. Reicht es, historisch gesehen, wirklich aus, Jesus einen großen Pharisäer zu nennen, der sein „Sondergut" hatte wie andere große Pharisäer auch? Darf man um der jüdisch-christlichen Freundschaft willen Jesu tödlich endenden Konflikt auf das Niveau üblicher Auslegungsstreitigkeiten innerhalb pharisäischer Schulen herab nivellieren? Jesus von Nazaret – gestorben wegen Schulstreitigkeiten? Es war jedenfalls der Nazarener und keiner der anderen „liberalen" Rabbiner, der in einen tödlich endenden Konflikt gezogen wurde.

„Doch", fragt hier mancher Zeitgenosse, „geht es bei den Konflikten im Rahmen dieses Koordinatenkreuzes nicht immer um die horizontale Ebene? Wo bleibt denn da die Vertikale? Wo kommt denn bei diesem Jesus Gott selber ins Spiel?" Nun, folgen wir den Quellen, so lösten diese Konflikte immer wieder die Frage aus: „Mit welchem Recht, welcher Vollmacht redest Du und tust Du das eigentlich?" Diese Frage nach der Vollmacht darf nicht übergangen, sondern muss explizit thematisiert werden. Sie bleibt eine drängende Frage:

7. In wessen Namen?

Was haltet ihr von ihm? Wer ist er? *Einer der Propheten?* Oder mehr? Diese Frage durchzieht ja schon die Evangelien als eine Leitfrage. Aber auch konservative christliche Theologen geben heute zu: Jesus hat nicht sich selber, er hat das *Reich Gottes* verkündet: „Dein Reich komme, dein Wille geschehe"! (Mt 6,10). Er hat nicht seine eigene Rolle, Person, Würde in die Mitte seiner Verkündigung gestellt.

Das gilt insbesondere auch für den *Messias-Titel*. Nach den synoptischen Evangelien hat sich Jesus niemals selbst die Messias-Bezeichnung oder sonst einen messianischen Titel (außer vielleicht den vieldeutigen Namen „Menschensohn") beigelegt. Darin stimmen christliche Interpreten mit jüdischen heute weithin überein. Noch der früheste Evangelist Markus behandelt Jesu Messianität als Geheimnis, das vor der Öffentlichkeit verborgen ist, bevor es schließlich unter dem Kreuz bekannt und nach Ostern proklamiert wird. Warum? Erst von der Ostererfahrung her konnte man die gesamte Jesus-Überlieferung in einem messianischen Licht sehen und von daher das ausdrückliche Messiasbekenntnis Jesu selbst in die Darstellung der Jesus-

III. Der Sinn von Christi Kreuz und Tod

Geschichte eintragen. Doch Jesu Verkündigung und Praxis haben den so verschiedenen, widersprüchlichen, meist theopolitischen jüdischen Messiaserwartungen (auch die meisten Rabbinen erwarteten einen triumphierenden Messias) ohnehin nicht entsprochen.

Gerade weil nun aber Jesus mit keinem der gängigen Titel adäquat „begriffen" werden kann, gerade weil es *nicht um ein Ja oder Nein zu einer bestimmten Würde*, zu einem bestimmten Amt oder auch zu einem bestimmten Dogma, Ritus oder Gesetz geht, verschärft sich die Frage, die sich schon den ersten Jüngern stellte: Wer mag er in Wirklichkeit gewesen sein? Diese große Frage nach dem Geheimnis seiner Person bleibt bis heute. Und gerade die Vermeidung aller „Titel" verdichtet ja das Rätsel.

Dieses Rätsel ist angesichts des gewaltsamen Todes Jesu in besonderer Weise gestellt. Der *Tod Jesu* ist nun einmal *von der Frage nach seiner Botschaft und Person nicht ablösbar*. Hier war ein Mann aufgetreten, der sich unbekümmert um die Hierarchie und ihre Experten in Wort und Tat über kultische Tabus, Fastengewohnheiten und insbesondere Forderungen des Sabbatgebots, wie dies schon damals weithin praktisch als „Hauptgebot" verstanden wurde, hinweggesetzt hat. Und wenn dies auch von manchen jüdischen Interpreten bestritten wird, so hat dieser Jesus den Evangelien zufolge in freier Vollmacht gegen die herrschende Lehre und Praxis, welche die Lehre und Praxis der Herrschenden war, eine Autorität in Anspruch genommen, welche die Schriftgelehrten fragen lässt: „Wie kann dieser Mensch so reden? Er lästert Gott" (Mk 2,7). Doch wirklich, lästerte er Gott?

Nach den Zeugnissen ergibt sich übereinstimmend das Gegenteil: Der Jude Jesus hat aus einer für einen Propheten ungewöhnlichen *Gotteserfahrung, Gottesverbundenheit, ja Gottesunmittelbarkeit* geredet. Er hat so aus einer ungewöhnlichen Freiheit, Wahrhaftigkeit und Güte heraus gehandelt, wenn er in Konfrontation mit den Herrschenden Gottes Herrschaft und Willen verkündet und die menschlichen Herrschaftsverhältnisse nicht einfach hinnimmt:

- wenn er offen ist für *alle Gruppen*,
- wenn er die *Frauen* (zahlreich in seiner Jüngerschaft!) in der Ehe nicht der Willkür der Männer ausgeliefert haben will,
- wenn er die *Kinder* gegen die Erwachsenen, die *Armen* gegen die Reichen, überhaupt die *Kleinen* gegen die Großen in Schutz nimmt,
- wenn er sich sogar für die *religiös Andersgläubigen*, die *politisch Kompromittierten*, die *moralischen Versager*, die sexuell Ausgenützten, ja, gerade auch die Aussätzigen und die an den Rand der Gesellschaft Gedrängten einsetzt und „Sündern" vielleicht sogar – als der Gipfel der Anmaßung – Vergebung zusagt, was doch nur dem Hohepriester am Versöhnungstag gestattet war.

Das Erstaunliche aber: Seinen Anspruch begründet Jesus nirgendwo. Ja, in der Vollmachtdiskussion lehnt er eine Begründung ausdrücklich ab. Er nimmt diese Vollmacht in Anspruch, handelt aus ihr, ohne sich mit dem prophetischen „So spricht der Herr!" auf eine höhere Instanz zu berufen. Nicht nur ein Sach-Kenner und Sach-Verständiger spricht hier wie die Priester und Rechtsgelehrten. Sondern einer, der ohne alle Ableitung und Begründung in Wort und Tat Gottes Willen verkündet: der sich mit Gottes Sache, welche die Sache des Menschen ist, identifiziert; der ganz in dieser Sache aufgeht und so zum höchst *persönlichen Sach-Walter Gottes und der Menschen* wird. Von daher erklären sich Fragen wie diese: War er nicht im Grunde „mehr als Jona (und alle Propheten)" (Mt 12,41; Lk 11,32); „mehr als Salomo (und alle Weisheitslehrer)" (Mt 12,42; Lk 11,31)? Der Grund für den Prozess gegen Jesus muss nach den Quellen ganz eindeutig in dieser Richtung gesucht werden, ganz gleich, ob man ihn damals – worüber die Exegeten verschiedener Auffassung sind – direkt als „Messiasprätendenten" ansah oder nicht.

Doch wird nun dem kundigen Zeitgenossen die Frage auf der Zunge brennen: „Soll jetzt etwa erneut das Volk der Juden für Jesu Tod verantwortlich gemacht werden?" Dieser Frage muss nachgegangen werden mit dem klaren Bewusstsein, dass der rassistische Antisemitismus der Nationalsozialisten nicht möglich gewesen wäre ohne den fast 2000jährigen christologisch begründeten Antijudaismus der Kirchen, der katholischen nicht nur, sondern auch der reformatorischen.

8. Wer ist schuld am Tod Jesu?

Am *Prozess Jesu* vor den jüdischen Instanzen bleibt *vieles unsicher*: Eher als das Plenum des Synhedrions dürfte nur ein (vor allem sadduzäisch besetzter) Ausschuss tätig gewesen sein; die Pharisäer werden in den Prozessberichten auffälligerweise nicht erwähnt. Eher als dass ein förmliches Todesurteil ausgesprochen wurde, dürfte nur die Auslieferung an Pontius Pilatus beschlossen worden sein. Ja, statt eines regelrechten Prozessverfahrens hat vielleicht nur ein Verhör zur genauen Bestimmung der Anklagepunkte stattgefunden – und zwar zu Händen des römischen Gouverneurs. Die direkte, förmliche Frage nach der Messianität dürfte als Hauptanklagepunkt wenig wahrscheinlich sein, da deswegen niemand unbedingt verurteilt werden musste; und die Frage nach der Gottessohnschaft geht in jedem Fall auf das Konto der späteren Gemeinde.

Die Rede ist von „vielen" Anklagen, die aber (was oft nicht beachtet wird!), von einer Ausnahme (Tempel!) abgesehen, gar nicht angeführt werden. Sie müssen aus den Evangelien als ganzen erschlossen werden. Und da

III. Der Sinn von Christi Kreuz und Tod

haben die Evangelisten ja wahrhaftig genug an Konflikten berichtet, was nicht simpel als Rückprojektion der Auseinandersetzung zwischen Urkirche und Synagoge erklärt werden kann, sondern was Widerspiegelung des historischen Konflikts schon zwischen dem geschichtlichen Jesus und der priesterlich-sadduzäischen Führungsschicht gewesen sein dürfte.

Denn sichtet man die Evangelien unvoreingenommen, so lassen sich die *Anklagepunkte* wie folgt zusammenfassen, die auf eine durchaus kohärente Grundhaltung des Angeklagten schließen lassen:

- Radikal war die *Kritik* des Juden Jesus *an* der überkommenen Religiosität gerade vieler jüdischer *Frommer*.
- Anmaßend erschien Jesu Protestaktion und Prophetie gegen den *Tempelbetrieb* und damit gegen des Tempels priesterliche Hüter und geschäftliche Nutznießer.
- Provokatorisch war Jesu unkasuistisches, ganz auf den Menschen ausgerichtetes Verständnis der Tora, des *Gesetzes*, vor allem des Sabbats, der Fasten- und Reinheitsvorschriften.
- Skandalös waren Jesu *Solidarisierung* mit dem gesetzesunkundigen gemeinen Volk und sein Umgang mit notorischen Gesetzesbrechern.
- Massiv war Jesu *Kritik an den herrschenden Kreisen*, denen er bei seiner zahlreichen Gefolgschaft im Volk mehr als nur lästig fiel.

Aber wie immer es um die Details des Gerichtsverfahrens – kaum jemals befriedigend zu rekonstruieren – bestellt sein mag: Jesus, darin stimmen alle Evangelisten überein, ist *von den jüdischen Behörden dem römischen Gouverneur Pontius Pilatus ausgeliefert und nach römischer Sitte gekreuzigt worden*: „Crucifixus sub Pontio Pilato", wie es im Glaubensbekenntnis heißt, die Historizität des Ereignisses unterstreichend. Für Pilatus aber, als Statthalter von Judäa (26–36 n. Chr.) in den zeitgenössischen Quellen sehr negativ beurteilt, spielte nach sämtlichen Berichten der politische Begriff „König der Juden" („rex Iudaeorum") die Hauptrolle. So erschien Jesus ironischerweise doch als das, was er für die protestierenden jüdischen Autoritäten keinesfalls sein sollte: als der Messias-König. Hält doch die Kreuzesinschrift nach römischem Brauch den jeweiligen Verurteilungsgrund („causa damnationis") fest. „König der Juden" konnte von den Römern freilich nur politisch verstanden werden: als Anmaßung eines Königstitels. Dies aber war eine Beleidigung der römischen Majestät („crimen laesae maiestatis"). Und in der Tat: Obwohl Jesus, dieser Prediger der Gewaltlosigkeit, einen solchen politischen Anspruch nie erhoben hatte, lag es nahe, ihn von außen unter solcher Schablone zu sehen.

Worum also ging es der Sache nach? Folgen wir den Quellen, so ging es im Falle Jesu nicht um einen politischen Aufruhr, sondern um eine religiöse

Provokation! Hier dürfte der Grund liegen, warum von vornherein jüdische Instanzen am Werk waren: Hinter der politischen Anklage verbarg sich im Grunde eine religiöse. Und diese religiöse Anklage kann den Evangelien zufolge nur mit Jesu kritischer Einstellung zu Gesetz und Tempel und deren Repräsentanten zu tun gehabt haben. Als rein politischer Aufrührer wäre Jesus wie andere auch – vom Namen abgesehen – vermutlich schon damals der Vergessenheit anheimgefallen. Als *religiöse Gestalt* aber hat er sich mit seiner Botschaft und seinem freien, wahrhaftigen und gütigen Verhalten den Vorwurf zugezogen, gegen die politisch-religiösen Instanzen das Volk aufzuwiegeln. Wir hörten es: Vom Standpunkt der herrschenden Gesetzesinterpretation und Tempelreligion her musste die jüdische Hierarchie nicht unbedingt gegen einen Messiasprätendenten oder Pseudomessias tätig werden. Anders verhielt es sich im Fall eines Irrlehrers, Lügenpropheten, Gotteslästerers und Volksverführers. In dieser Perspektive konnte man damals den grausamen Tod Jesu als verdientes Schicksal ansehen: Gesetz und Ordnung haben gesiegt! Als am Schandpfahl Hängender erschien Jesus als Gottverfluchter.

Kein Zweifel: Beim Verfahren gegen Jesus ging es um die „Umformung der jüdischen, auf Religionsvergehen lautenden Anklage hin zur politischen Anklage des Hochverrats"[5]. Das heißt:

- Die politische Anklage, dass Jesus nach politischer Macht gestrebt, zur Verweigerung der Steuerzahlung an die Besatzungsmacht, zum Aufruhr aufgerufen und sich so als politischer Messias-König der Juden verstanden habe, war den Quellen nach zu urteilen eine falsche Anklage.
- Aber Jesus, der religiöse Provokateur, wurde als politischer Messiasprätendent und Revolutionär hingestellt, und das hieß als militanter Gegner der römischen Macht. Für Pilatus war dies eine einleuchtende Anklage, da bei den damaligen Verhältnissen politische Unruhen, Aufrührer und falsche Messiasse nichts Ungewöhnliches waren. Das heißt: Der religiöse Provokateur wurde als politischer Revolutionär verurteilt, obwohl er gerade dies nicht war!

Wer also trägt die *Schuld an Jesu Tod*? Die historisch genaue Antwort kann nur lauten: Nicht „die" Juden oder „die" Römer, sondern konkret bestimmte jüdische und römische Autoritäten waren beide auf ihre Weise in diesen Fall verwickelt. Deshalb muss im Blick auf die furchtbare Wirkungsgeschichte im Antijudaismus gesagt werden:
- Als „Volk" haben „die" Juden schon damals Jesus nicht verworfen; von einer Kollektivschuld des damaligen Judenvolkes (warum nicht auch des Römervolkes?) hätte nie die Rede sein dürfen.

---

[5] A. Strobel, Die Stunde der Wahrheit. Untersuchungen zum Strafverfahren gegen Jesus, Tübingen 1980, S. 116 f.

III. Der Sinn von Christi Kreuz und Tod

– Absurd ist erst recht eine Kollektiv-Beschuldigung des heutigen Judenvolkes. Schuldvorwürfe wegen des Todes Jesu an die heutige jüdische Nation waren und sind abstrus; sie haben in den vergangenen Jahrhunderten unendlich viel Leid über dieses Volk gebracht und Auschwitz mitverursacht.

Das Zweite Vatikanische Konzil hat denn auch angesichts einer monströsen Schuldgeschichte der Christen, die gerade vom Vorwurf, „die Juden" seien Christusmörder, gar Gottesmörder, genährt wurde, endlich Klarheit geschaffen: „Obgleich die jüdischen Obrigkeiten mit ihren Anhängern auf den Tod Christi gedrungen haben, kann man dennoch die Ereignisse seines Leidens weder allen damals lebenden Juden ohne Unterschied noch den heutigen Juden zur Last legen."[6] Oder positiv gesagt: Wer für Jesus ist, kann gerade aus theologischen Gründen nicht gegen sein Volk, die Juden, sein.

Entscheidend zum Verständnis der Leidensgeschichte Jesu heute ist nicht der Blick zurück in ein fernes Damals, sondern der Blick jedes Einzelnen *auf sich selbst*, wie es bis heute etwa in der unübertroffenen Passionsmusik des Johann Sebastian Bach geschieht. Dann ist der Tod Jesu nicht mehr eine Anfrage an das jüdische Volk damals, sondern eine Anfrage an jeden einzelnen Christen heute, ob er nicht immer noch durch sein Verhalten Jesus kreuzigte und wo er selber wohl damals gestanden hätte:

- ob bei dem Politiker Pilatus, der die Wahrheit um der Opportunität willen verleugnete;
- ob bei den Hierarchen Hanna und Kajafas, die um eines religiösen Gesetzes oder Paragraphen willen das Wohl des Einzelnen opferten;
- ob bei Petrus, der in der Stunde der Not seinen Freund und Meister verleugnete, oder gar bei Judas, der ihn verriet;
- ob bei der römischen Kohorte, die – Befehl ist Befehl – zu jeglicher Gemeinheit und Inhumanität fähig war;
- oder aber bei den Frauen, die – von der des Pilatus angefangen bis zu Maria von Magdala – auf seiner Seite standen und ihm die Treue hielten.

Ist also nach allem, was wir gehört haben, eine „Heimholung" Jesu ins Judentum heute möglich, von der jüdische Autoren sprechen? Nein und ja. Wohl nicht in das Religionsgesetz, die Halacha, die, von Jesus relativiert, zurückschlug und die denn auch von denen, die später an Jesus als den Christus glaubten, nicht mehr in ihrer Totalität als unbedingt heilsnotwendig betrachtet wurde – eine Haltung, die heute von vielen Juden geteilt wird. Wohl aber in das jüdische Volk, das bleibend auserwählte Volk, das den Rabbi

---

[6] Concilium Vaticanum II, Erklärung über das Verhältnis der Kirche zu den nichtchristlichen Religionen „Nostra aetate", Nr. 4.

aus Nazaret lange abgelehnt hat, nicht zuletzt wegen der Christen lange hat ablehnen müssen. Heute aber erscheint auch vielen Juden der Nazarener als „Bruder" (Martin Buber), ja, als die Urgestalt des in der Welt verfolgten und zum unsäglichen Leid verurteilten Judenvolkes. Und wenn er heute zurückkäme, wie in Dostojewskis „Großinquisitor": Wen hätte er wohl heute mehr zu fürchten? Wer würde ihn wohl eher aufnehmen – die Synagoge oder die Kirche?

Dostojewskis „Großinquisitor" oder besser: sein Jesus-Kapitel, ist allerdings eine *Anklage* nicht nur gegen die Kirche, sondern im Zentrum *gegen Gott selbst* – nur zu verständlich angesichts des Leids, angesichts aller Naturkatastrophen, aller Absurditäten des Lebens, aller Orgien des Bösen, aller Ströme von Tränen und Blut, aller ermordeten Unschuldigen. Eine himmelschreiende Anklage gegen jenes göttliche Urprinzip, das für Ordnung und Harmonie in dieser Welt nun einmal verantwortlich ist, ob man es Himmel, Tao, Herr in der Höh', Großes Letztes, Gottheit oder Gott nennt: jenen Gott, den Leibniz in seiner „Theodizee" oder „Rechtfertigung Gottes" angesichts des Übels zu rechtfertigen hoffte. Eine Anklage und Empörung gegenüber Gott, wie sie Dostojewskis Iwan Karamasow schärfer denn alle, vom Dulder Ijob bis zum frivolen Voltaire, formuliert hat – um mit Berufung auf die unschuldig gequälten Kinder sein „Eintrittsbillet" in diese so unharmonische Welt an ihren Schöpfer schlussendlich zurückzugeben. Schluss und Ende?

Nein, antwortet Aljoscha seinem Bruder Iwan: „Du hast Ihn vergessen." Worauf Iwans großartige Erzählung vom Großinquisitor folgt: die vielleicht furchtbarste Anklage gegen eine Kirche, welche die Freiheit unterdrückt, aber, wie Aljoscha hellsichtig bemerkt, in Wirklichkeit ein wunderbares „Lob Jesu", der die Freiheit gebracht hat. Aber gerade vom Gekreuzigten her stellt sich noch einmal in aller Radikalität die Frage nach Gott. Gerade von ihm her, dem Nazarener, der in einem unerhörten Vertrauensverhältnis zu Gott lebte, gerade von ihm her muss gefragt werden: Was ist das für ein Gott, der solche Kreuze zulässt – von Golgota bis Auschwitz? Aber auch mein ganz persönliches Kreuz?

„Wann werden Sie denn von Gott und dem Leid sprechen", fragte mich ein Zeitgenosse, dieses Mal in der Gestalt einer mir unbekannten Studentin unmittelbar nach meiner Vorlesung über den ersten Glaubensartikel, den Glauben an Gott, den allmächtigen Vater. Und ich gestehe, dass mir diese Frage seither ständig nachgegangen ist: Wie viel an Leid kann sich hinter einer solchen Frage verbergen? Und was soll man darauf antworten? Das eine jedenfalls ist klar: Die Frage nach den historischen Ursachen der Kreuzigung, der wir bisher nachgegangen sind, setzt von selbst die Frage frei: Gibt es nicht nur das „brutum factum" Kreuz, sondern auch einen „Sinn" des

III. Der Sinn von Christi Kreuz und Tod

Kreuzes? Kann man, darf man hier – als Antwort zum Trost – vielleicht von einem „gekreuzigten Gott" reden?

9. Ein gekreuzigter Gott?

Christliche Theologen haben nach dem Zweiten Weltkrieg unter Berufung auf ein Wort von Dietrich Bonhoeffer nicht selten die Kreuzesproblematik durch die Annahme eines „leidenden Gottes" bewältigen wollen. Gott sei „ohnmächtig und schwach in der Welt", und gerade so und nur so sei er bei uns und helfe uns; nur der „leidende Gott" könne helfen.[7] Einzelne Theologen haben im Blick auf den Holocaust daraus gefolgert, dass das „unaussprechliche Leiden der sechs Millionen auch die Stimme des leidenden Gottes" sei[8]. Wieder andere Theologen haben gemeint, die Leidensproblematik hochspekulativ von einer sich dialektisch zwischen Gott *und* Gott, gar Gott *gegen* Gott, abspielenden innertrinitarischen Leidensgeschichte her denkerisch bewältigen zu können.

Doch Vorsicht: Von der großen jüdisch-christlichen Tradition belehrt und im Bewusstsein des problematischen Denkmodells Hegels ist Zurückhaltung am Platz gegenüber solchen, mehr von Hegel als von der Bibel inspirierten Spekulationen über einen „leidenden Gott", einen „gekreuzigten Gott"[9], gar einen „Tod Gottes"[10]. Sie waren für Juden und Muslime schon immer kaum, sind heute aber auch für nicht wenige kritische Christen nur schwer nachvollziehbar. Als ob sich das immense und besonders das unschuldige, sinnlose Leid des Menschenlebens, dieser Menschheitsgeschichte und schließlich auch des Holocaust durch christologische Spekulationen und begriffliche Manipulationen am Gottesbegriff wirklich in einen „höheren Zusammenhang" einordnen und so bewältigen ließe! Jüdische Theologie heute jedenfalls versucht ohne solche christologische Reflexionsoperationen auf die Herausforderung des Holocaust theologisch zu antworten. Und auch für christliche Theologen darf es – bei aller gerade im Christus Jesus aufscheinenden „Menschlichkeit", genauer Menschenfreundlichkeit („Philanthropia": Tit 3,4) Gottes – keinesfalls zu einer Herabnivellierung der Transzen-

---

[7] Vgl. D. Bonhoeffer, Widerstand und Ergebung. Briefe und Aufzeichnungen aus der Haft, hrsg. von E. Bethge, München 1961, S. 242.
[8] D. Tracy, Religious Values after the Holocaust: A Catholic View, in: Jews and Christians after the Holocaust, hrsg. v. A. J. Peck, Philadelphia 1982, S. 87–107, Zit. S. 106.
[9] Vgl. J. Moltmann, Der gekreuzigte Gott. Das Kreuz Christi als Grund und Kritik christlicher Theologie, München 1972, bes. Kap. VI: Der „gekreuzigte Gott".
[10] Vgl. E. Jüngel, Gott als Geheimnis der Welt. Zur Begründung der Theologie des Gekreuzigten im Streit zwischen Theismus und Atheismus, Tübingen 1977, bes. § 13 und § 22.

denz, zu einem Ausverkauf der Göttlichkeit Gottes kommen, auch nicht angesichts noch so unbegreiflichen Leidens und Schmerzes!

Ein Blick in die Schrift vermag solch spekulative Kühnheiten zu ernüchtern. Nach dem *Alten Testament* schreien die Menschen immer wieder zu Gott im Vertrauen darauf, dass Gott ihr Rufen und Flehen hört, aber ihr Schreien, Leiden und Sterben wird nicht einfach zum Schreien, Leiden und Sterben Gottes. Gewiss schreibt die Hebräische Bibel in anthropomorpher Rede Gott bisweilen die ganze Bandbreite menschlicher Gefühle und Verhaltensweisen zu: Zorn, Klage und Schmerz über das Verhalten seines Volkes, und auch immer wieder Geduld und Anhalten seines Zornes. Aber nirgendwo wird der Unterschied zwischen Gott und Mensch aufgehoben und Leid und Schmerz des Menschen einfachhin zum Leid und Schmerz Gottes erklärt und verklärt. Nirgendwo wird Gottes Göttlichkeit zur Ungöttlichkeit, seine Treue zur Untreue, seine Verlässlichkeit zur Unverlässlichkeit, sein göttliches Erbarmen zur menschlichen Erbärmlichkeit. Für die Hebräische Bibel gilt: Wenn der Mensch scheitert, scheitert Gott nicht; wenn der Mensch stirbt, stirbt Gott nicht mit. Denn „Gott bin ich und nicht ein Mensch, heilig in deiner Mitte", heißt es gerade in Hos 11,9 gegen alle Vermenschlichung Gottes, obwohl gerade da anthropomorpher als sonst von Gottes „Mitleiden" mit seinem Volk die Rede ist.

Auch nach dem *Neuen Testament* schreit Jesus, der Sohn Gottes, zu Gott, seinem Vater, weil er sich von Gott in der Tiefe seines Leidens verlassen glaubt. Aber nirgendwo schreit Gott zu Gott, nirgendwo ist Gott selber schwach, ohnmächtig, leidend, gekreuzigt oder gar gestorben. Wenn man der Menschen Leiden so sehr mit Gott identifiziert, dass es auch Gottes Leiden ist, wenn der Schrei der Menschen zum Schrei Gottes wird, wird dann nicht – das wäre doch die Konsequenz – auch des Menschen Sünde (die Verbrechen der SS-Schergen und anderer) die Sünde Gottes selbst?

Nein – als christlicher, biblisch denkender Theologe kommt man um die ernüchternde Feststellung nicht herum: Die Botschaft, das *Wort vom Kreuz* ist Paulus zufolge nur für die Nichtglaubenden Schwäche und Torheit, für die Glaubenden aber ist es Gottes *Kraft*, Gottes *Weisheit* (vgl. 1Kor 1,18-31). Ein Paradox, aber kein Widerspruch, und für das jüdisch-christliche Gespräch wichtig: Am Kreuz Jesu Christi – so das gesamte Neue Testament ganz auf der Linie des Alten gegen alle gnostisch-kabbalistischen Spekulationen – ist *nicht* einfach *Gott* schlechthin gekreuzigt worden: *der* Gott, *ho theós*, Deus pater omnipotens (und natürlich erst recht nicht Gottes heiliger Geist). Wie hätte sonst der Gekreuzigte in Gottverlassenheit zu Gott schreien können: „Mein Gott, mein Gott, warum hast du mich verlassen?" (Mk 15,34)?

Mit anderen Worten: Das Kreuz ist nicht das Symbol des „leidenden", „schreienden", gar „das Symbol des Todesnot leidenden Gottes", sondern

III. Der Sinn von Christi Kreuz und Tod

ist das Symbol des Todesnot leidenden *Menschen*. Und die Hebräische Bibel lieferte nachträglich Interpretationsmuster für die Verarbeitung des ungeheuren Geschehens: Als Vorbild dient nicht ein leidender Gott, sondern
– der von Gott beauftragte, aber von den Menschen verfolgte Prophet;
– der für die Sünden vieler unschuldig und stellvertretend leidende Gottesknecht;
– das die Sünden der Menschheit zeichenhaft hinwegnehmende Opferlamm.

Nein, am Kreuz, so wird dies im Neuen Testament durchgängig verstanden, ist nicht Gott selbst (ho theós), der Vater, gestorben, sondern Gottes „*Messias*" und „*Christus*", Gottes „*Ebenbild*", „*Wort*" und „*Sohn*". Ein unbiblischer „Patripassianismus", die Auffassung, Gott der Vater selber habe gelitten, ist unbiblisch und wurde kirchlicherseits schon früh zu Recht verurteilt![11] Jüdische Theologie protestiert zu Recht gegen ein sadistisch-grausames Gottesbild, demzufolge ein blutgieriger Gott nach dem Opfer seines Sohnes verlangte. Christliche Theologie aber protestiert hoffentlich mit nicht weniger Nachdruck gegen ein masochistisch-dulderisches Gottesverständnis, demzufolge ein schwacher Gott sich durch Leid und Tod zur Auferstehung durchzuquälen hätte, wenn er nicht überhaupt auf ewig leiden soll.

Machen wir uns auch als Theologen nichts vor: Das Kreuz für sich betrachtet ist ein klares Fiasko, in das nichts hineinzugeheimnissen ist. Eine beispiellose Menschen- *und* Gottverlassenheit des Gottgesandten. Insofern müsste man dem Philosophen Hans Blumenberg zustimmen, wenn er aus dem Klageruf Jesu über seine Gottverlassenheit das „Scheitern Gottes" an seinem Werk, dessen „Selbstaufhebung" herauslesen will. Konzentriert man sich auf den Kreuzestod Jesu allein, wird man in der Tat Blumenberg kaum widersprechen können. Aber die von ihm zur Interpretation herangezogene Matthäus-Passion Johann Sebastian Bachs endet wie die Evangelien selber mit der Gewissheit von Auferweckung und Erlösung sowie dem „Friedensschluß" des Menschen mit Gott.[12] Nur im Licht der Auferweckung Jesu zum Leben kann im Nachhinein in Gottes offenkundiger Abwesenheit seine verborgene Anwesenheit glaubend angenommen werden. Was nicht spekulativ im Sinn einer Selbstauferstehung Gottes zu verstehen ist. Denn, wiederum nach dem ganzen Neuen Testament: Es wird nicht etwa von Gott, sondern nur von Jesus, dem *Sohn*, die Auferweckung zum neuen Leben verkündigt. Wer aber ist das Subjekt der Auferweckung? Selbstverständlich Gott selbst (ho theós), der ein Gott der Lebendigen und nicht der Toten ist: der „*Vater*".

---

[11] Vgl. H. Crouzel, Art. Patripassianismus, in: Lexikon für Theologie und Kirche, hrsg. v. J. Höfer – K. Rahner, Bd. VIII, Freiburg 1963, Sp. 180f.
[12] Vgl. H. Blumenberg, Matthäuspassion, Frankfurt 1988.

„Zwar wurde er" – dies sagt Paulus eben nicht von Gott, sondern von „Christus", dem Sohn Gottes – „in seiner Schwachheit gekreuzigt, aber er lebt aus Gottes Kraft" (2Kor 13,4).

Ja, nur so, durch die Aufnahme dieses Sohnes in Gottes ewiges Leben, erweist sich Gott für die Glaubenden als der diesem einzigartigen Sohn (und damit allen seinen Söhnen und Töchtern) sogar in äußerstem Leid, in Verlassenheit und Sterben solidarisch nahe: als der auch mit unserem Schmerz verbundene und an unserem Leid (verschuldetem oder unverschuldetem) teilhabende, als der von unserem Elend und all der Ungerechtigkeit mitbetroffene, verborgen *mit-leidende* und doch gerade so zuguterletzt unendlich *gütige* und *mächtige* Gott.

Dies ist das äußerste, was ich von der Schrift her zur Frage Gott und das Leid sagen kann, sagen darf. Ob aber von dieser Glaubensüberzeugung her auch ein Reden über den schwierigsten Testfall möglich sein könnte, der Juden und Christen gemeinsam zutiefst betrifft? Fragt doch jeglicher nachdenkliche Zeitgenosse: „Gott auch in der Hölle von Auschwitz?"

10. Testfall der Theodizee-Frage: Gott in Auschwitz?

Wenn man sich seit Jahrzehnten mit all den Versuchen der Theodizee immer wieder beschäftigt hat, darf man es sicher so direkt sagen: Eine *theoretische Antwort* auf das *Theodizee-Problem*, scheint mir, *gibt es nicht!* Von einer gläubigen Grundhaltung her ist nur das eine zu sagen:

- *Wenn* Gott existiert, dann war Gott auch in Auschwitz! Gläubige verschiedener Religionen und Konfessionen haben selbst in dieser Todesfabrik daran festgehalten: Trotz allem – Gott lebt.
- Zugleich aber hat auch der Gläubige zuzugestehen: Unbeantwortbar ist die Frage: *Wie* konnte Gott in Auschwitz sein, ohne Auschwitz zu verhindern?

Aller frommen Apologetik zum Trotz ist nüchtern einzugestehen: Wer als Theologe hier hinter das Geheimnis, das Geheimnis Gottes selbst, kommen möchte, findet dort bestenfalls sein eigenes Theologumenon, sein eigenes Theologenfündlein. Weder die Hebräische Bibel noch das Neue Testament erklären es uns, *wie* der gute, gerechte und mächtige Gott – alle diese Attribute kann man schließlich und endlich doch nicht aufgeben, wenn es noch um *Gott* gehen soll! –, wie Gott in dieser seiner Welt solch unermessliches *Leid* im Kleinen (aber was ist hier „klein"?) und im Großen (ja, Übergroßen) hat geschehen lassen können. Wie hat Gott „mitansehen" können, dass Auschwitz möglich gemacht wurde? Wie hat er „zusehen" können, als das Gas ausströmte und die Verbrennungsöfen brannten?

III. Der Sinn von Christi Kreuz und Tod

Oder soll ich mich einfach mit der klassischen theologischen Formel über all das Leid des Holocaust hinwegtrösten: Gott „will" das Leid nicht; er will es aber auch nicht nicht, er lässt es vielmehr nur geschehen: „permittit", „lässt es zu". Doch löst das alle Rätsel auf? Nein, das löste gestern so wenig, wie es heute etwas löst. Aber Gegenfrage: Sollen dann ausgerechnet *wir* dieses Urproblem des Menschen aus der Welt schaffen können? Aufgrund welcher neuen Erkenntnisse, aufgrund welcher eigenen Erfahrungen? Es braucht ja nicht unbedingt den Holocaust. Manchmal genügt schon ein beruflicher Misserfolg, eine Krankheit, der Verlust, der Verrat oder der Tod eines einzigen Menschen, um uns in Verzweiflung zu stürzen. So erging es dem amerikanischen Rabbi Harold S. Kushner. Weil er durch eine tragische Krankheit ein Kind verlor, schrieb er ein Buch, das dann zum Bestseller wurde: „When Bad Things Happen to Good People" („Wenn böse Dinge guten Leuten passieren").[13] Sein Lösungsvorschlag: die Vorstellung von Gottes *Allmacht* sei abzuschaffen. Andere empfinden nicht weniger Anfechtungen bei dem Gedanken „When Good Things Happen to Bad People" („Wenn gute Dinge bösen Menschen passieren"), und möchten gerne Gottes *Güte* und *Gerechtigkeit* leugnen. Beides aber ist kein Ausweg aus dem Dilemma. Dass „Allmacht" ein missverständliches Attribut Gottes ist, haben wir gehört. Doch ein aller Macht beraubter Gott hörte auf, Gott zu sein. Und die Vorstellung, dass der Gott der Bibel statt gütig und gerecht grausam und willkürlich wäre, ist erst recht unerträglich.

Wir müssen uns wohl oder übel damit abfinden: Weder solch vorschnelle Negationen noch jene hochspekulativen Affirmationen lösen das Problem. Welche Vermessenheit des Menschengeistes, ob sie nun im Kleid der theologischen Skepsis, der philosophischen Metaphysik, der idealistischen Geschichtsphilosophie oder der trinitarischen Spekulation daherkommt! Vielleicht lernt man es von daher, die Gegenargumente eines Epikur, Bayle, Feuerbach oder Nietzsche gegen solche Theodizee weniger als Blasphemie Gottes zu verstehen denn als Spott über der Menschen und besonders der Theologen Anmaßung. Besser schiene mir an diesem äußersten Punkt, bei dieser schwierigsten Frage, eine *Theologie des Schweigens*. „Würde ich Ihn kennen, so wäre ich Er", ist ein altes jüdisches Wort. Und manche jüdische Theologen, die angesichts allen Leids auf eine letzte Rechtfertigung Gottes lieber verzichten, zitieren nur das lapidare Schriftwort, welches auf den Bericht vom Tod der beiden durch Gottes Feuer getöteten Söhne Aarons folgt: „Und Aaron schwieg."[14]

---

[13] H. S. Kushner, When Bad Things Happen to Good People, New York 1981.
[14] Lev 10,3. Eine systematische Theologie des Schweigens Gottes – als der verborgenen Seite Gottes gegenüber der „sichtbaren" im Wort – entwickelte von jüdischer Seite A. Néher, L'exil de la parole. Du silence biblique au silence d'Auschwitz, Paris 1970.

Ja, Atheisten und Skeptiker haben recht: Keiner der großen Geister der Menschheit – weder Augustin noch Thomas noch Calvin, weder Leibniz noch Hegel – haben das Urproblem gelöst. „Über das Versagen aller philosophischen Versuche einer Theodizee": Immanuel Kant schreibt dies 1791, als man in Paris an eine Absetzung Gottes dachte und dessen Ersetzung durch die Göttin Vernunft betrieb.

Aber ich muss meinen skeptischen Zeitgenossen gegenüber auch die Rückfrage stellen: Ist denn etwa der *Atheismus* die Lösung? Ein Atheismus, der in Auschwitz sein Faustpfand sähe? Auschwitz – der Fels des Atheismus schlechthin? Erklärt denn Gottlosigkeit die Welt besser? Ihre misère und ihre grandeur? Erklärt sie die Welt, wie sie nun einmal ist? Vermag etwa *Unglaube* in unschuldigem, unbegreiflichem, sinnlosem Leid zu trösten? Als ob an solchem Leid nicht auch alle *ungläubige* Ratio ihre Grenze hätte! Als ob Auschwitz nicht weitgehend gerade die Tat bereits *gottloser* Verbrecher gewesen wäre! Nein, der Antitheologe ist hier keinesfalls besser dran als der Theologe. „Wie also dann" – die Frage möchte ich nicht unbeantwortet lassen – „mit dem Leiden umgehen?"

11. Sinnloses Leid nicht theoretisch verstehen, sondern vertrauend bestehen

Wir kommen um das ernüchternde Eingeständnis nicht herum: Wenn weder eine theologische noch eine antitheologische „Theorie" das Leid erklärt, dann ist eine andere Grundhaltung gefordert. Es ist meine über Jahrzehnte gewachsene Einsicht, zu der ich bisher keine mich überzeugende Alternative gefunden habe: Leid, übergroßes, unschuldiges, *sinnloses Leid lässt sich* – im individuellen wie im sozialen Bereich – *nicht theoretisch verstehen*, sondern *nur praktisch bestehen*. Für Christen und Juden gibt es auf das Theodizee-Problem nur eine *praktische Antwort*. Welche? Juden wie Christen mögen in dieser Frage auf verschiedene und doch zusammenhängende Traditionen verweisen:

Im äußersten sinnlosen Leid haben *Juden*, aber auch Christen die Gestalt des *Ijob* vor Augen, die zweierlei erkennen lässt: Gott ist und bleibt für den Menschen letztlich unbegreiflich, und doch ist dem Menschen die Möglichkeit geschenkt, diesem unbegreiflichen Gott statt Resignation oder Verzweiflung ein unerschütterliches, *unbedingtes Vertrauen* entgegenzubringen. Von Ijob her können Menschen darauf vertrauen, dass Gott auch des Menschen *Protest* gegen das Leid respektiert und sich schließlich doch als sein Schöpfer manifestiert, der ihn vom Leiden erlöst.

Für *Christen* – und warum schließlich nicht auch für Juden? – scheint im äußersten Leid über die (letztlich doch fiktive) Gestalt des Ijob hinaus die

III. Der Sinn von Christi Kreuz und Tod

wahrhaft historische Gestalt des leidenden und sterbenden „*Gottesknechtes*" (vgl. Jes 52,13–53,12), des Schmerzensmannes aus Nazaret, auf. Grünewalds Bild tritt wieder vor uns: Dieses Ausgepeitschtsein und Verhöhntsein, dieses langsame Dahinsterben am Kreuz: Es hat die dreifache furchtbare Erfahrung der Opfer des Holocaust vorausgenommen, jene Erfahrung, dass man von allen Menschen verlassen werden kann, dass man sogar des Menschseins verlustig gehen kann, dass man von Gott selbst aufgegeben werden kann.

Hatte Jesu Tod einen Sinn? Ich antworte nochmals: Nur von der geglaubten Auferweckung Jesu zu neuem Leben durch und mit Gott kann ein „*Sinn" in dieses äußerlich sinnlose, gottverlassene Sterben* hineinkommen. Nur aufgrund dieses Glaubens ist der zu Gottes ewigem Leben erweckte Gekreuzigte die Einladung, auch bei anscheinend sinnlosem Leiden auf einen Sinn *zu vertrauen* und für sich selber in diesem Leben ein *Durchstehen* und *Durchhalten* bis zum Ende einzuüben. Also nicht die Erwartung eines Happy End auf Erden wie in der Rahmengeschichte des Ijob, der am Ende sogar – für die Verlorenen – nochmal sieben Söhne und drei Töchter zeugen kann. Sondern ganz radikal das Angebot, selbst im (zur Not bis zum bitteren Ende durchgestandenen) sinnlosen Leiden einen Sinn zu bejahen. Einen verborgenen Sinn, den der Mensch nicht von sich aus entdecken, wohl aber im Licht dieses einen von Gott und Menschen Verlassenen und doch Gerechtfertigten geschenkt erhalten kann. Leiden und Hoffnung gehören für die Schrift unlösbar zusammen! Hoffnung auf einen Gott, der sich trotz allem nicht als launisch-apathischer Willkürgott, sondern als Gott der rettenden Liebe erweisen und durchsetzen wird.

Ohne dass also das Leiden verniedlicht, uminterpretiert oder glorifiziert oder auch einfach stoisch, apathisch, gefühllos hingenommen wird, lässt sich vom leidenden Gottesknecht Jesus her erkennen und in oft beinahe verzweifelter Hoffnung in Protest und Gebet bekennen,
– dass Gott auch dann noch, wenn das Leiden scheinbar sinnlos ist, verborgen anwesend bleibt;
– dass Gott uns zwar nicht *vor* allem Leid, wohl aber *in* allem Leid bewahrt;
– dass wir so, wo immer möglich, Solidarität im Leiden beweisen und es mitzutragen versuchen sollten;
– ja, dass wir das Leid so nicht nur ertragen, sondern, wo immer möglich, bekämpfen, bekämpfen weniger im Einzelnen als in den leidverursachenden Strukturen und Verhältnissen.

Ob dies eine lebbare Antwort ist, die das Leid nicht vergessen, aber verarbeiten hilft, muss jeder, muss jede für sich selbst entscheiden. Betroffen gemacht und ermutigt hat mich die Tatsache, dass selbst in Auschwitz ungezählte *Juden* und auch einige *Christen* an den trotz aller Schrecknisse dennoch verborgen anwesenden, an den nicht nur mitleidenden, sondern sich auch erbarmenden Gott geglaubt haben. Sie haben vertraut, und sie haben – was oft übersehen wird – auch *gebetet selbst noch in der Hölle von Auschwitz*! Unterdessen sind viele erschütternde Zeugnisse gesammelt worden, die beweisen, dass in den KZs nicht nur in aller Heimlichkeit aus dem Talmud rezitiert und Festtage begangen wurden, sondern dass selbst angesichts des Todes im Vertrauen auf Gott gebetet wurde.[15] So berichtet Rabbi Zvi Hirsch Meisels, wie er am Rosch Haschana, am jüdischen Neujahrstag, heimlich unter Lebensgefahr 1400 zum Tode verurteilten Jungen auf deren Bitten ein letztes Mal den Schofar („Widderhorn") blies und, als er ihren Block verließ, ein Junge rief: „Der Rebbe hat unseren Geist gestärkt, indem er uns sagte, daß ‚selbst wenn ein scharfes Schwert an der Gurgel eines Menschen liegt, er nicht an der Barmherzigkeit Gottes verzweifeln solle'. Ich sage Euch, wir können hoffen, daß die Dinge besser werden, aber wir müssen darauf vorbereitet sein, daß sie schlechter werden. Um Gottes willen, laßt uns nicht vergessen, im letzten Moment das Schema Israel mit Hingabe auszurufen."[16] So haben denn ungezählte jüdische (und auch einige christliche) *Zeitgenossen* in den KZs darauf vertraut, dass es einen Sinn hat, das eigene Leid hinzunehmen, den einen verborgenen Gott anzurufen und anderen Menschen, soweit noch möglich, beizustehen. Und weil Menschen sogar *in* Auschwitz gebetet haben, ist das Gebet *nach* Auschwitz zwar nicht leichter geworden, aber sinnlos, nein, sinnlos kann es jedenfalls deshalb nicht sein.

In summa: Die konkrete Frage des „Nicht-Eingreifens" und des „Nichtverhindert-Habens" durch Gott habe ich mit dieser Antwort theoretisch nicht gelöst, weil ich sie nicht lösen kann. Aber ich habe versucht, sie zu relativieren. Ein *mittlerer Weg* – scheint mir – ist uns, Christen und Juden, angesichts der ungeheuren Negativität im eigenen Leben und in der Weltgeschichte theologisch angeboten: Auf der einen Seite die Gott*losigkeit* jener, die etwa in Auschwitz ihr stärkstes Argument gegen Gott zu finden meinen und die doch nichts erklären. Auf der anderen die Gott*gläubigkeit* jener, die Orte wie Auschwitz trinitätstheologisch spekulativ verarbeiten, in eine innergöttliche Leidensdialektik hinein aufheben und so die letzte Ursache des Leidens ebenfalls nicht erklären. Dieser mittlere, bescheidene Weg ist *der Weg des unerschütterlichen, nicht irrationalen, sondern durchaus vernünftigen grenzenlosen Gottvertrauens* – trotz allem: des Glaubens an einen Gott, der das Licht bleibt trotz und in abgrundtiefer Dunkelheit. „Ist Gott für uns, wer ist dann gegen uns? ... Denn ich bin gewiß: Weder Tod noch Leben,

---

[15] Vgl. I. J. Rosenbaum, The Holocaust and Halakhah, New York 1976.
[16] AaO S. 111.

weder Engel noch Mächte, weder Gegenwärtiges noch Zukünftiges, weder Gewalten der Höhe oder Tiefe noch irgendeine andere Kreatur können uns scheiden von der Liebe Gottes, die in Christus Jesus ist, unserem Herrn" (Röm 8,31. 38 f.) – so der Apostel Paulus, der solche Sätze nicht aus hymnischem Überschwang, sondern aus bitterer Leiderfahrung heraus geschrieben hat.

Doch erst am Ende wird offenbar, was der agnostische jüdische Philosoph Max Horkheimer so sehr von „dem ganz Anderen" erhofft hatte: „daß der Mörder nicht über das unschuldige Opfer triumphieren möge".[17] Und auch unsere jüdischen Brüder und Schwestern werden einstimmen können in das, was da im Anschluss an die Propheten auf den letzten Seiten des Neuen Testaments über das Eschaton, das Allerletzte, als Zeugnis der Hoffnung geschrieben steht: „Und er, Gott, wird bei ihnen sein. Er wird alle Tränen von ihren Augen abwischen: Der Tod wird nicht mehr sein, keine Trauer, keine Klage, keine Mühsal. Denn was früher war, ist vergangen" (Offb 21,3 f.).

IV. Höllenfahrt – Auferweckung – Himmelfahrt

Christliche Kunst lebt von der Christusgestalt. Doch jahrhundertelang hatte man in der Ikonographie Leiden und Tod Jesu Christi nur mit Symbolen zu umschreiben gewagt. Zu beleidigend, zu brutal war dieser geschichtliche Vorgang. Aber seine Auferweckung zum ewigem Leben? Zu subtil, zu spirituell erschien dieses völlig andere, die Geschichte transzendierende Geschehen. Deshalb deutete man auch hier, auf Sarkophagen etwa, oft nur an – mit Symbolen und Allegorien: das Kreuz mit Christusmonogramm und Siegeskranz, die Sonne, der Fisch ... So wie der Prophet Jona drei Tage im Bauche des Fisches verbracht hatte, so auch Jesus im Grabe – ein kleiner Hinweis auf die symbolische Bedeutung der drei Tage zwischen Tod und Auferstehung. Doch der Auferstehungsvorgang selber, das Geschehen der Auferweckung?

1. Das Bild des Auferweckten

Der Vorgang der Auferweckung selbst wird im ersten Jahrtausend kaum einmal bildlich dargestellt – von Ausnahmen wie der Illustration im Utrechtpsalter des 9. Jahrhunderts einmal abgesehen. Erst seit dem 12. Jahrhundert,

---

[17] M. Horkheimer, Die Sehnsucht nach dem ganz Anderen. Ein Interview mit Kommentar von H. Gumnior, Hamburg 1970, S. 61 f.

dem Jahrhundert der Kreuzfahrer, wird es üblich, Jesu Aufsteigen aus dem Grab – sieghaft mit Seitenwunde und Kreuzesfahne – darzustellen. Und erst die Renaissance-Künstler des 14. und 15. Jahrhunderts wagen und meistern es, einen über dem Sarg *schwebenden Auferstandenen* zu malen, wobei der Hauptmeister der umbrischen Schule, Perugino, weit übertroffen wird von seinem genialen Schüler Raffaello Sanzio mit seiner – die Auferstehung vorausnehmenden – „Verklärung" Christi.

Doch kaum ein Künstler kann sich messen mit der künstlerischen und religiösen Ausdruckskraft dessen, der, wiewohl von italienischer Renaissance und niederländischer Malerei beeinflusst, nun doch in höchst eigenständig neuer Art nicht nur den Gekreuzigten, sondern vor allem den Auferstandenen dargestellt hat: *Matthias Grünewald*, dessen wir hier nochmals gedenken wollen. Auf der Rückseite seines Isenheimer Altars nämlich, auf der Kehrseite zu seinem Gekreuzigten, hatte er auch den Auferstandenen gemalt.

Nur ahnen kann man, was diese an Festtagen geöffnete Bilderbuchtafel für die mit Geschwüren und Geschwülsten bedeckten Aussätzigen in Isenheim bedeutet haben muss – als Bild der Hoffnung auf einen reinen, heilen Leib. Welch eine von innen her leuchtende Strahlkraft der Farben! Die Auferweckung dargestellt als ein kosmisches Ereignis, nicht vor Goldgrund, sondern vor schwarzem Nachthimmel mit wenigen funkelnden Sternen. In gewaltigem Schwung steigt der Auferweckte mit erhobenen Armen empor, das weiße Grabtuch mit sich reißend, umgeben von einem riesigen Strahlenkranz des Lichts, der in die Farben des Regenbogens übergeht und das Tuch zunächst in ein Blau, dann ein Violett, im Zentrum aber in ein aufflammendes Rot und Gelb verwandelt. Welch eine Symphonie der Farben! Und das ist das Einzigartige an diesem Osterbild: Ein ungewöhnliches Ausmaß von Vergeistigung wird erreicht, und doch bleibt der Körper des Verklärten plastisch sichtbar: Es löst sich die Person des *auferweckten Christus* nicht auf, sondern bleibt unverwechselbar eine konkrete Gestalt: eine ganz bestimmte Person. Die Wundmale des alabasternen Körpers und der rote Mund erinnern daran, dass es keine andere Person ist als die des Gekreuzigten, die da – mit dem Gestus des Segnens und Offenbarens – in den Raum reinen Lichts hineingeht. Des Auferweckten Antlitz, ganz im Zentrum, sonnenhaft, von innen her leuchtend, geht über in das blendende Gelb der sonnengleichen Aureole. Und während so das Angesicht in seinen Umrissen vom lichten Glanz aufgesogen wird, richtet sich auf den Betrachter mit großer Ruhe ein Augenpaar milder Autorität und versöhnender Güte. Wahrhaftig, wenn es einem Künstler gelungen ist, das in Farbe anzudeuten, was sich im Grunde gar nicht malen lässt, nämlich das „soma pneumatikón", wie der Apostel Paulus dies nennt, den „pneumatischen Leib", den *„Geistleib"* des Auferweckten, dann Grünewald.

IV. Höllenfahrt – Auferweckung – Himmelfahrt

„Schön, auch gut", höre ich da Zeitgenossen sagen, „hätte aber nicht vor der Auferstehung, wenn Sie sich schon an den Text des Apostolikums halten wollen, von Christi Höllenfahrt die Rede sein müssen, von der freilich nicht nur manche christliche Maler nicht Kenntnis nehmen, sondern auch manche christliche Theologen verlegen schweigen? Ein etwas kurioser Glaubensartikel, oder etwa nicht?"

2. Abstieg zur Unterwelt?

„Descensus ad inferos", ein „Abstieg zu den Unterirdischen" oder „ad infera", „zur Unterwelt": ein merkwürdiger Glaubensartikel fürwahr, der auch erst relativ spät, in der zweiten Hälfte des 4. Jahrhunderts, in das kirchliche Bekenntnis eingefügt wurde (Sirmium 359 vom Syrer Markus von Arethusa formuliert). Und ich gebe zu: Nirgendwo deutlicher als bei diesem Artikel zeigt sich, dass eben nicht alle diese Glaubensartikel dieselbe Bedeutung und Dignität haben. Denn Kreuz und Auferweckung sind – vom Neuen Testament her gesehen – absolut zentral; in den Evangelien genauso wie in den apostolischen Briefen stehen sie im Mittelpunkt. Aber der Abstieg Jesu Christi in die Unterwelt? Dafür findet man *kaum einen unzweideutigen neutestamentlichen Beleg*, und noch Augustin in seinem „Enchiridion", seinem „Handbüchlein" (geschrieben um 423), erklärt diesen Glaubensartikel nicht, weil er sich im Credo seiner Kirche offensichtlich noch nicht findet. Heute, fast 2000 Jahre nach Christi Geburt, käme wohl niemand auf die Idee, diesen Artikel neu ins Glaubensbekenntnis einzufügen, wenn er nicht schon darin enthalten wäre.

Die fehlende unzweideutige biblische Basis ist zweifellos der Hauptgrund für die bis heute anhaltende *Zweideutigkeit* dieses Glaubensartikels. Sie ist in unseren Tagen erneut dadurch sichtbar geworden, dass die katholische und evangelische Kirche in Deutschland ganz offiziell, ohne viel Aufhebens davon zu machen, für die neue ökumenische Fassung des Bekenntnisses die Übersetzung des „descendit ad inferos" völlig verändert haben. Früher hieß es „abgestiegen zu der Hölle", jetzt aber „abgestiegen in das Reich des Todes". Nur eine bessere Übersetzung? Keineswegs. Vielmehr eine stillschweigende Verunklarung des Sinns! Denn durch Umdeutung kommt ein Doppelsinn in diesen Artikel hinein, der freilich schon seit dem Mittelalter mit dieser Glaubensformel verbunden war.

Denn wohin geht dieser Descensus, dieser Abstieg?
- Bedeutung 1: Er geht ganz allgemein in ein „Reich des Todes", ein *Totenreich*: hebräisch „Scheol" genannt, griechisch „Hades", den Ort also für alle Verstorbenen, die Guten wie die Bösen. So hat man den Descensus über ein Jahrtausend in der Christenheit verstanden, und auch das deut-

sche Wort „Hölle" und „Höllenfahrt" hat man ursprünglich sozusagen neutral als „Unterwelt" oder „Totenreich" interpretiert.
- Bedeutung 2: Der Abstieg geht in eine *Hölle*, den Ort der Nicht-Seligen: hebräisch „Gehenna", lateinisch „infernum", den Ort also der endgültig Verdammten. So wird der Descensus seit dem Mittelalter verstanden. Denn man glaubte jetzt, dass die Sterbenden gleich nach dem Tod (je nach ihren guten Werken oder Sünden) entweder in den Himmel (das „Paradies") oder in das Fegefeuer („Purgatorium") oder eben in die Hölle (das „Infernum") kämen; wobei man im Mittelalter darüber hinaus auch noch zwei andere unterweltliche Bezirke annahm: eine „Vorhölle", oder mit wandelndem Optimismus immer mehr einen „Vorhimmel", einen Ort für die alttestamentlichen Gerechten („limbus patrum") und ein Ort für die ungetauften Kinder („limbus puerorum").

Angesichts dieser so vieldeutigen Tradition befindet sich ein Prediger heute in der wenig beneidenswerten Situation: Er kann zwar frei wählen, aber zwischen ganz und gar *gegensätzlichen Interpretationen* des einen und selben Glaubenssatzes. Denn es ist wahrhaftig ein Unterschied, ob ein Prediger seinen Zuhörern die „Hölle", den definitiven Ort ewiger Verdammnis, oder „nur" ein Totenreich, einen Zwischenort für alle bis zum Jüngsten Gericht, vor Augen führen muss. Ein Unterschied – theologisch und psychologisch! Aber bis jetzt hat es noch kein Papst gewagt, fehlbar oder unfehlbar zu entscheiden, was mit diesem Glaubenssatz letztlich gemeint ist. Und auch die Reformatoren haben den früheren Erklärungen nochmal eine neue, psychologische Deutung hinzugefügt: „Hinabgestiegen zu der Hölle" – das meine, dass Jesus am Kreuz sogar die Qualen der Hölle durchgemacht habe, insofern er nämlich im Tod Gottes Zorn und die Anfechtung endgültiger Verzweiflung erfahren habe. Doch woher wissen das Luther und Calvin? Dafür gibt es erst recht keinen Schriftbeleg! Die neutestamentlichen Schriften sind an Jesu Psychologie nicht interessiert. Und der Artikel über den „Abstieg"? Steht er so in der Schrift?
Das einzige Schriftwort, das eine Beziehung zu Jesu Abstieg in die Unterwelt hat und seit Clemens von Alexandrien (3. Jahrhundert) damit in Verbindung gebracht wurde, ist eine Stelle aus dem *ersten Petrusbrief*. Hier ist die Rede vom getöteten Christus, der „im Geist" hingegangen sei, um jenen Geistern „im Gefängnis" zu predigen, die zur Zeit der Sintflut ungehorsam gewesen seien (vgl. 1Petr 3,18–20). Aber auch dieser Text wird zu verschiedenen Zeiten von verschiedenen Autoren völlig gegensätzlich interpretiert. Als wahrscheinlichste Auslegung dürfte heute gelten: Dieser Text – wie ähnliche Texte aus der Apokryphen-Literatur, besonders dem Henochbuch – redet von dem durch den Geist verwandelten auferweckten Christus, der wie

IV. Höllenfahrt – Auferweckung – Himmelfahrt

ein neuer Henoch den gefangenen Engeln (!) in den unteren Regionen des Himmels (dort das „Gefängnis"!) ihre definitive Verurteilung (!) verkündet habe. Von einer „Höllenfahrt" oder einer Fahrt ins Totenreich wäre dann aber im ersten Petrusbief nicht die Rede. Will man räumlich reden, so geht es hier eher um den ersten Teil einer Himmelfahrt, und zwar durch die unteren Regionen des Himmels zu den oberen. Hinzu kommt, dass der erste Petrusbrief ein sehr später Text des Neuen Testaments ist und heute nicht länger als von einem Apostel wie Petrus geschrieben betrachtet werden kann. Was also?

Wollen wir hier zu einer Klärung kommen, so müssen wir zuerst klar eingestehen, dass für den zeitgenössischen Bibelleser *frühere Weltbilder nicht mehr verbindlich* sein können: weder das Weltbild der Hebräischen Bibel von einem dreistöckigen Universum (Himmel, Erde, Unterwelt) noch das Weltbild des Hellenismus von einer sich frei im Raum bewegenden, von Planetensphären umgebenen Erde, wobei die Region über dem Mond den Göttern und die unter dem Mond den Geistern der Menschen und den dämonischen Mächten, die gegen den Menschen kämpfen, vorbehalten wäre.

Und so ist es denn nicht zu verwundern, dass dieser Glaubensartikel, der in der Geschichte der Kirche einmal große Bedeutung hatte, für heutige Zeitgenossen seine existentielle Bedeutung weithin eingebüßt hat. „Abgestiegen in das Reich des Todes", wie es heute offiziell heißt, wird jedenfalls besser nicht in der Art der Reformatoren verstanden als der psychologisierende Einblick in eine Gewissensangst Jesu, sondern als ein symbolischer Ausdruck im Sinne weniger der reformatorischen oder der mittelalterlichen als vielmehr der alten Kirche: dass hier nämlich der *auferstandene Christus den Toten*, den Vätern Israels vor allem, *gepredigt* hat, um sie mit sich hinaufzuführen ins Himmelreich, Gottes Reich.

Die Fahrt ins Totenreich also symbolisch verstanden nicht als eine Leidensfahrt, als letzter Akt der Erniedrigung, nein, als Triumphfahrt und erster Akt der Erhöhung. Der Gang in die Unterwelt kann deshalb auch heute verstanden werden als *Symbol für die Heilsmöglichkeit auch der vorchristlichen und damit nichtchristlichen Menschheit*: für die Heilsmöglichkeit der alttestamentlichen Frommen, der von der christlichen Verkündigung nicht Erreichten, ja, aller Verstorbenen.

Bestätigt wird solche Interpretation durch die *ostkirchliche Ikonographie*: In der byzantinischen Kunst wird der Abstieg Jesu Christi in das Reich des Todes etwa seit dem 7./8. Jahrhundert dargestellt: aber – dies ist wichtig – eindeutig als „Anastasis", als „Auferstehung". Ja, solche Darstellung, seit dem 11. Jahrhundert auch im Westen sehr verbreitet, wird zur eigentlichen Auferstehungsdarstellung der Ostkirche: Christus, dem Höllenschlund und dem gefesselten Satan gegenüber, zieht die Vorfahren zu sich empor. Zur

Zeit Grünewalds freilich, der ja auf einem Seitenbild seines Altares die Versuchung des Mönchvaters Antonius (im Kloster der Antoniter!) mittelalterlich-westlich durch schreckliche, fratzenhafte Dämonengestalten und (unbewusst hellenistisch) einen Geisterkampf in den Lüften dargestellt hat, zur Zeit Grünewalds waren es unter den Großen fast nur noch Dürer und Tintoretto, die eine Darstellung der Höllenfahrt Jesu zu malen wagten, so dass sie jetzt immer seltener zu finden ist.

Symbolisch im Zusammenhang mit der Auferstehung verstanden braucht also dieser Glaubensartikel den Zeitgenossen keine Schwierigkeiten zu bereiten. Doch zugegeben: Gerade an diesem Glaubensartikel zeigt sich die *Zeitgebundenheit* des Apostolischen Glaubensbekenntnisses, auch wenn diesem Artikel in der Osterliturgie der Ostkirche aus den genannten Gründen noch immer viel Raum gegeben wird.

Die Zwischenfrage des Zeitgenossen ist indessen nicht zu überhören: „Wenn also dem Glaubensartikel von der Höllenfahrt Jesu Christi keine zentrale Bedeutung zukommt, gilt das dann nicht ebenso von dem seiner Himmelfahrt?" Antwort: Nein, ganz so einfach ist das nicht.

3. Eine Himmelfahrt?

Zum Unterschied von Jesu Höllenfahrt ist von Jesu Himmelfahrt im Neuen Testament selber die Rede: nämlich beim Evangelisten *Lukas*. Seine Erzählung ist die Basis für unseren Glaubensartikel. Damit aber ist zugleich dessen Problematik angesprochen: Eine Himmelfahrt Christi wird zwar von Lukas, aber eben nur von Lukas berichtet. Wir hören davon weder bei den anderen beiden Synoptikern (Markus und Mattäus) noch bei Johannes, weder bei Paulus noch den Deuteropaulinen auch nur ein Wort! In der allerältesten Kirche gab es keine Tradition einer sichtbaren Himmelfahrt Jesu vor den Augen der Jünger.

Nur Lukas, der dritte Evangelist, der von vornherein mehr als andere an der leibhaftig erwiesenen Wirklichkeit des Auferstandenen und der Augenzeugenschaft der Apostel interessiert war, trennt, im Gegensatz zu den übrigen Zeugen, Auferweckung und Erhöhung zeitlich. Das heißt: Nur Lukas kennt eine separate Himmelfahrt in Betanien, welche die Zeit der Erscheinungen Jesu auf Erden abschließt und die Zeit der Weltmission der Kirche bis zu Jesu Wiederkunft mit Emphase eröffnet. So besonders deutlich in der (zwischen 80 und 90 geschriebenen) *Apostelgeschichte*, welche Lukas seinem Evangelium folgen lässt, das in den 70er Jahren geschrieben worden sein dürfte. Diese separate Himmelfahrtsvorstellung wird dann nachträglich auch dem Markusevangelium eingepflanzt, und zwar am Schluss in Anlehnung zugleich an die Entrückungs-Geschichte des Propheten Elija und das Psalm-

IV. Höllenfahrt – Auferweckung – Himmelfahrt

wort vom Sitzen zur Rechten des Vaters. Aber dieser sogenannte Markusschluss stammt aus dem 2. Jahrhundert!

Wie ist diese Himmelfahrt zu verstehen? Heute bedarf es wohl kaum langer Erklärungen, dass die Rede von einer „Fahrt" nach „oben" in den „Himmel" – in Kirchen am Himmelfahrtsfest bisweilen durch eine mechanisch in den Kirchendachboden hinaufgezogene Christusplastik ad oculos demonstriert – jenes antike dreistöckige Weltbild voraussetzt, das nicht mehr das unsrige ist. Als ob Jesus tatsächlich eine Art Weltraumfahrt angetreten habe! So etwas heute zu behaupten, wäre absurd. Aber *damals*, da war die für heute unvollziehbare Vorstellung durchaus *nicht ungewöhnlich*. Nicht nur von Elija und Henoch in der Hebräischen Bibel wird eine Himmelfahrt berichtet, sondern auch von anderen Großen der Antike, von Herakles, Empedokles, Romulus, Alexander dem Großen und Apollonius von Tyana. Bei solchen Himmelfahrten geht es um eine *„Entrückung"* des großen Helden, ein Entschwinden von der Erde, also nicht um eine eigentliche „Himmelsreise", da weder der Weg zum Himmel noch die Ankunft im Himmel geschildert wird. Die Wolke verdeckt ja den Entrückten meist bald – ein Zeichen zugleich der Nähe und der Unnahbarkeit Gottes.

Aus all dem erkennt man: Die lukanische Geschichte von einer Himmelfahrt ist keine christliche Erfindung, ist kein unerhörtes, exorbitantes „Mirakel", sondern ein dem damaligen Zuhörer *vertrautes Vorstellungsmuster*. Das Entrückungsschema stand Lukas als Vorstellungsmodell und als Erzählungsform zur Verfügung. Vermutlich hat Lukas selbst die traditionelle Aussage von der Erhöhung Jesu zu Gott zu einer Entrückungsgeschichte ausgestaltet, für die alle wesentlichen Bauelemente in den früheren Grabes- und Erscheinungsgeschichten bereitlagen. Frage nur: Warum hat er das getan? Zwei Gründe dürften maßgeblich gewesen sein:

Erstes Motiv: Es dürfte Lukas zunächst um eine *Veranschaulichung der unanschaulichen Erhöhungsaussagen* gegangen sein: Der auferstandene Christus „geht" zu Gott, geht definitiv ein in die Wirklichkeit Gottes. Das heißt: Die Himmelfahrt Jesu ist *nicht* als eine *zweite* „Heilstatsache" nach Ostern zu verstehen und zu feiern, *sondern* als ein besonders herausgehobener *Aspekt des einen Ostergeschehens*. Das wird dadurch unterstrichen, dass im Evangelium des Lukas (von daher auch im Markusschluss) die Himmelfahrt am Ostertag selbst erfolgt. Erst der Lukas der späteren Apostelgeschichte kennt zwischen Ostern und Himmelfahrt eine Zeit von 40 Tagen – offensichtlich in Anspielung auf die heilige biblische Zahl 40: 40 Wüstenjahre Israels, 40 Fasttage Elijas, 40 Fasttage Jesu. Dass das Himmelfahrtsfest also heute gegenüber dem Osterfest deutlich an Gewicht verloren hat, ist nicht schlechterdings negativ zu bewerten, sondern entspricht der Gesamtgewichtung des Neuen Testaments selber.

Zweites Motiv: Liest man die Texte aufmerksam, so fällt auf, dass hier die damals noch immer weit verbreitete frühere „*Naherwartung*", der frühe Glaube, dass Jesus noch zu Lebzeiten der ersten Generation wiederkommen wird, energisch *korrigiert* wird: „Ihr Männer von Galiläa", so werden da die zurückbleibenden Jünger angesprochen, „was steht ihr da und schaut zum Himmel empor?" (Apg 1,11). Anstelle des untätigen Wartens setzt Lukas auf die Mission der Welt! Nicht Jesus selbst, der sich in den Himmel entfernt und den Jüngern die Aufgabe überlassen hat, sondern der Heilige Geist soll ja jetzt kommen, um die Jünger für die bevorstehende Missionszeit auszurüsten, bis schließlich – am Ende der Zeit – Jesus selber ebenso anschaulich wiederkommen wird. Lukas will mit seiner Himmelfahrtsgeschichte also sagen: Ostern haben nur die verstanden, die nicht zum Himmel emporstaunen, sondern in die Welt gehen und für Jesus Zeugnis ablegen!

Doch manch ein Zeitgenosse fragt jetzt mit Recht ungeduldig: „Muß nicht endlich geklärt werden, was dieses ‚Ostergeschehen' selber meint. Ist es nicht ein völlig unsinniger Mirakelglaube, dass man im 20. Jahrhundert noch an die Geschichte vom leeren Grab glauben soll?" In der Tat wird das altgermanische Wort „Ostern", das mit „Osten" („Morgenröte") zusammenhängt, erst spät für das Fest der Auferstehung gebraucht. Nun ist dieses schon früh am „ersten Tag" nach dem Paschafest gefeiert worden gemäß dem Bericht schon bei Markus: „Am ersten Tag der Woche kamen sie (die Frauen) in aller Frühe zum Grab, als eben die Sonne aufging" (Mk 16,2). Heißt das also, dass man als Christ an das leere Grab glauben muss?

4. Ans leere Grab glauben?

Man kann sehr rasch zum entscheidenden Punkt vordringen, wenn man sich die schlichte Frage stellt: Wer käme auf den Gedanken, bei einem offenen Grab anzunehmen, hier sei jemand von den Toten auferstanden? Das pure Faktum eines leeren Grabes besagt noch gar nichts. Denn für ein leeres Grab gibt es bekanntlich viele Erklärungen. Das gilt heute, das galt damals ebenso. Und die Evangelisten selber sind es, die, wohl in Abwehr jüdischer Tendenzgerüchte, bereits von solchen Erklärungen berichten: Das Grab war leer? Dann kann es sich nur um einen Diebstahl oder um eine Verwechslung der Leiche oder um den Scheintod des angeblich Gestorbenen handeln. Oder noch schlimmer: dann kann die Geschichte von einer Auferweckung nur eine betrügerische Fiktion der Jünger sein. Ja, bis heute gibt es Zeitgenossen, die gegen alle eindeutigen Aussagen der authentischen Quellen an die These von einem Scheintod Jesu glauben und solch unseriöse Thesen mit reißerischen Titeln wie „Jesus der erste neue Mann" unter die Leute bringen. Angesichts der historischen Zeugnisse eine abstruse Vorstellung.

IV. Höllenfahrt – Auferweckung – Himmelfahrt

Im Klartext: Mit dem leeren Grab als solchem lässt sich die Wahrheit der *Auferweckung Jesu von den Toten nicht beweisen.* Das wäre eine ausgesprochene Petitio principii: Man setzt voraus, was gerade zu beweisen wäre. Aus sich sagt das leere Grab ja nur: „Er ist nicht hier" (Mk 16,6). Und es muss schon ausdrücklich hinzugefügt werden, was ja keineswegs selbstverständlich ist: „Er ist auferweckt worden" (Mk 16,6). Und gerade dieses aber kann einem auch ohne Vorzeigen eines leeren Grabes gesagt werden.

Das alles heißt: Das leere Grab an sich hat auch nach dem Neuen Testament nicht zum Glauben an den Auferweckten geführt (noch im Johannesevangelium glaubt Petrus angesichts des leeren Grabes nicht, nur der Lieblingsjünger, was auf gottgewirkte Erkenntnis verweist). Wie im ganzen Neuen Testament *niemand* behauptet, er sei – gleichsam wie Grünewald – *bei der Auferweckung selber dabei gewesen* oder er kenne Augenzeugen des Auferweckungsvorgangs, so auch niemand, der sagt, er sei durch das leere Grab zum Glauben an den Auferweckten gekommen. Nirgendwo berufen sich die Jünger auf den Befund des leeren Grabes, um den Glauben der jungen Christengemeinde zu bestärken oder um die Gegner zu widerlegen und zu überzeugen. Nicht überraschend also,

- dass der älteste Bericht von Erscheinungen Jesu (1Kor 15,4) das Bekenntnis zur Auferweckung nicht mit der Geschichte von einem leeren Grab verbindet;
- dass auch Paulus in all seinen Briefen das „leere Grab" oder autoritative Zeugen des „leeren Grabes" nirgendwo zur Stützung seiner Botschaft vom Auferstandenen erwähnt;
- dass schließlich auch die übrigen neutestamentlichen Texte außerhalb der Evangelien vom leeren Grab schweigen.

Für uns Heutige heißt das: Das Grab Jesu mag historisch leer gewesen sein oder nicht – der *Glaube an das neue Leben des Auferweckten* bei Gott *hängt nicht vom leeren Grab* ab. Das Ostergeschehen wird durch das leere Grab nicht bedingt, sondern bestenfalls illustriert. Glaubensartikel, das heißt Grund oder Gegenstand des Osterglaubens also ist das „leere Grab" nicht, so dass es konsequenterweise im Apostolikum auch nicht erwähnt zu werden braucht. Gerade wer bibeltreu sein will, braucht weder aufgrund des leeren Grabes noch erst recht „an" das leere Grab zu glauben. Nicht zum leeren Grab ruft der christliche Glaube, sondern zur Begegnung mit dem lebendigen Christus selbst, wie es im Evangelium heißt: „Was sucht ihr den Lebendigen bei den Toten?" (Lk 24,5).

Hinzu kommt: Schon im Neuen Testament weichen die *Geschichten um das leere Grab* in Details stark voneinander ab: Die Soldaten als Grabeswächter, die bei Grünewald als vom Strahlenglanz Geblendete und von seiner Kraft wie betäubt zu Boden Taumelnde erscheinen, begegnen nur bei Mattäus. Der Lauf des Petrus zum Grab findet sich nur bei Lukas und Johannes; die Erscheinung vor den Frauen nur bei Mattäus und die vor Maria von Magdala nur bei Johannes. Dies alles lässt den Großteil kritischer Bibelausleger zu der Überzeugung kommen: Bei den Grabesgeschichten handelt es sich um *legendäre Ausgestaltungen der Botschaft von der Auferweckung* nach Art alttestamentlicher Epiphaniegeschichten, die erst viele Jahrzehnte später nach Jesu Tod aufgeschrieben wurden.

Denn schaut man genauer hin, so steht im Zentrum der Grabesgeschichte gerade nicht das leere Grab, sondern die *knappe, bekenntnishafte Auferweckungsbotschaft* (aus dem Mund des Engels): „Er ist auferstanden!" (Mk 16,6), wie sie sich bereits im ältesten Dokument des Neuen Testaments, im ersten Thessalonicherbrief aus dem Jahr 51/52, und dann immer wieder findet: Jesus, „den er (Gott) auferweckt hat von den Toten" (1Thess 1,10). Die Geschichte vom leeren Grab sollte also nicht als Rekognoszierung eines Faktums aufgefasst werden, sondern als die wohl schon relativ frühe erzählerische Konkretisierung und wachsend legendäre Entfaltung der vorgängigen Auferweckungskunde, wie sie auch in der Verkündigung des (oder der) Engel enthalten ist.

Hat es also einen Sinn, gerade diese Grabesgeschichten am Ostersonntag noch vorzulesen? Ja, durchaus. Was ich schon von der Weihnachtsgeschichte gesagt habe, das gilt auch von diesen Auferstehungsgeschichten: Eine konkrete Erzählung wie etwa die von den Jüngern auf dem Weg nach Emmaus, ein ganz bestimmtes Bild wie das von Grünewald kann nun einmal mehr ansprechen als ein theoretischer Satz, ein philosophisches Prinzip oder ein theologisches Dogma. Und ein verdeutlichendes und bestätigendes Zeichen sind diese Geschichten allemal: dass mit Jesu Tod nicht alles aus war, dass Jesus nicht im Tod geblieben ist und dass der Auferweckte kein anderer ist als der hingerichtete Nazarener.

„Aber zur Sache selbst", fragt hier gerade der historisch-kritisch geschulte Zeitgenosse, „muss man nicht zugeben, dass der Glaube an eine Auferweckung von den Toten in der Bibel erst sehr spät aufgekommen ist? Ist der Auferweckungsglaube nicht im Grunde sogar unjüdisch?"

5. Auferweckung von den Toten – unjüdisch?

Zunächst ist zu antworten: Der Glaube an ein Leben nach dem Tod war eine uralte israelitische Überzeugung. Jahrhunderte lang aber stellte man sich dieses Leben als eine schattenhafte, freudlose Existenz in einer „Unterwelt" („Scheol") vor. Erst relativ spät in der jüdischen Geschichte kommt der Glaube an ein *neues Leben* nach dem Tode auf: Gott weckt die Toten auf

IV. Höllenfahrt – Auferweckung – Himmelfahrt

zu neuem Leben! Die älteste, ja einzige unumstrittene Belegstelle in der Hebräischen Bibel für diese Auferweckung zu einem neuen, ewigen Leben stammt aus dem Danielbuch des 2. Jahrhunderts (um 165/164 v. Chr.), aus einem Buch also der jüdischen Apokalyptik. Weitere Zeugnisse finden sich im griechischen Alten Testament, besonders im zweiten Makkabäerbuch und in der nachdanielschen apokalyptischen Literatur. Mit Auferweckung ist dabei nie – wie etwa im Griechentum – nur eine Unsterblichkeit der menschlichen „Seele" gemeint, sondern entsprechend der jüdischen Vorstellung vom Menschen als psychosomatischer Einheit ein neues Leben der ganzen Person bei Gott.

Müssen sich hier also Judentum und Christentum von vornherein geschieden wissen? Keineswegs, wenngleich die Geschichte des Auferstehungsglaubens im Judentum zugegebenermaßen wechselhaft ist. „Der Glaube an die Auferweckung von den Toten ist ein ausdrückliches Dogma des klassischen Judentums, bestätigt und ausgebaut durch Moses Maimonides, behandelt von Hasdai Crescas als ein ‚wahrer Glauben' (anders als ein fundamentales Prinzip des Judentums), zurückgenommen auf eine strittigere Ebene der Deduktion von Joseph Albo und als eine zentrale Lehraussage fast verlorengegangen, seit die mittelalterlichen Diskurse abgeschlossen wurden", so stellt Arthur A. Cohen, Buber-Biograph und Professor an der University of Chicago fest: „Dennoch: Trotz ihres Verlustes dogmatischer Eminenz, wo sie – unter anderen Glaubenssätzen – als ein sine qua non rabbinischer eschatologischer Lehre betrachtet wurde, bleibt Auferweckung in der traditionellen Liturgie bejaht. Eingeführt als zweiter Segen des Achtzehn-Bitten-Gebetes (das ‚Schemone Essre'), wiederholt während der Amida (wörtlich: stehendes Gebet), bekräftigt sie, daß Gott auch denen die Treue hält, die im Staub liegen, und daß er nach seinem Erbarmen die Toten erweckt, ihre Körper wieder herstellt und ihnen ewiges Leben gewährt."[1]

„Auferweckung" durch Gott also ist etwas durchaus Jüdisches. Und jüdisch ist nicht nur der *Inhalt* des christlichen Glaubensbekenntnisses: „Gepriesen seist du, Jahwe, der die *Toten lebendig* macht" (so der Wortlaut jenes zweiten Segens, ähnlich auch die Friedhofliturgie). Jüdisch ist auch die *Form*: „Gott, der ihn aus den Toten erweckt hat", lautet ähnlich wie die oft gebrauchten jüdischen Glaubensformeln: „Gott, der Himmel und Erde gemacht hat", oder „Gott, der euch aus Ägypten herausgeführt hat". Schon hier wird jedoch deutlich: Subjekt der Auferstehung ist nicht Jesus, der Getötete, sondern Gott selbst, der den Getöteten auferweckt, und insofern spricht

---

[1] A. A. Cohen, Resurrection of the Dead, in: Contemporary Jewish Religious Thought. Original Essays on Critical Concepts, Movements, and Beliefs, hrsg. v. A. A. Cohen – P. Mendes-Flohr, New York 1987, S. 807–813, Zit. S. 807.

man unmissverständlicher von „Auferweckung" als von (womöglich als Eigenleistung missverstandener) „Auferstehung".

„Doch", so wird man einwenden, „trennt Juden und Christen nicht die Tatsache, dass der Glaube an Gottes Auferweckungsmacht mit diesem einen Jesus von Nazaret verbunden wird? Trotz seines hoffnungslosen Endes haben Christen Hoffnungen auf ihn gesetzt; trotz des Schandtods hat man ihn zum Messias proklamiert! Wie will man das rational erklären?"

6. Glauben an die Auferweckung des Einen?

Hier haben wir zunächst schlicht zur Kenntnis zu nehmen: Nach allen Zeugnissen geben die ersten Jünger und Jüngerinnen Jesu als Grund für ihren neu geweckten Glauben an: den Gott Israels und Jesus selber! Sie berufen sich dabei nicht auf irgendwelche Reflexionen über Jesu überwältigende Persönlichkeit, die „nicht sterben konnte, sondern lebt" (wie man dies eine Zeitlang von Lenin gesungen hat), auch nicht auf irgendwelche geschichtlichen Vorbilder (leidende Gerechte und Märtyrer), sondern auf offensichtlich überwältigende und zum öffentlichen Zeugnis treibende *Erscheinungen*, die in den nächsten Tagen, Wochen und Monaten nach Jesu Tod sich ereigneten und für die Paulus eine ganze Reihe noch lebender Zeugen benennt (1Kor 15,5–8), Erfahrungen mit dem lebendigen Jesus, ihnen unerwartet zuteilgewordene Widerfahrnisse. Gewiss: Unsere Kenntnisse bezüglich geistiger Erfahrungen, Visionen, Auditionen, Bewusstseinserweiterungen, Ekstasen, „mystischer" Erlebnisse sind noch immer zu beschränkt, um klären zu können, was sich an Wirklichkeit hinter solchen Geschichten letztlich verbirgt. Und gewiss wurden dabei von den Jüngern damals bekannte Deutungsmuster zu Hilfe genommen. Aber sicher wird man solche dem Menschen widerfahrende Erlebnisse weder allesamt als Halluzinationen abtun können noch umgekehrt im supranaturalistischen Schema als ein Eingreifen Gottes von oben oder von außen erklären wollen. Wahrscheinlich dürfte es sich um visionäre Vorgänge im Inneren, nicht in der äußeren Realität gehandelt haben. Denn „subjektive", psychische Tätigkeit der Jünger und „objektives" Handeln Gottes schließen sich keineswegs aus; Gott vermag ja auch durch die Psyche des Menschen zu wirken.

Jedenfalls erschien hier Jesus nicht in aller Öffentlichkeit als der strahlende Sieger mit der Kreuzesfahne in der Hand, wie seit der Kreuzfahrerzeit dargestellt. Es geht bei diesen „Visionen" oder „Auditionen", bei diesem „Sehen" und „Hören" nicht um ein neutrales, historisches Erkennen, sondern um ein sich darauf einlassendes und Zweifel keineswegs ausschließendes Geschehen des Vertrauens: Es geht um *Glaubenserfahrungen*, die man am besten mit den *Berufungserfahrungen* der Propheten Israels vergleicht. Wie sie fangen

IV. Höllenfahrt – Auferweckung – Himmelfahrt

auch die Jünger und Jüngerinnen jetzt an, sich als berufen zu erkennen, als die „Gesandten (Apostel) des Messias Jesus" die Botschaft zu verkünden und unbekümmert um alle Gefährdungen ihr Leben dafür einzusetzen.

„Aber lässt sich denn nicht aufzeigen, dass es in der *Antike auch Zeugnisse von anderen Auferstehungen* gibt?" Gewiss, immer wieder wird vor allem die Geschichte von einer Erscheinung des Apollonios von Tyana nach dessen Tod angeführt, wie sie Philostratos berichtet hat. „Und wird dadurch der Auferstehung Jesu nicht der Charakter des Besonderen genommen?" Antwort: Man beachte den Unterschied zur Auferweckung Jesu: Hat je ein Mensch von dieser Auferweckungserfahrung des Apollonios die das ganze Leben verändernde und unbedingt überall zu verkündende Überzeugung gewonnen: dass durch diesen einen Menschen Gott entscheidend gesprochen und gehandelt hat? Das ist das Besondere an der Auferweckung Jesu, nicht die Form der Geschichte.

Wieweit Jesus selber, der ja eine dramatische eschatologische Wende möglicherweise noch zu Lebzeiten erwartet hatte, seine Jünger auf ein solches dramatisches Ereignis vorbereitet hat, wissen wir nicht; die Prophezeiungen von Tod und Auferweckung, wie sie in den Evangelien berichtet werden, dürften in dieser Form erst nachträglich formuliert worden sein. Sicher ist nur: Die Jünger, welche das Reich Gottes in Bälde erwartet hatten, sahen diese Erwartung nun zunächst einmal als erfüllt an – erfüllt gerade in der Auferweckung Jesu zu neuem Leben. Sie wurde verstanden als *Beginn der endzeitlichen Erlösung*. Auch das war zumindest damals ein „gut jüdischer" Gedanke: Nicht nur die jüdischen Anhänger Jesu, viele Juden erwarteten ja damals die Auferweckung der Toten, nachdem, wie wir hörten, im Danielbuch und der apokalyptischen Literatur der Glaube an die allgemeine Auferweckung der Toten oder zumindest der Gerechten zum ersten mal aufgebrochen war. Freilich: Was viele Juden für alle Menschen in der Zukunft erwarteten, das war jetzt, aufgrund ihrer österlichen Erfahrungen, für die junge Christengemeinde in diesem Einen bereits vorweggenommen: Die *Auferweckung Jesu* war der *Anfang der allgemeinen Totenerweckung*, der Beginn der Endzeit mit einer Gnadenfrist bis zum Erscheinen des (nach Dan 7,13) zu erwartenden „Menschensohnes". Das erschien in der jüdischen Glaubenswelt von damals gut begründet.

In dieser apokalyptischen Tradition stehen die Anhänger des gekreuzigten Nazareners. Nie haben sie sich die Auferweckung Jesu vorgestellt als das Wunder einer Totenerweckung in dieses Leben hinein, wie dies in drei Fällen schon in der Hebräischen Bibel berichtet wurde, sondern immer als eine Totenerweckung zum himmlischen, definitiv verwandelten Leben. Es war die felsenfeste Überzeugung dieser ersten Christengemeinde: Dieser Gekreuzigte ist nicht ins Nichts gefallen, sondern ist aus der vorläufigen, vergänglichen, unbeständigen Wirklichkeit in das wahre, ewige Leben Gottes eingegangen. Gott hat diesen Gerechten nicht im Stich gelassen, er hat ihm durch den Tod hindurch Gerechtigkeit verschafft, hat ihn „gerechtfertigt", ja, zum „Sohn" erhöht.

Denn wo ist der vom Tod Erweckte jetzt? Die Antwort auf die damals ungeheuer dringende Frage haben wir schon gehört: Die ersten Christen haben sie sich vor allem mit einem Psalmwort gegeben, das in das Apostolikum eingegangen ist: Er *„sitzet zur Rechten des Vaters"*. Und in der Tat: Kein Satz der Hebräischen Bibel wird im Neuen Testament öfter zitiert oder variiert als der Psalmvers 110,1: „Es sprach der Herr zu meinem Herrn: Setze dich zu meiner Rechten!" Damit ist nicht eine „Wesensgemeinschaft", wohl aber – und dies war das Maximum, was ein Jude als Monotheist sagen konnte – eine *„Throngemeinschaft"* ausgesagt des auferweckten Jesus mit Gott, seinem Vater, auf dem „Thron der Herrlichkeit", dem „Thron" Gottes selbst.[2] Und das Bild „Thron", aus der Vorstellungswelt des Königtums genommen, will selbstverständlich als Symbol der Herrschaft verstanden werden, so dass das Gottesreich und das Messiasreich faktisch identisch werden. „Jesus ist der Herr" (aramäisch: der „Maran"; griechisch: der „Kyrios"): dies ist das älteste – gegen alle andere Herren dieser Welt gerichtete – Glaubensbekenntnis der Christengemeinde.

Wie wir sahen: Die Botschaft von der Auferweckung des Gekreuzigten ist nicht ohne zeitgebundene Vorstellungsmuster und legendäre Ausmalungen, ist nicht ohne situationsbedingte Erweiterungen und Ausgestaltungen überliefert worden. Und doch zielt sie im Grunde auf etwas Einfaches, das von Anfang an bei allen Zeugen durch alle Unstimmigkeiten, ja Widersprüchlichkeiten der Überlieferung hindurch unzweideutig zum Ausdruck kommt: *Der Gekreuzigte lebt und herrscht für immer bei Gott – als Verpflichtung und Hoffnung für uns!* Die judenchristlichen und später auch heidenchristlichen Menschen aus den Gemeinden des Neuen Testaments sind getragen, ja fasziniert und begeistert von der Gewissheit, dass der Getötete nicht im Tod geblieben ist, sondern lebt, und dass, wer an ihn sich hält und ihm nachfolgt, ebenfalls leben wird. Der Tod ist nicht das letzte Wort Gottes über den Menschen. Das neue, ewige Leben des Einen ist Herausforderung und reale Hoffnung für alle!

Damit ist deutlich geworden: Dass mit Jesu Tod nicht alles aus war, dass er selber nicht im Tod geblieben, sondern in Gottes ewiges Leben eingegangen ist, war von Anfang an keine bewiesene historische Tatsache, sondern war schon immer eine *Überzeugung des Glaubens*. Dieser Glaube aber mutet

---

[2] Vgl. M. Hengel, ebd.

IV. Höllenfahrt – Auferweckung – Himmelfahrt

einem heutzutage nicht die Vorstellung eines „über-natürlichen" Eingriffs gegen alle Naturgesetze durch einen Deus ex machina zu. Dieser Glaube beruht auf der Überzeugung vom „natürlichen" Hineinsterben und Aufgenommen werden in die eigentliche, wahre, göttliche Wirklichkeit: verstanden als ein Endzustand des Menschen ohne alles Leiden. Wie der Sterbensruf Jesu „Mein Gott, mein Gott, warum hast du mich verlassen?" (Mk 15,34) schon im Lukasevangelium ins Positive gewendet wird mit dem Psalmwort: „Vater, in deine Hände lege ich meinen Geist" (Ps 31,6; Lk 23,46), und dann bei Johannes: „Es ist vollbracht!" (19,30)

Doch Einspruch: „Wollen Sie den Glaubenssatz über Gott, der die Toten lebendig macht, nicht doch wörtlich verstehen? Hat man als Christ nicht an die Wiederbelebung eines Toten, an eine leibliche Auferstehung im physiologischen Sinn zu glauben?" Die Frage der Zeitgenossen ist völlig berechtigt, und wir müssen direkt klären:

7. Was „Auferweckung" meint und nicht meint

Es ist bereits deutlich geworden, dass die ältesten, knappen Zeugnisse des Neuen Testaments Jesu Auferweckung gerade *nicht* als eine *Wiederbelebung zum irdischen Leben* verstehen – also nicht in Analogie zu jenen alttestamentlichen Wiederbelebungen durch Prophetenhand. Nein, es geht vor apokalyptisch-jüdischem Erwartungshorizont eindeutig um die *Erhöhung* dieses hingerichteten und begrabenen Nazareners *durch Gott zu Gott*, zu einem Gott, den er selber „Abba", „Vater" genannt hatte.

Was also meint „Auferweckung", ein Bildwort, das ja vom Aufwecken aus dem Schlaf herkommt? Ich kann die Frage jetzt zusammenfassend beantworten:

- Auferweckung meint *keine Rückkehr in dieses raumzeitliche Leben*: Der Tod wird nicht rückgängig gemacht (keine Wiederbelebung eines Leichnams), sondern definitiv überwunden: Eingang in ein ganz anderes, unvergängliches, ewiges, „himmlisches" Leben. Auferweckung ist kein „öffentliches Faktum".
- Auferweckung meint *keine Fortsetzung dieses raumzeitlichen Lebens*: Schon die Rede von „nach" dem Tod ist irreführend; die Ewigkeit ist nicht bestimmt durch zeitliches Vor und Nach. Sie meint vielmehr ein die Dimensionen von Raum und Zeit sprengendes, neues Leben in Gottes unsichtbarem, unbegreiflichem Bereich, symbolisch „Himmel" genannt.
- *Auferweckung meint positiv*: Jesus ist nicht ins Nichts hineingestorben, sondern ist im Tod und aus dem Tod in jene unfassbare und umfassende letzte und erste Wirklichkeit hineingestorben, von jener wirklichsten Wirklichkeit aufgenommen worden, die wir mit dem Namen Gott be-

zeichnen. Wo der Mensch sein Eschaton, das Allerletzte seines Lebens erreicht, was erwartet ihn da? Nicht das Nichts, sondern jenes Alles, das Gott ist. Der Glaubende weiß seither: Tod ist Durchgang zu Gott, ist Einkehr in Gottes Verborgenheit, in jenen Bereich, der alle Vorstellungen übersteigt, den keines Menschen Auge je gesehen hat, unserem Zugreifen, Begreifen, Reflektieren und Phantasieren also entzogen! Wenn irgendwo das theologisch viel missbrauchte Wort *Mysterium/Geheimnis* angebracht ist, weil es hier direkt um Gottes ureigensten Bereich geht, dann in der Auferweckung zu neuem Leben.

Anders gesagt: Nur beim Glauben der Jünger geht es – wie auch beim Tod Jesu – um ein *historisches* (mit historischen Mitteln erfassbares) Geschehen; bei der Auferweckung durch Gott zum ewigen Leben geht es um kein historisches, kein anschauliches und vorstellbares, gar biologisches, geht es aber trotzdem um ein *wirkliches Geschehen* in der Sphäre Gottes. Was ist damit gemeint? Was heißt hier „leben"? Gerade der Blick auf Grünewalds Auferstehungsbild mahnt uns: Der Auferweckte ist nicht etwa ein anderes, rein himmlisches Wesen, sondern noch immer leibhaftig und doch vergeistigt jener Mensch Jesus von Nazaret, der gekreuzigt wurde. Und dieser Mensch wird auch durch die Auferweckung nicht zu einem unbestimmten, mit Gott und All verschmolzenen Fluidum, sondern bleibt auch in Gottes Leben dieser bestimmte, unverwechselbare Er, der er war – allerdings ohne die raumzeitliche Einschränkung der irdischen Gestalt! Deshalb bei Grünewald das Übergehen des Angesichts in reines Licht. Nach den Zeugnissen der Schrift heben Tod und Auferweckung die Identität der Person nicht auf, sondern bewahren sie in *unvorstellbarer, verwandelter Form*, in einer *völlig anderen Dimension*.

Die Konsequenz? Für uns Heutige, naturwissenschaftlich Gebildete, muss klar geredet werden: Damit die Identität der Person bewahrt bleibt, *bedarf Gott nicht der körperlichen Überreste der irdischen Existenz Jesu*. Es geht um die Auferweckung zu einer völlig anderen Existenzform. Sie lässt sich vielleicht mit der des Schmetterlings vergleichen, der aus dem toten Raupen-Kokon ausfliegt. So wie dasselbe Lebewesen die alte Existenzform („Raupe") abstreift und eine unvorstellbar neue, ganz und gar befreite luftig-leichte neue Existenzform annimmt („Schmetterling"), so dürfen wir uns den Vorgang der Verwandlung unserer Selbst durch Gott vorstellen. Ein Bild. Wir sind auf keinerlei physiologische Vorstellungen von Auferweckung verpflichtet.

Woran aber ist dann Auferweckung gebunden? Nicht an das von vornherein ständig wechselnde Substrat oder die Elemente dieses bestimmten Körpers, wohl aber an die *Identität der einen unverwechselbaren Person*. Die

Leibhaftigkeit der Auferweckung fordert nicht – weder damals noch heute –, dass der tote Körper verlebendigt wird. Denn Gott erweckt ja in neuer, nicht mehr vorstellbarer Form, wie Paulus paradox sagt: als „soma pneumatikón", als „pneumatischer Leib", in „geistiger Leiblichkeit". Mit diesem in der Tat paradoxen Wort wollte Paulus beides zugleich aussagen: *Kontinuität* – denn „Leiblichkeit" steht für die Identität der bisherigen Person, die sich nicht einfach auflöst, so als wäre die bisher gelebte und erlittene Geschichte irrelevant geworden. Und zugleich *Diskontinuität* – denn „Geistigkeit" steht nicht einfach für eine Fortsetzung oder Verlebendigung des alten Körpers, sondern für die neue Dimension, die Dimension Unendlich, die, nach dem Tode alles Endliche verwandelnd, zur Auswirkung kommt.

„Aber ist denn die Vorstellung von einem einmaligen Leben so unkritisch zu übernehmen?" fragt zumindest heutzutage der von indischer Geistigkeit beeinflusste Zeitgenosse. „Gibt es nicht in anderen Religionen, etwa den indischen, ganz andere Vorstellungen, die der jüdisch-christlich-islamischen Überzeugung als große Alternative gegenüberstehen? Gibt es für den Menschen nicht mehrere Leben, so dass wir Stufe für Stufe uns verbessern können, bis wir in die letzte, höchste Wirklichkeit, Nirvana oder wie immer genannt, eingehen?" Warum also nicht statt Auferweckung der Glaube an Wieder-Geburt in diesem Leben, an Re-Inkarnation (Wieder-Verkörperung) oder Transmigration (Seelenwanderung)?

8. Ein einziges oder mehrere Leben?

Es gibt viele Gründe, warum ein *großer Teil der Menschheit seit Jahrtausenden* an Reinkarnation oder Wiedergeburt glaubt. In allen Religionen indischer Herkunft – bei Hindus, Buddhisten, Jainas – ist Reinkarnation nie bewiesenes, sondern von vornherein angenommenes Dogma. Nicht so freilich im dritten religiösen Stromsystem: Die Chinesen lehnen die Reinkarnation im Allgemeinen ab, ebenso wie die prophetischen Religionen des ersten Stromsystems: Judentum, Christentum und Islam. Aber auch bei den alten Griechen, bei den Pythagoräern (vielleicht indisch beeinflusst), bei Platon und den Neuplatonikern und bei Vergil findet sie sich. Ja, selbst in der deutschen Klassik und Romantik hat sie ihre Kronzeugen, wenngleich Kant, Lessing, Lavater, Herder, Goethe und Schopenhauer vielleicht nur zeitweise der Reinkarnationslehre angehangen haben mögen.

Auf *Nietzsches* Lehre von der *ewigen Wiederkehr des Gleichen* – ich habe sie anderwärts dargelegt und gründlich diskutiert – brauche ich hier nicht einzugehen; sie ist ein uralter, freilich höchst ambivalenter Menschheitsmythos, mit dem Nietzsche – allerdings erfolglos – die Bedrohung durch den vom Atheismus erzeugten Nihilismus abwehren und sich selber stabilisieren wollte. Auch möchte ich nicht darlegen, warum ich ganz persönlich bei aller Lebensfreude nicht die allergeringste Neigung verspüre, nach dem Tod in das Leben hier auf dieser Erde zurückzukehren, in welcher Form auch immer. Ich möchte nur knapp begründen, dass es auch angesichts gewichtiger Argumente für eine Wiedergeburt in diesem Leben Sinn hat, an eine Auferweckung zu definitivem, zu ewigem Leben zu glauben.

Dabei setze ich voraus: So wie *noch niemand*, streng genommen, die Realität der Auferweckung zu einem neuen und ewigen Leben *bewiesen* hat, so auch niemand die Tatsache eines wiederholten Erdenlebens. Natürlich gibt es ausführliche Berichte von Menschen, die sich an ihr früheres Leben erinnern können. Doch keiner der – ursprünglich zumeist von Kindern und aus Ländern des Reinkarnationsglaubens stammenden – Berichte über eine Erinnerung an ein (!) früheres Leben konnte allgemein überzeugend verifiziert werden, ebenso wenig die viele Jahrhunderte nach des Buddha Tod aufgeschriebene, offensichtlich legendarische Erzählung von des Buddha Erinnerung an 100 000 zuvor gelebte Leben. Deshalb betrachten auch viele Anthroposophen die Reinkarnationslehre weniger als eine wissenschaftlich bewiesene Theorie denn als eine unbeweisbare Glaubensüberzeugung. Auch aus dem Bereich der Parapsychologie – von Spiritismus und Theosophie zu schweigen – gibt es keine wissenschaftlich unumstrittenen, allgemein anerkannten Fakten für einen Reinkarnationsglauben. Aber sicher ist: Die *Argumente* für eine Reinkarnation – sowohl retrospektiv, in Rückschau, wie prospektiv, in Vorausschau – haben ein *nicht geringes Gewicht*. Sie kreisen zu allermeist um die religiös philosophische Frage nach einer moralischen Weltordnung, die quälende Frage also nach der Gerechtigkeit in einer Welt, in der die menschlichen Lebensschicksale so erschreckend ungleich und ungerecht zugeteilt erscheinen. Deshalb:

Frage 1 in der *Retrospektive*: Setzt eine wahrhaft moralische Weltordnung die Vorstellung *eines Lebens vor dem jetzigen Leben* nicht notwendig voraus? Können denn die Chancenungleichheiten unter den Menschen, die verwirrende Verschiedenheit moralischer Anlagen und individueller Schicksale befriedigend erklärt werden, wenn man nicht annimmt, dass der Mensch im früheren Erdenleben durch seine guten oder bösen Taten sein jetziges Schicksal selbst verursacht hat? Wäre so nicht erklärt, warum es dem Guten so oft schlecht geht (wegen früherer Schuld) und dem Bösen gut (wegen früherer guter Taten!). Eine Lehre von der Wiedergeburt also scheint viel für sich zu haben, da sie auf dem „Karman" (Sanskrit: „Tat", „Werk") basiert, also auf der „Auswirkung" guter wie böser Taten, die jedes Menschengeschick im gegenwärtigen Leben und in zukünftigen Geburten bestimmen.

Doch ich stelle nur wenige *Gegenfragen*:
– Kann mein jetziges Lebensschicksal wirklich durch ein früheres Lebensschicksal befriedigend erklärt werden? Auch dieses frühere müsste ja wie-

IV. Höllenfahrt – Auferweckung – Himmelfahrt 139

der durch ein noch früheres und dieses wiederum durch ein noch früheres erklärt werden, so dass es zu einer Kette von Wiedergeburten in infinitum käme: was von den Hindus und Jainas allerdings nicht angenommen wird. Aber je weiter zurück die Ursachenkette verfolgt wird, desto unpersönlicher wird mein Schicksal! Kann es mir wirklich helfen, wenn mein jetziges Leben sich schließlich aus grauen Vorzeiten erklärt, zu denen ich keinerlei Bezug habe?

– Vorausgesetzt aber, dass man an einem Anfang durch Gottes Schöpfung festhält: Wie ist dann dieser Uranfang zu denken, der noch ein zweites Leben erforderlich macht und das doch nicht den Schöpfer dieses bei der ersten Erschaffung offenkundig missglückten Geschöpfes belasten soll?

– Wenn unsere moralischen Anlagen durch Wiedergeburt erklärt werden: verfällt man dann nicht einem geschichtslosen Individualismus, der weithin übersieht, was uns ganz konkret nicht aus einem postulierten Vorausleben zukommt, sondern vermittelt wird durch die biologische Erbmasse, die frühkindliche Formung unseres Bewusstseins und Unbewussten, durch die primären Bezugspersonen und schließlich durch die ganze gesellschaftliche Situation? Ist also das Theodizeeproblem reinkarnatorisch wirklich gelöst?

– Wenn im Allgemeinen ein radikales Vergessen des früheren Lebens angenommen werden muss, bleibt dann die Identität eines Menschen gewahrt, da sich ja nur sehr wenige erinnern? Und was hilft es mir zu wissen, dass ich schon mal gelebt habe, wenn ich dieses Leben doch ganz und gar vergessen habe?

– Lässt es die Reinkarnationslehre nicht schließlich an Respekt fehlen vor dem Geheimnis des einzelnen Menschen, dessen Geschick (warum gerade so, hier und jetzt und nicht an anderem Ort und zu anderer Zeit geboren) sich vom Menschen nun einmal nicht letztlich entschlüsseln lässt? Lässt sie es aber nicht auch an Respekt vor dem Geheimnis der Gottheit fehlen, der man eine gerechte und barmherzige Zuteilung und Beurteilung von Schicksal und Leid nicht zutraut? Das harte Kausalitätsgesetz des Karman statt der Liebe Gottes, die in Gerechtigkeit und Barmherzigkeit gute wie böse Taten gnädig umgreift?

Frage 2 in der *Prospektive*: Setzt eine wahrhaft moralische Weltordnung nicht die Vorstellung *eines Lebens nach diesem Leben* notwendig voraus? Denn wie soll es zu dem von so vielen Menschen mit Recht erwarteten sühnenden Ausgleich der Taten (man denke an die Mörder und ihre Opfer!), wie auch zur Entwicklung der notwendigen ethischen Vollkommenheit im Leben eines Menschen kommen, wenn ihm nicht die Gelegenheit zu einem weiteren Leben gegeben wird? Reinkarnation also zur angemessenen Vergeltung aller Werke, der guten wie bösen, ebenso wie zur sittlichen Läuterung des Menschen!

Doch auch hier nur wenige *Gegenfragen*:
- Verkennt die Forderung nach einem sühnenden Ausgleich in einem anderen geschichtlichen Leben nicht den Ernst der Geschichte, die nun einmal gerade in ihrer Einmaligkeit und Unwiederholbarkeit liegt, so dass alles, was einmal versäumt wurde, nie wiederkehren kann?
- Gibt es nicht Störungen der Weltordnung, die durch keine menschliche Tat je wieder rückgängig gemacht werden können: Schuld, die nicht vergolten, sondern nur vergeben werden kann? Ja, gehört es nicht zur Menschlichkeit (oder vielleicht: Christlichkeit) des Schuldgedankens, dass Schuld vielleicht nicht vergessen, aber „vergeben" werden kann, anstatt dass sie – nach einem ehernen übermenschlichen Gesetz – voll gesühnt werden muss? Also: anstelle des gnadenlosen Kausalitätsgesetzes des Karman nicht doch der gnädige Gott?

Doch manche Zeitgenossen werden einwerfen: „Warum hat dann aber die Reinkarnationslehre in unseren Tagen so viele neue Anhänger gefunden?" Dies scheint mir nicht zuletzt mit *zwei Defiziten der traditionellen christlichen Lehre* zusammenzuhängen:

1. Der traditionelle Glaube an ein „Fegefeuer", ein „Purgatorium", also sozusagen an ein zweites Leben nach unserem ersten irdischen Leben, welches alle Schuld tilgen soll, bevor der Mensch ins dritte, ewige Leben eintreten darf, ist heute auch im Katholizismus weithin verschwunden. Aber man hat sich dabei kaum Gedanken gemacht darüber, dass Sterben und Eingehen in die Ewigkeit für den Mörder und seine Opfer doch nicht einfach das eine und selbe sein kann, wenn es zumindest am Ende mit gerechten Dingen zugehen soll.
2. Das ewige Leben im überirdischen „Himmel", die „Ewigkeit", wird von der christlichen Theologie traditionellerweise so langweilig statisch präsentiert, so fern jeglicher Dynamik und weiterer, geradezu unendlicher Entwicklung, dass man sich nicht wundern muss, wenn im bekannten Sketch von Ludwig Thoma der zum ständigen Hallelujah-Singen auf einer Himmelswolke verdammte Münchner sich wieder nach einem Leben auf dieser Erde sehnt und in sein geliebtes Hofbräuhaus zurückkehren will. Wenn es einen richtigen Kern der Reinkarnationslehre gibt, dann diesen: dass das ewige Leben wirkliches Leben ist und ungeahnte weitere Entwicklungen im Bereich nicht der Endlichkeit, sondern der Unendlichkeit nicht aus-, sondern einschließt. Auf die hinter diesen Problemen sich verbergenden Sachfragen zwischen Himmel und Hölle müssen wir zurückkommen.

IV. Höllenfahrt – Auferweckung – Himmelfahrt

Aber wie immer: Die jüdisch-christlich-islamische Tradition bietet gegenüber der Reinkarnationslehre eine alternative Lösung an, die von der fernöstlichen, sich auch in Korea, Japan und Vietnam auswirkenden chinesischen Tradition bestätigt wird: Zur Reinigung, Läuterung, Befreiung, Vervollkommnung muss der Mensch nicht durch mehrere Erdenleben wandern. Des Menschen Schicksal entscheidet sich in diesem Erdenleben und nach diesem Leben durch einen unwiderruflichen Akt eines gnädigen Gottes.

„Sie sind sich doch sicher bewusst", wird man mir sagen: „Die meisten Menschen haben ihre Wahl in dieser Frage ohnehin getroffen – oder sind von frühester Kindheit an in sie hineingewachsen." Ja, dessen bin ich mir bewusst. Aber viele Menschen zweifeln immer wieder neu, in Grenzsituationen besonders. Hier geht es nun einmal wie beim Gottesglauben selbst nie nur um Entscheidungen der Vernunft, sondern um Entscheidungen des ganzen Menschen, der zwar mehr ist als nur Vernunft, und der doch nicht unvernünftig sein darf. Und da scheint mir eines besonders wichtig: Letztlich geht es beim Auferweckungsglauben nicht um irgendeine Kuriosität oder Spezialität des Glaubens, sondern nicht mehr und nicht weniger als um einen radikalisierten Gottesglauben.

9. Radikalisierung des Glaubens an den Gott Israels

In der Tat, jeder Mensch, ob Jude, Christ, Muslim, ob Gläubiger oder Nichtgläubiger, steht hier vor der letzten *großen Alternative* seines Lebens: Ist Sterben für den Menschen Sterben ins Nichts oder in eine letzte Wirklichkeit hinein? Stirbt der Mensch in eine letzte Sinnlosigkeit hinein oder in Gottes wirklichste Wirklichkeit? Aber – ist das „In-Gott-hinein-Sterben" eine so eindeutige Sache?

Nein: Das In-Gott-hinein-Sterben ist alles andere als eine Selbstverständlichkeit. Es ist keine natürliche Entwicklung, kein unbedingt zu erfüllendes Desiderat der menschlichen Natur: Tod und Auferweckung müssen in ihrem nicht notwendig zeitlichen, aber sachlichen Unterschied gesehen werden. Der *Tod* ist *des Menschen Sache*, das *neue Leben* kann nur *Gottes Sache*, genauer: Gottes Geschenk, Gottes *Gnade* sein. Von Gottes Geist wird der Mensch in seine unfassbare, umfassende letzte Wirklichkeit aufgenommen, gerufen, heimgeholt, also endgültig angenommen und gerettet. Im Tod, oder besser: aus dem Tod, als einem eigenen Geschehen, gründend in Gottes Tat und Treue. Wie bei der ersten Schöpfung am Anfang, so am Ende eine verborgene, unvorstellbare, neue Schöpfertat dessen, der das, was nicht ist, ins Dasein ruft. Und deshalb – und nicht als supranaturalistischer „Eingriff" gegen die Naturgesetze – ein wirkliches Geschehen, so wie eben Gott ganz und gar wirklich ist für den, der glaubt.

Ob also jüdisch oder christlich verstanden: Der Auferweckungsglaube ist nicht ein Zusatz zum Gottesglauben, sondern eine Radikalisierung des Gottesglaubens. Ein Glaube an Gott, der nicht auf halbem Weg anhält, sondern den Weg konsequent zu Ende geht. Ein Glaube, in welchem sich der Mensch ohne strikt rationalen Beweis, wohl aber in durchaus *vernünftigem Vertrauen* darauf verlässt, dass der Gott des Anfangs auch der Gott des Endes ist, dass er wie der Schöpfer der Welt und des Menschen so auch ihr Vollender ist.

Der Auferweckungsglaube kann und soll unser Leben hier und heute verändern: Der unbedingte Einsatz in diesem einen Leben hier und heute soll und kann von einem letzten Lebens- und Sterbenssinn her motiviert und gestärkt werden, wie es zahllose Beispiele belegen. Und doch ist Auferweckungsglaube nicht nur als existentiale Verinnerlichung oder soziale Veränderung zu interpretieren, sondern als eine Radikalisierung des Glaubens an den Schöpfergott: Auferweckung meint die reale *Überwindung des Todes durch Gott*, dem der Glaubende alles, auch das Letzte, auch die Überwindung des Todes, zutraut. Das Ende, das ein neuer Anfang ist! Wer sein Credo also mit dem Glauben an „Gott den allmächtigen Schöpfer" anfängt, darf es auch ruhig mit dem Glauben an „das ewige Leben" beenden, das Gott selbst ist. Weil Gott das Alpha ist, ist er auch das Omega! Das heißt: Der allmächtige Schöpfer, der aus dem Nichtsein ins Sein ruft, vermag auch aus dem Tod ins Leben zu rufen.

Welchen Grund haben gerade *Christen* für diesen Glauben? Hier muss ganz elementar geantwortet werden: nichts als die überkommene Überzeugung, dass Gott selbst den Gekreuzigten, unschuldig Hingerichteten durch die Auferweckung *gerechtfertigt* hat! Wiewohl bei den Menschen offensichtlich gescheitert, hatte er vor Gott doch Recht bekommen. Mit dem Gottverlassenen hatte sich Gott selber identifiziert! Gott ergriff Partei für den, der sich ganz auf ihn eingelassen, der sein Leben für die Sache Gottes und der Menschen hingegeben hatte. Zu ihm bekannte sich Gott und nicht zur Hierarchie Jerusalems, die ihn angeklagt, und nicht zur römischen Militärmacht, die ihn verurteilt und hingerichtet hatte. Gott sagte Ja zu seiner Verkündigung, seinem Verhalten, seinem Geschick.

Das bedeutet nun allerdings so etwas wie eine „Umwertung aller Werte", eine Umwertung vor allem, wie wir hörten, des Leidens. Und was Jesus selber betrifft: Mit dem christlichen Messiasglauben werden der traditionell-jüdische Messiastitel und die herkömmliche *Messiaserwartung inhaltlich umgepolt*. „Messias": Dieser Titel des in der Endzeit erwarteten Vollmachtträgers und Heilbringers konnte vieles besagen. Im weitest verbreiteten politischen und jüdisch-nationalen Verständnis, welches später oft mit dem apokalyptischen vom Menschensohn vermischt wurde, meinte der „Messias Gottes" den mächtigen Kriegshelden der Endzeit und königlichen Befreier des Volkes. Doch durch Jesu Schicksal erhält der Messiastitel nun eine völlig neue Interpretation: Er meint jetzt einen gewaltlosen, wehrlosen, einen verkannten, verfolgten, verratenen und schließlich sogar leidenden und sterbenden Messias, vorgezeichnet schon für die frühe Christenheit in den „Gottes-Knecht-Liedern" des Jesaja-Buches. Für das übliche jüdische Verständnis musste dies ebenso skandalös klingen wie bei der Passion der entsprechende Kreuzestitulus „König der Juden". In diesem völlig umgeprägten Sinn ist der Messiastitel, griechisch der Christustitel, auch nach dem Neuen Testament für die Christenheit bis heute der häufigste Hoheitsname, ja, Eigenname für Jesus von Nazaret geblieben. Doch die nicht zu umgehende Frage: „Scheitert an diesem Verständnis von Messianität nicht bis heute die Verständigung zwischen Christen und Juden?" In der Tat, hier geht es zutiefst um eine Entscheidung des Glaubens.

10. Eine Entscheidung des Glaubens

Mag die Frage nach Verkündigung, Praxis und Selbstverständnis Jesu, nach dem Profil von Jesu Judentum und dem Glauben der jüdischen Urgemeinde auch geschichtlich umstritten sein – sie verbleibt noch im Raum der Geschichtsforschung, wo es ein Mehr oder Weniger, ein Wahrscheinlicher oder Unwahrscheinlicher gibt. Hier an dieser Stelle kommt jedoch eine andere Dimension ins Spiel: die wirkliche, aber nicht historisch kontrollierbare Dimension Gottes selber. An dieser Stelle muss der Christ sein eigenes vernünftiges Vertrauen, seine Glaubensentscheidung einbringen, die er niemand anderem aufzwingen kann, bei der es nicht ein Mehr oder Weniger, ein Wahrscheinlicher oder Unwahrscheinlicher gibt, sondern nur ein Ja oder Nein. Eine Glaubensentscheidung nämlich, zu der nichts zwingt, aber vieles einlädt: dass der eine Gott, der Gott der Schöpfung und des Exodus, der Gott der Propheten und der Weisen Israels nicht nur durch die Väter, die Propheten und Weisen, sondern schließlich und endlich auch definitiv durch den Propheten aus Nazaret gesprochen und gehandelt, ja, sich durch ihn in einzigartiger Weise geoffenbart hat: durch ihn, Gottes „Messias", „Christus", den „Herrn" und „Sohn".

Trotz allem – und da stimmen Juden und Christen im Prinzip wieder überein: Die Auferweckung des Einen ist noch nicht die Vollendung des Ganzen. Hier sollten die Christen den Juden nicht widersprechen, die von jeher die Auffassung vertraten: Auch nach Jesus, dem Christus, ist die Welt noch nicht verwandelt; zu groß ist ihr Elend! *Die endzeitliche Erlösung und Vollendung steht auch für Christen noch aus*; die „Parusie" ist noch nicht eingetreten – weder für Juden noch für Christen! Gottes Reich wird umfassend und alles bestimmend erst kommen. Deshalb kann im „Vater unser"-Gebet die Bitte Jesu stehen: Dein Reich „komme"! Und die Bitte an Jesus: „Maran-atha", „Herr, komme", komme bald!

Andererseits aber war es die Glaubensüberzeugung schon jener Juden, die Jesus nachfolgten: Wir müssen nicht alles erst von jenem kommenden Reich erwarten. Warum? In Jesus selber, seinen befreienden Worten und heilenden Taten und vor allem durch seine Auferweckung aus dem Tod, ist die Macht des kommenden Reiches schon jetzt aufgeleuchtet, ist das große Zeichen gesetzt worden für die kommende Erlösung der Welt, ist *der Anfang der Erlösung*, eine „anfängliche Erlösung" *bereits geschehen*. Mögen Jesu erste Anhänger sich auch „getäuscht" haben bezüglich des Zeitpunkts der allerletzten Vollendung, dieser Tatbestand einer bereits jetzt erfüllenden „präsentischen Eschatologie" eröffnet eine Perspektive auch für die Zukunft, auf deren Vollendung *Juden und Christen gemeinsam warten*. Für Christen aber ist er, der da gekommen ist, nicht nur ein Verkünder, sondern in Wort und Tat zugleich der Bürge des Reiches Gottes. Für Christen ist er der Messias, der Christus – der entscheidende Grund, warum dann auch schon die Juden, die Jesus damals folgten, auf griechisch „Christen" genannt werden konnten.

Darf man deshalb die Auferweckung Jesu christlicherseits triumphalistisch als *Sieg über das Judentum* verstehen? Dies ist leider, leider oft geschehen. Man hat christlicherseits mit dem Glauben an die Auferweckung Jesu alles Mögliche begründet: Die „Überholtheit" des Judentums ebenso wie den Triumphalismus der Kirche über das jüdische Volk. Man hat so zuerst dem Antijudaismus Tür und Tor geöffnet – ausgerechnet unter Berufung auf die Auferweckung des gekreuzigten Juden aus Nazaret.

Dazu ist zu sagen: Die Auferweckung Jesu gehört gewiss zur unaufgebbaren Grundsubstanz des christlichen Glaubens. Sie darf aber nicht antijüdisch-fundamentalistisch missverstanden werden. Paulus selber erinnert alle christlichen Triumphalisten in Korinth daran, dass der Auferweckte der Gekreuzigte ist und bleibt und von daher kein Mensch einen Grund zum Triumphieren und Prahlen habe. Wird die Auferweckung gemäß der Schrift verstanden, so wird sie *keinesfalls als Botschaft gegen die Juden* verstanden werden dürfen. Nicht eine unjüdische Wahrheit, die niederschmettern, sondern eine vom Judentum herkommende Wahrheit, die allen Hoffnung machen will. Kein Überholen einer jüdischen Wahrheit, sondern ein Bewahren. Der auferweckte Herr ist Einladung zu einer großen Entscheidung gegen den Tod für das Leben, die jeder Mensch auf seine Weise zu treffen hat.

V. Heiliger Geist: Kirche, Gemeinschaft der Heiligen und Vergebung der Sünden

Nicht einfach war es, zu Zeitgenossen von Gott zu reden, schwieriger noch von Gottes Sohn. Aber wie soll man erst von Gottes Heiligem Geist reden, den man nicht fassen, nicht darstellen, gewiss auch nicht malen kann?

1. Vergeistigte Malerei

Nun gibt es in der Geschichte der abendländischen Kunst einen Maler, dem man mehr als anderen einen Drang zur Vergeistigung zuschreibt. Viele seiner Bilder sind durchzuckt von ekstatischer Unruhe. Der Raum, den er malt, ist oft mehr symbolisch angedeutet als real; die Vertikale, die aufstrebende Bewegung herrscht vor; seine Figuren erscheinen künstlich gestreckt, unnatürlich verlängert; die Licht-Schatten-Gebung ist hochdramatisch; die Umrisse flackern. Und wenn schon Schönheit, dann ist sie hier weithin entmaterialisiert – von den ausdrucksvollen Augen vieler seiner Gestalten einmal abgesehen.

Dieser Maler kommt von der griechisch-byzantinischen Kunst her, hatte sich jedoch in Venedig und Rom von den großen Meistern Tizian, Bassano und Tintoretto die Errungenschaften der Renaissance und des Manierismus angeeignet. Und dies alles verband er mit der volksnahen mystischen Religiosität Spaniens, er, der selber kein Spanier und doch spanischer als die Spanier war: Domenikos Theotokópoulos aus Kreta, genannt *El Greco* (1541–1614), Maler nicht nur, sondern auch Bildhauer, Architekt und Kunsttheoretiker.

In seiner letzten Schaffensperiode hat sich dieser sehr kultivierte Künstler, bald 70 Jahre alt und immer mehr von seinem Sohn bei der Ausführung unterstützt, an eine Darstellung gewagt, die im Vergleich zu Sujets wie Weihnachten, Karfreitag oder Ostern in der abendländischen Malerei unendlich viel seltener zu finden ist: an ein Bild über *Pfingsten*, das Fest der Ausgießung des Heiligen Geistes. Auf diesem vertikal nach oben strebenden Bild – jetzt im Prado zu Madrid – sieht man in entwirklichter Szenerie vor grüngrauem Hintergrund eine vom Geist erfasste Gruppe von Menschen, bestehend aus zwei Frauen und einem Dutzend Männer. Leidenschaftliche Erregung, ablesbar an Gesichtern und Gebärden, hat sie ergriffen: Einige werfen die Hände in die Höhe, andere recken die Hälse nach oben, wieder andere schauen mystisch ergriffen empor. Oben zehn Figuren, fast wie auf einem griechisch-byzantinischen Bild, alle auf der gleichen Höhe, darunter schräg postierte Gestalten, die sich überrascht zurückbeugen. Ihre Gewänder in stark zurückgenommenen Farben – Grün, Blau, Gelb, Rot und Erdfarben – erhalten ihr

Licht von oben. Über jeder der Gestalten schwebt eine kleine grelle Feuerzunge, die erst recht die dargestellten Figuren zu Gezeichneten, Bewegten, Verzückten macht. Ein hochdramatisches Bild von nahezu expressionistischer Kühnheit, und doch konzentriert, entdinglicht, vergeistigt.

Und der Geist selbst, der Heilige Geist? Ganz oben in göttlichem Lichtglanz, welcher das Dunkle des Raumes erhellt, erscheint er. Dargestellt durch jenes Symbol, das von der Taufe Jesu her schon früh auch für Pfingstdarstellungen gebraucht wird: das Symbol der Taube. Bis ins frühe Mittelalter bleibt es beherrschend und wird dann seit dem 16./17. Jahrhundert, eben zu El Grecos Zeit, erneut aufgenommen.

„Aber wird in der Theologie nicht immer wieder – im Anschluss an einige Aussagen im Johannesevangelium – vom Heiligen Geist wie von einer Person (dem ‚Tröster') gesprochen? Und erscheint er deshalb nicht zumindest in der mittelalterlichen Kunst oft direkt in menschlicher Gestalt?"

In der Tat: In der mittelalterlichen Kunst wird der Geist oft zusammen mit Gott und seinem Sohn als eine dritte von drei gleichen menschlichen Gestalten dargestellt – drei Engel oder Götter sozusagen! Oder gerade umgekehrt: Seit dem 13. Jahrhundert bis in die italienische Renaissance hinein wurde die Dreifaltigkeit von Vater, Sohn und Geist oft sogar als einzige Gestalt mit drei Köpfen oder drei Gesichtern („Tri-kephalos") abgebildet – eine Gottheit unter drei Modalitäten also! Ist aber nicht beides – Tritheismus oder Modalismus – für Zeitgenossen heute gleich inakzeptabel?

Doch man höre und staune: Beide Darstellungen haben die Päpste verboten: Schon Urban VIII. verbot 1628 diese allzu menschlichen Trinitätsbilder, und seit dem aufgeklärten Benedikt XIV. (1745) darf der Heilige Geist nur noch in Gestalt der Taube dargestellt werden, eine Entscheidung, die in unserem Jahrhundert noch 1928 vom Sanctum Officium, der römischen Inquisitionsbehörde, jetzt Glaubenskongregation genannt, neu eingeschärft wurde. Dies drängt zu der grundlegenden Frage:

2. Was heißt überhaupt Heiliger Geist?

Wie haben sich die Menschen der alten biblischen Zeit den „Geist" und Gottes unsichtbares Wirken vorgestellt? Greifbar und doch nicht greifbar, unsichtbar und doch mächtig, lebenswichtig wie die Luft, die man atmet, energiegeladen wie der Wind, der Sturm – das ist der Geist. Alle Sprachen kennen ein Wort dafür, und ihre je verschiedene geschlechtliche Zuordnung zeigt, dass der Geist nicht so einfach determinierbar ist: „Spiritus" im Lateinischen ist männlich (wie auch „der" Geist im Deutschen), „Ruach" im Hebräischen weiblich, und das Griechische kennt das Neutrum „Pneuma".

V. Heiliger Geist

Geist ist also jedenfalls etwas ganz anderes als eine menschliche Person. „Die Ruach": Dies ist nach dem Anfang des Schöpfungsberichts jener „Braus" oder „Sturm" Gottes, der sich über den Wassern bewegt. Und „das Pneuma": Dies steht auch dem Neuen Testament zufolge im Gegensatz zum „Fleisch", zur geschaffenen, vergänglichen Wirklichkeit und ist die *von Gott ausgehende lebendige Kraft und Macht*. Geist ist also jene unsichtbare Gotteskraft und Gottesmacht, welche schöpferisch oder auch zerstörerisch wirkt, zum Leben oder zum Gericht, die in der Schöpfung genauso wirkt wie in der Geschichte, in Israel wie später auch in den christlichen Gemeinden. Mächtig oder leise kann diese Macht den biblischen Schriften zufolge die Menschen überkommen, kann Einzelne oder auch Gruppen, wie eben die auf El Grecos Bild, in Ekstase versetzen. In den großen Männern und Frauen wirkt der Geist, in Mose und den „Richtern" Israels, in Kriegern, Sängern und Königen, in Propheten und Prophetinnen und – so auf unserem Bild – in Aposteln und Jüngerinnen. Mit Maria der Mutter Jesu in Rot, der sich die junge Maria von Magdala zuneigt, ist deutlich die Mitte des Bildes markiert.

Inwiefern ist dieser Geist aber der *Heilige* Geist? „Heilig" ist der Geist, insofern er vom unheiligen Geist des Menschen und seiner Welt unterschieden wird und als Geist des einzig Heiligen Gottes selbst angesehen werden muss. Der Heilige Geist ist *Gottes Geist*. Auch im Neuen Testament ist der Heilige Geist nicht – wie oft in der Geschichte der Religionen – irgendein magisches, substanzhaftes, mysteriös-übernatürliches Fluidum dynamischer Natur (kein geistiges „Etwas") und auch kein Zauberwesen animistischer Art (kein Geisterwesen oder Gespenst). Auch im Neuen Testament ist der Heilige Geist niemand anderer als *Gott selbst*! Gott selbst, sofern er nämlich den Menschen und der Welt nahe ist, ja, innerlich wird als die ergreifende, aber nicht greifbare Macht, als die lebenschaffende, aber auch richtende Kraft, als die schenkende, aber nicht verfügbare Gnade.

„Doch Zwischenfrage: Erweckt da nicht gerade das Symbol der *Taube* (ursprünglich Botenvogel der altorientalischen Liebesgöttinnen), welches schließlich die menschengestaltige Darstellung des Heiligen Geistes wieder verdrängt hat, anthropomorphe Assoziationen?" Antwort: Immerhin unterstreicht dieses – möglicherweise über die frühjüdische Weisheitstradition (Philon) bis in die Erzählung von Jesu Taufe gewanderte – Symbol für das Mütterlich-Weibliche, Lebenspendende, für Liebe und Friede, die weibliche Dimension in Gott[1], die ja ebenso wichtig ist wie die männliche, da in Gott

---

[1] Vgl. S. Schroer, Der Geist, die Weisheit und die Taube. Feministisch-kritische Exegese eines neutestamentlichen Symbols auf dem Hintergrund seiner altorientalischen und hellenistisch-frühjüdischen Traditionsgeschichte, in: Freiburger Zeitschrift für Philosophie und Theologie 33 (1986), S. 197–225. D. Forstner – R. Becker, Neues Lexikon christlicher Symbole, Innsbruck 1991, S. 228–234.

selbst, es sei nochmals betont, die geschlechtliche Differenzierung eingeschlossen ist und zugleich überstiegen wird. Aber zuzugeben ist: Die meisten Missverständnisse über den Heiligen Geist stammen von daher, dass man ihn wie eine mythologische Gestalt von Gott losgetrennt und verselbständigt hat. Dabei hat doch gerade das Konzil von Konstantinopel 381, dem wir die Ausweitung des ursprünglich christologischen Glaubensbekenntnisses des Konzils von Nikaia 325 auf den Heiligen Geist verdanken, ausdrücklich betont: Der Geist ist eines Wesens mit Vater und Sohn.

Auf keinen Fall also darf der Heilige Geist als ein Drittes, als Ding zwischen Gott und den Menschen, verstanden werden. Nein, mit *Geist* ist die *persönliche Nähe Gottes selber zu den Menschen* gemeint, so wenig abzutrennen von Gott wie der Sonnenstrahl von der Sonne. Fragt man also, wie denn der unsichtbare, unbegreifbare Gott den glaubenden Menschen, der Glaubensgemeinschaft, nahe, gegenwärtig ist, dann lautet die Antwort des Neuen Testaments übereinstimmend: Gott ist uns Menschen nahe im Geist: gegenwärtig im Geist, durch den Geist, ja, als Geist. Und fragt man, wie denn der zu Gott aufgenommene und erhöhte Jesus Christus den glaubenden Menschen und der Glaubensgemeinschaft nahe sei, dann lautet die Antwort nach Paulus: Jesus ist zu einem „lebendigmachenden Geist" (1Kor 15,45) geworden. Ja: „Der Herr (der Kyrios, also Jesus, der Erhöhte) ist der Geist" (2Kor 3,17). Das heißt: Gottes Geist ist jetzt zugleich der Geist des zu Gott Erhöhten, so dass der zu Gott erhöhte Herr jetzt in der Existenz- und Wirkweise des Geistes ist. Deshalb vermag er gegenwärtig zu sein durch den Geist, im Geist, als Geist. In der Begegnung von Gott, Kyrios und Geist mit den Glaubenden geht es wirklich um die eine und selbe Begegnung. Doch wohlgemerkt: Gott und sein Christus sind präsent nicht nur durch die subjektive Erinnerung des Menschen oder durch den Glauben. Präsent sind sie vielmehr durch die dem Menschen begegnende geistige Wirklichkeit, Gegenwärtigkeit, Wirksamkeit Gottes und Jesu Christi selbst.

„Aber vom Himmel zurück auf die Erde und nochmals zurück zu Pfingsten: Ist Pfingsten überhaupt ein historisches Ereignis?" Diese skeptische Frage des Zeitgenossen ist berechtigt. Spiegelt sie sich vielleicht auch schon im Gesicht des Malers El Greco, der sich – sozusagen als den Dreizehnten der Apostel – in sein eigenes Pfingstbild gemalt hat, aber nicht verzückt nach oben, sondern dem Beschauer kühl gelassen direkt ins Gesicht schaut? Was mag er denken?

3. Pfingsten – ein historisches Ereignis?

Jesus hat das Reich Gottes verkündet; gekommen ist die Kirche! Dieses oft zitierte Bonmot erscheint kess, weist aber auf etwas Richtiges: Jesus hat zu

V. Heiliger Geist

seinen Lebzeiten nicht das gegründet, was man heute „Kirche" nennt: eine religiöse Großorganisation. Es spricht für die Echtheit der von der Urkirche offenkundig nicht überspielten Überlieferung, dass die Evangelien keine an die Öffentlichkeit gerichteten Jesusworte kennen, die programmatisch zu einer Gemeindegründung aufrufen und die Organisation einer Gemeinschaft von Auserwählten ankünden. Auch die Gleichnisse vom Fischernetz und vom Sauerteig, die Saat- und Wachstumsgleichnisse zielen nicht auf die Gründung einer Kirche, sondern beschreiben das Wachsen des zukünftigen Gottesreiches. Und dieses Gottesreich ist auch nach Gründung einer Kirche mit dieser nicht identisch! Weder die Anhänger Jesu noch die in seine besondere Nachfolge berufenen Jünger oder die Zwölf sind von Jesus „als neues Gottesvolk" oder „Kirche" aus Israel ausgesondert und dem Gottesvolk Israel gegenübergestellt worden. Diese Einsicht muss für das heutige jüdisch-christliche Gespräch grundlegend sein: Jesus sprach ganz Israel an und wollte keinen Ersatz des alten Gottesvolkes durch ein neues. Was aber gilt dann: Hat dann eine Kirche im Namen Jesu überhaupt eine theologische Legitimation?

Unbestritten ist: Erst nach Jesu Tod und Erweckung redet die Urchristenheit von „Versammlung", hebräisch „Kahal", griechisch „ekklesía", lateinisch „ecclesia". „Kirche" im Sinn einer von Israel unterschiedenen Sondergemeinschaft ist eindeutig eine *nachösterliche Größe*. „Ekklesia" entsteht dabei unter der Einwirkung des Geistes des auferweckten „Kyrios" oder „Herrn", und das deutsche Wort „Kirche" leitet sich denn auch nicht zufällig vom griechischen „Kyrios" ab. „Ekklesia" entsteht also nicht durch einen förmlichen Einsetzungs- und Gründungsakt. „Ekklesia" ist nur dadurch, dass es immer wieder neu zum konkreten Ereignis des Zusammenkommens, der Versammlung und insbesondere der gottesdienstlichen Versammlung im Geiste Christi kommt. Das ist die theologische Legitimation von Kirche. Die konkrete Versammlung ist die aktuelle Manifestation, Repräsentation, ja Realisation der Gemeinde. Umgekehrt ist die Gemeinde der bleibende Träger des immer wieder neu geschehenen Ereignisses der Versammlung. Entscheidend für Kirche ist also nicht ein historisch nachweisbarer „Gründungsakt", entscheidend ist vielmehr das jeweilige „Ereignis" Kirche, das immer dann Wirklichkeit wird, wenn Menschen in der Nachfolge Christi und im Gedächtnis an ihn – wo, wie und wann immer – zusammenkommen, zusammen beten, zusammen feiern, zusammen handeln.

Gerade am Beispiel des von der Legende übermalten *Pfingstereignisses* kann man sich dies klarmachen, findet doch an Pfingsten kein notariell beglaubigter „Gründungsakt" von Kirche statt, sondern passiert Kirche als „Ereignis", ein Ereignis unter dem Einfluss des Geistes Gottes. Zunächst freilich muss man sehen, dass weder Paulus noch Markus noch Mattäus etwas von einem besonderen christlichen „Pfingsten" wissen. Ja, für einen Evangelisten wie Johannes fallen Ostern und Pfingsten, Auferstehung und Geistmitteilung sogar ausdrücklich zusammen.

Wiederum wissen wir nur aus der relativ späten Apostelgeschichte des Lukas von der Existenz eines von Ostern getrennten *Ereignisses der Geistsendung*, und zwar an einem Tag, der für Juden das Erntefest war („Pfingsten" kommt etymologisch von „Pentekoste", was den 50. Tag meint). Lukas ordnet diesen Termin des jüdischen Festkalenders in den heilsgeschichtlichen Zusammenhang von (alttestamentlicher) Verheißung und (neutestamentlicher) Erfüllung ein. Für ihn ist Pfingsten offenkundig der Tag, an dem der verheißene Geist Gottes auf die Menschen herabkommt. Pfingsten kann so zur *Geburtsstunde* der Gemeinde von Jerusalem werden, die nun alle Angst überwindet, mit dem öffentlichen Zeugnis für Jesus als Messias-Menschensohn beginnt und erste Missionserfolge hat. Pfingsten kann so aber auch als Ereignis der Konstitution der weltweiten Kirche verstanden werden, die ja da in ihren verschiedenen Nationen und Sprachen potentiell präsent ist.

Hat es eine solche Pfingstversammlung historisch gegeben? Das ist aufgrund der Quellen nicht mehr eindeutig entscheidbar, aber durchaus wahrscheinlich. Am ersten Pfingstfest nach Jesu Tod, wo zweifellos viele Pilger nach Jerusalem kamen, konnte durchaus die erste „Versammlung" der (vor allem) aus Galiläa zurückgekommenen Anhänger Jesu in Jerusalem stattgefunden haben. Jetzt sind der Apostelgeschichte zufolge auch sogar Jesu Mutter und seine Brüder dabei. Und unter dem Einfluss des Geistes konnte durchaus die Konstitution als endzeitliche „Gemeinde" erfolgt sein – und zwar unter enthusiastisch-charismatischen Begleitumständen. Möglicherweise hat Lukas bereits eine Tradition verwandt, eine Tradition vom Auftreten einer geistgewirkten Massenekstase in Jerusalem am ersten Pfingstfest nach Jesu Kreuzigung und Auferweckung.

Jedenfalls hat sich die lukanische Pfingsterzählung derart stark im Bewusstsein der Kirche durchgesetzt, dass man seit dem 5. Jahrhundert neben Ostern zunächst ein gesondertes Pfingstfest 50 Tage nach Ostern und dann auch ein gesondertes Himmelfahrtsfest 40 Tage nach Ostern zu feiern begonnen hat. Gegenüber jener früheren 50tägigen Freudenzeit, in welcher Auferstehung, Himmelfahrt und Geistsendung gleichzeitig gefeiert wurden, setzte sich jetzt immer mehr ein neues historisierendes Verständnis von aufeinander folgenden Festen durch. Ja, im Rückgriff auf biblische Zeitangaben entstand schließlich in Ausweitung der Osterfeier über das ganze Jahr hinaus das *„Kirchenjahr"* (ein Wort aus dem 16. Jahrhundert): ein aus Christus- und dann auch Heiligenfesten zusammengewachsener liturgischer Jahreszyklus. Für diesen Kirchenjahrzyklus kannte man noch im Mittelalter verschiedene Anfänge: Ostern oder Mariä Verkündigung oder besonders das ebenfalls seit

V. Heiliger Geist

dem 4. Jahrhundert gefeierte Weihnachtsfest. Erst in neuerer Zeit hat sich der 1. Adventssonntag als Anfang durchgesetzt.

„Doch das Kirchen-Jahr ist ja nicht die entscheidende Frage", höre ich den Einwurf. „Die entscheidende Frage für viele Zeitgenossen ist doch vielmehr: Was soll heute überhaupt noch Kirche? Soll man heutzutage in der Kirche bleiben?"

4. In der Kirche bleiben?

Dass die Kirche heute in einer dramatischen und tief greifenden Glaubwürdigkeitskrise, ja, Legitimitätskrise steckt, ist ein Gemeinplatz. Dies betrifft selbstverständlich nicht die katholische Kirche allein; die evangelische Kirche leidet vielfach unter Substanz- und Profillosigkeit und so unter noch größerem Mitglieder- und Kirchenbesucherschwund. Aber die katholische Kirche steht wegen ihrer erneuten Erstarrung, der hierarchischen Herrschsucht, ihres lernunfähigen „Lehramts" und ihrer Unterdrückung der Freiheit eines Christenmenschen noch mehr im Feuer der öffentlichen Kritik. Ein Blick auf den gegenwärtigen Buchmarkt kann dies schlaglichtartig belegen. Bestseller in Deutschland sind Bücher, welche die „Kriminalgeschichte des Christentums" (K. Deschner) beschreiben oder das fatale Verhältnis von Kirche und Sexualität thematisieren (U. Ranke-Heinemann, G. Denzler). Internationaler Bestseller und Longseller ist ein Buch, das in der These von der Ermordung von Papst Johannes Paul I. gipfelt und den provokatorischen Titel trägt „Im Namen Gottes?" (David A. Yallop). Gerade dieses Buch ist nicht etwa aufregend wegen der darin vertretenen Mordhypothese. Es ist aufregend deswegen, weil es offenbar Millionen von Menschen überall auf der Welt gibt, die bestimmten Kreisen der katholischen Kirche genau dies zutrauen: im „Namen Gottes" dunkle Finanzmanipulationen und Verbindungen zu Verbrecherorganisationen (was leider stimmt), aber auch Einsatz, wenn nötig, von Gewalt und Mord, was nicht bewiesen und meines Erachtens auch nicht wahrscheinlich ist.

Eine genauere Sprache sprechen freilich die Statistiken. Weltweit ist durch den verheerenden Priestermangel die kirchlich-pastorale Arbeit der katholischen Kirche auf dem Rückzug. 1990 konnte man selbst im Vatikanorgan „Osservatore Romano" lesen, dass sich der Überalterungsprozess der Priester in den letzten 10 Jahren um fast 360 % beschleunigte und dass von 212 500 Pfarreien weltweit 53 100 nicht mehr besetzt sind[2]. Seit Mitte der 60er Jahre, also seit dem Ende des Zweiten Vatikanischen Konzils, ist denn

---

[2] Nach „Kirche intern" Nr. 9, 1990.

auch die Zahl der Priester dramatisch zurückgegangen. Mehr als 100 000, schätzt man, haben in der Zwischenzeit geheiratet.

Diese Situation spiegelt sich gerade in der superreichen und überorganisierten deutschen Kirche wider. Von den gegenwärtig 27,1 Millionen bundesdeutschen Katholiken gehen 1990 noch ganze 6,5 Millionen, das sind 24,4 %, regelmäßig zum Gottesdienst. Auch die offiziöse katholische Kirchenpresse veröffentlicht jetzt Artikel über die Kirche im Jahr 2000 mit Überschriften wie: „Gemeinde ohne Priester"[3]. Spitzensatz: „Der Priestermangel in der katholischen Kirche hat sich dramatisch zugespitzt. Schon lange können die vakanten Stellen nicht mehr alle besetzt werden." Aber statt das unbiblische und inhumane mittelalterliche Zölibatsgesetz endlich abzuschaffen und verheiratete Pfarrer und auch Pfarrerinnen zuzulassen, ruft man verzweifelt nach den Laien und produziert illusionäre Seelsorgepläne, unter denen Pfarrer zusammenbrechen und nicht einmal Laien-Theologen die notwendigen Vollmachten erteilt werden. Alles in allem ist dies eine pastorale Katastrophenpolitik, für die sich die bischöflichen Verantwortlichen vor Gott und der Geschichte werden verantworten müssen, genauso wie ihre uneinsichtigen Vorgänger in der Reformationszeit.

Machen wir uns nichts vor: Von vielen wird die Kirche wahrgenommen als eine zumindest in Deutschland von Kirchensteuergeldern bisher noch gut geölte und so wie eine Großbürokratie reibungslos funktionierende Maschine, der es aber weithin an Seele fehlt, weil ihr der Geist ausgegangen ist. Dieser Geist scheint sich heutzutage vielfach außerhalb (oder unterhalb) der Kircheninstitution niedergelassen zu haben – in einem ganzen Netzwerk von allen möglichen Gruppen: von Bibelkreisen, Jugendgruppen und Meditationszirkeln über Friedens- und Ökogruppen bis hin zu indisch oder fernöstlich inspirierten Gemeinschaften. Und auch viele, die ihrer Kirche die Treue halten, haben sich in entscheidenden Sachfragen längst gegen den offiziellen Kurs der Hierarchie gestellt. Nach der Umfrage „Vertrauenskrise der Kirche?" im Auftrag der deutschen Bischofskonferenz im Jahre 1989 sind unbedingt für die Unfehlbarkeit des Papstes nur noch 16 % der deutschen Katholiken, gegen jeglichen Schwangerschaftsabbruch noch 23 %, gegen künstliche Empfängnisverhütung nur noch 8 %; 70 % würden sich über päpstliche Entscheidungen hinwegsetzen.[4]

Und je mehr Menschen erfahren müssen, dass die gegenwärtige katholische Hierarchie realitätsblind über ihre Köpfe hinweg regiert, dass ihnen Bischöfe aufoktroyiert werden, die nicht Seelsorger, sondern romhörige

---

[3] Vgl. „Weltbild" vom 23. März 1989.
[4] Institut für Demoskopie Allensbach, Vertrauenskrise der Kirche? Eine Repräsentativerhebung zu Kirchenbindung und -kritik, Allensbach 1989.

V. Heiliger Geist

Statthalter sind, dass sie in Fragen der Sexualmoral in ihrem Gewissen geknebelt und Frauen weiterhin diskriminiert werden sollen, um so mehr stellt sich auch für katholische Christinnen und Christen die Frage, die viele Evangelische schon lange negativ beantwortet haben: „Warum in der Kirche bleiben? Warum nicht austreten wie so viele vorher? Kann man nicht Christ sein auch ohne Kirche? Kann man nicht Nachfolge Jesu üben, ohne sich an eine Institution zu binden, mit deren Unterstützung man ja auch sich selber mitschuldig macht an der Misere, die gegenwärtig herrscht? Kann Austritt nicht ein Akt der Ehrlichkeit, des Mutes, des Protestes oder einfach auch der Not und des Überdrusses sein?"

Ich wiederhole hier nur kurz, was ich ungezählte Male auf diese Frage geantwortet habe: So sehr ich selber Verständnis habe für die Gründe eines jeden Einzelnen, die Kirche und auch das kirchliche Amt zu verlassen und sich anderen Aufgaben zu widmen, so sehr habe ich das für mich selber nie vollziehen können. Ich habe immer wieder versucht, die Gemeinschaft der Glaubenden zu bejahen, trotz aller Schwächen und trotz allen Versagens. Ich hatte stets das Gefühl: Der Sprung vom Boot der Kirchengemeinschaft – für viele ein Akt der Ehrlichkeit und des Protestes – wäre für mich persönlich ein Akt des Verzagens und der Kapitulation. Dabei gewesen in besseren Stunden, sollte ich das Boot im Sturm aufgeben und das Stemmen gegen den Wind, das Wasserschöpfen und eventuell den Kampf ums geistige Überleben den anderen überlassen, mit denen ich bisher gesegelt bin? Nein – trotz allem: Zu viel habe ich in der Glaubensgemeinschaft, in die ich hineingewachsen bin, empfangen, als dass ich so einfach aussteigen könnte. Zu viel habe ich mich selbst für die Veränderung und Erneuerung engagiert, als dass ich die enttäuschen dürfte, die sich mit mir engagiert haben. Diese Freude möchte ich den Gegnern der Erneuerung nicht machen, diesen Kummer den Freunden nicht bereiten. Ich halte nichts von einem elitären Christentum, das besser sein will als die vielen da, und nichts von Kirchenutopien, die auf eine Idealgemeinschaft von reinen Gleichgesinnten abzielen. Ich glaube trotz aller leidvollen Erfahrungen mit meiner Kirche daran, dass sich kritische Loyalität lohnt, dass Widerstand sinnvoll ist, Erneuerung möglich und eine erneute positive Wende in der Kirchengeschichte nicht ausgeschlossen ist. Das aber setzt voraus, dass man weiß, was Kirche überhaupt ist. Und deshalb die Frage:

5. Was ist Kirche?

Von „Kirche" kann man heute nur sinnvoll reden, wenn man gleich von vorneherein klarmacht: Kirche ist auf keinen Fall gleichzusetzen mit „*Hierarchie*". Denn Hierarchie meint ja „heilige Herrschaft"! Gerade sie sollte es in der Kirche nicht geben, weshalb dieses Wort im Neuen Testament auch gar nicht vorkommt. Im Neuen Testament erscheint grundsätzlich ein anderes Wort: „*Diakonie*". Und Diakonie meint „Dienst". Anders gesagt: Machtausübung gibt es überall, auch in der Kirche, dagegen ist prinzipiell nichts einzuwenden. Nur: Im Geiste Jesu soll Macht nie zur Herrschaft, sondern grundsätzlich zum Dienst ausgeübt werden. Die Menschen heute haben viel Sensibilität dafür entwickelt und fühlen es sofort, ob ihr Pfarrer, Bischof oder Papst dienen oder (und sei es „im Namen Gottes"!) herrschen, dominieren will – um faktisch die Macht zu bewahren oder gar auszuweiten. Und glücklicherweise gibt es nicht wenige Seelsorger auf allen Stufen, die als Diener ihrer Gläubigen glaubwürdig sind.

Und noch ein zweites: Nach dem Apostolischen Glaubensbekenntnis brauchen Christen nicht „an" die Kirche zu glauben. Wirklich nicht? Nein, dann würden sie die Kirche zu wichtig nehmen; höchstens in einem sehr ungenauen Sinn könnte man das sagen. Auffällig ist, dass schon im Apostolischen Glaubensbekenntnis zwar steht: „Ich glaube *an* Gott, *an* Jesus Christus, *an* den Heiligen Geist", aber dann: „ich glaube *die* Kirche". Dieser Unterschied will beachtet sein; er ist mehr als eine Sprachnuance. Er drückt theologisch den Fundamentalunterschied von Gott Vater, Sohn und Geist einerseits und Kirche andererseits aus, der nicht verwischt werden darf. So gut wie immer ist die Kirche im dritten Glaubensartikel im Zusammenhang des Glaubens an den Heiligen Geist genannt. Aufschlussreich ist besonders die ursprüngliche dritte Tauffrage in der ältesten uns erhaltenen Kirchenordnung (Traditio apostolica Hippolyts von Rom um 215, bedeutend früher also als das Apostolikum). Sie lautet sehr präzis: „Glaubst du auch *an* den Heiligen Geist *in* der Heiligen Kirche zur Auferstehung des Fleisches?" Das ist in der Tat entscheidend: Ein Christ glaubt *an* Gott und *an* den Heiligen Geist; die Kirche dagegen ist als Menschengemeinschaft nur der Ort, wo der Geist Gottes wirkt oder durch Menschen wirken sollte.

Was also heißt dann Kirche? Kirche, kurz und durchaus traditionell vom hebräisch-griechischen Wortsinn her definiert, ist „Versammlung", „Gemeinde", ist also *Gemeinschaft der an Jesus als den Christus Glaubenden*. Man kann es auch anders umschreiben: Kirche ist die Gemeinschaft derer, die sich auf die Sache Jesu Christi eingelassen haben und sie als Hoffnung für alle Menschen bezeugen. Vor Ostern, hörten wir, gab es nur eine durch Jesus selber inspirierte endzeitliche Sammelbewegung. Erst seit Ostern gibt es eine, freilich ebenfalls endzeitlich ausgerichtete Gemeinde im Namen Jesu. Deren Grundlage ist zunächst nicht ein eigener Kult, eine eigene Verfassung, eine eigene Organisation mit bestimmten Ämtern, sondern einzig und allein das glaubende Bekenntnis zu diesem Jesus als dem Messias (griech. Christos): „Juden für Jesus", könnte man sagen.

V. Heiliger Geist

Was aber sollen die *Grundfunktionen* in dieser Kirche sein? Sie sind von Anfang an gegeben: Die *Verkündigung* der christlichen Botschaft – des Evangeliums und nicht irgendeiner (meist konservativen) „Weltanschauung" – ist ihre allererste Aufgabe. Und zur Aufnahme in die Gemeinschaft der Christusgläubigen gibt es – nachdem sich Jesus selber vom Täufer taufen ließ – die *Taufe*, jetzt aber auf den Namen Jesu, dann auch des Vaters und des Geistes. Weiter: Zum Gedenken an ihn, sein Abendmahl und seinen Tod, gibt es immer wieder neu das Dankesmahl, die *Eucharistie*. Und im Zusammenhang sowohl der Taufe wie der Eucharistie immer wieder auch den Zuspruch der *Sündenvergebung* und schließlich den *täglichen Dienst* an den Mitmenschen und der Gesellschaft. Alles dies hatte seit altersher nur ein Ziel: der Sache Jesu Christi zu dienen, sie zumindest nicht zu verstellen, sondern sie in seinem Geist in der heutigen Gesellschaft zu vertreten, zur Geltung zu bringen, sie vor allem selber im eigenen Raum zu verwirklichen. Ob die Kirche, die Kirchen das heute tun? Sie, die untereinander vielfach nicht einmal Mahlgemeinschaft halten?

Wenn man das Wort Kirche hört, so denken evangelische Christen in erster Linie an die *Ortskirche*, Katholiken an die *Gesamtkirche*. Doch beide wissen heute, dass das Wort Kirche („ekklesia") zugleich Ortskirche wie Gesamtkirche meint. Dabei ist die Ortskirche, biblisch verstanden, nicht nur, wie man es in Rom gerne hätte, eine „Sektion" oder untergeordnete „Provinz" der Gesamtkirche, die man von einem Zentrum aus dominieren kann; die Gesamtkirche ist kein Imperium Romanum. Umgekehrt ist die Gesamtkirche aber auch nicht nur, wie in manchen protestantischen Gemeinschaften verstanden, eine „Ansammlung" oder „Assoziation" von Ortskirchen. Nein, jede örtliche Gemeinde in Europa, Amerika, Asien oder Afrika – sei sie noch so klein, unbedeutend, mittelmäßig, gar erbärmlich – vergegenwärtigt, manifestiert und repräsentiert voll die gesamte Kirche Jesu Christi; sind doch bei ihr alle die eben genannten wesentlichen Grundfunktionen anzutreffen. So gelten denn auch die biblischen Bilder für die Kirche sowohl für die Gesamtkirche wie für die Ortskirche. Schon die Ortskirche ist, biblisch verstanden, Volk Gottes, ist Leib Christi, ist Tempel des Heiligen Geistes.

„Aber", fragen Zeitgenossen im Zeitalter der Demokratie, „ist Kirche nicht von Anfang an ein durch und durch undemokratisches Gebilde, das schon deshalb nicht mehr in unsere Zeit passt?"

6. Kirche – apostolisch, aber undemokratisch?

Dass die Kirchen – vielfach geistig, theologisch und organisatorisch noch in früheren Paradigmen verharrend – allzu oft autoritäre, manchmal gar totalitäre Institutionen sind, ist zu evident, als dass es hier der Belege bedürfte.

Nach dem Neuen Testament aber soll Kirche geradezu eine Gemeinschaft in Freiheit, Gleichheit und Geschwisterlichkeit sein: das heißt im Großen wie im Kleinen eine Gemeinschaft von Freien, von grundsätzlich Gleichen und eine Gemeinschaft von Brüdern und Schwestern. In Christus soll es ja, Paulus zufolge, „nicht mehr Sklave und Freier, nicht mehr Mann und Frau" (Gal 3,28) geben. Und hätten die Schwestern heutzutage auch nur im entferntesten eine Position und Bedeutung wie in der Jüngergemeinschaft Jesu selbst oder wie in den paulinischen Gemeinden, dann stünde es ganz anders um die Würde und Gleichberechtigung der Frau in der Kirche und ihren Ämtern – zumal in der katholischen und der orthodoxen Kirche. Die Sensation aber, welche die Wahl der ersten lutherischen Bischöfin der Geschichte im März 1992 in Hamburg ausgelöst hat (zuvor gab es schon eine anglikanische Bischöfin in den USA), zeigt, wie zögerlich sich die volle Gleichberechtigung der Frau auch im Protestantismus durchsetzt.

Gewiss gibt es auch in der Kirche zahllose Unterschiede – und sie soll es geben: nicht nur der Personen, sondern auch der Funktionen – vielfältige funktional bestimmte *Über- und Unterordnung*. Auch in der Kirche geht es nicht ohne menschliche Autorität, Dienste („Ämter") auf lokaler, regionaler, nationaler oder universaler Ebene. Aber diese Autorität – welche auch immer – handelt nur dort legitim, wo sie auf Dienst gründet und nicht auf offener oder versteckter Gewalt, auf alten, mittelalterlichen oder neuzeitlichen Privilegien. Besser als vom kirchlichen „Amt" wird man also in präziser biblischer Redeweise vom *kirchlichen „Dienst"* sprechen: von sehr vielen und sehr mannigfaltigen „Diensten" oder „Charismen", was besondere Berufungen meint. Aber nicht die Terminologie ist die Hauptsache, sondern die praktische Verwirklichung.

Die Kirche darf somit gar keine Aristokratie oder gar Monarchie sein, obwohl sich manche in ihr als solche aufführen. Kirche, die sich nach der ursprünglichen Kirche der Apostel richtet, wäre im besten Sinn des Wortes eine *demokratische Gemeinschaft*. Das Demokratische an der Kirche bezieht sich dabei selbstverständlich nicht auf die Frage der Wahrheit, wie insbesondere katholische Traditionalisten argwöhnen, die das Konzept einer Kirche als demokratischer Gemeinschaft vehement bekämpfen und ablehnen. Als ob es in einer demokratisch verfassten Kirche je darum gehen könnte, per Mehrheitsbeschluss darüber abzustimmen, was als Wahrheit oder Unwahrheit, als Offenbarung oder Menschenwerk, als Wort Gottes oder Stimme des Volkes zu gelten hat. Selbstverständlich stehen alle Glieder und Gremien der Kirche *unter* dem Wort Gottes. Streng genommen soll in der Kirche auch nicht das Volk, sondern Gottes Wort, Christus, der Herr selber, herrschen. Und so wenig wie die Hierarchie hat das „Volk" die Offenbarung zu ersetzen. Nein: Bei Kirche als „demokratischer Gemeinschaft" geht es einzig und

V. Heiliger Geist

allein darum, wie diese Gemeinschaft ihren Dienst unter Gottes Wort, im Geiste Jesu, organisiert und strukturiert. „Demokratie" bedeutet also nicht die Auslieferung der Kirche an den Zeitgeist und der Wahrheit an das Abstimmungsprinzip, sondern entspricht der neutestamentlichen Kirchenverfassung, nach der in der Kirche *gleichermaßen alle* zum Dienst, wenn auch in verschiedenen Funktionen, berufen sind.

„Wie aber steht es dann mit dem apostolischen Fundament der Kirche?" wird hier manch einer fragen. „Hat die Berufung auf die Apostel nicht dazu geführt, daß es eine Scheidung in der Kirche gibt zwischen Klerikern und Laien, zwischen denen, die die Nachfolger der Apostel sind, und der Masse derjenigen, die den Nachfolgern nachfolgen sollen?" Antwort: *Apostolische Nachfolge* in der Kirche ist kein besonderes Privileg weniger Berufener, sondern Auftrag an die ganze Kirche. Als apostolisch darf nur jene Kirche gelten, die ganz allgemein in der apostolischen Nachfolge lebt: das heißt in Übereinstimmung mit dem apostolischen Zeugnis, wie es im Neuen Testament überkommen ist. Und dieses Zeugnis wird konkret im ständigen Nachvollzug des apostolischen Dienstes. Dieser apostolische Dienst ist keine introvertierte Nabelschau der Gemeinden, sondern Verkündigung und Präsenz der Christen in der Welt. Und nur *insofern die Leitungsdienste*, und zwar nicht nur die der Bischöfe, sondern auch die der Pfarrer und der Seelsorger überhaupt, in Übereinstimmung mit dem apostolischen Zeugnis ihren Auftrag der Kirchengründung und Kirchenleitung weiterführen, kann von einer funktional verstandenen *besonderen* „apostolischen Nachfolge" gerade dieser Leitungsdienste gesprochen werden. In sie tritt man normalerweise – aber nicht nur – durch Berufung und Handauflegung der Kirchenleiter (unter Beteiligung der Gemeinde) ein. Eine gegenseitige Anerkennung der kirchlichen Ämter in den getrennten Kirchen ist ökumenischen Konsensdokumenten zufolge nicht nur theologisch zu rechtfertigen, sondern pastoral geradezu geboten.

„Apostolische Nachfolge" ist also kein besonderes Privileg, das in der Kirche hierarchische Überheblichkeit und Spaltung begründen darf, sondern ist die Aufforderung an alle Christen in der Kirche, „apostolischer" zu werden, das heißt: sich um Treue zum Ursprung der Kirche zu bemühen. Das gilt besonders für diejenigen, die mit speziellen Leitungsdiensten beauftragt wurden.

„Aber im Apostolischen Glaubensbekenntnis ist ja nun nicht von der apostolischen, sondern auch von der *katholischen* Kirche die Rede! Heißt das also, dass nur die katholische Kirche wahre Kirche im Sinne des Glaubensbekenntnisses ist?" Antwort: Das ist der eine und einzige Punkt, wo das Bekenntnis der Evangelischen in der deutschen Neufassung vom katholischen Wortlaut abweicht: Ich glaube „die christliche" oder „die allgemeine christliche Kirche". Aber:

7. Was heißt heute noch katholisch? Und was: evangelisch?

Für die Großzahl der Katholiken und Protestanten bilden die traditionellen Lehrdifferenzen aus dem 16. Jahrhundert – Schrift und Tradition, Sünde und Gnade, Glaube und Werke, Eucharistie und Priestertum, Kirche und Papsttum – keine kirchentrennenden Unterschiede mehr. Tatsächlich sind diese Differenzen von einer ökumenischen Theologie katholischer oder evangelischer Provenienz längst aufgearbeitet. Man ist nicht in allen Fragen theologisch konform, aber einig, dass die verbleibenden Unterschiede eine Kirchenspaltung nicht mehr rechtfertigen. Und so warten denn viele Katholiken und Protestanten darauf, dass die Kirchenleitungen in Rom und anderswo endlich, endlich die Erkenntnisse so vieler offizieller ökumenischer Kommissionen, die sich über diese Punkte schon längst theologisch verständigt haben, nachvollziehen und sie in die Praxis umsetzen. Es geht nun wirklich nicht an, dass im epochalen Umbruch von der Moderne zur Postmoderne die katholische Kirche noch immer in Problemstellungen des Mittelalters (Autokratie des Papstes, Mariendogmen, Heiligenverehrung) verharrt oder aber die protestantischen Kirchen in denen der Reformationszeit (Ressentiment gegen Autorität, Tradition, Sakramente, besonders Eucharistie). Der entscheidende Unterschied zwischen „katholisch" und „evangelisch" liegt in *verschiedenen Grundhaltungen*, die sich seit der Reformation herausbildeten, heute aber in ihrer Einseitigkeit überwunden und in eine wahre Ökumenizität integriert werden können. Was ist damit gemeint? Was meint vom Ursprung her verstanden „katholische", und was meint „evangelische" Kirche?

„Katholische Kirche" meint ursprünglich völlig unpolemisch die *ganze*, die gesamte Kirche im Unterschied zu den Ortskirchen. Die Ecclesia catholica des Glaubensbekenntnisses meint auch heute nicht irgendeine Konfessionskirche; und auch die römisch-katholische Kirche verrät sich trotz ihrer Größe gerade durch die erst in neuerer Zeit üblich gewordene Beifügung „römisch" als eine partikulare Konfessionskirche. Katholische Kirche meint wirklich die ganze, allgemeine, umfassende, gesamte Kirche. Römisch-katholisch ist wie anglo-katholisch streng genommen ein Widerspruch in sich selbst: partikular-universal = ein hölzernes Eisen.

Wer also darf sich *katholisch* nennen? Katholisch in der Grundhaltung ist nur, wem besonders an der katholischen = *ganzen*, allgemeinen, umfassenden, gesamten Kirche gelegen ist. Konkret: Katholisch ist jeder, dem gelegen ist an der in allen Brüchen sich durchhaltenden *Kontinuität* von Glaube und Glaubensgemeinschaft in der *Zeit* (der zweitausendjährigen Tradition) und dem zweitens an der alle Gruppen, Nationen, Rassen und Klassen umfassenden *Universalität* von Glaube und Glaubensgemeinschaft im *Raum* gelegen

V. Heiliger Geist

ist. Das Gegenteil solcher Katholizität wäre „protestantischer" Partikularismus und Radikalismus, von dem sich echte evangelische Radikalität und Gemeindebezogenheit klar unterscheidet.

Und was heißt dann *„evangelische Kirche"*? Antwort: Evangelische Kirche meint die primär *am Evangelium* Jesu Christi selbst *orientierte Kirche*. Das schließt Tradition nicht von vornherein aus, aber ordnet sie ganz entschieden dem Evangelium unter, welches für alle Autoritäten in der Kirche die normierende Autorität („norma normans") bleibt.

Wer also darf sich *evangelisch* nennen? Evangelisch in der Grundhaltung ist nur, wem in allen kirchlichen Traditionen, Lehren und Praktiken besonders am ständigen kritischen Rückgriff auf das *Evangelium* (ursprünglich in der Heiligen Schrift niedergelegt) und wem zweitens an der ständigen praktischen *Reform* nach den Normen dieses Evangeliums gelegen ist („Ecclesia semper reformanda"). Eine solche evangelische Haltung steht im Gegensatz zum „römisch-katholischen" Traditionalismus und Synkretismus, die mit echt katholischer Tradition und Weite nichts zu schaffen haben.

Bringt man nun die beiden Grundhaltungen – die wahrhaft katholische und die wahrhaft evangelische – miteinander in Beziehung, so ergibt sich aus dem bisher Gesagten: Richtig verstanden *schließen sich* katholische und evangelische Grundhaltung *keineswegs aus*. Konkret:
- Heute kann auch der getaufte Katholik wahrhaft evangelisch gesinnt sein.
- Umgekehrt kann auch der getaufte Protestant wahrhaft katholische Weite zeigen.
- Schon heute leben zahllose Christen und Christinnen, Pfarrer und Pfarrerinnen und oft auch Gemeinden in aller Welt (trotz der Widerstände in den Kirchenapparaten und des Machtdenkens ihrer Funktionäre) faktisch eine vom Evangelium her zentrierte und stets immer wieder neu korrigierte *„evangelische Katholizität"* oder – umgekehrt und doch dasselbe – eine immer neu auf katholische Weite bedachte *„katholische Evangelizität"*. Und welche historische Chance wurde gerade von Rom verpasst, dass es nach dem großen ökumenischen Aufbruch des Zweiten Vatikanischen Konzils in den 60er Jahren und der Erarbeitung zahlreicher Konsensdokumente in den 70er Jahren jetzt in den 80er und 90er Jahren unter dem Papst aus Polen zu einem völligen ökumenischen Stillstand – nur von ökumenischen Reden und Gesten verschleiert – kam! Dies liegt nicht nur an der Person, sondern vor allem an der Institution – nur ein Zeichen dafür, dass das mittelalterlich-absolutistische Papsttum der radikalen Reform in evangelischem Geist bedarf.

Nichtsdestotrotz praktizieren schon heute zahllose Katholiken, Protestanten und Orthodoxe, auch manche katholische, protestantische und wohl auch orthodoxe Gemeinden eine echte *Ökumenizität*. Auf diese Weise nämlich kann heute ein Christ im vollen Sinne Christ sein, ohne seine eigene konfessionelle Vergangenheit zu verleugnen, aber auch ohne eine bessere ökumenische Zukunft zu verbauen. Es lässt sich nicht übersehen: Wahres Christsein bedeutet für eine wachsende Zahl von Zeitgenossen ökumenisches Christsein!

„Damit könnte man ja noch einverstanden sein", wird darauf manch einer sagen, „aber das am wenigsten glaubwürdige Attribut der Kirche ist doch wohl die *Heiligkeit*. Credo sanctam ecclesiam – die heilige Kirche? Das ist doch wohl mehr Illusion als Wirklichkeit!" Deshalb die Frage:

8. Eine „heilige" Kirche?

Realistisch betrachtet, muss zunächst einmal ohne alles Wenn und Aber festgestellt werden: Die wirkliche Kirche ist eine *sündige Kirche*, weil sie aus fehlbaren, sündigen Menschen besteht. Diese Feststellung ist heute so selbstverständlich, dass es sich für den Zeitgenossen völlig erübrigt, von all den historischen Fehlentscheidungen und Fehlentwicklungen, von all dem persönlichen Versagen und der persönlichen Schuld gerade auch der Amtsträger, von all der Unvollkommenheit, den Mängeln und Deformationen zu reden. Ja, ob es um Frauendiskriminierung und Hexenverbrennungen, um Theologen- und Ketzerverfolgungen, ob um Antijudaismus und Judenpogrome, ob es um die Renaissancepäpste oder die Fälle Hus, Luther, Descartes, Giordano Bruno, Galilei, Kant, Loisy, Teilhard de Chardin und so viele andere geht: Kein Christ sollte sich scheuen, von oft unglaublicher Blindheit, erschreckender Sünde und vielgesichtigem Laster auch in der Kirche – in seiner Kirche – zu sprechen.

Dabei spielt nicht nur das Versagen des *menschlichen Individuums* als solchem mit, sondern auch die Unmenschlichkeit vieler *kirchlicher Strukturen*, ja, auch jene Bosheit, die das Versagen des Individuums übersteigt in einer Mächtigkeit, die man als dämonisch bezeichnen und die erst recht zu einer Perversion des Christlichen führen muss. Dafür bräuchte man nicht die immer wieder neu geschriebene „Kriminalgeschichte des Christentums". Wer hat in seiner eigenen Biographie nicht genug erfahren, um sagen zu können: Die Kirchengeschichte ist in allem nicht nur eine recht menschliche Geschichte, sondern auch eine tief sündige Geschichte! Und sie war es von Anfang an. Man braucht nur die neutestamentlichen Briefe zu lesen, um vor die traurige Wirklichkeit der Schuld und der Sünde gestellt zu sein. Deshalb

Keine der Ausflüchte mehr, zu denen Theologen immer wieder ihre Zuflucht nehmen angesichts dieses befremdlichen, peinlichen, beschämenden Befundes einer sündigen Kirche:

V. Heiliger Geist

– Keine scheinheilige *Aussonderung* der „heiligen" Glieder, wie dies von manchen sektiererischen Gruppen der alten, der mittelalterlichen und der neuzeitlichen Kirche und neuerdings wieder vom „Opus Dei" klerikal-faschistischer Herkunft versucht wird. Sie alle wollen die „sündigen" Glieder von der Kirche „ausschließen", damit nur die geistliche Elite, die Sündlosen, Reinen, Heiligen übrig blieben. Aber: Wer bleibt denn da eigentlich, ist man ehrlich, noch übrig?

– Keine fadenscheinige *Unterscheidung* zwischen der „heiligen" *Kirche* und den sündigen *Gliedern*, wo, um die Heiligkeit „der Kirche" nicht zu kompromittieren, völlig abstrakt unterschieden wird zwischen den Gliedern und der Kirche selbst, die angeblich sündlos bleibt. Aber: Kirche gibt es nicht in abstracto, sondern in concreto!

Nein, alle diese Ausflüchte helfen nichts. Die Wirklichkeit will zur Kenntnis genommen werden: Die Kirche ist eine Kirche aus Sündern und deshalb eine sündige Kirche. Aus dieser Einsicht ergibt sich nun freilich umgekehrt die Konsequenz: Die *Heiligkeit* der Kirche wird offensichtlich nicht durch ihre Glieder und deren moralisch-religiöses Tun und Lassen begründet.

Aber: Was heißt überhaupt „heilig"? Im Alten wie im Neuen Testament meint „heilig" das Ausgesondertsein von Gott und für Gott, im Gegensatz zum „Profanen" (= „vor" dem „fanum", dem geheiligten Bezirk, Liegenden). Auffälligerweise wird nun aber im Neuen Testament nie von einer „heiligen Kirche" geredet. Wohl aber wird durchgängig von Gemeinden geredet, die als solche „die Heiligen" genannt werden, ob nun die Rede ist von einem „heiligen Volk" oder „heiligen Tempel", dessen lebendige Steine die Glaubenden sind. Im Vergleich zum alttestamentlichen Israel tritt dabei das dingliche, heilige Element entscheidend zurück. Es gibt im Neuen Testament keine ausgesonderten heiligen Bezirke und Gegenstände. Auch Taufe und Herrenmahl werden nicht „heilig" genannt; sie verschaffen ja nicht aus sich selber in magischer Automatik Heiligkeit, sie sind ganz und gar abhängig vom heiligen Gott einerseits und vom antwortenden glaubenden Menschen andererseits. Nicht von einer institutionellen Heiligkeit, nicht von einer Kirche, die möglichst viele ihrer Institutionen und Personen, ihrer Orte, Zeiten und Geräte mit dem Attribut „heilig" versieht, ist im Neuen Testament die Rede. Dem Neuen Testament geht es – wenn schon – um eine durch und durch *personale* Heiligkeit, eine Grundhaltung der „Heiligkeit" für jeden Menschen, das heißt eine ganzheitliche Orientierung am Willen des „heiligen" Gottes selber.

Fazit: Die konkrete Glaubensgemeinschaft, die sich Kirche nennt, ist also heilig und sündhaft zugleich. Sie ist Kampfplatz zwischen Gottes Geist und dem Ungeist des Bösen in der Welt, und die Front verläuft nicht einfach zwischen der heiligen Kirche und der unheiligen Welt, sondern mitten durch das Herz der Menschen.

„Wie kann man aber unter diesen Umständen noch, wie im Glaubensbekenntnis geschehen, von einer ‚Communio sanctorum' reden?" wird der Zeitgenosse hier fragen. „Ist unter diesen Umständen der Begriff ‚Gemeinschaft der Heiligen' nicht sinnlos geworden?"

9. Was meint „Gemeinschaft der Heiligen"?

Es ist bereits deutlich geworden: Vom Neuen Testament her ist die „Gemeinschaft der Heiligen" (Communio sanctorum) einfach als die *Gemeinschaft der Gläubigen* (Communio fidelium) zu verstehen. Es geht dabei nur um eine andere Umschreibung von Kirche. Diese „Heiligen" sind alles andere als herausgehobene Idealgestalten. Gemeint sind Heilige ohne Heiligenschein: glaubende Menschen, die nach wie vor ihre Fehler und Sünden haben, die aber doch durch Gottes Berufung in Christus der sündigen Welt abgeschworen haben und versuchen, im Alltag recht und schlecht den Weg der Nachfolge Christi zu gehen. Keine selbstgemachten Heiligen also, sondern nur „berufene Heilige" (1Kor 1,2), „Heilige in Christus Jesus" (Phil 1,1), „heilige und geliebte Auserwählte" (Kol 3,12). „Heilig" darf also die Kirche nur insofern genannt werden, als sie von Gott selber durch Christus im Geist als die Gemeinschaft der Glaubenden berufen wurde und sich in seinen Dienst gestellt hat, hervorgehoben aus der Banalität des Weltenlaufs durch Gottes befreiende Zuwendung. *Gott selbst*, insofern er als Heiliger Geist über das Herz der Menschen Macht gewinnt und seine Herrschaft aufrichtet, *begründet die Gemeinschaft der Heiligen.*

Nun lässt sich aber nicht übersehen, dass im Apostolischen Glaubensbekenntnis die „Gemeinschaft der Heiligen" nicht nur eine Apposition, eine Hinzufügung zur „heiligen katholischen Kirche" ist. Als Zusatz zum Symbolum begegnet diese Formel auffälligerweise erst um 400 (bei Niketas von Remesiana). Über gallisch-spanische Glaubensbekenntnisse kam sie im Lauf des 5. Jahrhunderts auch ins römische Glaubensbekenntnis, ins Apostolikum. Aber da ergeben sich nun ganz offenkundig zwei Auslegungsmöglichkeiten, die über die „Gemeinschaft der Heiligen" als „Gemeinschaft der Glaubenden" hinausgehen:

– Gemeinschaft der Heiligen kann meinen *Teilhabe an dem Heiligen* („sancta") in der irdischen Kirche, also an den *Sakramenten*, wobei dann besonders die Eucharistie als der Mittelpunkt des gottesdienstlichen Lebens gemeint ist.

– Gemeinschaft der Heiligen kann aber auch meinen *Gemeinschaft mit den Heiligen* („sancti") im Himmel, also mit den *Märtyrern* und den übrigen

V. Heiliger Geist

Gerechten aller Zeiten, die wir in Gottes Vollendung glauben dürfen. Sie sind so etwas wie Bürgen für die künftige Vollendung aller Christen. Im Deutschen ist mit der Übersetzung „Gemeinschaft der Heiligen" eindeutig für diese zweite Bedeutung votiert worden.

„Aber Sie wollen doch gewiss nicht", höre ich hier den Zwischenruf, „uns Zeitgenossen des 20. Jahrhunderts, evangelische eingeschlossen, im Geist römischer Restauration auf eine mittelalterliche Heiligen- und Marienverehrung festlegen? Muss man denn *Heilige verehren*, insbesondere Maria, um Christ zu sein?"

Darauf kann die Antwort verhältnismäßig kurz ausfallen: Heilige verehren „muß" selbst nach dem Konzil von Trient (16. Jahrhundert) nicht einmal der traditionelle Katholik der Gegenreformation. Behauptet wurde dort nur, dass eine solche Heiligenverehrung „gut und nützlich"[5] sei. Nirgendwo ist die Rede von einer Pflicht oder gar einer Heilsnotwendigkeit der Heiligenverehrung. Und dass zwischen der Verehrung der Heiligen und der Anbetung, die Gott allein zusteht, ein wesentlicher Unterschied besteht, wurde schon vom Zweiten Konzil von Nikaia 787 gegen die „Ikonoklasten", die Bilderstürmer in der Ostkirche, festgestellt. Am Unterschied von „veneratio", „Verehrung" (in Bezug auf Heilige), und „adoratio", „Anbetung" (die Gott und seinem Christus allein gebührt), wurde denn auch in der katholischen Kirche des Westens stets festgehalten.

Nun kam die Verehrung bestimmter Märtyrer (schon seit dem 2. Jahrhundert), dann aber auch herausragender Nichtmärtyrer, „Confessores" oder „Bekenner" (seit dem Ende des 4. Jahrhunderts) ursprünglich *aus der Kirche „von unten"* – spontan initiiert von den Gläubigen selber. Erst mit der Zeit nahmen sich die Bischöfe und schließlich – im Zusammenhang der römischen Zentralisierung seit dem 10./11. Jahrhundert – auch Rom der Heiligsprechung („Kanonisierung") an, was schließlich, in gut römischer Weise, zu einem genau geregelten juridischen Verfahren führte, zu *„Heiligsprechungsprozessen"*, bei denen „Wunder" (neuerdings auch „moralische") bis heute eine besondere und nicht unproblematische Rolle spielen. Nur wem die „Ehre der Altäre", also die Nennung zur Verehrung und Fürbitte im Rahmen des offiziellen Gottesdienstes zuerkannt ist, darf rechtmäßig ein „Heiliger" oder „Seliger" genannt werden. Dass die Heiligenverehrung im Spätmittelalter zu ungeheuren Missbräuchen (Reliquienkult, Ablasswesen,

---

[5] H. Denzinger (Hrsg.), Enchiridion symbolorum, definitionum et declarationum de rebus fidei et morum (1854), Freiburg ³¹1960, Nr. 984: „bonum atque utile". Vgl. K. L. Woodward, Making Saints. How the Catholic Church Determines Who Becomes a Saint, Who Doesn't, and Why, New York 1990.

kuriales Finanzwesen) führte, ist bekannt. Mehr als verständlich ist deshalb, dass die Reformatoren die Heiligenverehrung scharfer Kritik unterzogen, ja, sie wie Calvin und die Reformierten radikal ablehnten.

Dass in den vergangenen zehn Jahrhunderten doppelt so viele Männer wie Frauen, dass nur 76 Laien gegenüber 303 Klerikern und Nonnen und dass kaum glücklich Verheiratete, sondern bestenfalls Witwen heiliggesprochen wurden, darf man nicht einfach dem Heiligen Geist anlasten. Auch der gegenwärtige Papst hat die Selig- und Heiligsprechung als ein Instrument seiner restaurativen, am Mittelalter orientierten Kirchenpolitik wiederentdeckt, wobei die Selbstgerechtigkeit der Hierarchie besonders eklatant bei der Seligsprechung von Edith Stein ins Auge sprang. Diese Jüdin wurde benutzt zur triumphalen Selbstdarstellung der katholischen Hierarchie ohne ein Wort der Selbstkritik über das völlige Versagen derselben Hierarchie in jener Zeit, da auch Edith Stein zur Vergasung in ein nationalsozialistisches Konzentrationslager abgeholt wurde, nicht weil sie jetzt katholische Nonne, sondern weil sie Jüdin war.

Trotzdem ist das Gedenken der „Heiligen" auch heute nicht einfach sinnlos. Auch einzelne Protestanten treten für eine „evangelische Heiligenverehrung" ein, die auf der moderaten Linie von Martin Luther allerdings an Bedingungen geknüpft ist. Diese Bedingungen sind auch für Katholiken wichtig: Wenn schon Heiligenverehrung, dann nicht auf Kosten Gottes oder Christi. Eine Dezentralisierung des Glaubens ist unannehmbar. Verehrung bestimmter Heiliger kann der *Stärkung* des Glaubens dienen. Konkrete Vorbilder der Christusnachfolge können *Lebensorientierung* verschaffen. Die Einbeziehung der großen Geschichte der Christusnachfolge kann *Solidarität* über die Zeiten hinweg stiften.

Dass das *Ablasswesen* in der katholischen Kirche heute weithin verschwunden ist und der Reliquienkult stark zurückgestutzt wurde, hilft nicht nur der ökumenischen Verständigung, sondern auch der katholischen Vergeistigung. Umgekehrt ist unübersehbar, dass Gestalten wie Franz von Assisi und Thomas More, Hildegard von Bingen oder Teresa von Avila auch manchem evangelischen Christen Impulse geben für die Verwirklichung ihres Christseins. Und warum soll uns irgendeine lebendige Gestalt aus der zweitausendjährigen Geschichte der Kirche – dies gilt selbstverständlich auch von echt evangelischen Gestalten wie Dietrich Bonhoeffer oder Martin Luther King – nicht ebenso viel sagen wie eine bestenfalls umrisshaft bekannte Gestalt der Bibel?

Aber das eine ist heute klar: Nicht mehr Fürbitte und Nachahmung kanonisierter Heiliger steht heute bei Überlegungen zur Communio sanctorum im Mittelpunkt des theologischen und kirchlichen Interesses, sondern wieder jene neutestamentlich verstandene „Gemeinschaft der Heiligen", die den

V. Heiliger Geist

Glaubenden aufgrund der Taufe zukommt. Das Thema „Gemeinschaft der Heiligen", „Heiligkeit" der Kirche kann man aber nicht diskutieren, ohne nach dem Verhältnis von „Heiligkeit" und *„Sünde"* bei jedem einzelnen Menschen zu fragen.

Aber auf die Rede von Schuld und Sünde pflegen viele Zeitgenossen ausgesprochen allergisch zu reagieren: „Hat die Kirche nicht unendlich viel Unheil angestellt durch ihre Sündenfixiertheit, im sexuellen Bereich besonders, was die ganze ‚frohe Botschaft' reichlich verdüstert hat?" Doch zumindest das Glaubensbekenntnis zielt nicht auf die Erzeugung und Verewigung von Schuldgefühlen und Schuldkomplexen, sondern geradezu umgekehrt auf die Vergebung von Schuld.

10. Was meint „Vergebung der Sünden"?

Dass in unserer heutigen Gesellschaft die Tendenz besteht, Schuld zu verleugnen, zu verdrängen, abzuschieben, auf das juristisch Bewiesene zu reduzieren, dürfte keine Frage sein. Dabei haben nicht nur die in diesem Ausmaß früher unbekannten politischen und finanziellen Skandale in zivilisierten Staaten, sondern vor allem die Tragödien unseres Jahrhunderts die *Vieldimensionalität der Schuld* – Urs Baumann und Karl-Josef Kuschel haben dies von der Literatur wie der Theologie her reflektiert[6] – nur zu deutlich werden lassen: Geht es doch nicht nur um die individuelle und psychologische, sondern auch um die soziale, geschichtliche, strukturelle und ökologische Dimension von Schuld. Gerade die moderne Literatur (von Kafka und Camus bis Frisch) macht deutlich: Keinem Menschen (egal, ob er oder sie an Gott glaubt oder nicht) bleiben Erfahrungen von Ohnmacht, Versagen und Schuld erspart. Jeder – ob religiös oder nicht – ist in vielfältige Schuldgeschichten hineinverflochten, die er aber gerne verdrängt oder leugnet. Umgekehrt aber haben Vertreter der Kirchen Schuldgefühle von Menschen jahrhundertelang auf einem sehr engen Feld erzeugt, dem der Sexualität, während man auf anderen Feldern sehr großzügig war (Erlaubtheit von Kriegen; Sanktionierung von Kolonialismus und ökonomischer Ausbeutung). Eine selbstkritische christliche Theologie wird deshalb heute sowohl gegen die Verdrängung der Schuld in der Gesellschaft angehen wie gegen die kirchliche Erzeugung von Schuldgefühlen am falschen oder einseitig fixierten Ort. Ziel dabei ist nicht die Verewigung, sondern die Befreiung von Schuld: „Das Ziel christli-

---

[6] U. Baumann – K.-J. Kuschel, Wie kann denn ein Mensch schuldig werden? Literarische und theologische Perspektiven von Schuld, München 1990.

cher Schuldbewältigung ist nicht die Verurteilung, sondern der Freispruch des Sünders, die ‚Therapie' der Schuld."[7]

Das Glaubensbekenntnis hält sich nicht lange mit einer allgemeinen Theorie des Bösen auf, dessen Herkunft noch nie jemand befriedigend aufgeklärt hat, auch nicht mit einer Anthropologie oder Soziologie der Sünde, die für den Glauben offensichtlich nicht im Zentrum stehen soll. Das Glaubensbekenntnis setzt sofort einen positiven Akzent: Es setzt die Sündhaftigkeit des Menschen voraus, spricht aber gleich von der *Vergebbarkeit der Sünden*. Wie aber müssen wir dies im Lichte des Neuen Testaments und im Blick auf die heutige Problematik verstehen?

Dieser theologische Akzent verweist zurück auf die Verkündigung und das Verhalten Jesu selber. Denn dies ist schon bei Jesus auffällig: Seine Verkündigung des Gottesreiches fordert zwar entschieden „metanoia", *Umkehr* von einem falschen, sündhaften Weg. Damit ist bei Jesus aber nie ein Erzeugen von Schuldgefühlen gemeint, mit denen Menschen alleingelassen würden, auch kein Niederdrücken von Menschen, ein Buße tun in Sack und Asche. Gemeint ist vielmehr eine Einladung zu einer inneren, radikalen und totalen Umkehr und Heimkehr des ganzen Menschen zu Gott und zu einem Leben für die Mitmenschen. Und diese Einladung ergeht auch an die Frommen und Gerechten, die der Buße nicht zu bedürfen meinen, und sie geht erst recht an die von den Frommen Kritisierten, Abgelehnten und Verworfenen: die verlorenen Söhne und Töchter. Nicht um den angeblich beleidigten Gott und sein Gesetz geht es Jesus, sondern um den schuldig und unglücklich gewordenen Menschen, den er nicht verurteilen und bestrafen, sondern befreien und neu in die Gemeinschaft integrieren will.

Ja, auffällig bei Jesus ist auch dies: Allen „Sündern" bietet er zum Ärgernis der Frommen Gemeinschaft an und hält ganz konkrete Tischgemeinschaft mit ihnen. Ja, nach dem Zeugnis der Evangelien, historisch allerdings kaum zu verifizieren, wagt er es sogar, Menschen die *Vergebung* ihrer Sünden ausdrücklich *zuzusagen*. Damit stellte er sich freilich gegen das geltende Gesetz, welches die Bestrafung des Sünders fordert. Ja, er nimmt damit in Anspruch, was nach jüdischem Glauben allein Gott zukommt: „Wer kann Sünden vergeben als Gott allein?" (Mk 2,7). Das Volk indessen, heißt es da, „pries Gott, der den Menschen solche Vollmacht gegeben hat" (Mt 9,8).

Hier schon wird deutlich, dass es von Jesus her bei der Rede von der Vergebung der Sünden um die Konkretion der *frohen, befreienden Botschaft* geht. Jesus war kein düsterer Strafprediger, der Spaß daran gehabt hätte, Menschen ihre Sünden vorzurechnen. Alle „metanoia", alle Umkehr, alle

---

[7] AaO S. 164.

„Buße" wird als neue positive Möglichkeit dem Menschen angeboten. Sie hat – nach dem ganzen Neuen Testament – nichts Düsteres und Negatives an sich, wie die spätere kirchliche Bußpraxis öfters aufwies, als man meinte, die Gnade Gottes erst mit eigenen Bußwerken verdienen zu müssen. Nein, das neutestamentlich Entscheidende ist: Die Umkehr kommt bereits *von Gottes Gnade* her und setzt Gottes Vergebung voraus. Sie ist *nicht Konsequenz eines drückenden Gesetzes*, das nur fordert und die Erfüllung nicht geben kann: „Du musst!" Sie ist Konsequenz des Evangeliums, der guten, fröhlichen Botschaft von Gottes angebotener Gnade, die den Menschen ohne Vorbedingungen die Vergebung anbietet und die Umkehr ermöglicht: „Du darfst!" Und wer wüsste nicht, was für eine befreiende, ja, beglückende Erfahrung es sein kann, wenn man nach einer eindeutig falschen, vielleicht bösen Tat (nach einer Lüge, dem Bruch eines Versprechens, der Treue) vom betroffenen Mitmenschen durch ein Wort oder eine Geste vernehmen darf: „Was immer geschehen ist und auch nicht ungeschehen gemacht werden kann: Strich darunter, es sei Dir verziehen, alles wieder in Ordnung!"

Vom Neuen Testament her darf die Buße nicht auf die Leistung bestimmter Bußakte eingeschränkt werden. Grundlegend ist die *Taufe*, die ursprünglich eine Erwachsenentaufe war. Sie geschieht „zur Vergebung der Sünden" und soll einen wirklichen Neuanfang ermöglichen. Aber klar ist damit auch: Der Taufakt verschafft keine magische Sündlosigkeit. Versuchung und Anfechtung des Menschen bleiben. Um Erlösung von dem Übel soll immer wieder gebetet, um Vergebung soll immer wieder gebetet werden.

Vergebung kann auf viele Weisen geschehen. Vom Evangelium her sind deshalb die verschiedenen geschichtlich gewordenen *Formen der Sündenvergebung* zu relativieren, und keine der historisch gewachsenen Gestalten wird durch das Glaubensbekenntnis ein für allemal kanonisiert. Vergebung der Sünden ist möglich
- durch die *Taufe*, wie wir hörten, die „zur Vergebung der Sünden" vollzogen wird;
- aber auch durch die *Predigt* des Evangeliums selbst;
- dann auch durch die allgemeine *Lossprechung im Gottesdienst* („Generalabsolution"), aber auch durch die mögliche Lossprechung eines jeden Gläubigen;
- schließlich durch die besondere *Lossprechung von Amtsträgern*, was die normale Form vor allem in der katholischen Kirche geworden ist.

Erst mit der Zeit war die Sündenvergebung Privileg der Bischöfe geworden. Eine öffentliche „zweite Buße" nach der Taufe war notwendig bei kirchenausschließenden Sünden (Glaubensabfall, Mord, öffentlicher Ehebruch …) bis zur Wiederaufnahme nach der Bußzeit durch den Bischof. Erst seit dem

6./7. Jahrhundert ist von Irland und Schottland her die Wiederholbarkeit der Buße auch für geringe Sünden und damit die Privatbuße mit Absolution durch den Priester eingeführt worden, also die sogenannte Ohrenbeichte, die – im Hochmittelalter für „schwere" Sünden vorgeschrieben – in jüngster Zeit aus vielen Gründen drastisch zurückgegangen ist.

Wichtiger als die erst mit der Zeit entwickelten Formen der „sakramentalen" Buße ist von Jesus her etwas anderes: Die von Gott empfangene *Vergebung* soll *an die Menschen weitergegeben* werden, und ich gestehe, dass mir erst im Prozess des christlich-jüdischen Dialogs der Sinn der jesuanischen Parabel vom großmütigen König aufgegangen ist, der seinem Minister eine Riesensumme Schulden vergibt, ohne dass dieser Minister sich veranlasst sähe, nun auch seinen Schuldnern ihre Schuld zu erlassen. Dieser Parabel zufolge verurteilt Jesus die Handlungsweise des Ministers ungewöhnlich scharf, weil dieser seinerseits den eigenen Schuldner ins Gefängnis werfen ließ ...

Machen wir uns nichts vor: Das Vergeben von Schuld unter Menschen ist keinesfalls „natürlich", ist keineswegs selbstverständlich. Wie könnte dies auch selbstverständlich sein – etwa angesichts einer öffentlichen Verleumdung, eines ungeheuren Schadens, der Ermordung eines Menschen oder gar angesichts eines grauenhaften Völkermordes, wie ihn der Holocaust darstellt. Und keine Frage: Als Christen haben wir alles dafür zu tun, dass solch grauenhaftes Geschehen nie vergessen wird. Und gerade die Rede von der Vergebung muss davor bewahrt werden, dem Vergessen (oder gar Verdrängen) Vorschub zu leisten. Aber darf deshalb der Holocaust auch nicht vergeben werden? Nicht selten hört man ja im Gespräch mit Juden: Das Vergeben ist nicht des Menschen, sondern ist Gottes Sache allein! Nur Gott kann die Schuld – und gerade diese Schuld – vergeben.

Aber was würde das bedeuten? Und ich frage das aus Sorge um die jüdisch-christliche Verständigung, in Sorge um das Verhältnis von Deutschen und Juden, Juden und Palästinensern. Das würde doch bedeuten, dass es keine Versöhnung zwischen Mensch und Mensch, Volk und Volk gibt, dass es nur das Ertragen einer Schuld gibt – bis an das Ende der Welt. Auf diese Weise würde etwa die deutsche Schuld gegenüber Juden niemals enden; nicht in dieser Generation, noch in der nächsten. Das kann die Lösung nicht sein! Und gerade von der Botschaft der „Vergebung der Sünden" her braucht dies auch die Lösung nicht zu sein.

Nun wird die Vergebung von Mensch zu Mensch in der Hebräischen Bibel freilich kaum gefordert, ist aber zumindest im Talmud vereinzelt bezeugt. Ja, schon in dem allerdings nur in griechischer Übersetzung überlieferten (und deshalb nichtkanonischen) Buch des Jesus Ben Sira aus dem 2. Jahrhundert v. Chr. lesen wir: „Denk an das Ende, laß ab von der Feindschaft ... denk an den Bund des Höchsten, und verzeih die Schuld" (Sir 28,6 f.).

V. Heiliger Geist

Aber wie oft haben auch Christen einander und anderen die Schuld nicht vergeben? Und wie oft hat man im Lauf der Jahrhunderte zwischen „christlichen Nationen" statt nach Vergebung nach Rache gerufen, was zu einer Verhärtung der Herzen der Völker, zu immer neuem Hass, schließlich zu neuem Blutvergießen und Krieg führen musste. Das zeigt jene durch Jahrhunderte vom gegenseitigen „Revanche"-Gedanken beherrschte, unversöhnliche „Erb-Feindschaft" zwischen Frankreich und Deutschland – mit dem Resultat von drei großen Kriegen und einem Vielfachen der sechs Millionen jüdischer Opfer des Holocaust!

Ich frage mich: Ob in dieser Situation nicht gerade die Botschaft Jesu von der Vergebung der Sünden eine *Herausforderung für Juden und vor allem Christen* sein könnte, eine Herausforderung zu einer geistigen Erneuerung und Umwandlung der Herzen, die auch größte politische Konsequenzen hat. Denn nicht nur irgendwo, nebenbei, sondern ganz zentral findet sich bei Jesus die Forderung: Es gibt keine Versöhnung mit Gott ohne Versöhnung im zwischenmenschlichen Bereich. Die göttliche Vergebung ist gebunden an die Vergebung der Menschen untereinander! Deshalb findet sich im Vaterunser nach den Bitten um das Kommen des Reiches Gottes und das Geschehen seines Willens die Bitte: „Vergib uns unsere Schuld, wie auch wir vergeben unsern Schuldigern" (Mt 6,12). Und dann wird noch eingeschärft: „Denn wenn ihr den Menschen ihre Verfehlungen vergebt, so wird euch euer himmlischer Vater auch vergeben. Wenn ihr aber den Menschen nicht vergebt, so wird euch euer Vater eure Verfehlungen auch nicht vergeben" (Mt 6,14 f.). Der Mensch kann nicht Gottes große Vergebung empfangen und seinerseits den Mitmenschen die kleine Vergebung verweigern; er soll die empfangene Vergebung weitergeben. Das also ist der Sinn der Parabel vom großmütigen König und der Sinn des provozierenden Wortes: dass der Mensch nicht 7mal, sondern 77mal, also immer wieder, endlos vergeben soll.

Natürlich ist diese Forderung nach Vergebung nicht juristisch zu interpretieren. Es wird damit *kein neues Gesetz* aufgerichtet, nach dem Prinzip: 77mal soll man vergeben, aber beim 78. Mal nicht. Aus Jesu Forderung kann man also keinesfalls ein Staatsgesetz machen; die Gerichte der Menschen sind deshalb nicht außer Kraft gesetzt. *Aber* Jesu Forderung ist ein *sittlicher Appell* an die Großherzigkeit und Großzügigkeit des Menschen, an den einzelnen Menschen – unter Umständen aber auch an die Repräsentanten der Staaten –, in einer ganz bestimmten Situation das Gesetz sozusagen zu unterlaufen: zu vergeben und immer wieder neu zu vergeben.

Nicht nur unter Familienmitgliedern, Ehepartnern und Freunden, auch im interreligiösen Dialog könnte dies von größter Bedeutung sein. Was würde es verändern, wenn Christen und Juden, Christen und Muslime, ja, in der gegenwärtigen Situation besonders brisant, auch Juden und Muslime im

Geist der Vergebung ihrer Sünden – ihres Hasses, ihrer Feindschaft, ihrer Terrorakte, ihrer Kriege – aufeinander zugehen würden. Im Bewusstsein, dass der Gott Abrahams, an den Juden, Christen und Muslime gemeinsam glauben, ein allbarmherziger ist, dessen Barmherzigkeit weitergegeben werden soll. Die Welt sähe anders aus, wenn Christen, Juden und Muslime im Geist der „Vergebung der Sünden" lernten, miteinander umzugehen.

Aber eine letzte Frage in diesem Kapitel über den Heiligen Geist, die sich der eine oder andere kritische Zeitgenosse wohl schon gestellt hat:

11. Warum im Apostolikum keine Rede von der Dreieinigkeit?

„Warum ist eigentlich in diesem Apostolischen Glaubensbekenntnis zwar die Rede vom Glauben an Gott den Vater, an den Sohn und den Heiligen Geist, warum aber kein Wort vom ‚drei-einigen Gott', von der allerheiligsten Dreifaltigkeit, Dreieinigkeit oder Trinität, die von manchen Theologen geradezu das ‚Zentralgeheimnis' des Christentums genannt wird?" Dieser Frage müssen wir uns hier am Ende des Abschnitts über den Heiligen Geist offen stellen:

Der historische Befund ist tatsächlich merkwürdig: Das griechische Wort „trias" findet sich zuerst im 2. Jahrhundert (beim Apologeten Theophilos), das lateinische „trinitas" erst im 3. Jahrhundert (beim Afrikaner Tertullian), die klassische Trinitätslehre von „einer göttlichen Natur in drei Personen" findet sich sogar erst am Ende des 4. Jahrhunderts (formuliert durch die drei Kappadokier Basileios, Gregor von Nazianz und Gregor von Nyssa). Ein Dreifaltigkeitsfest – in Gallien entstanden und von Rom zunächst als „Fest eines Dogmas" abgelehnt – wird erst in der Zeit des Exils von Avignon vom französischen Papst Johannes XXII. 1334 allgemein vorgeschrieben.

Nun wird kein Mensch, der das Neue Testament liest, bestreiten, dass es hier überall um Vater, Sohn und Geist geht; nicht umsonst heißt ja auch die liturgische Taufformel bei Mattäus: Taufet „auf den Namen des Vaters und des Sohnes und des Heiligen Geistes" (Mt 28,19). Aber die ganze Frage ist, *wie Vater, Sohn und Geist einander zugeordnet* sein sollen. Und auffälligerweise gibt es im ganzen Neuen Testament keine einzige Stelle, wo gesagt wird, dass Vater, Sohn und Geist „wesenseins" sind, also eine einzige gemeinsame Gottesnatur (Wesen, Physis, Substanz) besitzen. Insofern ist es denn auch gar nicht verwunderlich, dass eine solche Aussage nicht im Apostolikum steht.

Wollen wir dieses Verhältnis der drei „Größen" für Zeitgenossen heute neu verständlich machen, so können wir nicht einfach auf dogmatische Formulierungen der von hellenistischem Geist geprägten Konzilien zurückgehen, die ein sehr zeitgebundenes Begriffssystem voraussetzen. Die konziliaren For-

V. Heiliger Geist

meln sind deshalb nicht etwa gedankenlos zu verwerfen, allerdings auch nicht gedankenlos zu wiederholen, sondern differenziert zu interpretieren. Wir müssen uns die Mühe machen, im Neuen Testament, das noch vom Judentum geprägt ist und uns vielfach näher steht, Umschau zu halten. Dann wird rasch deutlich, dass es sich nach dem Neuen Testament bei Vater, Sohn und Heiligem Geist um drei sehr verschiedene Größen handelt, die dort nicht einfach schematisch-ontologisch mit einer göttlichen Natur identifiziert erscheinen. Jesus selber sagt denn auch von einem „Zentralgeheimnis" oder „Grunddogma", nach welchem „drei göttliche Personen" (Hypostasen, Relationen, Seinsweisen ...), also Vater, Sohn und Geist, „eine göttliche Natur" gemeinsam hätten, kein einziges Wort.

Ein Blick auf die christliche Ikonographie vermag auch hier das Problem zu illustrieren. In der *westlichen Kunst* hatte man keine Hemmungen, die Trinität mit Hilfe von drei Personen, drei Häuptern oder einem Haupt mit drei Gesichtern darzustellen. Die westliche Kunst kennt auch den sogenannten „Gnadenstuhl", eine Darstellung der Trinität, bei der Gottvater sichtbar als alter Mann mit schlohweißem Haar und grauem Bart abgebildet ist, der in seinem Schoß das Kreuz hält, an dem der Sohn hängt, über ihnen oder zwischen ihnen der Heilige Geist in Gestalt einer Taube schwebend. Kein Wunder freilich, dass solche Darstellungen der Trinität der Vorstellung Nahrung gaben, Christen glaubten doch an so etwas wie drei Götter im Himmel, Trinitätsglaube sei also verkappter Tritheismus, ein Vorwurf, den Juden und Muslime gegenüber Christen stets erhoben haben und immer wieder erheben.

Dagegen war die *Tradition des christlichen Ostens* entschieden zurückhaltender. Schon Johannes von Damaskus (um 670–750), letzter und maßgeblicher Kirchenvater der gesamten Orthodoxie, hatte in seiner Bilderlehre völlig eindeutig festgehalten, dass man vom unsichtbaren, unkörperlichen, unumschreibbaren und gestaltlosen Gott ein Abbild nicht machen dürfe. Nur was von Gott sichtbar sei, also seine Offenbarung in Jesus Christus, dürfe bildlich dargestellt werden. Diese Linie des Trinitäts-Bilderverbotes hielt sich in der orthodoxen Kirche durch. Andréj Rubljóws berühmte Ikone (entstanden zwischen 1422 und 1427), in Reaktion wohl auf westlich beeinflusste Gnadenstuhldarstellungen, kennt denn auch nur eine symbolische Darstellung der Trinität in Gestalt von drei Engeln, wie sie dem Abraham erschienen sind (Gen 18).[8]

Die Hemmungen der Maler sollten uns zu denken geben, ohne dass wir die Trinitätstheologie der östlichen Orthodoxie einfach übernehmen könn-

---

[8] Vgl. L. Müller, Die Dreifaltigkeitsikone des Andréj Rubljów, München 1990.

ten. Wir müssen uns selber die Frage vorlegen: Wie soll man heute von Vater, Sohn und Geist reden?

12. Wie von Vater, Sohn und Geist reden?

Am besten hält man sich auch hier ganz eng an das Neue Testament. Und in diesem Neuen Testament gibt es wohl keine bessere Geschichte, uns das Verhältnis von Vater, Sohn und Geist zu vergegenwärtigen, als jene Verteidigungsrede des Protomärtyrers Stephanus, die uns Lukas in seiner Apostelgeschichte überliefert hat. Während dieser Rede hat Stephanus eine Vision: „Erfüllt mit dem Heiligen Geist, blickte er zum Himmel auf und sah die Herrlichkeit Gottes und Jesus zur Rechten Gottes stehen, und sprach: ‚Siehe, ich sehe die Himmel geöffnet und den Sohn des Menschen zur Rechten Gottes stehen'" (Apg 7,55 f.). Hier also ist die Rede von Gott, Jesus, dem Menschensohn, und dem Heiligen Geist. Aber Stephanus sieht nicht etwa eine dreigesichtige Gottheit und erst recht nicht drei gleichgestaltige Männer, auch kein Dreieckssymbol, wie es ebenfalls in der westlichen christlichen Kunst verwandt wurde. Vielmehr:
- Der *Heilige Geist* ist auf des Stephanus Seite, ist in ihm selbst. Der Geist, die von Gott ausgehende unsichtbare Kraft und Macht, erfüllt ihn ganz und öffnet ihm so die Augen: „im Geist" zeigt sich ihm der Himmel.
- *Gott* selber („ho theós" = „der" Gott schlechthin) bleibt verborgen, ist nicht menschenähnlich; nur seine „Herrlichkeit" (hebräisch „kabod"; griechisch „doxa") ist sichtbar: Gottes Glanz und Macht, der Lichtglanz, der voll von ihm ausgeht.
- *Jesus* schließlich, sichtbar als der Menschensohn, steht (und wir wissen schon um die Bedeutung dieser Formel) „zur Rechten Gottes": das heißt in Throngemeinschaft mit gleicher Macht und Herrlichkeit! Als Sohn Gottes erhöht und aufgenommen in Gottes ewiges Leben, ist er Gottes Stellvertreter für uns und zugleich als Mensch der Stellvertreter der Menschen vor Gott.

Man könnte deshalb die Zuordnung von Vater, Sohn und Geist so umschreiben:
- Gott, der unsichtbare Vater *über* uns,
- Jesus, der Sohn des Menschen, *mit* Gott für uns,
- der Heilige Geist, aus Gottes Kraft und Liebe, *in* uns.

Auch der Apostel *Paulus* sieht das ganz ähnlich: Gott selber schafft das Heil *durch* Jesus Christus *im* Geist. Wie wir auch *im* Geist *durch* Jesus Christus *zu* Gott beten sollen: die Gebete sind „per Dominum nostrum Jesum Christum" an Gott, den Vater, selbst gerichtet. Jesus als dem zu Gott erhöhten

V. Heiliger Geist

Herrn ist Gottes Macht, Kraft, Geist so sehr zu eigen geworden, dass er nicht nur vom Geist ergriffen und des Geistes mächtig ist, sondern dass er aufgrund der Auferweckung sogar selbst in der Existenz- und Wirkweise des Geistes ist. Und im Geist kann er den Gläubigen gegenwärtig sein: präsent nicht physisch-materiell, aber auch nicht unwirklich-unreal, sondern als geistige Wirklichkeit im Leben des Einzelnen und der Glaubensgemeinschaft, und da vor allem im Gottesdienst, in der Mahlfeier mit dem Brechen des Brotes und Trinken des Kelches zum dankbaren Gedenken an ihn. Und deshalb geht es in der Begegnung von „Gott", „Herr" und „Geist" für den Glaubenden letztlich um die eine und selbe Begegnung, um das eigene Handeln Gottes selbst, wie es Paulus etwa in der Grußformel zum Ausdruck bringt: „Die Gnade des Herrn Jesus Christus und die Liebe Gottes und die Gemeinschaft des Heiligen Geistes sei mit euch allen!" (2Kor 13,13).

In gleicher Weise könnte man auch von Vater, Sohn und Geist in den Abschiedsreden bei *Johannes* sprechen, wo dem Geist die personalen Züge eines „Beistandes" und „Helfers" (dies und nicht etwa „Tröster" meint „der andere Parakletos" Joh 14,16). Der Geist ist gleichsam des erhöhten Christus Stellvertreter auf Erden. Er ist gesandt vom Vater in Jesu Namen. So redet er nicht von sich aus, sondern erinnert nur an das, was Jesus selber gesagt hat.

Aus all dem dürfte deutlich geworden sein: Die *Schlüsselfrage zur Trinitätslehre* ist nach dem Neuen Testament nicht die als undurchdringliches „Geheimnis" („mysterium stricte dictum") deklarierte Frage, wie drei so verschiedene Größen ontologisch eins sein können, sondern die *christologische Frage*, wie schriftgemäß das Verhältnis Jesu (und dann folglich auch des Geistes) zu Gott selber ausgesagt werden soll. Dabei darf der Glaube an den einen Gott, den das Christentum mit Judentum und Islam gemeinsam hat, jedenfalls keinen Moment in Frage gestellt werden: Es gibt außer Gott keinen anderen Gott! Entscheidend aber für das Gespräch gerade mit Juden und Muslimen ist die Einsicht: Das *Prinzip der Einheit* ist dem Neuen Testament zufolge eindeutig nicht die eine, mehreren Größen gemeinsame göttliche „Natur" („Physis"), wie man sich dies seit der neunizänischen Theologie des 4. Jahrhunderts denkt. Das Prinzip der Einheit ist für das Neue Testament wie für die Hebräische Bibel eindeutig *der eine Gott* (ho theós: der Gott = der Vater), aus dem alles und auf den hin alles ist.

Bei Vater, Sohn und Geist geht es somit dem Neuen Testament zufolge nicht um metaphysisch-ontologische Aussagen über Gott an sich und seine innerste Natur: über ein statisches, in sich ruhendes, uns gar offen stehendes inneres Wesen eines dreieinigen Gottes. Es geht vielmehr um soteriologisch-christologische Aussagen, wie *Gott selbst sich* durch Jesus Christus in dieser Welt *offenbart*: um Gottes dynamisch-universales Wirken in der Geschichte, um sein Verhältnis zu dem Menschen und um des Menschen Verhältnis zu ihm. Es gibt also bei aller Verschiedenheit der „Rollen" eine *Einheit* von Vater, Sohn und Geist, nämlich als *Offenbarungsgeschehen und Offenbarungseinheit*: Gott selbst wird durch Jesus Christus offenbar im Geist.

„Wäre unter diesen Voraussetzungen", mag der Zeitgenosse fragen, „die Rede von Vater, Sohn und Geist vielleicht auch für Juden und Muslime leichter verständlich? Gerade das Gespräch mit Judentum und Islam wird ja ein wichtiger Prüfstand werden, ob Christen es mit dem Monotheismus ernst meinen."

Ich versuche es in drei Sätzen zusammenzufassen, was mir vom Neuen Testament her, für heute überlegt, der biblische Kern der traditionellen Trinitätslehre zu sein scheint:

- An Gott, den *Vater*, glauben, heißt, an den einen Gott, Schöpfer, Bewahrer und Vollender von Welt und Mensch glauben: Diesen Glauben an den einen Gott haben Judentum, Christentum und Islam gemeinsam.
- An den *Heiligen Geist* glauben, heißt, an Gottes wirksame Macht und Kraft in Mensch und Welt glauben: Auch dieser Glaube an Gottes Geist kann Juden, Christen und Muslimen gemeinsam sein.
- An den *Sohn* Gottes glauben, heißt, an des einen Gottes Offenbarung im Menschen Jesus von Nazaret glauben, der so Gottes Wort, Bild und Sohn ist. Über diese entscheidende Differenz müsste gerade unter den drei prophetischen Religionen weiter gesprochen werden.

Eine Rückfrage vielleicht hier des kritischen Zeitgenossen: „Bedeuten diese hochtheologischen Aussagen für Sie auch etwas ganz Existentielles, oder bleibt dies einfach eine ‚Glaubenswahrheit', ein ‚Dogma' und im besten Fall ‚Liturgie', ‚Doxologie', Lobpreis von Gottes ‚Herrlichkeit'?"

13. Geist der Freiheit

An den Heiligen Geist, den Geist Gottes glauben, heißt für mich, vertrauend annehmen, dass Gott selber mir innerlich gegenwärtig werden kann, dass er als gnädige Macht und Kraft Herrschaft gewinnen kann über mein ambivalentes Inneres, mein oft so undurchschaubares Herz. Und was mir dabei besonders wichtig ist: Der Geist Gottes ist kein versklavender Geist. Ist er doch der Geist Jesu Christi, der der Geist der Freiheit ist. Dieser Geist der Freiheit ging schon von den Worten und Taten des Nazareners aus. Sein Geist ist nun definitiv Gottes Geist, seit der Gekreuzigte durch Gott erhöht wurde und nun in der Seinsweise Gottes, im Geist Gottes lebt und herrscht. Deshalb kann Paulus völlig zu Recht sagen: „Wo der Geist des Herrn ist, da ist Freiheit" (2Kor 3,17). Und damit ist nicht nur eine Freiheit von Schuld,

Gesetzlichkeit und Tod gemeint, sondern auch eine Freiheit zum Handeln, zum Leben in Dankbarkeit, Hoffnung und Freude. Und dies trotz aller Widerstände und Zwänge in Gesellschaft und Kirche, trotz allen Mangels der Strukturen und allen Versagens des Einzelnen. Dieser Geist der Freiheit weist mich als Geist der Zukunft nach vorn: nicht ins Jenseits der Vertröstung, sondern in die Gegenwart der Bewährung.

Und weil ich weiß, dass der Heilige Geist der Geist Jesu Christi ist, habe ich auch einen konkreten *Maßstab, um die Geister* zu prüfen und *zu unterscheiden*. Gottes Geist ist hier nicht mehr zu missbrauchen als eine obskure, namenlose und leicht mitbedeutend göttliche Kraft. Nein, Gottes Geist ist völlig eindeutig der Geist Jesu Christi. Und das heißt ganz konkret und praktisch: Keine Hierarchie und auch keine Theologie und auch kein Schwärmertum, die sich über Jesus hinweg auf den „Heiligen Geist" berufen wollen, können den Geist Jesu Christi für sich in Anspruch nehmen. Da findet jedes Amt, jeder Gehorsam, jedes Mitmachen in Theologie, Kirche und Gesellschaft seine Grenzen!

An den Heiligen Geist, den Geist Jesu Christi glauben, heißt für mich, auch gerade angesichts vieler charismatischer und pneumatischer Bewegungen: dass der Geist *nie meine eigene Möglichkeit* ist, sondern immer Kraft, Macht, Geschenk Gottes – in glaubendem Vertrauen zu empfangen. Er ist also kein unheiliger Zeitgeist, Kirchengeist, Amtsgeist oder Schwarmgeist; er ist immer der heilige Gottesgeist, der weht, wo und wann *er* will, und der sich zu einem überhaupt nicht eignet: zur Rechtfertigung absoluter Lehr- und Regierungsmacht, unbegründeter dogmatischer Glaubensgesetze oder auch eines frommen Fanatismus und falscher Glaubenssicherheit. Nein, niemand – kein Bischof und kein Professor, kein Pfarrer und kein Laie – „besitzt" den Geist, aber jeder darf immer wieder neu bitten: „Komm, Heiliger Geist".

Aber weil ich auf diesen Geist meine Hoffnung setze, kann ich mit gutem Grund zwar nicht *an* die Kirche glauben, wohl aber an den Geist Gottes und Jesu Christi auch *in* dieser Kirche, die aus fehlbaren Menschen, wie ich selber einer bin, besteht. Und weil ich auf diesen Geist meine Hoffnung setze, bin ich davor bewahrt, mich resignativ oder zynisch aus der Kirche zu verabschieden. Weil ich auf diesen Geist meine Hoffnung setze, kann ich guten Gewissens trotz allem sagen: Ich glaube die heilige Kirche. Credo sanctam ecclesiam.

VI. Auferstehung der Toten und ewiges Leben

Kann man nach Galilei noch an den Himmel glauben? Das war für viele damals eine gefährliche Frage. Wir erinnern uns: Im Jahre 1600 war Giordano Bruno, 1616 war Kopernikus, 1633 war Galilei verurteilt worden. Auch

René Descartes, der Begründer der modernen Philosophie, wagte es nicht, seinen bereits druckfertigen nachkopernikanischen „Traktat über die Welt oder das Licht" („Traité du monde ou de la lumière") zu veröffentlichen, da die vom Papst selber approbierte Entscheidung mit allen Machtmitteln der Inquisitoren und Nuntiaturen durchgesetzt werden sollte.

Aber der geistige Preis, den die Kirche zahlte, war hoch. Und nicht zu Unrecht hat man Galileis Verurteilung und damit den Verlust der Welt der modernen Philosophie und Naturwissenschaft neben dem ost-westlichen Schisma und der reformatorischen Glaubensspaltung zu den drei größten Katastrophen der Kirchengeschichte des 2. Jahrtausends gezählt. „Es heißt, die Heilige Schrift zu einem Zweck verwenden, zu dem sie Gott keineswegs gegeben hat, und folglich sie zu missbrauchen, wenn man ihr die Kenntnis von Wahrheiten entnehmen will, die nur zu den menschlichen Wissenschaften und nicht unserem Heil dienen", schrieb damals Descartes in einem Brief[1].

Aber die römische Kirche, jetzt auf dem Höhepunkt der Gegenreformation und voll des barocken Triumphalismus, kümmerte sich kaum um diese Entwicklung in moderner Philosophie und Astronomie. Ihr setzte sie, jetzt mit den Mitteln gerade auch der Kunst, ein eigenes Bild vom Himmel entgegen. Ein letztes Mal sollte Europa – jedenfalls Italien, Spanien, Frankreich, die südlichen Niederlande, Süddeutschland und Österreich – durch einen einheitlichen und alles umfassenden Kunststil zusammengehalten und im alten Glauben bewahrt werden: durch den Barock. Mit der Tambourenkuppel in den barocken Kirchen sollte noch einmal die Himmelswelt, der Allerheiligenhimmel ad oculos gezeigt werden – zum Wahrheitsbeweis der katholischen Kirche. Die Maler bekamen ihr Lieblingsthema – ganz wie wenn sich am Himmel nichts verändert hätte.

1. Der Himmel als künstlerische Illusion

Im Rom der Bernini und Borromini hat ein halbes Jahrhundert nach Galileis Verurteilung der berühmte Jesuitenmaler *Andrea Pozzo* (1642–1709), aus der Konzilsstadt Trient stammend und in Wien gestorben, mit perfekter Technik und in präzise berechneter Perspektivität das riesige Langhaus der römischen Jesuitenkirche *San Ignazio* mit einem einzigen Fresko überdeckt, das heute nicht nur als sein Hauptwerk, sondern zugleich als ein Höhepunkt spätbarocker illusionistischer Deckenmalerei angesehen wird: die Aufnahme

---

[1] R. Descartes, Brief (vermutlich an Plempius vom August 1638), in: Kritische Ausgabe, hrsg. v. Ch. Adam – P. Tannery, Bd. I–XIII, Paris 1897–1913, Zit. Bd. II, S. 348.

VI. Auferstehung der Toten und ewiges Leben

des Ordensgründers Ignatius in den Himmel und die Verbreitung der göttlichen Liebe durch ihn in alle vier Erdteile. Die reale Architektur dieses Langhauses geht ganz selbstverständlich über in eine triumphbogenähnliche Scheinarchitektur, die bevölkert ist von Heiligen und Engeln. In ihrer Mitte aber, über Wolken, öffnet sich der Himmel, so dass nicht nur der hier aufgenommene Ordensgründer Ignatius, sondern die Dreifaltigkeit selbst – Gott Vater, Christus mit dem Kreuz und der Geist in Taubengestalt – sichtbar wird und von ihr ein Lichtstrahl der Liebe ausgeht, genau zum Herzen des Ignatius und von dort viergeteilt in alle vier Erdteile mit ihren Repräsentanten. Wahrhaftig: Mit größerem Bild-Pathos und stärkerer Ausdruckskraft ließ sich der Geist der Gegenreformation und der weltweite Anspruch der Propaganda Fide nicht ins Bild umsetzen. Eine beispiellose Apotheose eines Heiligen, die unübertroffene Verherrlichung eines Ordens, ein Theatrum sacrum der einen wahren Kirche und – 50 Jahre nach Galileis Verurteilung – eine barocke Vision von den Verhältnissen im Himmel, als sei die kopernikanische Wende nicht erfolgt, als sei das Fernrohr nie erfunden worden, als sei es in Astronomie, Physik und Philosophie nicht zu einem höchst folgenreichen epochalen Paradigmenwechsel gekommen.

Andrea Pozzos grandiose Malerei und seine theoretische Schrift über die Perspektivität in Architektur und Malerei, der ganze „Jesuitenbarock", hat sich besonders in Süddeutschland ausgewirkt, wobei im 18. Jahrhundert der französische Einfluss stärker wurde, so dass auch hier seit ungefähr 1730 der Barock in den Rokoko (Louis XV.) überging. Ein Höhepunkt des schwäbisch-bayerischen Rokoko nun, die noch heute populärste Rokokokirche, oft „schönste Dorfkirche der Welt" genannt, ist die Wallfahrtskirche in der Wies bei Steingaden in Oberbayern. Erbaut wurde sie 1745–1754 von den *Brüdern Zimmermann*, die beide zuerst Stuckateure waren, bevor Dominik Architekt und Johann Baptist Maler wurde. Ein ideales Team, dessen letztes und bedeutendstes Werk – nach Steinhausen in Oberschwaben – eben die *Wieskirche* war: ein sakrales Gesamtkunstwerk fürwahr, wo neben Architektur, Skulptur, Malerei jetzt auch noch die Ornamentik gleichberechtigt zusammenwirken und ineinander übergehen. Eine zugleich malerische und plastische „Architektur". Der rhythmisch schwingende ovale Hauptraum der Wieskirche wird wie in Sant' Ignazio durch ein einziges großes Fresko gekrönt. Aber im Unterschied zu Pozzos Deckengemälde ist die Scheinarchitektur hier – abgesehen von einem großen leeren Thron auf der Chorseite und einem mächtigen Tor auf der Eingangsseite – sehr reduziert. Und so kann denn über die ganze Breite in einem frohen, alles beherrschenden Blau der Himmel sich öffnen, der von verhältnismäßig wenigen Personen bevölkert ist. Geometrisch in der Mitte steht hier nicht irgendein Heiliger, auch nicht (wie in so vielen Wallfahrtskirchen Oberbayerns ringsum) Maria, sondern steht Christus selbst, der zum Gericht kommt. Das ist auch theologisch die überzeugendere Lösung. Aber ganz anders als in Michelangelos bedrohlichem Wandfresko vom Jüngsten Gericht erscheint Christus hier als der Verklärte lichtumstrahlt, sitzend auf dem Scheitel eines Regenbogens, der ja seit der Sintflut und Noachs Rettung das Zeichen der Versöhnung ist, Zeichen des Bundes Gottes mit der ganzen Schöpfung, ein Menschheitsbund, der dem Abrahams- und erst recht dem Mosebund mit dem Volke Israel vorausgeht.

Zwar erscheint hier alles bereit zum Gericht: Engel, Apostel, Maria, die Bücher des Lebens. Aber – das Gericht erfolgt noch nicht. Jesu Rechte weist auf das jetzt überwundene und von einer Glorie umstrahlte Kreuz, seine Linke aber zeigt auf die Seitenwunde, auf das Herz als dem Symbol der Liebe. Auffälligerweise sind gar keine zu Richtenden da, wie wir es von Michelangelos Gerichtsbild her kennen, wo buchstäblich Hunderte das Bild bevölkern. Aber noch ist ja die Zeit der Gnade, der Umkehr, der Vergebung der Sünden. Und die Pilger selber sind es, die hier als einmal zu Richtende angesprochen werden durch dieses Bild von den „letzten Dingen", das nicht wie das Michelangelos Schrecken verbreiten, sondern in seinen lichten Farben mitten im festlich-heiteren Raum dem Erdenpilger eine tiefe Geborgenheit und zugleich die Sehnsucht nach der ewigen Heimat vermitteln will – in seiner Grundstimmung ähnlich einer bestimmten Musik, der Musik des unmittelbar vorher (1741) entstandenen Werkes des Jahrgangsgenossen von Dominik Zimmermann, des „Messias" von Georg Friedrich Händel. Verlässt der Pilger die Kirche, so drängt sich ihm im Bild am Ende der Längsachse direkt über dem Ausgang das mächtige, zum Himmel aufragende, aber noch geschlossene „Tor der Ewigkeit" auf mit der Inschrift aus der Offenbarung des Johannes: „Tempus non erit amplius" – „die Zeit wird nicht mehr sein", da hinter dem Tor die Ewigkeit beginnt. Auch dies keine apokalyptische Drohbotschaft, sondern eine ganz persönlich zu verstehende Frohbotschaft, der Stunde eingedenk zu sein, da ja dieses Tor sich für den Betrachter einmal öffnen wird.

„Doch was soll diese illusionistische Himmelsöffnung", unterbricht mich mein Zeitgenosse, „was soll eine auf das Unendliche gerichtete Illusion des Himmlischen gut hundert Jahre nach dem Galileiprozess, gut fünfzig Jahre nach den ‚Philosophiae naturalis principia mathematica' des Begründers der Himmelsmechanik, Isaac Newton? Heute lassen wir uns doch nicht mehr blenden durch diese gewiss äußerst dekorative Kunst, die raffiniert sämtliche Mittel der Augentäuschung und alle möglichen Spielereien nutzt, um die Illusion einer anscheinend doch existierenden himmlischen Überwelt zu erwecken. Heute durchschauen wir doch den grandiosen barocken Illusionismus, der die Unterschiede nicht nur zwischen realer Architektur und Scheinarchitektur, sondern auch zwischen physikalischem Himmel und einem metaphysikalischen Himmel zu verwischen suchte. Solche Himmelsvorstellungen sind doch passé!"

Ja, es ist nicht zu leugnen: Nicht nur der Bauherr dieser „himmlischen" Wieskirche, Abt Marianus II., musste wegen der ungeheuren Bauschulden abdanken; nicht nur wurde schon 1760/70 das Rokoko durch den strengen Klassizismus abgelöst, nein, keine vierzig Jahre nach der Fertigstellung geriet die damalige Welt und ihr religiös-kirchliches System überhaupt in die Krise, und zwar durch die Französische Revolution. Gott wurde in Paris und anderswo für „abgesetzt" erklärt; viele Priester landeten „an der Laterne". Es ist kaum zu glauben: Zu Beginn des 19. Jahrhunderts wurde auch die Wieskirche im Zuge der allgemeinen Säkularisierung vom Staat konfisziert und zum Kauf angeboten; bis in unser Jahrhundert hinein blieb sie fast vergessen. Aber die Frage meines Zeitgenossen zielte ja aufs Ganze: „Was soll ein solcher Himmel noch heute? Ist der Glaube an einen ‚Himmel' nicht endgültig widerlegt?"

2. Der Himmel des Glaubens

Es kann nicht übersehen werden, dass die Vorstellung von einem Himmel durch die Vermessung der Astronomen, die ernüchternden Ausblicke und Einblicke der Teleskope und Satelliten, der Raumfähren und Raumsonden sich radikal verändert hat. Das Wort Himmel hat heute einen Sprachverschleiß mitgemacht, der dieses Wort ein für allemal als untauglich erscheinen lässt. Man drückt damit seine Verlegenheit aus („Ach du lieber Himmel!"), seinen Zorn („Himmel noch einmal!") oder greift zu billigen Sprachklischees („Ist das nicht himmlisch?"). Und doch: Selbst in diesem Verschleiß scheint noch etwas auf von dem tiefen archetypischen religiösen Sinn, den dieses Wort vom „T'ien" der Chinesen bis zum Himmelspreis der deutschen Kirchenlieder behalten hat und das nicht ganz so leicht zu ersetzen ist durch etwas Anderes, Besseres, gar Irdisches. So möchte ich denn nicht nach irgendeinem Himmel fragen, von dem wir schwärmen, in den wir flüchten, bei dem wir schwören können. Nein, ich frage hier nach einer letzten (und ersten) Wirklichkeit, an die auch wir als Zeitgenossen des 20. Jahrhunderts glauben und auf die wir vertrauen können: den Himmel des *christlichen Glaubens*. Dabei möchte ich drei Gesichtspunkte anführen, die am Ende das am Anfang über die Schöpfung Gesagte einholen und präzisieren:
1. Der „Himmel", von dem der Glaube spricht, ist – recht bedacht – gerade *kein überweltliches Droben*: kein Himmel im physikalischen Sinn! Muss man heute noch begründen, dass das scheinbar über dem Horizont liegende, halbkugelähnliche Gewölbe, an dem Gestirne erscheinen, nicht mehr wie in biblischen Zeiten als die äußere Seite des Thronsaales Gottes ver-

standen werden kann? Wir hörten es: Der Himmel des Glaubens ist nicht der Himmel der Astronauten, wie gerade jene Astronauten, die den biblischen Schöpfungsbericht auf der ersten Fahrt zum Mond aus dem Weltall rezitierten, selber bezeugten. Nein, die naiv-anthropomorphe Vorstellung von einem Himmel über den Wolken ist nicht mehr nachvollziehbar. Gott wohnt nicht als „höchstes Wesen" im örtlichen oder räumlichen Sinn „über" der Welt, in einer „Überwelt": Christen glauben, dass *Gott in der Welt* anwesend ist.

2. Der Himmel des Glaubens ist auch *kein außerweltliches Drüben*: kein Himmel im metaphysischen Sinn! Es ist für die Auffassung des Himmels nicht entscheidend, ob die Welt – wie man in der Neuzeit lange annahm – unendlich ist in Raum und Zeit oder, wie heute viele Naturwissenschaftler nach Albert Einsteins Weltmodell voraussetzen, in Raum und Zeit endlich. Wir hörten es: Selbst ein unendliches Universum könnte den unendlichen Gott in allen Dingen nicht beschränken; der Glaube an Gott ist mit beiden Weltmodellen vereinbar. Nein, auch die aufgeklärt-deistische Vorstellung von einem Himmel ist nicht mehr nachvollziehbar. Gott west nicht im geistigen oder metaphysischen Sinne „außerhalb" der Welt in einem außerweltlichen Jenseits, in einer „Hinterwelt". Christen glauben, dass *die Welt in Gott* geborgen ist.

3. Der Himmel des Glaubens ist also *kein Ort, sondern eine Seinsweise*, ist doch der unendliche Gott im Raum nicht lokalisierbar, durch die Zeit nicht begrenzbar. Wir hörten es: Wenn es um den Himmel Gottes geht, dann um jene unsichtbare „Domäne", jenen „Lebensraum" Gottes, des „Vaters", für den der sichtbare physikalische Himmel in seiner Größe, Klarheit, Lichthaftigkeit freilich noch immer Symbol sein kann. Der Himmel des Glaubens ist nichts anderes als der verborgene, unsichtbar-unfassbare Bereich Gottes, der der Erde gerade nicht entzogen, der vielmehr, alles zum Guten vollendend, Anteil gibt an Gottes Herrschaft und Reich. Insofern also hat Ludwig Feuerbach in seinem Kapitel über den Unsterblichkeitsglauben durchaus richtig interpretiert, wenn er Gott den unentwickelten Himmel und den wirklichen Himmel den entwickelten Gott nennt. Gott und Himmel sind tatsächlich identisch: „Gegenwärtig ist Gott das Himmelreich, in Zukunft der Himmel Gott."[2]

„Aber nun ist ja Feuerbach selber und mit ihm die ganze Moderne sehr viel mehr an der Erde interessiert als am Himmel", wird jeder philosophisch versierte Zeitgenosse hier anmerken. „Ich beschwöre euch, meine Brüder,

---

[2] L. Feuerbach, Das Wesen des Christentums (1841), hrsg. v. W. Schuttenhauer, Bd. I–II, Berlin 1956, S. 270.

VI. Auferstehung der Toten und ewiges Leben

bleibt der Erde treu und glaubt denen nicht, welche euch von überirdischen Hoffnungen reden!" mahnt Nietzsches Zarathustra schon in seiner Vorrede.[3] Und auch wenn man nicht Atheist ist, sondern die biblische Botschaft ernst nimmt, ist man mit der Möglichkeit des Endes dieser Erde und dieses Kosmos zu konfrontieren. Hatte in der Bibel nicht schon der Zweite Jesaja während des Babylonischen Exils das Vergehen von Himmel und Erde verkündet? „Denn die Himmel werden zerfetzt wie Rauch, und die Erde zerfällt wie ein Gewand, und ihre Bewohner sterben wie Mücken" (Jes 51,6). Und beim Dritten Jesaja nach dem Babylonischen Exil wird uns sogar ein neues Weltall verheißen: „Siehe, ich schaffe einen neuen Himmel und eine neue Erde" (Jes 65,17). Was ist, nachdem das Credo mit der Schöpfung beginnt und – nach einer anderen Formulierung – mit dem „Leben der zukünftigen Welt" endet, vom Ende der Welt zu sagen?

3. Weltuntergang physikalisch – vom Menschen gemacht

Es gibt noch immer eine Minderheit von Kosmologen, die der Meinung sind, das Universum hätte schon immer existiert, würde sich immer neu ändern und entwickeln und es sei so ein Universum ohne Anfang und ohne Ende. Mit Gravitation, elektrischen und magnetischen Kräften meinen sie, es erklären zu können – abgesehen freilich vom Grundfaktum, dass überhaupt etwas ist und nicht nichts, welcher Frage diese Richtung der Kosmologie auszuweichen versucht.

Der Großteil der Kosmologen geht aber heute davon aus, dass unsere Welt alles andere als stabil, unwandelbar, gar ewig ist: eine „Welt zwischen Anfang und Ende" (H. Fritzsch[4]). Umstritten ist höchstens die Frage, ob die Expansion des Weltalls, die mit dem Big Bang begonnen hat, dauernd weitergeht oder ob sie einmal zum Stehen kommt und danach wieder in Kontraktion übergehen wird. Wird die Expansion des Kosmos ewig weitergehen? So fragt man sich nach der Entdeckung der ältesten Strukturen (Fluktuationen) des Universums im April 1992 von Neuem.

Die *erste Hypothese* geht aus von einem „pulsierenden" oder „schwingenden" Universum, das sich freilich bisher in keiner Weise verifizieren ließ: Einmal, meint man, wird sich die Expansion verlangsamen; sie kommt zum Stillstand und schlägt in Kontraktion um, so dass das Universum sich in einem Milliarden Jahre dauernden Prozess wieder zusammenzieht und die Galaxien mit ihren Sternen schließlich immer rascher aufeinander zufallen,

---

[3] F. Nietzsche, aaO S. 280.
[4] Vgl. H. Fritzsch, Vom Urknall zum Zerfall. Die Welt zwischen Anfang und Ende, München 1983.

bis es möglicherweise – man spricht von mindestens 80 Milliarden Jahren nach dem Ur-Knall – unter Auflösung der Atome und Atomkerne in ihre Bestandteile zu einem erneuten großen Knall kommt, zum Big Crunch, zum End-Knall. Dann könnte, vielleicht, in einer erneuten Explosion wieder eine neue Welt entstehen.

Die *zweite Hypothese*, die wohl die Mehrheit der Astrophysiker hinter sich scharen dürfte: Die Expansion schreitet ständig fort, ohne in Kontraktion umzuschlagen. Auch hier machen die Sterne ihre Entwicklung durch: die Sonne wird, nach vorübergehendem Helligkeitsanstieg, erlöschen. Als Endstadien der Sternentwicklung entstehen, je nach Größe der Sternmasse, die schwach strahlenden „Weißen Zwerge" oder, nach explosivem Massenausstoß, „Neutronensterne" oder möglicherweise „Schwarze Löcher" („Black Holes"). Und wenn sich auch aus der im Inneren der Sterne umgewandelten, ausgestoßenen Materie neue Sterne und Sterngenerationen bilden sollten, so werden auch in diesen wieder Kernprozesse vor sich gehen, bei denen die Materie im Sterninneren schließlich zu „Asche" verbrennt. Langsam wird Kälte im Kosmos einziehen, Tod, Stille, absolute Nacht.

„Doch nun machen Sie uns doch nicht Angst mit etwas, was sich, wenn überhaupt, in 80 Milliarden Jahren ereignen wird!" Diesem Einwurf muss ich stattgeben. Das Problem für den durchschnittlichen Zeitgenossen ist nicht so sehr das Ende unseres Universums, von dessen ungeheurer zeitlicher wie räumlicher Ausdehnung die biblischen Generationen ohnehin keine Ahnung hatten. Das Problem ist vielmehr der Untergang der Welt *für uns*: das Ende unserer Erde, genauer der Menschheit: Weltuntergang als *Ende der Menschheit – vom Menschen gemacht.*

Viele Menschen zitieren angesichts all der Weltkatastrophen, Kriege und Hungersnöte, Erdbeben und anderen Naturkatastrophen die bedrückende, furchterregende Vision aus dem Neuen Testament und machen auch anderen damit Angst: „Ihr werdet von Kriegen hören, und Nachrichten über Kriege werden euch beunruhigen. Gebt acht, laßt euch nicht erschrecken! Das muß geschehen. Es ist aber noch nicht das Ende. Denn ein Volk wird sich gegen das andere erheben und ein Reich gegen das andere, und an vielen Orten wird es Hungersnöte und Erdbeben geben. Doch das alles ist erst der Anfang der Wehen ... Sofort nach den Tagen der großen Not wird sich die Sonne verfinstern, und der Mond wird nicht mehr scheinen; die Sterne werden vom Himmel fallen, und die Kräfte des Himmels werden erschüttert werden" (Mt 24,6–8. 29).

In der Tat: Man braucht heute gar keine „Weltuntergangsgeschichten" von Poe bis Dürrenmatt zu lesen und keine Katastrophenfilme anzusehen, um zu wissen: Wir sind seit Menschengedenken die erste Menschengeneration, die durch die Entfesselung der Atomkraft fähig ist, der Menschheit ein

VI. Auferstehung der Toten und ewiges Leben

Ende zu bereiten! Und schon das relativ geringfügige Versagen in Tschernobyl hat allüberall den Menschen gezeigt, was ein Atomkrieg großen Stils bedeuten würde: Die Erde würde unbewohnbar. Heute aber, da durch das Ende des Kalten Krieges die Gefahr eines großen Atomkrieges stark gesunken ist, fürchten noch mehr Menschen „kleine" Atomkriege zwischen nationalistisch fanatisierten Völkern, fürchten aber vor allem den Umweltkollaps, der unsere Erde ebenfalls zerstören könnte: Überbevölkerung, Müllkatastrophe, Ozonloch, verdorbene Luft, vergiftete Böden, überdüngte Seen, ungenießbares Wasser ... Wahrhaftig, apokalyptische Visionen, die durchaus Wirklichkeit werden können.

Trotzdem muss ich hier den apokalyptisch Gesinnten sagen: Wer in den Berichten des Neuen Testaments von der letzten Drangsal, der Verfinsterung der Erde und des Mondes, vom Herunterfallen der Sterne und der Erschütterung der Himmelskräfte exakte Vorausberichte vom Ende der Welt oder zumindest unserer Erde vor sich zu haben meinte, würde die Texte missverstehen. Gewiss: Solch gespenstische Visionen sind eine eindringliche Mahnung an die Menschheit und den einzelnen Menschen, den Ernst der Lage zu erkennen. Aber wollen wir theologische Kurzschlüsse bezüglich des Weltendes vermeiden, dann haben wir davon auszugehen: Wie die biblische Protologie keine Reportage von Anfangs-Ereignissen sein kann, so die biblische Eschatologie keine Prognose von End-Ereignissen. Und wie die biblischen Erzählungen vom Schöpfungswerk Gottes der damaligen Umwelt entnommen wurden, so die von Gottes Endwerk der zeitgenössischen Apokalyptik. Die Bibel spricht deshalb auch hier keine naturwissenschaftliche Faktensprache, sondern eine metaphorische Bildersprache. Sie offenbart auch hier keine bestimmten weltgeschichtlichen Ereignisse, sondern deutet sie.

Die apokalyptischen Bilder und Visionen vom Weltende würden also zweifellos missverstanden, wenn sie als eine Art chronologischer „Enthüllung" (Apokalypsis) oder als Informationen über die „letzten Dinge" am Ende der Weltgeschichte aufgefasst würden. Wie viele Sekten und fundamentalistische Gruppen meinen, hier einen offenbaren Wissensschatz zu besitzen! Und wie gefährlich würde es, wenn wieder einmal ein amerikanischer Präsident an eine biblische Endschlacht, „Armaggedon" genannt, gegen das „Reich des Bösen" zu glauben begänne. Nein, alle diese biblischen Ankündigungen können für uns keinesfalls ein Drehbuch von der Menschheitstragödie letztem Akt sein. Sie enthalten keine besonderen göttlichen „Offenbarungen", die unsere Neugierde hinsichtlich des Endes befriedigen könnten. Hier erfährt der Mensch gerade nicht – gewissermaßen mit unfehlbarer Genauigkeit –, was im Einzelnen auf ihn zukommt und wie es dann konkret zugehen wird. Wie die „ersten Dinge", so sind auch die „letzten Dinge" keinen direkten Erfahrungen zugänglich. Für die „Ur-Zeit" wie für die „End-Zeit" gibt es keine menschlichen Zeugen. Wie uns keine eindeutige wissenschaftliche Extrapolation gegeben ist, so auch keine genaue prophetische Prognose der definitiven Zukunft von Menschheit, Erde, Kosmos.

Auch der Theologe hat hier also kein privilegiertes Wissen! Allerdings kann er die Bilder vom Weltende deuten. Die poetischen Bilder und Erzählungen vom Anfang und Ende stehen für das durch die reine Vernunft Unerforschliche, für das Erhoffte und Befürchtete. In den biblischen Aussagen über das Ende der Welt geht es um ein *Glaubenszeugnis* für die *Vollendung des Wirkens Gottes* an seiner Schöpfung. Die Botschaft, die da an Glauben appelliert, lautet: Wie am Anfang der Welt, so steht auch an ihrem *Ende* nicht das Nichts, sondern *Gott*! Das angekündigte Ende darf dabei nicht selbstverständlich mit einer kosmischen Katastrophe und einem Abbruch der Menschheitsgeschichte gleichgesetzt werden. Das Ende hat nach der Bibel selbst zwei Seiten: *Beendigung* des Alten, Vergänglichen, Unvollkommenen, Bösen – und zugleich *Vollendung* durch ein Neues, Ewiges, Vollkommenes; deshalb ist die Rede von einer neuen Erde und einem neuen Himmel. Damit ist deutlich geworden: Die biblischen Aussagen über das Ende der Welt haben Autorität nicht als naturwissenschaftliche Aussagen über das Ende des Universums, sondern als *Glaubenszeugnis vom großen Wohin des Universums*, welches sein Ziel in Gott hat, ein Ziel, das die Naturwissenschaft weder bestätigen noch widerlegen kann, das Sache eines vernünftigen Vertrauens ist. Insofern können wir denn auch auf eine Harmonisierung der biblischen Aussagen mit den verschiedenen naturwissenschaftlichen Theorien vom Ende der Welt ohne weiteres verzichten.

„Was soll aber in diesem Zusammenhang noch die Vorstellung von einem Weltgericht am Ende der Zeiten? Ist nach dem berühmten Wort Hegels nicht die Weltgeschichte selber das Weltgericht? Oder ist der christliche Glaube noch immer wesentlich Glaube auch an Jesu Wiederkunft zum Gericht?"

4. Die Weltgeschichte als Weltgericht?

In ungezählten Fällen kann man Geschichte so deuten: Völker und Staaten, wie die einzelnen Menschen auch, werden oft nach langer Zeit und oft auch für lange Zeit für ihre Untaten „bestraft". Wie viele Nationen haben heute noch dafür zu bezahlen, was sie anderen – den Schwarzen in Afrika oder Amerika etwa – angetan haben in der Zeit des modernen Kolonialismus und Imperialismus oder aber in den Zeiten des Nationalsozialismus und jetzt wieder des Kommunismus? Trotzdem würde man Hegels Geschichtsidealismus verfallen, wollte man annehmen, dass alle Rechnungen in der Geschichte aufgehen und dass sich schließlich stets der göttliche Weltgeist – durch sein Gericht oder durch seine List – durchsetzen würde.

VI. Auferstehung der Toten und ewiges Leben

Nein, volle Gerechtigkeit gibt es nach allen Erfahrungen auf dieser Erde nicht, weder in der Geschichte der Völker noch im Leben der Einzelnen. Volle Gerechtigkeit bleibt Gegenstand der begründeten Hoffnung, der konkreten Sehnsucht. Von daher kann man verstehen, dass die uralte, schon in Ägypten verbreitete Vorstellung vom Totengericht sich im frühen Judentum wie schon in der persischen Religion mit einer *Enderwartung* verbunden hatte: ein Gericht also nicht nur über den Einzelnen unmittelbar nach seinem Tod, nein, ein Gericht über die gesamte Menschheit am Ende der Zeit. Auch Jesus und seine Jünger standen in dieser frühjüdischen apokalyptischen Erwartung: Auch sie erwarteten zu Lebzeiten noch die Vollendung von Gottes Reich.

Dass aber die Geschichte der Naherwartung eine Geschichte ihrer immer wiederholten Enttäuschung ist – auch und gerade in „apokalyptisch" genannten Zeiten –, lehrt die Kirchengeschichte vom 1. bis zum 20. Jahrhundert. Das gilt auch für Vorstellungen wie die des (Paulus nur zugeschriebenen) zweiten Thessalonicherbriefs von einer letzten Steigerung des Bösen, einem großen Abfall vor dem Ende und der Verkörperung der widergöttlichen und widerchristlichen Kräfte in einem endzeitlichen „Menschen der Gesetzesfeindschaft". Und das gilt für die Vorstellung von einem oder mehreren „Antichristen" (Individuum oder Kollektivum?), die wir von den johanneischen Schriften (Briefe und Apokalypse) kennen. All diese Vorstellungen sind nicht, wie oft angenommen, besondere göttliche Offenbarungen über die Endzeit. Es sind Bilder aus der jüdischen Apokalyptik, die zum Teil ältere mythologische Motive verwerten und sie mit neueren geschichtlichen Erfahrungen verknüpfen.

Aber – allen apokalyptischen Schwärmern und Sekten unserer Tage gegenüber kann es nicht oft genug gesagt werden: Nicht die *Apokalypsen*, sondern die *Evangelien* sind die für die junge Kirche charakteristische Literaturform geworden. Neben der großen Apokalypse des Johannes finden sich bekanntlich auch einige kleinere im Neuen Testament, was zeigt, dass apokalyptisches Schriftgut durchaus in den frühen christlichen Gemeinden verbreitet war. Entscheidend aber: Sie wurden in die Evangelien eingebaut (vgl. Mk 13) und so gleichsam domestiziert. Das hatte theologisch eine nicht unerhebliche Akzentverschiebung zur Folge: Fortan wurde die Apokalyptik vom Evangelium her verstanden und nicht umgekehrt! Sie stellte für eine ganz bestimmte Situation einen Verstehens- und Vorstellungsrahmen dar, der sehr wohl von der gemeinten Sache, von der Botschaft selbst, zu unterscheiden ist.

Worum geht es für uns Christen? Ausgerichtet sind die Apokalypsen in den Evangelien ganz auf das *Erscheinen Jesu*, der jetzt eindeutig mit dem apokalyptischen Menschensohn identisch ist, der zum Gericht erwartet wird. Die „Sache" also heißt: *Richter ist kein anderer als Jesus* – und gerade dies ist für alle, die sich auf ihn eingelassen haben, *das große Zeichen der Hoffnung*. Hoffnung warum? Weil er, der in der Bergpredigt die neuen Maßstäbe und Werte verkündet hatte, auch derjenige sein wird, der uns nach den gleichen Maßstäben am Ende zur Rechenschaft zieht! An unserem Ende, aber auch am Ende der Menschheit – etwa ganz so wie auf Michelangelos gewaltigem Fresko?

Was Michelangelos monumentales „Jüngstes Gericht" betrifft, so ist zu sagen: Auch die genialste Kunst bleibt Kunst! Das heißt: Auch das biblische Bild von der Versammlung der gesamten Menschheit (man bedenke: auch nur die jetzt lebenden fünf Milliarden Menschen versammelt in Jerusalem) ist und bleibt – ein Bild. Was ist mit diesem Bild gemeint? Gemeint ist das schlussendliche *Versammeltwerden aller Menschen*, auch der Ärmsten, Verachtetsten, Geschundensten und Gemordeten, *zu Gott – damit endlich Gerechtigkeit geschehe*! Also ein Versammeltwerden der gesamten Menschheit zu ihrem Schöpfer, Richter und Vollender, wo, wann und wie auch immer. Schon die Begegnung des Einzelnen mit Gott im Tod – so führte ich früher aus – hat ja einen kritisch scheidenden, sichtenden, reinigenden, richtenden und nur so voll-endenden Charakter.

„Wenn ich richtig verstehe", bemerkt hier ein Zeitgenosse, „so kann man dieses Bild vom Jüngsten Gericht also ruhig zum alten Eisen werfen! Fällt dann aber konsequenterweise nicht auch die Aussage des Glaubensbekenntnisses von einer Wiederkunft Christi?"

Gerade nicht! *Der biblische Gerichtsgedanke* als solcher, im Neuen Testament durchgängig vertreten, *kann nicht aufgegeben werden*. Das Bild der Bibel von einem Jüngsten Gericht bleibt aussagekräftig. In bildhafter Verdichtung wird hier vieles bezüglich Sinn und Ziel sowohl des einzelnen Menschenlebens wie der Menschheitsgeschichte als ganzer deutlich, was auch für den heutigen Menschen relevant ist:

1. Alle politischen wie religiösen Institutionen, Traditionen und Autoritäten stehen unter Gottes Gericht und werden ihm, wie immer die Geschichte weitergeht, nicht entkommen. Alles Bestehende hat deshalb provisorischen Charakter.
2. Auch meine eigene undurchsichtige und ambivalente Existenz verlangt wie die tief zwiespältige Menschheitsgeschichte nach einem endgültigen Durchsichtigwerden, nach dem Offenbarwerden eines endgültigen Sinnes; auch ich selber kann ja mein Leben und die Geschichte letztlich nicht beurteilen und muss das Urteil darüber auch keinem anderen menschlichen Tribunal überlassen. Das Gericht ist Gottes Sache.
3. Wahre Vollendung und wahres Glück der Menschheit als Ganze sind jedoch nur dann gegeben, wenn nicht nur ich und die jetzige Generation, sondern auch die früheren Generationen und die nächste, die übernächste

und die letzte, wenn also alle Menschen an diesem Glück teilhaben werden.
4. Zu einer letzten Sinnerfüllung meines Lebens und zu einer glücklichen Vollendung der Menschheitsgeschichte wird es erst in der Begegnung mit der offenbaren Wirklichkeit Gottes kommen; die Zweideutigkeit des Lebens und alles Negative werden definitiv nicht durch die Weltgeschichte, sondern nur durch Gott selber überwunden.
5. Auf dem Weg aber zur Vollendung ist für die Realisierung wahren Menschseins des Einzelnen wie der Gesellschaft für den christlichen Glauben jener Jesus Christus mit seiner Botschaft, seinem Verhalten und seinem Geschick der verlässliche, bleibende und definitive Maßstab: der Gekreuzigte und Auferweckte in diesem Sinn der letzte Richter.

„Doch lassen wir alles Grundsätzliche. Direkt gefragt: Glauben Sie etwa an Teufel, Hölle, Fegfeuer, oder glauben Sie nicht?"

5. An den Teufel glauben?

Nichts wäre naiver als die *Macht des Bösen* in der Weltgeschichte und im Leben des Einzelnen zu leugnen oder auch nur zu verharmlosen. Es gibt sie im Großen wie im Kleinen, und wehe, wann immer und wie immer jemand ihr ausgesetzt ist. Die Macht des Bösen kann auf zwei Weisen bagatellisiert werden:
– Durch *Privatisierung* in den einzelnen Menschen nach der Vorstellung: Es gibt nicht „das Böse" als überindividuelles Prinzip, sondern nur Böses *im* Menschen, es gibt nur böse Menschen. Als ob man so dem Grauen etwa des Nationalsozialismus und Stalinismus beikommen könnte! Nein: Nach allen Erfahrungen ist das Böse eine überindividuelle *Macht*, und deshalb redet das Neue Testament von „Mächten und Gewalten", wie die moderne Soziologie von „anonymen Mächten und Systemen" redet, welche die Bosheit verkörpern können. Anders gesagt: Das Böse ist wesentlich mehr als die Summe der Bosheiten der Individuen;
– Durch *Personifizierung* in einem Heer vernunftbegabter individueller Geistwesen, die vom Menschen angeblich Besitz ergreifen: Als ob etwa die monströse Bosheit des Nationalsozialismus oder des Stalinismus durch die Teufelsbesessenheit eines Hitler oder eines Stalin und ihrer Helfershelfer erklärt werden könnte. Das wäre eine allzu bequeme Lösung der Schuldfrage: Hitler und Stalin als bloße „Opfer" des Satans. Nein, die mythologischen Vorstellungen vom Satan und seinen Legionen von Teufeln, die in der Zeit der persischen Oberhoheit (539–331) auch in die Hebräische Bibel eingedrungen sind, brauchen wir heutzutage nicht zu

übernehmen. Der Dämonenglauben im jüdischen Glauben ist ein spätes, sekundäres Moment, welches denn auch im späteren und besonders im heutigen Judentum kaum mehr eine Rolle spielt.

Und *Jesus*? Wiewohl in einer Zeit massiven Dämonenglaubens lebend, lässt Jesus auffälligerweise nichts von einem Dualismus persischer Provenienz erkennen, wo Gott und Teufel auf gleicher Ebene um Welt und Mensch streiten. Nicht die Drohbotschaft von der Satansherrschaft predigt er, sondern die Frohbotschaft von der Gottesherrschaft. Gerade seine Heilungen und Dämonenaustreibungen – jede Krankheit und besonders Geisteskrankheit (Epilepsie) wurde in damaliger Zeit auf irgendeinen Dämon zurückgeführt – zeigen, worauf es ihm ankommt und wo der *Akzent seiner Verkündigung* liegt: *auf der heilenden, befreienden, heilmachenden Herrschaft Gottes*! Was umgekehrt heißt: Die Herrschaft der Dämonen ist zu Ende! Der Satan ist wie ein Blitz vom Himmel gefallen, heißt es bei Lukas. Dämonenaustreibung bedeutet bei Jesus also gerade keine Bestätigung der Macht der Dämonen, sondern ein Stück Entdämonisierung und Entmythologisierung von Mensch und Welt und die Befreiung zu wahrer Menschlichkeit und psychischer Gesundheit. Gottes Reich ist eine gute Schöpfung. Jesus will die Besessenen von den psychischen Zwängen befreien und durchbricht so den Teufelskreis von seelischer Störung, Teufelsglauben und gesellschaftlicher Ächtung.

Es ist vor allem das Verdienst des katholischen Theologen Herbert Haag, dass er – selbstverständlich ohne die Macht des Bösen in der Welt zu leugnen – dieser Art von personifiziertem Bösen, von Teufelsglauben, der unabsehbaren Schaden gestiftet hat, in aller Deutlichkeit den „Abschied" gegeben hat.[5] Und töricht in der Tat wäre jener dualistische Schematismus, der gedankenlos voraussetzt: da man an einen personhaften Gott glaube, müsse man auch an einen personhaften Teufel glauben; da es einen Himmel, müsse es auch eine Hölle, da es ein ewiges Leben, müsse es auch ein ewiges Leiden geben. Als ob es, weil es ein Ding gibt, immer auch ein dazugehöriges Unding geben müsse; weil es Liebe gibt, auch immer Hass! Nein, Gott braucht nicht einen Antigott, um Gott zu sein. Zu Recht also fehlt eine Aussage über den Teufel im Apostolikum!

„Aber es gibt doch die klare Aussage der Bibel von einer ewigen Hölle", wird mancher Zeitgenosse nachbohren. „Oder muss man, wenn man schon der Vorstellung vom ‚Teufel' den ‚Abschied' gibt, konsequenterweise auch die Hölle verabschieden?"

---

[5] Vgl. H. Haag, Abschied vom Teufel, Einsiedeln 1969; ders., Vor dem Bösen ratlos?, München 1978; H. Häring, Die Macht des Bösen. Das Erbe Augustins, Zürich 1979.

VI. Auferstehung der Toten und ewiges Leben

6. Eine ewige Hölle?

Manche Theologen, wenn sie so direkt nach der Hölle gefragt werden, pflegen bei diesem Thema verlegene, ausweichende Antworten zu geben: es sei dies „kein Thema mehr". Die alten mythologischen Vorstellungen wagen sie kaum zu wiederholen, um eine klare neue Antwort aber drücken sie sich herum; macht man sich doch leicht in der eigenen Kirche unbeliebt. Dies gilt nicht nur für die katholische Kirche, wo man bis zum Zweiten Vatikanischen Konzil die angeblich unfehlbare Lehre des Konzils von Florenz 1442 vertreten hat, nach der jedermann „außerhalb der katholischen Kirche ... dem ewigen Feuer verfällt, das dem Teufel und seinen Engeln bereitet ist".[6] Das gilt auch für die lutherische Kirche, in der Luthers Teufelsglaube und Höllenangst noch bis ins 20. Jahrhundert hinein eine große Rolle spielten, wie etwa der weitbeachtete Streit um die Hölle in der Kirche Norwegens in den 50er Jahren gezeigt hat.

Ich möchte hier eine unzweideutige, aber differenzierte Antwort geben. Die „Höllenangst" ist ja nun sprichwörtlich geworden, und es wäre mir ein Leichtes gewesen, statt des hoffnungsvollen Gerichtsbildes aus der Wieskirche ein anderes Bild zu wählen, wenn es mir darum ginge, Höllenangst einzujagen: etwa Luca Signorellis „Sturz der Verdammten" im Dom zu Orvieto oder die Bilder des Hieronymus Bosch oder auch – in der Literatur – die drastischen Schilderungen von Dantes „Inferno". Aber wenn ich daran denke, wie viele Sex- und Schuldkomplexe, Sünden- und Beichtängste bei diesen Höllenbildern mitgespielt haben, und wie sehr die Macht der Kirche über die Seelen durch die Jahrhunderte abgesichert wurde durch die Angst vor der ewigen Verdammung, dann kann ich mit dem besten Willen keine Höllenpredigt im Stil des Chrysostomos oder des Augustin, des Abraham a Santa Clara oder des norwegischen Dogmatikers O. Hallesby halten, der seiner Nation im Rundfunk erklärte: „Ich spreche sicher heute abend zu vielen, die wissen, daß sie unbekehrt sind. Du weißt, wenn du tot zu Boden fällst, würdest du direkt in die Hölle stürzen."[7]

Das Ergebnis dieser Höllenangst waren allzu oft eingeschüchterte, verängstigte Christen, die Angst hatten und deshalb auch Angst machten. Was fromme Dogmatiker und Moralisten oft selber bedrängte – unterdrückte Sexualität, Aggressivität, Glaubenszweifel –, kämpften sie kompensierend in anderen nieder. Um sich und andere – besonders Juden, Häretiker, Ungläubige, Hexen – vor der Hölle zu retten, schien jedes Mittel recht. Mit Schwert,

---

[6] Vgl. H. Denzinger, aaO Nr. 714.
[7] F. Schauer, Was ist es um die Hölle? Dokumente aus dem norwegischen Kirchenstreit, Stuttgart 1956, S. 23.

Folter und immer wieder mit Feuer ging man gegen all die Verdammungswürdigen vor, fürs Höllenfeuer waren sie bestimmt. Durch den Tod des Leibes im Diesseits könne vielleicht doch noch die Seele fürs Jenseits gerettet werden. Zwangsbekehrungen, Ketzerverbrennungen, Judenpogrome, Kreuzzüge, Hexenwahn, Religionskriege im Namen einer „Religion der Liebe" hat Millionen von Menschenleben gekostet. Wahrhaftig: Den letzten Gerichtstag, beschworen von der Sequenz „Dies irae, dies illa" („Tag des Zornes, Tag der Tränen"), welche Papst Pius V., früher römischer Großinquisitor, 1570 in die Totenmesse einführte, diesen Gerichtstag hat die Kirche schon vor dem Erscheinen des Weltenrichters ungezählte Male unbarmherzig selber vollzogen. Und leider sind ja auch die Reformatoren – vom Teufels- und Höllenglauben selber geprägt und gequält – vor der gewaltsamen Verfolgung der Ungläubigen, Juden, Ketzer, Hexen und „Schwärmer" keineswegs zurückgeschreckt. Man erkennt nun vielleicht, wie wichtig die Aussage der Schrift ist: dass nicht irgendwelche Kirchenfürsten oder Theologen zu Gericht sitzen werden, sondern Jesus Christus selbst.

Nein, es ist nicht ein Verdienst der institutionellen Kirchen, dass heute niemand mehr verbrannt wird, sondern ein Verdienst der Aufklärung, die ja auch dafür sorgte, dass das Gerichtsbild der Wieskirche sich aufgehellt präsentierte. Und was das Heute betrifft: Sollte jegliche Empfängnisverhütung nach orthodoxer vatikanischer Lehre wirklich schwer sündhaft sein, dann wäre sie, nach derselben orthodoxen Lehre, Anlaß, ungezählte Menschen zur „Pein ewiger Strafen"[8] zu verdammen ...

„Wie aber wollen Sie dann mit dieser entsetzlichen Geschichte als Christ heute fertig werden?" werden manche sagen. „Lässt sich diese Höllengeschichte überhaupt bewältigen?" Eine Antwort kann nur gegeben werden, wenn wir auch in dieser Frage zu unserem Ursprung zurückkehren und kritisch Maß nehmen an dem einen, in dessen Namen dies alles inszeniert wurde, Jesus von Nazaret. Wer auf ihn schaut, erkennt: *Jesus von Nazaret war kein Höllenprediger*, so sehr er von der Hölle gesprochen und die apokalyptischen Vorstellungen seiner Zeitgenossen geteilt hat: Nirgendwo zeigt Jesus direktes Interesse an der Hölle. Nur am Rande und in ganz traditionellen Redewendungen spricht er von ihr; einiges mag sogar nachträglich eingetragen worden sein. Seine Botschaft ist ohne Zweifel Eu-angelion, ist also keine bedrohliche, sondern eine erfreuliche Botschaft! Auf diese Botschaft, auf Gott selber, soll sich der Mensch einlassen in jenem Vertrauen, das sich nicht beirren lässt und das *Glaube* genannt wird: „Glaubet an die Frohbotschaft"

---

[8] Vgl. das Dokument der Kommissionsminderheit unter Kardinal Ottaviani, welcher der Papst Paul VI. für seine Enzyklika „Humanae vitae" folgte, in: H. Küng, Unfehlbar? Eine Anfrage (HKSW 5, 221–408), S. 255 f.

VI. Auferstehung der Toten und ewiges Leben

(Mk 1,14). Glaube hat so für Jesus einen durch und durch positiven Sinn. Der Christ glaubt von daher „an" den barmherzigen Gott, wie er sich durch Jesus Christus gezeigt und im Heiligen Geist wirksam geworden ist. Aber er *glaubt nicht „an"* – vertraut nicht auf – *die Hölle*. Mit Recht fehlt auch die Hölle im Credo.

Doch ist damit inhaltlich das, was hinter dem Symbol „Hölle" steckt, abgetan? Wir müssen hier nach einer komplexeren Antwort suchen. Schon in der alten Kirche gab es bedeutende Kirchenlehrer und Kirchenväter – Origenes, Gregor von Nyssa, Didymos, Diodor von Tarsus, Theodor von Mopsuestia und auch Hieronymus –, welche annahmen, die Höllenstrafe sei nur auf Zeit verhängt. Aber eine gegen Origenes gerichtete Synode in Konstantinopel hat ein halbes Jahrtausend nach Christus (543) definiert, dass die Höllenstrafe zeitlich unbegrenzt sei, ewig dauere.[9] Natürlich hat diese Definition das Problem nicht aus der Welt geschafft. Man bedenke: Ein Mensch soll, wegen einer einzigen „Todsünde" vielleicht, auf ewig verdammt, also ewig unglücklich, ewig gequält werden? Ohne alle Aussicht auf irgendeine Erlösung – auch nicht nach Tausenden von Jahren?

„Lasciate ogni speranza, voi ch'entrate" („Laßt alle Hoffnung fahren, ihr, die ihr hier eintretet"): Dieses Wort, welches Dante in seiner „Divina Commedia"[10] über die Hölle schrieb, lässt sich nur dann leichthin aussprechen, wenn man sich von vornherein nicht zu denen zählt, die darunter fallen. Seit der Aufklärung aber, und ganz besonders seit der Zeit, die in Pädagogik und Strafjustiz begonnen hat, auf reine Vergeltungsstrafen ohne eine Chance der Bewährung zu verzichten, finden es viele Menschen schon *aus rein humanitären Beweggründen unerträglich*, an eine lebenslängliche, gar ewige Züchtigung von Leib und Seele zu glauben. 1990 glaubten in den USA immerhin noch 65 % an die Hölle, in Irland 50 % und in Nordirland gar 78 %; in Kanada sind es nur noch 38 %, in Italien 36 %; in Spanien 27 % und in Großbritannien 25 %. Noch weiter unten auf der Skala rangieren Norwegen (18 %), Frankreich (16 %), Belgien (15 %), Niederlande (14 %) und Westdeutschland (13 %); ganz am Schluss Dänemark mit 8 % und Schweden mit 7 %; da ist es nur ein schwacher Trost, wenn erheblich mehr Menschen an den Himmel (selbst in Schweden viermal so viel) glauben.[11] Natürlich hat in Glaubensfragen die Mehrheit nicht von vornherein recht. Aber sie hat auch nicht von vornherein unrecht, besonders wenn man sich in katholischer

---
[9] Vgl. H. Denzinger, aaO Nr. 211.
[10] Dante, La Divina Commedia, Inferno 3,9.
[11] Die Zahlen sind entnommen der groß angelegten Untersuchung von The European Values Group unter der Leitung von R. de Moor, J. Kerkhofs und N. Timms, Löwen 1992.

Theologie und Hierarchie in anderen Fällen gerne, wo man sich nämlich bestätigt glaubt, auf das „gläubige Volk", den „sensus fidelium", „den Glaubensinstinkt der Gläubigen" beruft.

Aber mir geht es wie vielen anderen Theologen nicht nur um den Gedanken der Humanität, sondern um etwas noch Tieferes: Soll ich als Christ wirklich *an einen solchen Gott glauben müssen*? Einen Gott, der eine derart hoffnungslose, erbarmungslose, lieblose, ja grauenhaft physisch-psychische Tortur seiner Geschöpfe ohne Ende mitansehen könnte? Womöglich noch zusammen mit den Seligen im Himmel eine Ewigkeit lang? Verteidiger eines solchen Gottes meinen, der unendliche Gott brauche wegen einer angeblich unendlichen Beleidigung zur Wiederherstellung seiner „Ehre" eine solch unendliche Strafe; aber ist die Sünde als des Menschen Tat wirklich mehr als ein endlicher Akt? Und ist Gott im Neuen Testament wirklich präsentiert als ein derartig hartherziger Gläubiger? Ein Gott der Barmherzigkeit, von dessen Barmherzigkeit Tote ausgeschlossen wären? Ein Gott des Friedens, der Unfrieden und Unversöhntheit verewigte? Ein Gott der Gnade und Feindesliebe, der gnadenlos eine ganze Ewigkeit an seinen Feinden Rache nehmen könnte? Ich frage mich: Was würde man von einem Menschen halten, der derart unversöhnlich und unersättlich seinen vielleicht an sich berechtigten Rachedurst befriedigte?

Aber, bemerken kluge Theologen, es sei ja gar nicht Gott, der – durch ein Verdikt von außen – den Menschen verdamme. Es sei doch *der Mensch selber*, der – aus dem Inneren seiner Freiheit heraus – durch seine Sünde sich selbst verdamme! Nicht bei Gott also liege die Verantwortung, sondern beim Menschen. Und durch den Tod werde nun einmal des Menschen Selbstverdammung und Gottferne (kein Ort, sondern ein Zustand) definitiv.

Aber ich frage: Was heißt hier: *definitiv*? Herrscht Gott nicht schon nach den Psalmen auch über das Totenreich? Was soll denn hier gegen den Willen eines allbarmherzigen und allmächtigen Gottes definitiv werden können? Warum soll ein unendlich gütiger Gott die Feindschaft, statt sie aufzuheben, verewigen und die Herrschaft mit irgendeinem Gegengott faktisch auf ewig teilen wollen? Warum soll er hier kein Wort mehr zu sagen haben und soll deshalb eine Reinigung und Läuterung des schuldbeladenen Menschen auf ewig unmöglich machen?

Gewiss, Finsternis, Heulen, Zähneknirschen, Feuer, alles dies sind harte Bilder für die drohende Möglichkeit, dass der Mensch seinen Lebenssinn völlig verfehlen kann. Aber schon Origenes, Gregor von Nyssa, Hieronymus und Ambrosius deuteten das Feuer metaphorisch – als Bild für Gottes Zorn gegenüber dem Sünder. Und auch das Wort „ewig" wird nicht nur im modernen, sondern auch schon im hebräischen und griechischen Sprachgebrauch keineswegs immer im strengen Sinn genommen („das dauert ja ewig" heißt: endlos, unbestimmt lang!). Bei der „ewigen Strafe" (Mt 25,46) des Endgerichts liegt der Akzent darauf, dass diese Strafe definitiv, endgültig, für immer entscheidend ist, nicht aber darauf, dass die Qual ewig dauern müsse. Und wie die Schrifttexte im Einzelnen auch interpretiert werden mögen: Die *„Ewigkeit" der Höllenstrafe darf auf keinen Fall absolut gesetzt werden.* Es ist ein Widerspruch, Gottes Liebe und Barmherzigkeit und gleichzeitig die Existenz eines ewigen Qualortes anzunehmen. Nein, die „Höllenstrafe" bleibt wie alles Gott, seinem Willen und seiner Gnade untergeordnet.

Und was jedenfalls zu beachten ist: Die Frage nach der Hölle darf heutzutage nicht privatistisch verengt werden auf die Frage nach meinem eigenen „Seelen-Heil". Sie verweist den Menschen zurück auf die Wirklichkeit, in der er seine eigene Hölle so oft wiederfindet. Dass vom gekreuzigten und auferweckten Christus her die Verdammung zur Hölle das letzte Wort nicht ist, soll uns die Kraft geben, an der *Beseitigung der Höllen dieser Erde* zu arbeiten, wie es der evangelische Theologe Jürgen Moltmann ausdrückt: „Ist Christus wirklich aus Tod und Hölle auferstanden, so führt das zum Aufstand des Gewissens gegen die Höllen auf Erden und gegen alle, die sie anheizen. Denn die Auferstehung dieses Verdammten wird im Aufstand gegen die Verdammung des Menschen durch den Menschen bezeugt und auch schon verwirklicht. Je realer die Hoffnung an die zerbrochene Hölle glaubt, um so militanter und politischer wird sie im Zerbrechen der Höllen werden, der weißen, schwarzen und grünen Höllen, der lauten und leisen."[12]

Aber man insistiert: „Wenn schon eine Reinigung und Läuterung des schuldbeladenen Menschen nach seinem Tod möglich sein soll, wie soll dies geschehen? An die Vorstellung von einem Fegefeuer, die sich in manchen Religionen, nicht aber in der Hebräischen Bibel und in neutestamentlichen Schriften findet, wird man doch in unserem Jahrhundert wohl kaum mehr glauben wollen, nachdem sie schon mit dem mittelalterlichen Armeseelenkult und den Ablässen ein wesentlicher Anlass zur Reformation war?" Diese Frage bewegt heute auch katholische Zeitgenossen.

7. Das Fegefeuer und die unabgegoltene Schuld

Die Kontroversen aus der Reformationszeit dürften auch diesbezüglich als erledigt angesehen werden: Auch viele katholische Theologen haben die Vorstellung von einem *Ort* oder einer *Zeit der Reinigung nach dem Tode aufgegeben*, erst recht den Glauben an ein Zwischenreich oder eine dem Tod nachgeschaltete Zwischenphase. Für eine solche gibt es in der Tat keine biblische

---

[12] J. Moltmann, Umkehr zur Zukunft, München 1970, S. 85.

Begründung! Dass darüber hinaus der deutsche Ausdruck „Fegefeuer" eine unglückliche Bezeichnung ist für das, was man im Lateinischen Purgatorium, Reinigungsort, nennt, wird weithin zugestanden; sogar das Konzil von Trient, welches die Purgatoriumsvorstellung zu halten hoffte, hat die Frage nach Ort und Art (Feuer?) offen gelassen und vor Neugierde, Aberglauben und Gewinnsucht gewarnt.

Andererseits bleibt das Faktum *unabgegoltener Schuld* in der Geschichte der Welt, die eben doch nicht in jedem Fall das Weltgericht ist. Von daher versteht sich die Frage: Soll denn das Hineinsterben in Gott, die allerletzte Wirklichkeit, für alle ein und dasselbe sein? Dasselbe für die Verbrecher und ihre Opfer, dasselbe für die Massenmörder und die Masse der Gemordeten, dasselbe für solche, die ein Leben lang um die Erfüllung des Willens Gottes gerungen haben und den Mitmenschen wahre Helfer waren, und für solche, die ein Leben lang nur ihren eigenen Willen durchgesetzt, ihrem Egoismus gelebt und andere Menschen dabei verschlissen haben? Müsste man nicht an Gottes Gerechtigkeit verzweifeln, wenn da alle in gleicher Weise in eine ewige Seligkeit eingingen? Nein, ein Mörder und Verbrecher, überhaupt ein Unreiner und Unerleuchteter kann auf keinen Fall ohne Reinigung und Läuterung in Gott selber seine Heimat finden.

Und deshalb zielt denn die Antwort vieler Theologen heute nicht auf eine Zeit nach dem Tod, sondern auf *das Sterben selbst*: Das Hineinsterben in Gott ist ja nicht zu verstehen als eine Trennung von Leib und Seele, sondern als ein Vollzug des ganzen Menschen, wodurch er gnädig gerichtet, gereinigt, geheilt und so erleuchtet und vollendet wird – durch Gott selber. Da geschieht es eben, dass der Mensch durch Gott und nur durch Gott voll und ganz Mensch, eben „heil" wird. Mit anderen Worten: Das Purgatorium des Menschen ist nicht ein spezieller Ort und auch keine spezielle Zeit. Es ist Gott selber im Zorn seiner verborgenen Gnade: Die *purificatio* ist die *Begegnung mit dem Dreimalheiligen*, sofern sie den Menschen richtet und läutert, aber dadurch auch befreit und erleuchtet, heilt und vollendet. Darin liegt die Particula veri, der wahre Kern jener zutiefst fragwürdigen traditionellen Vorstellung von einem Purgatorium.

Und da es um das Hineinsterben in Dimensionen geht, wo Raum und Zeit in die Ewigkeit aufgehoben sind, kann nicht nur über Ort und Zeit, sondern auch über Art und Weise dieser reinigend-heilenden Voll-Endung nichts ausgemacht werden. Was bezüglich des *Gebetes* für die Toten – das sei ganz kurz angemerkt – bedeutet: nicht ein kleingläubiges lebenslanges Beten (und kostspieliges Lesen von sogenannten „Seelenmessen") für bestimmte „arme Seelen" im „Fegefeuer" ist geboten, auch nicht ein kaum verständliches Beten „mit" und „zu" den Toten. Wohl aber ist es angebracht, zunächst einmal für die und mit den Sterbenden zu beten (Krankensalbung?), dann aber der

VI. Auferstehung der Toten und ewiges Leben

Verstorbenen ehrfürchtig und liebevoll zu gedenken und sie der Gnade Gottes anheimzustellen – in der lebendigen Hoffnung, dass die Toten jetzt endgültig bei Gott sind: „Requiescant in pace! Sie mögen ruhen in Frieden!"

„Wenn Sie aber so vom Grundgedanken eines Sterbens in Gott hinein ausgehen, wird dann die alte Vorstellung von einer Hölle nicht überhaupt fragwürdig?" Ich antworte: Gewiss: Das dreigeteilte biblische Weltbild – Himmel, Erde und Unterwelt – und die mythologischen Vorstellungen von einem kosmischen Descensus et Ascensus, Abstieg und Aufstieg sind heute nicht mehr anwendbar. Gewiss: Auch das in der Apokalypse angekündigte Tausendjährige Reich Christi hier auf Erden wird heute in den Kirchen – von einigen „millenaristischen" Sekten abgesehen – nicht mehr wörtlich verstanden, und doch behält die Bildrede von der Hölle einen Sinn, den man nicht einfach preisgeben, eine Warnung, die man wohl beachten sollte.

8. Die Bestimmung des Menschen

Die Hölle ist keinesfalls mythologisch als Ort in der Ober- oder Unterwelt zu verstehen, sondern theologisch als ein in vielen Bildern umschriebener, aber doch unanschaulicher Ausschluss *von der Gemeinschaft mit dem lebendigen Gott*: eine extreme letzte Möglichkeit der Gottesferne, die der Mensch von sich aus nicht von vornherein ausschließen kann. Er kann nun einmal den Sinn seines Lebens verfehlen, kann sich von der Gemeinschaft Gottes ausschließen.

Die neutestamentlichen Aussagen über die Hölle wollen, so sahen wir schon, keine Neugier und Phantasie befriedigende Information über ein Jenseits liefern. Sie wollen jedoch *für das Diesseits den unbedingten Ernst des Anspruchs Gottes und die Dringlichkeit der Umkehr* des Menschen hier und jetzt vor Augen stellen: Dieses Leben ist der Ernstfall! Der Mensch ist also voll verantwortlich: nicht nur vor seinem Gewissen, das die Stimme seiner praktischen Vernunft ist, sondern vor allem vor der allerletzten Instanz, vor der auch seine Vernunft verantwortlich ist! Und es wäre zweifellos vermessen, wollte der Mensch das Urteil dieser allerletzten Instanz über sein Leben vorausnehmen.

Nun deuten aber einzelne Bibelstellen, im Kontrast zu anderen über das Gericht, eine Versöhnung aller, ein Allerbarmen, an. Wie etwa Paulus im Römerbrief sagt: „Gott hat alle in den Ungehorsam eingeschlossen, um sich aller zu erbarmen" (Röm 11,32). Und wer es hier besser zu wissen vermeint, der möge sich auch die unmittelbar darauf folgenden Sätze sagen lassen, die Paulus fast ganz dem Alten Testament entnimmt: „O Tiefe des Reichtums, der Weisheit und Erkenntnis Gottes! Wie unergründlich sind seine Entscheidungen, wie unerforschlich seine Wege! Denn wer hat die Gedanken des

Herrn erkannt? Oder wer ist sein Ratgeber gewesen? Wer hat ihm etwas gegeben, so dass Gott ihm etwas zurückgeben müsste. Denn aus ihm und durch ihn und auf ihn hin ist die *ganze* Schöpfung" (Röm 11,33–36).

Wird also am Ende die ganze Schöpfung, werden alle Menschen – auch die großen Verbrecher der Weltgeschichte bis Hitler und Stalin – gerettet werden? Eine *zweifache Abgrenzung* ist hier zunächst notwendig:

- Wir können nicht von vornherein ausgehen von einer *Bestimmung aller Menschen zur Seligkeit*, wie sie schon Origenes im 3. Jahrhundert als die „Apo-katástasis pánton", die „Wieder-Bringung aller" oder eben die „All-Versöhnung", vertreten hat. Ein vordergründiger Universalismus, der alle Menschen als von vornherein gerettet ansieht, wird dem Ernst des Lebens, der Bedeutung der sittlichen Entscheidungen und der Schwere der Verantwortlichkeit des Einzelnen nicht gerecht. Er widerspricht vor allem der souveränen Freiheit Gottes, der nicht jeden Menschen, auch den unwilligen, retten muss!
- Wir können auch nicht ausgehen von einer entgegengesetzten Lösung, einer positiven *Vorherbestimmung* eines Teiles der Menschen *zur Verdammung*, wie sie vor allem Calvin mit seiner Vorstellung einer „praedestinatio gemina", einer „doppelten Vorherbestimmung", vertreten hat: die einen zur Seligkeit, die anderen zur Verdammung. Dies widerspricht Gottes allgemeinem Heilswillen, seiner Barmherzigkeit und Liebe, die jeden Menschen, auch den unwilligen, retten *will*. Hier sind besonders jene paulinischen Aussagen zu beachten, die ein Allerbarmen Gottes zumindest andeuten.

Wenn wir ehrlich sind, muss diese Frage angesichts der im Neuen Testament nirgendwo ausgeglichenen Aussagen offen bleiben. Es gilt vielmehr beides gleichzeitig ernst zu nehmen: die *persönliche Verantwortung*, die jeder Mensch unvertretbar hat, *und Gottes Gnade*, die alle Menschen umfasst. Für die Praxis bedeutet dies eine *zweifache Mahnung*, je nach der Einstellung und Situation der betreffenden Menschen:

- Wer in Gefahr ist, den unendlichen Ernst seiner persönlichen Verantwortung leichtsinnig zu überspielen, wird gewarnt durch die Möglichkeit eines doppelten Ausgangs: Sein Heil ist nicht von vornherein garantiert.
- Wer jedoch in Gefahr ist, am unendlichen Ernst seiner persönlichen Verantwortung zu verzweifeln, wird ermutigt durch die mögliche Errettung eines jeden Menschen: Gottes Gnade sind, auch in der „Hölle", keine Grenzen gesetzt.

Also weder so noch so können wir Gott etwas vorschreiben, über ihn verfügen. Hier gibt es nichts zu wissen, nur alles zu hoffen: „Meine Zeit steht in deinen Händen ..." (Ps 31,16). Nicht auf meine Leistungen kommt es letztlich vor Gott an – diese Linie zieht sich von Jesus zu Paulus durch –, erfreulicherweise auch nicht auf meine zahlreichen Fehlleistungen. Alles kommt auf jenes grenzenlose Vertrauen zu Gott an, das wir Glauben nennen. Das bleibt zentrale Botschaft des Neuen Testaments: „*Gerechtfertigt*" wird der Mensch vor Gott nicht durch seine Werke, seien sie auch noch so fromm, sondern allein durch den unerschütterlich auf Gott vertrauenden „*Glauben*" (Röm 3,28). „Gott, sei mir Sünder gnädig!" (Lk 18,13).

Aber lang, fast zu lang habe ich von Teufel, Hölle und Fegefeuer geredet, dies allerdings aus der Erfahrung heraus, dass viele Zeitgenossen gerade von diesen Fragen umgetrieben oder abgestoßen werden. Doch erfreulicherweise endet das Apostolische Glaubensbekenntnis nicht mit Aussagen über Tod, Teufel und Hölle, sondern mit solchen über die Auferweckung der Toten und das ewige Leben. „Was aber soll man sich in heutiger Zeit unter ‚ewigem Leben' noch vorstellen können?" Dies ist die ernste Frage vieler zweifelnder Zeitgenossen, die gerne glauben möchten, aber nicht glauben können. Und sie fügen hinzu: „Mit ‚Gottseligkeit' verbinden sich nun einmal Bilder von Heiligen, die auf goldenen Stühlen sitzen, vom langweiligen Halleluja-Singen, kurz von einem Himmel, den Heinrich Heine in ‚Deutschland. Ein Wintermärchen' lieber den ‚Engeln und den Spatzen' überlassen wollte." Deshalb die Frage:

9. Nur Gott schauen?

Alle großen Religionen verheißen einen Endzustand ohne Leiden. Die *Chinesen* glauben an eine obere Welt, zu der die Geistseele („hun"), dann Geist („sehen") geworden, aufsteigt. Und für die *Hindus* ist das höchste Ziel die endgültige „Befreiung" („mokscha") und Erlösung des Menschen von seiner gegenwärtig leidvollen Situation und die Erkenntnis oder Vereinigung mit der Gottheit, die als „Saccidananda" umschrieben wird: ein absolutes Sein („sat"), das im reinen Bewusstsein („cit") vollkommene Glückseligkeit („ananda") ausstrahlt.

Das *Nirvana des Buddhismus*, das wörtlich „Erlöschen" heißt, meint einen Endzustand ohne Gier, Hass und Verblendung, kurz ohne Leiden. Nur wenige buddhistische Schulen sind der Überzeugung, dass dieser Endzustand rein negativ als totale Vernichtung des Individuums zu verstehen sei. Die meisten glauben daran, dass es positiv um irgendeine Bewahrung des Individuums geht. Der Buddha selber wollte ja auf solche metaphysischen Fragen keine Antwort geben. Doch belegt schon „ein alter brahmanischer Text für das alte Indien die Vorstellung, daß das Feuer beim Verlöschen nicht vernichtet, sondern lediglich durch Eingehen in den Raum-Äther unfaßbar wird. In der Tat wird auch an einigen Stellen des alten buddhistischen Kanons ...

unter ausdrücklicher Verwendung des Bildes der verloschenen Flamme die Auffassung ausgesprochen, die Seinsweise des Erlösten sei ein unergründlicher, unfaßbarer Zustand, und dieser Zustand wird gelegentlich sogar als freudvoll gekennzeichnet."[13] Zwischen der von den meisten buddhistischen Schulen vertretenen Auffassung von einem positiven Endzustand („Nirvana") und einer christlichen Auffassung von einem positiven Endzustand („ewiges Leben") muss also im Grundsatz nicht notwendig ein Widerspruch bestehen. In beiden Fällen geht es um ein „anderes Ufer", eine andere Dimension, ein Transzendentes, die wahre, letzte Wirklichkeit, die unbeschreibbar ist. Manche Buddhisten nennen sie deshalb „Sunyata", totale „Leere", die aber zugleich totale Fülle ist.

Im Buddhismus hat man also etwas dagegen, dass man diesen Endzustand ausmalt, wie das höchst sinnlich nicht nur in der jüdischen Apokalyptik, sondern auch im Koran geschieht, der das *Paradies der Muslime* voll der irdischen Seligkeit sieht: In den „Gärten der Wonne" unter Gottes Wohlgefallen (von der Gottesschau ist am Rande die Rede) das „große Glück": ein Leben voller Seligkeit, auf edelsteingeschmückten Liegebetten, köstliche Speisen, Bäche niemals verderbenden Wassers und Milch von geklärtem Honig und köstlichem Wein, gereicht von ewig-jungen Knaben, die Seligen zusammen mit entzückenden Paradiesjungfrauen, die niemand zuvor berührte.[14]

Im *Christentum* steht seit der Zeit der Kirchenväter die „Visio beatifica", die *„beseligende Schau" Gottes* im Mittelpunkt aller „Jenseits"-Erwartungen. So besonders in Augustins neuplatonischem Modell einer ganz und gar vergeistigten Glückseligkeit, wo der Mensch als Geistwesen derart auf Gott konzentriert erscheint, dass die Materie, der Leib, die Gemeinschaft, die Welt bestenfalls am Rande erwähnt werden. Am Ende seines großen geschichtstheologischen Werkes „Über den Gottesstaat" ist die Rede vom großen Sabbat, dem Tag des Herrn, dem ewigen achten Tag, der die ewige Ruhe des Geistes und des Leibes bringen wird: „Ibi vacabimus et videbimus, videbimus et amabimus, amabimus et laudabimus. Ecce quod erit in fine sine fine. Nam quis alius noster est finis nisi pervenire ad regnum, cuius nullus est finis?" – „Da werden wir frei sein und werden sehen, werden sehen und werden lieben, werden lieben und werden loben. Siehe, das wird am Ende sein ohne Ende. Denn was anderes ist unser Ende als zu gelangen zu dem Reich, dessen kein Ende ist?"[15]

---

[13] L. Schmithausen, Artikel Nirvana, in: Historisches Wörterbuch der Philosophie, Bd. VI, Basel 1984, Sp. 855.
[14] Koran, Sure 44,54; 55,46–78; 78,31–34.
[15] Augustin, De civitate Dei XXII, 30.

VI. Auferstehung der Toten und ewiges Leben

Diese geistige Gottesschau wird nun freilich in manchen späteren Interpretationen derartig übersinnlich dargestellt, dass nicht nur manche Muslime, sondern auch manche Christen damit wenig anfangen können. So etwa wenn nach dem Supplementum zur „Summa theologiae" des Thomas von Aquin[16] selbst die Himmelskörper in ewiger Ruhe verharren, die Menschen nicht essen und nicht trinken und sich selbstverständlich nicht fortpflanzen; Pflanzen wie Tiere seien deshalb entbehrlich auf dieser neuen Erde, die ohne Flora, Fauna und selbst Mineralien, dafür aber mit viel Glorienschein („aureolae" der Heiligen) ausgestattet sein wird, worüber das Supplementum, das von einem Schüler des Thomas stammt, sich gleich in mehreren Artikeln verbreitet.

Gegenüber solch mehr platonisierenden als christlichen Tradition lohnt es sich, auf das *jüdische Erbe* zurückzugreifen, wo schon im Jesaja-Buch die Endzeit in großen symbolischen Bildern als befriedete Natur und befriedete Menschheit angekündigt ist: „Dann wohnt der Wolf beim Lamm, der Panther liegt beim Böcklein. Kalb und Löwe weiden zusammen, ein kleiner Knabe kann sie hüten. Kuh und Bärin freunden sich an, ihre Jungen liegen beieinander. Der Löwe frißt Stroh wie das Rind. Der Säugling spielt vor dem Schlupfloch der Natter, das Kind streckt seine Hand in die Höhle der Schlange. Man tut nichts Böses und begeht kein Verbrechen auf meinem ganzen heiligen Berg; denn das Land ist erfüllt von der Erkenntnis des Herrn, so wie das Meer mit Wasser gefüllt ist ..." (Jes 11,6–9).

Am Ende des Jesaja-Buches – beim Dritten Jesaja nach dem Babylonischen Exil – findet sich auch jenes bereits zitierte große Wort, welches wohl am umfassendsten die Voll-Endung ansagt, die auf keinen Fall weltflüchtig, materiefeindlich, leibabwertend verstanden werden darf, die vielmehr als *Neuschöpfung* – ob in Umgestaltung oder Neugestaltung der alten Welt –, eben als *„neue Erde und neuer Himmel"*, darum als unsere beglückende Heimat zu verstehen ist: „Denn schon erschaffe ich einen neuen Himmel und eine neue Erde. Man wird nicht mehr an das Frühere denken, es kommt niemand mehr in den Sinn. Nein, ihr sollt euch ohne Ende freuen und jubeln, über das, was ich erschaffe" (Jes 65,17 f.). Und dann ist die Rede davon, dass die Menschen nicht mehr als Säuglinge sterben, sondern in jugendlichem Alter leben, dass sie Häuser bauen, Reben pflanzen und ihre Früchte genießen ... Und neue Schöpfung: das heißt zugleich – nach Jeremia (Jer 31,31–34) – „Neuer Bund" und – nach Ezechiel (Ez 36,26 f.) – „neue Herzen, neuer Geist".

---

[16] Vgl. Thomas von Aquin, Summa theologiae, Supplementum, Quaestio 91; vgl. Quaestio 96.

Dies also sind die Bilder für das Reich Gottes, für die Vollendung der Menschheitsgeschichte durch den getreuen Gott, den Schöpfer und Neuschöpfer, im Neuen Testament aufgenommen und vermehrt: Braut und Hochzeitsmahl, das lebendige Wasser, der Baum des Lebens, das neue Jerusalem. Bilder für Gemeinschaft, Liebe, Klarheit, Fülle, Schönheit und Harmonie. Aber auch hier haben wir uns noch ein letztes Mal zu erinnern: Bilder sind – Bilder. Sie dürfen zwar nicht eliminiert, aber auch nicht verobjektiviert, verdinglicht werden. Wir haben uns an das zu erinnern, was wir im Zusammenhang mit der Auferweckung Jesu so deutlich gesagt haben: Es geht in der Vollendung von Mensch und Welt um ein neues Leben in den *unanschaulichen Dimensionen Gottes* jenseits unserer Zeit und unseres Raumes. Und insofern geht es auch am Ende um das eine unsagbare Geheimnis, jenes große *Mysterium*, das Gott selber ist: „Der allein Unsterbliche, der wohnt in unzugänglichem Licht, den kein Mensch gesehen hat, noch zu sehen vermag", heißt es im Neuen Testament (1Tim 6,16). Wie sollten wir da unsere Bilder mit der Wirklichkeit Gottes identifizieren können?

Jenseits allen menschlichen Erfahrens, Vorstellens und Denkens ist Gottes Vollendung. Ewiges Leben jedenfalls ist das Gegenteil jener ewigen Langeweile, welche die Hölle in Jean Paul Sartres „Huis clos" („Bei geschlossenen Türen" 1945) oder die Totenlandschaft in Max Frischs Spätwerk „Triptychon" (1981) charakterisiert: weißes, unveränderliches Licht auf der Bühne, alles geht im Kreis, lauter Stagnation, gnadenlose Repetition. Wenn es einen wahren Kern der Reinkarnationslehre auch für Christen gibt, so sagte ich bereits, dann dies: dass ewiges Leben weitere unvorstellbare unendliche Entwicklungen im Bereich des Unendlichen nicht aus-, sondern einschließt. Völlig neu, ungeahnt und unfasslich, undenkbar und unsagbar ist die Herrlichkeit des ewigen Lebens: „Was kein Auge gesehen und kein Ohr gehört hat, was keinem Menschen in den Sinn gekommen ist: das hat Gott denen bereitet, die ihn lieben" (1Kor 2,9).

Darauf also möchte ich mich verlassen, in vernünftigem Vertrauen, in aufgeklärtem Glauben, in geprüfter Hoffnung, dass nicht ein Menschenreich, sondern das *Gottesreich* das Reich der Vollendung ist: das Reich also des endgültigen Heiles, der erfüllten Gerechtigkeit und der vollkommenen Freiheit, das Reich der unzweideutigen Wahrheit, des universalen Friedens, der unendlichen Liebe und der überfließenden Freude, ja, des ewigen Lebens.

„Das tönt fast zu schön, um wahr zu sein", meint da mancher Zeitgenosse, „habe ich doch zu viele Menschen sterben, schrecklich sterben sehen, als dass ich das glauben könnte." Ich antworte: Wer an ein „ewiges Leben" glauben kann, kann auch eine andere Einstellung zum Sterben erlangen.

10. Eine andere Einstellung zum Sterben

Gewiss: Über unser eigenes Verhalten im Sterben werden wir uns bei all dem keine Illusionen machen dürfen. Wer hier und heute tapfer redet, kann im eigenen Sterben vor Angst verstummen. Wer steht, der sehe zu, dass er nicht falle – Theologen zuallererst. Jeder hat ja seinen eigenen, ganz persönlichen Tod zu sterben, mit seinen je eigenen Belastungen, Befürchtungen und Hoffnungen. Und es ist in der Tat eine Schande für die Menschheit am Ende des 20. Jahrhunderts, dass noch jedes Jahr Millionen von Menschen an Hunger und Krieg, sozialen Missständen und Gewalttaten aller Art sterben müssen, oft grausam langsam, oft grausam abrupt.

In unserer Wohlstandsgesellschaft allerdings weist das Sterben noch eine ganz andere Problematik auf: Es ist die künstliche Lebensverlängerung, die manche Zeitgenossen zunehmend statt als Wohltat als Last empfinden. Angesichts dieser früher unvorstellbaren Möglichkeit, unser Leben zu verlängern, auch wenn es oft freilich nur noch ein Dahinvegetieren ist, wird eine ganz neue Dimension der menschlichen Verantwortung uns zunehmend bewusst: dass unsere Verantwortung für das Leben auch die *Verantwortung für unser Sterben* einschließt! Gewiss ist menschliches Leben Gottes Gabe, aber nach Gottes Willen auch des Menschen Aufgabe. Gewiss ist menschliches Leben Gottes „Schöpfung", aber nach des Schöpfers Auftrag auch des Menschen Verantwortung. Gewiss muss der Mensch bis zu dem „verfügten Ende" durchhalten, aber welches Ende ist denn verfügt? Und gewiss ist eine „vorzeitige Rückgabe" des Lebens ein menschliches Nein zum göttlichen Ja, aber was heißt angesichts eines physisch oder/und psychisch zerstörten Lebens „vorzeitig"?

Nein, nicht weil das Leben des lebensunfähigen Säuglings, des unheilbar Kranken oder definitiv Bewusstlosen ein „lebensunwertes" Leben, gar etwa ein „unmenschliches" Leben wäre, stellt sich die Frage der Sterbehilfe, sondern umgekehrt: Gerade weil der Mensch in jedem Fall Mensch ist und bleibt, hat er das Recht auf ein menschenwürdiges Leben und auch das *Recht auf ein menschenwürdiges Sterben*! Dieses Recht wird ihm unter Umständen durch endloses Hängen an Apparaten oder Medikamenten verwehrt, wenn nämlich nur noch ein Dahinvegetieren, ein vegetatives Dasein möglich ist.

Je mehr eine Steuerung der Lebensprozesse möglich ist, desto mehr Verantwortung ist in die Hände des Menschen gelegt, und dies hat besonders für den Anfang und das Ende des Menschenlebens einen in unserer Gesellschaft feststellbaren Wandel des Werte- und Normenbewusstseins zur Folge. Früher haben viele Moraltheologen die aktive, „künstliche" Geburtenregelung als ein Nein zur Souveränität Gottes über das Leben interpretiert und verworfen, bis sie einsehen mussten, dass auch der *Anfang* des Menschenlebens von

Gott in die Verantwortung des Menschen (nicht dessen Willkür!) gelegt ist. Jetzt wird uns mit den phantastischen Fortschritten der Medizin immer mehr bewusst, dass auch das *Ende* des Menschenlebens mehr als bisher in die Verantwortung (nicht Willkür!) des Menschen gelegt ist von demselben Gott, der nicht will, dass wir ihm eine Verantwortung zuschieben, die wir selber tragen können und tragen sollen.

Deshalb muss hier die Diskussion um die Sterbehilfe zumindest für die glaubenden Menschen auf eine andere Ebene gehoben werden: Gerade wer davon überzeugt ist, dass der Mensch nicht sinnlos in ein Nichts, sondern in eine allerletzte-allererste Wirklichkeit hineinstirbt, gerade wer überzeugt ist, dass sein Sterben nicht nur absurder Abgang und Untergang ist, sondern Eingang und Heimgang, der wird hier seine persönliche Verantwortung – sei es als Patient oder als Arzt – mit weniger Ängstlichkeit und Nervosität wahrnehmen. Der Staat (die Nazi-Euthanasie warnt uns für alle Zeiten) hat hier allerdings nichts zu suchen; keine Macht der Welt hat das Recht, darüber zu entscheiden, ob ein Menschenleben „lebenswert" oder „lebensunwert" ist. Es geht in dieser Frage um nichts anderes als um die Respektierung einer *qualifizierten Gewissensentscheidung des betroffenen sterbenskranken Menschen* (oder bei seiner Unfähigkeit die der Familienangehörigen oder der Ärzte). Und das bedeutet:
- Der Arzt soll alles tun, um den Menschen zu heilen, nicht aber alles, um den Tod bei oft unzumutbaren Qualen um Stunden, Tage, ja, Jahre künstlich-technisch hinauszuzögern.
- Eine Therapie bleibt nur sinnvoll, solange sie nicht nur zum Dahinvegetieren, sondern zur Rehabilitation, also zur Restitution der ausgefallenen lebenswichtigen Körperfunktionen und so zur Wiederherstellung der ganzen menschlichen Person führt.
- Der Kranke hat selber das Recht, eine lebensverlängernde Behandlung abzulehnen.
- Die Aufgabe dem Sterbenden gegenüber sollte sich jedoch nicht in ärztlichen Maßnahmen allein erschöpfen, sondern sollte – je nach Situation – zugleich in der menschlichen Zuwendung von Ärzten, Krankenschwestern, Seelsorgern, Familienangehörigen und Freunden bestehen.

Und damit sind wir beim zentralen Punkt: Ob es heute nicht wieder – wenn auch anders als in früheren Zeiten – so etwas wie eine *„ars moriendi"*, eine „Kunst zu sterben", eine „Kultur des Sterbens" geben müsste? Ja, sollte es aus dem Glauben an Gott, aus dem Glauben an Gottes ewiges Leben, an unser, mein ewiges Leben, nicht möglich sein, ein ganz anderes menschliches, ein wahrhaft menschenwürdiges, eben ein *christenwürdiges Sterben* zu sterben? Das Christliche hier nicht verstanden als eine Zugabe, eine höhere Dro-

VI. Auferstehung der Toten und ewiges Leben

ge, ein Überbau, eine Mystifikation. Verstanden vielmehr als eine Vertiefung, Auslotung des Menschlichen, die auch die Untiefen des Negativen, Dunklen, Tödlichen zu ermessen und zu ertragen vermag.

Nein, es muss der Christ nicht, wenn es ans Sterben geht, wie der Stoiker Emotionen unterdrücken, Leidenschaften verleugnen, emotionale Kälte und Gelassenheit vorspielen. Jesus von Nazaret ist ja nicht wie ein Stoiker gestorben, in leidenschaftsloser Abgeklärtheit, möglichst schmerzlos, sondern unter übergroßen Qualen mit dem Schrei des Gottverlassenen. Angesichts dieses Todes braucht auch der Christ Angst und Zittern nicht zu verleugnen, aber er darf – die Todesangst Jesu im Rücken, seinen Schrei noch im Ohr – gewiss sein, dass auch diese Angst und dieses Zittern von einem Gott, der die Liebe ist, umfangen sind, verwandelt werden zur Freiheit der Kinder Gottes. Die Einstellung des Christen zum Tod wird dann die Einstellung zu einem *veränderten Tod* sein, zu einem Tod, dem „der Stachel", die Macht genommen ist.

In der Tat: Seit dem Tod in der Auferweckung Jesu Christi der Stachel gezogen ist, ist es nicht mehr still geworden um die Botschaft vom ewigen Leben in Gott, der in Jesus Christus seine Treue erwiesen hat. Seither dürfen Glaubende sich vertrauensvoll darauf verlassen, dass es keine Tiefe des Menschseins gibt, keine Schuld, Not, Todesangst und Verlassenheit, die nicht umfangen wäre von einem Gott, der den Menschen immer und auch im Tod voraus ist. Seither dürfen wir vertrauensvoll davon ausgehen, dass wir nicht in eine Finsternis, eine Leere, in ein Nichts hinein sterben, sondern in ein neues Sein, in die Fülle, das Pleroma, das Licht eines ganz anderen Tages. Und dass wir dabei nicht etwas Neues leisten müssen, sondern uns nur rufen, geleiten, tragen lassen dürfen.

Aus dieser theologischen Perspektive wird der *Tod* für den glaubenden, hoffenden Menschen *einen anderen Stellenwert* bekommen. Der Tod wird dann nicht mehr nur die brutale Macht der Zerstörung sein, das Auslöschen und Abbrechen menschlicher Möglichkeiten. Er wird aufhören, des Menschen Feind zu sein, der letztlich über ihn triumphiert. Nein, nicht der Tod ist unser Erlöser, sondern Gott ist unser Erlöser – Erlöser auch vom Tod.

Ob dies nicht Konsequenzen hätte für ein anderes Verhältnis zum Sterben? Genauer: ob von daher nicht sogar *ein anderes Sterben möglich* sein könnte, zumindest, wenn uns die Zeit zum Sterben geschenkt ist und der Tod uns nicht plötzlich überfällt? Sollte es nicht möglich sein – gewiss von allen Künsten und Medikamenten der Ärzte gestützt und hoffentlich von guten Menschen begleitet und geholfen –, zu sterben vielleicht nicht ohne Schmerzen und Sorgen, aber doch ohne Todes-Angst? Indem wir uns bei allem langsamen Abbruch der Verbindungen zu Menschen und Dingen ganz auf die eine Bindung, die „Rückbindung", die re-ligio, verlassen: bei allem Abschied

– vielleicht bewusst vollzogen, durch die Sterbesakramente gestärkt – in der Hoffnung auf einen neuen Anfang, wissend, dass Sterben schon immer Teil auch des christlichen Lebens war. Ich habe es erfahren, dass so ein anderes Sterben möglich ist: Ich meine ein Sterben in stiller Gefasstheit und hoffender Gewissheit, ja vielleicht sogar – nachdem alles zu Regelnde geregelt war – in *Zufriedenheit* und *Dankbarkeit für das* – doch bei allem Üblen reiche – *Leben in dieser Zeit*. Ein Leben, welches jetzt im dreifachen Hegelschen Sinne *„aufgehoben"* wird *in die Ewigkeit*. Aufgehoben im negativen Sinn: *zerstört* durch den Tod. Aber aufgehoben zugleich im positiven Sinn: *bewahrt* durch den Tod des Todes. Und so schließlich aufgehoben im transzendenten Sinn: *hinaufgehoben* über Leben und Tod hinaus ins Unendliche des ewigen Lebens nicht raum-zeitlicher, sondern göttlicher Dimension. „Vita mutatur non tollitur. Das Leben wird verwandelt, nicht genommen" (Totenpräfation). Ein Sterben in Zufriedenheit und Dankbarkeit – dies schiene mir ein menschenwürdiges, ein christenwürdiges Sterben zu sein.

Aber vor eine allerletzte Frage sehe ich mich gestellt von Zeitgenossen, die noch mit einem klassischen Katechismus aufgewachsen sind: „Die Frage: Wozu sind wir auf Erden?" Angesichts des viel beklagten Sinndefizits und Orientierungsvakuums gerade in der jungen Generation erhält die Frage in der Tat eine besondere Dringlichkeit:

11. Wozu sind wir auf Erden?

Schon Calvin hatte die Grundfrage gestellt: „Welches ist das Hauptziel des menschlichen Lebens?" Und seine lapidare Antwort im Genfer Katechismus von 1547 lautete: „C'est de cognoistre Dieu" – „Gott zu erkennen". Ich selber hatte in meiner Jugend wie ungezählte andere die Antwort auf die Frage „Warum sind wir auf Erden" nach dem weitverbreiteten katholischen Standardkatechismus (von Joseph Deharbe S. J. 1847) auswendig zu lernen: „Wir sind auf Erden, um Gott zu erkennen, ihn zu lieben, ihm zu dienen und dadurch in den Himmel zu kommen."

So viele Zeitgenossen gibt es, die ihr Leben als sinnlos empfinden; so viele sind seelisch krank oder existentiell leer. Doch ob calvinisch oder katholisch: beide Antworten erscheinen heute selbst religiös orientierten Zeitgenossen als zu eng, um noch überzeugen zu können. Nicht als ob die traditionellen Formeln einfach zum alten Eisen geworfen werden sollten, aber sie wäre doch von anderen Perspektiven her zu konterkarieren, aufzulösen und wieder neu zusammenzusetzen. In den Himmel zu kommen? Müssen wir nicht zunächst unserer Verantwortung auf Erden nachkommen? Auch Christen sind heute der Überzeugung, dass der Sinn des Lebens nicht nur abstrakt „Gott" und „das Göttliche" ist, sondern der Mensch selber, das Humanum

VI. Auferstehung der Toten und ewiges Leben

allumfassend. Nicht bloß der Himmel als fernes Glück, sondern auch die Erde als konkretes irdisches Glück. Nicht nur „Gott erkennen", „Gott lieben", „Gott dienen", sondern auch Selbstverwirklichung, Selbstentfaltung, Nächsten- und Fernstenliebe. Und ob da nicht auch die tägliche Arbeit, der Beruf und natürlich vor allem die menschlichen Beziehungen einbezogen werden müssten? Und was müsste man da noch alles hinzufügen, wenn man sich einer „holistischen", einer ganzheitlichen Betrachtungsweise des Lebens befleißigen wollte?

Aber umgekehrt wird man gerade aus einer ganzheitlichen Betrachtungsweise sich fragen, ob denn Sinn, Glück, ein erfülltes Leben allein in Arbeit, Besitz, Profit, Karriere, Prestige, Sport und Lustgewinn zu finden ist? Ob Dominierenkönnen, Genießenwollen und Konsumierenmüssen ein Menschenleben mit all seinen Spannungen, Brüchen und Konflikten je glücken lassen? Machen wir uns nichts vor: Im Menschsein geht es um mehr, das spürt jeder, der einmal an seine Grenzen aller Aktivitäten gestoßen ist. Der ist dann mit der Frage konfrontiert: Was bin ich, wenn ich nichts mehr leisten kann, zu keiner Aktivität mehr fähig bin? Wir müssen in der Tat aufpassen, dass wir durch die Sachzwänge von Technik und Ökonomie, dass wir durch die unseren Alltag immer mehr bestimmenden Massenmedien nicht unsere „Seele", unser ganz persönliches, verantwortliches Subjektsein verlieren. Wir müssen aufpassen, dass wir nicht zu Triebmenschen, Genussmenschen, Machtmenschen, Massenmenschen, vielleicht gar Unmenschen werden. Ziel muss bleiben: *wahrhaft Mensch*, ein *humaner Mensch* zu sein und zu werden. Wahrhaft Mensch, human sein: dies könnte doch eine elementare, lapidare Umschreibung für den Sinn des Lebens sein, die von Zeitgenossen verschiedenster Herkunft, Nation, Kultur und Religion geteilt werden könnte.

Und der Christ? Ist Christsein nicht mehr als Menschsein? Doch darüber kann heute unter Christen kein Zweifel bestehen: auch der Christ soll wahrhaft Mensch sein und sich für Humanität, Freiheit, Gerechtigkeit, Frieden und Erhaltung der Schöpfung einsetzen. Kein Christsein auf Kosten des Menschseins! „Mehr" als Menschsein in quantitativem Sinn ist Christsein nicht; Christen sind keine Übermenschen. Wohl aber kann Christsein eine Ausweitung, Vertiefung, Verwurzelung, ja, Radikalisierung des Menschseins bedeuten: durch die Begründung des Menschseins im Glauben an Gott und die Ausrichtung der Lebenspraxis nach Jesus Christus.

So gesehen kann Christsein als ein wahrhaft *radikaler Humanismus* verstanden werden, der in diesem so zwiespältigen Menschenleben, der in dieser so konfliktreichen Gesellschaft nicht nur, wie man früher sagte, alles Wahre, Gute, Schöne und Menschliche bejaht, sondern auch das nun einmal nicht weniger reale Unwahre, Ungute, Unschöne, ja, Unmenschliche einbezieht.

All dies Negative kann auch der Christ nicht abschaffen (das wäre erneut eine verhängnisvolle Illusion, die zu menschenverachtender Zwangsbeglückung führt), wohl aber kann er es bekämpfen, ertragen, verarbeiten. Kurz, Christsein verwirklicht einen Humanismus, der nicht nur alles Positive, sondern auch alles Negative, Leid, Schuld, Sinnlosigkeit, Tod, zu bewältigen vermag aus einem letzten unerschütterlichen Gottvertrauen heraus, das sich dabei nicht auf die eigenen Leistungen, sondern auf Gottes Gnade verlässt.

Auch dies nur eine wirklichkeitsfremde Illusion? Nein, das wurde vorgelebt von jenem einen, der für Christen Wegweisung sein soll, „der Weg, die Wahrheit und das Leben" (Joh 14,6), und zwar gerade in dieser entscheidenden Radikalisierung des Menschseins. Auf dieser religiösen Grundlage sollte es möglich sein, für sich selber psychische Identität gegen alles Verfangensein in der Angst, aber so auch gesellschaftliche Solidarität gegen alle Resignation angesichts der Sachzwänge zu verwirklichen. Ja, es sollte möglich sein, sogar dort noch dem Leben in glaubendem Vertrauen einen Sinn abzugewinnen, wo die reine Vernunft kapitulieren muss, angesichts sinnlosen Leids, grundloser Not, unverzeihlicher Schuld. Ich selber habe einmal das Entscheidende des Christseins in einer Kurzformel zusammengefasst, die mich seither durch ein Leben von Mühen und Freuden, Erfolg und Schmerz hindurchgetragen hat:

In der Nachfolge Jesu Christi
kann der Mensch in der Welt von heute
wahrhaft menschlich leben,
handeln, leiden und sterben:
in Glück und Unglück, Leben und Tod
gehalten von Gott und hilfreich den Menschen.[17]

Auch das Apostolische Glaubensbekenntnis zielt ja letztlich auf einen neuen Lebenssinn und eine neue Lebenspraxis, auf einen Weg, der aus der Hoffnung lebt, der auf Glauben beruht und in der Liebe seine Erfüllung findet. Glaube, Hoffnung, Liebe – so kann man für Christen den *Sinn* des Lebens ausdrücken, „am größten aber unter ihnen ist die Liebe" (1Kor 13,13).

---

[17] Vgl. H. Küng, Christ sein (HKSW 8, 39–751), S. 745.

TEIL C. „Religion – das letzte Tabu? Über die Verdrängung der Religiosität in Psychologie, Psychiatrie und Psychotherapie" (1987)

Religion – das letzte Tabu? Über die Verdrängung der Religiosität in Psychologie, Psychiatrie und Psychotherapie

Einführung

Vorbemerkung

Dieser Text entspricht Teil B meines Buches „Freud und die Zukunft der Religion" (1987). Teil A dieses Buches mit dem Titel „Gott – eine infantile Illusion? Die Religionskritik Sigmund Freuds" ist identisch mit Kap. C III des Buches „Existiert Gott?" (HKSW 9). Deshalb ist dieses Kapitel hier nicht nochmals abgedruckt.

Das Original und seine Übersetzungen

Freud und die Zukunft der Religion (Serie Piper 709, München 1987); daraus: Religion – das letzte Tabu? Über die Verdrängung der Religiosität in Psychologie, Psychiatrie und Psychotherapie.

Amerik. Ausgabe: Freud and the Problem of God (Yale University Press, New Haven 1979; Taschenbuchausgabe: Yale University Press, New Haven 1979); Freud and the Problem of God. Enlarged Edition (Yale University Press, New Haven 1990; Taschenbuchausgabe: Yale University Press, New Haven 1990).
Japan. Teilausgabe: Gott – eine infantile Illusion? Sigmund Freud (japan.) (Kyo Bun Kwan, Tokyo 1987).
Korean. Ausgabe: Freud and the Problem of God (Enlarged Edition) (korean.), (Hana Medical Publishing Company, Seoul 2003).
Brasil. Ausgabe: Freud e a Questão da Religião (Verus Editora, Campinas/SP 2005).
Tschech. Ausgabe: Freud a budoucnost náboženství (Vysehrad, Prag 2010).
Russ. Ausgabe: Freud und die Zukunft der Religion (russ.), (St Andrew's Biblical Theological College, Moskau 2013).

Biographischer Kontext

1979 hielt ich an der Yale University die D. H. Terry Lectures zum Thema „Freud and the Problem of God". Die Veröffentlichung des Materials (identisch mit dem Freud-Kapitel aus „Existiert Gott? Antwort auf die Gottesfrage der Neuzeit", München 1978; HKSW 9) durch Yale University Press hat die Frage nach der Funktion der Religion in der psychiatrischen Praxis für viele amerikanische Psychiater neu belebt. Zu meiner großen Freude hat mir die American Psychiatric Association 1986 den Oscar-Pfister-Preis verliehen. Den Festvortrag im Mai 1986 auf der Jahresversammlung in Washington – und in deutscher Sprache anlässlich der Hundertjahrfeier der Psychiatrischen Universitätsklinik Basel – habe ich zum Anlass genommen, auf der Basis meiner früheren Ausführungen über Freud das Problem der Verdrängung der Religion im Raum der Psychiatrie, Psychotherapie und Psychoanalyse in programmatischer Form zu thematisieren. In den Jahren zuvor hatte ich Gelegenheit, diese Problematik in zahlreichen Gesprächen mit Kollegen der Psychiatrie und Psychotherapie immer wieder neu kritisch zu erörtern. Besonders danke ich in diesem Zusammenhang den Professoren Dieter Blumer (Detroit), Edgar Draper (Jackson), Hans Heimann (Tübingen), Wolfgang Loch (Tübingen) und Walter Pöldinger (Basel).

Viele wertvolle Impulse verdanke ich der langjährigen Verbindung mit Professor Günter Hole, dem Ärztlichen Direktor des Psychiatrischen Landeskrankenhauses Weissenau (Ravensburg) und Ordinarius für Psychiatrie an der Universität Ulm. Zum 100-jährigen Jubiläum der Weissenau am 16. Juni 1988 spreche ich in meinem Festvortrag über „Religion und Psychotherapie in der Zeitenwende". Holes Arbeiten ermutigen mich, über die Chancen eines neuen Zusammengehens von Religion und Psychotherapie nachzudenken. Wichtig für die gegenwärtigen politischen und weltanschaulichen Auseinandersetzungen ist sein Buch „Fanatismus. Der Drang zum Extrem und seine psychischen Wurzeln" (Gießen 2004).

Mein Buch „Freud und die Zukunft der Religion" habe ich der American Psychiatric Association in Dankbarkeit für die Verleihung des Oscar-Pfister-Preises gewidmet.

Religion – das letzte Tabu?

Über die Verdrängung der Religiosität in Psychologie, Psychiatrie und Psychotherapie

Was ich hier vortragen werde, hat mit Pathologie im weitesten Sinn zu tun: mit der Arbeit am leidenden Menschen, seien die Krankheiten körperlicher oder seelischer Natur. Auch die Pathologie hat in ihrer Geschichte – wie man weiß – eine Erweiterung ihres Interessenfeldes betrieben, hat nach einer Phase strenger Konzentration auf die anatomische Lokalisation der Krankheiten auch psychosomatische und anthropologische Aspekte mit zu berücksichtigen gelernt, ja, hat in Gestalt einer sozialen Pathologie auch die Beziehung zwischen Krankheit und Gesellschaft mit zu bedenken begonnen. Von all dem wird im folgenden Vortrag die Rede sein, in dem ich mich auf die psychische Dimension der Krankheit konzentriere, gleichzeitig aber – die Rolle der Religion neu bedenkend – auf anthropologische, psychosomatische und soziale Perspektiven der Krankheit eingehen werde. Es scheint mir bei dieser Thematik sachgemäß, bei Fragen der Psychiatrie einzusetzen, um dann über die Psychoanalyse zur Sozialpsychologie und zu einigen Konsequenzen auch für die Medizin im Allgemeinen vorzustoßen.

I. Verdrängung oder Explosion der Religiosität?

Ist das die Frage heute: *Verdrängung* von Religiosität? Ist das wirklich die Frage – in einer Zeit neuer *Explosion* von Religiosität, besonders in Amerika? Wer könnte das boomartige Anwachsen von Kulten, Sekten, religiöser Gruppen aller Art, das neue Interesse für wildwuchernde Mythologie aller Provenienz, das wiederaufblühende Streben nach Mystik, Innerlichkeit, kosmischem Bewusstsein in einer kaum noch überschaubaren Religio-, Kosmo- und Psychoszene übersehen? Spricht all das nicht eher *gegen* die These von der Verdrängung der Religiosität in unserer Gesellschaft? „*Religiosität*" hier verstanden als Religion im subjektiven Sinn, als gläubige Lebenssicht, Lebenseinstellung, Lebensart – wobei ich voraussetze, dass es neben aller unwahrhaftigen Religiosität („religiosity" = Frömmlerei) eine echte Religiosität („religiousness" = Frömmigkeit) gibt.

Kein Wunder demnach, dass die neue Religiosität ein *Thema auch für den Psychologen, Psychotherapeuten, Psychiater* geworden ist. Das Komitee für Psychiatrie und Religion innerhalb der American Psychiatric Association ist gebeten worden, einen Bericht über die Psychologie dieser „zealous and cohesive cult-like groups", dieser „eifernden und geschlossenen kultartigen Gruppen", zu erstellen. Es dürfte in der Tat von größtem Interesse sein,
– den historischen und sozialen Kontext dieser neuen religiösen Bewegungen zu analysieren;
– die psychischen Bedürfnisse und Lebensstile ihrer Anhänger kennenzulernen;
– die inneren Mechanismen dieser Gruppen (Hierarchie, Überzeugungskriterien, Sozialkontrolle) zu durchschauen und dabei die psychotherapeutischen und soziobiologischen Aspekte herauszuarbeiten ...

Vertretern christlicher Theologie kann dies nur recht sein, weil auch sie ein starkes Interesse an Untersuchungen dieser Art haben. Sie bekommen *Erklärungsinstrumente* an die Hand, warum so viele Menschen den traditionellen religiösen Institutionen, den Großkirchen besonders, davonlaufen und sich kleinen radikalen, oft fanatischen religiösen Gruppen anschließen – ein Interesse, das möglicherweise gar im Dienst pastoraler Abhilfemaßnahmen und Gegenstrategien steht. Ja, müssten Theologen und Psychiater an ein und denselben Krankheitssymptomen nicht Hand in Hand arbeiten?

1. Die Frage nach der Religiosität des Psychiaters

Und doch zögere ich. Nicht weil hier etwa nicht ein lohnendes Aufgabenfeld für Theologie und Psychiatrie läge (selbstverständlich!). Nicht weil mir an einer intensiveren Zusammenarbeit zwischen Psychiatern und Psychotherapeuten auf der einen und Theologen wie Seelsorgern auf der anderen Seite nicht läge (im Gegenteil!). Sondern weil mir eine Koalition aus dieser verständlichen Interessenlage heraus zu rasch, zu oberflächlich, zu opportunistisch erfolgt. Die Grundlagen des jeweiligen Selbstverständnisses sind nicht geklärt. Was heißt das?

Es ist das traditionelle Frontstellungsmuster Psychiatrie gegen Religion, das hier zunächst neu zu bedenken ist. Religiosität ist oft nichts als reines Untersuchungs*objekt* eines angeblich neutralen, „objektiven", wissenschaftlichen Beobachters. Und der hat die Mechanismen durchschaut, die Defizite erkannt, hat therapeutische Strategien schon im Kopf. Unterschwellig spielt dabei (auch bei Untersuchungen wie der genannten) die Vorstellung mit, solche Art von Religiosität sei nichts als krankhafte Deformation; Krankhaftes, Pathologisches und Gesundes, „Normales" ließen sich klar abgrenzen; Aufklärung im Namen der Psychiatrie sei das Gebot der Stunde.

Darum ist hier von beiden Seiten Behutsamkeit geboten! Nicht weil Aufklärung nicht auch ein Interesse der Theologie wäre, nicht weil Theologen sich von der Aufklärungsarbeit in Kirche und Gesellschaft je dispensieren dürften. Sondern weil das, was sich in solchen neuen religiösen Strömungen an Protest, an Widerstand, an Alternativen zur bürgerlichen Banalität und Eindimensionalität Ausdruck verschafft, nicht auf ein psychopathologisches Syndrom reduziert werden sollte. Solche Phänomene sind zu wichtig, als dass sie diagnostisch aufgelöst und psychotherapeutisch wegerklärt werden dürften. Und eines fehlt allzu oft: die *konstruktive* Auseinandersetzung des Psychiaters mit der Religiosität, auch mit seiner *eigenen* Religiosität – oder Irreligiosität im professionellen (und eventuell auch personellen) Bereich.

Darum geht es mir zunächst einmal in diesem Vortrag:
– Also weder um eine apriorische Parteinahme für jene zahlreichen *religionsoffenen oder gar religiösen psychotherapeutischen Richtungen*, die zur Schulpsychiatrie in einem latenten oder offenen Spannungsverhältnis stehen, von der Schicksalsanalyse (Szondi), der Logotherapie (Frankl) und

I. Verdrängung oder Explosion der Religiosität?

Personalen Psychotherapie (Johanna Herzog-Dürck) bis hin zu verschiedenen Varianten des Jungschen oder Adlerschen Systems (mehr als hundert psychotherapeutische Organisationen gibt es allein in der Bundesrepublik).

– Noch geht es mir darum, auf die vielfältigen Beziehungen zwischen *Seelsorge und Psychotherapie* einzugehen, die ihren sichtbaren Ausdruck in der erfreulichen Gründung eines Comitee for Psychiatry and Religion in der American Psychiatric Association oder einer Deutschen Gesellschaft für Pastoralpsychologie 1972 (mit ihren Sektionen Tiefenpsychologie, Klinische Seelsorgeausbildung, Gruppendynamik/Sozialpsychologie u. a.) gefunden haben.

– Ich will mich auch nicht lange verbreiten über die seit Viktor Frankl übliche, oft apologetisch behandelte, aber dennoch nicht zu überspielende *Abgrenzung zwischen* „seelischer Heilung" als Ziel der *Psychiatrie* und dem „Seelenheil" (ein problematischer Ausdruck!) als Ziel der „*Seelsorge*", zwischen medizinischer Seelen-Heilkunde und theologischer Seelenheil-Kunde, die ja beide im Dienst des leidenden Menschen stehen wollen. Ein Blick in Kindlers „Psychologie des 20. Jahrhunderts", Band 15, macht auch für Nichtpsychologen deutlich, wie komplex die Gesprächslage zwischen Theologie und Psychotherapie geworden ist etwa bei den großen anthropologischen Themen wie Liebe, Sexualität, Schuld, Angst, Gewissen, Tod. Der Band macht freilich auch deutlich, dass heute angesichts der verwirrenden Pluralität theologischer und therapeutischer Richtungen eine „Zuordnung von Seelsorge und Psychotherapie, die auf breitester Basis von Vertretern beider Fachbereiche nachvollzogen wäre"[1], unmöglich ist.

Aber nicht darum geht es mir, sondern präzise: um die Verdrängung der Religion in der Schulpsychiatrie (und darin eingeschlossen weite Felder von Psychotherapie und Psychologie) und damit in erster Linie um die Frage, welche Bedeutung der Religion zunächst einmal in der Schulpsychiatrie zukommen sollte, nicht nur für irgendeine Spezialistengruppe, sondern für die *Psychiatrie überhaupt*, die ja, umfassend verstanden, sowohl die Psychopharmakologie wie die Psychotherapie und die Soziotherapie einschließen sollte. Nicht als Spezialist – das wissen Sie – der Psychiatrie oder Psychotherapie spreche ich hier, nicht einmal als Fachmann der psychiatrischen Seelsorge. Erst recht bin ich kein neokonservativer Interessenvertreter religiöser

---

[1] K. Winkler, Seelsorge und Psychotherapie, in: Die Psychologie des 20. Jahrhunderts, Bd. XV: Transzendenz, Imagination und Kreativität, hrsg. von Gion Condrau (Zürich 1979) S. 376.

Mächte und Gewalten, dem es um den Erhalt institutionalisierter Religion als Selbstzweck ginge. Ich spreche als engagierter Mensch und Christ, der von der Verstörtheit und Gestörtheit vieler Menschen betroffen und durch Erfahrung zu der Überzeugung gelangt ist, dass Religion – richtig verstanden und gelebt – helfen könnte.

2. Religion als Neurose in psychiatrischen Handbüchern

Täusche ich mich, wenn ich im Felde der Schulpsychiatrie den Eindruck gewinne: Religion ist zwar als Objekt gelegentlich präsent, aber meist in negativer Form. Also kaum als positive Kraft des Gesundseins oder der Gesundung und jedenfalls nicht als Frage kritischer Selbstreflexion des Psychiaters. Religion spielt in seinem Berufsleben, in der Forschung, in der therapeutischen Praxis normalerweise kaum eine konstruktive Rolle. Für das Selbstverständnis des Psychiaters als Psychiater ist sie nicht konstitutiv. Will man sich auf Aussagen Kundiger verlassen, so sind einige Psychiater entschieden antireligiös: Religion sei Neurose oder Psychose, jedenfalls eine zu kurierende Krankheit. Andere seien vielleicht privat religiös, beruflich aber überließen sie die Religion den Priestern. Der größere Teil aber kümmere sich wenig um Religion: Wenn Religion bei einem Patienten oder Klienten nicht offensichtlich der Ursprung einer Neurose oder Psychose ist (was nun doch so oft nicht vorkommt), frage man höflicherweise nicht danach. Warum auch? Im Vergleich zur Sexualität ist Religiosität doch allemal eine quantité négligeable ...

Belege für meine These? Belege dafür, dass Religiosität als konstitutives Element der psychiatrischen Praxis kaum eine Rolle spielt – im Gegensatz zur Präponderanz der Sexualität? Man blicke in heutige psychologisch-psychiatrisch-psychotherapeutische Basisliteratur. Nur vier Beispiele für das Winkeldasein der Religiosität dort:

- Das zwölfbändige deutsche „Handbuch der Psychologie"[2] enthält zwar einen ganzen Band zur Marktpsychologie, aber nur wenige Zeilen zur Religionspsychologie.
- Das „Comprehensive Textbook of Psychiatry"[3] enthält einen Artikel von Mortimer Ostow über „Religion and Psychiatry"[4], in dem Religion – neben zwei kurzen Abschnitten über „Religion and Society" und „Pastoral

---

[2] Handbuch der Psychologie, Bd. I–XII, hrsg. von K. Gottschaldt, Ph. Lersch, F. Sander, E. Thomae (Göttingen 1959–1978).
[3] Comprehensive Textbook of Psychiatry, hrsg. von A. M. Freedman, H. I. Kaplan, B. J. Sadock (Baltimore ²1976).
[4] AaO Bd. II, Kap. 52.1.

I. Verdrängung oder Explosion der Religiosität?

Counseling" – des Langen und Breiten im Kontext von Zwangsneurose, Phobie, Hysterie, Depression, Schizophrenie und Paranoia abgehandelt wird.
- Im großen neuen „Handbuch der Psychotherapie"[5] wird Religion – abgesehen von einem Kapitel Adrian van Kaams über Transzendenztherapie – nur zweimal am Rande (im Zusammenhang mit O. Hobart Mowrers Integritätsgruppen und Jesse Lairs Mutual-Need-Therapy) erwähnt.
- Auch in der zweibändigen Enzyklopädie der „Psychiatrie"[6] findet sich zwar ein vorzügliches Kapitel über „Psychiatrie und Religion" von Günter Hole, sonst aber auf den etwa 1200 Seiten nur ein einziger Hinweis auf „religiöse Idee", im Index mit dem bezeichnenden Verweis „siehe auch Wahn, religiöser".

Behaupte ich zuviel, wenn ich aus solchen und ähnlichen Beispielen folgere, dass in der Schulpsychiatrie Religion weithin nur als 1. *pathologisches* und/ oder 2. *marginales* Phänomen behandelt wird? Und bin ich als Theologe durch die Psychoanalyse und ihre „Hermeneutik des Verdachts" sozusagen verdorben, wenn ich mir die humorige Rückfrage gestatte: Warum hat sich die American Psychiatric Association, die der Explosion von Religiosität in der heutigen Gesellschaft Studien widmet, bisher eigentlich noch nie der Problematik in den eigenen Reihen gestellt: dass Religion, Religion im subjektiven Sinn, also Religiosität – abgesehen eben von besonders auffälligen und hochpathologischen Phänomenen – für einen Großteil von Psychiatern nicht etwa „explodiert", sondern heute kaum noch von Bedeutung ist?

Freilich gibt es auch, und vermutlich zunehmend, *andere*! Und
- wenn ich es als Theologe mit jenen Psychiatern halte, für die Religion in der Behandlung weder eliminiert, noch gemieden, noch als unwichtig ignoriert werden darf, sondern durchgängig ernst genommen werden muss;
- wenn ich, wie etwa der amerikanische Psychiater Edgar Draper, die Religiosität weder als „kategorial krank" noch als einen Fremdkörper in der eigenen Domäne, noch als irrelevant anzusehen gewillt bin, sondern wie Draper der Meinung bin, dass religiöse „*Überzeugungen*, wie jeder *andere Aspekt* oder des Patienten intimes, persönlichstes Leben, *psychologisches Verständnis erfordern*"[7];

---

[5] Handbuch der Psychotherapie (Handbook of Innovative Psychotherapies, New York 1981), hrsg. von R. J. Corsini (Weinheim – Basel 1983).
[6] Kindlers „Psychologie des 20. Jahrhunderts", Psychiatrie (München 1980), hrsg. von U. H. Peters (Neuausgabe Weinheim – Basel 1983).
[7] E. Draper, Psychoanalysis and Religion: A Metapsychological Approach to Religious Data, in: Religious Systems and Psychotherapy, hrsg. von R. Cox (Springfield/Ill. 1973) S. 371.

- wenn ich folglich mit dem deutschen Psychiater Günter Hole in der therapeutischen Praxis „naive Identifikationen einerseits und hilfloses oder überzeugtes Ignorieren der religiösen Thematik andererseits" ablehne und der Überzeugung bin, „daß das religiöse Element – ganz in Abhängigkeit von der jeweiligen Persönlichkeitsstruktur, Erziehung und individuellen Entwicklung – sich psychohygienisch sowohl positiv als auch negativ auswirken kann"[8]:
- *dann* werde ich von Psychiatern gewiss nicht missverstanden, wenn ich als Theologe die Frage zu stellen wage: Muss nicht vielleicht gerade unter Psychiatern, ja akademisch Gebildeten und rational erzogenen Menschen überhaupt, gefragt werden, ob hier nicht vielleicht doch ein Verdrängungsphänomen vorliegt und ob diese „Repression" der Religion nicht ein ebenso untersuchungswürdiges Objekt wäre wie deren Explosion in möglicherweise anderen Gesellschaftsschichten und Subkulturen?

II. Mit Freud gegen Freud?

Mit Freud also gegen Freud, werden Sie mich fragen. Und ich antworte entschieden: ja – und nein! Und dies an einem zentralen Punkt. Denn, so Freud selber schon in seiner „Geschichte der psychoanalytischen Bewegung" 1914: „Die Verdrängungslehre ist (nun) der Grundpfeiler, auf dem das Gebäude der Psychoanalyse ruht."[1] Der Begriff „Verdrängung" geht denn auch bis auf die frühesten Anfänge der Psychoanalyse zurück und ergab sich, wie von ihm öfters hervorgehoben, unvermeidlich aus der in den Behandlungen beobachteten Erscheinung des Widerstandes, welche ihrerseits durch die Anwendung einer neuen Technik (er meint den Verzicht auf Hypnose und Einführung der freien Assoziation bei der Behandlung der Hysterie) zutage getreten war. Fast hundert Jahre also gibt es diesen Begriff vor allem im Zusammenhang mit Sexualität, die Verdrängung der Religiosität jedoch ist im Raum der Psychiatrie meines Wissens nie systematisch untersucht worden.

Nun weiß heute auch jeder „Gebildete unter den Verächtern der Religion", dass eine kritische Theologie begonnen hat, die Einwände gerade auch der Freudschen Religionskritik selbstkritisch ernst zu nehmen. Kritische

---

[8] G. Hole, Psychiatrie und Religion, in: Kindlers „Psychologie des 20. Jahrhunderts", Psychiatrie (München 1980), hrsg. von U. H. Peters (Neuausgabe Weinheim – Basel 1983) Bd. II, S. 510.
[1] S. Freud, Geschichte der psychoanalytischen Bewegung (1914), zit. in: Studienausgabe Bd. III, S. 105; dazu die grundlegenden Beiträge „Die Verdrängung" (1915) und „Das Unbewußte" (1915), aaO S. 103–173.

II. Mit Freud gegen Freud?

Theologie hat in den 60er und 70er Jahren begonnen, Freuds Religionskritik zu verarbeiten und im Prozess der Rezeption zu erkennen, wie viele falsche Schlachten von Anfang an zwischen Psychoanalyse und Religion geschlagen wurden – von beiden Seiten (große Ausnahme: der protestantische Zürcher Pfarrer Oskar Pfister, dessen Korrespondenz mit Freud[2] heute auch die Psychiater fasziniert). Umgekehrt aber habe ich nicht den Eindruck, dass die theologische Auseinandersetzung mit Freuds Religionskritik von Psychiatrie, Psychotherapie und besonders der Psychoanalyse genügend zur Kenntnis genommen worden ist. Ich möchte deshalb die wichtigen Punkte der Kritik und Gegenkritik noch einmal herausstellen, sie zusammenfassen.

1. Die Berechtigung der Kritik Freuds

Drei Punkte eines entschiedenen „*mit* Freud" sind mir wichtig, nicht zuletzt angesichts einer heute manchmal überzogenen Einstellung, welche die Psychoanalyse als starres, dogmatisches System missversteht und verwirft:
1. Freuds *Kritik war berechtigt*:
   - ganz gewiss am Machtmissbrauch der *Kirchen* und der Über-Ich-Wirkung ihres Moralismus und Dogmatismus durch die Jahrhunderte – Ursache zahlreicher ekklesiogener Neurosen: klerikale Herrschaft über die Seelen im Namen Gottes, Abhängigkeit und Unmündigkeit der armen Sünder durch repressive Beichtpraxis, Tabugehorsam gegenüber ungeprüfter Autorität, immer wieder neue sexuelle Verdrängung und Unterdrückung, Missachtung der Frau, Fortschritts- und Wissenschaftsfeindlichkeit, falsche Vorstellungen von Gut und Böse – bis heute; – ganz besonders am traditionellen autoritären *Gottesbild*, hinter dessen Ambivalenz das ins Metaphysische (Jenseits, Zukunft) projizierte eigene frühkindliche Vater- oder Mutterbild sichtbar wird: Oft genug wurde und wird der strafende Vater-Gott von Eltern bewusst zum Erziehungsinstrument missbraucht, um Kinder zu disziplinieren – mit langfristigen negativen Folgen für die Religiosität der Heranwachsenden; typisch auch für eine klerikal-katholische Sozialisation die Trias: Mutterbild – Gottesmutter – Mutterkirche bzw. Papalismus – Marianismus – Zölibatismus;
   - schließlich generell an einer *Religion*, katholischer oder protestantischer Provenienz, die zur wirklichkeitsblinden Bindung an ein tyrannisches Über-Ich geworden ist: zur Rückwendung auf infantile Verhaltensstrukturen, zur Regression auf kindliches Wünschen, zur Er-

---
[2] S. Freud – O. Pfister, Briefe 1909–1939 (Frankfurt 1963).

satzbefriedigung durch kultischen Wiederholungszwang, dem Waschzwang des Zwangsneurotikers tatsächlich vergleichbar.
2. Freud hatte recht, wenn er *Ehrlichkeit im Umgang mit Religion* fordert angesichts aller „möglichen Unaufrichtigkeiten und intellektuellen Unarten" (etwa beim Gebrauch des Wortes „Gott"), wenn er im Namen einer kritischen Rationalität gegen eine religiöse Vernunftfeindlichkeit (im protestantischen Biblizismus ebenso greifbar wie im katholischen Traditionalismus) Protest einlegt: gegen jegliches „Credo quia absurdum" wie auch gegen jegliche moralisierende „Philosophie des ‚Als ob'".
3. Es gibt kein „Zurück hinter Freud" mehr, seit der Einfluss tiefenpsychologischer, unbewusster Faktoren und insbesondere der ersten Eltern-Kind-Beziehung (und damit auch der Sexualität im weitesten Sinn des Wortes) auf die Religion, näherhin das Gottesbild und die Unterscheidung von Gut und Böse entdeckt worden ist. Die Religion hat sich seitdem stets auch der psychologischen Analyse zu stellen. Im „Härtetest" psychologischer Aufklärung muss sich erweisen, wie viel von „Gott" und Religion nur Produkt meines eigenen Unterbewussten ist. Die Zeiten sind vorbei, in denen Theologen so simpel vom „Herr-Gott", jenem allzu menschlichen, allmächtigen, allwissenden, alles kontrollierenden Wesen reden konnten, und sie sollten auch nicht länger darauf behaftet werden. Wahrhaftig, so bestätigt uns der amerikanische Psychiater Edgar Draper, die Zeiten sind vorbei, wo „sich die institutionalisierte Religion nicht besonders gestört hat an ihren bizarren Anhängern, wilden Strömungen, komischen Heiligen, lasziven Brahmanen, paranoiden Predigern, gestörten Rabbis, exzentrischen Bischöfen oder psychopathischen Päpsten. Noch schien sie bereit, Charakterstärke solchen Häretikern, Reformern oder Rebellen zuzugestehen, die sich ihrer Lehre widersetzten. Kurz: sie hat sich für die Persönlichkeitsquellen religiöser Äußerungen nicht interessiert, sondern war im Gegenteil bereit, hysterische oder psychotische Phänomene als Signale des Heiligen Geistes anzusehen."[3] Nein, ein „Zurück hinter Freud" gibt es nicht mehr.

2. Kritik der Kritik Freuds

Was aber wäre „*gegen* Freud" zu sagen, wobei heute auch viele Psychoanalytiker, die, offen für Kritik, Mut zu neuen Wegen bewiesen haben, zustimmen dürften?
1. Freuds „Hypothese" vom *Ödipuskomplex als Ursprung der Menschheitsreligion* und von einem urgeschichtlichen Töten und Essen eines „Totem-

---
[3] E. Draper, Psychiatry and Pastoral Care (Philadelphia 1965, ²1970) S. 117.

Gottes" wurde von der ethnologisch-religionsgeschichtlichen Forschung desavouiert: Sie hat sich als eine von vornherein feststehende These über Religion erwiesen, die statt über die Urgeschichte der Menschheit mehr über die „tragischen Geheimnisse des modernen westlichen Intellektuellen"[4] verrate, der den „Tod Gottes" zwar vollzogen, nicht aber verkraftet habe.

2. Aus dem psychologisch analysierbaren Einfluss *tiefenpsychologischer, unbewusster Faktoren* und besonders der Eltern-Kind-Beziehung auf Religion und Gottesbild lässt sich – anders als Freud annahm – noch nichts für oder gegen die Existenz Gottes ableiten. Denn:
Der Wunsch nach einem Gott („Projektion"!) ist gewiss noch kein Argument für die Existenz Gottes, ist aber auch kein Argument dagegen; dem Wunsch nach Gott kann ein wirklicher Gott entsprechen.
Auch Freud muss ganz am Ende seiner religionskritischen Schrift zugeben: „Wir sagen uns, es wäre ja sehr schön, eine sittliche Weltordnung und ein jenseitiges Leben, aber es ist doch sehr auffällig, daß dies alles so ist, wie wir es uns wünschen müssen."[5] Das ist in der Tat auffällig, aber noch kein stichhaltiges Argument gegen Religion.

3. Obwohl die *Psychoanalyse* nach Freud „eine Forschungsmethode, ein parteiloses Arbeitsinstrument"[6] ist, aus dem sich keine atheistische Weltanschauung extrapolieren lässt, wird sie von ihm schließlich doch als ein universales Aufklärungsinstrument (für Literatur und Kunstwissenschaft, Mythologie, Volkskunde und Pädagogik, Prähistorie und Religionsgeschichte) benützt. Der von Freud und anderen propagierte *atheistische Wissenschaftsglaube* vermochte allerdings weder im Westen noch im Osten den Glauben an Gott zu ersetzen; vielmehr steht der damals so stolze Glaube an einen „Gott Logos", an einen Gott Wissenschaft oder Fortschritt, heute erschüttert da.

4. *Freuds persönlicher Atheismus* ist nicht ursprünglich, sondern *übernommen*: Er wuchs, anders als sein Biograph Edgar Jones behauptet, keineswegs religionslos auf. Bereits der Siebenjährige beschäftigte sich intensiv mit der Philippson-Bibel, einer zweisprachigen Übersetzung (hebräisch/deutsch) des Alten Testaments von Rabbi Philippson (Leipzig), der Standardausgabe der Heiligen Schrift für die emanzipierten Juden des 19. Jahr-

---

[4] Mircea Eliade, Cultural Fashions and the History of Religions, in: The History of Religions, Essays on the Problem of Understanding, hrsg. von J. M. Kitagawa (Chicago – London 1967) S. 21–38, Zit. S. 24.
[5] S. Freud, Zukunft einer Illusion, in: Studienausgabe Bd. IX, S. 167.
[6] AaO S. 170 f.

hunderts.[7] Freud hatte, verständlicherweise abgestoßen vom katholischen Ritualismus und Antisemitismus und belastet von einem Ödipuskomplex, den Arztberuf nicht gewählt, um „leidenden Menschen zu helfen", sondern aus dem „Bedürfnis, etwas von den Rätseln der Welt zu verstehen und vielleicht selbst etwas zu ihrer Lösung beizutragen".[8] Dabei wurde die angeblich atheistisch-mechanistische Naturwissenschaft des 19. Jahrhunderts zum Universalheilmittel für alle Leiden des Lebens; durch sie wurde der Student Freud schließlich zum Atheisten.

Fest steht, dass nicht zuletzt die unterschiedliche Einstellung zu Sexualität und Religion Freud und seine ersten bedeutenden Weggefährten auseinander- und gegeneinander aufbrachte: Schon *Alfred Adler* und *Carl Gustav Jung* bezweifelten seine Auffassung, alle Intentionen ließen sich, neben dem Selbsterhaltungstrieb, auf sexuelle Wünsche, auf die Libido zurückführen, selbst wenn man „sexuell" mit Freud in einem umfassenderen Sinn (als Wollustempfindung) versteht; und sie bezweifelten zweitens, die individuelle Struktur der Psyche sei nur retrospektiv, vom vergangenen Ereignis her, zu verstehen, statt zugleich oder gar primär prospektiv, vom selbst gesteckten (oder übernommenen) Sinn und Ziel des Lebens her. Zwar ließen Adler und Jung offen, wie weit Gott außerhalb, unabhängig von unserem Bewusstsein, unserer Psyche, existiert, doch lehnten sie Religion als solche durchaus nicht ab: Adler tolerierte sie wohlwollend, Jung stand ihr in Analyse und Therapie grundsätzlich positiv gegenüber, obwohl – das muss um der Gerechtigkeit willen gesagt werden – Jungs Faszination vom Rosenkreuzertum und seine bis in den Zweiten Weltkrieg hinein dauernde Naivität hinsichtlich der Unmenschlichkeit des Nazi-Faschismus uns heute unverständlich sind.

Es ist freilich seltsam: Zu Beginn der tiefenpsychologischen Bewegung wurde noch gekämpft um die Religion, gestritten und gefochten. Aber heute? Eine merkwürdige Zurückhaltung bei vielen, so dass einem als Theologen eine so streitbare Schrift wie „Zukunft einer Illusion" beinahe wie ein pastoraler Glücksfall vorkommt. Heute kaum noch denkbar (Tilman Mosers „Gottesvergiftung"[9] war die Ausnahme, aber eben: die Ausnahme). Man kämpft nicht mehr – weder pro noch contra. Man schweigt, wie freilich auch Freud zu der Frage, warum er Atheist wurde, geschwiegen hat, obwohl er bis in sein allerletztes Lebensjahr hinein von der Frage nach Religion, der

---

[7] Vgl. J. vom Scheidt, Der unbekannte Freud. Neue Interpretationen seiner Träume durch E. H. Erikson, A. Grinstein, H. Politzer, L. Rosenkötter, M. Schur u. a. (München 1974), S. 12, 25 ff., 29 f., 32 f.
[8] S. Freud, Nachwort zur „Frage der Laienanalyse", in: Gesammelte Werke XIV, S. 290.
[9] T. Moser, Gottesvergiftung (Frankfurt/M. 1976).

Religion seines jüdischen Volkes, nie loskam. Religion: verschwiegen, vergessen, verdrängt? Religion – eine unbewältigte Zone? Religion – das letzte Tabu?

III. Die Verdrängung der ältesten, stärksten, dringendsten Wünsche der Menschheit

Meine Anfrage an Psychiatrie und Psychotherapie zugleich lautet demnach, ob es nicht lohnenswert wäre, auch den *religiösen Verdrängungsmechanismus* einer genauen wissenschaftlichen psychologischen, psychoanalytischen, psychiatrischen Untersuchung zu unterziehen. Wenn es nämlich bei den religiösen Vorstellungen nach Freud selber um die „ältesten, stärksten, dringendsten Wünsche der Menschheit" geht, die durch Religion (nach ihm freilich „illusionär") *erfüllt* werden, und wenn „das Geheimnis ihrer Stärke die Stärke dieser Wünsche"[1] ist: dann muss eine Verdrängung gerade dieser Wünsche Folgen, möglicherweise höchst destruktive Folgen haben.

1. Ersatz-Erfüllung?

Ersatz-Erfüllung löst das Problem nicht, sondern verschärft es. Eine moderne Form der Verdrängung ist es, wenn diese Wünsche in Teilbereichen menschlichen Lebens „säkular" (in Beruf, Familie, politischem, kulturellem, sozialem, sportlichem Engagement) Erfüllung finden. Wird in diesen Bereichen Relatives (Geld, Karriere, Sex, Wissenschaft, Partei, Führer) förmlich verabsolutiert, spricht man denn auch von einem „Kult" oder einer „Ersatz-Religion". Sind aber die in echter Religion zur Erfüllung kommenden Wünsche nicht gerade deshalb die ältesten, stärksten, dringendsten, weil sie alle Sektoren menschlicher Wirklichkeit durchstoßen, sie umfassen, ja, die Eindimensionalität menschlicher Teilbereiche im wörtlichen Sinne transzendieren? Hin auf eine letzte Tiefe und Unbedingtheit, kurz, hin auf die Dimension des Absoluten? Religion hält die Fragen nach dem Sinn des Ganzen von Menschenleben und Weltgeschichte wach (und beantwortet sie auf je verschiedene Weise), Fragen, die durch partielle Sinnerfahrung in Teilbereichen nicht zum Stillstand zu bringen sind. In der Religion geht es
- nicht nur um eine relative Erfüllung des Lebens im Hier und Heute, sondern um eine definitive Sinnerfüllung im Leben und auch im Sterben;
- um eine Gerechtigkeit nicht nur gerade für mich, sondern um eine absolute Gerechtigkeit für jeden Menschen;

---
[1] S. Freud, Zukunft einer Illusion, in: Studienausgabe Bd. IX, S. 164.

– nicht nur um bedingte, sondern um unbedingte Maßstäbe und Normen;
– geht es um eine letzte geistige Heimat, einen unendlichen Horizont, eine ewige Verheißung.

Vor diesem Hintergrund wird deutlich, dass wir mit der Untersuchung des Verdrängens der Religiosität nicht etwa Sexualität und Religiosität einfach parallelisieren, gar eine Symmetrie von Sexualität und Religiosität behaupten wollen. Religion, das ist jetzt schon deutlich, ist ein sehr viel komplexeres, wenngleich ebenfalls ambivalentes Phänomen, vom Individuum für psychopathische, homöostatische oder therapeutische Zwecke verwendbar. Religion kann also (freudianisch geredet) auch nicht auf ihre Über-Ich-Funktion reduziert werden; Religiosität ist gewiss wie die Sexualität auch Ausdruck elementarer Es-Wünsche, zugleich kann sie – mit ihren Lehren, Normen und Riten – Motivation und Verstärkung von Ich-Operationen sein. Religion bezieht sich aber zum Unterschied von Sexualität auf eine ganz andere, nur im Glauben erfahrbare Wirklichkeit, die den Menschen und seine Welt zugleich übersteigt und umgreift. Nicht naiv auf den „Herr-Gott", sondern auf die wirklichste Wirklichkeit in allen Dingen, jene *allererste allerletzte Wirklichkeit* in der Tiefendimension des Lebens und Sterbens, die der Mensch nicht durch einen rationalen Beweis („rational proof") demonstrieren, auf die er sich aber in einem *vernünftigen Vertrauen* („reasonable trust") einlassen kann, ja, die er aufgrund dieses Vertrauens sogar mit verschiedenen (allerdings immer analogen, symbolischen, chiffreartigen) Worten anreden kann.

Was immer die neuere experimentelle Traumforschung gegen Träume als verkappter Erfüllung verdrängter Wünsche sagen wird: Könnten einige der Neurosen unserer Zeit (nicht alle!) mitsamt ihren Symptomen nicht vielleicht *diagnostiziert* werden als Produkte seelischer Erschütterungen (Traumata): dass der Homo patiens gerade in der *Moderne* tiefste, verborgenste religiöse Wünsche, Emotionen, Affekte (ähnlich wie die sexuellen) nicht mehr zugelassen und angenommen, sondern durch einen Abwehrmechanismus ins Unbewusste verlagert und dort fixiert, kurz „verdrängt" hat? So kommt es entweder zu Ersatzbefriedigungen, Tagträumen, Fehlhandlungen und Krankheitssymptomen oder zur Projektion nach außen, zur falschen Lokalisierung auf Ersatzobjekte (Dinge, Personen, Ideen, Bewegungen), die oft eine fanatisch ergriffene absolute Bedeutung bekommen.

2. Therapie durch Religion?

Und könnte – nach solcher Diagnose – eine *Therapie* des modernen Homo patiens vielleicht nur dadurch möglich sein, dass jene früher abgewiesenen Wünsche, Emotionen und Affekte, statt einfach abreagiert, als Verdrängung

III. Die Verdrängung der ältesten, stärksten, dringendsten Wünsche

aufgedeckt, ins Bewusstsein gehoben und durch Urteilsleistungen – Annahme oder Verwerfung – abgelöst werden? Heilung der seelischen Krankheiten unserer Zeit also durch Aufdeckung jener unbewussten, unerledigten traumatischen Erlebnisse und Affekte, die gegen allen Widerstand des Bewusstseins diesem dennoch zugeführt werden, so dass der Mensch sich jetzt in der *Postmoderne* mit seinen Tiefen und Untiefen ganz neu kennenlernen kann: durch Einblick in die hier wirksamen unbewussten Strukturen und Dynamismen, durch Wiedererleben verdrängter positiver oder negativer Gefühle, durch Aufdeckung, Deutung, Formulierung unbewusster Motivationen und Verhaltensmuster?

Auf diese Weise könnte es in einer Postmoderne vielleicht zu einer *dauerhaften Veränderung* der seelischen Ökonomie und zum Verschwinden bestimmter krankhafter Symptome kommen, so dass der Homo patiens wieder in neuer Weise lieben und arbeiten kann, nach Freud das Ziel jeglicher Therapie. „Ich habe, wie Sie zugeben, viel für die Liebe getan", so hatte Freud bereits 1910 an jenen Pfarrer Oskar Pfister geschrieben.[2] Aber in seinem System gab es damals nur den Begriff der sexuell bestimmten Liebe, der allesumfassenden Libido. Noch 1930 hatte Freud in der Schrift „Das Unbehagen in der Kultur" das christliche Gebot der Nächstenliebe als „nicht vernünftig", als „unpsychologisch" und „undurchführbar"[3] bezeichnet. Drei Jahre später erst, im ominösen Jahr der nationalsozialistischen Machtergreifung 1933, ruft Freud in einem (in Deutschland nicht veröffentlichten) Offenen Brief an Albert Einstein um der indirekten Bekämpfung des Krieges willen zur Liebe auch „ohne sexuelle Ziele" auf: „Die Psychoanalyse braucht sich nicht zu schämen, wenn sie hier von Liebe spricht, denn die Religion sagt dasselbe: ‚Liebe deinen Nächsten wie dich selbst.'"[4]

Spätestens hier wird deutlich – und die Arbeiten jüngerer Vertreter der Freud-Schule wie Erik Erikson, Rollo May und Erich Fromm haben dies materialisiert: Diese Ängste, Aggressionen und Frustrationen, Ergebnis der Nicht-Befriedigung, Nicht-Bewusstmachung, Nicht-Verarbeitung der „ältesten, stärksten, dringendsten Wünsche der Menschheit", haben nicht nur für das Individuum, sondern auch für die Gesellschaft weitreichende Bedeutung. Denn die charakteristische Neurose unserer Zeit dürfte nicht mehr die verdrängte Sexualität sein (was soll da noch verdrängt werden?), sondern die *Orientierungslosigkeit, Normenlosigkeit, Sinnlosigkeit und Leere*, unter denen zahllose Menschen leiden. Ob nicht die gesamte kritische Entwicklung der Moderne – bis hin zum Problem der Anfälligkeit schon unserer Jugend

---

[2] S. Freud – O. Pfister, Briefe, S. 33.
[3] S. Freud, Das Unbehagen in der Kultur, in: Studienausgabe Bd. IX, S. 191–270.
[4] Ders., Warum Krieg?, in: Studienausgabe Bd. IX, S. 283.

für Alkohol, Drogen und Kriminalität einerseits, praktischen Nihilismus, terroristischen Anarchismus und Suizid andererseits – mit der Loslösung von ethischreligiösen Überzeugungen, Normen und Gemeinschaften zusammenhängt? Mit dem also, was Viktor Frankl in seiner sinnzentrierten „Logotherapie" schon früh als existentielles Vakuum diagnostizierte? Es dürfte sich also lohnen, die sozialpsychologische Potenz der Religion – in welcher Richtung auch immer – zu untersuchen. Darauf hat nicht zuletzt ein Psychoanalytiker und Sozialpsychologe hingewiesen unter dem Titel „Der Gotteskomplex": Horst Eberhard Richter.[5]

IV. Analyse des Gotteskomplexes

Dieser Psychoanalytiker und Sozialpsychologe beschreibt die moderne, durch Wissenschaft, Technologie und Industrie geprägte westliche Zivilisation als psychosoziale Störung: als Flucht aus mittelalterlicher Ohnmacht in den Anspruch auf egozentrische, gottgleiche Allmacht. In Auseinandersetzung mit neuzeitlicher Philosophie und zahlreichen soziokulturellen Phänomenen verfolgt Richter den Weg des angstgetriebenen modernen Menschen, der seinen Gott verloren, dessen Macht sich aber angemaßt habe. Dies hat zur Überforderung des Menschen und zu einem kollektiven *Ohnmacht-Allmacht-Komplex* geführt: zum *„Gotteskomplex"*.

1. Eine richtige Diagnose

Ich möchte Richters Buch hier nur als *ein* Beispiel zur *Analyse der Psychopathologie der modernen Gesellschaft* heranziehen, der in ihrer Gottlosigkeit sowohl die Menschenfreundlichkeit wie die Naturfreundlichkeit verlorengegangen ist. Denn es gibt zu denken, was in dieser postmodernen Kritik moderner Geistigkeit gesagt wird über die utopischen Heilshoffnungen des beschädigten Individuums bei Marx, Freud und Marcuse; oder über die Abspaltung des Gefühls, die Entmündigung der Frau, die Unterdrückung der Menschlichkeit, die Wechselbeziehung zwischen Psyche und sozialer Verdrängung; und schließlich vor allem über die *Krankheit, nicht mehr leiden zu können*[1] („Leidensflucht"), konkret:
- die „Leidensverleugnung" durch hysterisches Überspielen in unserer Partykultur,
- die „Leidensvermeidung" durch Abspaltung des Sterbens aus unserer Alltagswelt,

---
[5] H. E. Richter, Der Gotteskomplex (Reinbek 1979).
[1] AaO S. 127–187.

IV. Analyse des Gotteskomplexes

- die „Leidensbeschwichtigung" durch Ersatzbefriedigung in Konsum- und Sexkult,
- die „Leidensverschleierung" durch Sozialtechnik und falsche Versorgungsmentalität.

Und die *Therapie* zur Überwindung des Gotteskomplexes – eine Überlebensfrage für die moderne, von der Selbstvernichtung bedrohte Gesellschaft? Richter etwa fordert eine „Bejahung des Sterbens" und die „Gewinnung eines menschlichen Maßes zwischen Ohnmacht und Allmacht".[2] Er beschwört das „Urphänomen Sympathie als Disposition für Solidarität und Gerechtigkeit"[3], er betont Mitleid und Vertrauen. Alles ausgezeichnet! Und doch darf ich eine Frage nicht unterdrücken: So richtig und wichtig dies alles ist, ist es tief genug gesehen und therapeutisch radikal genug angesetzt? Muss es nicht merkwürdig berühren, dass sich im therapeutischen Teil dieser Ausführungen *kein Wort mehr findet von Religion*? Übrigens auch nicht in Richters Autobiographie „Die Chance des Gewissens. Erinnerungen und Assoziationen".[4] Gewiss nicht aus Ahnungslosigkeit; vielleicht aber aus uneingestandener Ratlosigkeit? Obwohl Richter entschieden der Meinung ist, die verunsicherte Beziehung des Menschen zu Gott hätte einen langen Prozess schmerzhafter Auseinandersetzung erfordert, weicht er selber, so scheint es, dieser letztlich aus. Religion kommt in der Therapie nicht mehr vor. Wieder einmal mehr: ein blinder Fleck, eine graue, unbewältigte Zone?

Natürlich soll damit das Problem nicht personalisiert werden; und gewiss hat auch dieser Autor – wie so viele – seine eigenen negativen Erfahrungen mit institutionalisierter Religion gemacht, die ihn nicht mehr unbefangen von Religiosität und Religion reden lassen. Davor wird gerade der Theologe aufgrund seiner eigenen Erfahrungen Respekt haben. Das Sachproblem aber ist: Kann die geistige Krise der Zeit wirklich überwunden werden, wenn die religiösen Tiefendimensionen des Menschseins außer acht gelassen werden? Wenn das, was in der tiefsten Tiefe des Menschen ruht, ignoriert wird?

2. Und eine Rückfrage

Sosehr man Richters Appell an die „Sympathie" zustimmen mag: *Warum* aber der Mensch so und nicht anders handeln soll, *warum* er sympathisch, mitleidsvoll, eben human und nicht das Gegenteil davon sein soll, kommt

---

[2] AaO S. 228.
[3] AaO S. 239.
[4] Vgl. auch H. E. Richter, Die Chance des Gewissens. Erinnerungen und Assoziationen (Hamburg 1986).

hier – wie auch in anderen sozialpsychologischen Zeitanalysen – nicht zur Sprache. Wie aber lässt sich denn eine solche hochethische Haltung begründen? Lassen sich Sympathie und Vertrauen gleichsam biologisch fundieren von einer postulierten Mutter-Kind-Beziehung her, die ein ganzes Leben durchzutragen hätte? Oder lassen sich Sympathie und Vertrauen schlicht zu einem quasireligiösen universalen Prinzip erheben und zur Grundlage eines gesellschaftlichen Programms machen? Sind Menschen so zu überzeugen, zur Haltungsänderung zu bewegen? Ist so Misstrauen und Hass, Brutalität und Rücksichtslosigkeit, kurz, Inhumanität überwindbar? Warum soll ich, wenn es meinen Interessen dient, nicht unverlässlich, rücksichtslos, inhuman sein, warum grundsätzlich Vertrauen dem Misstrauen vorziehen, Sympathie dem Hass, Ehrlichkeit der Lüge, Güte der Brutalität? Dass auf diese Frage selbst Sigmund Freud keine Antwort wusste, hätte Sozialpsychologen wie Psychiatern zu denken geben müssen: „Wenn ich mich frage, warum ich immer gestrebt habe, ehrlich, für den Anderen schonungsbereit und womöglich gütig zu sein, und warum ich es nicht aufgegeben, als ich merkte, daß man dadurch zu Schaden kommt, zum Amboß wird, weil die Anderen brutal und unverläßlich sind, dann weiß ich allerdings keine Antwort."[5]

Nein, die Antwort auf die ethische Frage „Warum soll ich unbedingt?" bleibt man uns – nach Friedrich Nietzsches Proklamation eines „Jenseits von Gut und Böse" trägt Kants angeblich einem jeden Menschen eingeprägter „kategorischer Imperativ" nicht mehr – schuldig. Gewiss, auch die Antwort der Religion auf diese Warum-Frage darf selbstverständlich nicht vorkritisch-platt erfolgen: „weil Gott es so will" oder gar „damit ich in den Himmel komme". Aber eine neue Reflexion über die Funktion der Religion, die nun einmal seit der Menschwerdung des Menschen durch die Jahrtausende das Ethos des Menschen zugleich begründet und konkretisiert hat, ist hier am Platze – nach Nietzsches erfüllter Vorhersage des Nihilismus als Folge des Atheismus ganz besonders! Denn schuldig bleiben solche sozialpsychologischen Analysen die Antwort ja nicht nur auf die Fragen nach Werten und Normen, sondern erst recht nach Glauben und Sinn – Sinn auch in all den negativen Lebenserfahrungen, in Schmerz, Verzicht und Versagen, in Krankheit, Leid und Tod. Fragen, die nun einmal – wie die Hinnahme der eigenen Endlichkeit überhaupt – mit der religiösen Dimension (bejaht oder verworfen!) zu tun haben. So eindringlich solche Analysen auch sind, so ungenügend die Therapie. Nicht zuletzt hier zeigen sich die Grenzen der orthodoxen Freudschen Psychoanalyse, die aufgrund ihrer methodischen Prämissen nur

---

[5] S. Freud, Brief an J. J. Putnam vom 8. Juli 1915, zit. in: E. Jones, Leben und Werk Freuds, Bd. I–III (Bern – Stuttgart 1960–62), Zit. II, 489.

schwierig Normen, Glauben und Sinn vermitteln kann, vermitteln darf. Eine Neubewertung der Religion als Wirklichkeit im Raum der Psychiatrie drängt sich auf, und sie ist nach neueren Arbeiten und Entwicklungen auch keineswegs illegitim.

V. Zur Überwindung des Gotteskomplexes

Schon zu Beginn unseres Jahrhunderts hat es Albert Schweitzer in seiner „psychiatrischen Beurteilung Jesu"[1] als methodischen Grundfehler bezeichnet, das für uns Einzigartige und Fremdartige mit dem Krankhaften gleichzusetzen. Und schon vor 30 Jahren hat der Tübinger Psychiater Hans Heimann darauf hingewiesen, dass die *Unterscheidung zwischen „pathologisch religiösen" und „normal religiösen" Phänomenen* außerordentlich schwierig ist, ja, kein religiöses Erlebnis dränge „derartig nach Klärung und Abgrenzung gegen das Abnorme und Krankhafte wie die Bekehrung".[2] So sagt Heimann etwa zum Thema Prophetie und Geisteskrankheit mit Recht, dass bei den Propheten des Alten Testaments „Haltung und Inhalt ihrer Botschaft und beides zusammen dem geistigen Raum ihres Wirkens proportioniert" seien, während sich das Krankhafte eben an „fehlenden Proportionen zwischen Haltung, Inhalt und der Botschaft und geistiger Welt"[3] verrate. Das religiös Ideale dürfte in der Tat oft eine Abweichung vom statistisch Normalen sein.

1. Keine Exklusivität naturwissenschaftlichen Denkens

Neuerdings hat der bereits zitierte Günter Hole auf heutigem hermeneutischem Bewusstseinsniveau auf die Grenzen der objektiven Beurteilung psychischer Phänomene im religiösen wie im nichtreligiösen Bereich hingewiesen: Überall fließe „der subjektive Standpunkt und ein nicht zu eliminierendes Wertungsmoment"[4] ein, die mit Begriffen wie „Wahn", „Halluzination", „Vision", „Ekstase", aber auch „Schuldgefühl", „Besessenheit", „Glossolalie" und vor allem „Bekehrung" („Wiedergeburt") höchst vorsichtig und differenziert umgehen lassen. Auch er betont, dass nur die Einbettung in den Gesamtzusammenhang und das pathoplastische Detail hier eine wohlbegründete Unterscheidung möglich machen. Und mahnend fügt er hinzu:

---

[1] A. Schweitzer, Die psychiatrische Beurteilung Jesu (1913, Neudruck Tübingen 1933).
[2] H. Heimann, Religion und Psychiatrie, in: Psychiatrie der Gegenwart, Bd. III, hrsg. von H. W. Gruhle (Berlin 1961) S. 481.
[3] Ders., Prophetie und Geisteskrankheit. Berner Universitätsschriften, Heft 11 (Bern 1956).
[4] G. Hole, Psychiatrie und Religion, S. 519.

Diese Grenzziehungen gegenüber dem Pathologischen würden jedoch naturgemäß jenem Psychiater besonders schwer fallen, der überzeugendes religiöses Erleben und Verhalten nicht aus eigener Erfahrung kenne und der so den in der Psychiatrie üblichen Analogieschluss vom eigenen Seelenleben aus kaum sachgerecht zu vollziehen vermöge.

Nun lässt sich *von der Entstehungsgeschichte der modernen Experimentalpsychologie* um die Mitte des 19. Jahrhunderts her leicht verstehen, warum man der Religion wenig Aufmerksamkeit schenkte. Solche Psychologie vollzog sich ganz auf physiologisch-biologischer Basis, emanzipierte sich zu Recht von der herrschenden spekulativen Philosophie und Psychologie antichristlicher Herkunft, wurde in Forschungs- und Übungslaboratorien erprobt, durch Quantifizierung mächtig vorangetrieben und stand zunächst stark unter dem Einfluss philosophischer Lehren des kritischen Empirismus und Materialismus. Es sei aber nicht vergessen: Schon die beiden großen Gestalten am Ursprung der Experimentalpsychologie, Wilhelm Wundt und William James, beschäftigten sich intensiv mit der Psychologie der Religion, mit den (zumindest subjektiv realen!) „varieties of religious experience" – ähnlich wie ja auch die großen Begründer der modernen Soziologie, Max Weber und Emile Durkheim. Spätere Psychologen, Psychotherapeuten und Psychiater kamen der Religion gegenüber in Verlegenheit, weil ihr an den Naturwissenschaften erarbeitetes Erkenntnis-Instrumentarium für die Anwendung auf religiöse Phänomene wenig geeignet war.

In unseren Tagen – ich will ja kein Zerrbild der Psychiatrie im Geist einer theologisch motivierten „Anti-Psychiatrie" zeichnen – hat man begonnen, bei der *exklusiven Anwendung der naturwissenschaftlichen Denkweise auf die Humanwissenschaften* Gewinn und Verlust genauer zu unterscheiden. Erkennt man doch deutlicher, dass alles Messen, Experimentieren und Extrapolieren der hoch entwickelten Verhaltenswissenschaften, so ungeheuer wichtig es ist, auf einem Vorverständnis von menschlicher Wirklichkeit beruht, das nur bestimmte Aspekte und Dimensionen wiedergibt. Jedenfalls: Die uralten und immer wieder neuen Fragen nach dem Sinn menschlichen Lebens und Handelns, nach den Maßstäben menschlichen Verhaltens und nach der Werteskala des Individuums und der Gesellschaft sind, wir sahen es, alles andere als überflüssig geworden. Empirische und humanistische Theorien und Methoden sollten deshalb mehr verbunden werden, besonders wenn man bedenkt, dass – wie Rollo May formulierte – „unsere Wissenschaft manche Werte zwar testen kann, daß der *Inhalt* dieser Werte jedoch nicht von ihr stammt".[5] Mehr und mehr Psychiater beginnen zu begreifen,

---

[5] R. May, Antwort auf die Angst (Stuttgart 1982) S. 231.

V. Zur Überwindung des Gotteskomplexes

dass sie ihren psychotischen Patienten etwa mit Psychopharmaka kurzfristig helfen können, aber die wahre Natur der Konflikte und Reduktionen des postmodernen Menschen damit keineswegs aufdecken.

2. Religionsoffene Therapien heute

Es ist eine ganz und gar erfreuliche Feststellung: Die früher so scharfen Grenzen zwischen den verschiedenen Schulen haben sich heute vielfach verwischt; man spricht unter Psychiatern von einer Minderung der Schulrivalitäten und des Sektensyndroms. Das heißt: Korrekturen und Ergänzungen durch andere Heilmethoden sind gängig geworden. Neben der *tiefen-psychologischen Therapie* und der *Verhaltenstherapie* hat sich – unter der Ägide Abraham Maslows, Charlotte Bühlers, Carl Rogers' – als „dritte Kraft" die *humanistische Therapie*[6] etabliert. Die Einseitigkeiten der anderen beiden Methoden – vor allem den rückwärts gerichteten Pessimismus der Psychoanalyse und den atomistischen Reduktionismus des Behaviorismus – sucht man immer mehr zu vermeiden: indem man sich auf das Erleben des ganzen, unreduzierten Menschen, auf das spezifisch Menschliche, auch auf die positiven Kräfte, auf Sinnhaftigkeit und Würde konzentriert. Ob hier – ohne alle Parteigängerei – nicht auch recht unorthodoxe Repräsentanten heutiger Psychotherapie zu beachten wären wie etwa Ruth Cohn, Karlfried Graf Dürckheim oder Leopold Szondi, der nicht nur den Unterschied zwischen Glauben und Wahn, sondern auch Glaubensfähigkeit und Glaubensstörung scharfsinnig analysiert hat?

Vor diesem Gesamthorizont, scheint mir, sollten jene *neueren Entwicklungen im psychotherapeutischen Bereich*, die der Religiosität eine positive Funktion zuschreiben, auch in der akademischen Psychiatrie nicht nur als periphere Phänomene, sondern als für unsere Zeit symptomatische Erscheinungen verstanden und ernst genommen werden. Folgende Bestrebungen scheinen mir im Blick auf eine anzustrebende umfassende Theorie und Therapie, die Befunde aus verschiedenen Methoden zu integrieren versucht, wichtig zu sein:

1. Seit Jahrzehnten arbeiten Tausende von *Selbsthilfegruppen* wie die Anonymen Alkoholiker (AA)[7], indirekt angeregt im übrigen von C. G. Jung, aber auch Gamblers Anonymous (GA), Overeater Anonymous (OA) oder

---

[6] Einen informativen Überblick über die drei Hauptströmungen in der Psychotherapie bietet D. Revenstorf, Psychotherapeutische Verfahren Bd. I–III, Bd. IV behandelt die Gruppen-, Paar- und Familientherapie (Stuttgart – Berlin – Köln – Mainz 1982–85).

[7] Vgl. Alcoholics Anonymous, New York 1976; Alcoholics Anonymous Comes of Age, New York 1974.

Emotions Anonymous (EA) meist mit Erfolg an schwerwiegenden psychischen Störungen, die sich mit konventionellen Therapien kaum behandeln lassen. Die Konzepte vieler Gruppen basieren auf der Überzeugung, dass diese Menschen ihre Lebenssituation nicht mehr allein bewältigen können, dass es aber hilfreich für sie ist, „außerhalb" ihrer selbst eine göttliche Macht anzuerkennen, die größer ist als sie selber (wie immer vom einzelnen verstanden), die neues Vertrauen und Mut zur furchtlosen Lebens-Bestandsaufnahme gibt, Mut, um Hilfe zur Selbsthilfe zu bitten, um Vergebung von Schuld.

2. Die *Mutual-Need-Therapie* Jesse Lairs[8] ist der Versuch, die Dynamik des „Zwölf-Stufen-Behandlungsprogramms" der Anonymen Alkoholiker auf *Nicht-Süchtige* anzuwenden, um auch bei ihnen neben der physikalisch-körperlichen und der intellektuell-mentalen die geistig-spirituelle Dimension (z. B. durch Gebet und Meditation) mit einzubeziehen, um so grundlegende Einstellungsänderungen und eine Umgestaltung der Persönlichkeit zu erreichen.

3. Die ebenfalls von den Anonymen Alkoholikern inspirierten *Integritätsgruppen* O. Hobart Mowrers[9] arbeiten unter der Grundvoraussetzung, dass die in unserer modernen Industriegesellschaft so weit verbreiteten Symptome wie Angst, Schuldgefühle, Selbstentfremdung als durchaus adäquate Reaktionen auf die Zerstörung persönlicher Integrität (Unehrlichkeit, mangelndes Verantwortungsbewusstsein, Versagen in zwischenmenschlichen Beziehungen) anzusehen sind; dass es sich weniger um Emotionen als um Verhalten handelt, weniger um Neurosen als um „Soziosen", die charakterisiert sind nicht durch „Übersozialisierung", wie Freuds Theorie vom Über-Ich voraussetzt, sondern durch „Unter-Sozialisierung", die eine Identitätskrise zur Folge haben muss. Diesen Menschen kann beim weitgehenden Versagen von Familie, Gemeinde, Schule und Kirche, wie Mowrer meint, durch Kleingruppengemeinschaften geholfen werden, in denen der Gruppenteilnehmer sich in angstfreier Begegnung und Auseinandersetzung mit anderen in Ehrlichkeit, Verantwortung und Anteilnahme einüben und über das Gespräch hinaus zu offener und ehrlicher Interaktion mit seinen Mitmenschen kommen kann und dadurch zur Entwicklung eines Gefühls für Integrität und Identität, Sorge um andere und Gemeinschaft.

4. Was in allen diesen Gruppen mittels diagnostischer und therapeutischer Methoden eher implizit angesprochen wird, stellt die von Adrian van Ka-

---

[8] J. Lair, Mutual-Need-Therapie, in: Handbuch der Psychotherapie Bd. 1, hrsg. von R. J. Corsini (Weinheim – Basel 1983) S. 755–767.
[9] Vgl. A. J. Vattano, Integritätsgruppen, aaO S. 434–450.

am[10] entwickelte *Transzendenztherapie* ausdrücklich in den Mittelpunkt. Ihm geht es nicht um die Behandlung schwerer neurotischer oder psychotischer Störungen, sondern um jene – in verschiedenen Lebensphasen gegebene – Problematik, die ein Transzendieren des bisherigen Lebensstiles zugunsten einer neuen Lebensform erfordert: um Trennungs-, Richtungs-, Kontinuitäts-, Entscheidungskrisen oder Krisen der Lebensideale wie etwa in der Midlife Crisis. Mit hoch reflektierten Methoden werden in diesem Therapieansatz, im Gegensatz zu manchen anderen Therapieformen, auch verdrängte geistige, religiöse (oder humanistische) Traditionen berücksichtigt; „kulturell verursachter Ärger" soll abgebaut werden, so dass es zu einer Neuerschließung traditioneller Quellen und Formen (nicht zuletzt durch klug eingesetzte „Lesetherapie" anhand klassischer oder moderner spiritueller Texte) kommen kann.

Man könnte hier weiterfahren und auch – gewiss noch nicht ausgereifte – Überlegungen einbeziehen, die manche Autoren im Anschluss an Abraham Maslow von einer „transpersonalen Psychologie und -therapie"[11] reden lassen: Unter dem Einfluss fernöstlicher Methoden oder meditativer Selbsterfahrung wird sogar eine Erweiterung des Bewusstseins über die Grenzen des Ego und der Persönlichkeit hinaus angenommen, um so zu einem Optimum an psychischer Gesundheit zu gelangen.

Doch halten wir hier ein – welcher Grundgedanke hat unseren Reflexionsweg bestimmt? Ich antworte zusammenfassend: Statt der Verdrängung die gegenseitige Herausforderung von Religion und Psychiatrie.

VI. Konsequenzen für eine humane Therapie

Wir haben in Auseinandersetzung mit Freud anerkannt, welch unverzichtbare Aufklärungsarbeit der Psychiatrie für Verzerrungen und Verwerfungen, neurotische Deformationen und pathologische Defizite im Raum von Theologie, Kirche, Christentum zukommt.

1. Keine Verdrängung von Psychiatrie oder Religion

Theologen und Hierarchen vor allem haben oft genug das Interesse der Psychiatrie für ihre Arbeit ignoriert, beiseite geschoben oder apologetisch

---

[10] A. van Kaam, Transzendenztherapie, in: Handbuch der Psychotherapie, S. 1357–1381.
[11] R. N. Walsh, F. Vaugham (Hrsg.), Beyond Ego (1980) dt.: Psychologie der Wende (Bern – München 1985).

abgewehrt zur Immunisierung von „Gläubigen" und „Gutgläubigen": *Verdrängung der Psychiatrie* als Folge des ängstlichen Selbstschutzes vor Beunruhigung „von außen". Und doch ist unübersehbar, wie intensiv nach 1945 manche Theologen und Pastoralpsychologen die Herausforderung der Psychiatrie erkannt und die analytischen Instrumentarien zur religiös-theologischen Erhellung rezipiert haben.

Diesem Verdrängungsprozess auf seiten der Religion korrespondierte – so meine These – im Raum der Psychiatrie ein ebenso schwerwiegender wie tief greifender Verdrängungsprozess: die *Verdrängung der Religion* aus der psychiatrischen Theorie und Praxis, wo man zu höchst existentiellen Fragen wie Glaube und Unglaube, Gut und Böse, Freiheit und Liebe, Schuld und Sühne, Sinn und Glück oft so wenig Hilfreiches zu sagen wusste, weil man die „Persönlichkeit" völlig in Prozesse auflöste, den „Geist" als Philosophoumenon verachtete und sich dem Gespräch mit philosophischer Anthropologie und Theologie versagte. Doch als Theologe komme ich heute nicht umhin festzustellen, dass die Diskussionslage innerhalb der Psychiatrie von erfreulichen Wandlungen gekennzeichnet ist. Gerade angesichts der viel zitierten „Krise der Diagnostik" sind Binnenkorrekturen an Vereinseitigungen und Verengungen, Exklusivitäten und Narzissmen – Tiefenpsychologie einerseits, Verhaltenstherapie andererseits – deutlich sichtbar. Der Einfluss einer humanistischen Psychotherapie, die die somatischen, psychischen und sozialen Aspekte gleichzeitig berücksichtigt und in eine umfassende Anthropologie zu integrieren versucht, hat zweifellos ein neues Gesprächsklima zwischen Psychiatrie und Religion erzeugt, neue Grundlagen für eine gemeinsame Arbeit geschaffen. In den neuen Therapieformen und den Tendenzen zu einer mehr ganzheitlichen Betrachtung hat Religion einen durchaus positiven Stellenwert bekommen. An vielen Symptomen in der heutigen Gesellschaft – und die eingangs zitierte „Explosion von Religiosität" ist in diesem Kontext zu sehen – lässt es sich ablesen: *Wiederkehr des Verdrängten, aber in neuer Gestalt*, im Rahmen, scheint mir, eines heraufkommenden neuen, nicht regressiv-mittelalterlichen (wiewohl es dies auch gibt), sondern prospektiv-"postmodernen" Paradigmas von Gesellschaft überhaupt.

2. Für gegenseitige Herausforderung

Gegenseitige *Herausforderung*: Was erwarten die Theologen von den Psychiatern und Psychotherapeuten, den Ärzten überhaupt? Gewiss nicht, dass sie dem Patienten gegenüber den Seelsorger spielen, höchste Werte und letzte Maßstäbe verkünden, ihm das Wissen um einen absoluten Sinn aufzudrängen versuchen oder sich gar zum Agenten einer bestimmten Religion oder Kirche machen. Nein, um den Erhalt der institutionalisierten Religion als

VI. Konsequenzen für eine humane Therapie

Selbstzweck geht es mir auch als Theologe nicht. Und zwar deshalb nicht, weil es mir in erster Linie um die betroffenen gestörten und verstörten Menschen geht und um die Bedeutung der Religion gerade für sie. Nicht um *Gottes willen*, der das wahrhaftig nicht nötig hat, wohl *aber um des Menschen willen*, damit er psychisch und somatisch gesund bleibt oder wieder gesund wird, plädiere ich gegen die Verdrängung der Religiosität.

- Ich bin deshalb entschieden der Meinung, dass die Fragen der Religion um der Menschen – der kranken wie der gesunden – willen nicht domestiziert und auf ein quasi-illegales Dachkämmerchen-Dasein im großen Gebäude der Psychiatrie und Medizin im Allgemeinen beschränkt werden können, sondern dass sie als zentrale Fragen von Psychiatrie, Psychotherapie und auch Psychologie durchgängig einbezogen werden sollten.
- Ich plädiere nicht für eine religiöse Psychotherapie oder eine Psychotherapie nur für Religiöse, sondern für eine Therapie, die – unter anderen spezifisch menschlichen Ausdrucksformen – auch das Phänomen Religion ernst nimmt.
- Ich plädiere für eine Therapie, die nicht bloß die Konfession oder Denomination des Patienten zur Kenntnis nimmt oder seinen orthodoxen Kirchenglauben abfragt.
- Vielmehr plädiere ich für eine Therapie, die im Detail zu explorieren versucht, was die ganz individuelle, oft sehr unorthodoxe und sich im Laufe des Lebens meist stark verändernde „Heart Religion" für den Patienten ist, die „Religion seines Herzens".

Etwas von dieser unverstellten, persönlichen Lebensphilosophie zu wissen, hält der eingangs zitierte amerikanische Psychotherapeut Edgar Draper psychologisch für eine „via regia", um den betreffenden Menschen zu verstehen: „Wenn man erfahren kann, welche spezifischen Glaubenssätze oder Religion für eine Person zu einem bestimmten Zeitpunkt ihres Lebens von Bedeutung sind, dann kann man etwas über ihre gegenwärtige Krise, ihre Entwicklungsschwierigkeiten, ihre Charakterstruktur erfahren und kann genaue klinische und psychodynamische Diagnosen machen."[1]

Nein, für den Patienten kann es nicht gleichgültig sein, ob ein Psychiater oder Mediziner etwas von Religion versteht oder nicht, von echter, gesunder, wahrer Religion selbstverständlich; ob er ein Gespür hat für die spirituellen *Kraftquellen*, die in der Religion aufbewahrt sind; ob er die Patienten an solche – möglicherweise in ihnen verschüttete – Quellen heranführen kann, die dann vielleicht heilender, integrierender, aufbauender sein können als reine Analysen.

---

[1] E. Draper, Psychoanalysis and Religion, S. 373.

In der Tat: Wer aufgrund mangelnder Empfänglichkeit oder Erziehung keine Erfahrung mit Musik hat, wird die heilende oder anregende Kraft von Musik nie richtig einschätzen können; er ist ärmer als andere. Und man darf wohl auch sagen: Wer die Religion nicht kennengelernt hat (sei es aufgrund individualbiographischer Störungen, philosophischer Prämissen oder gesellschaftlicher Vorurteile), wird nie die großen spirituellen Ressourcen kennen, die für das Wohl eines Patienten entscheidend sein können; er ist ärmer als andere, die über Erfahrungen mit Religion im befreienden, heilenden Sinn verfügen.

Damit keine Missverständnisse entstehen: Ich sage nicht, dass alle Probleme unserer Zeit bereits durch eine neue Religiosität zu lösen sind. Dazu ist mir die ungeheure Komplexität der Situation nur allzu bewusst. Es ist mir klar und ich habe es eingangs deutlich gemacht, dass es viele Probleme in unserer Zeit nur deshalb gibt, weil Menschen gerade die falsche Religiosität haben. Aber ich sehe die Aufgabe des christlichen Theologen gerade darin, Kriterien zur „Scheidung der Geister" beizubringen, das heißt, kritisch die wahre von der falschen Religiosität zu trennen.

Nach welchen Kriterien? Gewiss nach christlichen Kriterien, kann ich hier als christlicher Theologe sagen und habe oft genug vom Christsein gesprochen. Aber – wenn ich es auch für Nichtchristen möglichst umfassend formulieren soll: Wahre Religiosität ist überall dort, wo Religion psychohygienisch oder soziohygienisch (Beispiele: Lateinamerika, Südafrika, Philippinen)
– nicht eine versklavende, sondern eine befreiende,
– nicht eine schädigende, sondern eine heilende,
– nicht eine labilisierende, sondern eine echt stabilisierende Funktion hat,
– wo sie also Grundlage ist für wahre Selbstverwirklichung und zielgerichtete Aufgabenbewältigung im persönlichen wie gesellschaftlichen Bereich.

Ja, ich halte dafür, dass es um des Überlebens der Menschheit willen notwendig sein wird, eine andere, alternative Grundhaltung einzunehmen: eine *wahrhaft humane Grundhaltung*, die der Mensch zwar im Prinzip auch ohne *Religion* (als Atheist oder Agnostiker) – das sei unbestritten – einnehmen, die er jedoch ohne Religion nicht unzweifelhaft, nicht allgemeinverbindlich, nicht unbedingt begründen kann.

Aufgabe des Theologen, nein, im Grunde jedes religiösen Menschen ist es, gegen alle pathologischen Verzerrungen der Religion für echte, gesunde, wahre Religiosität und Religion zu arbeiten, konkret für eine Religion,
– die ohne Regression die Annahme seiner selbst fördert;
– die mit ihren Symbolen, Überzeugungen und Riten der Individuation des Menschen dienen kann;
– die gerade für unsere junge Generation wieder geistige Orientierung über den Tag hinaus und unbedingte ethische Maßstäbe anbieten kann;

VI. Konsequenzen für eine humane Therapie

- die bei aller Einsicht in die Grenzen von Willensfreiheit und Schuldfähigkeit Freiheit zur Entscheidung und durch alle Lernprozesse und Verhaltensweisen hindurch Identität und Würde gewährleistet;
- die Ängste zu überwinden und Vertrauen, Verständnis und Respekt, Grundlage für Freundschaft und Liebe, zu begründen vermag;
- die durch Förderung und Steuerung von Sensitivität und Emotionalität zur Kreativität, zur Bewußtseinserweiterung und zum Engagement, zu mehr Menschlichkeit unter den Menschen, zu wahrer Humanität verhilft.

TEIL D. „Der Anfang aller Dinge. Naturwissenschaft und Religion" (2005)

„Der Anfang aller Dinge. Naturwissenschaft und Religion" (2005)

Einführung

Das Original und seine Übersetzungen

Der Anfang aller Dinge. Naturwissenschaft und Religion (Piper, München 2005, ⁸2006; Taschenbuchausgabe: Serie Piper 4850, München 2006; Neuauflage 2008, ⁵2014, Serie Piper 5168).

Ital. Ausgabe: L'inizio di tutte le cose (Rizzoli, Mailand 2006; Edizione Mondolibri, Mailand 2006).
Span. Ausgabe: El principio de todas las cosas. Ciencia y religión (Trotta, Madrid 2007). .
Russ. Ausgabe: Der Anfang aller Dinge. Naturwissenschaft und Religion (russ.) (St Andrew's Biblical Theological College, Moskau 2007).
Brasil. Ausgabe: O princípio de todas as coisas. Ciências naturais e religião (Editora Vozes, Petrópolis 2007, ³2011).
Engl. Ausgabe: The Beginning of All Things. Science and Religion (Eerdmans, Grand Rapids, Mich., 2007; TB-Ausgabe, W. B. Eerdmans, Grand Rapids, Mich., 2008).
Franz. Ausgabe: Petit traité du commencement de toutes choses (Seuil, Paris 2008).
Niederländ. Ausgabe: Het begin van alle dingen. Natuurwetenschap en religie (Uitgeverij Ten Have, Kampen 2008).
Ungar. Ausgabe: Minden Dolgok Kezdete. Természettudomány és vallás (Kairosz Kiadó, Budapest 2009).
Griech. Ausgabe: Η ΑΡΧΗ ΤΩΝ ΠΑΝΤΩΝ. ΦΥΣΙΚΕΣ ΕΠΙΣΤΗΜΕΣ ΚΑΙ ΘΡΗΣΚΕΙΑ (Psichogios Publications S.A., Athen 2009).
Portug. Ausgabe: O princípio de todas as coisas. Ciência e religião (Edições 70, Lisboa 2011).
Tschech. Ausgabe: Na pocátku vsech vecí (Bergman, Prag und Vysehrad, Prag 2011).
Korean. Ausgabe: The Beginning of All Things. Science and Religion (korean.) (Benedict Press, Waegwan 2011).

Biographischer Kontext

Schon in den 1970er-Jahren hatte ich mich intensiv der Frage „Existiert Gott?" zugewandt und für diese „Antwort auf die Gottesfrage der Neuzeit"

(1978) den neuesten Forschungsstand der Astrophysik wie der Mikrobiologie im Hinblick auf Kosmologie und Entwicklungstheorie studiert (vgl. HKSW 9). Eine große Herausforderung für einen Nicht-Naturwissenschaftler, die eine intellektuelle Anstrengung erforderte.

Für die Astrophysik setze ich mich eingehend mit der Relativitätstheorie von Albert Einstein auseinander und vergleiche die Ergebnisse mit den Aussagen des biblischen Schöpfungsberichts. Zugleich beschäftige ich mich mit den neuesten Ergebnissen der Mikrobiologie, vor allem mit den Nobelpreisträgern Jacques Monod („Zufall und Notwendigkeit. Philosophische Fragen der modernen Biologie") und Manfred Eigen. Eigen lerne ich persönlich kennen und ziehe ihn für meine Antwort auf Monod zu Rate. Auf diese Weise ist es mir möglich, die Ergebnisse der Evolutionstheorie in ein Gespräch mit den Texten der Bibel zu bringen. Ich habe mir von daher zum Prinzip gemacht, immer zuerst die allgemein akzeptierten Forschungsergebnisse der Naturwissenschaft unvoreingenommen zur Kenntnis zu nehmen und dann erst zu sehen, wie im Lichte ihrer Daten die biblische Offenbarung neu verstanden werden muss und nicht umgekehrt.[a] Auf diese Weise habe ich mir eine gute Basis verschafft für die Diskussion mit Naturwissenschaftlern, mit denen ich kaum je einen ernsthaften Dissens feststellte.[b] Statt eines Konfrontationsmodells (Schema Ia + Ib) oder Integrationsmodells (II) vertrete ich für den Dialog ein Komplementaritätsmodell (III).

Im Sommersemester 1994 kann ich auf dieser Basis mit meinen Tübinger Kollegen vom Physikalischen Institut, den Professoren Amand Fässler, Friedrich Gönnenwein, Herbert Müther, Herbert Pfister, Friedemann Rex, Günther Staudt, Karl Wildermuth in einem Interdisziplinären Kolloquium über „Unser Kosmos. Naturwissenschaftliche und philosophisch-theologische Aspekte" meine Auffassungen testen und sie am Ende in 22 Thesen zusammenfassen: zur Frage nach der Wirklichkeit, zur Frage nach Gott und zur Frage nach Gott in der Bibel.

---

[a] So ließ ich die betreffenden Abschnitte im Buch „Existiert Gott?" (1978) von meinen Tübinger Kollegen überprüfen: von Gerhard Elwert, Professor für Theoretische Astrophysik, und von Helmut Metzner, Professor für Chemische Pflanzenphysiologie.
[b] Schon in den 1970er-Jahren führte ich im Institut für ökumenische Forschung Arbeitstagungen mit Vertretern verschiedener anderer Disziplinen durch: mit Prof. Harald Stumpf über „Fragen der Physik und der Ökologie" (17.12.1972), mit Prof. Wolfgang Loch über „Sigmund Freud und die Psychoanalyse" (8.2. und 14.5.1973), mit Prof. Helmut Metzner über „Biologie und Theologie" (23.1.1975), mit Prof. Karl Schmitz-Moormann (Bochum) über Teilhard de Chardin: „Der Gott der Evolution" und „Einführung in das Denken von Alfred North Whitehead" (19.2.1977). Später wurden für mich wichtig die Veröffentlichungen und Gespräche mit meinem Kollegen Alfred Gierer, Professor für Entwicklungsbiologie am Tübinger Max-Planck-Institut.

Einführung

Ia. Konfrontationsmodell
fundamentalistischer Prägung

Ib. Konfrontationsmodell
rationalistischer Prägung

II. Integrationsmodell
(harmonistische Versöhnung)

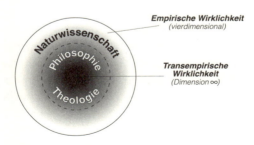

III. Komplementaritätsmodell
(kritisch-konstruktive Interaktion)

© H. Küng – S. Schlensog

Doch erst ein Jahrzehnt später, nachdem ich meine Trilogie zur religiösen Situation der Zeit – „Das Judentum" (1991), „Das Christentum" (1994), „Der Islam" (2004) – abgeschlossen habe, kann ich eine neue Phase des Dialogs einleiten: Die Einladung der ehrwürdigen Deutschen Gesellschaft der Naturforscher und Ärzte, auf ihrer Jahresversammlung in Passau am 19. September 2004 den Festvortrag „Zum Ursprung des Kosmos" zu halten, war für mich die große Herausforderung, mich neu mit den Grundfragen der Kosmologie und danach der Biologie und Anthropologie zu befassen.

Ich arbeite die ganze Problematik erneut gründlich durch für meine Vorlesungsreihe im Studium generale, die von der Medienabteilung der Universität Tübingen aufgezeichnet wird. Wie komplex diese Fragen in Wirklichkeit sind, kann man in meinem 2005 veröffentlichten und im Folgenden abgedruckten Buch „Der Anfang aller Dinge. Naturwissenschaft und Religion" in sechs großen Themenblöcken nachlesen:

1. *Eine vereinheitlichte Theorie für alles?* Im Zusammenhang der Quantentheorie stelle ich die Suche nach einer Weltformel als große Hoffnung dar, die aber mit einer großen Enttäuschung endet: sie kann nicht gefunden werden, wie ich vor allem in Auseinandersetzung mit dem britischen Physiker Stephen Hawking herausarbeite.
2. *Gott als Anfang?* Bei der Frage nach dem Anfang der Anfänge frage ich vor allem empirisch nach der Bedingung der Möglichkeit eines Urknalls und der allgemein anerkannten Naturkonstanten. Nachdem die Physik die Ursache des Urknalls und den Ursprung der kosmischen Ordnungsprinzipien nicht erklären kann, ist man auf Deutungen der Religion verwiesen. Diese lassen sich freilich nicht mathematisch-naturwissenschaftlich beweisen oder widerlegen, sondern können nur in einem vernünftigen Akt des Glaubens angenommen oder eben verworfen werden.
3. *Weltschöpfung oder Evolution?* Ich setze mich hier mit den Fortschrittsideologien von Comte, Teilhard de Chardin und Whitehead auseinander. Ohne Harmonisierung oder Vermischung der wissenschaftlichen Daten und der Ergebnisse der Bibelexegese kann ich auf den Sinn des Schöpfungsglaubens kommen, der nicht im Widerspruch zu den Ergebnissen der naturwissenschaftlichen Evolutionstheorie stehen muss.
4. *Leben im Kosmos?* Auf Monods Frage nach Zufall oder Notwendigkeit lautet Manfred Eigens Antwort: Naturgesetze steuern den Zufall, machen aber die Rede von Gott nicht überflüssig. Spannend ist dabei vor allem die Frage nach dem Anthropischen Prinzip, mit welchem man zu erklären versucht, warum die Evolution des gesamten Kosmos von 13,7 Milliarden Jahren in der Hervorbringung des Homo Sapiens zu kulminieren scheint.
5. *Der Anfang der Menschheit.* Bei der Darwinschen Grundidee, der Entwicklung des Menschen aus dem Tierreich, die praktisch kaum noch von ver-

nünftigen Menschen bestritten wird, konzentriere ich mich vor allem auf die psychische Entwicklung des Menschen und das Verhältnis von Gehirn und Geist. Ich bejahe selbstverständlich eine bestimmte Determinierung allen Denkens durch physikalisch-chemische Gehirnprozesse, vertrete aber die Auffassung, dass die Willensfreiheit nicht als eine Illusion erklärt werden könne. Bei dieser Gelegenheit kann ich auch den Anfängen des menschlichen Ethos nachgehen und bei den Naturvölkern eine Art Ur-Ethos feststellen, das faktisch als Basis eines durch die Jahrtausende entwickelten Welt-Ethos dient.

6. In einem Epilog referiere ich schließlich die physikalischen Hypothesen vom *Ende aller Dinge*. Sie vergleiche ich mit apokalyptischen Visionen der Bibel, um von daher den Sinn der biblischen Visionen zu klären.

Im Jahr 2006 findet vom 6.–8. Juli auf der Grundlage dieser Themen ein weiteres Interdisziplinäres Symposium über „Naturwissenschaft und Religion" statt, dieses Mal im Schloss von Tübingen mit hochrangigen Fachleuten aus Deutschland und der Schweiz. Es wird moderiert von Prof. Rolf Emmermann, Vorstandsvorsitzender des GeoForschungsZentrums Potsdam, und versammelt prominente Vertreter der verschiedensten Naturwissenschaften und der Theologie.[c]

Eine besondere Herausforderung bildet für mich die Einladung der Templeton Foundation in den Yosemite National Park in Kalifornien, wo unter der Leitung von Prof. Christof Koch (dem Kollegen von Francis Crick, Entdecker der Molekularstruktur der DNS) vom 18.–22. April 2007 ein Symposion über

---

[c] Tübinger Symposion „Naturwissenschaft und Religion", im Juli 2006:
Naturwissenschaftler: Prof. Augusto Cogoli (Weltraumbiologie, Zürich), Prof. Nicholas Conard (Ältere Urgeschichte, Tübingen), Prof. Rolf Emmermann (Vorstandsvorsitzender GeoForschungsZentrum, Potsdam), Prof. Amand Fäßler (Theoretische Physik, Tübingen), Prof. Ulrich Felgner (Logik, Grundlagen u. Geschichte der Mathematik, Tübingen), Prof. Karl Fuchs (Geophysik, Karlsruhe), Prof. Friedrich Gönnewein (Theoretische Physik, Tübingen), Prof. Günther Hasinger (Extraterrestrische Physik, Garching), Prof. Mathias Jucker (Neurobiologie, Tübingen), Prof. Harald Lesch (Astrophysik, München), Prof. Nicolaas K. Michiels (Evolutionsökologie der Tiere, Tübingen), Prof. Herbert Müther (Theoretische Physik, Tübingen), Prof. Herbert Pfister (Theoretische Physik, Tübingen), Prof. Jürgen Richter (Urgeschichte, Köln), Prof. Hans-Ulrich Schnitzler (Tierphysiologie, Tübingen), Prof. Adolf Seilacher (Paläontologie, Tübingen), Ministerpräsident a.D., Dr. h.c. Erwin Teufel.
Theologen: Prof. Urs Baumann (Tübingen), Prof. Andreas Benk (Theologie/Physik, Schwäbisch Gmünd), Dr. Günther Gebhardt (Wissenschaftlicher Projektkoordinator, Stiftung Weltethos), Prof. Hermann Häring (Nijmegen/Tübingen), Prof. Hans Küng (Präsident Stiftung Weltethos), Prof. Karl-Josef Kuschel (Vizepräsident Stiftung Weltethos), Dr. Stephan Schlensog (Generalsekretär Stiftung Weltethos), Prof. Josef Wohlmuth (Bonn).

die „Top Down Causation and Volition" mit führenden Spezialisten der Hirnforschung stattfindet. Es gelingt mir, diese Naturwissenschaftler mit meinem Vortrag „The Controversy over Brain Research" zu provozieren, über die Grenzen der Hirnforschung nachzudenken und die Willensfreiheit in einem weiten Kontext zu würdigen.[d] Die einzelnen Themenfelder meines Vortrags geben Einblick in die Komplexität der Diskussion: „Durch physikalisch-chemische Gehirnprozesse determiniert?"; „Ist Willensfreiheit eine Illusion?"; „Neurowissenschaftliche Verharmlosung von Verantwortung und Schuld"; „Grenzen der Hirnforschung"; „Die großen Fragen der Neurowissenschaften"; „Chemie und Physik erklären nicht das Ich"; „Erfahrung der Freiheit".

Aufgrund dieser intensiven Beschäftigung mit den naturwissenschaftlichen Fragen kann ich es wagen, zu großen Themen auf der Grenze zwischen Naturwissenschaft und Religion auch bei anderen wichtigen Gelegenheiten zu referieren: Am 8. Juni 2005 halte ich die Festrede zum Landesforschungspreis in Heidelberg über „Hirnforschung im Widerstreit"; am 23. September 2005 an der Academia Europaea in Potsdam: „On the Origin of the Cosmos"; am 16. Juli 2007 im Lassalle-Haus in Bad Schönbrunn/Schweiz: „Zum Ursprung des Kosmos"; am 22. November 2007 bei der La Roche Bank in Basel: „Der Anfang aller Dinge – An den Grenzen des Wissens" und schließlich einen großen öffentlichen Vortrag am 31. Mai 2010 im Goethe-Institut in Athen über den „Ursprung des Lebens".

Eine interessante Diskussion habe ich mit dem geistvollen Astrophysiker und Naturphilosophen Professor Harald Lesch während der drei Sendungen in der SWR 2 AULA (14.4.2006, 16.4.2006, 17.4.2006) unter dem Titel: „Gott plus Urknall = X. Die Astrophysik und der Glaube". Die Redaktion führte Ralf Caspary. Die Sendungen wurden 2013 (4.8., 11.8., 18.8.) wiederholt. Er hat sie wie folgt angekündigt: „Wenn es um den Urknall geht, um den Anfang unseres Universums, um die Frage nach der außerirdischen Intelligenz, um die Frage, wie sich aus Sternenstaub intelligentes Leben entwickeln konnte,

---

[d] Beiträge veröffentlicht in: *N. Murphy u. a.*, Downward Causation and the Neurobiology of Free Will, Berlin – Heidelberg 2009, Hans Küng, S. 261–270: *„Summary.* All mental processes are closely connected with the electro-chemical processes between the nerve cells in the brain, and these function in accordance with the natural laws of physics. But is free will therefore an illusion? The more precisely the neuroscientists can describe the ways in which our brain functions, the clearer it becomes that none of their measurements and models embraces the central aspect of consciousness: how we become subjectively aware of qualities such as color or smell, a reflection or an emotion. The discussion between the ‚scientists' and the ‚philosophers' in our symposium has shown that at present brain research seems not to have an empirically demonstrated theory to offer about the connection between brain and mind, between consciousness and the nervous system. In any case, chemistry and physics seem not to explain the experience of freedom of choice which is however universal and undeniable."

zeigen sich Berührungspunkte von Religion und Astrophysik. Diesen Punkten spüren der Theologe Professor Hans Küng und der Physiker Professor Harald Lesch nach."

Alle Vorstöße ins Neuland bereiten mir Freude, auch wenn sie mit mannigfachen Mühen und manchmal auch Enttäuschungen verbunden waren. Bisweilen höre ich gerne nur zu, wenn Themen besprochen werden, in denen ich mich nicht (oder noch nicht) auskenne. Ich habe mir großen Respekt bewahrt vor denen, die auf ihrem Gebiet unendlich viel mehr wissen als ich.[e]

In jüngster Zeit finden die schärfsten Auseinandersetzungen mit weltanschaulichem Hintergrund auf dem Gebiet der Neurowissenschaften statt, insbesondere der neurobiologischen Hirnforschung. In meinem Buch „Der Anfang aller Dinge" kann ich berichten von den Hoffnungen, aber auch von den Grenzen der Hirnforschung, wie sie elf deutsche Neurowissenschaftler in einem realistischen „Manifest über Gegenwart und Zukunft der Hirnforschung" 2004 veröffentlicht haben. Ein Jahrzehnt später wird dies bestätigt durch ein Memorandum, das fünfzehn Neurowissenschaftler, Psychologen und Philosophen mit dem Titel „Reflexive Neurowissenschaft" (März 2014) publiziert haben. Von ihren Kollegen fordern sie eine kritische Selbstreflexion ihrer Arbeit; auch Neurowissenschaftler, die nur das naturwissenschaftlich Messbare im Gehirn interessiert, müssten sich damit auseinandersetzen, dass diese beschränkte Orientierung für manche Illusionen der Neurowissenschaften verantwortlich ist.

Doch möchte ich diese Orientierung nicht einfach als „Materialismus" klassifizieren und diskreditieren. Oft ist es schlicht ein methodischer Reduktionismus, der meint, die menschliche Psyche auf wenige Hirnprozesse zurückführen zu können. Dagegen fordern die reflexiven Neurowissenschaftler ein Denken, das „systemischer" ist: Nicht nur die inneren Systeme des Gehirns seien zu beachten, sondern auch seine Einbettung in viele weitere Systeme: den Körper, den ganzen Menschen, seine Umwelt, in sprachliche Systeme, in die Kultur mit bestimmten Wertsystemen und so weiter.

So bin ich denn keiner Diskussion ausgewichen, habe sie vielmehr in vielen Fällen gesucht. Langsam bildet sich bei mir auf empirischer Basis ein gewisser Überblick über wichtige Probleme heraus, und langsam wird mir deutlich, was mein besonderer Blickwinkel sein soll: eine möglichst universale Sicht der Religionen und Kulturen.

Es werde Licht!

„Es werde Licht!": So schreibt die Hebräische Bibel in ihren ersten Sätzen über den „Anfang" von „Himmel und Erde". „Wüst und leer" war die Erde:

---

[e] Vgl. Hans Küng, Erlebte Menschlichkeit. Erinnerungen, München 2013, S. 164–167.

„die Finsternis lag auf der Urflut und der Geist Gottes schwebte über den Wassern."[1] Vor allen anderen Dingen, noch vor Sonne, Mond und Sternen, wurde das Licht geschaffen. Stärker als alle Worte es ausdrücken können, besser auch als Michelangelo es in der Sixtinischen Kapelle zur Anschauung zu bringen vermochte, hat es Joseph Haydn in seinem Oratorium „Die Schöpfung" zum Klingen gebracht: Mit dem überraschenden Fortissimo-Umschlag des ganzen Orchesters vom dunklen e-moll in das strahlend triumphale C-Dur wurde das Bibelwort vom Licht sozusagen musikalisch neu geschaffen.

Aber, wird mich der Naturwissenschaftler fragen, glauben Sie denn allen Ernstes, wie viele Fundamentalisten nicht nur in Amerika, dass die Bibel uns die Urfrage der Kosmologie – woher kommt das alles? – beantwortet? Vertreten Sie vielleicht solch einen naiv-unaufgeklärten Bibelglauben an einen anthropomorphen Gott, der die Welt gar in sechs „Tagen" geschaffen hat? Geiß nicht: Ich möchte die Bibel ernst, aber gerade deshalb nicht buchstäblich nehmen.

Es werde Licht!": Das war mit Recht auch die Parole der „Aufklärung", die von England („Enlightenment") und Frankreich („les Lumières") ausging und dem Menschen mit Hilfe der Vernunft zum „Ausgang aus seiner selbstverschuldeten Unmündigkeit" (I. Kant[2]) verhelfen wollte. Aufklärer waren all die frommen sogenannten „Lichtfreunde", die sich auch in der Kirche schon früh für freie Forschung und vernunft- und zeitgemäße Verkündigung, ohne Zwang und geistige Bevormundung, einsetzten. Und sie alle hatten auf ihrer Seite jene nach-kopernikanische Naturwissenschaft, die im Prozess der römischen Kirche gegen Galileo Galilei letztlich den Sieg davongetragen hatte. Kein Zurück also hinter Kopernikus und Galilei, hinter Newton und Darwin!

Aber, muss ich nun umgekehrt den Naturwissenschaftler fragen: Hat uns nicht manchmal auch die aufgeklärte Vernunft irregeführt? Hat sie mit all ihren segensreichen Fortschritten nicht auch zunehmend mörderische Kriegsmaschinerien geschaffen? Hat sie nicht vielfach die natürlichen Grundlagen des Lebens zerstört, so dass heute viele Menschen um die Zukunft unserer Erde bangen? Ja, es gibt eine Dialektik der Aufklärung, wie von Max Horkheimer und Theodor W. Adorno scharfsinnig analysiert[3], einen Umschlag der naturwissenschaftlich-technischen Vernunft in Unvernunft. Ob es also

---

[1] Gen 1,1–3.
[2] Vgl. I. Kant, Beantwortung der Frage: Was ist Aufklärung?, in: Werke, hrsg. v. W. Weischedel, Bd. VI, Frankfurt/M. 1964, S. 51–61, Zit. S. 53.
[3] Vgl. M. Horkheimer – T. W. Adorno, Dialektik der Aufklärung. Philosophische Fragmente, Frankfurt/M. 1969.

nicht vielleicht noch eine andere Sicht der Dinge braucht als nur die der Naturwissenschaft?

„*Es werde Licht!*": Das hätte auch Albert Einstein sagen können, als er die Geschwindigkeit des Lichts als die große Konstante festsetzte, um auf dieser Grundlage Gravitation, Raum und Zeit zu „relativieren". Einstein, der mit Berufung auf „Häretiker" wie Demokrit, Franz von Assisi und besonders Spinoza eine dogmenfreie „kosmische Frömmigkeit" vertrat, die „keinen Gott kennt, der nach dem Bild des Menschen gedacht wäre".[4] Diese kosmische Frömmigkeit ist nach ihm „die stärkste und edelste Triebfeder der wissenschaftlichen Forschung"[5]: „Welch ein tiefer Glaube an die Vernunft des Weltenbaues und welche Sehnsucht nach dem Begreifen wenn auch nur eines geringen Abglanzes der in dieser Welt geoffenbarten Vernunft musste in Kepler und Newton lebendig sein, dass sie den Mechanismus der Himmelsmechanik in der einsamen Arbeit vieler Jahre entwirren konnten … Nur wer sein Leben ähnlichen Zielen hingegeben hat, besitzt eine lebendige Vorstellung davon, was diese Menschen beseelt und ihnen die Kraft gegeben hat, trotz unzähliger Misserfolge dem Ziel treu zu bleiben. Es ist die kosmische Religiosität, die solche Kräfte spendet."[6] Ich weiß: Nicht jeder Naturwissenschaftler pflegt eine kosmische Religiosität, und in diesem Buch soll wahrhaftig weder diese noch eine andere Religiosität aufgedrängt werden. Aber auch Naturwissenschaftler, wenn sie mehr sehen wollen als ihr eigenes begrenztes Sichtfeld, könnten sich zumindest herausgefordert fühlen durch die *Frage* der Religion.

„*Es werde Licht!*": Auch dieses Buch möchte in bescheidenem Ausmaß Licht vermitteln – jenes Licht weitergeben, das die grandiosen Ergebnisse vor allem der Physik und der Biologie auf den Anfang von Welt, Leben und Mensch werfen; Licht, wie es in völlig anderer Weise nach wie vor das zeitgemäß verstandene Zeugnis der Bibel ausstrahlt; Licht, wie es in demütigem Selbstbewusstsein eine aufgeklärte Philosophie und Theologie heute den Menschen zu vermitteln vermag. Intellektuelle Integrität ist bei solcher Vermittlung wichtiger als dogmatische Konformität, als kirchliche oder säkulare „Correctness".

Allerdings ist dies ein schwieriges Unterfangen. Denn in den letzten Jahrzehnten ist die Forschung in der naturwissenschaftlichen Kosmologie, Biologie und Anthropologie so rasant vorangeschritten und so umfangreich ge-

---

[4] Vgl. A. Einstein, Religion und Wissenschaft, in: Berliner Tagblatt vom 11. November 1930, aufgenommen in: Mein Weltbild, hrsg. v. C. Seelig, Berlin 1955, S. 15–18, Zit. S. 16.
[5] AaO S. 17.
[6] AaO S. 17 f.

worden, dass sie zumal ein „Fachfremder" kaum noch zu überblicken vermag. Dies gilt vielfach sogar für Naturwissenschaftler. Jedenfalls hat einer der Großen in der Physik das Dilemma einer universalen Betrachtungsweise schon früh formuliert und nur „den einen Ausweg" gesehen: „daß einige von uns sich an die Zusammenschau von Tatsachen und Theorien wagen, auch wenn ihr Wissen teilweise aus zweiter Hand stammt und unvollständig ist – und sie Gefahr laufen, sich lächerlich zu machen". So schrieb in seinem Buch „Was ist Leben?" der Mann, der die lebende Zelle mit den Augen eines Physikers zu betrachten begann, der Begründer der Wellenmechanik und Nobelpreisträger von 1933 Erwin Schrödinger. Und seine Entschuldigung mag der Leser gnädig auch als die meine akzeptieren.

Will man in großen Zusammenhängen denken und bei allem notwendigen Spezialistentum das Ganze nicht aus dem Blick verlieren, bedarf es eines philosophisch-theologischen Basiswissens. Dazu will mein Buch in konzentrierter Form verhelfen. Überflüssig zu bemerken, dass ich dabei auf all das zurückgreife, was ich in fünf Jahrzehnten studiert, doziert und publiziert habe und was mir jetzt ermöglicht, ein bewusst klein gehaltenes Buch zu schreiben. Ich möchte nicht nur für gerade modische Naturwissenschaftsthemen weiteres Wissen anhäufen, sondern auf naturwissenschaftliche Grundfragen eine, so hoffe ich, kohärente und überzeugende Antwort geben. Sie kulminiert in einem Abschnitt über die Anfänge des menschlichen Ethos, was zeigt, dass auch dieses Buch im Kontext des Projekts Weltethos seinen Platz hat.

Ich schreibe diese Einleitung zur ersten Fassung des Manuskripts anfangs Juli 2004 während des 4. Parlaments der Weltreligionen in Barcelona in freien Stunden der Vorbereitung auf dem Montserrat, mit dem Rundblick nach rechts auf das wuchtig steile Naturmassiv mit seinen Rundformen und Türmen, nach links aber auf die benediktinische Basilika, und dazwischen die weite Landschaft Kataloniens. Sollte es wirklich nur ein schöner Traum sein am Übergang von der Moderne zur Nach-Moderne: die Überwindung oft ideologisch gefärbter Gegensätze zwischen Naturwissenschaft und Religion durch eine neue Gemeinsamkeit – bei allen unterschiedlichen Perspektiven hinsichtlich der Evolution von Kosmos und Mensch? Ich danke all denen, die mir bei der Sichtung des „Anfangs aller Dinge" behilflich waren, im Nachwort dieses Buches.

Tübingen, im Juli 2005 *Hans Küng*

A. Eine vereinheitlichte Theorie für alles?

Die Physiker können stolz sein auf all die entdeckten, reflektierten und experimentell bestätigten Ergebnisse ihrer Forschung. Alle Naturwissenschaftler müssen ja immer wieder auf diese Basiswissenschaft zurückgreifen, welche die Elementarteilchen und Grundkräfte der materiellen Wirklichkeit erforscht und analysiert. So kann man verstehen, dass manche Physiker aufgrund der unbestreitbaren triumphalen Erfolge erwarteten, man könne eines Tages unser Universum entschlüsseln. Wie? Indem man eine Theorie fände für „alle Dinge", für alle Naturkräfte, für alles, was ist: eine Weltformel, welche die tiefsten Rätsel unseres Kosmos, unseres Universums, zu lösen und die ganze Wirklichkeit physikalisch zu erklären vermöchte.

1. Das Rätsel der Wirklichkeit

Unser *Kosmos*: Das griechische Wort „Kosmos" hat eine lange Geschichte. Es meint ursprünglich „Ordnung": früheste Erwähnung bei Homer im 8. Jh. v. Chr. für das geordnet aufgestellte Heer. Dann „Schmuck": erstmalig belegt bei Pythagoras im 6. Jh. v. Chr. Schließlich um die Zeitenwende „Harmonie", bezogen auf das Weltall, später wie heute „Weltordnung" und „Weltall". Also die Welt als geordnetes Ganzes, Kosmos als Gegensatz zum Chaos.

Unser *Universum*: Das Wort „Universum", entlehnt im 18. Jh. aus dem gleichbedeutenden lateinischen „universum", ist das substantivierte Neutrum von „uni-versus" = in eins gekehrt, in eine Einheit zusammengefasst (aus „unus" + „vertere, versum"). Universum meint also, genau genommen, das „Ganze als Inbegriff aller Teile". Ich gebrauche in diesem Buch „Kosmos"/„Universum" austauschbar und versuche seinen Ursprung und Sinn zu ergründen.

Ein doppeltes Rätsel

Hinter dem einfachen Buchtitel „Der Anfang aller Dinge" verbirgt sich eine Doppelfrage:
- Die *Kernfrage* nach dem *Anfang überhaupt*: Warum existiert das Universum? Warum existiert nicht nichts? Die Frage also nach dem Sein des Universums schlechthin.
- Die *Rahmenfrage* nach den *Anfangsbedingungen*: Warum ist das Universum so, wie es ist? Warum hat es gerade diese Eigenschaften, die für unser menschliches Leben und Überleben entscheidend sind? Die Frage also nach dem So-Sein des Universums.

Es geht also um nichts weniger als um *Ursprung und Sinn des Weltalls als Ganzes*, ja, der *Wirklichkeit überhaupt*.

Was aber ist die *ganze* Wirklichkeit? Ist es nur die „Natur" oder auch der „Geist"? Kann die Naturwissenschaft auch den Geist erfassen? Und müssen wir unter Umständen mit mehr als einem Universum rechnen, mit mehreren Universen, jedes vielleicht etwas anders geartet, einem „Multiversum", das freilich kaum mehr als eine bloße, durch keinerlei direkte Beobachtung gestützte Hypothese wäre? Was ist überhaupt *Wirklichkeit*? Ich gehe von einer elementaren und ganz und gar offenen Umschreibung aus, die „alle Dinge" einschließt: Wirklichkeit ist *alles, was ist* – die Gesamtheit dessen, was existiert.

Im Mittelalter fragte man vor allem final: Wozu ist ein Ding da? In der Neuzeit fragt man vor allem kausal: Warum ist ein Ding so, wie es ist? Wie ist es beschaffen, woraus besteht es, und welchen Gesetzen gehorcht es? Will man wissen, was alles ist, muss man wissen, wie alles geworden ist. Will man wissen, was der Kosmos ist, muss man wissen, wie er entstanden ist. Imponierend, was oft einsame Denker schon in der frühen Neuzeit theoretisch erdacht, experimentell erkundet, gegen alle Widerstände durchgefochten und so der Menschheit ein neues Weltbild erstritten haben!

„Weltgeschichte" darf heute nicht mehr allein als Menschheitsgeschichte (von ein paar hunderttausend Jahren), sondern muss als wirkliche Welt-Geschichte von 13,7 Milliarden Jahren seit dem Urknall verstanden werden. Rund vier Jahrhunderte hat es jedoch gebraucht, bis sich das neue astronomisch-physikalische Weltmodell – naturwissenschaftliche Grundlage des modernen Weltbildes überhaupt – durchgesetzt hatte.

Das neue Weltmodell: Kopernikus, Kepler, Galilei

Es war kein säkularisierter Naturwissenschaftler, sondern ein katholischer (polnischer oder deutscher?) Domherr, der auf eine (von späteren Astronomen physikalisch widerlegte) Idee des Aristarchos von Samos (3. Jh. v. Chr.) zurückgriff und aufgrund eigener Beobachtungen, Berechnungen und geometrisch-kinetischer Überlegungen den genialen Entwurf eines neuen, wahrhaft revolutionären Weltmodells vorlegte: Nikolaus Kopernikus (1473–1543). Er, der vor allem in Italien studiert hatte, schlug bekanntlich in seinem Werk „De revolutionibus orbium coelestium libri VI" (Sechs Bücher über die Kreisbewegungen der Himmelskörper)[1] statt des traditionellen, ge-

---

[1] Vgl. N. Copernicus, De revolutionibus orbium coelestium libri VI (1543), kritische Neuausgabe, Hildesheim 1984; dt.: Über die Kreisbewegungen der Weltkörper, 1. Buch, hrsg. v. G. Klaus, Berlin 1959.

A. Eine vereinheitlichte Theorie für alles?

schlossenen, geozentrischen Weltmodells des Ptolemäus, welches sich besonders für die Berechnung der Planetenpositionen über längere Zeiträume immer mehr als ungeeignet erwiesen hatte, das offene heliozentrische Weltmodell vor.

Ein *Paradigmenwechsel* par excellence, zuerst in der Physik, dann aber auch mit Auswirkungen auf das gesamte Weltbild und die „Meta-Physik" des Menschen. „Kopernikanische Wende" wurde zum Schlagwort für verschiedene grundlegende revolutionäre „Wenden", welche die Moderne konstituieren, Schulbeispiel auch für das, was „Paradigmenwechsel" bedeutet: mehr als nur den Wechsel eines „Denkmusters", das die Weltsicht einer Zeit prägt, vielmehr den Wechsel „einer Gesamtkonstellation von Überzeugungen, Werten und Verfahrensweisen, die von den Mitgliedern einer bestimmten Gemeinschaft geteilt wird" (Thomas S. Kuhn[2]).

Das von Kopernikus rein theoretisch vorgetragene Weltmodell wurde von Johannes Kepler (1571–1630), der in Tübingen evangelische Theologie studiert hatte, sich dann aber bald der Mathematik und der Astronomie zuwandte, bestätigt und korrigiert: Die Umlaufbahnen der Planeten sind nicht kreisförmig, sondern elliptisch; die drei Keplerschen Gesetze der Planetenbewegung werden Grundlage einer „Astronomia nova" (1609).[3] Die empirisch erfahr- und messbare Erkenntnis wird jetzt der einzige Weg der Naturerklärung. Doch schließt dies für den philosophisch ganzheitlich und ökumenisch denkenden Astronomen Kepler den Glauben an einen Schöpfergott, ja, an eine mathematisch grundgelegte göttliche Weltharmonik in allen Dingen und Verhältnissen keineswegs aus.[4]

Das neue Weltmodell erscheint erst in dem Moment für das traditionelle biblische Weltbild höchst bedrohlich, als der italienische Mathematiker, Physiker und Philosoph Galileo Galilei (1564–1642)[5] mit dem nach holländischem Vorbild entwickelten Fernrohr die Phasen der Venus, vier Monde des Jupiter und die Saturnringe entdeckt und herausfindet, dass Sternhaufen in der Milchstraße aus Einzelsternen bestehen. Durch diese unwiderlegbare Bestätigung des kopernikanischen Modells, demzufolge sich die Erde um die

---

[2] T. S. Kuhn, The Structure of Scientific Revolutions, Chicago 1962; dt.: Die Struktur wissenschaftlicher Revolutionen, Frankfurt/M. [2]1976, mit Postscriptum, S. 175.
[3] Vgl. J. Kepler, Astronomia nova, Prag 1609 (Gesammelte Werke, München 1937 ff., Bd. III); dt.: Neue Astronomie, hrsg. v. M. Caspar, München 1929.
[4] Ein neues ganzheitliches Kepler-Bild zeichnet V. Bialas, Johannes Kepler, München 2004, bes. Kap. III: Die Harmonie der Welt.
[5] Vgl. G. Galilei, Dialogo (1632); dt.: Dialog über die beiden hauptsächlichen Weltsysteme, das ptolemäische und das kopernikanische, hrsg. v. R. Sexl – K. v. Meyenn, Darmstadt 1982.

Sonne dreht, und die Einführung des quantitativen Experiments (Pendel- und Fallgesetze) wird Galilei zum Begründer der modernen Naturwissenschaft.

Das Aufzeigen der Naturgesetze und die grenzenlose Erforschung der Natur sind jetzt grundgelegt. Galilei erkennt natürlich selber die Bedrohlichkeit seiner Forschungen für das biblische Weltbild. Er möchte grundsätzlich sowohl das in der Sprache der Mathematik geschriebene „Buch der Natur" als auch das „Buch der Bibel" ernstnehmen. In einem Brief an den Benediktiner B. Castelli[6] legt er 1613 seine Auffassungen über das Verhältnis der Bibel zur Naturerkenntnis dar: Wenn die naturwissenschaftlichen Erkenntnisse feststehen und den Aussagen der Bibel widersprechen, ist eine Neuinterpretation der Bibel fällig!

Wie aber reagierte die Kirche auf dieses neue Weltbild? Wie stellte sie sich zu diesem kopernikanischen „Wechsel der Gesamtkonstellation", zu diesem „Paradigmenwechsel"?

Kirche gegen Naturwissenschaft

Bekannt und bezeichnend ist, dass schon der Domherr Kopernikus selbst die Veröffentlichung seines Lebenswerkes bis kurz vor seinen Tod hinauszögerte – aus Angst vor Index und Scheiterhaufen! Vielleicht eine typisch römisch-katholische Angst vor dem Neuen, der neuen Naturphilosophie und Naturwissenschaft vor allem? Nein, auch die Reformatoren Luther und besonders Melanchthon verwarfen sein Werk. Aber da es nur theoretisch begründet und angeblich nur als Hypothese vorgetragen worden war, meinten sie, es vernachlässigen zu können. Kopernikus wurde denn auch erst 1616 – als der Fall Galilei akut wurde – *auf den römischen Index* der verbotenen Bücher gesetzt. Religion wird damit weithin zur beharrenden Macht, die katholische Kirche eine Institution, die, statt sich um geistige Verständigung, Anstrengung und Verarbeitung zu bemühen, nach Zensur, Index und Inquisition ruft.

1632 wird *Galilei vor die römische Inquisition* zitiert und aufgrund der Übertretung eines schon 1616 ausgesprochenen Verbots seiner heliozentrischen Lehre verurteilt. Der vielzitierte Satz über die Erde „Und sie bewegt sich doch" stammt vermutlich nicht von ihm. Auch wird er nicht, wie oft behauptet, der Folter unterworfen. In jedem Fall aber ist der Druck so groß, dass der Gelehrte am 22. Juni 1633 als treuer Katholik seinem „Irrtum" abschwört. Trotzdem wird er zu unbefristetem Hausarrest auf seiner Villa in Arcetri verurteilt, wo dem nach vier Jahren Erblindeten noch acht Lebens-

---

[6] Vgl. ders., Brief an B. Castelli vom 21. Dezember 1613, in: Opere, Bd. V, Florenz 1965, S. 281–288.

A. Eine vereinheitlichte Theorie für alles?

jahre im Kreis seiner Schüler bleiben und wo er das für die weitere Entwicklung der Physik so wichtige Werk über Mechanik und Fallgesetze fertigstellt.

„Nach dem gegenwärtigen Stand der ‚Galilei-Forschung' ist es unbestritten, daß das Heilige Officium 1633 ein Fehlurteil gefällt hat und daß Galilei nur zum Teil für das verantwortlich war, was ihm zur Last gelegt wurde", so stellt der katholische Kirchenhistoriker Georg Denzler unter dem Titel „Der Fall Galilei und kein Ende" gegen noch heutzutage aktive römisch-katholische Apologeten fest.[7]

War Galileis Konflikt mit der Kirche ein unglücklicher Einzelfall? Nein, er war ein symptomatischer Präzedenzfall, der das Verhältnis der jungen aufstrebenden Naturwissenschaft zu Kirche und Religion an der Wurzel vergiftete, besonders da sich die Einstellung Roms auch in der Folgezeit nicht änderte, sondern sich angesichts des Fortschritts der Naturwissenschaft (und später besonders der biologischen Forschung mit Charles Darwin) noch verhärtete. Nach der verhängnisvollen Exkommunikation Luthers und der Protestanten durch Rom kam es nach dem Fall Galilei zur beinahe lautlosen Emigration der Naturwissenschaftler aus der katholischen Kirche und zum permanenten Konflikt zwischen Naturwissenschaft und der herrschenden Normaltheologie; Italien und Spanien, unter der Knute der Inquisition, blieben daher bis ins 20. Jh. ohne nennenswerten naturwissenschaftlichen Nachwuchs. Doch – kirchliche Repression setzte sich nicht durch gegen naturwissenschaftliche Evidenz.

Sieg der Naturwissenschaft

Selbst Rom konnte den Kollaps des mittelalterlichen Weltgebäudes mit seiner Erdscheibe zwischen dem Himmel oben und der Hölle unten, konnte die Entzauberung der Natur und die Überwindung des mittelalterlichen Teufels-, Dämonen-, Hexen- und Zauberglaubens nicht aufhalten. Zwar hat man noch 50 Jahre nach Galileis Verurteilung – die katholische Kirche auf dem Höhepunkt von Gegenreformation und barockem Triumphalismus! – in der römischen Jesuitenkirche San Ignazio das ganze Langhaus programmatisch mit einem riesigen Himmelsfresko, mit Dreifaltigkeit und allen Heiligen und Engeln ausgestaltet, als sei das Fernrohr nie erfunden und kein Paradigmenwechsel in Astronomie und Physik erfolgt. Aber die künstlerische Illusion kam auf Dauer nicht an gegen die wissenschaftliche Revolution. Und so vermochten denn die traditionellen Sinninstanzen immer weniger zu überzeugen.

---

[7] G. Denzler, Der Fall Galilei und kein Ende, in: Zeitschrift für Kirchengeschichte, Bd. 95, Heft 2 (1984) S. 223–233, Zit. S. 228.

Nachdem der Fall Galilei bereits mehrfach den Stoff für dichterische Gestaltungen – des Marxisten Bertolt Brecht, des Juden Max Brod, der Katholikin Gertrud von Le Fort und anderer – gebildet hatte, hat in unseren Tagen Papst Johannes Paul II., der über Geburtenregelung und Frauenordination ebenso unfehlbar falsch urteilte wie seine Vorgänger über Astronomie und Heliozentrik, bei manchen Naturwissenschaftlern und Historikern Verwunderung durch seine zwiespältigen Äußerungen zum Fall Galilei ausgelöst: 1979 hatte er feierlich angekündigt, den Fall Galileo Galilei 350 Jahre nach seinem Tod durch eine Untersuchungskommission überprüfen lassen zu wollen. Aber nach deren Abschluss vermied er es in seiner Rede vom 31. Oktober 1982, die Schuld seiner Vorgänger und der Sancta Congregatio Inquisitionis (heute „Glaubenskongregation") klar einzugestehen, und schob sie statt dessen einer nicht näher spezifizierten „Mehrheit der Theologen" von damals zu: „eine Rehabilitation, die nicht stattfand".[8]

Aber Galilei war schon längst von kompetenter Seite rehabilitiert worden! In der Tat war er schon gut zwei Generationen später bestätigt worden durch den nicht weniger genialen englischen Mathematiker, Physiker und Astronomen Sir Isaac Newton (1643–1727), Professor in Cambridge. In seinem 1687 publizierten Hauptwerk „Philosophiae naturalis principia mathematica"[9] hatte er drei Axiome der Mechanik und sein schon zwei Jahrzehnte früher gefundenes Gravitationsgesetz im Zusammenhang formuliert – alles angewandt auch auf die Bewegung der Himmelskörper. Möglich wurde so eine „Himmelsmechanik". Ist es doch ein und dieselbe Schwerkraft, die den Apfel vom Baum fallen lässt und den Mond an die Erde bindet. Außerdem entdeckte Newton die Natur des Lichts und der Elektrizität und begründete gleichzeitig mit Leibniz die Infinitesimal- und Differentialrechnung.

Während Kepler und Galilei fragmentarische Elemente einer umfassenden Theorie geliefert hatten, formulierte Newton aus ihnen und anderen Entdeckungen ein überzeugendes neues Weltsystem, rational aufgewiesen in quantitativen und mathematisch genauen Gesetzen. Damit wurde Newton (nach

---

[8] Vgl. die Untersuchungen des Wissenschaftshistorikers M. Segre, Light on the Galileo Case, in: Isis (The History of Science Society) 1997, 88, S. 484–504, worin dokumentiert wird, wie Papst Johannes Paul II. in einer zweiten Rede am Ende des Verfahrens 1992 praktisch wieder zurücknahm, was er 1979 angekündigt hatte. Vgl. ders., Galileo: a „rehabilitation" that has never taken place, in: Endeavor, Vol. 23 (1) 1999, S. 20–23; ders., Hielt Johannes Paul II. sein Versprechen?, in: M. Segre – E. Knobloch (Hrsg.), Der ungebändigte Galilei. Beiträge zu einem Symposion, Stuttgart 2001, S. 107–111.
[9] Vgl. I. Newton, Philosophiae naturalis principia mathematica, London 1687, ^{3}1726, Neuausgabe in 2 Bd., Cambridge/Mass. 1972; dt.: Mathematische Grundlagen der Naturphilosophie, Hamburg 1988.

Galilei) zum zweiten Begründer der exakten Naturwissenschaft, zum Begründer der *klassischen theoretischen Physik*.

Erst zu Beginn des 20. Jh. wurde der unvermittelte Realismus, Determinismus und Reduktionismus des Newtonschen Weltbildes in Frage gestellt durch die Einsteinsche Relativitätstheorie und die Quantentheorie. Dabei wurde deutlich: Die Physik beschreibt keineswegs, wie bei Newton vorausgesetzt, einfach die Welt an sich, unabhängig vom Standpunkt des Betrachters. Ihre Theorien und Modelle sind keine wortwörtlichen Beschreibungen der Realität auf atomarer Ebene (naiver Realismus), sondern *symbolische und selektive Versuche, die Strukturen der Welt abzubilden*, die für spezielle beobachtbare Phänomene verantwortlich sind: ein *kritischer Realismus*, der die physikalische Wirklichkeit erkennt, aber nicht einfach durch Beobachtung, sondern in kreativer Verbindung mit Interpretation und Experiment.[10]

2. Physikalische Beschreibung des Anfangs

Viele genaue Berechnungen und weitere Entdeckungen sind im Rahmen dieses von Newton entwickelten Paradigmas in der Folge gemacht worden, bis die Physik reif war für einen weiteren Paradigmenwechsel zur neuen Physik, die unerwartet zeigte, dass Raum und Zeit höchst flexible Größen sind, die nicht mehr getrennt betrachtet werden können.

Die neue Physik: Einsteins relativistische Raum-Zeit

Am Anfang des 20. Jh. hatte Albert Einstein (1879–1955) dieses neue Weltmodell entwickelt, das von der unendlichen Welt der klassischen Physik Newtons völlig abwich.[11] Es ließ sich nämlich aus den Grundgleichungen der von ihm 1914–16 aufgestellten Allgemeinen Relativitätstheorie ableiten. Er erhob die *Lichtgeschwindigkeit* (ca. 300 000 km pro Sekunde) zur absoluten und unveränderlichen Naturkonstante: Keine Nachricht ist rascher übermittelbar als mit Lichtgeschwindigkeit, die für alle Beobachter, wie schnell sie sich auch relativ zueinander bewegen, identisch ist! So relativierte er die Gravitation und mit ihr auch Zeit und Raum, die Konstanten in Newtons System, die jetzt zu einer neuen physikalischen Größe, der *Raum-Zeit* ver-

---

[10] Eine genaue naturwissenschaftlich-philosophische Analyse der erkenntnistheoretischen Unterschiede zwischen der klassischen und der neueren Physik bietet der um den Dialog zwischen Naturwissenschaft und Religion hochverdiente amerikanische Physiker und Theologe I. G. Barbour, Religion and Science, San Francisco 1998; dt.: Wissenschaft und Glaube. Historische und zeitgenössische Aspekte, Göttingen 2003, Kap. 7.

[11] Vgl. A. Einstein, Über die spezielle und die allgemeine Relativitätstheorie (1917), Braunschweig ²¹1973, bes. §30–32: Betrachtungen über die Welt als Ganzes.

schmelzen. Masse krümmt Raum und Zeit. Die Schwerkraft ist demnach nichts anderes als die „Krümmung" der Raum-Zeit durch die in ihr enthaltenen Massen.

Eine erstaunliche vierdimensionale nichtanschauliche Raum-Zeit also: In ihr muss mit einer nichteuklidischen Geometrie aus Raum- und Zeitkoordinaten gerechnet werden. Einsteins Voraussage, dass das Licht entlegener Himmelskörper an einem massiven Stern wie der Sonne messbar gekrümmt werde (etwa doppelt so stark wie nach Newtonscher Mechanik zu erwarten), wurde durch Messungen während einer totalen Sonnenfinsternis im Mai 1919 bestätigt. Die Sensationsnachricht: „Space warped – Raum gekrümmt!" Ein räumlich gekrümmtes Universum, das heißt: Der Weltraum muss als unbegrenzt gedacht werden, kann aber durchaus ein endliches Volumen haben. Man versteht das besser in Analogie zu einem dreidimensionalen (nicht vierdimensionalen) Raum, etwa der Oberfläche einer Kugel: Ein Käfer, der auf ihr herum klettert und an kein Ende kommt, hält sie möglicherweise für unendlich groß. Doch sie hat einen endlichen Flächeninhalt, kennt aber keine Begrenzung.

Ein expandierendes Weltall

Auch Einsteins Raum-Zeit-Modell hatte Mängel: Er, wie seit dem 19. Jh. fast das ganze wissenschaftliche Establishment, dachte sich das Universum zunächst durchaus statisch als ewig und unveränderlich. Schon Aristoteles hatte angenommen, dass der Kosmos zwar im Raum begrenzt, in der Zeit aber ohne Anfang und Ende sei.

Dagegen setzte sich – trotz vieler Widerstände – bald eine *dynamische Sicht des Universums* durch. Interessanterweise (aber deshalb auch verdächtigt!) war es ein Theologe, der oft verschwiegene Astrophysiker an der Universität Löwen Abbé Georges Lemaître (1894–1966), Schüler und Mitarbeiter von Eddington und Einstein, der 1927 im Rahmen der Allgemeinen Relativitätstheorie das Modell eines expandierenden Weltalls entwickelte und als Erster die Hypothese vom „Ur-Atom", beziehungsweise „Urknall" („Big Bang" war zuerst ein Spottname) aufstellte.

Der amerikanische Physiker Edwin P. Hubble (1889–1953), nach dem viele Jahrzehnte später das berühmte „Hubble-Weltraum-Teleskop" benannt wurde, hatte schon 1923–24 in Pasadena die Entfernung des Andromedanebels von der Erde mittels klassifizierbarer Sterne an der Randzone bestimmt und damit erstmals die Existenz von Himmelskörpern außerhalb der Milchstraße bewiesen; so begründete er die moderne extragalaktische Astronomie. 1929 schloss er aus den von ihm gefundenen Rotverschiebungen der Spektrallinien (Hubble-Effekt) von Milchstraßensystemen (Galaxien) auf die

A. Eine vereinheitlichte Theorie für alles? 257

noch weitergehende Expansion unseres Weltalls.[12] Das heißt: Das riesige System der Galaxien füllt den Raum nicht einfach aus, sondern dehnt sich in alle Richtungen mit rasender Schnelligkeit exponentiell aus (ähnlich wie ein Luftballon an der Heliumflasche).

Im ganz und gar dunklen Weltall sind also die Sterne nicht gleichmäßig verteilt bis hinein in die unendlich scheinenden Tiefen des Raumes. Vielmehr verändern und entwickeln sie sich ständig. Außerhalb unserer eigenen Milchstraße bewegen sich die Galaxien von uns fort mit einer Geschwindigkeit, die ihrer Entfernung von uns proportional ist. Seit wann? Seit unendlicher Zeit kann es nicht sein. Es muss einen Anfang gegeben haben: den Urknall; er schien jetzt physikalisch-mathematisch bewiesen. Nachdem Einstein den Kollegen Hubble auf dem Mount Wilson besucht hatte, gab auch er seine statische Kosmologie auf und bekannte sich zum expandierenden Weltmodell. Doch die unterdessen entwickelte Quantentheorie, wiewohl immer häufiger durch Experimente bestätigt, akzeptierte er nicht. Er wurde deshalb trotz seiner Weltberühmtheit immer mehr zum einsamen und beinahe vereinsamten Forscher.

Der Urknall und die Folgen

Aufgrund dieser kurz beschriebenen grundlegenden Entdeckungen und Berechnungen können die Astrophysiker heute den *Anfang des Kosmos* genau beschreiben: wie er entstanden ist, wie sich sozusagen die Erschaffung der Welt, naturwissenschaftlich gesehen, abgespielt hat. Der dabei erreichte Konsens der Wissenschaftler ist so groß, dass man von einem „Standardmodell" spricht, demgegenüber sich Gegenmodelle nicht durchsetzen konnten. Es sei hier knapp umrissen:

Am Anfang war alle Energie und Materie in einem unvorstellbar winzigen und heißen *Ur-Feuerball* von kleinstem Umfang sowie größter Dichte und Temperatur komprimiert. Ein Gemisch aus Strahlung und Materie, das so dicht und heiß war, dass darin weder Galaxien noch Sterne existieren konnten.

Seit der Explosion von vergleichsweise „winzigen" Atombomben können wir es uns leichter vorstellen: Vor 13,7 Milliarden Jahren (so die neueste Berechnung der Astrophysiker) begann mit einer gigantischen *kosmischen Explosion*, mit einem Urknall, unser Universum. Es dehnte sich schnell aus und wurde kühler, doch nach einer 100stel Sekunde hatte es immer noch eine Temperatur von 100 Milliarden (10^{11}) Grad Celsius und die etwa

---
[12] Vgl. F. Hubble, The Realm of the Nebulae, New Haven 1936.

4 milliardenfache (4×10^9) Dichte von Wasser. Dabei dehnte es sich immer noch gleichförmig nach allen Richtungen hin (isotrop) aus.

In den ersten Sekunden schon müssen sich aus extrem energiereichen Photonen schwere *Elementarteilchen*, insbesondere Protonen und Neutronen und ihre Antiteilchen, sowie leichte Elementarteilchen, namentlich Elektronen und Positronen, gebildet haben. Nach ein paar Minuten wurden durch Fusionsprozesse aus Protonen und Neutronen Heliumkerne aufgebaut und einige hunderttausend Jahre später durch Anlagerung von Elektronen auch neutrale *Wasserstoff- und Heliumatome*. Nach vielleicht 20 Millionen Jahren – bei nachlassendem Druck der ursprünglich hochenergetischen Lichtquanten und weiterer Abkühlung – konnte das Gas durch die Schwerkraft zu Materieklumpen und schließlich zu *Galaxien* kondensieren, zu vermutlich 100 Milliarden Milchstraßen, mit in der Regel jeweils mehr als 10 Milliarden Gestirnen.

Was dieses Zusammenballen der Materie in Galaxien verursacht hat, ist nach wie vor ungeklärt. Besser geklärt sind die folgenden Phasen, die man, stark vereinfacht, so beschreiben kann: Die Gravitation lässt die Gaswolken, wenn sie unter ihrem eigenen Gewicht zusammenbrechen, zu *Sternen* verdichten. In diesen finden Kernreaktionen statt, die neben Wasserstoff und Helium nun auch schwere Elemente wie Kohlenstoff, Sauerstoff und Stickstoff erzeugen. Manche dieser Sterne werden mit der Zeit instabil, explodieren und schleudern unvorstellbare Mengen der neu entstandenen Rohmaterialien in den interstellaren Raum, wo sie erneut massereiche Gaswolken bilden, die sich jedoch mit der Zeit wieder zu Sternen verdichten.

Erst mit diesen *Sternen der zweiten Generation*, die nun neben Wasserstoff und Helium auch die schweren Elemente enthalten, bildet sich in einem der äußeren Arme unserer Spiralgalaxie, die einen Durchmesser von 100 000 Lichtjahren hat, nach etwa 9 Milliarden Jahren unsere *Sonne*. Sie verdichtet die Materie zu *Planeten*, die nun ebenfalls den für das Leben auf unserer Erde unbedingt notwendigen Kohlenstoff, Sauerstoff, Stickstoff und andere schwere Elemente enthalten. Erst diese zweite Generation von Sternen mit Planeten besitzt die Voraussetzung für die Entwicklung von Leben und Bewusstsein.

Im Laufe von Jahrmilliarden kühlte sich die Strahlung ab, so dass heute nur noch eine extrem niedrige *kosmische Hintergrundstrahlung* nahe am absoluten Nullpunkt (-273,15 °C) besteht. Durch Zufall haben 1964 die amerikanischen Ingenieure Arno A. Penzias und Robert W. Wilson (1978 dafür mit dem Nobelpreis für Physik ausgezeichnet) bei Rauschpegelmessungen an einem Radioteleskop entdeckt: Was sie da im Dezimeter- und Zentimeterbereich an kosmischer Mikrowellen- oder Hintergrundstrahlung aus allen Richtungen vernahmen, ist nach heute gängiger Auffassung nichts anderes

A. Eine vereinheitlichte Theorie für alles? 259

als das Überbleibsel jener ursprünglich sehr heißen, mit dem Urknall verbundenen Strahlung. Diese Reststrahlung ging durch die Expansion des Weltalls in eine Strahlung sehr niedriger Temperatur über. Seit der Entdeckung und Messung dieses kosmischen Strahlungsfeldes gilt das Urknall-Modell als Standard.

Erst nach 13,7 Milliarden Jahren trat, bestehend vor allem aus Kohlenstoff- und Sauerstoffatomen, den chemischen Rohmaterialien des Lebens, die von der ersten Sternengeneration ausgebrütet worden waren, der *Mensch* auf den Plan: „Wir sind Sternenstaub" (Novalis).

3. Was die Welt im Innersten zusammenhält

Auch das Standardmodell beantwortet selbstverständlich nicht alle Fragen. Ungeklärt bleibt, warum die Materieverteilung so homogen und isotrop war und warum es aus der gleichförmigen Verteilung der Materie zu Strukturbildungen, also zu Galaxien und Galaxienhaufen kam. Doch wie auch immer: Der neuen Physik ist es in einer dramatischen Erfolgsgeschichte gelungen, den Anfang des Universums empirisch erstaunlich exakt zu beschreiben. Wen wundert es, dass manche Physiker von solch hohem Erkenntnisstand aus noch tiefer in die Wirklichkeit einzudringen versuchen, um die Frage von Goethes „Faust" definitiv zu beantworten: nach dem, „Was die Welt im Innersten zusammenhält"?

Heisenberg und die Quantentheorie

Albert Einstein hatte mit Recht angenommen, dass Raum und Zeit nicht etwa in einem sozusagen leeren Raum, sondern im Urknall selbst entstanden sind. Erst mit ausgedehnter Raum-Zeit konnte sich die Materie verdichten und konnten Galaxien und Sterne entstehen. Dieses ganze Geschehen war von der Schwerkraft bestimmt. In logischer Fortführung der Relativitätstheorie versuchte Einstein bekanntlich ab 1920 jahrzehntelang, eine „einheitliche" Feldtheorie aufzustellen, die sowohl die Gravitation wie die Elektrodynamik umfassen sollte. Erfolglos, wie man weiß. Er hatte ohnehin die Erfordernisse der Quantentheorie und der Elementarteilchenphysik, besonders die Existenz so starker Wechselwirkungen wie die Kernkräfte, nicht berücksichtigt.

Schon im Jahr 1900 aber hatte der Physiker Max Planck (Berlin) erkannt: Elektromagnetische Energie wird nur in ganz bestimmten diskreten Portionen, in „Paketen" oder Energiequanten, abgestrahlt oder absorbiert. Damit war die Quantentheorie geboren, die größte Veränderung der Physik seit Newton, ohne die es heute keine Kernenergie, keine Atomuhren und Solarzellen, ja, auch keine Transistoren und Laser gäbe. Während Einstein die

Planckschen Ideen kritisierte, brachte der dänische Physiker Niels Bohr (Kopenhagen) 1913 mit seinem Atommodell – ein positiv geladener Atomkern wird von negativ geladenen Elektronen auf Kreisbahnen umlaufen – einen entscheidenden Fortschritt.

Erst ein gutes Jahrzehnt später, ab 1925, legten der deutsche Bohr-Schüler Werner Heisenberg (1901–76) und der Österreicher Erwin Schrödinger (1887–1961) unabhängig voneinander eine reife *Quantentheorie* vor; von Max Born (1882–1970) und vom Briten Paul Dirac (1902–1984) wurde sie weiter entfaltet. Diese Quantenmechanik beschreibt die Mechanik in der Welt des unsichtbar Kleinen, der Atome und Moleküle: Sie vermag für die kleinste als Einheit auftretende Energiemenge (Quant) sowohl die Teilchen- als auch die Welleneigenschaft zu erfassen und so Korpuskular- und Wellentheorie widerspruchsfrei zu vereinigen. Die Quantenphysik wurde damit zur Grundlage der modernen Chemie und der Molekularbiologie.

Doch mit neuem Wissen ging, wie schon oft, neues Nichtwissen einher: Die Quantenphysik untersteht dem von Heisenberg formulierten Gesetz der *Unschärfe- oder Unbestimmtheitsrelation*. Wenn man weiß, wo ein Elektron ist (Ort), kann man nicht wissen, was es tut (Impuls). Wie sehr man auch messen und berechnen mag: Ort und Impuls eines Teilchens können nicht gleichzeitig gemessen werden, da die Messung verschwimmt und daher „unscharf" wird. Die aufregende Entdeckung: Hier gibt es keine physikalische Gewissheit, sondern nur *statistische Wahrscheinlichkeit*. Die Konsequenz: Wenn es unmöglich ist, den gegenwärtigen Zustand eines Objekts genau (im klassischen Sinn) zu messen, lässt sich auch seine Zukunft nicht exakt voraussagen. Der Zufall ist so ein mit der Quantentheorie notwendig verbundenes Element, das auch durch genauere Beobachtungen nicht eliminiert werden kann.

Aus diesem Grund führte Albert Einstein, wiewohl er ihr schon 1905 mit seiner genialen Lichtquantumhypothese vorgearbeitet hatte, einen hartnäckigen Kampf gegen die Quantentheorie: „Die Quantenmechanik ist sehr achtunggebietend. Aber eine innere Stimme sagt mir, daß das doch nicht der wahre Jakob ist. Die Theorie liefert viel, aber dem Geheimnis des Alten bringt sie uns kaum näher. Jedenfalls bin ich überzeugt, daß *der* nicht würfelt."[13]

Die Weltformel – eine große Hoffnung

Nicht-Physiker mag das Wort trösten, das dem Nobelpreisträger Richard P. Feynman, einem der Väter der Quantentheorie, zugeschrieben wird: „Wer

---

[13] A. Einstein, Brief an Max Born vom 4.12.1936, in: Albert Einstein, Hedwig und Max Born, Briefwechsel 1916–1955, München 1969, S. 129 f. (vgl. auch S. 118 f.).

A. Eine vereinheitlichte Theorie für alles?

behauptet, die Quantentheorie verstanden zu haben, der hat sie nicht verstanden." Tatsächlich passt die Unschärferelation weder in das Newtonsche noch in das Einsteinsche Weltmodell, in dem das ganze Universum von den Planeten bis zu den kleinsten Teilchen denselben zwingenden Gesetzen unterworfen ist. Bemühungen der Physiker konzentrierten sich seither auf die große Aufgabe, sowohl die Gesetze der *Gravitation*, welche die Welt im Großen beschreiben, als auch die der *Quantenphysik*, welche die mikroskopische Struktur der Materie erklären, in eine *einzige Theorie* zusammenzuführen. Eine solche allumfassende Lehre von den Naturkräften oder „Weltformel" schien nach allen bisherigen sensationellen Erfolgen durchaus im Bereich des Möglichen zu liegen.

Einstein hatte schon 1923 eine erste Fassung einer Weltformel vorgelegt – es wurden ihr und auch späteren Formulierungen Fehler nachgewiesen. Es war dann vor allem Werner Heisenberg, der nach dem Zweiten Weltkrieg eine solche einheitliche Theorie der Materie zu entwickeln versuchte: mit Hilfe einer Quantenfeldtheorie eine Weltformel für sämtliche Elementarteilchen und ihre Wechselwirkungen. Doch auch die schließlich gefundene „Heisenbergsche Welt-Formel" (1958) vermochte die Physiker nicht zu überzeugen.

Einen neuen Zugang zur Lösung der Grundproblematik versprach schließlich die *Stringtheorie*, welche die elementarsten Quantenteilchen nicht als ausdehnungslose Punkte, sondern als winzige Fädchen („Strings") betrachtet, die in verschiedenen Frequenzen schwingen. Allerdings zeigte sich beim Versuch der Quantifizierung der Theorie, dass eine konsistente mathematische Beschreibung dieser Strings schwierig ist: Man kam auf elf oder mehr Raum-Zeit-Dimensionen und auf tausend verschiedene mögliche Universen, ohne andererseits erklären zu können, warum ausgerechnet unser Universum Wirklichkeit wurde.[14]

Im Hintergrund dieser Theorie scheint bei einzelnen Physikern – nicht Heisenberg! – das Wunschdenken zu stehen, mit einer hieb- und stichfesten Super-Theorie begründen zu können, dass ein Schöpfergott gar keine Wahl gehabt hätte, wie er die Welt schaffen sollte. Gott würde auf diese Weise überflüssig, beziehungsweise mit der gesuchten Weltformel identisch. Bewusst oder unbewusst denken solche Physiker noch im Paradigma einer seit dem 19. Jh. populären mechanistisch-materialistischen Naturwissenschaft, die davon überzeugt ist, Zug um Zug alle naturwissenschaftlichen Probleme

---

[14] Zur Kritik der Superstring-Theorie und der „sogenannten Großen Vereinheitlichten Theorien" vgl. M. Gell-Mann, The Quark and the Jaguar, New York 1994; dt.: Das Quark und der Jaguar. Vom Einfachen zum Komplexen – die Suche nach einer neuen Erklärung der Welt, München 1994, Kap. 10.

lösen zu können. Die weltanschaulichen Hintergründe hat niemand so deutlich gemacht wie derjenige Physiker, der sich in neuester Zeit um eine Große Vereinheitlichte Theorie (GUT = Grand Unified Theory) bemühte, die einen Schöpfergott (GOD) überflüssig machen würde.

GUT statt GOD? Hawking

Es war der von vielen Menschen zu Recht bewunderte englische Physiker Stephen Hawking (geb. 1942) in Cambridge – er kann sich bekanntlich wegen einer unheilbaren Zerstörung von Nerven im Rückenmark mit seiner Umwelt nur per Computer verständigen –, der hoffte, in seinen Untersuchungen über das Universum im Zustand unmittelbar nach dem Urknall durch Verschmelzung aller bekannten Wechselwirkungen eine „Große Vereinheitlichte Theorie" (GUT) zu entwickeln. Sie sollte erklären, was „die Welt im Innersten zusammenhält". Während aber Heisenberg mit der Quantenmechanik bereits eine empirisch bestätigte große Theorie vorgelegt hatte und im übrigen tiefen Respekt vor der Sphäre des Religiösen zeigte, versprach Hawking in seinem Bestseller „Eine kurze Geschichte der Zeit"[15] (wiewohl selbst für Naturwissenschaftler schwer verständlich, Auflage 25 Millionen!) voll des aufklärerischen Optimismus eine einheitliche große Theorie, die uns nicht nur bestimmte empirische Daten erklären, sondern uns auch fähig machen würde, „to know the mind of God"[16]. Zu deutsch: *„den Geist Gottes kennen"*[17].

Das war selbstbewusst gedacht und ironisch gemeint. Denn Hawkings Meinung war: Mit einer solchen vereinheitlichten *„Theorie für alles"* (Theory of Everything = TOE) würde die Welt sich selbst erklären und Gott als Schöpfer nicht mehr notwendig sein. Wenn das Universum völlig in sich geschlossen wäre, ohne Singularitäten und Grenzen, wenn es ganz durch eine vereinheitlichte Theorie beschrieben würde, dann hätte die Physik Gott entbehrlich gemacht. Eine beeindruckende Abkürzung GUT oder TOE war freilich rascher zu finden als die Theorie selber, die alle physikalischen Kräfte vereinigen würde.

In Hawkings Vorstellung von Welt – einem in sich geschlossenen Universum ohne Grenzen und Anfangsbedingungen – soll es anders als in der älteren Urknalltheorie *keine „Singularität"* geben, bei der Gott die volle Freiheit

---

[15] Vgl. S. Hawking, A Brief History of Time: From the Big Bang to Black Holes, Toronto 1988; dt.: Eine kurze Geschichte der Zeit. Die Suche nach der Urkraft des Universums, Reinbek 1988.
[16] Ders., A Brief History of Time, S. 175.
[17] Ders., Eine kurze Geschichte der Zeit, S. 218. Dort ist „mind" mit „Plan" übersetzt; dies scheint mir zu schwach, weshalb ich dafür den Begriff „Geist" vorziehe.

A. Eine vereinheitlichte Theorie für alles?

gehabt hätte, Anfangsbedingungen und Gesetze des Universums festzulegen. „Natürlich hätte es immer noch in [Gottes] Ermessen gestanden, die Gesetze zu wählen, die das Universum bestimmen. Doch eine echte Entscheidungsfreiheit könnte er bei dieser Wahl auch nicht gehabt haben, denn es ist durchaus möglich, daß es nur sehr wenige vollständige einheitliche Theorien gibt – vielleicht sogar nur eine, z. B. die heterotische Stringtheorie –, die in sich widerspruchsfrei sind und die Existenz von so komplizierten Gebilden wie den Menschen zulassen, die die Gesetze des Universums erforschen und nach dem Wesen Gottes fragen können."[18]

Eine „vollständige einheitliche Theorie"? Allerdings war Hawking nüchtern genug festzustellen, dass mit noch so ingeniösen *Gleichungen* für alles die *Realität* von allem noch keineswegs gegeben ist und jedenfalls die Frage offen bleibt, *warum es überhaupt ein Universum gibt*: „Auch wenn nur eine einheitliche Theorie möglich ist, so wäre sie doch nur ein System von Regeln und Gleichungen. Wer bläst den Gleichungen den Odem ein und erschafft ihnen ein Universum, das sie beschreiben können? Die übliche Methode, nach der die Wissenschaft sich ein mathematisches Modell konstruiert, kann die Frage, warum es ein Universum geben muß, welches das Modell beschreibt, nicht beantworten."[19]

Trotzdem gab Hawking deutlich seiner Hoffnung Ausdruck, eine GUT könne eines Tages die Frage beantworten, warum es überhaupt ein Universum gibt: „Wenn wir jedoch eine vollständige Theorie entdecken, dürfte sie nach einer gewissen Zeit in ihren Grundzügen für jedermann verständlich sein, nicht nur für eine Handvoll Spezialisten. Dann werden wir uns alle – Philosophen, Naturwissenschaftler und Laien – mit der Frage auseinandersetzen können, warum es uns und das Universum gibt … Wenn wir die Antwort auf diese Frage fänden, wäre das der endgültige Triumph der menschlichen Vernunft – denn dann würden wir Gottes Geist kennen."[20] Doch es sollte ganz anders kommen:

Die Weltformel – eine große Enttäuschung

So hatte es sich Hawking gedacht: Zu finden sei eine komplette Formel der Naturgesetze, eine Reihe von Regeln also, die uns zumindest im Prinzip befähigen sollten, die Zukunft mit beliebiger Genauigkeit („to an arbitrary accuracy") vorauszusagen und so den Stand des Universums zu einer bestimmten Zeit genau zu bestimmen. Die klassische Physik hatte noch angenommen:

---

[18] AaO S. 216.
[19] Ebd.
[20] AaO S. 218.

Wenn man zu einer bestimmten Zeit die Positionen und Geschwindigkeiten aller Teilchen wüsste, so könnte man die Positionen wie die Geschwindigkeiten auch für jede andere Zeit berechnen. Die Quantenphysik aber hatte gezeigt, dass es prinzipiell unberechenbare Ereignisse gibt. Doch das Ziel von Hawking und Gleichgesinnten ist es, mit Einschluss der Quantentheorie eine umfassende Beschreibung der Wirklichkeit zu finden – mit oder eben auch ohne Gott.

Doch nun die große Überraschung: Im Jahr 2004 lässt Hawking in einer Cambridger Vorlesung verlauten, dass er im Prinzip seine *Suche* nach einer Großen Vereinheitlichten Theorie für immer *aufgegeben* habe.[21] Er war zur Überzeugung gekommen, dass die Hoffnung getrogen habe, eine vollständige umfassende Theorie zu finden, um die Welt im Innersten zu erkennen und damit auch zu kontrollieren. Ihm scheint es nicht möglich, eine Theorie des Universums mit einer endlichen Anzahl von Aussagen aufzustellen.

Hawking beruft sich dabei überraschenderweise auf den ersten Unvollständigkeitssatz des österreichischen Mathematikers Kurt Gödel (1906–78), vielleicht der bedeutendste Logiker des 20. Jh. Dieser Satz aus dem Jahr 1930 besagt, dass ein endliches System von Axiomen immer Formeln enthält, die in diesem System weder bewiesen noch widerlegt werden können.[22] Die Sachlage ähnelt dem bekannten Beispiel aus der Antike, wo jemand die Aussage macht „Diese Aussage ist falsch". Wenn man voraussetzt, dass alle Aussagen grundsätzlich entweder wahr oder falsch sind (dies wäre die Vollständigkeit des Systems), dann ist die genannte Aussage genau dann wahr, wenn sie falsch ist. Also ein Widerspruch.[23]

Ob Hawking nun Gödel richtig zitiert und versteht oder nicht: Er hat mit alledem nur die Erfahrung nachvollzogen, welche führende Mathematiker und Wissenschaftstheoretiker Jahrzehnte vor ihm gemacht hatten. Denn die Entwicklung der Mathematik hatte schon um 1910 zu einem *Grundlagenstreit* geführt: eine bis heute aktuelle Auseinandersetzung über die Grundlagen der Mathematik, insbesondere über den Status der Mengenlehre und

---

[21] Vgl. ders., Gödel and the End of Physics, in: www.damtp.cam.ac.uk/strtst/dirac/hawking.
[22] Für den Kenner die präzise Formulierung: In jedem widerspruchsfreien, rekursiv-axiomatisierten formalen System, das in der Logik erster Stufe darstellbar ist und in dem sich die natürlichen Zahlen mit Addition und Multiplikation beschreiben lassen, gibt es immer Formeln, die in diesem System weder bewiesen noch widerlegt werden können.
[23] Der Beweis wird mit dem Beispiel einer Formel geführt, die nach geeigneter zahlentheoretischer Verschlüsselung ihre eigene Unbeweisbarkeit behauptet. Diesen Hinweis und andere wertvolle Anregungen verdanke ich dem Tübinger Professor für Logik, Grundlagen und Geschichte der Mathematik Ulrich Felgner.

A. Eine vereinheitlichte Theorie für alles?

den Satz vom ausgeschlossenen Dritten.[24] Wenn man sich wie ich schon in den 1970er Jahren eingehend mit den Ergebnissen der Wissenschaftstheorie beschäftigt hat[25], wird man über Hawkings Wende nicht erstaunt sein. Also doch GOD statt GUT? Dieser Frage möchte ich ausdrücklich nachgehen, doch erst, nachdem ich die Grundlagenproblematik der Mathematik bedacht habe.

4. Der Grundlagenstreit in der Mathematik

Seit Beginn der Neuzeit hat sich die Mathematik Hand in Hand mit der Physik stetig, geradlinig, unaufhaltsam entwickelt; mit ihrer Anwendung auf Himmelsmechanik, Akustik, Optik, Elektrizität und schließlich auf alle Sparten von Naturwissenschaft und Technik errang sie einen Triumph nach dem anderen. Ob sich also der *Traum von einer mathematischen Universalwissenschaft* („mathesis universalis"), wie von Descartes und Leibniz gehegt, nicht verwirklichen lassen sollte? Ich wage mich in diesem Kapitel an eine höchst schwierige Problematik, die möglicherweise zunächst nur die an Mathematik und Logik besonders Interessierten berührt, aber doch erhebliche Auswirkungen hat auf das Verhältnis von Naturwissenschaft und Religion. Wer daran weniger interessiert ist, möge die nächsten Seiten getrost überblättern.

Widerspruchsfreie Mathematik? Gödel

Gerade die Absicht, die Mathematik zur Grund- und Universalwissenschaft zu machen, führte in die Krise: Schon die in der zweiten Hälfte des 19. Jh. vom deutschen Mathematiker Georg Cantor (1854–1918) begründete Mengenlehre bedrohte die Widerspruchsfreiheit und Unanfechtbarkeit der Mathematik. Führte sie doch zu *Antinomien*, Paradoxien, Widersprüchlichkeiten: Aussagen, die mathematisch zugleich bewiesen und widerlegt werden können. Berühmtes Beispiel die Antinomie von der „Menge aller Ordnungszahlen (Ordinalzahlen)" (nach C. Burali-Forti): Zu jeder Menge von Ordnungszahlen gibt es eine Ordnungszahl, die größer ist als alle in der Menge vorkommenden Ordnungszahlen. Aber: Jede Ordnungszahl, die größer ist als die „Menge aller Ordnungszahlen" überhaupt, kann in dieser Menge nicht vorkommen (weil sie ja größer ist), und doch muss sie – so lässt sich

---

[24] Vgl. den Überblick über die Debatte bei C. Parsons, Art. Mathematics, Foundations of, in: Encyclopedia of Philosophy, London 1967, Bd. 5, S. 188–213.
[25] Vgl. H. Küng, Existiert Gott? (HKSW 9, 53–934), Kap. A III,1: Die wissenschaftstheoretische Diskussion.

zugleich beweisen – in dieser Menge vorkommen (weil es sich sonst nicht um die Menge aller Ordnungszahlen handelt)!

So führte die Bewältigung der zahlreichen logisch-mathematischen, aber auch linguistischen (semantischen und syntaktischen) Antinomien in der Mathematik eine folgenschwere *Grundlagenkrise* herauf. Erstmals in der Geschichte der Mathematik stellte sich das Problem der Widerspruchsfreiheit einer mathematischen Theorie. Man versuchte, der Problematik durch verschiedene Methoden oder Denkweisen Herr zu werden. Es bildeten sich schließlich drei verschiedene – in sich logische, aber untereinander widersprüchliche – Standardinterpretationen und zugleich Schulen der Mathematik heraus: Logizismus (F. L. G. Frege, B. Russell, A. N. Whitehead), Intuitionismus (L. E. J. Brouwer), Formalismus (D. Hilbert). Aber weder der Logizismus, der die Mathematik auf die Logik zurückführt, noch der Intuitionismus (Konstruktivismus), der die Logik von gewissen fundamentalen mathematischen Einsichten her zu konstruieren versucht, konnte sich bisher allgemein durchsetzen, noch schließlich der Formalismus, der Logik und Mathematik zugleich als ein System von Regeln betrachtet, die durch ein Kalkül aus Axiomen (unter Absehen von allen Bedeutungen) gewonnen werden.

Auch Kurt Gödels berühmter zweiter Unvollständigkeitssatz von 1930 steht also in einem historischen Kontext. Gödel bewies darin, dass man die Widerspruchsfreiheit eines hinreichend komplizierten Systems nicht mit Mitteln beweisen kann, die im System selber zur Verfügung stehen, sofern das System überhaupt widerspruchsfrei ist. Daraus folgt: Die meisten Axiomensysteme der Mathematik sind nicht in der Lage, ihre eigene Widerspruchsfreiheit zu beweisen. Eine allgemein verbindliche Absicherung des mathematischen Denkens durch finite, konstruktive Widerspruchsfreiheitsbeweise ist nicht möglich. Unter Mathematikern kursiert das Bonmot: Gott existiert, weil die Mathematik widerspruchsfrei ist; und der Teufel existiert, weil die Widerspruchsfreiheit nicht zu beweisen ist (André Weil).

In seinem berühmten Buch „Aufzählbarkeit, Entscheidbarkeit, Berechenbarkeit" von 1961 bemerkt der Mathematiker und Logiker Hans Hermes, es sei „im Hinblick auf die große Rolle, welche die Mathematik in unserem heutigen Weltbild spielt – von erheblichem Interesse", dass „die Mathematiker mit rein mathematischen Methoden gezeigt haben, daß es mathematische Probleme gibt, welche nicht mit dem Rüstzeug der rechnenden Mathematik behandelt werden können."[26] Im Anschluss an Emil L. Post spricht Hermes

---

[26] H. Hermes, Aufzählbarkeit, Entscheidbarkeit, Berechenbarkeit, Berlin 1961, Vorwort. Hermes bezieht sich hier auf Gödels ersten Unvollständigkeitssatz. Zu den Schwierigkeiten des Übergangs von der Umgangssprache zur formalistischen Sprache der Mathematik und Logik vgl. ders., Einführung in die mathematische Logik. Klassische Prädikatenlogik, Stuttgart ²1969.

A. Eine vereinheitlichte Theorie für alles?

von naturgesetzlichen Grenzen menschlichen Mathematisierungsvermögens: von „einem Naturgesetz über die ‚limitations of the mathematicizing power of Homo Sapiens'".[27]

So verlangen denn Mathematiker selber eine Mathematik ohne Illusionen. Das Urteil des bedeutenden amerikanischen Mathematikers Morris Kline (1908–1992) mag manchen seiner Kollegen übertrieben, gar bösartig vorkommen, ist aber verständlich angesichts der prinzipiellen Unsicherheiten, die vielen Mathematikern, wie mir in Gesprächen klar wurde, wenig bewusst zu sein scheinen. Kline schreibt 1975 gut ein Jahrzehnt vor Hawkings Bestseller: „Der gegenwärtige Zustand der Mathematik kann Bedauern erregen. Ihr Anspruch auf Wahrheit mußte aufgegeben werden. Die Anstrengungen, um die Paradoxe auszuschalten und die Widerspruchsfreiheit der Strukturen herauszustellen, sind gescheitert. Jedermann ist uneins bezüglich der anzuwendenden Axiome ... Man muß den Anspruch auf einwandfreie Beweisführung aufgeben. Schließlich ist der vorherrschende Begriff von Mathematik als einer Sammlung von Strukturen, eine jede begründet auf ihrem eigenen Axiombestand, unfähig, alles, was die Mathematik umfassen sollte, zu umfassen ..."[28]

Keine Endgültige Theorie für alles

In der alltäglichen mathematischen Praxis spielt die ständige Vergewisserung der Grundlagenproblematik allerdings eine geringe Rolle. Wichtig für unsere Thematik ist: Ein Mathematiker oder Physiker, der „den Geist Gottes zu kennen" beabsichtigt, hätte sich vielleicht doch mit philosophisch-theologischen Fragestellungen ebenso ernsthaft auseinanderzusetzen wie mit physikalischen. Wenn die Grundlagen der Mathematik vielfach unbewiesen sind, sollte man dann universale Ansprüche des mathematisch-naturwissenschaftlichen Denkens nicht mit mehr Bescheidenheit und Zurückhaltung formulieren?

Heute sieht Stephen Hawking dies ein: „Wenn es mathematische Resultate gibt, die nicht bewiesen werden können, dann gibt es physikalische Probleme, die nicht vorausgesagt werden können. Wir sind keine Engel, die das Universum von außen sehen. Vielmehr sind wir und unsere Modelle Teile des Universums, das wir beschreiben. So ist eine physikalische Theorie auf

---

[27] Ebd.
[28] M. Kline, Les fondements des mathématiques, in: La Recherche, Nr. 54 (März 1975), S. 200–208, Zit. S. 208. Vgl. ders., Mathematical Thought from Ancient to Modern Times, New York 1972.

sich selbst bezogen, wie in Gödels Theorem. Man mag deshalb erwarten, daß sie entweder widersprüchlich ist oder unvollständig."[29]

Aber Hawking gibt das Scheitern seines Bestrebens nach einer Gottes Geist erkennenden einheitlichen Theorie letztlich doch nur indirekt zu: „Einige Leute werden sehr enttäuscht sein, wenn es keine Endgültige Theorie (ultimate theory) gibt, die als eine begrenzte Zahl von Prinzipien formuliert werden kann."[30] Er habe auch zu diesem Lager gehört: „Aber ich habe meine Auffassung (mind) geändert. Ich bin nun froh, daß unsere Suche nach Verstehen nie an ein Ende kommen wird und daß wir immer wieder die Herausforderung neuer Entdeckungen haben werden."[31] So macht er aus der Not eine Tugend und fügt hinzu: „Ohne dies würden wir stagnieren. Gödels Theorem garantiert, daß es immer wieder Arbeit für die Mathematiker geben wird." Und natürlich für die Physiker auch.

Anlaß zur kritischen Selbstbesinnung

Damit ist der prätentiöse Ehrgeiz eines Physikers, der die ganze Welt in einer physikalischen Theorie unterbringen wollte und vor der Herabsetzung der Philosophie, Theologie und Anthropologie nicht zurückschreckte, auf den Boden der Wirklichkeit gefallen. Und man kann den Kommentar von John Cornwell, Direktor des Science and Humanity Dimension Projects am Jesus College in Cambridge, verstehen: „Hawkings Ruhm", der keine durch Beobachtung überprüfte Theorie auf der Höhe von Einstein, Bohr, Dirac oder Heisenberg hervorgebracht habe, „gründet sich auf der Vorstellung, daß er in einem Wettlauf mit der Zeit begriffen sei, um die letzte Wahrheit der Existenz vor seinem eigenen Tod zu entdecken. Mit seinem Eingeständnis, daß ‚immer etwas zu entdecken bleiben wird', ordnet er sich nun wieder ein in die Reihe der weniger intellektuellen Sterblichen. In der Tat mag er zugestehen, was der brillante britische Wissenschaftler J. B. S. Haldane sagte, daß das Universum nicht nur einfach seltsam vorzustellen ist, sondern seltsamer ist, als wir uns vorstellen *können*."[32]

Hawking hat mit seinem Freund und Kollegen Roger Penrose gezeigt, dass „Einsteins Allgemeine Relativitätstheorie einschließt, daß Raum und Zeit mit dem Big Bang beginnen und in Schwarzen Löchern enden ..."[33] Aber auch

---

[29] S. Hawking, Gödel and the End of Physics.
[30] Ebd.
[31] Ebd.
[32] J. Cornwell, Hawking's Quest: a Search Without End, in: The Tablet vom 27. März 2004.
[33] Vgl. About Stephen – A Brief History of Mine, in: www.hawking.org.uk/text/about/about.html.

A. Eine vereinheitlichte Theorie für alles? 269

seine empirischen Auffassungen über die *Schwarzen Löcher*, enorme Ansammlungen höchst dichter Masse, die sich im Zentrum unserer Milchstraße und möglicherweise im Zentrum der meisten Galaxien befinden, musste Hawking korrigieren.[34] Ein Schwarzes Loch – schon lange zuvor vom deutschen Physiker Karl Schwarzschild (1873–1916) beschrieben und berechnet – entsteht, wenn ein besonders massereicher Stern ausbrennt und kollabiert und unter dem Druck seiner eigenen Schwerkraft zu einem extrem hoch verdichteten Materieklumpen zusammengepresst wird, so dass darauf die Gesetze der Schwerkraft wie die der Quantenphysik angewandt werden können. Unsere Erde etwa wäre noch eine Kugel mit weniger als einem Zentimeter, die Sonne mit weniger als drei Kilometern Durchmesser. Nach Hawkings früherer Theorie von 1976 wird alles, was eine bestimmte Grenze, den „Ereignishorizont", überschreitet, in das Schwarze Loch hineingesogen, eine Masse so dicht, dass ihr nicht einmal das Licht entrinnen kann. Hawking postulierte reine Strahlung, die keinerlei Information enthalte. Ja, er schloss 1997 mit dem amerikanischen Kollegen John Preskill (California Institute of Technology) eine weit publizierte Wette ab, dass die vom Schwarzen Loch verschlungene Information für immer verborgen bleibe und nie freigesetzt werde.

Im Juli 2004 jedoch erklärt Hawking auf dem 17. Kongress über Allgemeine Relativität und Gravitation in Dublin, dass durch Fluktuationen am Rande eines Schwarzen Loches doch Information austreten könne. Er hatte die Wette verloren. Zudem revidierte er die von ihm drei Jahrzehnte lang vertretene Auffassung, das angebliche Verschwinden von Materie und Energie in den Schwarzen Löchern sei mit *Paralleluniversen* neben unserem Universum zu erklären. Nein, die massiven Strudel, die sich beim Zerfall von Sternen bilden, schickten die von ihnen angesaugte Energie und Materie keinesfalls in ein Paralleluniversum. Alles bleibe in unserem Universum und überdauere in gequetschter Form die Auflösung der Schwarzen Löcher: „Es gibt kein Baby-Universum, wie ich einst dachte."[35] Er bedaure sehr, dass er die Science-Fiction-Gemeinde enttäuschen müsse.

Für Computerexperten folgt übrigens aus Gödels erstem Unvollständigkeitssatz, was der Wiener Professor für „Scientific Computing" Rudolf Taschner anmerkt: „Es gibt kein universelles, von einer Rechenmaschine durchführbares Verfahren, das für alle Computerprogramme zu entscheiden vermag, ob diese einmal anhalten oder ob sie ununterbrochen in einer Endlos-Schleife laufen. Dies ist die vom beinahe religiösen Glauben an die All-

---

[34] Vgl. zum Folgenden den Bericht der International Herald Tribune vom 17./18. Juli 2004: „Hawking backpedals on black holes."
[35] S. Hawking, Meldung von AP vom 22. Juli 2004.

wissenheit und die Allmacht des Computers erlösende Botschaft: Wie raffiniert eine Rechenmaschine auch konzipiert sein mag, immer bleibt eine für sie unknackbare Nuß, mit der konfrontiert alle ihre Künste versagen."[36] Schon vor Taschner hatte Alan Turing die Unlösbarkeit dieses „Halte-Problems" erkannt und bewiesen.

Ob es nicht an der Zeit wäre, frage ich mich, dass Hawking und ähnlich denkende Wissenschaftler nicht nur phantasiereiche Spekulationen und gewisse empirische Auffassungen überprüfen, sondern überhaupt die aus dem 19. Jh. stammenden positivistischen Grundlagen ihres wissenschaftlichen Denkens? Dies ist freilich kein leichtes Unterfangen, da es an die Grundlagen von Mathematik und Logik rührt. Positivismus aber ist mehr als eine Theorie, er ist eine Weltanschauung. Und manche Naturwissenschaftler merken gar nicht, dass sie die Welt ständig durch eine positivistische Brille anschauen. Nicht zuletzt deshalb muss ich jetzt Grundannahmen dieser positivistischen Weltanschauung kritisch durchleuchten.

5. Ungenügen des Positivismus

Stephen Hawking hätte nur seinen prominenten britischen Kollegen Karl Popper (geb. 1902 in Wien, gest. 1994), ab 1946 Professor für Logik und Wissenschaftstheorie an der London School of Economics, konsultieren müssen, der ihn frühzeitig über die grundsätzlichen Grenzen der Naturwissenschaft hätte aufklären können. Popper stand in seiner Jugend jenem *positivistischen Wiener Kreis* aus Philosophen, Mathematikern und Naturwissenschaftlern um den Max Planck-Schüler Moritz Schlick[37] nahe, zu dem auch Kurt Gödel gehörte und der im Jahr 1922 ein Manifest über die „Wissenschaftliche Weltauffassung"[38] veröffentlichte, in welchem zu lesen war: Nur die Sätze der Mathematik und Logik, die ja rein formale Sätze ohne empirische Gehalte sind, sowie Sätze der empirischen Wissenschaften, die ganz an der Erfahrung überprüfbar sind, könnten sinnvolle Sätze sein. Alle metaempirischen, metaphysischen Sätze also sinnlos!?

---

[36] R. Taschner, Der Zahlen gigantische Schatten. Mathematik im Zeichen der Zeit, Wiesbaden 2004, S. 102.
[37] Vgl. M. Schlick, Gesammelte Aufsätze 1926–1936, Wien 1938. Zur komplexen (nicht völlig antimetaphysischen) Persönlichkeit Schlicks vgl. die als Vorwort abgedruckte Gedenkrede von Friedrich Waismann. Schlick kündete 1930 „die Wende der Philosophie" mit Berufung auf Leibniz, Frege, Russell und besonders Wittgenstein an.
[38] Zum Wiener Kreis gehören neben Moritz Schlick, Kurt Gödel und Rudolf Carnap vor allem Herbert Feigl, Philipp Frank, Hans Hahn, Victor Kraft, Karl Menger, Otto Neurath, Friedrich Waismann (mit Verbindung zu Hans Reichenbach in Berlin).

A. Eine vereinheitlichte Theorie für alles?

Ablehnung des Metaempirischen? Popper

Der *logische Positivismus*, der ein „Positum", ein „Gesetztes", ein in der Sinneserfahrung „Gegebenes" als letzte Grundlage seiner Argumentation annimmt, will zwar nicht mehr die Sinneserfahrung als Ausgangspunkt und alleinigen Inhalt akzeptieren, wie dies der ältere *empiristische Positivismus* des französischen Philosophen Auguste Comte annahm; dieser hatte 1830 das Wort Positivismus geprägt. Wohl aber soll die Sinneserfahrung die Kontrollinstanz sein für die Richtigkeit aller Behauptungen; insofern spricht man vom logischen *Neo-Positivismus oder Empirismus*.

Tief beeindruckt von der „objektiven", „exakten", „präzisen" Naturwissenschaft und Mathematik forderten die Neopositivisten hundert Jahre nach Comte auch von der Philosophie eine empirische Überprüfung, „Verifizierung" aller ihrer Aussagen: Nur was einen Sachverhalt zum Ausdruck bringe, der unmittelbarer Beobachtung unterliege oder durch Experimente überprüft werden könne, dürfe als wirklich und sinnvoll gelten. Es ist klar: In einer solchen Naturwissenschaft und Philosophie gibt es *kein Nachdenken über Meta-Empirisches*, Religion, gar „Gott". Philosophie erscheint auf Logik und Sprachanalyse reduziert, Metaphysik definitiv überwunden, Theologie von vornherein sinnlos.

Ist jedoch alles in allem gesehen die positivistische „Erkenntnis", dass metaphysische Probleme nur „sinnlose Scheinprobleme" seien, nicht nur Wunschdenken? Genau das war schon früh Karl Poppers *Einwand*: „Dieser Wunsch ... ist natürlich immer durchführbar; nichts ist leichter, als eine Frage als ‚sinnloses Scheinproblem' zu enthüllen: Man braucht ja nur den Begriff des ‚Sinns' eng genug zu fassen, um von allen unbequemen Fragen erklären zu können, daß man keinen ‚Sinn' in ihnen zu finden vermag; und indem man nur Fragen der empirischen Wissenschaften als ‚sinnvoll' anerkennt, wird ja auch jede Debatte über den Sinnbegriff sinnlos: einmal inthronisiert, ist dieses Sinndogma für immer jedem Angriff entrückt, ‚unantastbar und definitiv' (Wittgenstein)."[39]

Doch: die optimistische Hoffnung von Moritz Schlick, Rudolf Carnap und anderen aus dem Wiener Kreis, dass der Gesinnung, die überall auf Klarheit zielt, die Zukunft gehören werde, wird von Nazismus und Faschismus gründlich zerstört. Schon 1935 emigriert Carnap nach den USA, 1936 wird Schlick von einem früheren Schüler erschossen, 1937 emigriert Popper nach Neuseeland, und 1938 wandern auch die übrigen Mitglieder des weithin jüdischen und deshalb jetzt verbotenen Wiener Kreises aus. Gerade dadurch

---

[39] K. R. Popper, Logik der Forschung (1934), 6. verbesserte Auflage Tübingen 1976, S. 24.

allerdings verbreitet sich nun der logische Positivismus im angelsächsischen Bereich. Deshalb stellt sich mehr denn je die kritische Rückfrage:

Nur sinnlose Scheinprobleme?

Es waren die inneren Ausweglosigkeiten, Aporien, die das Programm des logischen Positivismus in die Krise führten, wie die Logiker schließlich selber erkennen mussten. Zahlreich die *Einwände gegen solche Wissenschaftsgläubigkeit*: Lassen sich die Grundbegriffe der Naturwissenschaft wie etwa das Atom überhaupt eindeutig definieren? Hängen sie nicht vielmehr von der ständig sich wandelnden Forschung ab, so dass eine Eindeutigkeit der Begriffe zwar angestrebt, aber nicht erreicht werden kann? Ist nicht schon das Wort „Atom" = das „Unteilbare" von der Forschung desavouiert worden? Lässt sich im mathematisch-naturwissenschaftlichen Erkennen und Forschen das Subjekt, das heißt subjektive Bedingungen und Voraussetzungen, Standpunkte und Perspektiven, zugunsten einer reinen Objektivität völlig ausschalten? Muss wirklich jede Wissenschaft die mathematisch-naturwissenschaftliche Methodik als einzig legitime Leitidee nehmen? Hat sich die damals angestrebte einheitliche wissenschaftliche Sprache und damit Einheitswissenschaft unterdessen nicht klar als Illusion erwiesen?

Doch man wird noch grundsätzlicher nach *Sinn und Sinnlosigkeit* fragen müssen: Ist es legitim, bestimmte Fragen von vornherein als „sinnlos" auszuschließen, wenn man empirisch-mathematisch gar nicht definieren kann, was „Sinn" überhaupt ist? Mit welchem Recht macht man gerade die empirische, sinnliche Erfahrung zum Sinn-Kriterium? Statuiert man damit nicht sogar selbst einen „meta-physischen" und damit „sinnlosen" Satz und erklärt zugleich zweitausend Jahre kritischen Denkens in der Metaphysik für „sinnlos"? Lässt sich mit einem solchen Kunstgriff eine „Überwindung der Metaphysik durch logische Analyse der Sprache" (Carnap) überhaupt erreichen? Ist jegliche Metaphysik wirklich nichts anderes als Begriffsdichtung? Sind metaphysische Sätze wirklich nur Scheinsätze, Begriffe wie das Absolute, das Unbedingte, das Sein des Seienden, das Ich nur Scheinbegriffe? Unterscheidet sich das Wort „Gott" wirklich nicht von einem sinnlosen, erfundenen Wort wie „babig", für das kein Bedeutungskriterium angebbar sein soll?[40] Ist schon die Unterscheidung zwischen Theismus, Atheismus und Agnostizismus sinnlos? Muss es wegen der Erfolge von Mathematik und Naturwissenschaft tatsächlich zum „Tod Gottes in der Sprache" kommen? Ich behaupte das Gegenteil: Eine moderne Logik und Wissenschaftstheorie muss sich keines-

---

[40] So R. Carnap, Überwindung der Metaphysik durch logische Analyse der Sprache, in: Erkenntnis 2 (1931), S. 219–241, Zit. S. 227.

wegs notwendig antimetaphysisch und antitheologisch präsentieren. Warum?

Bewahrheitung aller Sätze auch in der Naturwissenschaft unmöglich

Schon 1935 hatte Karl Popper in seinem einflussreichen Buch „Logik der Forschung" scharfsinnig die *Spielregeln der Gewinnung naturwissenschaftlicher Hypothesen und Theorien* analysiert und die Grenzen der induktiven Methode in den empirischen Wissenschaften aufgezeigt. Seine Frage: Wie kommt eigentlich ein Forscher von einzelnen Erfahrungssätzen zu einem Theoriesystem? Wie kommt es überhaupt zu neuen wissenschaftlichen Erkenntnissen? Poppers verblüffende Antwort: Gerade nicht durch Verifikation, Bewahrheitung, sondern Falsifikation, Widerlegung.

Das für den Logischen Positivismus zentrale *Verifikationsprinzip*, nämlich die radikale Forderung nach Verifizierbarkeit aller menschlichen Aussagen an der Empirie, würde nicht nur meta-empirische Aussagen beseitigen. Nein, es würde zugleich die empirischen Hypothesen und damit die gesamte naturwissenschaftliche Erkenntnis vernichten: „Der positivistische Radikalismus vernichtet mit der Metaphysik auch die Naturwissenschaft!"[41] Warum? Weil auch die *meisten naturwissenschaftlichen Sätze nicht empirisch verifizierbar sind* und so als Schein-Aussagen abzulehnen wären. „Auch die Naturgesetze sind auf elementare Erfahrungssätze *logisch* nicht zurückführbar." Ein Beispiel? Sollte ein Satz wie „Alles Kupfer leitet Elektrizität" an der Erfahrung verifiziert werden, müsste alles Kupfer im ganzen Universum auf diese Eigenschaft hin überprüft werden, was selbstverständlich unmöglich ist. Keine Theorie kann also so verlässlich sein wie das Experiment, auf das sie sich in ihrer Verallgemeinerung stützt.

Poppers Gegenposition: *Naturgesetze*, die ja auch entscheidend Voraussagen für die Zukunft ermöglichen sollen, sind gar nicht verifizierbar, sie sind nur *falsifizierbar* – zu widerlegen durch eine Methode von Versuch und Irrtum (the method of trial and error). Wieder ein Beispiel: Der Satz „Alle Schwäne sind weiß" kann nicht verifiziert werden, weil kein Mensch alle Schwäne dieser Welt kennt. Doch genügte schon ein einziger schwarzer Schwan, wie man ihn in Australien entdeckte, um den Satz „Alle Schwäne sind weiß" zu falsifizieren. Das macht bescheiden: Das „alte Wissenschaftsideal, das absolut gesicherte Wissen", hat sich „als ein Idol erwiesen", oder positiv gesagt: Jeder wissenschaftliche Satz ist „vorläufig; er kann sich wohl bewähren – aber jede Bewährung ist relativ"[42].

---

[41] K. R. Popper, Logik der Forschung, S. 11.
[42] AaO S. 225.

Am Anfang unseres Wissens stehen also immer nur „Conjectures", Mutmaßungen, Modelle, Hypothesen, die der Prüfung auszusetzen sind. Dass es eine letzte nicht mehr kritisierbare Begründung von Sätzen der Wissenschaft gebe, ist für Popper ein Glaube, der in einem ausweglosen Trilemma endet, wie er es ausgehend vom Philosophen Jakob Friedrich Fries (1773–1843) entwickelt: entweder ein einfach behauptender Dogmatismus oder ein zu immer neuem Begründen verurteilter unendlicher Rückgriff (regressus in infinitum) oder ein Einzelerlebnisse verallgemeinernder Psychologismus.[43] Keine gangbaren Wege also.

Und was heißt das für das Verifikationskriterium? Ein solches Kriterium darf nicht als *positivistisches Sinn-Kriterium* verwendet werden: nicht als Regel zur Unterscheidung zwischen an sich sinnvollen und sinnlosen Sätzen. Es ist nur als *rationales Abgrenzungskriterium* brauchbar: zur Unterscheidung zwischen logisch-mathematisch wie erfahrungswissenschaftlich zulässigen und unzulässigen Sätzen. Das heißt positiv: Ein solch rationales, aber nicht positivistisches Abgrenzungskriterium lässt Raum auch für sinnvolle „nicht-physische", „meta-empirische", im weitesten Sinne „meta-physische" Sätze, Sätze also, die über den Bereich der Naturwissenschaft hinausgehen. Poppers Konsequenz: *Eine rationale Analyse metaphysischer Fragen ist grundsätzlich möglich!* So vor allem das „Problem der Kosmologie", das „alle denkenden Menschen interessiert": „das Problem, die Welt zu verstehen – auch uns selbst, die wir ja zu dieser Welt gehören, und unser Wissen".[44]

Es lässt sich nach Popper keinesfalls leugnen, „daß rein metaphysische Ideen – und daher philosophische Ideen – von größter Bedeutung für die geschichtliche Entwicklung der Kosmologie gewesen sind": „Von Thales bis Einstein, von den griechischen Atomisten bis zu Descartes' Spekulationen über die Materie, von Gilberts, Newtons, Leibniz' und Boscovics Spekulationen über Kräfte bis zu denen von Faraday und Einstein über Felder von Kräften waren metaphysische Ideen wegweisend."[45] – Was bedeutet nun dies alles für unser Wissen von der Wirklichkeit?

Eigengesetzlichkeit und Grenzen naturwissenschaftlicher Erkenntnis

Mit vollem Recht und viel Erfolg versuchen die Naturwissenschaften, ihre Erkenntnisse bis zur mathematischen Gewissheit voranzutreiben. Das Stan-

---

[43] Vgl. H. Albert, Traktat über kritische Vernunft, Tübingen ³1975, S. 13–15; er variiert dieses Schema zum „Münchhausen-Trilemma": Regressus in infinitum – Zirkelschluß – Abbruch des Verfahrens oder Dogmatismus.
[44] K. R. Popper, Logik der Forschung, S. XIV.
[45] AaO S. XIX.

A. Eine vereinheitlichte Theorie für alles?

dardmodell des Urknalls ist dafür ein imponierendes Beispiel. Die exakten Forschungen von der Atomphysik bis zur Astrophysik, von der Molekularbiologie bis zur Medizin können so weit durchgeführt werden, dass größtmögliche mathematische Gewissheit erreicht wird. Die *mathematisch orientierte Naturwissenschaft* hat also ihre volle *Berechtigung, Eigenständigkeit, Eigengesetzlichkeit*. Kein Theologe oder Kirchenmensch sollte sie unter Berufung auf eine höhere Autorität (Gott, Bibel, Kirche, Papst) in Frage stellen. Gegenüber einer Bevormundung durch religiöse Autoritäten, wie sie in Einzelfragen bis heute immer wieder droht, ist eine Abgrenzung von mathematisch-naturwissenschaftlichen und metaempirischen philosophisch-theologischen Sätzen grundsätzlich berechtigt und notwendig.

Doch spielt diese Abgrenzung nicht nur zugunsten der Naturwissenschaft, sondern auch umgekehrt: Wenn Fragen der Naturwissenschaft zu Recht nach Methodik und Stil der Naturwissenschaft behandelt werden, dann müssen andererseits Fragen der *Geisteswissenschaften*, also Fragen der menschlichen Psyche und Gesellschaft, des Rechts, der Politik und Historie, der Ästhetik, Ethik und Religion auch nach der ihrem Objekt entsprechenden *je eigenen Methodik und eigenem Stil* behandelt werden. Bei aller berechtigten Betonung von Eigenständigkeit und Eigengesetzlichkeit der Naturwissenschaft darf die Problematik ihrer Grundlagen nicht verschwiegen, darf der hypothetische Charakter ihrer Gesetze nicht übersehen, dürfen ihre Ergebnisse nicht verabsolutiert werden.

Die neueste Geschichte der Physik wie der Mathematik hat bei all den höchst bewundernswerten Ergebnissen doch auch *prinzipielle Grenzen der physikalisch-mathematischen Erkenntnis* sichtbar werden lassen. Auch für die auf Physik und Mathematik aufbauende Biologie, besonders Neurobiologie, dürfte dies von Bedeutung sein:

- Die *Physik* stieß mit der Quantentheorie an prinzipielle Grenzen: Die Heisenbergsche Unschärferelation ist einer ihrer Hauptgrundsätze: Da Ort und Impuls eines Teilchens nicht gleichzeitig gemessen werden können, lassen sich bestimmte atomare Ereignisse prinzipiell nicht vorausberechnen. Die Unbestimmtheit lässt nur statistische Wahrscheinlichkeit zu.
- Die *Mathematik* stieß gerade in der Grundlagenproblematik an prinzipielle Grenzen: Nach Gödels zweitem Unvollständigkeitssatz von 1930 gibt es keine allgemein-verbindliche Absicherung des mathematischen Denkens durch finite, konstruktive Beweise der Widerspruchsfreiheit.

Dies alles heißt: Mit den großartigen Möglichkeiten müssen auch die *Beschränktheiten* der Naturwissenschaft beachtet werden. Es gibt *Grenzfragen*, bei denen die Kompetenz von Mathematik und Physik endet. Gegenüber einer nicht nur von der Religion, sondern bisweilen auch von Seiten der

Naturwissenschaft drohenden Bevormundung menschlichen Denkens und Handelns ist jedenfalls festzuhalten: Es gibt kein mathematisch-naturwissenschaftliches Kriterium, nach welchem metaempirische philosophisch-theologische Sätze für sinnlos, für „Scheinprobleme" erklärt werden können. Mathematisierbarkeit kann keine Zielvorstellung für jede Wissenschaft sein; schon in der Geschichtswissenschaft, die es mit singulären Ereignissen zu tun hat, ist sie undurchführbar, und auch in Psychologie und Philosophie stößt sie deutlich auf Grenzen.

Seit den 1980er Jahren erfolgte in der Mathematik ohnehin eine Akzentverschiebung von den offensichtlich nicht definitiv zu lösenden Grundlagenfragen zu einer eher pragmatischen Einstellung und konkreten Problemstellungen. Hier eröffnete der Computer ungeahnte Möglichkeiten. Doch ich habe nun allen Grund, mich von der Mathematik wieder den allgemeinen philosophischen Fragen zuzuwenden, welche die Wirklichkeit als solche betreffen.

6. Die Fraglichkeit der Wirklichkeit

Die Wirklichkeit, sagte ich einleitend, ist alles Wirkliche, ist also *alles, was ist*: alles Seiende, die Gesamtheit der Seienden also, in diesem Sinn das existierende Sein überhaupt. Ist das aber eine *Definition* der Wirklichkeit? Nein, definiert werden kann Wirklichkeit von vornherein nicht. Ist doch das Ganze, das Allumgreifende per definitionem nicht definierbar, nicht ab-grenzbar. Nur mit wenigen Worten soll ins Bewusstsein gerufen werden, was ich mit Wirklichkeit *konkret* meine, damit wir nicht abstrakt oder inhaltsleer reden. Ist diese Wirklichkeit doch keine von vornherein transparente, unzweifelhafte, fraglose, sondern eine in vieler Hinsicht *fragliche* Wirklichkeit. Warum?

Universum – Mensch – Ich

Die Wirklichkeit: Das ist in erster Linie unser *Universum*, dessen Entstehung wir betrachtet haben, unser Kosmos, die Welt und alles, was Welt in Raum und Zeit ausmacht, Makrokosmos und Mikrokosmos mit ihren Abgründen; Materie und Antimaterie, die Protonen und Antiprotonen, die Elementarteilchen, Kraftfelder und gekrümmten Räume, die Weißen Zwerge, Roten Riesen und Schwarzen Löcher. Aber auch die Welt in ihrer Geschichte, die gut 13 Milliarden Jahre seit dem Urknall, die wohl 5 Milliarden Jahre seit der Entstehung der Sonne und die 3,5 Milliarden Jahre seit der Entstehung des Lebens und nur rund 200 000 Jahre seit der Menschwerdung des Menschen. Die Welt mit Natur und Kultur, mit all ihren Wundern und Schrecken. Keine „heile Welt" jedenfalls, sondern die reale Welt in ihrer ganzen Fraglichkeit und Brüchigkeit: mit all ihren konkreten Gefährdungen und Naturkatastro-

A. Eine vereinheitlichte Theorie für alles?

phen, ihrem realen Elend und unermesslichen Leid. Tiere und Menschen in ihrem Kampf um das Dasein, im Entstehen und Vergehen, „Fressen" und „Gefressenwerden".

Die Wirklichkeit: das ist in der Welt besonders der *Mensch*, das sind die Menschen aller Schichten und Klassen, aller Farben und Rassen, Nationen und Regionen, das sind Einzelmensch und Gesellschaft – la grandeur et la misère de l'homme. Der Mensch als ein Naturwesen, Objekt der Naturwissenschaft und der Medizin, und zugleich der Mensch als ein Freiheitswesen, Objekt der Geisteswissenschaft, nicht genau zu berechnen, oft genug sich selbst ein Rätsel. Der Mensch – verantwortlich für den gigantischen technologischen Fortschritt, aber auch für noch nie dagewesene Umweltzerstörung, Bevölkerungsexplosion, Wassermangel, AIDS ...

Die Wirklichkeit: das bin vor allem *ich selbst*, der ich als Subjekt mir selber Objekt werden kann, Selbstbewusstsein habe. Ich selber mit Geist und Leib, mit Veranlagung und Verhalten, mit Stärken und Schwächen, Höhen und Tiefen, Licht- und Schattenseiten. Ich, der ich nach naturwissenschaftlichen Erkenntnissen völlig der materiellen, biologischen Kausalität unterworfen bin: eine anscheinend lückenlose physische Kausalität. Ich, der ich aber in der unabweisbaren (auch kritisch reflektierten) Selbsterfahrung meiner selbst (und ungezählter anderer) mich als fähig erkenne, mich selbst zu erkennen und mich selbst zu entscheiden, strategisch zu denken und zu handeln. Damit lässt sich nun die Anfangsfrage „Was ist die Wirklichkeit?" bereits konkreter beantworten. Es geht um eine nicht eindimensional-einschichtige, sondern eine facettenreiche Wirklichkeit.[46]

Vieldimensionale und vielschichtige Wirklichkeit

Wissenschaftliche Forschung soll den Dingen auf den „Grund", soll an die „Wurzel", die „radix" der Dinge gehen. Aber echte Gründlichkeit und Radikalität ist nicht gleichzusetzen mit Einseitigkeit und Eindimensionalität. Gegenüber einer verabsolutierten Rationalität, gegenüber der Ideologie des Rationalismus, ist von vornherein mit der Vieldimensionalität und Vielschichtigkeit der Wirklichkeit zu rechnen: *Wirkliches kann* unbestreitbar *in höchst verschiedener Weise begegnen*, kann einen ganz unterschiedlichen Charakter tragen. Ich erinnere mich an einen Besuch mit Freunden und Freundinnen aus meiner Luzerner Maturaklasse im Athener Nationalmuse-

---

[46] Indirekt wird in den folgenden Abschnitten auch eine Antwort gegeben auf den materialistischen bzw. naturalistischen Monismus, wie er zum Beispiel vom Biologen E. D. Wilson vertreten wird, dessen Buch „Consilience" deutsch wiedergegeben wird mit: Die Einheit des Wissens, Berlin 1998.

um. Mich überraschte: Die Wirklichkeit desselben Museums ist eine andere für den Chemiker, der vor allem auf Probleme des Bronzegusses und andere technische Verfahren achtet, eine andere für den Historiker, der sich für die Entwicklung von der archaischen über die klassische bis zur hellenistischen Kunst interessiert, wieder eine andere für den Kunstliebhaber, den vor allem die Ästhetik der Objekte fasziniert. Dieselbe Goldmaske eines Fürsten aus Mykene kann aus höchst unterschiedlicher Perspektive beschrieben und beurteilt werden. Und wichtig: *Jede Beschreibung und Beurteilung*, die des Chemikers, des Historikers oder des Kunstliebhabers, *kann wahr sein – je nach Perspektive*!

Offensichtlich differenziert sich dieselbe Wirklichkeit je nach Perspektive und Interesse, unter dem sie dem Betrachter erscheint. Offensichtlich gibt es nicht die Wirklichkeit „an sich", offensichtlich gibt es *viele unterschiedliche Wirklichkeitsaspekte, Wirklichkeitsdimensionen, Wirklichkeitsschichten*. Unter den großen Physikern war es vor allem Werner Heisenberg (bereits im Kriegsjahr 1942), der in einer „‚Schichtentheorie' der Wirklichkeit" von einer untersten Schicht sprach, wo die kausalen Zusammenhänge der Erscheinungen und Abläufe in Raum und Zeit objektiviert werden können, und einer „obersten Schicht der Wirklichkeit …, in der sich der Blick öffnet für die Teile der Welt, über die nur im Gleichnis gesprochen werden kann": „den letzten Grund der Wirklichkeit".[47]

Das heißt für die Praxis von Forschung, Lehre und Leben: Es gibt selbst für einfache Gegenstände wie Tisch oder Fahrrad nicht nur eine, die physikalische, sondern *mehrere Erklärungsebenen* (auch die funktionale zum Beispiel). Es empfiehlt sich nicht, einen bestimmten Aspekt von Wirklichkeit zu verabsolutieren; denn dann wird man buchstäblich für andere wirklichkeitsblind. Bei Philosophen, Theologen, überhaupt Geisteswissenschaftlern, ebenso bei Mathematikern, Physikern, Neurophysiologen, allen Naturwissenschaftlern kann aus Betriebsblindheit leicht Wirklichkeitsblindheit werden. Man sieht nicht mehr, wie es wirklich ist, sondern nur noch, was man sehen will. So in der Diskussion um eine „Theorie für alles", die, genau besehen, nur eine Theorie für alles Physikalische ist und wenig für das Verständnis Shakespeares, Händels oder auch Newtons beiträgt. So auch etwa in der Debatte um Gehirn und Willensfreiheit, wie wir noch sehen werden.

Gerade die großen Impulsgeber der modernen Wissenschaft – Philosophen wie Descartes, Spinoza und Leibniz, aber auch Voltaire, Lessing und Kant sowie Naturwissenschaftler wie Kopernikus, Kepler, Galilei, Newton und

---

[47] W. Heisenberg, Ordnung der Wirklichkeit (1942), in: Gesammelte Werke, hrsg. v. W. Blum u. a., Abteilung C, Bd. I, München 1984, S. 217–306, Zit. S. 294.302.

A. Eine vereinheitlichte Theorie für alles? 279

Boyle: Wären sie je darauf verfallen, eine andere Dimension als die der mathematisch-naturwissenschaftlichen Vernunft schlechthin zu leugnen oder als sinnlos abzutun? Zumindest in dieser Hinsicht werden die großen Rationalen zu Unrecht „Rationalisten" genannt. Sie sind keine Vertreter eines „Ismus" mit Scheuklappen gegenüber anderen Aspekten der Wirklichkeit.

Einem Missverständnis freilich muss ich sofort wehren: Bei aller Vielschichtigkeit der Wirklichkeit wird man die verschiedenen Wirklichkeitsschichten nie zu schlechthin verschiedenen Wirklichkeiten erklären dürfen. Bei aller Vieldimensionalität der Wirklichkeit wird man in den verschiedenen Dimensionen die *Einheit* nicht übersehen dürfen. Es geht bei all den verschiedenen Perspektiven, Dimensionen, Schichten, Aspekten und Differenzierungen doch um die *eine* Wirklichkeit, die vom Menschen immer nur auf Kosten des vollen Menschseins in dieser Welt aufgespalten wird.

Schon früh hat man deshalb zu Recht den Dualismus Descartes' zwischen Subjekt und Objekt, Denken und Sein, Geist und Materie, Seele und Leib, Mensch und Tier der Kritik unterzogen. Aber auch gegenüber dem Dualismus zwischen Vernunft und Glaube, Philosophie und Theologie muss die *Einheit und Wahrheit der Wirklichkeit* immer wieder neu zur Sprache gebracht werden: Die Frage der griechischen Philosophie nach der Einheit und Wahrheit des Seins und die Frage der alten Hebräer nach dem Heil und Sinn des Ganzen sind also keineswegs erledigt – sie hängen miteinander zusammen. Dabei ist zu bedenken:

Die Vernunft, aber nicht die Vernunft allein

Der Mensch lernte seit dem 17. Jh. – eine Zeit großer, durch die neue Kosmologie mitverursachter Unsicherheit –, in der *Vernunft* eine neue Basis der Gewissheit zu finden („cogito, ergo sum"), und lernte, die Vernunft in umfassendem Zweifel immer umfassender zu gebrauchen. Es war grundsätzlich berechtigt, ja, geschichtlich notwendig, dass der Mensch in *wissenschaftlicher Aufklärung* die Natur und ihre Gesetze, schließlich auch sich selbst und die gesellschaftlichen Verhältnisse in all den verschiedenen Aspekten unvoreingenommen rational und systematisch untersuchte.

Doch: der Mensch lebt nicht von der Vernunft allein. Bei aller grundsätzlichen Berechtigung und geschichtlichen Notwendigkeit eigenständiger Vernünftigkeit und wissenschaftlicher Erkenntnis: Eine verabsolutierte Vernünftigkeit ist abzulehnen. Ob Physiker oder Philosoph oder was auch immer, *jeder Mensch* hat es *mit mehr als Vernunft zu tun*: mit Wollen und Fühlen, Phantasie und Gemüt, Emotionen und Passionen, die nicht einfach auf Vernunft reduziert werden können. Neben dem methodisch-rationalen Denken, dem „Esprit de géometrie" des Descartes, gibt es – so schon Descartes' Antipode Pascal – auch intuitiv-ganzheitliches Erkennen, Erspüren, Erfühlen, den „Esprit de finesse".

Man könnte jedoch einwenden: Ist nicht nur wirklich, *was „objektiv" ist*? Keineswegs, auch die wissenschaftliche Objektivität, die für die moderne Naturwissenschaft so zentral ist, hat in der Neuzeit eine Geschichte durchgemacht[48]: „Objektivität" ist nicht einfach identisch mit „Wahrheit". So wenig wie Gerechtigkeit die Liste der sozialen Tugenden erschöpft, so wenig Objektivität die der epistemologischen Tugenden. Und wie im konkreten Fall Gerechtigkeit in Konflikt geraten kann etwa mit Wohlwollen, so Objektivität mit anderen Dimensionen der Wahrheit: Denn die physikalisch-mathematische oder chemische Formel, so objektiv sie erscheint, ist keineswegs allein Maßstab für das Wirkliche. Auch Naturwissenschaftler erfahren es ständig: Die bunte Welt der Farben, Töne, Gerüche, ja der ganze Sinnenreichtum der Welt ist unendlich viel reicher als alle physikalischen und chemischen Formeln. Und bevor der Physiker oder Chemiker die farblosen elektromagnetischen Wellen unterschiedlicher Länge und Frequenz wahrnehmen kann, sieht auch er – mit all den damit je nach Situation verbundenen Emotionen! – Rot, Gelb, Blau, Grün in ihren tausend Variationen.

Dem Reduktionismus wissenschaftlicher Erkenntnis durch die Vernunft muss begegnet werden. Gewiss, Kant hat recht, wenn er erklärt: Eine *Religion*, die der Vernunft unbedenklich den Krieg erklärt, wird es auf die Dauer nicht gegen sie aushalten. Dazu aber hat der Tübinger Theologe Jürgen Moltmann den richtigen Kontrapunkt formuliert: „daß auch die *Vernunft* es in ihrem aufklärenden Sieg über das, was sie Glauben nannte, nicht bei sich selbst aushielt, sondern höchst unvernünftige Weisen von naiver Gläubigkeit entwickelte".[49] In der Tat: Der Kult der „Göttin Vernunft" verhinderte schon in der Französischen Revolution nicht die „terreur" der Guillotine. Selbst die so rationale Naturwissenschaft funktioniert oft wenig vernünftig und führt bisweilen zu unvernünftigen Ergebnissen.

7. Naturwissenschaft und Theologie: unterschiedliche Perspektiven

Schon längst hat die Naturwissenschaft die Unschuld ihrer Anfänge verloren. Die Fortschrittseuphorie des 19. und der ersten Hälfte des 20. Jh. ist verflogen. In den vergangenen Jahrzehnten ist es immer deutlicher geworden: Wissenschaftlicher Fortschritt ist längst nicht immer humaner Fortschritt.

---

[48] Vgl. L. Daston, Can scientific objectivity have a history?, in: Alexander v. Humboldt-Mitteilungen 75/2000, S. 31–40.
[49] J. Moltmann, Theologie in der Welt der modernen Wissenschaften, in: Perspektiven der Theologie. Gesammelte Aufsätze, München 1968, S. 269–287, Zit. S. 275.

A. Eine vereinheitlichte Theorie für alles? 281

Naturwissenschaft: Grundlage, aber nicht das Ganze

Beinahe jeder bedeutende wissenschaftlich-technische Fortschritt – Atomtechnologie, Gentechnologie, Intensivmedizin, „Grüne Revolution", Automatisierung aller Produktion, Globalisierung von Ökonomie, Technologie und Kommunikation – zeigt auch unbeabsichtigte oder schlicht in Kauf genommene negative Folgen. Dass die sich angeblich selbst regulierenden Finanzmärkte von der Vernunft regiert seien, glauben nach dem Zusammenbruch der Bubble-Wirtschaft am Ende des 20. Jh. auch neoliberale Ökonomen nicht mehr. Dass von den Weltmächten noch im dritten Jahrtausend Milliarden statt in die Bekämpfung von Armut, Hunger, Seuchen und Analphabetismus in die bis ins All ausgreifende Rüstungsindustrie investiert werden, widerspricht aller Vernunft. Ja, die zu Anfang des 21. Jh. mit Spitzentechnologie angeblich ganz rational geführten Kriege in Afghanistan und Irak mit ihren verheerenden Folgen für die betroffenen Länder und die ganze Welt lassen viele an der Vernunft der Menschheit überhaupt zweifeln. Gewiss, das alles ist selbstverständlich kein Argument gegen Vernunft und Naturwissenschaft, wohl aber gegen eine Wissenschaftsgläubigkeit, die Naturwissenschaft und Technologie verabsolutiert.

Zu Recht wurde die Naturwissenschaft die Grundlage für neuzeitliche Technik und Industrie, ja für das moderne Weltbild, die moderne Zivilisation und Kultur überhaupt. Aber dieser Rolle wird die Naturwissenschaft nur dann sinnvoll gerecht, wenn man *aus der Grundlage nicht das ganze Gebäude macht*: wenn man Relativität und Vorläufigkeit, soziale Bedingtheit und ethische Implikationen eines jeden Weltbildes, aller Entwürfe, Modelle und Aspekte sieht; wenn man neben den naturwissenschaftlichen Methoden auch die der Human- und Sozialwissenschaften und so auch die der Philosophie und – in wiederum unterschiedlicher Weise – die der Theologie gelten lässt; wenn man also aus der *Naturwissenschaft keine Weltanschauung* macht. Jede Wissenschaft, und sei sie die exakteste oder tiefschürfendste, die sich selbst verabsolutiert, macht sich vor dem Ganzen lächerlich und wird leicht gemeingefährlich. Und wenn sie alle anderen zu entzaubern versucht (man denke an die Psychoanalyse), wird sie am Ende selbst entzaubert. Doch hier ist ein Gegenzug fällig:

Auch Theologie bedarf der Selbstkritik

Die Perspektiven sind unterschiedlich: *Naturwissenschaftlern* geht es mehr um die Analyse von Daten, Fakten, Phänomenen, Operationen, Abläufen, Energien, Strukturen, Entwicklungen – zu Recht. Aber ebenso zu Recht darf es doch *Theologen* – und Philosophen, wenn sie wollen! – um Fragen letzter oder erster Sinndeutungen und Zielsetzungen gehen, um Werte, Ideale, Normen, Entscheidungen und Haltungen. Heute anerkennen auch erfreulich viele Naturwissenschaftler, dass sie keine endgültigen, definitiven Wahrheiten bieten können. Sie erscheinen heute mehr denn je bereit, den einmal gewonnenen Standpunkt wieder zu revidieren, ja, gegebenenfalls auch ganz zurückzunehmen: „trial and error – Versuch und Irrtum" (Karl Popper).

Andererseits sollten auch Theologen und Philosophen im Gespräch mit der Naturwissenschaft bescheiden und selbstkritisch bleiben. Denn auch sie, die sich von Berufs wegen um die Wahrheit des Glaubens mühen, besitzen diese *Wahrheit nicht von vornherein und nicht definitiv*. Auch sie müssen die Wahrheit immer wieder neu suchen, können sich ihr wie alle Menschen nur annähern, müssen durch „Versuch und Irrtum" lernen und zur Revision ihres Standpunktes bereit sein. Auch in der Theologie, wenn sie Wissenschaft und nicht steriler Dogmatismus sein will, ist prinzipiell das Wechselspiel von Entwurf, Kritik, Gegenkritik und Verbesserung möglich und oft geboten. Theologen sollten Naturwissenschaftlern die Auseinandersetzung nicht leicht machen dadurch, dass sie das spätestens seit der Aufklärung als unwissenschaftlich entlarvte Autoritätsargument in den Diskurs einbringen und sich zurückziehen auf die angebliche Unfehlbarkeit der Bibel, des Papstes oder nicht hinterfragbarer Konzilsaussagen.[50]

Unbestreitbar hat gerade die *deutsche Theologie* in ihrem Verhältnis zur Naturwissenschaft einen erheblichen Nachholbedarf. In der Schule Karl Barths war man am Dialog mit der Naturwissenschaft gehindert durch eine historisch bedingte Abneigung gegen jede „natürliche Theologie". In der Schule Rudolf Bultmanns aber konzentrierte man sich unter völliger Vernachlässigung der Kosmologie auf die Erhellung der menschlichen Existenz. In der katholischen Theologie war man vor allem mit der Aufarbeitung der unglückseligen römischen Lehrdokumente und der Rehabilitierung von Galilei und Teilhard de Chardin beschäftigt ...

Ganz anders im *angelsächsischen Sprachraum*: Hier haben sich nicht nur Theologen mit Physik, sondern auch Physiker mit Theologie eingehend beschäftigt und wertvolle Vermittlungsarbeit geleistet. Vorbildlich seit Jahrzehnten mit zahlreichen Veröffentlichungen: der oben zitierte amerikanische Physiker und Theologe Ian G. Barbour (Northfield/Minnesota)[51], der britische Theologe und Biochemiker Arthur Peacocke (Oxford)[52] sowie John

---

[50] Das versucht der Philosoph B. Kanitscheider, „Es hat keinen Sinn, die Grenzen zu verwischen", Interview in: Spektrum der Wissenschaft, November 1995, S. 80–83.
[51] Grundlegend war I. G. Barbour, Religion in an Age of Science, London 1990; sowie die bereits zitierte eindrückliche Synthese: ders., Religion and Science, San Francisco 1998; dt.: Wissenschaft und Glaube, Göttingen 2003.
[52] Vgl. A. Peacocke, Theology for a Scientific Age. Being and Becoming – Natural and Divine, Oxford 1990; dt.: Gottes Wirken in der Welt. Theologie im Zeitalter der Natur-

A. Eine vereinheitlichte Theorie für alles? 283

Polkinghorne, Professor für mathematische Physik und Theologe (Cambridge).[53]

Dabei ist mir freilich weniger an einer Methodenparallelität von Naturwissenschaft und Theologie und einem einheitlichen Wissenschafts- und Rationalitätsbegriff gelegen, wie sie John Polkinghorne in seinen frühen Werken herauszuarbeiten versuchte. Im Gegenteil scheint mir die methodische Eigenständigkeit und Eigengesetzlichkeit von Naturwissenschaft und Geisteswissenschaft, besonders von Philosophie und Theologie wichtig; jede defensiv apologetische Haltung liegt mir fern. Anders als die angelsächsischen Gelehrten möchte ich die Ergebnisse der Naturwissenschaft weniger mit den „klassischen" hellenistischen Dogmen der griechischen Patristik und des lateinischen Mittelalters vergleichen, die ich einer eingehenden historisch-kritischen Untersuchung unterzogen habe[54], als mit dem Befund des Alten und Neuen Testaments, wie er sich der zeitgenössischen historisch-kritischen Exegese zeigt.[55] Schließlich hält man sich im Vergleich mit der Naturwissenschaft auch nicht einfach an die „klassischen" Lehren des großen Newton, sondern setzt sich mit der Relativitäts- und Quantentheorie auseinander.[56]

Physikalische Erkenntnis kann die Erfahrungswelt nicht überschreiten

Immanuel Kant ist vielfach bestätigt worden in seiner Erkenntnis: Physikalisches Wissen hat mit raum-zeitlichen Phänomenen, aber nicht mit der Welt

---

wissenschaften, Mainz 1998; ders., Paths from Science towards God. The End of all Exploring, Oxford 2001.
[53] Eine neue Zusammenfassung seines Denkens bietet J. Polkinghorne, Belief in God in an Age of Science, New Haven 1998; dt.: An Gott glauben im Zeitalter der Naturwissenschaften. Die Theologie eines Physikers, Gütersloh 2000; ders., Science and Theology. An Introduction, London 1998; dt.: Theologie und Naturwissenschaften. Eine Einführung, Gütersloh 2001. Die früheren wissenschaftstheoretischen und ethisch-ökologisch ausgerichteten Werke Polkinghornes von 1979 bis 1996 untersucht kritisch A. Dinter, Vom Glauben eines Physikers. John Polkinghornes Beitrag zum Dialog zwischen Theologie und Naturwissenschaften, Mainz 1999.
[54] Vgl. H. Küng, Das Christentum. Wesen und Geschichte, München 1994 (HKSW 16); TB-Ausgabe München 1999 (Serie Piper 2940); ders., Große christliche Denker, München 1994; TB-Ausgabe München 1996 (Serie Piper 2283).
[55] Vgl. ders., Christ sein, München 1974 (HKSW 8); TB-Ausgabe München 2004 (Serie Piper 1736).
[56] Ich baue dabei auf den schon früh entwickelten methodischen Grundlagen in meinem Buch „Existiert Gott? Antwort auf die Gottesfrage der Neuzeit", München 1978 (HKSW 9); TB-Ausgabe München 2001 (Serie Piper 2144) auf, vgl. besonders Teil A III: Vernunft oder Glaube? Gegen Rationalismus für Rationalität; und Teil G II,2: Der Gott der Bibel: Gott und seine Welt. Eine eingehende Auseinandersetzung mit Relativitäts- und Quantentheorie bietet die Tübinger Habilitationsschrift von A. Benk, Moderne Physik und Theologie. Voraussetzungen und Perspektiven eines Dialogs, Mainz 2000.

„an sich" zu tun, unabhängig von unserer Subjektivität. Physik hat es zu tun nur mit der Welt der „Erscheinungen", der Erfahrungen in Raum und Zeit, die sie prinzipiell nicht überschreiten kann.

Allerdings wird die heutige Physik Kant in zwei Punkten kaum zustimmen: *Erstens* darin nicht, dass Grundbestimmungen der Natur wie Raum, Zeit und Kausalität nicht als objektive Gegebenheiten zu verstehen seien, sondern nur unsere apriorischen Erkenntnisbedingungen seien. Nein, die Erfahrungswelt gründet nicht gänzlich in der reinen Subjektivität.

Zweitens ist nicht nur der absolute Vorrang der reinen Subjektivität von der Naturwissenschaft aufgehoben, sondern auch das „Ding an sich" ist problematisch geworden, das uns Kant zufolge „affiziert". Das formende Bewusstsein ist keine zeitlose Instanz, aber auch der objektivierbare Inhalt ist keine Welt „hinter" den Erscheinungen. Positiv gesagt: Die Dimension der Physik ist ein Prozess, der weder allein im Subjekt noch einfach in der Welt der Dinge an sich zu fundieren ist, sondern eine eigene Welt bildet: eben „die Welt der Physik" (Walter Schulz).[57]

Daraus folgt aber: Das klassische Selbstverständnis der Naturwissenschaft, dass man das Seiende, so wie es wirklich, das heißt „an sich" sei, eindeutig auf den Begriff bringen könne, diese Annahme kann heute nicht mehr aufrechterhalten werden. Quantenphysik und mathematische Grundlagendiskussion verweisen auf Unvollständigkeit und Vieldeutigkeit menschlicher Erkenntnis. Ja, selbst wenn man alle naturwissenschaftlichen Theorien mit begrenztem Geltungsbereich vereinen, wenn man sie alle zu einem naturwissenschaftlichen Welt-Bild zusammenfügen könnte, nähme die empirische Verlässlichkeit nicht unbedingt zu.

Auch für den Naturwissenschaftler, der die Relativität seiner Perspektive auf die Wirklichkeit ernst nimmt, stellt sich bei weiterem Nachdenken auf einer „höheren" (Heisenberg) oder (wie ich lieber sagen würde) *tieferen Ebene* die Frage, „was die Welt im Innersten zusammenhält": nicht nur die Frage nach der starken Kraft, die zwischen den kleinsten Teilchen (Quarks) im Atomkern wirkt (Physik-Nobelpreis 2004 für D. J. Gross, F. Wilczek, H. D. Politzer), sondern die Frage nach *Grund und Sinn des Ganzen der Wirklichkeit.*

Heutige Mathematiker und Astronomen werden gewiss kaum noch wie ihre Vorgänger Nicolaus Cusanus, Kepler, Galilei und auch Cantor und Planck auf den Spuren von Platon und der Pythagoräer annehmen, die mathematischen Eigenschaften der Dinge seien Hinweise auf ihren göttlichen Ursprung. Und doch dürfte es nach der Grundlagendiskussion mehr denn je

---

[57] Vgl. W. Schulz, Philosophie in der veränderten Welt, Pfullingen 1972, S. 114 f.

A. Eine vereinheitlichte Theorie für alles?

zu denken geben: Die Mathematik, die eine Erfindung des menschlichen Geistes ist, und die nicht vom Menschen geschaffene Welt passen erstaunlich gut zueinander: Sie erscheinen gleich rational, geordnet, letztlich von großer Einfachheit. Damit dürfte deutlich geworden sein, wie ich das Verhältnis von Naturwissenschaft und Religion verstehe:

Statt eines Konfrontations- oder Integrations- ein Komplementaritätsmodell

Dies wird in den folgenden Kapiteln meine Methode sein:
1. *kein Konfrontationsmodell* zwischen Naturwissenschaft und Religion:
weder eines fundamentalistisch-vormoderner Herkunft, das die Ergebnisse der Naturwissenschaft wie der historisch-kritischen Bibelexegese ignoriert oder verdrängt;
noch eines rationalistisch-moderner Couleur, das sich um grundlegende philosophisch-theologische Fragen herumdrückt und Religion von vornherein für irrelevant erklärt;
2. *kein Integrationsmodell* harmonistischer Prägung,
sei es von Theologen vertreten, welche die naturwissenschaftlichen Ergebnisse ihren Dogmen anpassen,
oder von Naturwissenschaftlern, die Religion für ihre Thesen instrumentalisieren;
3. vielmehr *ein Komplementaritätsmodell kritisch-konstruktiver Interaktion* von Naturwissenschaft und Religion, in dem die Eigensphären bewahrt, alle illegitimen Übergänge vermieden und alle Verabsolutierungen abgelehnt werden, in dem man jedoch in gegenseitiger Befragung und Bereicherung der Wirklichkeit als ganzer in allen ihren Dimensionen gerecht zu werden versucht.

Ich möchte deshalb im folgenden Kapitel nachdenkend tiefer bohren als nur bis zur mathematischen Struktur der physikalischen Welt: nach einem zusammenhaltenden Sinn-Grund aller Dinge unserer Erscheinungswelt.[58] Auch für den Naturwissenschaftler ohne religiösen Glauben stellt sich hier unweigerlich die Frage nach dem Anfang aller Dinge und damit die Frage nach einem absoluten Anfang.

---

[58] Einen ähnlichen Zugang zur Problematik Naturwissenschaft und Religion versucht K. Wilber, The Marriage of Sense and Soul, New York 1998; dt.: Naturwissenschaft und Religion. Die Versöhnung von Weisheit und Wissen, Frankfurt/M. 1998. Aufschlussreich die Textsammlung, hrsg. von H.-P. Dürr, Physik und Transzendenz. Die großen Physiker unseres Jahrhunderts über die Begegnung mit dem Wunderbaren, Bern ⁷1994. Mit Beiträgen von: David Bohm, Niels Bohr, Max Born, Arthur Eddington, Albert Einstein, Werner Heisenberg, James Jeans, Pascual Jordan, Wolfgang Pauli, Max Planck, Erwin Schrödinger und Carl Friedrich von Weizsäcker.

B. Gott als Anfang?

Auf einem ganz kleinen Planeten am Rand einer der vielleicht 100 Milliarden Galaxien, deren jede in der Regel mehr als 10 Milliarden Sterne enthält, lebt seit erst zweihunderttausend Jahren die Menschheit. Unsere Teleskope reichen weit, aber sie haben Grenzen. Und selbst wenn wir immer weiter reichende Teleskope bauen, werden diese immer begrenzt bleiben durch den beschränkten kosmischen Horizont. Gibt es doch Galaxien, die jenseits unseres Sichthorizonts liegen: „Solche Galaxien sind nicht nur jetzt prinzipiell unbeobachtbar – sie werden für immer jenseits unseres Horizonts bleiben", so der britische Royal Astronomer Sir Martin Rees.[1] Der Mensch kann also das Allergrößte nicht fassen, kann seinen beschränkten kosmischen Horizont nicht wissenschaftlich konstatierend, sondern, so scheint es, höchstens spekulierend übersteigen.

Doch mir geht es in diesem zweiten Kapitel weniger um kosmologische Spekulationen als um philosophisch-theologische Reflexionen. Wissen wir auch nicht oder noch nicht, wie die vier kosmischen Kräfte – die elektrodynamischen, schwachen und starken Kräfte und die Schwerkraft – zusammenhängen, so vermögen wir vielleicht doch auch ohne eine „Weltformel" oder physikalische „Theorie für alles" zur Frage vorzudringen, was ein Anfang aller Dinge sein könnte.

1. Die Frage nach dem Anfang der Anfänge

Die Frage nach dem „Anfang" (griech. *arché*) aller Dinge war schon für die alten Griechen ein Hauptproblem der Philosophie. Die älteren ionischen Naturphilosophen am Anfang des 6. Jh. v. Chr. nahmen ein einziges Urprinzip an, aus dem alle Dinge entstanden sind: Thales von Milet das Wasser, Anaximenes die Luft, Heraklit das Feuer, Anaximander aber das „Grenzenlose" (griech. *ápeiron*) und „Göttliche" (griech. *theion*). Dem Weltstoff setzt dann unter den jüngeren Naturphilosophen im 5. Jh. v. Chr. Anaxagoras den selbstständigen, weltordnenden „Geist" (griech. *noús*) entgegen. Seither ist das Göttliche in der griechischen Philosophie präsent, ob es nun im 4. Jh. von Platon als die Idee des Guten konzipiert wird oder von Aristoteles als unbewegter Beweger des Kosmos und letztes Ziel alles Strebens in der Wirklichkeit. Für die ersten (ebenfalls griechischen) christlichen Philosophen und Theologen („Apologeten") war es ohne allzu große begriffliche Anstrengung möglich, dieses Göttliche und diesen Geist mit dem Schöpfergott der Bibel

---

[1] M. Rees, Andere Universen – Eine wissenschaftliche Perspektive, in: T. D. Wabbel, Im Anfang war (k)ein Gott, Düsseldorf 2004, S. 47.

B. Gott als Anfang?

zu identifizieren. Doch in der heutigen Naturwissenschaft stellt sich die Problematik anders dar:

Die Anfangssingularität

Es ist durchaus verständlich: Physiker lieben in der Naturordnung das Einzigartige, das *Singuläre*, nicht. Singularität reizt sie vielmehr zu untersuchen, ob sich nicht gerade diese Singularität in Gesetzmäßigkeit auflösen, in das Gefüge der bewährten physikalischen Gesetze einordnen lasse. Deren Charakteristikum ist nicht der Einzelfall, sondern die Wiederholung. Und solche Auflösung der Singularität ist ja in vielen Fällen durchaus gelungen.

Aber bei der *Anfangssingularität* geht es um etwas grundsätzlich anderes, um etwas, was sich allen physikalischen Begriffen und Gesetzen entzieht. Schon eine 100stel Sekunde nach dem Urknall gelten wohlbekannte Gesetze der Physik. Aber für die Zeit 0 und für die Ursache der geheimnisvollen Urexplosion ist der Physiker in einer gewissen Verlegenheit: Wie soll er erklären, dass in einer winzigen Einheit von unendlicher Dichte, Temperatur und Anfangsschwung das ganze Potential für hundert Milliarden Galaxien enthalten war. Nur wenn er die *Anfangsbedingungen* erklären kann, kann er die Besonderheit unseres Universums erklären. Muss sich der Physiker, wenn er auf eine Antwort nicht verzichten will, vielleicht auf etwas *Metaphysisches oder Protophysisches* einlassen?[2]

Nun ließe sich natürlich „ad hominem" argumentieren: Ist das wirklich eine zu große Zumutung an die menschliche Vernunft? Man kann es doch auch umgekehrt sehen: Wieviel „Glauben" mutet der menschlichen Vernunft das kosmologische Standardmodell zu! Nach dem Urknall sollen aus einer winzigen Einheit die Milliarden Galaxien entstanden sein? Wenn das nicht eine Art „wissenschaftlicher Wunderglaube" ist? Das jedenfalls meint der amerikanische Wissenschaftsjournalist Gregg Easterbrook: Was „deren schiere Unglaublichkeit" angehe, würde „nichts an Theologie oder Metaphysik dem Big Bang das Wasser reichen. Käme diese Schilderung der kosmischen Genese aus der Bibel oder aus dem Koran statt aus dem Massachusetts Institute of Technology, würde sie ganz sicher als ein überspannter Mythos behandelt."[3]

---

[2] Schon früh hat sich auf die hier anstehenden Fragen eingelassen der Mediziner und Wissenschaftspublizist H. v. Ditfurth mit seinen zugleich seriös gearbeiteten wie allgemeinverständlichen Büchern: Kinder des Weltalls, Hamburg 1970; Im Anfang war der Wasserstoff, Hamburg 1972; Der Geist fiel nicht vom Himmel, Hamburg 1976; Wir sind nicht nur von dieser Welt, Hamburg 1981.
[3] G. Easterbrook, Wissenschaftlicher Wunderglaube. Die Theorie des Urknalls und die Frage nach dem Anfang des Kosmos, in: Neue Zürcher Zeitung vom 23./24. Oktober 1999.

Und doch halte selbstverständlich auch ich als informierter Theologe das physikalische Standardmodell für wohlbegründet und hoffe zugleich, dass auch der informierte Naturwissenschaftler den „*Anfang*" aller Dinge nicht als beliebigen Beginn versteht: „Big Bang" ist kein bloßer „Beginning"! Geht es doch nicht nur um einen einzelnen ersten Moment (die erste „100stel Sekunde") innerhalb einer Abfolge vieler vergleichbarer Momente einer beginnenden Welt-Geschichte. Nein, es geht um die Ermöglichung einer Welt-Geschichte überhaupt: nicht nur um den zeitlichen Anfang, sondern um den Anfang der Zeit! Das heißt, kein relativer, sondern der *absolut erste Anfang*, der kein Anfang innerhalb der Welt-Zeit oder Zeit-Welt sein kann, ja, ohne den die Welt-Zeit oder Zeit-Welt gar nicht erklärt werden kann.

Ein Zeit und Raum übersteigender Anfang der Welt lässt sich auch mit dem Wort „*Ursprung*" (lat. „origo", engl. „origin") ausdrücken. Dieses Wort Ur-sprung bedeutet im Deutschen zunächst die aus dem Boden „er-springende" (später „ent-springende") Quelle, dann aber, erweitert, jede Art von Ausgangspunkt, auch geistig verstanden. Freilich darf „Ursprung" nicht von vornherein mit „Urheber", mit Gott im christlichen Sinn, identifiziert werden. Theologen unterlaufen hier leicht Kurzschlüsse. Neuzeitliches philosophisches Denken kann ohnehin nicht mehr wie das mittelalterliche oder reformatorische einfach mit Gott anfangen, sondern muss „von unten" beginnen: Der Anfang der *Erkenntnis* liegt für das moderne Denken in der Erfahrung des Menschen.

„Kopernikanische Wende" in der Philosophie: Descartes

Die Kopernikanische Wende in der Astronomie wurde schon früh fortgeführt durch eine „Kopernikanische Wende" in der Philosophie. Grundgelegt wurde sie durch Galileis Zeitgenossen René Descartes (1596–1650), genialer Erfinder der analytischen Geometrie und Initiator der modernen Philosophie. In einem neuen Zeitalter des Rechnens und Experimentierens, der Methode und der exakten Wissenschaften proklamiert er das Ideal der mathematischen Gewissheit. Nicht mehr mittelalterlich von der Gottesgewissheit zur Selbstgewissheit, sondern neuzeitlich von der Selbstgewissheit zur Gottesgewissheit. Theozentrik abgelöst durch Anthropozentrik: *methodischer Ausgang vom Menschen, vom Subjekt, seiner Vernunft und Freiheit*. Auf diese Weise lässt sich eine Autonomie der Wissenschaften philosophisch begründen. Ja, dies ist wirklich ein Paradigmenwechsel, der vollendet wird durch die Fundamentalkritik Immanuel Kants, dessen Kritik der „reinen" oder theoretischen Vernunft in einer radikalen Kritik der Gottesbeweise gipfelt.

B. Gott als Anfang?

Gottesbeweise – zum Scheitern verurteilt: Kant

Hinter der Kritik Immanuel Kants (1724–1804) an den Beweisen für die Existenz Gottes steckt nicht, wie oft vermutet, Resignation über die Rolle der Vernunft. Sie gründet vielmehr in der letztlich ethisch-religiös fundierten Überzeugung, dass der Vernunft Grenzen gesetzt werden müssen und dass die Grenzen der Vernunft nicht identisch sind mit den Grenzen der Wirklichkeit. Das heißt: Was die Vernunft nicht erkennt, kann dennoch wirklich sein! Auch Gott?

Kant schreibt im Vorwort zur zweiten Auflage der „Kritik der reinen Vernunft", die er 1781 als bereits 57jähriger veröffentlicht: „Ich mußte also das *Wissen* aufheben, um zum *Glauben* Platz zu bekommen."[4] Denn Glaube ist auch für den „kritischen" Kant wie für den von ihm hochgeschätzten Rousseau eine Wahrheit des Herzens, besser: des Gewissens, jenseits aller philosophischen Reflexionen und Demonstrationen: „Der Glaube an einen Gott und eine andere Welt ist mit meiner moralischen Gesinnung so verwebt, daß, sowenig ich Gefahr laufe, die letztere einzubüßen, ebenso wenig besorge ich, daß mir der erste jemals entrissen werden könne", so bezeugt Kant selbst am Ende seiner „Kritik der reinen Vernunft".[5]

Wissenschaftliche *Gottesbeweise* aber sind nach Kant *nicht möglich.* Gott existiert nicht in Raum und Zeit, er ist daher nicht Gegenstand der Anschauung. Deshalb lassen sich keine Erkenntnisse von naturwissenschaftlicher Beweiskraft gewinnen und keine Urteile fällen, da diese auf Anschauung angewiesen sind. Die Gottesbeweise, auch die, welche Kant selber in seiner vorkritischen Phase vertreten hatte, sind faktisch gescheitert, nein, sie sind theoretisch gar nicht möglich. Auch die Frage nach einem Anfang der Welt in der Zeit lässt sich nach Kant nicht entscheiden. Warum nicht? „Alle unsere Schlüsse, die uns über das Feld möglicher Erfahrung hinausführen wollen", sind „trüglich und grundlos".[6]

Kant ist überzeugt: Die Vernunft spannt vergeblich ihre Flügel, um durch die Macht des Denkens über die Erscheinungswelt hinaus zu den „Dingen an sich" (denknotwendig, aber nicht durchschaubar!) zu gelangen oder gar zum wirklichen Gott vorzustoßen. Türme, die bis zum Himmel reichen, kann der Mensch nicht bauen, sondern nur Wohnhäuser, die für unsere Geschäfte auf der Ebene der Erfahrung gerade geräumig und hoch genug sind! Es gibt daher keinen Gottesbeweis, der auch nur schon bei den Glaubenden allge-

---

[4] I. Kant, Kritik der reinen Vernunft, Vorrede zur 2. Auflage, in: Werke, hrsg. v. W. Weischedel, Bd. II, Frankfurt/M. 1964, S. 33.
[5] AaO S. 694.
[6] AaO S. 563.

meine Zustimmung gefunden hätte. Doch ist dies nur eine Seite der Problematik. Denn:

Auch Gegenbeweise scheitern

Wie die Beweise *für* Gott, so lehnt Kant auch die Beweise *gegen* Gott ab. Warum? Weil auch sie den Erfahrungshorizont überschreiten. Die Idee Gottes ist in sich kein Widerspruch, und diejenigen, die beweisen wollen, dass Gott nicht existiere, haben noch mehr unrecht: „Dieselben Gründe", die das Unvermögen der Vernunft zur Behauptung der Existenz Gottes beweisen, reichen nach Kant aus, „um die Untauglichkeit einer jeden Gegenbehauptung zu beweisen": „Denn, wo will jemand durch reine Spekulation der Vernunft die Einsicht hernehmen, daß es kein höchstes Wesen, als Urgrund von allem gebe ..."[7] Kant ist überzeugt: Die Gottesidee ist nun einmal ein notwendiger theoretischer Grenzbegriff, der, wie ein ferner Stern, im Erkenntnisprozess zwar nicht erreicht, aber immerhin als ideales Ziel angesteuert werden kann.

Im Bild: Wer zugibt, dass er nicht hinter den Vorhang gucken kann, darf auch nicht behaupten, es sei nichts dahinter. Auch der Atheismus ist hier in seine Schranken gewiesen. Alle Beweise oder Aufweise der bedeutenden Atheisten reichen zwar aus, um die Existenz Gottes fragwürdig zu machen, aber nicht, um Gottes Nicht-Existenz fraglos zu machen.

Es ist bedauerlich, wie viele falsche Schlachten zwischen Gottesglaube und Wissenschaft, zwischen Theologie und Atheismus gerade im 19. und 20. Jh. geschlagen wurden. Und noch bedauerlicher ist es, dass viele Naturwissenschaftler sogar im 21. Jh. befangen sind in den schon längst durchschauten, aber von ihnen oft wenig reflektierten Argumenten der atheistischen Religionskritik des 19. und 20. Jh. Auch heute hat der Atheismus einige Propheten unter den Naturwissenschaftlern.

2. Naturwissenschaft blockiert durch Religionskritik?

Ich kann es mir ersparen, auf die Vertreter eines „neuen Materialismus" einzugehen. Doch Keith Ward, emeritierter Regius Professor of Divinity an der Universität Oxford, hat das große Verdienst, sich auf die Argumente vieler von ihnen im Einzelnen eingelassen zu haben, darunter auch Stephen Hawking, Carl Sagan und Jacques Monod, mit denen ich mich an anderer Stelle in diesem Buch befasse. Ward schreibt: „Bedauerlicherweise ist in den letzten Jahren eine Form von Materialismus in Mode gekommen, der ganz

---
[7] AaO S. 562 f.

B. Gott als Anfang?

und gar religionsfeindlich ist und sich über jede Idee von einem objektiven Zweck und Wert im Universum lustig macht. Gute Wissenschaftler wie Francis Crick, Carl Sagan, Stephen Hawking, Richard Dawkins, Jacques Monod und Peter Atkins haben Bücher publiziert, die religiösen Glauben offen ins Lächerliche ziehen, und beanspruchen dabei die Autorität ihrer wissenschaftlichen Arbeit für ihre Attacken. Ihre Behauptungen sind bedenklich deplatziert. Ihre eigentliche wissenschaftliche Arbeit hat keine besondere Relevanz für die Wahrheit oder Falschheit der meisten religiösen Behauptungen. Wenn sie sich wirklich auf das Feld der Philosophie verirren, ignorieren sie sowohl die Geschichte als auch die Vielfalt philosophischer Standpunkte und geben vor, daß materialistische Ansichten fast universal vertreten werden, während sie tatsächlich nur von einer ziemlich kleinen Minderheit unter Philosophen vertreten werden (‚Theologe' ist für sie natürlich nur ein Schimpfwort). Die Form von Materialismus, die sie sich zu eigen machen, setzt sich sehr scharfen kritischen Standardargumenten aus, vor allem in Hinblick auf ihre praktisch totale Unfähigkeit, den Tatsachen des Bewußtseins und dem Gewicht der Ideen von Wahrheit und Moral Rechnung zu tragen."[8] Keine Frage: Die Religionskritik dieser „neuen Materialisten" erreicht nicht im entferntesten die Tiefe ihrer klassischen Vorgänger.[9]

Recht und Unrecht der Religionskritik: Feuerbach – Marx – Freud

Auch Gottgläubige sollten zugeben: Die Religionskritik der für die europäische Moderne repräsentativen Atheisten Feuerbach, Marx und Freud war weithin berechtigt!
– Ludwig Feuerbach hatte durchaus recht: Zweifellos enthält Religion wie alles menschliche Glauben, Hoffen und Lieben ein Moment der *Projektion*. Aber hatte Feuerbach damit bewiesen, dass Religion *nur* Projektion ist? Nein, sie kann ja auch Beziehung zu einer ganz anderen Wirklichkeit sein.
– Auch Karl Marx hatte durchaus recht: Religion kann *Opium*, ein Mittel sozialer Beschwichtigung und Vertröstung, von Repression, sein und ist es oft. Sie kann es sein, muss aber nicht. Sie kann *auch* Mittel umfassender Aufklärung und sozialer Befreiung sein.
– Auch Sigmund Freud hatte durchaus recht: Religion kann *Illusion*, Ausdruck einer psychischen Unreife oder gar Neurose, von Regression, sein

---
[8] K. Ward, God, Chance & Necessity, Oxford 1996, S. 11 f.
[9] Vgl. H. Küng, Existiert Gott? (HKSW 9), Teil C: Die Herausforderung des Atheismus (S. 282–472).

und ist es oft. Aber wiederum: sie muss es nicht sein. Sie kann *vielmehr* Ausdruck personaler Identität und psychischer Reife sein.

Was ist von der immer wieder variierten *individual- oder sozialpsychologischen Argumentation für Religion als Projektion* zu halten? Sie fußt auf einem Postulat, das weder methodisch noch sachlich begründet ist: Feuerbachs Projektionstheorie, Marxens Opiumtheorie und Freuds Illusionstheorie vermochten nicht zu beweisen, dass Gott *nur* eine Projektion des Menschen oder *nur* eine interessenbedingte Vertröstung oder *nur* eine infantile Illusion sei. „Nur"-Sätzen oder „Nichts-als"-Sätzen ist darum (natürlich auch bei Theologen!) mit Misstrauen zu begegnen.

Denn: Dass der Gottesglaube psychologisch erklärt werden kann, ist durchaus zuzugeben. Psychologie oder nicht Psychologie ist hier eine falsche Alternative. Psychologisch gesehen weist der Gottesglaube immer Strukturen und Gehalte einer Projektion auf, steht er immer unter Projektionsverdacht. Aber das Faktum der Projektion entscheidet doch keineswegs darüber, ob das Objekt, auf das sie sich bezieht, existiert oder nicht existiert. Dem Wunsch nach Gott kann durchaus ein wirklicher Gott entsprechen. Und warum soll ich nicht wünschen dürfen, dass mit dem Tod nicht alles aus ist? Dass es einen tiefen Sinn in meinem Leben, in der Menschheitsgeschichte gibt, kurz, dass Gott existiert?

Tod Gottes? Nietzsche

Was ist zu halten von der immer wieder variierten *geschichts- oder kulturphilosophischen Argumentation für ein Ende der Religion*? Sie gründet auf einer letztlich nicht begründeten Extrapolation in die Zukunft: Weder die „Aufhebung der Religion" durch atheistischen Humanismus (Feuerbach) noch ihr „Absterben" durch atheistischen Sozialismus (Marx) noch ihre „Ablösung" durch atheistische Wissenschaft (Freud) erwiesen sich – global gesehen – als zutreffende Prognosen.

So ernst das Problem gerade des theoretischen wie praktischen Nihilismus auch heute zu nehmen ist: Selbst Friedrich Nietzsches Prognose vom Tode Gottes erwies sich – 100 Jahre später – als Fehlprognose! Wir sehen im Gegenteil:

- Statt einer „Aufhebung" der Religion durch atheistischen Humanismus, wie in Feuerbachs Projektionstheorie angekündigt, ersteht (trotz aller Säkularisierung) vielerorts ein neuer theoretischer wie praktischer Humanismus von religiösen Menschen. Der atheistisch-humanistische Glaube an die gute Menschennatur dagegen kam nach den Großverbrechen des 20. Jh. selber unter Projektionsverdacht.

B. Gott als Anfang?

- Statt eines „Absterbens" der Religion durch atheistischen Sozialismus, wie in Marxens Opiumtheorie proklamiert, kommt es vielfach zu einem neuen religiösen Erwachen auch in früher sozialistischen Ländern. Der atheistisch-materialistische Glaube an die heraufkommende sozialistische Gesellschaft dagegen erscheint heute nach der Implosion des Sowjetimperiums zahllosen Menschen als interessenbedingte Vertröstung, die Revolution als Opium des Volkes.
- Statt einer „Ablösung" der Religion durch atheistische Wissenschaft, wie in Freuds Illusionstheorie prophezeit, entsteht (trotz aller Religionsfeindlichkeit in bestimmten Sektoren der Wissenschaft) ein neues Verständnis für Ethik und Religion. Der atheistisch-szientistische Glaube an die Lösung aller Probleme durch rationale Wissenschaft dagegen ist angesichts der höchst ambivalenten Ergebnisse des technologischen Fortschritts heute selber für viele in die Nähe einer Illusion gerückt. Aber kann vielleicht gerade die Naturwissenschaft eine Alternative zum Atheismus anbieten?

Naturwissenschaft muss Gott aus dem Spiel lassen

Auch dies sollten Gottgläubige verstehen: Die moderne Wissenschaft musste und muss, wenn sie methodisch einwandfrei vorgehen will, Gott, der ja nicht wie andere Objekte empirisch konstatiert und analysiert werden kann, notwendigerweise unberücksichtigt lassen. Die Aussagen des Physikers beziehen sich allesamt auf den physikalischen Raum (Zeitraum, Energieraum), auf die in der Sprache der Mathematik formulierten Naturgesetze. Fragen nach Wechselwirkungen, die, wie manche meinen, außerhalb dieses Raumes liegen, genauer: außerhalb der physikalischen Messmöglichkeiten, können vom Physiker nicht sinnvoll beantwortet werden. Insofern ist das *Problem der Existenz Gottes keine physikalische Fragestellung*.

Doch Naturwissenschaftler sollten bedenken: Subjekt und Objekt, Methode und Gegenstand sind innerlich verflochten, und so sind die von der Naturwissenschaft erfassbaren Phänomene und die Wirklichkeit als ganze zu unterscheiden. Keine noch so sichere Methode, kein noch so adäquater Entwurf, keine noch so exakte Theorie darf absolut gesetzt werden. Perspektivität und Variabilität gerade auch der mathematisch-naturwissenschaftlichen Methoden erfordern, dass man sich ständig ihrer Grenzen hinsichtlich der je *größeren Gesamtwirklichkeit* bewusst bleibt. Gibt es nicht vielleicht doch Größen, Ereignisse und Wechselwirkungen in unserem Universum, die sich im physikalischen Raum nicht abbilden, die sich also der naturwissenschaftlichen Erkenntnismöglichkeit von vornherein entziehen?

Die Naturwissenschaft darf also, wenn sie ihrer Methode treu bleiben will, ihr *Urteil nicht über den Erfahrungshorizont hinaus ausweiten*. Weder die

Überheblichkeit eines skeptischen Nichtwissens noch die Arroganz eines Alles-besser-Wissens entspricht ihr. Können nicht Musiker, Dichter, Künstler, religiöse Menschen unter Umständen Wirklichkeiten erahnen, erspüren, hören, sehen und in ihren Werken ausdrücken, die den physikalischen Raum, den Energie- und Zeitraum sprengen? Ist etwa Mozarts Musik, zweifellos ein physikalisches Phänomen, mit Physik allein zu erfassen? Darf der Physiker in seiner Eigenschaft als Physiker über die Jupiter-Symphonie ein *letztes* Urteil fällen wollen?

Noch mehr gilt dies für die Frage nach einem absoluten Anfang, einem Ursprung, einem „*Urgrund von allem*" (Kant), nach einer möglichen umgreifenden allerersten-allerletzten Wirklichkeit, die Menschen mit dem – zugegebenermaßen ständig missbrauchten – Namen „Gott" bezeichnen und die nicht konstatierbar, nicht analysierbar und deshalb auch nicht manipulierbar ist. Sie muss methodisch in den Naturwissenschaften außer Betracht bleiben, gewiss. Doch zugleich stellt sich die Gegenfrage: Darf in Bezug auf die Wirklichkeit als ganze und auf den Menschen im besonderen die Frage nach ersten-letzten Sinngebungen und Maßstäben, Werten und Normen und damit überhaupt einer ersten-letzten Wirklichkeit von vornherein abgewiesen werden? Vom Menschen, ob Naturwissenschaftler, Philosoph oder Theologe, ist grundsätzlich Offenheit gegenüber der gesamten Wirklichkeit zu fordern. Und auch Wissenschaftstheoretiker (vgl. Kap. A,5) anerkennen heute über den Bereich der naturwissenschaftlichen Erkenntnis hinaus die umfassendere „meta-empirische" Frage nach den „Lebensproblemen" (Wittgenstein), der „Kosmologie" (K. Popper), der „Welt" (T. S. Kuhn).

Atheismus verständlich, aber nicht notwendig

Der Fall Galilei war ein Verhängnis, weil er nicht nötig gewesen wäre. Denn christliche Theologie und Kirche hätten nach den Vorstellungen der Naturwissenschaftler des 16. und 17. Jh. zu Bundesgenossen der neuen Wissenschaft werden können.[10] Auch vom biblischen Gottesglauben her war es grundsätzlich nicht notwendig, dass christliche Theologie und Kirche sich von vornherein in Opposition zu den Erkenntnissen der aufstrebenden Naturwissenschaft stellten. Man hätte frühzeitig biblisches Weltbild und biblische Botschaft unterscheiden können, wie Galilei und Descartes es wünschten und die Resultate der Naturwissenschaft und die Naturwissenschaftler selber es nahelegten. Durch ihr Versagen gegenüber der Naturwissenschaft

---

[10] Aufschlussreich die historische Erforschung der Glaubenshaltung der damaligen führenden Wissenschaftler durch L. Châtellier, Les espaces infinis et le silence de Dieu. Science et religion, XVIe–XIXe siècle, Paris 2003.

B. Gott als Anfang?

und neuen philosophischen und sozialpolitischen Entwicklungen aber haben Theologie und Kirche wesentlich dazu beigetragen, dass der *wissenschaftliche und der politische Atheismus* sich durchsetzen konnten: im 18. Jh. bei einzelnen Vorläufern, im 19. Jh. bei einer hohen Zahl von Gebildeten, im 20. und 21. Jh. schließlich auch bei breiten Bevölkerungsschichten in Ost und West.

Aber auch der „Fall Vernunft" war ein Verhängnis. Denn es wäre ebensowenig notwendig gewesen, dass die autonome Vernunft ihrerseits sich in Gestalt der modernen Naturwissenschaft oft so sehr verabsolutierte, dass für einen Glauben an Meta-Empirisches kein Platz mehr übrigblieb und der Gottesglaube praktisch weithin durch *Wissenschaftsglauben* ersetzt wurde. Von japanischen Buddhisten kann man etwa die Frage hören, warum denn die moderne Naturwissenschaft sich gerade auf dem Boden der jüdisch-christlichen Tradition entwickelt habe. Und man geht wohl nicht fehl in der Annahme, dies habe bei Descartes, Galilei und Newton auch etwas mit dem Schöpfungsglauben zu tun, der die Natur radikal entgöttlicht hatte, und mit der Auffassung von den zwei Büchern Gottes, dem Buch der Bibel und dem Buch der Natur, die beide ernst genommen werden sollten.

Wie auch immer: Heute erscheint, wie bereits erwähnt (Kap. A,7), für das Verhältnis von Naturwissenschaft und Theologie ein *Konfrontationsmodell überholt*, ob es nun von fundamentalistischen Gläubigen und Theologen oder von rationalistischen Naturwissenschaftlern und Philosophen vertreten wird. Doch gewiss erwartet man, dass ich nun auf die beiden eingangs (Kap. A,1) gestellten Grundfragen eingehe, die das Rätsel der Wirklichkeit ausmachen: zuerst auf die Frage nach den Anfangsbedingungen unseres Universums, anschließend auf die Frage nach dem Anfang überhaupt.

3. Woher die Naturkonstanten?

Machen wir uns die Arbeit nicht zu leicht! Naive Christen haben die Theorie von der „Singularität" („Urknall") herangezogen zum Beweis der Wahrheit einer Weltschöpfung. „Und Gott sprach: Es werde Licht. Und es ward Licht … Der erste Tag": Bei diesem plötzlichen Schöpfungsakt hören manche Bibelgläubige frohlockend den „Urknall" knallen. Das ist ein grundlegendes Missverständnis des schöpferischen Lichtwortes der Bibel, das nicht naturwissenschaftliche „Fakten" bieten will, wie wir noch sehen werden. Gründlich zu reflektieren aber, von Gläubigen wie Nichtgläubigen, ist zweifellos die mit dem Urknall verbundene Erkenntnis:

Ein Universum – endlich in Zeit und Raum

Wenn sich dieses Universum einem Zeitpunkt verdankt, dann ist es *endlich in der Zeit*, wie heute viele Naturwissenschaftler annehmen. Es gab unser Universum nicht immer und wird es vielleicht irgendwann nicht mehr geben. Der Kosmos hat also ein bestimmtes Alter, vermutlich 13,7 Milliarden Jahre, so die neuesten Messungen der 2001 vom Weltraumbahnhof Cape Canaveral gestarteten Sonde WMAP (*Wilkinson Microwave Anisotropy Probe*). Und es hat eine bestimmte Zukunft, über die man in der Astrophysik streitet. Nicht wenige Signale ferner Sterne und Galaxien, die schon Millionen und Milliarden von Jahren mit Lichtgeschwindigkeit unterwegs waren, konnte die Astrophysik entziffern.

Ist das Universum aber als offen oder als geschlossen zu betrachten, der Kosmos unendlich groß, oder hat er ein endliches Volumen? Ist er *endlich im Raum*? Auch das neue weltgrößte Teleskop in Arizona (LBT) – zwei riesige Spiegel mit Durchmesser von jeweils 8,4 Metern – wird zwar das Licht einer brennenden Kerze in 2,5 Millionen Kilometern nachweisen können, doch keine Grenzen des Universums. Die Frage nach dem richtigen Weltmodell ist wohl noch immer nicht endgültig beantwortet. Nach wie vor ist nicht eindeutig geklärt, ob die Expansion des Weltalls dauernd weitergeht oder einmal zum Stehen kommt und danach wieder in Kontraktion übergehen wird.

Nun hatten Vertreter des Dialektischen Materialismus schon früh aus Glaubensgründen Einsteins Weltmodell heftig als „idealistisch" verurteilt; es schien ihnen ihr Dogma von der Unendlichkeit und Ewigkeit der Materie nicht zu bestätigen. Ähnlich, aber in spiritualistischer Weise schon Giordano Bruno, der die Unendlichkeit des Universums behauptete, weil er es pantheisierend mit Gott identifizierte, und den die Inquisitionsbehörde (heute „Glaubenskongregation") im Jahre 1600 in Rom auf dem Campo de' Fiori verbrennen ließ, nachdem ihm – das sei auch nicht verschwiegen – der Senat der streng protestantischen Tübinger Universität die „licentia docendi" verweigert und den Ketzer von der Universität verwiesen hatte.[11]

Doch zurück in die Gegenwart: Als um die Mitte des 20. Jh. in apologetischen christlichen Schriften versucht wurde, den Zeitpunkt des Urknalls tatsächlich mit einer göttlichen Weltschöpfung zu identifizieren, haben auch nichtmarxistische Naturwissenschaftler (so berichtet der deutsche Astronom Otto Heckmann), „beunruhigt über diese theologischen Tendenzen, ihre kosmologische Quelle einfach zu verstopfen beschlossen: Sie schufen die

---

[11] Vgl. W. Jens – I. Jens, Eine deutsche Universität: 500 Jahre Tübinger Gelehrtenrepublik, München ⁶1993.

B. Gott als Anfang?

‚Steady State Cosmology', die Kosmologie des expandierenden, aber doch unveränderlichen Universums."[12]

Diese Theorie wurde vertreten vor allem von Fred Hoyle (Cambridge 1948/49), der 1950 in einem Radiovortrag das Wort „Big Bang" sozusagen als Schimpfwort erfunden hatte. Diese Theorie behauptet ein ewiges Universum im Gleichgewicht, das sich ohne zeitlichen Anfang und zeitliches Ende ausdehnt und bei dem durch fortwährende Materieerzeugung eine gleichbleibende Materiedichte vorliegt. Doch muss die Verdünnung der Materie infolge fortwährender Expansion ausgeglichen werden durch eine Spontanerzeugung von Materie. Dies widerspricht allerdings dem Zweiten Hauptsatz der Thermodynamik, dem Entropiesatz von der Nichtumkehrbarkeit physikalischer Vorgänge: Ohne Energiezufuhr, welche die Struktur erhält, strebt ein System immer in den Zustand höherer Unordnung (Beispiel: Blumenstrauß in einem abgeschlossenen Kasten).

Mich erinnert diese Theorie an die jahrhundertelangen vergeblichen Bemühungen von Naturwissenschaftlern, ein „Perpetuum mobile" zu konstruieren, eine „unentwegt bewegte" Maschine, die ohne Energiezufuhr dauernd weiterläuft, obwohl solches dem Energie- oder dem Entropiesatz, eben den beiden Hauptsätzen der Thermodynamik, widerspricht. Energie kann man nicht aus dem Nichts erzeugen, und mit Recht haben die Patentämter immer wieder selbst ausgeklügelte Geräte abgelehnt. Leichter tun sich Musiker mit dem Perpetuum mobile; Beispiele dafür die amüsanten Stücke mit diesem Titel von Paganini, Johann Strauss, C. M. v. Weber ... Nach der Entdeckung der Hintergrund-Strahlung und stets neuer Bestätigungen des Standard-Modells[13] gilt das Steady-State-Modell erst recht als widerlegt und wird heute bestenfalls von Außenseitern vertreten.

Doch auch die Urknall-Theorie wirft grundlegende Fragen auf, die bisher erst wenig befriedigende Antworten gefunden haben und die Naturwissenschaftler nicht mit einem Achselzucken abtun sollten. Sie betreffen neben dem Ende der Welt (worauf ich im Epilog zurückkomme) vor allem den Anfang der Welt.

Intellektuelle Hilflosigkeit angesichts der Ursprungsfrage

Dies gilt selbst für manche hochkarätige Physiker angesichts der Frage nach dem letzten Woher des Kosmos. So erklärt etwa der Nobelpreisträger für

---

[12] O. Heckmann, Sterne, Kosmos, Weltmodelle. Erlebte Astronomie, München 1976, S. 37.
[13] Neueste Bestätigung des Standardmodells: Auf dem Kongress der American Astronomical Society in San Diego im Januar 2005 haben zwei unabhängig voneinander arbeitende Forscherteams dargelegt, wie sie mit Teleskopen in New Mexico und in Australien

Physik 1986 Gert Binnig (bis 1995 Professor in München): „Vielleicht ist das Ganze so entstanden: Durch eine Reproduktion von irgendetwas (ich weiß noch nicht, was) ist überhaupt Vakuum entstanden oder der Raum. Mit diesem Raum sind auch die Eigenschaften des Raumes entstanden, z. B. seine Symmetrien. Und durch Reproduktion dieser Eigenschaften sind irgendwelche Energieformen entstanden, wie, das kann ich nicht sagen ..."[14]

Oder aber der amerikanische Elementarteilchenphysiker Steven Weinberg (geb. 1933, heute University of Texas in Austin), der 1979 mit zwei anderen Physikern den Nobelpreis für die vereinheitlichte Theorie der schwachen und elektromagnetischen Wechselwirkungen erhielt, in seinem höchst instruktiven Buch über „Die ersten drei Minuten. Der Ursprung des Universums"[15]: „Noch weniger begreift man, daß dieses gegenwärtige Universum sich aus einem Anfangszustand entwickelt hat, der sich jeder Beschreibung entzieht und seiner Auslöschung durch unendliche Kälte und unerträgliche Hitze entgegengeht. Je begreiflicher uns das Universum wird, um so sinnloser erscheint es auch. – Doch wenn die Früchte unserer Forschung uns keinen Trost spenden, finden wir zumindest eine gewisse Ermutigung in der Forschung selbst. Die Menschen sind nicht bereit, sich von Erzählungen über Götter und Riesen (der Edda-Sagen) trösten zu lassen, und sind nicht bereit, ihren Gedanken dort, wo sie über die Dinge des täglichen Lebens hinausgehen, eine Grenze zu ziehen. Damit nicht zufrieden, bauen sie Teleskope, Satelliten und Beschleuniger, verbringen sie endlose Stunden am Schreibtisch, um die Bedeutung der von ihnen gewonnenen Daten zu entschlüsseln. Das Bestreben, das Universum zu verstehen, hebt das menschliche Leben ein wenig über eine Farce hinaus und verleiht ihm einen Hauch von tragischer Würde."[16]

Spuren von Schallwellen festgestellt haben, die seit dem Urknall durch das Universum rollen (International Herald Tribune vom 13. Januar 2005).

[14] G. Binnig, Aus dem Nichts. Über die Kreativität von Natur und Mensch, München 1989, S. 75–77.

[15] Vgl. S. Weinberg, The First Three Minutes. A Modern View of the Origin of the Universe, New York 1977; dt.: Die ersten drei Minuten. Der Ursprung des Universums, München 1977. Merkwürdigerweise erwähnt Weinberg in seinem historischen Rückblick (Kap. VI) und in seiner Bibliographie zwar G. Gamov 1948, nicht aber den „Father of big bang cosmology" G. Lemaître 1927, der freilich das Frühstadium noch nicht wie Gamov mit der Entstehung der Elemente assoziiert. – Von S. Weinberg vgl. auch das wissenschaftliche Werk: Gravitation and Cosmology. Principles and Applications of the General Theory of Relativity, New York 1962. – Zur Problematik des Ursprungs weiter die ebenfalls allgemeinverständlichen Werke: H. v. Ditfurth, Im Anfang war der Wasserstoff, Hamburg 1972; O. Heckmann, Sterne, Kosmos, Weltmodelle. Erlebte Astronomie, München 1976; H. W. Woltersdorf, Die Schöpfung war ganz anders. Irrtum und Wende, Olten 1976.

[16] S. Weinberg, Die ersten drei Minuten, S. 207–213.

B. Gott als Anfang?

Also Forschung und Technologie, um über Sinnlosigkeit des Universums und Tragik des Menschenlebens hinwegzuhelfen? Da ist man versucht, solchen Physikern die viel diskutierte „*Wette*" („le pari") des genialen Physikers, Mathematikers und Philosophen Blaise Pascal vorzulegen, die nicht von Schwarzen Löchern und Weißen Zwergen oder von Göttern und Riesen handelt, sondern folgende fundamentale Alternative zur Wahl stellt: „Dieu est, ou il n'est pas, Gott ist – oder er ist nicht". Beide Möglichkeiten sind freilich ungewiss: „Die Vernunft kann hier nichts bestimmen ... Worauf wollen Sie setzen? Aus Gründen der Vernunft können Sie weder das eine noch das andere tun. Aus Gründen der Vernunft können Sie (aber auch) weder das eine noch das andere verbieten. Zeihen Sie also nicht die des Irrtums, die eine Wahl getroffen haben; denn darüber können Sie nichts wissen."[17] Das ist der entscheidende Punkt: Man muss wählen! Nicht-Wählen ist auch eine Wahl: „Il faut parier, man muß wetten; cela n'est pas volontaire, darin ist man nicht frei, vous êtes embarqué, Sie sind mit im Boot!"[18] Und wie stehen die Chancen? Aus der Natur der Alternative (unendliches, glückliches Leben oder das Nichts) und aus der Größe des Einsatzes (endlicher Einsatz für Unendliches) – überlegt man dies genau – stehen die Chancen von Unglauben und Glauben wie „Null zu Unendlich": Man verliert in jedem Fall nichts, wenn man an Gott glaubt, kann aber alles gewinnen.

Das Argument der „Wette" wäre missverstanden, wenn man darin einen neuen mathematisch orientierten Beweis für die Existenz Gottes sähe. Pascal hat zwar, angeregt von dem von ihm praktizierten Würfelspiel, die Wahrscheinlichkeitsrechnung mitbegründet, aber mit seiner Wette wollte er deutlich machen, dass in der Frage der Existenz oder Nichtexistenz Gottes nicht ein Urteil der reinen Vernunft gefragt, sondern eine *Entscheidung des ganzen Menschen* gefordert wird, die von der Vernunft nicht bewiesen, wohl aber vor der Vernunft verantwortet werden kann. Ein kalkulierbares Risiko also und eine ernste Angelegenheit: Der Mensch wende für diese grundlegende Entscheidung wenigstens so viel Sorgfalt auf, meint Pascal, wie für eine Entscheidung am Spieltisch oder überhaupt im Leben.

Einer der mehr als andere unter dem Problem des Atheismus litt, der „Antichrist" Friedrich Nietzsche, hat sich in seinen letzten Jahren deutlich gegen den selbstsicheren, optimistischen Atheismus „unserer Herren Naturforscher und Physiologen" gewandt, den er nur noch als schlechten „Spaß" empfinden könne: „ihnen fehlt die Leidenschaft in diesen Dingen, das *Leiden* an

---

[17] B. Pascal, Pensées 451. Ich zitiere nach der als Band 34 in der „Bibliothèque de la Pléiade" erschienenen kritischen Ausgabe von J. Chevalier.
[18] Ebd.

ihnen ... Man muß das Verhängnis an ... sich selbst erlebt, man muß an ihm fast zugrunde gegangen sein, um hier keinen Spaß zu verstehen."[19]

Woher die kosmischen Ordnungsprinzipien?

Die Astrophysik konzentriert sich zur Zeit vor allem auf zwei Themengebiete: auf die Entstehung der ersten Strukturen im Universum und auf die Suche nach extraterrestrischem, außerirdischem, und extrasolarem Leben, auf das Leben auf anderen Planeten. Ich konzentriere mich in diesem Kapitel auf das erste Themengebiet.

Wenn am Anfang nur ein Ur-Feuerball von kleinstem Umfang, aber größter Dichte und Temperatur da war – da stellt sich doch unweigerlich die Frage: Woher kam er? Und was war die Ursache der unvorstellbaren gigantischen Urexplosion? Woher die unermessliche Energie der kosmischen Expansion? Was bewirkte ihren ungeheuren Anfangsschwung?

Das ist das Grundrätsel der Wirklichkeit. Und ich bestimme zuerst genau die *Rahmenfrage* nach den *Anfangsbedingungen* des Universums (Kap. A.1): Was legte schon in der frühesten Phase die Bedingungen fest, die garantierten, dass noch nach 13,7 Milliarden Jahren das Universum die Eigenschaften haben würde, die wir heute beobachten: Woher also die *fundamentalen universellen Naturkonstanten*:
1. atomare Grundkonstanten wie die Elementarladung e, die Ruhemassen des Elektrons und der Bausteine (Quarks) der Protonen und Neutronen,
2. das Plancksche Wirkungsquantum h,
3. die Boltzmann-Konstante k,
4. auch abgeleitete atomare Konstanten und Größen wie die Lichtgeschwindigkeit c?

Irgendwann einmal wird man vielleicht die Feinabstimmung der kosmischen Grundkonstanten, dieser raffiniert ausbalancierten, nur annähernd symmetrischen Kräfte- und Energieverhältnisse, zu erklären vermögen. Doch bleibt die Frage: Woher die *Minimalstruktur schon beim Urknall?* Gewiss, das Standardmodell von einem inflationären Universum löst grundlegende Schwierigkeiten (was die Physiker das Horizont-, das Homogenitäts-, das Flachheits- und das Dunkle-Masse-Problem nennen). Aber muss dieses Inflationsmodell nicht doch die Gültigkeit, Richtigkeit fundamentaler Naturgesetze, ja, kosmischer Ordnungsprinzipien voraussetzen?

In einem gemeinsamen Tübinger Kolloquium von Theologen und Physikern 1994 formulierte mein Kollege aus der Physik Amand Fässler das Prob-

---
[19] F. Nietzsche, Antichrist. Fluch auf das Christentum (1888), in: Werke II, hrsg. v. K. Schlechta, 1169.

B. Gott als Anfang?

lem mathematisch: Wie genau war doch der kleine Überschuss der Materie gegenüber der Antimaterie „kalkuliert", wie präzis der *winzige Überschuss der Protonen gegenüber den Antiprotonen* $(1 + 10^{-9} = 1{,}000{.}000{.}001)$ „berechnet", ohne den es gar nicht zu einem Strahlungs- *und* Materieuniversum und zur verblüffenden Relation von 25 % Urhelium und 75 % Wasserstoff gekommen wäre! Und folglich auch nicht zur Bildung von Galaxien, Sternen und Planeten, die stabil genug waren für Leben in diesem Universum!

Doch auf die Grundfrage nach dem Woher der kosmischen Ordnungsprinzipien geben die Handbücher der Astrophysik keine Antwort; das ist verständlich. Weniger verständlich aber ist, dass sie solche Grundlagenfragen normalerweise nicht einmal andeuten. Die Handbücher beginnen, wenn man so will, mit dem zweiten Schöpfungstag – oder mit der ersten 100stel Sekunde nach dem Urknall. Ob noch gilt, was das amerikanische Nachrichtenmagazin „Time" nach Befragung bekanntester Astronomen der Vereinigten Staaten vor ein paar Jahren festgestellt hat? „Auf die letzte Frage, was ‚vor' dem Urknall existierte, bleiben die meisten modernen Wissenschaftler stumm."[20]

Doch Vorsicht: Soll das etwa ein Plädoyer für „Gott" am Anfang aller Dinge sein, nur weil es eine Erkenntnislücke gibt? Nein, kein Plädoyer für einen „Gott der Erkenntnislücken", von denen gewiss noch manche geschlossen werden. Wohl aber eine Einladung zum Nachdenken über die fundamentalen Voraussetzungen dieses Weltmodells überhaupt, die auch und gerade an die Physiker geht. Denn es zeigt sich hier ein merkwürdiges Phänomen:

Instinktive Opposition

In den letzten beiden Jahrzehnten ist die Frage, welche besonderen Charakteristika in der ersten Hundertstelsekunde – manche sprechen gar vom ersten milliardsten Teil der ersten Sekunde – gegeben waren, noch drängender geworden, und die Alternativen sind deutlicher hervorgetreten. Notwendig war ja eine vielfache *kosmische Feinabstimmung*:
- von *Energie und Masse*: Wäre die Masse nur etwas zu gering gewesen, hätte sich das Universum zu schnell ausgedehnt, und es wäre zu keiner Verdichtung von Materie und keiner Bildung von Sternen und Entstehung von Leben gekommen.

Umgekehrt: Wäre die Masse nur ein wenig zu viel gewesen, hätte sich das Universum fast sofort zusammengezogen;

---

[20] Time Magazine vom 27. Dezember 1976.

– von *nuklearen Kräften*: Wären die Nuklearkräfte schwächer gewesen, hätten sich die für Leben nötigen schweren Elemente (Kohlenstoff, Sauerstoff, Stickstoff) nicht gebildet, und das Universum bestünde nur aus Wasserstoff.

Umgekehrt: Wären die Nuklearkräfte auch nur ein wenig zu stark gewesen, gäbe es nur schwere Kerne und keinen Wasserstoff;
– von *Gravitationskraft und Energie durch Kernreaktion* in unserer Sonne: Wäre die Gravitationskraft etwas größer gewesen, hätten die Sterne nuklearen Brennstoff viel rascher ausgebrütet, ihre Lebensspanne wäre nur sehr kurz gewesen, und es hätte sich kein Leben bilden können.

Umgekehrt: Wäre die Gravitationskraft geringer gewesen, hätte die Materie kaum so gut zusammengehalten.

Die Eigenschaften des Kosmos – und eine Vielzahl weiterer Details der physikalischen Gesetze ließe sich anführen – sind offensichtlich so genau aufeinander abgestimmt, dass Leben überhaupt möglich ist, ja, auf unserem kleinen Planeten Menschen existieren können. Angesichts all dieser schon von Anfang an gegebenen Relationen, Konstanten und Gesetze müssten die Physiker, so scheint es, bezüglich des Ursprungs naheliegende gedankliche Konklusionen ziehen. Doch ein Nestor der amerikanischen Physik, der zusammen mit zwei Kollegen für die Entdeckung des Lasers 1964 den Nobelpreis erhielt, Charles Townes, legte neuerdings genau die obigen Feinabstimmungen mit ihren Alternativen dar, stellt dann aber – ungewöhnlich offen – bei Physikern eine „*instinktive Opposition*" fest: „Dennoch ist die wissenschaftliche Gemeinschaft im Allgemeinen instinktiv gegen („instinctively opposed") die Annahme, daß es jemals irgendeine derart einzigartige Periode oder Situation im Universum gegeben hat. Das erscheint zu willkürlich und zu unwahrscheinlich."[21]

Erstaunlich: Es geht hier offensichtlich nicht um rationale, wissenschaftliche Argumente, wie von Naturwissenschaftlern erwartet, sondern um ein – von ihnen sonst zumeist in der religiösen Sphäre vermutetes – „Gefühl": „Dieses Gefühl (feeling) führte zu einem beträchtlichen Aufwand, einen großen Bogen um die Besonderheit eines Urknalls und die Entstehungsphase zu machen. Da die Beweislage die Schlußfolgerung zwingend nahelegt, daß es tatsächlich eine Explosion gegeben hat, ist ein möglicher Weg, diese einzigartige Zeit zu umgehen, die Behauptung, daß das Universum schließlich durch die Anziehungskräfte der Gravitation zum Stillstand kommen und sich dann

---

[21] C. Townes, Warum sind wir hier? – Wohin gehen wir?, in: T. D. Wabbel (Hrsg.), Im Anfang, S. 29–44, Zit. S. 29 f.

B. Gott als Anfang?

zusammenziehen und wieder in sich zusammenstürzen wird. Obwohl sich das Universum wegen dieser Explosion ausdehnt, soll es wieder zu einem sehr kleinen Objekt werden. Es wird zu einer erneuten Explosion kommen und eine weitere expansive Phase ausgelöst werden, so daß unsere eigene Periode tatsächlich nicht einzigartig ist, sondern nur einer von vielen solchen Zyklen des Universums."[22] Eine interessante Idee wie das Perpetuum mobile, wie gesagt, aber leider ebenso unrealistisch.

Townes fügt denn auch sofort hinzu: „Gegenwärtig kennen wir keinen Mechanismus, der eine neue Explosion auslösen würde. Es gibt im Universum auch keine ausreichende Masse, um seine Expansion entsprechend zu verlangsamen und die darauf folgende Kontraktion herbeizuführen."[23]

4. Reaktionen auf die kosmische Feinabstimmung

Man kann Charles Townes dankbar sein, dass er ein sonst im physikalischen Diskurs meist tabuisiertes emotionales, „irrationales", „religiöses" Element offen anspricht. Ich möchte es genauer analysieren, indem ich zwei entgegengesetzte Reaktionen auf die kosmische Feinabstimmung umschreibe, bevor ich meine eigene Antwort entwickle: kosmologische Spekulation und kosmologische Demonstration.

Kosmologische Spekulation: alternative Universen

Was ist *Spekulation*? Das lateinische Wort „Speculatio" meint ein „Auskundschaften", „Betrachten". Es besaß in der Philosophie lange Zeit einen guten Klang. Meinte es doch ein Denken, das die unmittelbare Erfahrungswirklichkeit übersteigt und versucht, die letzten Grundlagen und Prinzipien aller Wirklichkeit zu erforschen. Den guten Klang verlor es, als das Übersteigen des Erfahrungsbezugs in der Folge des deutschen Idealismus in Verstiegenheit und Willkürlichkeit ausartete. „Spekulieren" meint seither oft abschätzig – wenn man vom „Spekulieren" an der Börse auf unsichere zukünftige Gewinne einmal absieht – über die erfahrbare Wirklichkeit hinausgehende Mutmaßungen, ein hypothetisches Ausdenken bloßer Möglichkeiten.

Man kann sich fragen, ob man vielleicht auch bestimmte kosmologische Hypothesen als schiere Spekulationen bezeichnen muss, ein *von der Empirie nicht gedecktes Ausdenken bloßer Möglichkeiten*. Wenn man zum Beispiel statt des von physikalischer Forschung des 20. Jh. überzeugend dargelegten

---
[22] AaO S. 30.
[23] Ebd.

Urknalls am Beginn unseres Universums *verschiedene separate „Urknalle"* annimmt: wenn man also vollständig unabhängige Raum-Zeit-Gebilde jenseits unseres Erfahrungshorizontes, *alternative Universen*, die vielleicht ganz anderen Gesetzen folgen, als real postuliert.[24]

Dabei halte auch ich es für möglich, dass sich unser reales Raum-Zeit-Gefüge sehr beträchtlich über unseren menschlichen Horizont hinaus ausdehnt. Schon das leider in Kürze aus dem Verkehr gezogene Weltraum-Teleskop „Hubble", das zum ersten Mal von der Erdatmosphäre ungestört gestochen scharfe Bilder von schwächeren Galaxien aus größeren Distanzen zeigte, brachte die Astrophysik um Lichtjahre voran. Was werden kommende Hubble-Generationen uns noch alles zu zeigen vermögen? Es gibt Argumente dafür, dass unser Universum sich mindestens 1000mal weiter erstreckt, als wir sehen können! Doch dies alles nenne ich nicht „Spekulation", sondern *„intra-kosmische" Kalkulationen und Reflexionen*, für die es eine breite empirische Basis gibt.

Anders verhält es sich mit *„extra-kosmischen" Spekulationen*, die ohne jegliche empirische Daten von unserem Universum völlig separate Raum-Zeit-Gefüge, also andere „Universen", ja, ein *„Multiversum"*, postulieren. Der spekulativen Phantasie sind bei den Viele-Welten-Theorien keine Grenzen gesetzt, und man hat die Qual der Wahl und die Wahl der Qual:

– Soll man mit Andrej Linde und Alexander Vilenkin eine unbeschränkte Ausdehnungsphase annehmen, in der viele Universen aus getrennten Urknallen in getrennte Universen oder Raum-Zeit-Gefüge hineinwachsen?
– Oder soll man mit Alan Guth, Edward Harrison und Lee Smolin vermuten, dass in einem Schwarzen Loch ein neues Universum entstehen kann, welches sich in ein neues Gebiet von Zeit und Raum erstreckt und uns nicht zugänglich ist?
– Oder soll man mit Lisa Randell und Raman Sandrum mutmaßen, dass andere Universen getrennt von uns in außerräumlichen Dimensionen existieren können und sich gegenseitig durch Gravitation beeinflussen oder auch nicht?

Der eingangs dieses Kapitels zitierte Sir Martin Rees, der sich als Schüler und Gesinnungsgenosse von Fred Hoyle in Cambridge intensiv mit dieser Thematik beschäftigt hat, referiert die genannten kosmologischen Versuche und möchte ihnen mit einer Nachprüfung eine „wissenschaftliche Perspektive" eröffnen.[25] Denn er ist sich bewusst, dass solche Vorstellungen von ande-

---

[24] Bisher gab es das Wort „Universum" bezeichnenderweise nur in der Einzahl. Statt des korrekten lateinischen Plurals „Universa" spricht man jetzt aber meist eingedeutscht von „Universen", analog zum englischen „universes".
[25] Vgl. M. Rees, Andere Universen – Eine wissenschaftliche Perspektive, S. 45–58.

B. Gott als Anfang?

ren Universen einen „spekulativen, theoretischen Hintergrund" haben und „bloß ein mathematisches Konstrukt" bleiben, solange sie nicht „auf ein Phänomen anwendbar sind, das wir beobachten können".[26] Und natürlich hat er recht, dass solche spekulative Theorien „nie einfach aus der Luft gegriffen sind". Selbst die wildesten Spekulationen etwa über Telekinese oder Telepathie müssen bekanntlich, wenn ihnen jemand glauben soll, irgendwelche realen Anhaltspunkte aufweisen. Erst recht natürlich Spekulationen über unser Universum als einer kleinen, aber fruchtbaren Oase inmitten eines riesigen „Multiversums".

Doch wie verhält es sich nun mit den „beobachtbaren Phänomenen", von denen aus Martin Rees auf die Realität verschiedener Universen schließen möchte?

Rückfrage: Unser Universum – eines unter vielen?

Nicht hilfreich erscheint mir der Vergleich des britischen Astronomen mit den Aussagen der Astrophysiker über das Innere der Sonne, die wir akzeptieren, obwohl wir nie ins Innere der Sonne gelangen können. Die Existenz der Sonne und ihre Wirkungen sind nun einmal höchst real und deshalb die Schlussfolgerungen empirisch begründet und völlig legitim. Die Existenz eines von unserem Universum getrennten Universums aber ist keine feststellbare oder bewiesene Realität, vielmehr eine pure Vermutung, für deren Realität es nicht den geringsten Beweis gibt. Mathematische Ästhetik kann bei solchen Extrapolationen die physikalische Wirklichkeit nicht ersetzen. Selbst der von der Nasa für das Jahr 2014 geplante Terrestrial Planet Finder mag zwar zu erdeähnlichen „Welten" führen, wird aber keinesfalls die unabsehbaren Grenzen unseres Universums überschreiten. Ebenso irreführend ist der Vergleich mit dem realen Atom und dem empirisch durchaus begründeten Schluss auf Quarks als „Bauelemente des Atoms". Auch die Berechtigung des Schlusses von unserem Universum auf andere „Universen" setzt einen solchen empirischen Anhalt voraus.

Angesichts solcher wenig hilfreicher Vergleiche ist verständlich, dass manche Physiker schon die Frage selbst „Was ist außerhalb des Universums?" als sinnlos ablehnen. Sie setze voraus, dass es ein „Außerhalb" des „Ganzen" überhaupt gäbe. Ähnlich unbeweisbar und sinnlos, spotten sie, wäre eine Behauptung wie die, außerhalb des Universums brüte ein Riesenhuhn ein anderes Universum in Eierform aus. Das eine wie das andere sei eine völlig beliebige Hypothese, die weder zu beweisen noch zu widerlegen und deshalb wissenschaftlich wertlos sei. Allerdings sollen nicht mehr als etwa 10 % der

---
[26] AaO S. 49.

Physiker eine Viele-Welten-Theorie vertreten, und ein so angesehener Physiker wie Steven Weinberg ließ wissen, er sei „zu beschäftigt, um sich mit Kram wie der Viele-Welten-Interpretation zu befassen"[27]. Freundlicher, aber nicht weniger deutlich der Göttinger Physiker Hubert Goenner zum „erkenntnistheoretisch suspekten Begriff Multiversum": „Der Nukleationsprozeß neuer Teil'kosmen' soll nach einer theoretischen Vorstellung andauernd weitergehen: ‚Eltern'-Kosmen bilden ‚Baby-Universen'. Allerdings könnte die Entstehung von solchen ‚Baby-Universen' von den Eltern nicht beobachtet werden, da kein Signal sie verlassen kann. Natürlich sind solche Szenarien denkbar und phantasievoll; aber wenn sie prinzipiell durch Messungen nicht überprüft werden können, gehören sie nicht zur naturwissenschaftlichen Kosmologie."[28]

Doch in allem Ernst: Ich wende mich *keineswegs prinzipiell gegen die Möglichkeit anderer Universen*. Grundsätzliche theologische Einwände gegen ein „Multiversum" sehe ich nicht. Denn: ein unendlicher Gott wird durch ein unendliches Universum oder auch durch mehrere Universen in seiner Unendlichkeit in keiner Weise begrenzt. Ich wende mich nur gegen rein spekulative physikalische Hypothesen, die mit mathematischen Kalkülen wissenschaftlich frisiert sind – zu vergleichen mit jenen Ökonomen in den USA, die mit viel theoretischem und mathematischem Aufwand Theorien der „new economics" entwickelt und mit gewaltiger Medienunterstützung propagiert hatten, als ob die Gesetze der klassischen Ökonomie nicht mehr gälten. Und wie viele Börsenspekulanten, Banken, Analysten haben daraufhin einem leichtgläubigen Publikum „goldene Berge" versprochen, die sich als Scheinprodukte einer spekulativen Bubble-Ökonomie mit Milliardenverlusten erwiesen haben! Also *Bubble-Physics aus Angst vor Meta-Physics?* Andrej Linde von der Stanford Universität etwa spekuliert über voneinander getrennte, ständig entstehende und vergehende kosmische „Bubbles", „Blasen"!

Man kann natürlich ein oder zwei, zwölf, tausend oder eine Milliarde anderer „Universen", „Zyklen", „Bereiche", „Quantenwelten" oder „Quantenfluktuationen" errechnen – sicherlich reizvolle mathematische Konstruktionen. Doch Martin Rees sagt zu Recht, dass eine „logische Beschreibung" anderer Universen nicht ausreicht, sie müsste „auf ein Phänomen anwendbar

---

[27] So zitiert ihn der britische Physiker D. Deutsch, dessen Argumente für die Existenz von Paralleluniversen eher vom Gegenteil überzeugen: Siehe SPIEGEL-Gespräch, Nr. 11/2005: „Die Welt ist bizarr".
[28] H. Goenner, Das Urknallbild des Kosmos: Beginnt die Zeit?, in: H. A. Müller (Hrsg.), Kosmologie. Fragen nach Evolution und Eschatologie der Welt, Göttingen 2004, S. 24–38, Zit. S. 34.

B. Gott als Anfang?

sein, das wir beobachten können".²⁹ Ob die angeführten Beispiele (kosmische Konstante, Schwarze Löcher) geeignet sind zur Überprüfung der Viele-Welten-Hypothese, muss ich kompetenten Fachgelehrten überlassen. Sie sollen ja Rees zufolge nur zeigen, dass einige hochspekulative Behauptungen über andere Universen überprüfbar sein „könnten" (!): „Um sie auf feste Grundlagen zu stellen, müssen wir auf eine fundamentale Theorie warten (!), die uns sagt, ob es statt nur eines Urknalls auch viele gegeben haben kann (!), und – wenn (!) dem so ist – welche Vielfalt sie hervorbringen könnten (!)."³⁰

Meine Ausrufungszeichen deuten an, dass da ständig im Konjunktiv, also in der Möglichkeitsform, geredet wird, hinter dem sich ein Dubitativ oder gar ein Irrealis verbirgt. Jedenfalls wird eine Hypothese nicht sicherer dadurch, dass man sie mit immer mehr Hypothesen abstützt. Ein Modell lässt sich beliebig ausweiten, wenn eine empirische Überprüfung von vornherein nicht möglich ist. Doch ein Kartenhaus wird durch immer mehr Karten nicht ausgebaut, sondern schließlich zum Einsturz gebracht. Und noch immer gilt der alte Satz der Logik: „A posse ad esse non valet illatio – der Schluss vom Sein-Können aufs Sein ist nicht gültig!" Kenner der Philosophiegeschichte wissen: Selbst von der berühmten Idee eines „vollkommenen" oder „absolut notwendigen" Wesens (Anselm von Canterburys und Descartes' „ontologischer" Gottesbeweis) lässt sich keinesfalls auf die Existenz eines solchen Wesens schließen. Und noch sehr viel weniger von der Idee eines unvollkommenen Universums auf die Existenz eines völlig anderen Universums ...³¹

Bei all dem fragt man sich, ob es nicht etwas einfacher und plausibler wäre, statt der Utopie „sich selbst reproduzierender Universen" auf der Linie von Fred Hoyle nachzuhängen, sich von der uralten Auffassung eines gerade *nicht sich selbst schaffenden Universums* herausfordern zu lassen?³² Kurz, ich möchte mir wünschen, dass sich die Physiker ohne „instinktive Oppositi-

---

²⁹ M. Rees, Andere Universen – Eine wissenschaftliche Perspektive, S. 49.
³⁰ AaO S. 57.
³¹ Die Scholastiker hatten als methodisches Prinzip gegen wilde Spekulationen entwickelt: „entia non sunt multiplicanda sine necessitate – Seiende sind nicht zu vermehren ohne Notwendigkeit". Und gerade die neue Physik – Quanten- und Relativitätstheorie – war ja erfolgreich, weil sie grundsätzlich nicht feststellbare Tatbestände oder Merkmale wie den Weltäther, die absolute Gleichzeitigkeit oder die exakte Position des Elektrons von ihrem Theoriebildungsprozess ausschloss. Gut begründete naturwissenschaftliche Theorien zeichnen sich immer – neben Rationalität, Einfachheit, Erklärungsgehalt – durch empirisch überprüfte Tatsachenkonformität und experimentellen Gehalt aus.
³² Vielleicht müsste ein Theologe doch die spekulativen Physiker mahnen, sich nicht in kosmologischen Hypothesen zu verlieren wie weiland die spekulativen Theologen der mittelalterlichen Spätscholastik, die zum Beispiel darüber diskutierten, wieviele Geistwesen (Engel) auf einer Nadelspitze Platz fänden.

on" und spekulative „Umwege" unvoreingenommen der realen Herausforderung des einen realen Urknalls stellten.

Erfreulicherweise kommt Martin Rees doch auf die Grundfrage zu sprechen und verwirft den „Zufall" als Erklärung „der vorsehungsähnlichen Physik, die zu Galaxien, Sternen, Planeten und den 92 Elementen der Periodentafel geführt hat". Dass „unser Universum sich aus einem einfachen Anfang entwickelt – *einem* Urknall –, für den ein ziemlich kurzes Rezept maßgeblich war. Aber dieses Rezept scheint ein sehr spezielles zu sein"[33] – dies lässt Rees mit kargen Worten auf „*Schöpfung*" als Erklärung kommen. Doch leider: Statt sich wissenschaftlich mit dem modernen Schöpfungsverständnis auseinanderzusetzen, übergeht er den Schöpfungsgedanken diskussionslos, um seine ganze Aufmerksamkeit der Hypothese eines „speziellen, zu einem Ensemble oder Multiversum gehörenden Universums"[34] zu schenken. Erneut ein Fall „instinktiver Opposition"? Vielleicht – darf ich mir diese Bemerkung als Ehrendoktor der Universität Cambridge gestatten? – gibt es wie eine „political correctness" auch so etwas wie eine „scientific correctness", die es in einer „scientific community" schwer macht, bestimmte Fragen ernsthaft zu behandeln, wiewohl sie auf der Hand liegen. Ob dagegen eine physikalische Beweisführung ankommen wird? Das erscheint mir fraglich. Aber prüfen wir die entgegengesetzte Reaktion auf die kosmische Feinabstimmung: Statt zu spekulieren und zu phantasieren wollen andere streng beweisen, demonstrieren.

Kosmologische Demonstration: ein Designer-Universum

Frank J. Tipler[35], Professor für mathematische Physik in New Orleans und Autor des Bestsellers „Eine Physik der Unsterblichkeit", hatte in den späten 1960er Jahren als Student zwei Seminare bei Steven Weinberg am Massachusetts Institute of Technology (MIT) besucht. Nach der Entdeckung der Mikrowellen-Hintergrundstrahlung standen kosmologische Modelle im Mittelpunkt der Diskussion. Tipler zufolge soll Weinberg zu seinen Studenten gesagt haben: „Von den beiden kosmologischen Modellen – der Urknalltheorie und der Steady-State-Theorie – favorisiere ich die letztere, weil sie dem Bericht in der Genesis am wenigsten ähnelt. Bedauerlicherweise wird diese Theorie durch die Entdeckung der kosmischen Hintergrundstrahlung widerlegt."[36] Offensichtlich ein Fall „instinktiver Opposition" ...

---

[33] M. Rees, Andere Universen – Eine wissenschaftliche Perspektive, S. 51.
[34] AaO S. 52.
[35] Vgl. F. J. Tipler, Ein Designer-Universum, in: T. D. Wabbel (Hrsg.), Im Anfang, S. 72–87.
[36] AaO S. 72.

B. Gott als Anfang?

Noch 30 Jahre später wundert sich Tipler darüber, dass ein Physiker und späterer Nobelpreisträger wie Weinberg damals bereit war, die Gültigkeit der Standardkernphysik, Allgemeine Relativitätstheorie und Quantenmechanik, in Frage zu stellen, nur um als bekennender Atheist die Erzählung des Buches Genesis vom Anfang von „Himmel und Erde" nicht akzeptieren zu müssen. Nun mag allerdings Weinbergs instinktives Sträuben angesichts des Genesis-Berichts nicht nur mit unaufgeklärter Religionskritik, persönlichen Erlebnissen oder seiner jüdischen Prägung zu tun haben, sondern vielleicht noch mehr mit voreiliger Instrumentalisierung der Urknall-Theorie durch fundamentalistische christliche Gläubige in USA zum Beweis, dass „die Bibel doch recht hat".

Frank Tipler freilich ist alles andere als ein bibelgläubiger Fundamentalist. Vielmehr ist er der Auffassung, „daß die einzige rationale Vorgehensweise darin besteht, die physikalischen Gesetze und ihre Folgen unabhängig von dem Bericht in der Genesis oder irgendeiner anderen heiligen Schrift zu akzeptieren. Ein etabliertes physikalisches Gesetz darf nur dann ignoriert werden, wenn ein Experiment zeigt, dass dieses Gesetz nur begrenzt anzuwenden ist. Ein physikalisches Gesetz sollte niemals nur wegen eines religiösen Einwands gegen die Folgen, die sich aus ihm ergeben, verworfen werden."[37] Ob er damit nicht recht hat?

Gegen kosmologische Spekulationen von Physikern, die ein ewiges chaotisch-inflationäres Universum oder alternative Universen postulieren, setzt Tipler somit entschlossen die *kosmologische Demonstration*: den strikt rationalen Beweis im mathematisch-naturwissenschaftlichen Sinn, der eine Zustimmung intellektuell erzwingen soll. Man kann ja zum Satz des Pythagoras oder zum Newtonschen Gravitationsgesetz als vernünftiger Mensch schlechterdings nicht nein sagen. Aber, nein auch nicht zu Gott?

Wenn wir die Folgen der bekannten physikalischen Gesetze akzeptieren, meint Tipler, so gelangen wir „zu einem verblüffenden Schluß": „Das Universum existiert seit einer begrenzten Zeit, darüber hinaus wurden das physikalische Universum und die Gesetze, die es regieren, von einer Einheit ins Leben gerufen, die diesen Gesetzen nicht unterliegt und außerhalb von Raum und Zeit liegt. Kurzum: Wir leben in einem Universum, das von GOTT geplant und erschaffen wurde!"[38] Ob Tipler auch damit recht hat?

Rückfrage: ein physikalischer Gottesbeweis?

Wie über die verschiedenen kosmologischen Spekulationen, so muss ich auch über Tiplers kosmologische Demonstration das Urteil den Fachgelehrten

---

[37] Ebd.
[38] AaO S. 73.

überlassen. Sie mögen entscheiden, ob Tipler tatsächlich rational zwingend bewiesen hat:
1. „daß die bekannten physikalischen Gesetze die Existenz der kosmologischen Singularität erfordern",
2. „daß diese tatsächlich alle Eigenschaften aufweist, die traditionell dem jüdisch-christlich-muslimischen Gott zugeschrieben werden."[39]

Ich gestehe freilich, dass mich das ganze Beweisverfahren für eine Anfangssingularität und einen Designer-Gott kaum zu überzeugen vermag. Misstrauisch macht mich allein schon, dass Tipler als ersten Hinweis auf eine Anfangssingularität die Singularitätstheoreme von Stephen Hawking und Roger Penrose (mit denen er zusammengearbeitet hat) benützt, obwohl gerade der Schwarze-Loch-Theoretiker Hawking zunächst behauptete, die Singularität beseitigt zu haben, dann aber seine Wette bezüglich Schwarzer Löcher verlor.[40]

Doch maße ich mir kein Urteil an über die einzelnen Beweisführungen Tiplers. Freilich teile ich den prinzipiellen *Vorbehalt vieler Physiker, dass kein physikalisches Gesetz die Existenz einer tatsächlichen Unendlichkeit implizieren kann.* Ich disqualifiziere dieses Argument nicht wie Tipler als „religiösen Einwand". Im Gegenteil: ich sehe darin eine Anwendung der Kantschen Grundeinsicht, dass die theoretische Vernunft außerhalb der raum-zeitlichen Erfahrung nicht mehr zuständig ist und sie folglich vom realen Endlichen keinesfalls zwingend auf ein reales Unendliches schließen kann.

Fragwürdige Grundmotivation

In einem entscheidenden Punkt freilich muss ich Frank Tipler recht geben: Kein Physiker sollte eine wissenschaftliche Theorie vorziehen, nur weil sie mit der eigenen atheistischen Überzeugung leichter vereinbar ist. Gerade weil ich entschieden gegen religiöse Motivationen zur Begründung naturwissen-

---

[39] Ebd.
[40] Ähnliche Hemmungen empfinde ich gegenüber dem sehr anregenden Buch des deutschen Physikochemikers Lothar Schäfer, Versteckte Wirklichkeit. Wie uns die Quantenphysik zur Transzendenz führt, Stuttgart 2004. Der Professor für Physikalische Chemie an der Universität von Arkansas schreibt der Quantenwelt „bewußtseinsähnliche Eigenschaften" zu, die aber „nicht mit psychischen Fähigkeiten verwechselt werden dürfen" (S. 61). Daraus schließt er auf ein von Anfang an gegebenes „Bewußtseinsprinzip im Universum", so dass „der Hintergrund der Wirklichkeit geistähnliche Eigenschaften" habe (S. 119). Allerdings setzt der Verfasser voraus, dass die Annahme einer solchen Transzendenz nicht streng bewiesen werden könne, sondern eine Angelegenheit von Vertrauen und Hoffnung sei (vgl. S. 152 f.).

B. Gott als Anfang?

schaftlicher Thesen eintrete, muss ich fordern: Nicht nur der christliche, jüdische oder islamische, *auch der atheistische „Glaube"*, vielleicht aus wissenschaftspolitischer „Correctness" gedankenlos übernommen, ist *rational zu hinterfragen*, wie ich dies in meiner differenzierenden Religionskritik getan habe.

Ich vermag nicht zu beurteilen, welche der zahlreichen Theorien (Steady-State-Theory[41], String-, Superstring- oder M-Theorie) vor allem mit dem Ziel entwickelt wurden, die kosmische Singularität als irrelevant aufzuzeigen, um so der *Herausforderung des Buches Genesis auszuweichen* und die Gottesfrage ignorieren zu können. Selbst über ein unserem aktuellen Universum vorausgegangenes „Proto-Universum" und eine „Vor-Urknall-Ära" spekuliert man, aber ohne alle Belege, wären doch seine Strukturen durch den uranfänglichen Feuerball ohnehin zerstört worden.

Eine große physikalische Theorie von einem völlig in sich geschlossenen Universum ohne Rand und ohne Grenze, ohne Anfang und ohne Ende: das postulierte ohne alle empirischen Belege – ich muss auf ihn zurückkommen – auch Stephen Hawking. Er gesteht offen: „Es würde einfach sein. Wo wäre dann noch Raum für einen Schöpfer?"[42] Und im Vorwort weist der amerikanische Physiker und Fernsehautor Carl Sagan (1934–96) auf das eigentliche Thema des Buches hin: die Abwesenheit Gottes. Doch wenn man Gott ersetzen will, kann das, worauf der deutsche Physiker Ernst Peter Fischer scharfsinnig hinweist, auch peinliche Folgen haben: Das „bezaubernde Mädchen", in das sich Hawking verliebt hatte, als die Diagnose seiner Nervenerkrankung kam, meinte bei der Trennung, ihren Stephen darauf aufmerksam machen zu müssen, „daß er nicht Gott sei".[43]

Es ist jedenfalls verwunderlich, wie Kosmologen sich mühen, in der Frage der Anfangsbedingungen des Kosmos mit komplizierten mathematischen Operationen elementare philosophische Sätze auszuhebeln wie etwa „Ex nihilo nihil fit – aus Nichts entsteht nichts". Da versuchen manche doch allen Ernstes, das Entstehungsproblem dadurch zu umgehen, dass sie ein Universum konstruieren, das als seine eigene Mutter fungiert! Die Selbsterzeugung

---

[41] F. Hoyle, Ten Faces of the Universe, San Francisco 1977, vertrat die Steady-State-Theory aufgrund seiner atheistischen Überzeugung noch lange, nachdem sie die meisten Fachkollegen bereits wieder aufgegeben hatten.
[42] S. Hawking, A Brief History of Time: From the Big Bang to Black Holes, Toronto 1988; dt.: Eine kurze Geschichte der Zeit. Die Suche nach der Urkraft des Universums, Reinbek 1988, S. 179.
[43] E. P. Fischer, Einstein, Hawking, Singh & Co. Bücher, die man kennen muß, München 2004, S. 28–35, Zit. S. 34.

des Universums: „it created itself" (Richard Gott – Li-Xin Li[44]). „How nice", möchte man da ausrufen. Angesichts der Selbstsicherheit, mit der solche Theorien vorgetragen werden, fühle ich mich an das Wort erinnert, das der russische Nobelpreisträger für Physik Lew Landau (1908–1968) gesagt haben soll: „Kosmologen irren sich oft, aber sie zweifeln nie."

Ein angesehener Teilnehmer des bereits erwähnten, von mir 1994 an der Universität Tübingen organisierten Kolloquiums von Physikern und Theologen, der Theoretische Physiker Herbert Pfister, beendete seine Abschiedsvorlesung an der Universität Tübingen am 14. Februar 2001 mit der These: „Die Theoretische Physik krankt derzeit an einem Übermaß von mathematisch-spekulativen Konstrukten und an einem Mangel an innovativen Gedankenexperimenten", wie sie Einstein, Bohr, Heisenberg machten. Sein Kommentar: „Heute dagegen verkünsteln sich ganze Heerscharen von sogenannten Physikern bereits mehr als 10 Jahre an z. B. 11- oder noch höher-dimensionalen Superstring-Theorien, an heterotischen M-Theorien oder Gruppen E8 × E8 und SO(32) usw., ohne daß sie bisher ein einziges prinzipiell testbares, geschweige denn erfolgreich getestetes Datum produziert haben."[45]

Zu zahlreich sind die Zeugnisse kompetenter Naturwissenschaftler von einer „instinktiven Opposition" oder einem beabsichtigten „Umweg" angesichts einer „Singularität", als dass man die Frage des Motivationshintergrundes kosmologischer Theorienbildung vernachlässigen dürfte. Und so muss ich denn schließlich nach der *Rahmenfrage* bezüglich der Anfangsbedingungen des Universums auf die *Kernfrage* nach dem Anfang überhaupt eingehen:

5. Warum gibt es nicht nichts?

John Archibald Wheeler (Princeton – ich erinnere mich gerne an seinen Besuch in Tübingen), der die Quantenmechanik aus Europa nach USA gebracht hatte, bringt das Problem auf die originelle Formel „It from Bit": Wie entsteht „it" (die Welt) aus einem Substrat von „bit" (Information)? Kein „information generating process" wurde bisher entdeckt. Ob ihn die Physik überhaupt je zu entdecken vermag? Oder deutlicher formuliert: Ob die Physik als die Lehre von den grundlegenden Strukturen und Veränderungspro-

---
[44] R. Gott – Li-Xin Li, Can the Universe create itself? In: Phys. Rev. D 58 (1998), 023501-2. Mit diesen Spekulationen setzt sich kritisch auseinander der Philosoph B. Kanitscheider, Kosmologie zwischen Mythos und Physik, in: H. A. Müller (Hrsg.), Kosmologie. Fragen nach Evolution und Eschatologie der Welt, Göttingen 2004, S. 153–168.
[45] H. Pfister, 40 Jahre Faszination Physik, in: Abschiedsvorlesung, Universität Tübingen, 14. Februar 2001.

B. Gott als Anfang? 313

zessen von Materie und Energie nicht überfordert ist, wenn sie mit ihren Mitteln, also mit Beobachtung, Experiment und Mathematik, sich an eine *Letztbegründung* der Wirklichkeit wagt? Ob nicht vielmehr eine Art von „Meta-Physik" gefordert ist, wenn die Empirie definitiv überschritten und die Frage nicht nur nach dem Sosein des Universums, sondern seinem Sein schlechthin gestellt werden soll? Oder will man noch immer die „Welträtsel" lösen, wie es manche Wissenschaft in ihrer „Sturm- und Drang-Phase" anzustreben versucht ist?

Lösung der Welträtsel?

„Die Welträtsel": Es war im 19. Jh. der Berliner Physiologe Emil Du Bois-Reymond, Erforscher der Elektrizität in tierischen Muskeln und Nerven, der zwar die Naturwissenschaften zum absoluten Organ der Kultur erhob, aber doch in intellektueller Bescheidenheit von sieben letzten Weltfragen sprach, die mit der Verfassung der Welt gegeben, aber vom Menschen nicht lösbar seien.[46] „Ignoramus et ignorabimus – Wir wissen es nicht und werden es nicht wissen", und er meint damit vor allem das Wesen von Materie und Energie und die Erklärung der einfachen Sinnesempfindungen. Zweifel aber („dubitemus") meldet er an auch an der letztendlichen Erklärbarkeit von: Ursprung der Bewegung, Entstehung des Lebens, Zweckmäßigkeit in der Natur, Herkunft des vernünftigen Denkens und der Sprache, Wirklichkeit der Willensfreiheit.

„Die Welträtsel": Es war dann der Zoologe und Naturphilosoph Ernst Haeckel (Jena), der, weniger bescheiden, in seinem an der Wende zum 20. Jh. veröffentlichten und in 15 Sprachen übersetzten Bestseller[47] diese letzten Grundfragen des Menschen im Sinn einer auf dem Darwinschen Entwicklungsgedanken begründeten monistischen Weltanschauung zu beantworten beanspruchte. Sein atheistisches Bekenntnisbuch, das die Entwicklung der Welt aus dem Urnebel bis herauf zu den geistigen Vorgängen materialistisch meint erklären zu können und den geistig-persönlichen Gott als „gasförmiges Wirbeltier" verabschiedet, mutet heute allerdings auch Naturwissenschaftler eher naiv an. Denn auch in der Naturwissenschaft hat die Stimmung bei manchen umgeschlagen: statt des früheren Fortschrittsenthusiasmus, der die Religion durch Wissenschaft meinte ersetzen zu können, heute

---

[46] Vgl. E. Du Bois-Reymond, Die sieben Welträtsel (In der Leibniz-Sitzung der Akademie der Wissenschaften am 8. Juli 1880 gehaltene Rede), in: Vorträge über Philosophie und Gesellschaft, hrsg. v. S. Wollgast, Hamburg 1974, S. 159–187; vgl. in derselben Ausgabe seinen Vortrag vom 14. August 1872: Über die Grenzen des Naturerkennens, S. 54–77.
[47] Vgl. E. Haeckel, Die Welträtsel. Gemeinverständliche Studien über Monistische Philosophie, Bonn 1899.

ein oft eher trostloses Bekenntnis zu Gott- und Sinnlosigkeit von Welt und Mensch.

Niemand bestreitet es: Die Naturwissenschaft hat im 20. Jh. triumphale Erfolge gefeiert und manche Welträtsel, die lange Zeit für unlösbar gehalten wurden, gelöst. Und doch: trotz aller phantastischer Erkenntnisfortschritte ist die *Rätselhaftigkeit der Welt* keinesfalls verschwunden – im Bereich des Allergrößten so wenig wie im Bereich des Allerkleinsten. Im Gegenteil hat es den Anschein: Je weiter der Mensch hinaus in den Weltraum vordringt und je tiefer hinein in die Materie, um so unanschaulicher, um so rätselhafter wird die Wirklichkeit:

– Ein rätselhafter *Makrokosmos*: Je mehr die Astrophysiker mit Hilfe gigantischer Teleskope vom Weltall erkennen, das neben der dreidimensionalen Wirklichkeit eine vierte Zeitdimension (und vielleicht noch andere Dimensionen) enthält, um so unvorstellbarer wird uns dieser (nach Einstein) unbegrenzte und doch endliche gekrümmte Zeit-Raum mit seinen immer rascher expandierenden Sternsystemen und den erst in neuester Zeit entdeckten äußerst seltsamen Objekten wie Pulsaren und Quasaren.

– Ein rätselhafter *Mikrokosmos*: Je mehr die Elementarteilchenphysiker mit Hilfe riesiger Teilchenbeschleuniger vom Atomkern erkennen, der ja wiederum aus Protonen und Neutronen zusammengesetzt ist, diese aber wiederum aus noch winzigeren Untereinheiten, den so genannten Quarks und Gluonen (= „Klebstoff") mitsamt den elektrodynamischen, schwachen und starken Kräften und der Schwerkraft, die ihrerseits vielleicht auch wieder gemeinsame Strukturen haben[48], um so weniger können wir uns vorstellen, was der Urstoff oder die Urkraft der Welt nun wirklich ist. Manch ein Naturwissenschaftler hat deshalb den Eindruck: Je mehr er vom Kosmos entdeckt, desto weniger versteht er ihn. Wer viel weiß, weiß auch, was er nicht weiß – zumindest wenn er weise ist.

Mit dem Wissen wächst auch das Nichtwissen

Neue Ergebnisse der Forschung werfen auch neue Fragen auf. Immer mehr wissen wir, und immer weniger scheinen wir das Ganze zu verstehen. Denn

---

[48] Es gelang 1968, die elektromagnetischen und die schwachen Kräfte in die elektroschwachen Kräfte zu vereinheitlichen, was zum Standardmodell der Elementarteilchenphysik gehört. Bisher nicht bestätigt wurde die große Vereinheitlichung, die elektroschwachen und die starken Kernkräfte als eine einzige Kraft zu erklären; diese zeigt sich erst bei sehr hohen Energien, bei kleinen Energien ist diese Einheit gebrochen. Bisher noch nicht gelungen ist es, eine konsistente mathematische Formulierung der Vereinheitlichung aller Kräfte mit Einschluss der Schwerkraft zu finden. Diese Information und manche andere wertvolle Anregung verdanke ich dem Theoretischen Physiker Professor Amand Fässler, Tübingen.

B. Gott als Anfang?

immer schwieriger wird es, sich ein kohärentes Bild vom Kosmos zu machen. Unendlich viel bleibt ungeklärt. Die *physikalische Wirklichkeit* ist weithin *unanschaulich*. Wie der faszinierende physikalische Makrokosmos, so lässt sich auch der nicht weniger faszinierende Mikrokosmos der subatomaren Teilchen nur noch unscharf mit unseren Begriffen darstellen. Makro- wie Mikrokosmos lassen sich letztlich *nur mit Bildern, Chiffren, Vergleichen, mit Modellen und mathematischen Formeln umschreiben*.

In der Tat: Wie soll ich mir die von der *Astrophysik* erforschte ungeheuer große Welt „vorstellen", in der Raumfahrer, falls es ihnen je gelänge, den Weg in die Mitte unserer eigenen Milchstraße und zurück zur Erde zu finden, selber in relativer Jugend eine Menschheit anträfen, die unterdessen rund 60 000 Jahre älter geworden ist? Und wie soll ich mir die von der *Elementarteilchenphysik* erforschten unglaublich kleinen Prozesse vorstellen – in der Größenordnung bis zu 10^{-15}cm = 1 billiardstel cm (1 Billiarde = 1 Million Milliarden!) und Geschwindigkeiten von 10^{-22}sec = 1 durch 10 Trilliarden sec (1 Trilliarde = 1 Million Billiarden!)? Da verlieren doch selbst Wörter wie „Teil" und „räumliche Ausdehnung" weithin ihre Bedeutung. Der Wirklichkeitsmodus der Kernbausteine, der Protonen und Neutronen, und erst recht der Quarks, ihrer Ups and Downs, ist völlig ungeklärt. Die mit ihnen verbundenen „Flavors" („Geschmäcker") oder „Farben" waren „in erster Linie spaßhaft gemeint", sagt der „Erfinder" der Quarks, der Nobelpreisträger Murray Gell-Mann, doch dienen „sie zugleich als eine Art Metapher".[49]

Gerade die allerneueste Technologie, die *Nanotechnologie*[50], ist ja in noch ganz andere Bereiche der Grenzerfahrung des Unvorstellbaren vorgedrungen. Ein Nanometer („Nano" – griech.: „der Zwerg") ist ein Milliardstel Millimeter = 10^{-9}. Das heißt, ein Meter verhält sich zu einem Nanometer wie der Durchmesser der Erde zu dem einer Haselnuss. Die Nanopartikel, mit denen die Nanotechnologie erfolgreich für neuartige chemische Prozesse (etwa als Additiv zum UV-Schutz in Lacken, Farben, Sonnenschutzcremes) arbeitet, sind meist 5–100 Nanometer (nm) groß; das ist etwa 5000mal kleiner als der Durchmesser eines menschlichen Haares. Unvorstellbar und doch real, diese Nano-Welt.

Auch viele Naturwissenschaftler sehen es so: Ihre Wissenschaft sitzt auf *Inseln des Wissens* und hat nur ein eingeschränktes Bild vom Kosmos. Nach den neuesten Messungen jener schon erwähnten Weltraumsonde WMAP, die

---

[49] M. Gell-Mann, The Quark and the Jaguar, New York 1994; dt.: Das Quark und der Jaguar. Vom Einfachen zum Komplexen – die Suche nach einer neuen Erklärung der Welt, München 1994, Kap. 13, Zit. S. 263.
[50] Vgl. W. Faul, Einblicke in die Zwergenwelt – Warum die Nanotechnologie im 21. Jh. eine Schlüsselfunktion hat, Radiovortrag in SWR2 am 24. Oktober 2004.

während vieler Monate das ganze Firmament abgescannt, die das Alter des Universums auf 13,7 Milliarden Jahre berechnet und so das Urknall-Rahmenmodell voll bestätigt hatte, steht fest: Wir *kennen nur 4 % des Weltalls*; nur so viel besteht aus gewöhnlicher, sichtbarer Materie (Sterne, Planeten, Monde)! Und der unbekannte „Rest" von 96 %? Er besteht aus

- 23 % *Dunkler Materie*, die örtlich gebunden als Gravitationskraft wirken soll, damit die Galaxien nicht auseinanderfliegen. Vermutlich eine gewaltige Masse unsichtbarer und unhörbarer Elementarteilchen, nach denen man seit langem in verschiedenen Forschungsteams fieberhaft sucht. Bezeichnet werden sie als WIMPs, zu deutsch „Feiglinge", doch gemeint sind „schwach wechsel-wirkende massive Teilchen" (*Weakly Interacting Massive Particles*).
- 73 % *Dunkler Energie* (nach Einstein „kosmologische Konstante"), nach der aber noch gefahndet wird. Sie soll als eine Art Gravitationsfeld wirken, damit – wie man zum großen Erstaunen der Physiker festgestellt hat – das Universum sich immer schneller ausdehnen kann. „Was diese Dunkle Energie wirklich ist und wie sie sich in die Gesamtstruktur des Kosmos (und auch unsere Physik) einpaßt, ist weitestgehend unverstanden."[51]

„Dunkle Materie", „Dunkle Energie": Der Großteil unseres Universums liegt also für die Physik – trotz der Suche im All und in den Tiefen der Erde (in stillgelegten Minen und Autobahntunneln) – noch immer buchstäblich im Dunkeln! Ob der 2007 im CERN in Genf in Betrieb gehende gigantische Teilchenbeschleuniger (*Large Hadron Collider*) die gesuchten „Neutralinos" produzieren wird, die man auf der Schattenseite des Kosmos bisher nicht gefunden hat?

Zu Beginn der modernen Naturwissenschaft hat der bereits erwähnte Blaise Pascal seinen Schrecken ausgedrückt angesichts des ewigen Schweigens der unendlichen Räume der Makrowelt. Könnte einen nicht auch der Schrecken befallen angesichts der Abgründe einer endlos kleinen Mikrowelt? Dies ist das Missverhältnis, in welchem der Mensch seit jeher steht, nach Pascal „la grandeur et misère de l'homme, Größe und Elend des Menschen": „Denn was schließlich ist der Mensch in der Natur? Ein Nichts gegenüber dem Unendlichen, ein All gegenüber dem Nichts, eine Mitte zwischen Nichts und All. Unendlich entfernt vom Begreifen der äußersten Grenzen, sind ihm das *Ziel aller Dinge und ihr Ursprung* unüberwindbar verborgen, in einem *undurchdringlichen Geheimnis*: gleich unfähig, das Nichts zu fassen, aus dem

---

[51] S. Hüttemeister, Der Aufbau des Kosmos: Seine Evolution und Eschatologie, in: H. A. Müller (Hrsg.), Kosmologie. Fragen nach Evolution und Eschatologie der Welt, Göttingen 2004, S. 5–23, Zit. S. 22.

B. Gott als Anfang?

er gehoben, wie das Unendliche, in das hinein er verschlungen ist. – Was kann er also tun, außer einen Schimmer von der Mitte der Dinge wahrnehmen, in ewiger Verzweiflung darüber, dass er weder ihren Ursprung noch ihr Ziel erkennt? Alle Dinge entstammen dem Nichts und reichen ins Unendliche. Wer kann diesen erstaunlichen Schritten folgen? Der Urheber dieser Wunder begreift sie. Kein anderer vermag es."[52]

Zu Recht spricht Pascal nicht nur von einem „Rätsel", das uns umgibt und man irgendwann ein für allemal lösen könnte. Von einem „secret impénétrable" spricht er, einem „undurchdringlichen Geheimnis", von dem sich bestenfalls in Bildern, Chiffren und Vergleichen reden lässt. Die Rätselhaftigkeit der Welt, die zugleich voll der Wunder ist, gründet in einem Geheimnis, dem man sich nur annähern kann. „Nur der Urheber dieser Wunder begreift sie." Was oder wer ist mit diesem „Urheber" („auteur") gemeint?

Annäherung an das Urgeheimnis

Es ist ein schwindelerregendes „Wunder" und erregt in uns Menschen doch keinerlei Schwindel, was sich da Stunde um Stunde abspielt: Mit etwa 1000 km pro Stunde, abhängig vom Breitengrad (zum Beispiel in Tübingen am 51. Breitengrad 1050 km/h), kreisen wir um unsere eigene Erdachse. Unsere Erde aber kreist mit über 100 000 km/h um die Sonne. Und unser ganzes Sonnensystem gleichzeitig mit 800 000 km/h um das Zentrum der Milchstraße. Das alles war nicht immer so und wird wohl auch nicht immer so bleiben. Eine großartige Illustration für die Nichtnotwendigkeit, die Kontingenz, die Instabilität und Relativität der Menschheit, unseres Planeten, eines Weltalls, das sich ausdehnt ... *Wohin*? Zumindest die Frage nach dem *Woher* müsste zu klären sein.

Ob uns Menschen, im Bewusstsein unserer prekären Lage im All und unseres höchst beschränkten Wissens, wenn wir an letzte Fragen des Wohin und Woher herantreten, nicht etwas intellektuelle Bescheidenheit geziemt, freilich auch keine falsche Scheu vor einer Entscheidung? Die wissenschaftstheoretische Diskussion (Kap. A,5) hat gezeigt: Während die Argumente der Physik, auf Beobachtung, Experiment und Mathematik aufgebaut, einen logisch zwingenden Charakter haben, können die philosophisch-theologischen Argumente für die Annahme einer metaempirischen Wirklichkeit bestenfalls eine Hinführung und Einladung sein. Das heißt: In diesen letzten Fragen herrscht *kein intellektueller Zwang, sondern Freiheit*.

Zugleich hat sich deutlich gezeigt: Das naturwissenschaftliche Instrumentarium versagt angesichts der Frage nach dem letzten Woher dieser rätselhaf-

---

[52] B. Pascal, Pensées 84.

ten Wirklichkeit. Die Ereignisse zum Zeitpunkt t = 0 sind der Physik grundsätzlich unzugänglich. Wissenschaftliche Methoden können auch mit ständig zunehmender Reichweite und Raffinesse nicht in Erfahrung bringen, was *vor* diesem Zeitpunkt war. Kosmische Spekulationen über alternative Universen, sahen wir, erwiesen sich als Hypothesen, die von der Empirie nicht gedeckt sind. Aber auch kosmische Demonstrationen zeigten sich nicht als überzeugender Weg.

Woher also letztlich die von Anfang an gegebenen universalen Naturkonstanten, oder – falls eine Vereinheitlichung der Kräfte erreicht wird – die eine Naturkonstante, woher das Universum überhaupt, das mit dem Big Bang seinen Anfang nahm? Es ist dies nicht nur die Frage nach einem Anfangsereignis, sondern die *Frage nach der Wirklichkeit überhaupt*: *Warum gibt es überhaupt etwas und nicht vielmehr nichts*? Dies ist nach dem großen Mathematiker und Philosophen Gottfried Wilhelm Leibniz die Grundfrage der Philosophie oder nach dem Philosophen Martin Heidegger das „Wunder aller Wunder": „Warum ist überhaupt Seiendes und nicht vielmehr Nichts?"[53] Ja, dies ist die *Ur-Frage* des Menschen, die der Naturwissenschaftler, der jenseits des Erfahrungshorizonts nicht mehr zuständig ist, nicht beantworten kann. Hier geht es nicht um einen Lückenbüßer-Gott („God of the Gaps"): Hier geht es nicht um eine „Lücke", sondern um den absoluten Anfang. Hier stößt der Mensch auf das *Urgeheimnis* der Wirklichkeit. Es ist die Frage nach der grundlegenden Beziehung der Welt zu einem möglichen *Urgrund, Urhalt, Urziel* dieser Wirklichkeit, die sich nicht nur für den Naturwissenschaftler, sondern für den Menschen als Menschen stellt.

Oft freilich verdecken Pseudogeheimnisse – irgendwann einmal von Theologen konstruiert oder von der Volksfrömmigkeit hervorgebracht, aber gerade für Naturwissenschaftler kaum akzeptabel („vererbte Sünde", „unbefleckte Empfängnis", biologische „Jungfrauengeburt", „zwei Naturen" in Christus, „das Geheimnis von Fatima") – den Zugang zum *wahren* Geheimnis. Ich meine das *Geheimnis im strengen Sinn*, das „Mysterium stricte dictum", das am äußersten Horizont unserer raum-zeitlichen Erfahrung als große Frage aufscheint, am Anfang wie am Ende, aber auch in der Mitte von Welt und Mensch: jenes Urgeheimnis der Wirklichkeit, das Juden, Christen, Muslime und Gläubige mancher anderer Religionen mit dem viel missverstandenen, viel missbrauchten Namen „*Gott*" bezeichnen.

„Gott" also der „auteur", „Urheber" von allem? Aber ist „Gott" mehr als eine fromme Hypothese, deren der Naturwissenschaftler nicht bedarf,

---

[53] M. Heidegger, Was ist Metaphysik? (Antrittsvorlesung Freiburg/Br. 1929), Nachwort zur 4. Auflage 1941, Einleitung zur 5. Auflage 1949, Frankfurt/M. [11]1975, S. 42.47.

B. Gott als Anfang?

wie Laplace, der „Newton Frankreichs", gegenüber Napoleon ausdrückte? Der Naturwissenschaftler untersucht als solcher sozusagen die „grammatikalische" Struktur der Wirklichkeit, aber zugleich stellt sich natürlich die Frage nach der „Sinnstruktur" der Wirklichkeit, den großen Sinn- und Deutungsfragen des Menschen.[54] Im Grunde steht gerade der Naturwissenschaftler vor der Alternative, angesichts dieser Fragen zu kapitulieren und Fragen nach Ursachen aufzugeben oder aber sich auf die Frage nach Gott einzulassen. Ich möchte dem Naturwissenschaftler empfehlen, Gott zumindest als Hypothese in Betracht zu ziehen.

Gott als Hypothese

Auf die Urfrage nach der Wirklichkeit einfach zu behaupten, da gebe es keine Antwort, ist eine dogmatische Ausflucht, die einem Abdanken der Vernunft gleichkommt. Der Naturwissenschaftler müsste hier – wenn schon nicht als Wissenschaftler, so doch als vernunftgeleiteter, verantwortlicher Mensch – weiterdenken, subtiler denken, wie etwa Werner Heisenberg dachte und es auch auszusprechen wagte: „Wenn jemand aus der unbezweifelbaren Tatsache, daß die Welt existiert, auf eine Ursache dieser Existenz schließen will, dann widerspricht diese Annahme unserer wissenschaftlichen Erkenntnis in keinem einzigen Punkt. Kein Wissenschaftler verfügt auch nur über ein einziges Argument oder irgendein Faktum, mit denen er einer solchen Annahme widersprechen könnte. Auch dann, wenn es sich dabei um eine Ursache handelt, die – wie sollte es anders sein – offensichtlich außerhalb dieser unserer dreidimensionalen Welt zu suchen ist."[55]

„Außerhalb" muss freilich präzisiert werden: Dass unser *Universum* wahrscheinlich *endlich* ist in Raum und Zeit, wie die große Mehrheit der Naturwissenschaftler heute annimmt, ist für unser Welt- und Selbstverständnis – auch philosophisch-theologisch gesehen – von nicht geringer Bedeutung. Es bestätigt uralte religiöse Überzeugungen von der Endlichkeit und Vergänglichkeit alles Geschaffenen, alles Seienden.

Aber sofort sei hinzugefügt: Selbst die Annahme eines *unendlichen Universums* würde den unendlichen Gott nicht automatisch aus dem Kosmos „verdrängen". Ein solches Universum wäre für den unendlichen Gott, der kein Lückenbüßer, sondern allumfassender und alles durchdringender reiner Geist ist, keine Beschränkung seiner Unendlichkeit, sondern deren Bestäti-

---

[54] Vgl. H. D. Mutschler, Physik – Religion – New Age, Würzburg 1990, S. 25 f.
[55] W. Heisenberg, Naturwissenschaftliche und religiöse Wahrheit (Rede, gehalten vor der Katholischen Akademie in Bayern bei der Entgegennahme des Guardini-Preises am 23. März 1973), in: Schritte über Grenzen. Gesammelte Reden und Aufsätze, 2. erweiterte Auflage, München 1973, S. 335–351, Zit. S. 349.

gung. Das heißt: Der *Gottesglaube ist mit verschiedenen Weltmodellen vereinbar*. Übrigens sind sowohl ein Anfang der Zeit als auch eine unendliche Dauer der Zeit nicht vorstellbar; beides befindet sich außerhalb unseres Erfahrungsbereichs.

In der Tat: *Wenn* Gott existierte, dann wäre die Kernfrage nach dem Anfang aller Dinge beantwortet, warum überhaupt etwas ist und nicht nichts. Beantwortet wäre auch die Rahmenfrage nach den kosmischen Grundkonstanten, die von allem Anfang an die Entwicklung des Universums bestimmen. Aber eben: existiert Gott, existiert er wirklich?

Gott als Wirklichkeit

Wie finde ich Zugang zum Urgeheimnis? Wie wird es mir gewiss, dass „Gott" nicht nur eine Hypothese, eine „Idee", sondern „Wirklichkeit" ist? Es ist bereits deutlich geworden: Nicht auf dem Boden reiner Theorie, sondern – im Prinzip hat Kant recht – auf dem Weg der gelebten und reflektierten Praxis sind auf die großen Grundfragen der Wirklichkeit Antworten zu suchen. Also nicht durch theoretische Operationen der reinen Vernunft. Allerdings auch nicht nur durch irrationale Gefühle oder pure Stimmungen. Vielmehr auf Grund einer vertrauenden, rational verantwortbaren Grundentscheidung und Grundeinstellung. Ich habe diese Vertrauenshaltung für mich immer mit Schwimmenlernen verglichen, das nicht durch Stehen am Ufer, Lesen eines Lehrbuches oder einen Trockenschwimmkurs erfolgt, sondern, vielleicht von anderen geholfen, durch das Wagnis, sich mit Haut und Haar auf das rätselhafte Wasser einzulassen, das nur den trägt, der sich ihm anvertraut und nicht steif verhält, sondern sich bewegt.

In einer solchen Vertrauenshaltung kann ich trotz aller Zweifel das – zunächst so selbstverständlich hingenommene, aber philosophisch öfter in Zweifel gezogene – *Wirklich-Sein der Wirklichkeit im Ganzen* erfahren, kann also die grundlegende Identität, Werthaftigkeit und Sinnhaftigkeit dessen, was ist, bejahen. Und in einer solchen rational verantwortbaren umfassenden Vertrauenshaltung kann ich auch das – noch mehr bezweifelte – *Wirklich-Sein Gottes*, eines Urgrundes von allem, was ist, annehmen, was sich auf mein ganzes Erleben, Verhalten und Handeln auswirkt.

Wer an der wissenschaftstheoretischen Diskussion (Kap. A,5–7) interessiert ist, wird jetzt präzisieren können: *Unmöglich* ist sowohl ein *induktiver Beweis als auch eine deduktive Ableitung Gottes* aus dieser erfahrenen Wirklichkeit von Welt und Mensch durch eine theoretische Vernunft, die Gottes Wirklichkeit in logischen Schlussfolgerungen demonstrieren möchte. Doch *nicht unmöglich* erscheint eine *hinführende Anleitung*, welche die einem jeden zugängliche Erfahrung der so sehr fraglichen Wirklichkeit auszuleuchten

B. Gott als Anfang?

versucht, um so – gleichsam auf der Linie der „praktischen Vernunft", besser: des „ganzen Menschen" – den denkenden und handelnden Menschen vor eine freie, jedoch rational verantwortbare Entscheidung zu stellen. Diese beansprucht – wie alles zutiefst menschliche Hoffen, Glauben und Lieben – über die reine Vernunft hinaus eine Offenheit des *ganzen Menschen*.

Will man ein Verifikationskriterium zur Anwendung bringen, so darf es nicht so eng sein wie das empiristische, das nur sinnlich Erfahrbares als wirklich *zulässt*. Doch darf es auch nicht so weit sein wie das rein hermeneutische, auf Grund dessen man oft unkritisch alles zu verstehen sucht. In Frage kommt nur ein *indirektes Verifikationskriterium*, das Gott an der erfahrenen Wirklichkeit von Mensch und Welt zu verifizieren versucht! Was die allgemein zugängliche Erfahrung der konkreten Wirklichkeit von Mensch und Welt bietet, kann gedanklich aufgeschlüsselt und sprachlich zum Ausdruck gebracht werden. Die Aussagen über Gott sollen im Erfahrungshorizont unseres Lebens und der grundlegenden existentiellen Fragen bewährt und bewahrheitet werden: nicht in zwingender Ableitung aus einer angeblich evidenten Erfahrung, die eine Entscheidung des Menschen erübrigen würde, wohl aber in *klärender Ausleuchtung der immer problematischen Erfahrung*, die zu einer freien Entscheidung des Menschen einlädt. Nur wenn die Rede von Gott durch die konkrete Erfahrung der Wirklichkeit von Mensch und Welt gedeckt ist, auf sie bezogen ist, mit ihr vermittelt ist, ist ihre Glaubwürdigkeit begründet.

Ein archimedischer Punkt

Die Fragen nach dem Ganzen und Urgeheimnis der Wirklichkeit sind keineswegs Fragen für Ahnungslose, Schwächlinge, „Hinterweltler" (Nietzsche), sondern gerade für informierte, engagierte Menschen. Nicht Ausflucht vor dem Handeln, sondern Anreiz zum Handeln. Die Unbeantwortbarkeit dieser großen Fragen macht für viele das Ungenügen an atheistischen Ideologien aus. Dagegen ist es meine Überzeugung: Das *Ja zu Gott* ermöglicht ein *radikal begründetes Grundvertrauen zur Wirklichkeit*. Denn wer Gott bejaht, weiß um den Urgrund, das Urgeheimnis der Wirklichkeit, weiß, warum er der Wirklichkeit von Welt und Mensch trotz aller Fraglichkeit im Grunde vertrauen kann. Mein Gott-Vertrauen als qualifiziertes, radikales Grundvertrauen vermag mir die Bedingung der Möglichkeit der fraglichen Wirklichkeit anzugeben. Insofern zeigt es eine radikale Rationalität, die sich vom ideologischen Rationalismus, der die Ratio verabsolutiert, klar unterscheidet.

„Gib mir einen Punkt, wo ich hintreten kann, und ich bewege die Erde", mit diesem Satz soll der geniale griechische Mathematiker Archimedes (285–

212 v. Chr.) das von ihm bewiesene Hebelgesetz veranschaulicht haben. Wer an Gott glaubt, hat keine automatische Antwort, mit der er alle großen Fragen des Menschenlebens und der Menschheitsgeschichte „aushebeln" kann. Doch besitzt er seinen „archimedischen Punkt": einen festen Standpunkt, von dem aus er die großen (und manchmal auch kleinen) Fragen angehen kann.

Ja, wenn Gott existiert, dann können zahllose existentielle Fragen zumindest im Prinzip beantwortet werden – wenn wir etwa an die noch umfassenderen Fragen Kants anknüpfen[56]:

Was können wir wissen? Nicht nur: Warum ist nicht nichts, woher das Universum und wofür? Sondern auch: Woher kommt der Mensch, und wohin geht er? Warum ist die Welt, wie sie ist? Was ist letzter Grund und Sinn aller Wirklichkeit?

Was sollen wir tun? Warum tun wir, was wir tun, und warum und wem sind wir letztlich verantwortlich? Was verdient unbedingt Verachtung, was Liebe? Was ist der Sinn von Treue und Freundschaft, aber auch von Leid und Schuld? Was ist für den Menschen entscheidendes Maß?

Was dürfen wir hoffen? Wozu sind wir auf Erden? Was soll das Ganze? Gibt es etwas, was uns in aller Nichtigkeit trägt, was uns nie verzweifeln lässt? Ein Beständiges in allem Wandel, ein Unbedingtes in allem Bedingten? Ein Absolutes trotz der überall erfahrenen Relativität? Was bleibt uns: der Tod, der am Ende alles sinnlos macht? Was soll uns Mut zum Leben und was Mut zum Sterben geben?

Meine in den folgenden Kapiteln weiter zu entfaltende Antwort also lautet: Wenn Gott *existiert*, dann gibt es eine grundsätzliche Antwort auf solche Fragen, dann lässt sich von der Tiefe her verstehen, warum wir sehr endliche Mangelwesen sind und doch Wesen von unendlicher Erwartung, Hoffnung und Sehnsucht. Dann lässt sich von Grund auf eine Antwort finden, woher letztlich die kosmischen Grundkonstanten, woher Materie und Energie, woher also Kosmos und Mensch sind. Doch gerade die Herkunft des Menschen muss im Spannungsfeld von Schöpfung und Evolution gesehen werden.

C. Weltschöpfung oder Evolution?

Die Menschheit läuft immer wieder Gefahr, sich selbst zu wichtig zu nehmen. Auf unserem unbedeutenden Stern, nur einem der Milliarden Sterne in unserer Milchstraße, die selbst nur eine Milchstraße unter Milliarden ist,

---

[56] Vgl. I. Kant, Kritik der reinen Vernunft, S. 677.

C. Weltschöpfung oder Evolution?

müssten wir uns jedoch klar machen: In der Weltgeschichte von 13,7 Milliarden Jahren gibt es seit etwa 4,5 Milliarden Jahren unseren Planeten Erde, schon seit etwa 3,5 Milliarden Jahren komplexe Lebensformen, aber erst vor etwa anderthalb Millionen Jahren zeigten sich die ersten Frühmenschen, Menschen mit aufrechtem Gang (homo erectus), und erst seit zweihunderttausend Jahren Menschen, die uns heutigen gleichen (homo sapiens). Der Kosmos existierte also fast die ganze Zeit ohne die Menschheit, er könnte selbstverständlich ohne diese Menschheit weiterexistieren, die in ihrer kurzen Geschichte sogar die Fähigkeit erlangte, sich selber zu vernichten. Doch ist es noch nicht sehr lange her, dass wir uns überhaupt der Tatsache bewusst geworden sind, dass die Menschheit Produkt einer langen kosmischen Entwicklung ist.

1. Der Anfang als Anfang eines Werdens

Im 19. Jh. lag der Gedanke der geschichtlichen Entwicklung von Welt und Menschheit in der Luft. In Deutschland hatte der Philosoph Georg Wilhelm Friedrich Hegel (1770–1831) ein gewaltiges enzyklopädisches System entwickelt[1]: Er sah die ganze Geschichte des Kosmos als eine Geschichte Gottes, des absoluten Geistes, in der Welt. Doch dieses geistesmonistische, von „oben" aufgebaute System wurde schon bald „aufgehoben" durch den Fortschritt einerseits der Geschichtswissenschaft und andererseits der Naturwissenschaft, die beide von „unten", von der Empirie, ausgingen. In der ersten Hälfte des 19. Jh. entwickelte sich die *moderne Biologie*, die Wissenschaft vom Lebendigen, die sich mit den Erscheinungsformen und Gesetzmäßigkeiten des Lebens (Mensch, Tier, Pflanze) befasst. Doch erst in der zweiten Hälfte des 19. Jh. trafen sich die beiden großen wissenschaftlichen Strömungen, die zuerst völlig getrennt gelaufen waren: Natur und Geschichte – so wurde damals erkannt – entwickelten sich in einem einzigen gewaltigen naturgeschichtlichen Prozess, der in riesigen Zeiträumen durch kleinste Schritte den ganzen Reichtum der Welt und die Fülle ihrer Lebewesen hervorgebracht hat. Der Gelehrte, der mit dem Erklärungsprinzip Evolution eine neue Sicht des Werdens von Welt und Mensch grundlegte, heißt Charles Darwin.

Evolution der biologischen Arten: Darwin

Als Arztsohn hatte Charles Darwin (1809–82) zuerst Medizin, dann Theologie studiert, um sich schließlich doch der Naturwissenschaft zuzuwenden.

---

[1] Vgl. H. Küng, Menschwerdung Gottes. Eine Einführung in Hegels theologisches Denken als Prolegomena zu einer künftigen Christologie (HKSW 7, S. 37–662).

Zum Wendepunkt seines Lebens wird eine fünfjährige Weltumsegelung mit dem Forschungsschiff „Beagle" (1831–36). Doch erst nach zahllosen Einzeluntersuchungen in den folgenden zwei Jahrzehnten publiziert er 1859 sein epochemachendes Werk „Über die Entstehung der Arten durch natürliche Zuchtwahl"[2]. Zunächst war Darwin vom aufgeklärten Naturtheologen William Paley (1743–1805) beeinflusst. Dieser sah in der Anpassung der Lebewesen an die jeweilige Umwelt einen Beweis für die Existenz Gottes als Konstrukteur der Natur, glaubte aber zugleich fest an die aus der Erfahrung anscheinend gesicherte Konstanz der Arten: Katzen bringen immer nur Katzen und Hunde immer nur Hunde hervor. Darwins revolutionäre Entwicklungstheorie aber stellt gerade diese Konstanz in Frage. Sie beruht auf zwei schon in früherer Forschung vorbereiteten, jetzt konsequent durchgedachten Grundeinsichten in das „Dass" und in das „Wie" der Evolution, die eines schöpferischen Eingriffs von außen nicht bedarf: Veränderung und Auswahl.

1. Veränderung: *Tier- und Pflanzenarten* können sich *verändern*; sie sind nicht, wie in der Bibel berichtet, unabhängig voneinander geschaffen. Sie sind folglich auch nicht, wie die Konstanztheorie annimmt, unveränderlich. Es lassen sich Artverwandtschaften und Artumwandlungen feststellen. Die Arten stammen, wie Untersuchungen sowohl in domestiziertem Zustand wie in freier Natur ergeben, von anderen Arten ab, die zwar meist schon erloschen, aber zum Teil noch in Fossilien bezeugt sind.

Wie es zu den erblichen Veränderungen (Mutationen) kommt, hat der österreichische Augustinermönch und Abt Gregor Mendel (1822–84) herausgefunden. Aufgrund von Kreuzungen und künstlichen Befruchtungen (13 000 Bastardpflanzen!) vermochte er die seither gültigen und nach ihm benannten Vererbungsgesetze zu formulieren. Doch erst durch die moderne Molekulargenetik wissen wir mehr über die Zusammensetzung des Erbguts: dass die Variabilität der Lebensformen hervorgebracht wird durch eine Rekombination von Genen und durch kleine Fehler beim „Kopieren" der Gene.

2. Auswahl: Durch den *Kampf ums Dasein* („the struggle for life") kommt es zu einer *natürlichen Auswahl* oder Zuchtwahl. Nur die Stärksten, Besten, Bestangepaßten überleben („the survival of the fittest"). Kleine, zufällige erbliche Unterschiede zwischen Lebewesen einer Art haben unterschiedliche Überlebens- und Vermehrungschancen zur Folge. Ihre Variationen werden nach den Gesetzen der Vererbung gesteigert und kumuliert. Die Schwächeren und weniger Angepassten aber werden „ausgemerzt". Dies ist das Lebensprinzip der Natur. In einer über Jahrmillionen sich erstreckenden Entwick-

---

[2] Vgl. C. Darwin, On the Origin of Species by Means of Natural Selection, London 1859; dt.: Über die Entstehung der Arten durch natürliche Zuchtwahl, Stuttgart 1860.

lungsgeschichte hat sie sich nach rein kausal-mechanistischen Gesetzen ohne alle vorgesetzten Zwecke und Ziele entwickelt: aus einfachen zu immer komplizierteren Formen, unterschiedlich in Form, Größe, Stärke, Farbe, Bewaffnung, Physiologie und Verhalten. Gelegentlich gehen isolierte Tierbestände ihren eigenen Entwicklungsgang, so dass sie sich nicht mehr mit den Angehörigen des Ausgangsbestandes fortpflanzen: Die Abstammungslinie hat sich damit in zwei Arten aufgeteilt.

Neben dem Entwicklungsphilosophen Herbert Spencer (1820–1903)[3] hatte Darwin vor allem der Pfarrer und später fortschrittskritische Nationalökonom Thomas R. Malthus (1766–1834) vorgearbeitet. In seinem „Essay on the Principles of Population"[4] hatte er die Theorie von der Diskrepanz zwischen Bevölkerungswachstum und Nahrungsmittelversorgung entwickelt, die zu Überbevölkerung und Massenelend führen müsse, wenn nicht Geburtenbeschränkung durch Enthaltsamkeit geübt werde: Infolge Nahrungsmangel komme es zum Kampf ums Dasein.

Variation plus Selektion ergibt Evolution: Diese Theorie wendet Darwin auf die gesamte Pflanzen- und Tierwelt an und entwickelt so seine Idee von der natürlichen Auslese. Was bedeutet dies für den Menschen?

Abstammung des Menschen aus dem Tierreich

Induktiv-empirisch aufgrund eigener Beobachtungen gelingt es Darwin, seine Entwicklungstheorie mit einer erdrückenden Fülle an biogeographischem, paläontologischem, embryologischem und morphologischem Material anschaulich und allgemein verständlich zu machen:
- Die *Biogeographie* zeigt, dass engverwandte Arten besonders häufig in benachbarten Regionen auftreten: weil sie von gemeinsamen Vorfahren abstammen.
- Die *Paläontologie* zeigt anhand von Fossilien, dass engverwandte Arten oft in benachbarten Schichten zu finden sind: da sie durch evolutionäre Abfolge miteinander verwandt sind.
- Die *Embryologie* zeigt bei sehr verschiedenen Tieren ähnliche Entwicklungsphasen: weil der Embryo das spätere Tier in einem noch weniger entwickelten Stadium ist und dieses die Gestalt seiner Ahnen verrät.
- Die *Morphologie* vermag die Tiere je nach anatomischen Gemeinsamkeiten und Unterschieden in Arten, Gattungen, Familien, Ordnungen und Reiche einzuteilen. Die neue Molekularbiologie bestätigt dies: Alle leben-

---

[3] Vgl. H. Spencer, The Principles of Psychology, London 1855; ders., First Principles, London 1862, als Bd. 1 von „A System of Synthetic Philosophy".
[4] Vgl. T. R. Malthus, An Essay on the Principles of Population, Bd. I–II, London 1798.

den Organismen enthalten zwei Formen eines besonderen Moleküls (DNS und RNS), die den Bauplan für alle Lebewesen fixieren.

Darwins Evolutionslehre vereinigte zum ersten Mal Botanik und Zoologie zur *Biologie*, zu einer Gesamtwissenschaft vom Leben, die zu erklären vermag,

wie im *Erdaltertum* aus den multizellulären Organismen zuerst wirbellose Tiere, dann Landpflanzen, schließlich Fische, Amphibien und Insekten entstanden;

wie sich im *Erdmittelalter* die Nadelhölzer, die ersten Vögel und die Dinosaurier (die dann wieder ausstarben) entwickelten;

wie in der *Erdneuzeit* die Säugetiere und die Blütenpflanzen zu dominieren begannen, wie sich in dieser Zeit der Homo erectus bildete, aus dem schließlich der Homo sapiens hervorging, der sich von Afrika aus über die ganze Erde verbreitete.

Die ganze Brisanz der Evolutionslehre zeigt sich natürlich durch ihre *Anwendung auf den Menschen*, die Darwin in seinem späten Werk „Die Abstammung des Menschen" (1871) darstellt.[5] Auch der Mensch ist nach Körperbau und embryonaler Entwicklung variabel. Er erweist sich als Abkömmling älterer und niederer Lebensformen und ist so ein natürliches Produkt der biologischen Evolution. Er hat sich im Vergleich zu diesen im Kampf ums Dasein schlechterdings besser bewährt. Durch diese Erkenntnis und durch seine universelle Erklärung der Entwicklung von der Urzelle bis zum Menschen war Darwin schließlich zum *„Kopernikus der Biologie"* geworden. Religiös wurde er, der den Tod seiner viel geliebten Tochter nie verwinden konnte, gegen Ende seines Lebens immer mehr zum Agnostiker.[6]

Und die Reaktion von Theologie und Kirche? Hatte man in den inzwischen vergangenen zwei Jahrhunderten vielleicht doch aus dem Fall Galilei gelernt?

2. Theologische Abwehr

Die Evolutions-Theorie wurde im 19. Jh. zu einem großen weltanschaulichen Reizthema und ist es für manche bis heute geblieben. Bekannt ist, wie kon-

---

[5] Vgl. C. Darwin, The Descent of Man and Selection in Relation of Sex, London 1871; dt.: Die Abstammung des Menschen und die geschlechtliche Zuchtwahl, Stuttgart 1871.
[6] Vgl. zum heutigen Verständnis von Darwins Lehre: E. Mayr, One Long Argument, Cambridge/Mass. 1991; dt.: ... und Darwin hat doch recht. Charles Darwin, seine Lehre und die moderne Evolutionsbiologie, München 1994; ders., Toward a New Philosophy of Biology, Cambridge/Mass. 1988; dt.: Eine neue Philosophie der Biologie, München 1991.

C. Weltschöpfung oder Evolution?

servative Christen, Theologen, Amtsträger in anglikanischer, katholischer und protestantischer Kirche gegen die neue, offensichtlich bibel- und traditionswidrige Lehre protestierten und agierten.

Anglikanische Verlegenheit

Der anglikanische Erzbischof James Ussher hatte im 17. Jh. aufgrund minutiöser Untersuchung der biblischen Chronologien das Datum der Weltschöpfung auf den 23. Oktober 4004 v. Chr. berechnet. Berühmt die Frage eines anderen anglikanischen Bischofs, Samuel Wilberforce, beim Treffen der British Association for the Advancement of Science 1860 an den Physiologen und Embryologen Thomas Huxley, der sich als „Darwins Bulldogge" verstand: ob er der Meinung sei, über Großvater oder Großmutter von den Affen abzustammen. Noch berühmter Huxleys Antwort: Er habe lieber einen Affen zum Vorfahren als einen Bischof, nicht willens, der Wahrheit ins Gesicht zu sehen.

Hauptargument gegen Darwins Evolutionslehre damals und oft noch heute: Angesichts dieser alles revolutionierenden Entwicklungstheorie dürfe man doch nicht über die schwerwiegenden *Konsequenzen für Glauben und Sitten*, ja für die Religion überhaupt, hinwegsehen. Wird die Schöpfung nicht entzaubert zu einem Prozess ohne Zweck, Ziel und Sinn? Wird der Mensch als Krone der Schöpfung nicht entthront, statt Gott dem Affen ebenbildlich? Wird nicht auch die Ethik untergraben: statt Mitmenschlichkeit Kampf ums Überleben mit allen Mitteln? Wird bei alledem Gott nicht völlig überflüssig: Hat er in dieser Welt und ihrer Evolution überhaupt noch einen Platz?

Ähnlich wie schon angesichts der neuen Erkenntnisse aus Physik und Astronomie identifiziert man erneut, lernunfähig, die biblische Botschaft mit einer bestimmten naturwissenschaftlichen Theorie. Trotzig kämpfen Darwins Gegner vom angeblich sicheren Felsen eines biblischen und traditionellen Glaubens aus gegen die anbrandenden Wogen des verderblichen „Evolutionismus" – für einen mit Bibel und Tradition übereinstimmenden „Fixismus". Die Waffen waren in der anglikanischen und in den anderen Kirchen dieselben wie schon gegen Galilei: Bücher, Pamphlete, Artikel, Karikaturen und natürlich Predigten und Religionsunterricht.

Ein zweiter Fall Galilei für die katholische Kirche

Die Behandlung des Falles Darwin gerade in der katholischen Kirche war ebenso symptomatisch wie die des Falles Galilei. Bereits 1860, ein Jahr nach Erscheinen von Darwins epochemachendem Werk über die „Entstehung der Arten", im Jahr der deutschen Übersetzung, stellte sich der deutsche Episkopat im Partikularkonzil von Köln offiziell gegen die Evolutionstheorie mit der Erklärung: Die Entstehung des Menschenleibes durch Evolution aus höheren Tierarten stehe im Widerspruch zur Heiligen Schrift und müsse als unvereinbar mit der katholischen Glaubenslehre zurückgewiesen werden.[7] Der Großteil der katholischen Theologen und später auch das römische Lehramt verfochten die gleiche Linie. Insofern war es verständlich, dass der bedeutendste Gefolgsmann Darwins in Deutschland, Ernst Haeckel, 1866 den beiden Bänden seiner großen „Generellen Morphologie der Organismen" die angebliche Trotzantwort Galileis „E pur si muove!" als Motto auf dem Titelblatt voranstellte.[8] 1870 Definition von päpstlichem Primat und Unfehlbarkeit durch das Erste Vatikanische Konzil, 1871 Darwins „Abstammung des Menschen": Drastischer könnte Roms Zurückgebliebensein im mittelalterlich-antimodernen Paradigma nicht demonstriert werden!

Im römischen Katholizismus kommt es in den folgenden Jahrzehnten statt zu einer ernsthaften wissenschaftlichen Auseinandersetzung mit den aufgebrochenen, völlig neuen Problemen zu vielen Aktionen der Repression und Inquisition. Unter Papst Pius X. (1903–14) werden theologische Abweichler eingeschüchtert, als „Modernisten" diskriminiert, zum Zurückziehen ihrer Bücher gezwungen, gar abgesetzt und zum Schweigen gebracht.

Nur gezwungenermaßen weicht Rom gegen die Mitte des 20. Jh. der zunehmend erdrückenden Macht wissenschaftlicher Ergebnisse und Erklärungen. Noch 1941, beinahe ein Jahrhundert nach der Veröffentlichung von Darwins „Entstehung der Arten", behauptet Papst Pius XII. in einer Ansprache an die Mitglieder der Päpstlichen Akademie der Wissenschaften, der Ursprung des Menschenlebens aus tierischen Vorfahren sei völlig unbewiesen, und – man zieht unwillkürlich die Parallele zur Enzyklika Pauls VI. „Humanae vitae" zur Geburtenregelung (1968) – weitere Untersuchungen müssten abgewartet werden.[9] Erst 1950 in der (auf der ganzen Linie reaktionären) Enzyklika „Humani generis" gegen die „Zeitirrtümer" gesteht Pius XII., mit vielen Warnungen gespickt, widerstrebend gnädig zu, das noch immer völlig

---

[7] Kölner Partikularkonzil von 1860, in: Collectio Lacensis V, 292; vgl. später die Antwort der päpstlichen Bibelkommission von 1909 über den historischen Charakter der Genesis: „peculiaris creatio hominis" (Denzingers Enchiridion 2123) sowie Lehrverfahren gegen einzelne Theologen (alle im Vatikan hierzu akribisch gesammelten Akten bisher leider unveröffentlicht).
[8] Vgl. E. Haeckel, Generelle Morphologie der Organismen. Allgemeine Grundzüge der organischen Formen-Wissenschaft, mechanisch begründet durch die von Charles Darwin reformierte Deszendenz-Theorie, Bd. I–II, Berlin 1866.
[9] Pius XII., Allocutio ineunte anno Pontificiae Academiae Scientiarum vom 30. November 1941 (Denzingers Enchiridion 2285). Dieser für das heutige Lehramt unbequeme Text wird wie andere in neuen Ausgaben des Denzinger unterdrückt, weswegen ich die „klassische" (aus der Zeit Pius XII. stammende) Ausgabe zitiere.

C. Weltschöpfung oder Evolution? 329

ungeklärte Problem einer Evolution des Menschenleibes dürfe naturwissenschaftlich und theologisch weiter untersucht werden – unter Bedingungen natürlich. Denn: Festzuhalten sei an der unmittelbaren Erschaffung der Menschenseele durch Gott und am Ursprung des gesamten Menschengeschlechts aus einem einzigen Menschenpaar (Monogenismus). Im übrigen sei in jedem Fall dem Urteil des kirchlichen Lehramtes zu folgen.[10] Wenige Wochen später, am 1. November 1950, verkündet der Papst feierlich das nicht nur Naturwissenschaftlern unverständliche – weder in der Bibel noch in den ersten christlichen Jahrhunderten bezeugte – „unfehlbare" Dogma von der leiblichen Aufnahme Mariens in den Himmel! Welche unbarmherzige Theologen-Säuberung derselbe damals sehr bewunderte Pius XII. zur gleichen Zeit durchführte, habe ich in meinen Memoiren beschrieben.[11] Von Teilhard de Chardin wird in diesem Zusammenhang noch die Rede sein.

Protestantischer Kreationismus

Wie sich die römische Kurie im Lauf der Geschichte immer wieder öffentlich und noch mehr im geheimen Ketzerprozesse leistete, so auch der besonders in den amerikanischen Südstaaten verbreitete *protestantische Fundamentalismus*. Betroffen waren vor allem Professoren in theologischen Ausbildungsstätten, aber auch Lehrer in kirchlichen oder staatlichen Schulen. Berühmtestes Beispiel: der „*Affenprozeß*" über die Evolutionslehre in Dayton (Tennessee), den amerikanische Fundamentalisten 1925 vom Zaun brechen: Der Biologielehrer J. T. Scopes wird verurteilt, weil er getreu nach Darwin die Abstammung des Menschen aus dem Tierreich vertritt. Doch als der US-Staat Arkansas 1981 durch Gesetz den „Kreationismus" erneut in den Schulen einführt, wird dieses Gesetz in einem zweiten „Affenprozeß" aufgehoben. Ein ähnlicher Gesetzesentwurf in Louisiana scheitert 1987 vor dem Obersten Gericht der USA.

Zwar setzen sich nun immer mehr Theologen für die Entwicklungstheorie ein. Unter den Gegnern aber gesellen sich seit Beginn des 20. Jh. zu den römisch-katholischen Integralisten verstärkt auch diese protestantischen Fundamentalisten, die zwar gegen die Unfehlbarkeit des Heiligen Vaters, aber für die der Heiligen Schrift sind. Sind doch auch sie der Meinung, dass das Weltbild der modernen Naturwissenschaft in wichtigen Teilen dem Weltbild der Bibel widerspreche und deshalb abzulehnen sei: Der Mensch, er-

---

[10] Ders., Litterae Encyclicae „Humani generis" vom 12. August 1950 (Denzingers Enchiridion 2327).
[11] Vgl. H. Küng, Erkämpfte Freiheit. Erinnerungen, München 2002, TB-Ausgabe 2004 (Serie Piper 4135), Kap. III: Durchbruch zur Gewissensfreiheit.

schaffen als Ebenbild Gottes, dann gefallen und mit der Erbsünde behaftet – das war das traditionelle christliche Menschenbild. Nach der neuen Lehre aber wäre ja am Anfang nur noch ein vom Affen abstammendes primitives Wesen vorhanden, das den einen wahren Gott gar nicht kannte und zu einer Ur- und Erbsünde gar nicht fähig war. Da musste man, defensiv und offensiv zugleich, die Irrtumslosigkeit („Inerranz") der Bibel gegen die Bedrohung durch die moderne Naturwissenschaft, Philosophie und historische Bibelkritik in Schutz nehmen.

Bis heute lehnen *Fundamentalisten* – protestantischer, römisch-katholischer oder jüdischer Herkunft – die wissenschaftlichen Entstehungs- und Entwicklungsvorstellungen ab: Sie seien nicht verifizierbar, unbeweisbar; in der Evolutionskette würden Übergangsglieder fehlen („missing links"). Ebenso strikt verwerfen sie die moderne historisch-kritische Bibelexegese: Mose als Autor der sogenannten „Fünf Bücher Moses" dürfe nicht in Frage gestellt werden; das Gotteswort der Bibel dürfe nicht in verschiedene Quellenschichten aufgelöst werden. Manche dieser Fundamentalisten glauben noch immer an jenen aufgrund der biblischen Genealogien ausgerechneten Schöpfungszeitpunkt im Jahr 4004 v. Chr.; bestenfalls erstrecke sich das Alter von Erde und Weltall auf einige 10 000 Jahre.

Wie sich die römische Inquisitionsbehörde mit Prozessen gegen Galilei und viele andere selber desavouiert hat, so auch die protestantischen Vertreter der Lehre vom „*Kreationismus*" – der Erschaffung (lat. *creatio*) des Menschen unmittelbar durch Gott. Angesichts des gemeinsamen Widerstandes von Fundamentalisten verschiedener Religionen erstaunt es nicht, dass der Fall Darwin noch im 21. Jh. nicht erledigt ist. In 31 von 50 US-Bundesstaaten gibt es noch heute juristischen Streit, wie man in den Schulen die Entwicklungsgeschichte lehren solle. Ein „Affenprozeß" ohne Ende. Nach einer Gallup-Umfrage im Februar 2001 stimmen rund 45 % der erwachsenen Amerikaner der Aussage zu: „Gott hat die Menschen weitgehend in ihrer heutigen Gestalt innerhalb der vergangenen etwa 10 000 Jahre erschaffen." Was aber ist sehr viel wirkungsvoller als alle Prozesse, Vorschriften und Verbote? „Vielleicht die heimtückischste Wirkung der Kampagne gegen die Evolution war das Vermeiden des Themas durch Lehrer, die, was auch immer ihre Überzeugungen sind, Ärger mit fundamentalistischen Eltern vermeiden wollen. Neue Umfragen bei ‚high school biology teachers' haben festgestellt, daß dies allgemein gilt für Lehrer quer durch die Vereinigten Staaten."[12]

---

[12] S. Jacoby, How U. S. fundamentalism survived, in: International Herald Tribune vom 20. Januar 2005.

C. Weltschöpfung oder Evolution?

Nur „amerikanische Naivität"? Weit gefehlt! Nach einer Umfrage des Schweizerischen Meinungsforschungsinstituts IHA-Gfk vom November 2002 sind auch im gesamten deutschsprachigen Raum rund 20 Millionen Menschen der Ansicht, dass an Darwins Evolutionstheorie kein Wort wahr sei. Der Hintergrund: Millionen Amerikaner und offensichtlich auch Europäer haben anscheinend weder im Biologieunterricht noch in einem Buch eine seriöse Darstellung der Evolutionstheorie zu Gesicht bekommen.[13]

Unterdessen hatte sich die Theologie freilich von der unmittelbaren Erschaffung der ganzen Welt durch Gott zurückgezogen: zuerst auf die unmittelbare Erschaffung des Menschenleibes (nicht aus der Tierwelt); dann auf die der Menschenseele (im Gegensatz zum Menschenleib); endlich – so scheint es heute – verzichtet man überhaupt auf einen unmittelbaren Eingriff Gottes in die Entwicklung von Welt und Mensch. Durch diese nun schon bekannte, immer wieder neu geübte Abschirmungs- und Rückzugsstrategie, die besonders junge Katholiken lange Jahrzehnte vom Studium der „glaubensgefährdenden" Biologie abhielt, bekam leider der englische Philosoph Antony Flew recht, der feststellte, die „Hypothese Gott" werde „zentimeterweise ermordet und stirbt den Tod von tausend Einschränkungen".[14] Ist solche Haltung glaubwürdiger Gottesglaube? Nicht überraschend, dass dieser zunehmend radikal in Frage gestellt wurde.

3. Evolution mit oder ohne Gott?

Der bereits (Kap. A,5) erwähnte Namensgeber des „Positivismus", der französische Philosoph Auguste Comte (1798–1857), war es, der im 19. Jh. in seinen sechs Bänden „Cours de philosophie positive"[15] die Weltgeschichte nicht wie der deutsche Philosoph Hegel als eine Geschichte des absoluten Geistes darzustellen versuchte, sondern als eine Geschichte der Menschheit, die er in einem neuen Stadium des Fortschritts begriffen sieht.

Fortschritt ohne Gott: Comte

Die Menschheit entwickelt sich Comte zufolge in drei Stadien zur Positivität. Vom Mythos über die Metaphysik zur Wissenschaft. Phase I: zuerst in einer

---

[13] Diese Meinungsumfragen werden mit noch neueren Forschungsergebnissen konfrontiert in einem Überblick-Artikel von D. Quammen, Lag Darwin falsch? Nein! Die Belege für die Evolution sind überwältigend, in: National Geographic/Deutschland, November 2004, S. 86–119.
[14] A. Flew, Theology and Falsifications (1950), in: New Essays in Philosophical Theology, hrsg. von A. Flew und A. MacIntyre, London 1955, S. 96–130, Zit. S. 97.
[15] Vgl. A. Comte, Cours de philosophie positive, Bd. XI, Paris 1830–1842.

vor allem militärisch bestimmten Gesellschaft theologisch-fiktive Mythenbildung. Phase II: in einer juristisch orientierten Gesellschaft die abstrakte Metaphysik. Schließlich Phase III: in einer industriellen Gesellschaft die Wissenschaft der positiven Tatsachen. Der traditionelle Gott wird also nach Comte ersetzt: jedoch nicht durch die „Raison" im Sinne Robespierres, diese „Raison" proklamiert als „Être suprême" im Jahr II nach der Großen Revolution. Nein, ersetzt durch das „Grand Être", die *Menschheit* ganz allgemein. An der Stelle Gottes und seiner Vorsehung steht jetzt „l'homme" in seiner „grandeur": Dieser durch und durch moderne Mensch sieht, um vorauszusehen; und sieht voraus, um zu planen; und plant voraus, um sich der Welt zu bemächtigen.

Auguste Comte, stolzer Verkünder der positivistischen Weltanschauung, sieht sich am Ende gar als der Hohepriester einer neuen säkularen Kirche. Er strebt eine neue *Religion ohne Gott* an, deren Organisation, Hierarchie und Zeremoniell der katholischen Kirche nachgebildet werden sollte. War er doch von Anfang an stark vom antidemokratisch-autoritären Papst-Ideologen Joseph de Maistre beeindruckt, der geistig der Definition beider Papstdogmen (Jurisdiktionsprimat und Unfehlbarkeit) des Ersten Vatikanischen Konzils von 1870 den Weg bereitet hatte. „Les extrêmes se touchent – die Extreme berühren sich!" Gegründet wurde Comtes Kirche freilich nie – von kleinen positivistischen Vereinen abgesehen. Und auch sonst hat dieser Katholik ohne Christentum nicht Schule gemacht; nur ein paar Dutzend Freunde folgten ihm nach seinem Tod zum Grabe. Comtes historische Konstruktionen mit ihren Systemzwängen sind genauso wie die Hegels von der streng historischen Forschung der Folgezeit desavouiert worden.

Doch der positivistische Geist wehte weiter. Mehr als Hegel hat sich Comte dadurch, dass er klarer und systematischer als andere die positivistischen Grundlagen des heraufkommenden technokratischen Zeitalters herausarbeitete, als Prophet der neuen Zeit erwiesen: Wissenschaft und Technik als die Geschichtsmächte, die den definitiven Fortschritt der Menschheit und eine neue, bessere gesellschaftliche Ordnung zwangsläufig heraufführen würden. Dies war freilich weniger eine wissenschaftlich begründete Auffassung als vielmehr eine *Wissenschafts- und Technikgläubigkeit* (Szientismus), die in unseren Tagen, wie bereits dargelegt (Kap. A,5), zutiefst erschüttert dasteht. In der Tat, nicht das „Machet euch die Erde untertan" der Genesis (1,28) – ein Herrschaftsauftrag unter göttlichem Recht, dem der Auftrag zur Pflege beigegeben ist – ist für die Zerstörung der Lebensgrundlagen des Menschen in erster Linie verantwortlich, wie immer wieder behauptet, sondern die mit Hilfe der modernen Wissenschaft und Technik vollzogene oft hemmungslose Ausbeutung der Erde. Wie auch immer: Nur noch Naive glauben im Zeitalter der Öl-, Rohstoff-, Atom- und Umweltkrisen an einen unbeschadeten

C. Weltschöpfung oder Evolution?

ewigen Fortschritt der Menschheit durch Technologie. In Frage gestellt ist damit zugleich jener auf Weltbemächtigung zielende soziologische Positivismus Comtes, der sich auch in seiner logischen Variante, wie wir im Zusammenhang mit dem Wiener Kreis sahen, nicht halten ließ.

Und so kommen erfreulicherweise im 20. Jh. gerade aus dem Bereich von Mathematik und Naturwissenschaft Denker, die zur Wissenschaft ohne Religion und zum Fortschritt ohne Gott Alternativen entwickeln: Sie wollen Gott gerade mitten im Fortschritt und Gott selbst als fortschreitenden Prozess sehen. In diametralem Gegensatz zum Hohepriester des französischen Positivismus entwickelte seine Fortschrittsvision der bereits erwähnte französische Jesuit Pierre Teilhard de Chardin und in anderer Weise der britische Gelehrte Alfred North Whitehead.

Evolution zu Gott: Teilhard de Chardin

Die Evolution von Natur und Kosmos war das Arbeitsfeld des bedeutenden Geologen und Paläontologen Pierre Teilhard de Chardin (1881–1955). Er sah es als seine Lebensaufgabe an, die naturwissenschaftlichen Erkenntnisse mit den theologischen Vorstellungen in Einklang zu bringen. Die Natur erscheint diesem Denker, der unter starkem Einfluss der vitalistisch-spirituellen Philosophie Henri Bergsons (1859–1941) und seiner Vorstellung von der schöpferischen Evolution („élan vital") steht, als ein riesiger Entwicklungsprozeß, der, in Jahrmilliarden stufenweise sich vorwärtstastend, durch immer stärkere Komplexität und Verinnerlichung der Materie seiner Erfüllung zureift. Gott ist für ihn nicht nur Ursprung und Ziel der Schöpfung. Er ist selber in Evolution, macht diese Evolution mit, von den Elementarteilchen und den unermesslichen Weiten des Kosmos über die Biosphäre der Pflanzen- und Tierwelt bis in die Noosphäre des menschlichen Geistes.

In Teilhards Weltsicht ist auch der Mensch selbst noch nicht vollendet. Er ist ein werdendes Wesen: Die Menschwerdung, Anthropogenese, ist noch nicht abgeschlossen. Sie treibt zu auf die Christogenese, die Christogenese schließlich auf ihre zukünftige Fülle, ihr „Pleroma" (griech. *Fülle*) im „Punkt Omega", wo das individuelle und das kollektive Abenteuer des Menschen Ende und Vollendung findet, wo Vollendung der Welt und Vollendung Gottes konvergieren.

Diese „Pleromisation", dieses Zur-Fülle-Kommen, diese Entwicklung von Kosmos und Mensch vorwärts und aufwärts kulminiert im universalen kosmischen Christus, der für Teilhard die Einheit von Gottes- und Weltwirklichkeit in Person ist. Dies alles ist für ihn selbstverständlich eine Vision nicht der reinen Vernunft, sondern des erkennenden Glaubens. In seiner Schrift „Comment je crois" formuliert er sein Credo: „Ich glaube, daß das Weltall eine Evolution ist. Ich glaube, daß die Evolution auf den Geist hin strebt. Ich glaube, daß der Geist sich im Personalen vollendet. Ich glaube, daß das höchste Personale der universale Christus ist."[16]

Teilhard ist ein Mystiker, der die evolutionäre, kosmische Bedeutung der Menschwerdung Gottes in Christus annimmt. Die meisten Naturwissenschaftler werden ihm in solchen kühnen naturwissenschaftlichen Hypothesen nicht folgen, Theologen manche seiner oft höchst einseitig formulierten theologischen Auffassungen überzogen oder – bezüglich Jesu Leben und Kreuz – mangelhaft finden. Und möglicherweise werden heute beide Seiten vor allem seinen – das Problem des Leids und des Bösen zu wenig reflektierenden – Optimismus, Fortschrittsglauben und seine Ausrichtung auf den „Punkt Omega" ablehnen. Wie auch immer: Pierre Teilhard de Chardin hat das nicht genügend zu lobende Verdienst, als erster Theologie und Naturwissenschaft genial zusammengedacht und *Naturwissenschaftler und Theologen provokativ zur Besinnung auf die gemeinsame Problematik zusammengebracht* zu haben. Ihm lag an der religiösen Bedeutung der Evolution und an der evolutionären Tragweite der Religion. Er war keineswegs naiv, er wollte keinen oberflächlichen „Konkordismus" zwischen Bibel und Naturwissenschaft, wie von Rom favorisiert. Er lehnte „gewisse knabenhaft unausgereifte Versöhnungsversuche" entschieden ab, „die Erkenntnisebenen und -quellen vermischen und nur zu unbeständigen, *monströsen* Gebilden geführt haben".[17] Wohl aber wollte er eine tiefgründende „Kohärenz", damit „ein positiv durchkonstruiertes Ganzes" sichtbar werde, „in dem die Teile einander immer besser gegenseitig tragen und ergänzen".[18]

Rom und seine Statthalter waren durch eine statische Interpretation der Schöpfung durch Gott viele Jahrzehnte auf jene Ideologie eines *„Kreationismus"* festgelegt, der gegenüber der Darwinschen Evolutionslehre einen *„Fixismus"* und *„Konkordismus"* vertrat, wie dies etwa im vielbändigen „Dictionnaire de la Bible" durchgängig zum Ausdruck kommt. Deshalb verwundert es nicht: Dem 1899 mit 18 Jahren in den Jesuitenorden eingetretenen Teilhard entziehen seine Ordensoberen unter römischem Druck schon 1926 den Lehrstuhl am Institut Catholique von Paris. In der Folge unterdrücken sie alle seine philosophisch-naturwissenschaftlichen Schriften, ja weisen ihn 1947 an, überhaupt keine philosophischen Themen mehr zu behandeln. Teilhard wird total isoliert: 1948 wird ihm verboten, einer Berufung an das Collège de France zu folgen, 1951 – Pius' XII. Enzyklika „Humani generis"

---

[16] P. Teilhard de Chardin, Comment je crois (1934), in: Œuvres de Pierre Teilhard de Chardin, Bd. X, Paris 1969, S. 115–152, Zit. S. 117.
[17] Ebd.
[18] Ders., Comment je vois (1948), in: Œuvres, Bd. XI, S. 182.

C. Weltschöpfung oder Evolution?

wird „exekutiert" – verbannt man ihn aus Europa an das Forschungsinstitut der Wenner Gren Foundation in New York. Noch in seinem Todesjahr 1955 wird ihm die Teilnahme am Internationalen Kongress für Paläontologie verboten. Nur wenige zufällig anwesende Menschen folgen dem Sarg, als der am Ostersonntag Gestorbene 160 km von New York entfernt auf dem Friedhof eines (unterdessen aufgehobenen) Jesuitenkollegs am Hudson River beerdigt wird; nur mit Mühe konnte ich während meines New Yorker Gastsemesters 1968 Teilhards Grab finden.

Wohl zählt schon das von C. Cuénot aufgestellte Werkverzeichnis 380 Titel. Indes durfte Teilhard bloß die rein fachwissenschaftlichen Abhandlungen veröffentlichen. Es war ihm zeitlebens nicht vergönnt, auch nur eines seiner Hauptwerke gedruckt zu sehen. Veröffentlicht wurden sie, weil Teilhard die Rechte statt dem Orden seiner Mitarbeiterin vermacht hatte, durch ein internationales Komitee angesehener Persönlichkeiten.

Am 6. Dezember 1957 aber, zwei Jahre nach seinem Tod, erging ein Dekret des Heiligen Offiziums (heute „Glaubenskongregation"), die Bücher Teilhards aus den Bibliotheken zu entfernen, sie in katholischen Buchhandlungen nicht zu verkaufen und sie nicht in andere Sprachen zu übersetzen.[19] „Damnatio memoriae" – den Namen in den Akten tilgen und so aus dem Gedächtnis verbannen – nannten dies schon die alten Römer. Erst seit dem Zweiten Vatikanischen Konzil haben die Schriften Teilhards auch in der katholischen Kirche und Theologie faktisch doch die verdiente Anerkennung gefunden. Doch sein Name kam keinem Papst über die Lippen. Die kirchlichen Autoritäten haben Teilhard für sein Versöhnungswerk bis heute nicht gedankt. Selbst das Zweite Vatikanische Konzil konnte sich, trotz einer mutigen Rede des Erzbischofs von Strasbourg, Léon-Arthur Elchinger, weder in seinem noch in Galileis Fall zu einer deutlichen Rehabilitierung der fälschlicherweise Verurteilten, Verfolgten und Verleumdeten entschließen.

So bleibt die Leidensgeschichte auch dieses theologischen Denkers ein beschämendes Armutszeugnis für den bis heute keineswegs verschwundenen *Geist der Dissidentenverfolgung im römischen System*, der im Sowjetsystem in mancher Hinsicht (Sacharow!) nicht unähnlich. Doch weder der „politische Theologe" J. B. Metz noch der kritische Philosoph Jürgen Habermas wagten in öffentlicher Diskussion, den Chef der „Glaubenskongregation"

---

[19] Bei der Sichtung der Problematik von P. Teilhard de Chardin (wie später von Alfred N. Whitehead) half mir ein Referat, das mein leider früh verstorbener Jahrgangsgenosse Prof. Dr. Karl Schmitz-Moormann an einem Studientag unseres Tübinger Doktorandenkolloquiums zu diesen beiden Autoren gehalten hat; er hat sich um die deutsche Herausgabe und Übersetzung der Teilhard-Schriften und um die französische Herausgabe von Teilhards Tagebüchern bleibende Verdienste erworben.

Joseph Ratzinger auf dieses zutiefst unchristliche Phänomen anzusprechen (neuester schwerwiegender Fall die Absetzung des Chefredakteurs der angesehenen Jesuiten-Zeitschrift „America" Thomas Reese).[20] Gerne wende ich mich nun einer erfreulicheren Vita zu:

Gott im Prozess: Whitehead

Der große Mathematiker, Logiker und Philosoph Alfred North Whitehead (1861–1947) war es, der in Cambridge mit seinem Schüler Bertrand Russell die monumentalen „Principia mathematica" veröffentlicht hatte, um sich dann der Wissenschaftsphilosophie und schließlich, als Professor in Harvard, dem Entwurf eines umfassenden metaphysischen Systems zuzuwenden: einer Prozessphilosophie.

Wie Teilhard de Chardin versteht auch Whitehead, der stark von Hegels Philosophie beeinflusst ist, die *ganze Natur als einen riesigen Prozess*, in welchem unendlich viele kleinste Einheiten – nicht „Entitäten", sondern eine Kette von „Ereignissen" oder, wie er später sagt, „aktuelle Geschehnisse" – mit anderen in aktive Beziehung treten und in unendlich vielen kleinen Werdeprozessen zusammenwachsen (zu einer „concrescence of prehensions"). Auch für ihn gilt: In ganz neuer Weise ist sich der heutige Mensch der Dynamik der Natur bewusst geworden: ein ganz neues Ernstnehmen der Realität der Zeit (Relativitätstheorie), der Möglichkeit des Neuen, des dynamischen Charakters der Wirklichkeit überhaupt. Doch anders als Teilhard, der diese Dynamik der Natur als Ablauf verschiedener Phasen auffasste, als eine linear nach „oben" verlaufende kumulative Evolution, verstand Whitehead sie als ein in allen möglichen verschiedenen Formen pulsierendes Leben. Als einen nicht zielgerichteten Prozess: ein kreatives Vorwärts, gewiss, aber eine unendliche Zeit ohne Höhepunkt.

Whiteheads kompliziertes philosophisches System ist in seinem Hauptwerk „Process and Reality"[21] dargelegt. Er arbeitet mit 45 höchst eigenwillig verstandenen Kategorien: 8 Existenzkategorien, 9 kategorischen Pflichten, 27 Erklärungskategorien und einer Kategorie des Letzten. Dabei verwertet er in beeindruckender Weise zahlreiche Einsichten aus Mathematik und Physik, griechischer und moderner Philosophie.

Kritisiert wird allerdings, dass Whitehead keine grundlegend verschiedenen Arten von Wesenheiten („entities") in der Welt annimmt – organische

---

[20] Vgl. Titelgeschichte des National Catholic Reporter vom 20. Mai 2005: „The Big Chill".
[21] Vgl. A. N. Whitehead, Process and Reality. An Essay in Cosmology (1929), Neuausgabe New York 1960; dt.: Prozeß und Realität. Entwurf einer Kosmologie, Frankfurt/M. 1979.

C. Weltschöpfung oder Evolution?

und anorganische, Geist und Leib –, sondern denselben allgemeinen Charakter für alles Seiende. Deshalb konnte er psychologische Begriffe (zum Beispiel: „feeling") benutzen und verallgemeinern, um auch biologische, ja physikalische Prozesse zu erklären; in seinem System werden demnach auch Steinen „Gefühle" zugeschrieben. Damit will er zwar keinen „Pan-Psychismus", keine „All-Beseelung" behaupten. Aber ist es einleuchtend, dass all die verschiedenen Erfahrungen – physiologische, psychologische, auch moralische, ästhetische, religiöse – Veranschaulichungen derselben Grundprinzipien sind? Von den Protonen bis zu den Personen ein Kontinuum von Geschehnissen ohne wesentliche Unterschiede, bestenfalls Gradunterschiede?

Whitehead möchte nicht zuletzt in einer „metaphysischen Rationalisierung" den *Gottesbegriff* für heute verständlich machen: Ihm genügen zu Recht weder der ostasiatische Begriff einer unpersönlichen Ordnung (absolute Immanenz) noch der semitische Begriff Gottes als eines persönlichen Wesens (absolute Transzendenz) noch der pantheistische Begriff, der die Welt als eine Phase des Seins Gottes versteht (extremer Monismus). Alle drei Vorstellungen wurden denn auch vom Christentum abgelehnt.

Whitehead will Gott ganz wesentlich als Gott im Prozess verstehen, ein *Werden Gottes* nicht nur behaupten, sondern rational rechtfertigen. Deshalb sieht er Gottes Natur „dipolar, zweipolig": eine begrifflich-ideale „ursprüngliche Natur" und eine physikalisch-reale „nachfolgende Natur" Gottes. Am „Ende" ist Gott „die Verwirklichung der aktuellen Welt in der Einheit seiner Natur ..."[22]

Anstelle der starren naturhaften Unveränderlichkeit der griechisch-scholastischen Gottheit vertrete auch ich seit Jahrzehnten ein *dynamisches Gottesverständnis*[23], doch frage ich mich: Ist das Problem Gott-Welt tatsächlich damit zu lösen, dass man Gott und Welt als ewig einander zugeordnete, letztlich austauschbare Größen ansieht, so dass es schließlich „ebenso wahr ist zu sagen, daß Gott die Welt schafft wie daß die Welt Gott schafft"? In solchen zugespitzten „Antithesen", in denen Whitehead sein Gottesverständnis zusammenfaßt[24], sehen viele Kritiker einen Systemzwang, der auch Whiteheads Aversion gegen den Begriff des Schöpfers, der ja keineswegs Irrationalität, Zufälligkeit und Willkürlichkeit meint, zu bestimmen scheint. Darauf gründet wohl ebenso seine Behauptung einer ursprünglichen Natur Gottes ohne alles Bewusstsein, die jedoch kaum das Entstehen des Bewusstseins in der Welt zu erklären vermag. Schließlich rührt daher auch die Vernachlässi-

---

[22] AaO S. 524.
[23] Vgl. H. Küng, Menschwerdung Gottes (HKSW 7), hier Exkurs IV: Unveränderlichkeit Gottes?
[24] Vgl. A. N. Whitehead, Process and Reality, S. 528.

gung einer wirklichen Vollendung der Welt in der Zukunft, wie sie die von Whitehead (sehr selektiv zitierte) biblische Botschaft vom Reich Gottes in Wahrheit meint. Mit Recht verwirft er den Begriff eines göttlichen Tyrannen, aber das schöne Bild eines mitleidenden Gottes, der „the fellow sufferer who understands" ist, übersteigt ja wohl jede philosophische Erkenntnis.

Die amerikanische Prozess-Philosophie (besonders sein Schüler Charles Hartshorne) und Prozess-Theologie (herausragend John Cobb und Schubert Ogden) haben gut daran getan, von Whitehead zu lernen. Doch sein System als solches lässt sich kaum ohne weiteres akzeptieren. Seine Anliegen müssen vielmehr in anderer Form aufgenommen werden. Ich möchte mich deshalb mit historischen Reminiszenzen nicht zufrieden geben, sondern mich unvoreingenommen der Sachfrage stellen: Kann man heutzutage als Wissenschaftler das Wort „Gott" überhaupt noch in den Mund nehmen? Und wie soll man sich als Mensch des 21. Jh. Gott vorstellen, oder besser – da man sich Gott nicht „vorstellen" kann – wie Gott denken?

4. Wie Gott denken?

Viele *Umfragen über den Gottesglauben von Naturwissenschaftlern* sagen wenig aus, weil sie undifferenziert gestellt sind. So zum Beispiel die auch später öfters aufgegriffenen Umfragen des Psychologen James H. Leuba von 1914 und 1933, die nach einem Gottesglauben fragen, der mit Gott durch Gebete kommunizieren kann, andererseits nach einer Unsterblichkeit der Seele. Auf solche Fragen lässt sich schwerlich einfach mit Ja oder Nein antworten, so wenig wie etwa auf die Frage: „Sind Sie für oder gegen Frankreich?" Auch kann man nicht übersehen, dass an manchen Universitäten die „politische Korrektheit" empfiehlt, in religiösen Grundfragen nicht öffentlich Stellung zu beziehen. Was besagt es also schon, wenn ein Evolutionsbiologe an der Harvard-Universität bei seinen Kollegen eine Umfrage über Gläubigkeit macht und feststellt, es seien alles Atheisten. Hier wäre überall genauer nachzufragen, wie sich Wissenschaftler den Gott denken, den sie ablehnen – oder, vielleicht in anderer Gestalt, annehmen. Manche lehnen faktisch nicht Gott, sondern eine Karikatur von Gott ab, in der kein einigermaßen gebildeter Gottgläubiger seinen Gott erkennen würde.

Eine Alternative zum Wort Gott?

Auch viele Naturwissenschaftler stoßen sich verständlicherweise am Wort „Gott". Gewiss kann man statt von „Gott" auch von „Gottheit" oder vom „Göttlichen" reden. Der Name „Gott" wird oft anthropomorph missverstanden und für politische, kommerzielle, militärische, kirchliche Zwecke missbraucht. Doch sollen wir wegen allen Missbrauchs und Glaubwürdig-

C. Weltschöpfung oder Evolution?

keitsmangels so mancher offizieller Glaubensvertreter und Glaubensinstitutionen das Wort „Gott" schlechterdings fallen lassen?

Man wird oft gefragt: „Wie bringen Sie das fertig, so Mal um Mal ‚Gott' zu sagen? Wie können Sie erwarten, dass Ihre Leser das Wort in der Bedeutung aufnehmen, in der Sie es aufgenommen wissen wollen? ... Welches Wort der Menschensprache ist so missbraucht, so befleckt, so geschändet worden wie dieses?" Soll man nicht besser von Gott schweigen?

Genau auf diese Frage antwortet der jüdische Religionsphilosoph Martin Buber: „Ja, es ist das beladenste aller Menschenworte. Keines ist so besudelt, so zerfetzt worden. Gerade deshalb darf ich darauf nicht verzichten. Die Geschlechter der Menschen haben die Last ihres geängstigten Lebens auf dieses Wort gewälzt und es zu Boden gedrückt; es liegt im Staub und trägt ihrer aller Last. Die Geschlechter der Menschen mit ihren Religionsparteiungen haben das Wort zerrissen; sie haben dafür getötet und sind dafür gestorben; es trägt ihrer aller Fingerspur und ihrer aller Blut. Wo fände ich ein Wort, das ihm gliche, um das Höchste zu bezeichnen! Nähme ich den reinsten, funkelndsten Begriff aus der innersten Schatzkammer der Philosophen, ich könnte darin doch nur ein unverbindliches Gedankenbild einfangen, nicht aber die Gegenwart dessen, den ich meine, dessen, den die Geschlechter der Menschen mit ihrem ungeheuren Leben und Sterben verehrt und erniedrigt haben ..."

Deshalb Martin Bubers Schlussfolgerung: „Wir müssen die achten, die es verpönen, weil sie sich gegen das Unrecht und den Unfug auflehnen, die sich so gern auf die Ermächtigung durch ‚Gott' berufen; aber wir dürfen es nicht preisgeben. Wie gut läßt es sich verstehen, daß manche vorschlagen, eine Zeit über von den ‚letzten Dingen' zu schweigen, damit die mißbrauchten Worte erlöst werden! Aber *so* sind sie nicht zu erlösen. Wir können das Wort ‚Gott' nicht reinwaschen, und wir können es nicht ganzmachen; aber wir können es, befleckt und zerfetzt wie es ist, vom Boden erheben und aufrichten über einer Stunde großer Sorge."[25]

Dies ist auch meine Überzeugung: Anstatt nicht mehr oder einfach wie bisher von Gott zu reden, käme heute gerade für Philosophen und Theologen alles darauf an zu lernen, behutsam neu von Gott zu reden! Dies auch angesichts der Tatsache, dass man gerade von Naturwissenschaftlern hören kann: „Ich bin kein Materialist. Es muss noch etwas anderes geben als Materie: Geist, Transzendenz, das Heilige, Göttliche. Aber mit dem personifizierten Gott, der da droben oder dort draußen ist, west, kann ich als Naturwissen-

---

[25] M. Buber, Gottesfinsternis. Betrachtungen zur Beziehung zwischen Religion und Philosophie, in: Werke Bd. I: Schriften zur Philosophie, München 1962, S. 505–603, Zit. S. 508–510.

schaftler wenig anfangen." Niemand sollte sich daher von inquisitorischen „Gottesvertretern" abhalten lassen, neue Redeweisen von Gott zu erproben, damit der Kinderglauben erwachsen wird. Deshalb zuerst die Frage:

Gott – ein überirdisches Wesen?

Die Naturwissenschaften fordern dem Theologen manch harte Gedankenarbeit ab. Ich frage mich, ob umgekehrt nicht auch die Theologie dem Naturwissenschaftler, wenn es um ihr Zentrum geht, ein wenig Denkarbeit abfordern darf?

Es gibt Physiker, die brauchen „Gott" als *Metapher für Weltliches*. „If you are religious, this is like looking at God", so der amerikanische Astrophysiker George Smoot, als er die Fluktuationen in der kosmischen Hintergrund-Strahlung (Echo des „Urknalls") ankündigte. Dies klingt fromm, ist aber oberflächlich. Hier ist Gott eine Metapher für Weltliches, für Natur. So auch beim Nobelpreisträger Leon Lederman mit seinem Buchtitel „The God Particle".

Vielmehr ist daran festzuhalten: *Gott ist nicht identisch mit Kosmos*! Und Einstein hätte nicht derart unüberwindbare Schwierigkeiten gehabt, die Quantentheorie zu akzeptieren, wenn er nicht Gott mit Natur oder Naturgesetzen wie sein „Hausphilosoph" Spinoza identifiziert hätte. Gott also ist *kein innerirdisches Wesen*, kein „Ding" dieser Welt, er gehört nicht zur „Faktenwirklichkeit", und er kann nicht empirisch festgestellt werden. Gott ist kein „Weltwesen", das heißt freilich: Er ist auch nicht im menschlich-allzumenschlichen Sinn „Vater" oder „Mutter".

Ist Gott also *ein überirdisches Wesen*? Nein, er ist auch kein überirdisches Wesen über den Wolken, im physikalischen Himmel! Die naiv-anthropomorphe Vorstellung ist endgültig überholt: Gott ist kein im wörtlichen oder räumlichen Sinn „über" der Welt, in einer „Überwelt", wohnendes „höchstes Wesen".

Also ist Gott *ein außerirdisches Wesen*? Auch dies nicht. Gott west nicht jenseits der Sterne, im metaphysischen Himmel! Auch die aufgeklärt-deistische Vorstellung ist überholt: Gott ist kein im geistigen oder metaphysischen Sinn „außerhalb" der Welt in einem außerweltlichen Jenseits, in einer „Hinterwelt", existierendes, verobjektiviertes, verdinglichtes Gegenüber.

Was aber ist dann auf der Höhe des gegenwärtigen wissenschaftlichen Bewusstseins von Gott zu sagen – angesichts unserer neuen Vision vom unabsehbar weiten, tiefen und letztlich nicht voll begreifbaren Kosmos und der Jahrmilliarden Evolution von Welt und Mensch?

C. Weltschöpfung oder Evolution?

Zeit-Raum, umgriffen von Ewigkeit und Unermesslichkeit

Grundlegend ist: Gott ist *in diesem Universum*, und dieses *Universum ist in Gott*! Zugleich ist Gott größer als die Welt. Man könnte die Welt nach Augustin vergleichen mit einem Schwamm, schwimmend gehalten im ewigen, unendlichen Meer der Gottheit. Und selbst wenn es mehrere Welten gäbe: Gott ist nach christlicher Tradition „semper maior, der je Größere", und auch Muslime drücken dies aus in der Formel „Allahu akbar – Gott ist größer".

Gott ist nicht isoliert in diesem All. Seine *Unermesslichkeit* umgreift den Raum, sie ist nicht lokalisierbar. Er ist überall gegenwärtig, omnipraesens:
- Gott ist *weltimmanent*: Von innen durchdringt er den Kosmos und wirkt auf ihn. Zugleich partizipiert er an seinem Geschick, hat Anteil an seinen Prozessen und Leiden.
- Und zugleich ist Gott *welttranszendent*: Durchdringend übersteigt er zugleich den Kosmos. In seiner Unendlichkeit umschließt er alle endlichen Wesenheiten, Strukturen und Prozesse. Er ist die allumfassende transempirische Beziehungswirklichkeit.

Es braucht die Transzendenz nicht auszuschließen, wenn Goethe dichtet:

"Was wär ein Gott, der nur von außen stieße,
Im Kreis das All am Finger laufen ließe!
Ihm ziemts, die Welt im Innern zu bewegen,
Natur in Sich, Sich in Natur zu hegen,
So daß, was in Ihm lebt und webt und ist,
Nie Seine Kraft, nie Seinen Geist vermißt."[26]

Dieser unendliche Gott ist nicht statisch. Seine *Ewigkeit* umgreift die Zeit: Diese Ewigkeit ist nicht zeitlos, vielmehr ist sie gleichzeitig zu allen Teilen der Zeit. Gott ist keine unveränderliche Idee des Guten (Platon) ohne Bezug zu Mensch und Welt in ihrer Geschichtlichkeit. Auch kein „unbewegter Beweger" (Aristoteles) und kein unlebendiges Ur-Eines (Plotin). Er greift auch nicht aus einem übergeschichtlichen Bereich mirakulös in die Geschichte ein. Er ist kein Zauberer, der Tricks anwendet. Nein, Gott ist die Dynamik selbst, er schafft die Welt in sich selbst, er hält und bewegt sie unsichtbar von innen.

So ist Gott denk-bar im Kontext eines neuzeitlichen einheitlich-dynamischen Wirklichkeitsverständnisses: Gott ist nicht als Teil der Wirklichkeit ein (höchstes) Endliches neben Endlichem. Vielmehr ist er die nicht greifbare

---

[26] J. W. von Goethe, Gedichte, in: Sämtliche Werke, Zürich 1950, Bd. I, 409.

"Dimension Unendlich" in allen Dingen. Doch nicht nur die unsichtbare mathematische Dimension, sondern die *Realdimension Unendlich*. Das Unendliche im Endlichen, mit dem man aber wie in der Mathematik im Prinzip rechnen sollte, auch wenn es in den Alltagsgleichungen nicht einkalkuliert werden muss.

Man kann das Verhältnis Gott-Welt, Gott-Mensch nur dialektisch formulieren: Gott ist die Transzendenz, doch in der Immanenz. Es geht um eine Ewigkeit, aber in der Zeitlichkeit, um die Unermesslichkeit, aber im Raum. Also das Absolute im Relativen, das Urgeheimnis in der Wirklichkeit von Welt und Weltgeschichte – so wenig einfach konstatierbar wie die alles tragende baustatische Formel in der Brücke, die den Abgrund überspannt. Doch hier wird natürlich sofort nachgefragt: Kann dieser unendliche Gott noch Person genannt werden?

Ist Gott Person?

Dies ist eine Frage, die sich nicht in einem Satz beantworten lässt. Ich beantworte sie in drei Schritten:

Erstens: Gott ist *mehr als Person*. Die Einwände Albert Einsteins gegen ein personales Gottesverständnis sind ernstzunehmen. Wenn er von kosmischer Vernunft oder wenn östliche Denker von dem „Einen" (*tad ekam*), von „Nirvana", „Leere" (*shunyata*), „Absolutem Nichts", „Leuchtender Finsternis" sprechen, dann wird man dies verstehen müssen als oft paradoxer Ausdruck der Ehrfurcht vor dem Geheimnis des Absoluten, das sich weder in Begriffen noch in Vorstellungen einfangen lässt – dies gegenüber allzu menschlichen „theistischen" Vorstellungen von Gott, weswegen denn auch der Name „Gott" von Buddhisten abgelehnt wird.

Es ist wahr: Gott ist gewiss nicht Person, wie der Mensch Person ist: Der Allesumfassende und Allesdurchdringende ist nie ein Objekt, von dem sich der Mensch distanzieren kann, um über ihn auszusagen. Der Urgrund, Urhalt und das Urziel aller Wirklichkeit, das für den Glaubenden jede einzelne Existenz bestimmt, der mir näher ist als meine Halsschlagader, wie der Koran (Sure 50,16) bildhaft sagt, ist nicht eine begrenzte Einzelperson unter anderen Personen. Gott ist kein Über-Mensch und Über-Ich. Auch der Personbegriff ist also nur eine Chiffre für Gott: Gott ist nicht die höchste Person unter anderen Personen. Gott sprengt den Personbegriff: Gott ist mehr als Person!

Aber wahr ist auch ein Zweites: Gott ist *nicht weniger als Person*. Gerade weil Gott keine „Sache" ist, gerade weil er, wie in östlicher Weisheit betont, nicht begreifbar, durchschaubar, verfügbar, manipulierbar ist, ist er auch nicht unpersönlich, nicht unterpersonal. Gott, der das Werden von Personhaftem ermöglicht, sprengt auch den Begriff des Unpersönlichen: Gott ist auch nicht weniger als Person!

C. Weltschöpfung oder Evolution?

Spinozas Identifikation Gottes mit der Natur und den Naturgesetzen löst keine Probleme. Vielmehr wird der Glaube an die Notwendigkeit aller Naturvorgänge Einstein dazu verführen, die Unbestimmtheitsrelation der Quantenphysik von vornherein dogmatisch abzulehnen. Doch eine gefühllose Geometrie oder Harmonie des Universums in naturgesetzlicher Notwendigkeit, wie sie der Physiker aufgrund seiner bestimmten und beschränkten Methode anzunehmen versucht ist, kann das Ganze der Wirklichkeit nicht erklären. Gott, der Eine, hat nach muslimischer Tradition „hundert schöne Namen", von denen aber der letzte ihm allein bekannt ist.

Dies ist nicht nur Auffassung von Bibel und Koran: Eine *Höchste-Letzte Wirklichkeit*, eine „Ultimate Reality", akzeptieren auch die meisten Buddhisten. Und diese ist *mehr als der Kosmos*: mehr als eine universale Vernunft oder ein großes anonymes Bewusstsein. Mehr als nur die höchste Idee (Platon) oder ein auf sich selbst bezogenes, sich selbst denkendes Denken (Aristoteles). Mehr als nur die pure Schönheit des Kosmos oder auch die blinde Gerechtigkeit der Geschichte. Die Höchste-Letzte Wirklichkeit ist etwas, das sich zu uns nicht gleichgültig verhält und uns nicht gleichgültig lässt, sondern uns in befreiender und beanspruchender Weise *„unbedingt angeht"* (Paul Tillich): uns allgegenwärtig und zugleich entzogen. In der Hebräischen Bibel erscheint Gott als der verborgene Gott, der aber dennoch dem Volk so nahe ist, dass er einen Bund mit ihm eingeht, sich auf den einzelnen Menschen einlässt.

Doch wie soll das Personale und Apersonale kohärent verbunden werden können? Gewiss indem man beide Begriffe übersteigt, transzendiert. Doch kann nun am Ende vielleicht der Theologe leisten, was der Physiker offenkundig nicht vermochte: „den Geist Gottes erkennen?" Zwar nicht die „Weltformel" finden, dafür aber eine „Gottesformel", die das Geheimnis Gottes und der Welt auflöst?

Doch Vorsicht, ein Drittes: Gewiss kann der Theologe ein Wort finden, welches die Begriffe personal – apersonal übersteigt, und er wird dann von *„transpersonal, überpersönlich"* reden. Aber sollte er mit solcher Formel Gottes Geist erfasst, mit diesem Begriff Gott begriffen, mit dieser Definition Gott definiert haben? Nein, denn hätte er ihn begriffen, hätte er ihn definiert, so wäre es nicht Gott, der nun einmal der Unsichtbare, Unbegreifliche, Undefinierbare ist und bleibt: „*Coincidentia oppositorum* – das Ineinanderfallen der Gegensätze". So hat schon der Renaissance-Denker Nicolaus Cusanus (1401–64) formuliert: als Maximum auch das Minimum und so Minimum und Maximum überschreitend.[27] Gott ist „der ganz Andere" und doch „interior intimo meo, mir innerlicher als mein Innerstes" (Augustin).

---

[27] Vgl. Nicolaus Cusanus, De docta ignorantia (1440), zweisprachige Ausgabe, hrsg. v. R. Wilpert, Hamburg 1964, I, Kap. 26, S. 112 f.

Nun, je nach der konkreten Situation eines Einzelnen oder einer Gemeinschaft wird der Mensch mehr personale oder apersonale Begriffe oder Metaphern brauchen; dies hängt ab vom Kontext. *Apersonale Bilder* („Meer", „Horizont", „Sonne") können unter Umständen von Gott ebenso viel aussagen wie personale, anthropomorphe („Vater", „Mutter"). Weit bekannt ist Friedrich Nietzsches Parabel vom „tollen Menschen", der am hellen Vormittag eine Laterne anzündet, um (erfolglos) Gott zu suchen, und deshalb den Tod Gottes proklamiert. In drei beeindruckenden, mächtigen Bildern beschreibt er, was sich in Begriffen nur schwer wiedergeben lässt: „Wie vermochten wir das *Meer* auszutrinken? Wer gab uns den Schwamm, um den ganzen *Horizont* wegzuwischen? Was taten wir, als wir die Erde von der *Sonne* losketteten? Wohin bewegt sie sich nun? Wohin bewegen wir uns? Fort von allen Sonnen? Stürzen wir nicht fortwährend?"[28] Die Bibel jedoch gebraucht mehr *anthropomorphe Begriffe und Bilder*. Dazu gehört der Begriff „Schöpfergott".

5. Bibel und Schöpfung

„Schöpfung" im engeren, biblischen Sinn meint die Erschaffung alles Seienden durch den einen Gott, dann aber auch die erschaffene Welt selbst, den Kosmos. Schöpfung im weiteren, übertragenen Sinn meint alle Vorstellungen von der Welt und ihrer Entwicklung. Kaum überschaubar sind in der Religionsgeschichte die Vorstellungen von der *Entstehung des Kosmos* (*Kosmogonie*), der oft die Entstehung der Götter (Theogonie) vorausgeht. Es gibt Kosmogonien, denen zufolge Welt und Mensch ihr Dasein der Bewegung unpersönlicher Kräfte verdanken. Es gibt andere, in denen mehrere Götter oder der Eine Gott alles schaffen. So oder anders ist die Schöpfungsgeschichte nicht Selbstzweck, sie soll vielmehr helfen, das Leben der Menschen in einer kosmischen Ordnung zu verorten, um ihnen ein authentisches Leben im Einklang mit der Welt zu ermöglichen.

Schöpfungsmythen der Weltreligionen

Auf dem Urgrund der etwa in Australien bis heute bestehenden (wenngleich vielfach fortentwickelten) Stammesreligionen („Naturreligionen" abgesetzt von den „Kulturreligionen" wäre ein falscher Gegensatz, da Stammesreligionen meist reiche Kulturen ausgeprägt haben) lassen sich *drei große religiöse Stromsysteme* feststellen. Durch Jahrtausende haben sie sich bei allen Um-

---

[28] F. Nietzsche, Fröhliche Wissenschaft III,125, in: Werke II, München 1956, S. 127.

C. Weltschöpfung oder Evolution?

wälzungen (Paradigmenwechseln) bis heute durchgehalten und jeweils ihre eigenen Ursprungsmythen ausgebildet:
- die Religionen *indischer Herkunft*, Hinduismus, Buddhismus, Jainismus, Sikhismus ..., deren Grundtypus der Mystiker oder Guru ist: mystische Religionen, die zur Einheit von Gott und Welt, Gott und Mensch tendieren;
- die Religionen fernöstlicher, *chinesischer Herkunft*, vor allem Konfuzianismus und Daoismus, deren Grundtypus der Weise ist: Weisheitsreligionen, die von einer Harmonie von Himmel und Erde ausgehen;
- die Religionen *nahöstlicher Herkunft*, Judentum, Christentum und Islam, deren Grundtypus der Prophet ist: prophetische Religionen, die vom Gegensatz Schöpfer – Schöpfung, Heiliger Gott – sündiger Mensch bestimmt sind. Ihre heiligen Schriften sind die Hebräische Bibel, das Neue Testament und der Koran. Alle drei haben eine Vorstellung von der Schöpfung durch den Einen Gott, die sich von den Mythen der anderen Religionen erheblich unterscheidet.

Nach den Mythen der *australischen Ureinwohner* (Aborigines) haben die großen Ahnengeister der Urzeit die Erde geformt. Nicht vom Himmel sind sie gekommen, sondern aus der Erde, in menschlicher oder tierischer Gestalt. Auf riesigen Wanderungen haben sie die formlos eintönige Erde zu einer Landschaft gestaltet: Hügel, Wege, Wasserstellen, Berge. Auch haben sie Sonne, Mond und Sterne geschaffen und aus vorgeformten Massen die Menschen, Stämme und Clans sowie Tiere und Pflanzen. Deshalb haben die Menschen die Pflicht, die Erde in der von den Ahnenwesen geformten Gestalt und Reinheit zu bewahren: Sie ist geheiligtes Land.

Die *indische Tradition* kennt seit alters vielerlei Bilder und Modelle der Weltentstehung. Der Rigveda etwa, Indiens älteste Literatur, spricht von einem Handwerker oder Künstler, der den Weltenraum ausmisst und die Welt auf verschiedene Weise aus der Urmaterie gestaltet; man liest von einer Zeugung und einem Gebären der Welt durch die erstgeborenen „Welteneltern" Himmel und Erde; von einem Weltenei, dem „Goldembryo", ist die Rede, aus den Urwassern und dem Feuer erzeugt, woraus dann die Welt entstand; und schließlich wird Purusha, ein menschenartiges kosmisches Urwesen, verehrt, das einst in einem kosmischen Opfer Himmel, Erde, Götter und Geschöpfe hervorgebracht haben soll. Auch im späteren „klassischen" Hinduismus greift man auf diese alten Vorstellungen zurück: Man integriert sie in umfassendere Konzepte wie etwa die Vorstellung zahlloser zyklisch aufeinanderfolgender Weltalter, nach deren Ablauf das ganze Universum dank der großen klassischen Hindugötter (Vishnu, Shiva) immer wieder neu entsteht.

Siddharta Gautama, der *Buddha*, soll stets betont haben, dass es sinnlos sei, zu fragen, wann und wie die Welt einst entstand und was am Ende aus ihr werden wird. Dies hielt freilich seine Schüler und die große buddhistische Tradition nicht davon ab, immer wieder neu über Anfang und Ende, Wesen und Struktur der Welt zu spekulieren. Im wesentlichen griff man dabei auf die klassischen indischen Mythen, Kosmogonien und Weltbilder zurück, entwickelte sie zum Teil weiter und deutete sie schließlich im Lichte buddhistischer Heils- und Erlösungsvorstellungen.

Auch die *chinesische Kultur* hat eine mythische Phase der Träume, Heroen und Heldentaten durchlaufen, und auch die frühchinesische Gesellschaft hatte religiösen Charakter. Allerdings setzte die chinesische Geschichtsschreibung erstaunlich früh ein, schon vor 3000 Jahren, und die chinesische Mythologie ist nur in Bruchstücken erhalten geblieben. Dazu gehört der Mythos vom Weltei, aus dem Himmel und Erde erschaffen wurden. Das Weltbild der Chinesen umfasst seit jeher drei Ebenen: unten das Reich der Toten, darüber die Erde als Aufenthaltsort der Lebenden, schließlich oben der Himmel, Ort der Ahnen und Naturgötter, die einen höchsten Gott, „Herr" (*di*) oder „Herr in der Höhe" (*shangdi*) genannt, über sich haben. Dies ist ein menschenähnliches (anthropomorphes), aber entferntes und transzendentes Wesen, vielleicht der Schöpfergott, der aber keine Opfer empfängt. Später tritt der Himmel (*tian*) in den Vordergrund, der immer mehr als unsichtbare kosmisch-moralische Macht oder Ordnung verstanden wird.

Die *altgermanischen* Götter- und Heldensagen blieben auf der abgelegenen Insel Island erhalten. Sie wurden im 13. Jh. in der *Edda* als Lehrbuch für die Skalden (die nordischen Dichter) gesammelt. Hier wird der Weltanfang in Zusammenhang gebracht mit dem Nichts, einer eisigen Welt im Norden und einer feurigen im Süden, aus welchen der Riese Ymir und die Kuh Audhumla entstehen.

Ist es zu Beginn des dritten Jahrtausends nicht erstaunlich, dass der bereits erwähnte Nobelpreisträger für Physik Steven Weinberg gerade auf die Edda zurückgreift – statt auf die Bibel? Er möchte, wie wir hörten, auf jeden Fall die Herausforderung der biblischen Schöpfungserzählungen im *Buch Genesis* umgehen: „Manche Kosmologen finden dieses Modell eines schwingenden Universums aus philosophischen Gründen anziehend, vor allem wohl, weil es – wie das Dauerzustandsmodell – das Problem der Genesis geschickt umgeht."[29]

---

[29] S. Weinberg, Die ersten drei Minuten. Der Ursprung des Universums, München 1977, Einleitung: Der Riese und die Kuh.

C. Weltschöpfung oder Evolution?

Informationsbedarf?

Ist der Eindruck völlig falsch, manchen Physikern fehle es hier schlicht an der für ein rationales Urteil notwendigen Basisinformation, die auf dem Gebiet der Religion nicht weniger als auf dem Gebiet der Physik über das in Kindestagen Gelernte hinausreichen müsste? In der *Politik*, behaupten amerikanische Politologen, entscheide die Großzahl der Wähler auf der Basis einer „low information rationality", also mehr instinktmäßig, aus dem Bauch heraus. Kleine persönliche Details oder Interessen seien oft wichtiger als die großen Programmpunkte. In der *Wissenschaft*, so möchte man meinen, müsste es eigentlich besser stehen als in der Politik. Aber andererseits stellt man – leider sogar noch mehr in Europa als in den USA – fest, dass das Interesse der Naturwissenschaftler an religiösen Sachfragen sich in Grenzen hält. Gerade bezüglich der eigenen – zumeist jüdischen oder christlichen – Tradition, die man ausreichend zu kennen meint, geschehen Entscheidungen oft ebenfalls auf der Basis einer „low information rationality".

Ein hervorragendes Gegenbeispiel ist hier der Physiker und Philosoph Carl Friedrich von Weizsäcker. Dieser Schüler von Heisenberg und Bohr bemühte sich in seinem imponierenden Lebenswerk um die Rekonstruktion der Einheit der Physik als Fundamentalwissenschaft im Rahmen eines einheitlichen Wirklichkeitsverständnisses.[30] Er versuchte, äußere Natur und Mensch, die physikalisch-naturwissenschaftlichen und metaphysisch-religiösen Bereiche zusammenzuführen. Dabei stellte er die Frage: „Denken wir die Atome und den Raum der Galaxien richtig, wenn wir sie uns gemäß den Strukturen unseres engen sinnlich wahrnehmbaren Diesseits vorstellen?" Seine Antwort: „Vielleicht bezeichnen Strukturen, mit denen wir das sinnlich Wahrnehmbare beschreiben, nur die Oberfläche einer tieferen Wirklichkeit. Schon die reale Sinnlichkeit enthält noch andere Qualitäten als nur diese mathematischen Strukturen; vielleicht verbirgt oder enthüllt sie auch teilweise andere Gestalten. Die Grenze zwischen Diesseits und Jenseits wird wieder durchlässig."[31]

Schon am 10. Dezember 1974 schrieb er mir vor dem Hintergrund erneuter Atomrüstung zum Verhältnis Christen und Naturwissenschaftler: „Die Christen müssen die Naturwissenschaftler fragen, ob sie sich der verbrecherischen Verantwortungslosigkeit vieler ihrer Tätigkeiten bewußt seien, und die Naturwissenschaftler die Christen, ob sie sich klarmachen, daß ihr Bewußt-

---

[30] Vgl. C. F. von Weizsäcker, Zum Weltbild der Physik (1943); um viele Aufsätze erweiterte 13. Auflage, Stuttgart 1990; ders., Die Einheit der Natur, München 1974; ders., Aufbau der Physik, München 1985; ders., Zeit und Wissen, München 1992.
[31] Ders., Zeit und Wissen, S. 585.

sein um Jahrhunderte hinter der Modernität zurückgeblieben ist. Dies vielleicht als Andeutung der Richtungen, in denen ich gerne weiterfragen würde."[32] Und in seinem Vortrag zum 500. Jubiläum der Universität Tübingen 1977 erklärte von Weizsäcker: „In Wahrheit kann die Wissenschaft weder in ihrer Haltung noch in ihren Themen der Konfrontation mit der Haltung und den Themen der Religion entgehen. Und die Religion darf, so scheint mir, den durch die Wissenschaft erzeugten Schein der Neutralität nicht dulden. Sie muß die Wissenschaft fragen: Weißt du denn, was du tust?"[33]

Die Diskussion Naturwissenschaft-Religion muss beidseitig auf dem heutigen Stand des Wissens geführt werden. Deshalb möchte ich hier knapp einige wichtige Informationen zu den biblischen Schöpfungsberichten im Licht der höchst komplexen modernen Bibelforschung bieten, die ein vernünftiges, gut begründetes Urteil in der Gottesfrage erleichtern sollen.

Die Magna Charta jüdisch-christlicher Weltsicht

Die Geschichtsschreibung des Volkes Israel – im weitesten Sinn verstanden – begann ungefähr zur selben Zeit wie die chinesische: zur Zeit König Davids um 1000 v. Chr. In unermüdlicher Forschungsarbeit vermochte die christliche Exegese der letzten zwei Jahrhunderte im Pentateuch (früher „Die fünf Bücher Moses" genannt) eine kritische Unterscheidung der verschiedenen Quellenschichten (Elohist, Jahwist, Priesterschrift, Deuteronomium) durchzuführen und auch den Sinn der Erzählungen von der Erschaffung der Welt und des Menschen zu erhellen. Der Entstehungsprozess des ersten Buches Moses, der *Genesis*[34], dürfte ein halbes Jahrtausend umfasst haben. Es wird darin deutlich, wie man sich auf den damaligen Stand der Welterkenntnis eingelassen hat, um die Botschaft vom einen Gott und seiner Schöpfung zu verkünden. Die beiden Schöpfungsberichte haben die gläubige Weltsicht von Juden und Christen in einzigartiger Weise geprägt.

Der *erste Schöpfungsbericht* (Gen 1,2–2,4), aus der aufgrund von Stil und Sprachgebrauch (Gottesbezeichnung „Elohim") als „Priesterschrift" (P) bezeichneten Quelle, wurde geschrieben nach dem babylonischen Exil um 500 v. Chr. Offenkundig verwendet er wohl schon im 6. Jh. v. Chr. in priesterlichen Kreisen in Babylonien gesammeltes Material über die Weltentstehung und teilt es in vier Perioden der Gottesoffenbarung ein: Schöpfung –

---

[32] Ders., Lieber Freund! Lieber Gegner! Briefe aus fünf Jahrzehnten, hrsg. von E. Hora, München 2002, S. 103 f.
[33] Ders., Gottesfrage und Naturwissenschaften, Vortrag gehalten in Tübingen 1977.
[34] Zum Buch Genesis ist eine ganze Bibliothek von Kommentaren und Abhandlungen verfasst worden: herausragend die Kommentare von H. Gunkel, G. v. Rad, R. de Vaux, C. Westermann, E. A. Speiser.

C. Weltschöpfung oder Evolution?

Noach – Abraham – Mose. Wichtig: die biblische Erzählung präsentiert sich dabei als *Antimythos zum babylonischen Mythos*. Sie lässt die Welt nicht aus einem Götterkampf hervorgehen, sondern aus Gottes souveränem Handeln. Zwar gibt es viel Gemeinsames mit den babylonischen Mythen: etwa die Vorstellung vom Himmelsozean, dessen Wasser vom Firmament gehindert werden, als Sintflut auf die Erde herabzustürzen. Doch entscheidend ist für uns heute das Eigentümliche dieses ersten biblischen Schöpfungsberichts. Denn in einzigartiger Weise betont er:

- die *Transzendenz Gottes*: Gott, über die Welt erhaben, erschafft die Welt allein durch das Wort. Die Sterne sind nicht Manifestationen des Göttlichen, sondern geschaffene Himmelslampen.
- die *Würde des Menschen*: Der Mensch ist nicht zum Diener der Götter geschaffen, sondern als Ebenbild Gottes; als sein Treuhänder und nicht als Tyrann und Ausbeuter ist er der übrigen Schöpfung übergeordnet.
- die *Ordnung und Einheit der Schöpfung*: Diese unterscheidet sich als Kosmos vom Chaos, sie ist ein wohlgeordnetes, strukturiertes, harmonisches Ganzes mit zahlreichen wechselseitigen Abhängigkeiten. Der eine Gott schafft „Himmel und Erde", das eine Universum.

Die Priesterschrift berichtet von keiner Schöpfung aus dem Nichts, sondern von einer *Schöpfung der Ordnung aus dem Chaos*. Gott steht am Anfang allen Werdens, auch des ursprünglichen Chaos, das er danach geordnet hat. Der Universalismus ist offenkundig: Der transzendente Gott hat alles geschaffen, den Kosmos, die Natur und die Menschheit, er erhält sie auch weiterhin am Leben. Zugleich wird erzählt, wie Himmel und Erde entstanden sind. Doch steht dabei weniger die chronologische Abfolge im Vordergrund als *die in sechs „Tagen" poetisch gestaltete Struktur der Schöpfung*: In den zweimal drei „Tagen" werden nicht Weltperioden umschrieben, sondern zuerst drei Lebensräume, die dann in den folgenden drei „Tagen" ausgeschmückt werden. Etwa am 1. Tag „Es werde Licht" und am 4. Tag die Ausschmückung des Firmaments mit Sonne, Mond und Sternen. So werden konkret die Klassen der Wesen nach Arten, Größe, Gattung, Gestalt und Geschlecht geschildert, welche die drei Räume füllen. Also eher eine Phänomenologie des Kosmos als eine Kosmogonie. Mit dem Wortbericht verbindet sich an jedem Tag die Vollzugsformel: „Und es geschah so" und schließlich die Billigungsformel: „Und Gott sah, daß es gut war". Alles in allem eine großartige, umfassende Schau des gesamten von Gott gut geschaffenen und nicht einem satanischen Gegenspieler abgerungenen Kosmos.

Der *zweite Schöpfungsbericht* des Buches Genesis (Gen 2,4–25) ist der um Jahrhunderte ältere: Er wurde schon um 900 v. Chr. geschrieben oder redigiert von einem unbekannten Vorgänger des Elohisten, der von der Forschung „Jahwist" (J) genannt wird, weil er konstant schon längst vor der Offenbarung des Jahwe-Namens im Buch Exodus 3,15 den Gottesnamen „Jahwe" in den Text einträgt. Auch bei ihm geschieht die Schöpfung durch Ordnen des noch ungestalt Vorhandenen. Dabei konzentriert sich die eindrückliche Erzählung auf die Erschaffung des ersten Menschenpaares. Nicht *wie* Gott Mann und Frau geschaffen hat, sondern *was* Mann und Frau sind – mit Geist und Leib Gottes Ebenbild und die Frau wesensgleiche Helferin des Mannes –, dies soll hier bildhaft ausgedrückt werden. „Sich die Erde untertan machen" heißt nicht (wie erst seit der Moderne möglich) sie ausbeuten, sondern sie bebauen und pflegen. „Herrschen" über die Tiere heißt, als „Ebenbild Gottes" für die Tiere Verantwortung tragen; ihnen „Namen geben" heißt, sich mit ihrem Wesen vertraut machen.

Von einer „*Erschaffung aus dem Nichts*" (*creatio ex nihilo*) ist weder im ersten noch im zweiten Schöpfungsbericht die Rede. Diese Auffassung, die keinen Stoff voraussetzt, wurde sehr viel später entwickelt in den vom hellenistischen Denken beeinflussten jüdischen Gemeinden. Zuerst nachgewiesen ist sie im 2. Buch der Makkabäer, das die Jahre 175–135 v. Chr. behandelt und ursprünglich griechisch geschrieben ist. Die eigentliche Sprache der Bibel, des „Alten Testaments", aber ist hebräisch. Doch auch wo die Bibel metaphorisch bleibt, hat sie Wichtiges zu künden.

Eine metaphorische Bildsprache

An einem zentralen Punkt gibt es in der Bibel – trotz aller Weiterentwicklung des Gottesverständnisses – keinen Veränderungsprozess: *Gott* ist *anredbar* – dies ist eine *biblische Konstante*! „Vergeistigung" wäre hier Verflüchtigung; sie entzöge echtem Beten und Gottesdienst die Basis. Wie auch immer in der Bibel von Gott geredet wird, ob mythisch oder unmythisch, ob bildlich oder begrifflich, ob prosaisch oder poetisch: Das Verhältnis zu Gott als einem anredbaren Gegenüber, als einem Du – man nenne es Person, persönlich, überpersönlich, transpersonal oder wie auch immer –, ist eine unaufgebbare, wenn auch stets wieder neu zu interpretierende Grundkonstante biblischen Gottesglaubens.

Weder Christen noch Juden müssen freilich glauben, dass die Bibel als Gottes direktes Wort vom „Himmel" verkündet wurde – wie dies von Muslimen in Bezug auf den Koran erwartet wird: Dieser ist, jedenfalls nach traditionellem islamischem Verständnis, wortwörtlich für die Menschen diktiert und deshalb auch Satz für Satz unfehlbar wahr. Die Bibel aber versteht sich selber als *Gotteswort im Menschenwort*. Denn sie lässt überall erkennen, dass sie Satz für Satz von Menschen gesammelt, niedergeschrieben, bearbeitet und in verschiedene Richtungen weitergeführt wurde. Als Menschenwerk ist sie deshalb nicht ohne Mängel und Widersprüche, Verhüllungen und Vermischungen, Beschränktheiten und Irrtümer. Jedenfalls eine höchst vielfältige Sammlung von deutlichen und weniger deutlichen, stärkeren und schwächeren, ursprünglichen und abgeleiteten Zeugnissen des Glaubens. Dieser historische Charakter der Schriften ermöglicht nicht nur *Bibelkritik*, sondern erfordert sie geradezu. Ernsthafte Bibelkritik ist unverzichtbar, damit die biblische Botschaft von Gott nicht in einem Buch von Menschen aus vergangenen Zeiten verschlossen bleibt, sondern zu jeder Zeit wieder neu lebendig verkündigt wird.

Die Bibel ist also *nicht einfach Gottes Offenbarung, sondern menschliches Zeugnis von ihr* – in einer Sprache von Bildern und Gleichnissen, die ihren eigenen „Sitz im Leben" (z. B. Kult, Gemeindeordnung ...) haben. In *Bildern und Gleichnissen* beantwortet die Bibel Fragen, die schon damals Menschen umgetrieben haben, aber auch für Menschen von heute nach wie vor wichtig sind: auf den ersten Seiten die Fragen nach Anfang und Wesen von Welt und Mensch. Wie aber sollte der vorwissenschaftliche Mensch gerade *Gottes Schöpfertätigkeit* anders beschreiben als durch Metaphern und Analogien, die dem Bereich menschlicher Tätigkeiten entnommen sind und deren sich auch die Philosophie der Griechen und ihrer Nachfolger hilfsweise bedient![35]

Besonders in den Psalmen kommt dies zum Ausdruck: Ähnlich wie der Erbauer einer Stadt oder eines Palastes habe Gott den „Erdkreis gegründet". Wie ein Zeltmacher habe er den Himmel „ausgespannt wie ein Zelt". Wie ein Baumeister habe er das Dach „festgemacht", die „großen Wasser" aus dem Bereich des Lebens vertrieben, „das Firmament gemacht" und „die beiden großen Lichter" ... Nein, die wirkmächtigen Bilder und lebendigen Metaphern sind kein Beweis für einen „kosmischen Designer oder Architekten". Sie sind eine Einladung zum glaubenden Vertrauen auf den einen, nicht direkt konstatierbaren und beschreibbaren unsichtbaren Gott, der das Universum schafft und erhält und von dem man sich nicht Abbilder malen oder formen soll.

Keine Harmonisierung oder Vermischung

Die Bibel beschreibt keine naturwissenschaftlichen Fakten, sondern deutet sie, auch für unser gegenwärtiges menschliches Leben und Handeln. Beide Sprach- und Denkebenen sind immer sauber zu trennen, sollen die fatalen Missverständnisse der Vergangenheit auf beiden Seiten, der Wissenschaft wie der Theologie, vermieden werden. Wissenschaftliche und religiöse Sprache

---

[35] Vgl. B. H. F. Taureck, Metaphern und Gleichnisse in der Philosophie. Versuch einer kritischen Ikonologie der Philosophie, Frankfurt/M. 2004.

sind so wenig vergleichbar wie wissenschaftliche und poetische. Das heißt: *Urknalltheorie und Schöpfungsglaube*, Evolutionstheorie und Erschaffung des Menschen widersprechen sich nicht, sie sind aber auch *nicht zu harmonisieren*. Die „naturwissenschaftliche" Interpretation der Genesis als Schöpfung in Sechs-Millionen-Tagen oder als Flood-Geology in „The Genesis Flood" von H. Morris – J. Whitcomb (1961) führt in die Irre.

Nicht einen Kern des naturwissenschaftlich Beweisbaren hat unsere Bibelinterpretation herauszuarbeiten, sondern das *für Glauben und Leben Unverzichtbare*. Nicht die Existenz oder Überflüssigkeit Gottes hat die Naturwissenschaft zu „beweisen". Vielmehr hat sie die physikalische Erklärbarkeit unseres Universums so weit wie ihr möglich (!) voranzutreiben und zugleich Raum zu lassen für das physikalisch prinzipiell Unerklärbare. Davon redet die Bibel.

Also *keine Vermischung der beiden Sprachen*: Bei der Sprache der Bibel handelt es sich – wie der Physiker Werner Heisenberg formuliert – um eine Art Sprache, „die eine Verständigung ermöglicht über den hinter den Erscheinungen spürbaren Zusammenhang der Welt, ohne den wir keine Ethik und keine Wertskala gewinnen könnten ... Diese Sprache ist der Sprache der Dichtung näher verwandt als jener der auf Präzision ausgerichteten Naturwissenschaft". Daher bedeuten ja die Wörter in beiden Sprachen oft etwas Verschiedenes: „Der Himmel, von dem in der Bibel die Rede ist, hat wenig zu tun mit jenem Himmel, in den wir Flugzeuge oder Raketen aufsteigen lassen. Im astronomischen Universum ist die Erde nur ein winziges Staubkörnchen in einem der unzähligen Milchstraßensysteme, für uns aber ist sie die Mitte der Welt – sie ist wirklich die Mitte der Welt. Die Naturwissenschaft versucht, ihren Begriffen eine objektive Bedeutung zu geben. Die religiöse Sprache aber muss gerade die Spaltung der Welt in ihre objektive und ihre subjektive Seite vermeiden; denn wer könnte behaupten, dass die objektive Seite wirklicher wäre als die subjektive. Wir dürfen also die beiden Sprachen nicht durcheinanderbringen, wir müssen subtiler denken, als dies bisher üblich war."[36]

Im übrigen ist die Beantwortung der Grundfragen des Menschen eine Angelegenheit der *persönlichen Grundeinstellung*:
– Der sowjetische Kosmonaut Juri Gagarin, als erster Mensch am 12. April 1961 die Erde umkreisend, verkündete daraufhin genau nach marxistisch-

---

[36] W. Heisenberg, Naturwissenschaftliche und religiöse Wahrheit (Rede, gehalten vor der Katholischen Akademie in Bayern bei der Entgegennahme des Guardini-Preises am 23. März 1973), in: Schritte über Grenzen. Gesammelte Reden und Aufsätze, 2. erweiterte Auflage, München 1973, S. 335–351, Zit. S. 348.

C. Weltschöpfung oder Evolution? 353

materialistischem Dogma „Hier oben ist kein Gott zu sehen." Später bekannte er sich ausdrücklich zur Religion.
- Der amerikanische Kommandant der „Apollo", Frank Bormann, der am Heiligen Abend 1968 als erster Astronaut den Mond umrundete, las, fasziniert von der Schönheit unseres blauen Planeten und dankbar im tiefdunklen Universum für das Geschenk von Licht und Leben, die ersten Verse der Genesis vor: „Am Anfang schuf Gott Himmel und Erde. Und die Erde war wüst und leer. Und Finsternis lag auf der Urflut, und der Geist Gottes schwebte über den Wassern. Und Gott sprach: Es werde Licht! Und es ward Licht."
- Der deutsche Physiker und Astronaut Ulrich Walter, 1993 Teilnehmer an der deutschen Space Shuttle Mission (D-2), sah unter der grell stechenden Sonne unseren blau-weißen Planeten und hatte angesichts der ansonsten eindringlich monoton schwarzen und lebensfeindlichen Tiefen des Weltalls ähnliche Erfahrungen der Einsamkeit wie Blaise Pascal: „meine ganz persönlich erlebte kopernikanische Revolution".[37] Er selber glaubt an einen Schöpfergott, wenngleich nicht immer entsprechend den Vorstellungen und Dogmen der Kirche. „Ob ein Raumflug einen Menschen Gott näher bringt oder nicht?" Seine Antwort lautet: „Das hängt von jedem Einzelnen ab".[38]

In der Tat: hier geht es um eine Entscheidung, zu der das biblische Zeugnis herausfordert:

6. Glaubenszeugnis über das letzte Woher

Die Naturwissenschaft kann es weder bestätigen noch widerlegen, was die beiden Berichte der Genesis als ihre eindeutige Botschaft verkünden: *Im Anfang der Welt ist Gott!* Also nicht: Im Anfang war der Knall, sondern: Im Anfang war das Wort, das Wollen, und *es ward Licht*: Es ward Energie, Materie, Raum und Zeit.

Erschaffung von Zeit und Raum aus dem Nichts

Dabei reden wir nur im uneigentlichen Sinn von einem *„vor" der Weltschöpfung*. Was tat Gott, bevor er Himmel und Erde schuf? Schon Augustin hat im Kapitel 11 seiner „Confessiones" auf diese für ihn impertinente Frage eine präzise Antwort gegeben, und zwar kurz und bündig: Diese Frage sei

---
[37] U. Walter, „ ... weil euer Gott im Himmel ist!", in: T. D. Wabbel, Im Anfang war (k)ein Gott, Düsseldorf 2004, S. 246.
[38] AaO S. 247.

gegenstandslos; die Frage nach dem „Davor" erübrige sich. Warum? Weil die Welt nicht *in* der Zeit (in tempore) geschaffen worden ist, sondern *mit* der Zeit (cum tempore); soweit hätte Einstein zugestimmt. „Vor" dem Kosmos ist also nur der Schöpfer, „vor" der Zeit nur die Ewigkeit; hier geht Augustin weiter als Einstein und spricht Gott an: „Nein, du gehst den Zeiten *nicht in der Zeit voraus*; sonst gingest du nicht all und jeder Zeit voraus. Sondern du gehst *allen Zeiten voraus*, durch die zeitlose Erhabenheit stets gegenwärtiger *Ewigkeit*, und du stehst auch über allen Zukunftszeiten."[39] Theologisch gesehen also ist der *Schöpfungsakt ein zeitloser Akt*, durch den die Zeit entsteht. Und die Zeit ist geschaffene Zeit, geschaffener Zeit-Raum, geschaffene Raum-Zeit.[40]

Was heißt nun: die Welt „*aus dem Nichts*" schaffen? Dies ist in der Bibel, wie erwähnt, ein erst späterer Gedanke, Frucht hellenistischer Reflexion. Er bedeutet keine Verselbständigung des Nichts, keinen sozusagen schwarzen leeren Raum vor oder neben Gott. Das Nichts darf auch nicht verwechselt werden mit dem „Vakuum" der modernen Teilchenphysik, dessen „Fluktuationen" vielleicht am Anfang unseres Universums stehen und das eben keineswegs ein Nichts, sondern ein Etwas ist. Gemeint ist vielmehr das *absolute Nichts*, das jede materielle Ursache beim Schöpfungsakt ausschließt. Schöpfung „aus dem Nichts" ist der philosophisch-theologische Ausdruck dafür, dass sich Welt und Mensch samt Raum und Zeit Gott allein verdanken und keiner anderen Ursache.

Gott selbst aber verdankt sich keiner Ursache. Nicht einmal „causa sui – Ursache seiner selbst" (Descartes, Spinoza) sollte man Gott nennen. Ist er doch überhaupt nicht verursacht. Er ist – per definitionem – die unverursachte, weil ewige und vollkommene Wirklichkeit: „Id quo maius cogitari nequit" – „im Vergleich zu dem nichts Größeres gedacht werden kann" (Anselm von Canterbury, Descartes). Darüber philosophiert die Bibel nicht. Wohl aber gibt sie der Überzeugung Ausdruck, dass die Welt radikal abhängig ist und auch abhängig bleibt von Gott als dem Urheber und Erhalter allen Seins. Die christliche Theologie hat daran festgehalten, dass die Schöpfung fortdauert: *creatio continua*. Für unser heutiges Verständnis ist nur so das Werden der Welt als weitergehender Prozess in der Zeit möglich, der das Entstehen neuer Strukturen nicht aus-, sondern einschließt.

Schöpfung aus dem Nichts und fortdauernde Schöpfung müssen also als Einheit gesehen werden – beides die Bedingung der Möglichkeit von physikalischen Prozessen überhaupt: „Creatio continua und creatio ex nihilo wären

---

[39] Augustinus, Confessiones XI,13.
[40] Zur Geschichte des Zeitbegriffs vgl. K. Mainzer, Zeit. Von der Urzeit zur Computerzeit, München ³1999.

C. Weltschöpfung oder Evolution?

nur zwei Namen für ein und dieselbe, selbst zeitlose und gleichwohl zeitsetzende Schöpfertätigkeit des ewigen Gottes. Und diese eine und selbe Schöpfertätigkeit Gottes läge nicht jenseits einer jahrmilliardenfernen Singularität, sondern wäre uns in strenger Gegenwart, zwar unverfügbar, doch näher als wir uns selbst."[41]

Was ist der Sinn des Schöpfungsglaubens heute?

In Bildern und Gleichnissen ihrer Zeit beantworten die biblischen Schöpfungsberichte einfache Grundfragen, die sich auch für den Menschen von heute stellen und welche die Naturwissenschaft mit ihrer Methode und Sprache nicht beantworten kann. Keine rein theoretischen, sondern elementare *existentielle Fragen* werden in der Bibel beantwortet:
- Was war am Anfang? Der gute Gott, der Ursprung ist von allem und jedem.
- Ist etwas anderes (Gestirn, Tier oder Mensch) Gott neben Gott? Nein, es gibt keinen Gott außer Gott.
- Kämpfen aber in der Weltgeschichte nicht offensichtlich ein gutes und ein böses Prinzip miteinander? Nein, Gott ist vielmehr der gute Gott, der mit keinem bösen oder dämonischen Gegenprinzip in Konkurrenz steht.
- Ist nicht ein Teil der Wirklichkeit minderer Qualität: die Materie gegenüber dem Geist, die Geschlechtlichkeit gegenüber der Geistigkeit? Keineswegs, die Welt des guten Schöpfergottes und damit auch Materie, Menschenleib und Geschlechtlichkeit sind im Grunde gut: „Gott sah alles, was er gemacht hatte: Und es war sehr gut" (Gen 1,31).
- Was ist das Ziel des Schöpfungsprozesses? Der Mensch – nicht isoliert, sondern inmitten des Kosmos – ist das große Ziel des Schöpfungsprozesses. Nicht erst eine Erlösung, sondern schon die Schöpfung bedeutet nach der Bibel Gottes gnädige Zuwendung zu Welt und Mensch. Die Erhaltung der Welt kann als fortgesetzte Schöpfung („creatio") und Entwicklung („evolutio") verstanden werden.

Man kann sich fragen: Ist es reiner Zufall, dass die moderne Naturwissenschaft sich gerade auf dem Hintergrund der jüdisch-christlichen Schöpfungslehre entwickeln konnte? Zwei Grundeinsichten, die auch der Koran betont, waren dafür zweifellos hilfreiche Voraussetzungen:
- Die Welt ist nicht Gott, sie ist geschaffen und nicht in sich heilig: Sie ist dem Menschen zur Verfügung gestellt.

---

[41] U. Lüke, Schöpfung aus dem Nichts oder fortlaufende Schöpfung? Zum Verhältnis von creatio ex nihilo und creatio continua, in: H. A. Müller (Hrsg.), Kosmologie. Fragen nach Evolution und Eschatologie der Welt, Göttingen 2004, S. 39–52, Zit. S. 50.

– Die Welt ist nicht Chaos, sondern geordnet, Kosmos: Sie darf vom Menschen genutzt, bebaut, erforscht werden.

Welchen Sinn also kann es heute noch haben, hinsichtlich des Anfangs der Welt nicht nur – naturwissenschaftlich – von einem Urknall, von Weltmodellen und Kosmostheorien zu reden, sondern auch mit vollem Recht – theologisch – von einem *Gott, der den Kosmos geschaffen hat*, so wie es unzählige Menschen von der Hebräischen Bibel her, also Juden, Christen und Muslime, aber auch viele andere, immer wieder bekannt haben?

Der Schöpfungsglauben fügt dem *Verfügungswissen*, das die Naturwissenschaft so unendlich bereichert hat, nichts hinzu; er bietet keine naturwissenschaftlichen Informationen. Aber der Schöpfungsglaube schenkt dem Menschen – gerade in einer Zeit der raschen wissenschaftlichen, wirtschaftlichen, kulturellen und politischen Revolutionen und deshalb der Entwurzelung und der Orientierungslosigkeit – ein *Orientierungswissen*: Es lässt den Menschen einen Sinn im Leben und im Evolutionsprozess entdecken und vermag ihm Maßstäbe im Handeln und eine letzte Geborgenheit in diesem unübersehbar großen Weltall zu vermitteln. Der Mensch wird auch im Raumfahrtzeitalter, wenn er über die erstaunlichen Resultate der Astrophysik nachdenkt und wie seit eh und je in den gestirnten Nachthimmel hinausschaut, sich fragen: Was soll das Ganze? Woher das Ganze? Aus dem Nichts? Erklärt denn das Nichts etwas? Gibt sich damit die Vernunft zufrieden?

Die einzige ernsthafte Alternative, welche die reine Vernunft freilich, wie so manches, nicht beweisen kann, weil sie ihren Erfahrungshorizont übersteigt, wofür sie aber gute Gründe hat, eine Antwort, die also durchaus vernünftig ist: Das Ganze stammt *nicht nur aus einem Urknall, sondern einem Ursprung*: aus jenem *ersten schöpferischen Grund der Gründe*, den wir Gott, eben den Schöpfergott, nennen.

Auch wenn ich dies nicht beweisen kann, so kann ich es doch mit gutem Grund bejahen: in jenem für mich so vernünftigen, geprüften, *aufgeklärten Vertrauen*, in welchem ich schon Gottes Existenz bejahte. Denn wenn der Gott, der existiert, wahrhaft Gott ist, dann ist er nicht nur Gott jetzt, für mich hier und heute, sondern Gott schon am Anfang, Gott von aller Ewigkeit. Nur so, scheint mir, wird uns das Universum plausibel in seiner Existenz als Kosmos: in seinem mathematisch geordneten, hochkomplexen und ungeheuer dynamischen Wesen. Und angesichts der Größe unseres Universums und der Komplexität der Naturwissenschaft haben ja auch nicht wenige Naturwissenschaftler Gefühle des Staunens, der Ehrfurcht, der Freude und gar des Schreckens gezeigt und damit auch die Frage zum Ausdruck gebracht, ob dieses Universum nicht doch mehr umfasse als das Augenscheinliche – eine Frage, welche nicht die Naturwissenschaft, wohl aber ein

C. Weltschöpfung oder Evolution?

vernünftiges Vertrauen, das seine Gründe hat und das wir *Glauben* nennen, zu beantworten vermag.

Heute an den Schöpfer der Welt glauben, heißt also nicht, an irgendwelche Mythen zu glauben, heißt auch nicht, sich Gott als Schöpfer so vorzustellen, wie ihn etwa der unvergleichliche Michelangelo als Künstler ganz menschlich an die Decke der Sixtinischen Kapelle gemalt hat. Hier enden alle Vorstellungen. An Gott als den Schöpfer der Welt glauben heißt auch nicht, sich für dieses oder jenes der wechselnden Weltmodelle zu entscheiden, die große Gelehrte ausgearbeitet haben. Und dies deshalb nicht, weil es hier ja um die *Voraus-Setzung aller Weltmodelle und der Welt überhaupt* geht. Auch eine ewige Welt, wie sie zum Beispiel Aristoteles annahm, wäre mit dem Gottesglauben vereinbar, meint selbst Thomas von Aquin, der aufgrund der Bibel freilich von einem zeitlichen Anfang der Welt überzeugt ist. Der ewige Gott ist aller Zeit voraus, dies bedeutet ja keine zeitliche, sondern eine ontologische Priorität.

Heute im Horizont der wissenschaftlichen Kosmologie an den Schöpfer der Welt glauben heißt, in aufgeklärtem Vertrauen bejahen, dass Welt und Mensch nicht im letzten Woher unerklärlich bleiben, dass Welt und Mensch nicht sinnlos aus dem Nichts ins Nichts geworfen sind, sondern dass sie als Ganzes sinnvoll und wertvoll sind, nicht Chaos, sondern Kosmos, weil sie in Gott, ihrem Urgrund, Urheber, Schöpfer, eine erste und letzte Geborgenheit haben.

Erneut muss betont werden: Nichts zwingt einen Menschen zu diesem Glauben. Er kann sich für ihn *in aller Freiheit entscheiden*! Hat er sich dafür entschieden, dann allerdings verändert dieser Glaube seine Stellung in der Welt, seine Einstellung zur Welt. Wer an Gott als den Schöpfer glaubt, kann begründeterweise auch die Welt und den Menschen als Gottes Schöpfung voll bejahen:
– vor allem die *Menschen* als unsere Mit-Menschen (und nicht als mindere Wesen) achten;
– aber auch die außermenschliche Natur, die *Tiere* ganz besonders, als unsere *Um- und Mit-Welt* (und nicht als unsere geborenen Feinde, nicht als beliebig verwertbares Material) respektieren und pflegen.

Nicht obwohl ich Gottes Geschöpf bin, sondern weil ich Gottes Geschöpf bin und weil auch meine Mitmenschen und meine Umwelt Geschöpfe Gottes sind, erhalten ich, meine Mitmenschen, ja auch – bei aller Differenz – die Tiere eine Würde, die es zu respektieren gilt. Das „Füllet die Erde und machet sie euch untertan!" der Schöpfungsgeschichte (Gen 1,28) nicht als Freibrief verstanden für hemmungslose Ausbeutung und Zerstörung von Natur und Umwelt, erst recht nicht heute in einer Epoche der Ernüchterung angesichts der „Grenzen des Wachstums". An den Schöpfergott glauben lässt mich meine Verantwortung für Mitmenschen und Umwelt und die mir gesetzten Aufgaben mit größerem Ernst, mit mehr Realismus und Hoffnung wahrnehmen.

„In unzugänglichem Licht"

Der Urgrund der Gründe lässt sich nicht ergründen. Doch eines ist für die jüdisch-christlich-muslimische Tradition sicher: Gott ist kein Abgrund der Dunkelheit – Finsternis kann kein Licht gebären. Vielmehr ist er die *Fülle des Lichts*, die das „Es werde Licht!" im Kosmos allein möglich macht.

In allen Religionen ist das Licht eine ausgezeichnete Metapher, ein altes Bild-Wort für die höchste Wirklichkeit, für Gott – und die moderne naturwissenschaftliche Lichtforschung lässt die religiös-symbolische Bedeutung des Lichts vertieft verstehen. Denn was ist das Licht? Eine elektromagnetische Welle, die sich mit maximaler Geschwindigkeit ausbreitet – eine auch für Physiker noch immer geheimnisvolle Wirklichkeit, die widersprüchliche Eigenschaften zu haben scheint, sich manchmal als Welle, manchmal als Quantenteilchen zeigt. Eine „coincidentia oppositorum", sahen wir: Gleichzeitig zwei verschiedene Bilder, Wellenbild und Teilchenbild, die sich ausschließen und doch ergänzen. Der große dänische Atomphysiker Niels Bohr, Lehrer Heisenbergs und einer ganzen Generation von Physikern („Kopenhagener Deutung"), hat dafür bekanntlich den Begriff der *„Komplementarität"* eingeführt: Beide gegensätzliche Bilder braucht es, um das Geheimnis des Lichts zu beschreiben. Und solche Komplementarität gegensätzlicher Bilder und Begriffe braucht es auch, um das Geheimnis Gottes zu umschreiben.

Das Wesen des Lichtes wird ständig weiter erforscht, und vielleicht kann man eines Tages das Geheimnis des Lichts erklären. Das Geheimnis Gottes aber bleibt: Er bleibt der Unendliche, Unermessliche, *Unerforschliche* und vereint in sich Gegensätze wie Ewigkeit und Zeitlichkeit, Ferne und Nähe, Gerechtigkeit und Barmherzigkeit, Zorn und Gnade. Er ist verborgen im Kosmos wie in meinem Herzen, entschieden mehr als Person und doch jederzeit ansprechbar. So wenig wie in die Sonne kann der Mensch in Gottes Geist eindringen. „Wie bist Du groß ...", heißt es im Psalm (104,1–2), „der du in Licht dich hüllst." Oder im Neuen Testament: In uns und um uns ist auch Finsternis, aber Gott „wohnt in unzugänglichem Lichte" (1Tim 6,15 f.); „Gott ist Licht, und keine Finsternis ist in ihm" (1Joh 1,5).

Gott also als das urbildliche Licht, der die erleuchtende, wärmende und heilende Kraft aussendet in den Kosmos. „Es werde Licht. Und es ward Licht", mit diesen Sätzen aus dem Buch Genesis habe ich meine Einleitung begonnen, „und Gott sah, daß das Licht gut war". Ja, gut für die Welt und gut für den Menschen. Verse aus Ingeborg Bachmanns Gedicht „An die Sonne" drücken dies aus und vermögen Naturwissenschaftler wie Theologen in gleicher Weise anzusprechen:

> „Viel schöner als der feurige Auftritt eines Kometen
> Und zu weit Schönrem berufen als jedes andre
> Gestirn,
> Weil dein und mein Leben jeden Tag an ihr hängt,
> ist die Sonne. (...)
> Schönes Licht, das uns warm hält, bewahrt und
> wunderbar sorgt,
> Daß ich wieder sehe und daß ich dich wiederseh!
> Nichts Schönres unter der Sonne als unter der Sonne
> zu sein ..."[42]

Im übrigen gilt: „If we become increasingly humble about how little we know, we may be more eager to search" – „Wenn wir zunehmend bescheidener werden angesichts des Wenigen, das wir wissen, können wir umso begieriger sein weiterzuforschen." So Sir John Templeton, der mehr als andere für die Verständigung von Naturwissenschaft und Religion getan hat.[43] Damit ist die Brücke geschlagen zum vierten Kapitel über eine weitere, jetzt gut vorbereitete, Grundfrage, in der die Forschung ebenfalls gewaltige Fortschritte gemacht hat: die Frage nach dem Anfang des Lebens im Kosmos, nach Zufall und Notwendigkeit einer Entwicklung, die erstaunlicherweise auf Geist, auf den Menschen hin erfolgt ist.

D. Leben im Kosmos?

Zumindest darin stimmen Bibel und Naturwissenschaft überein: Am Anfang der Geschichte unseres Planeten gab es kein Leben. Wie „wüst und leer" die Erde kurz vor der Entstehung des ersten Lebens vor etwa 3,5 Milliarden Jahren war, zeigte die europäische Raumsonde „Huygens". Sie war nach siebenjähriger Reise über 3,2 Milliarden Kilometer am 14. Januar 2005 mit erstaunlicher Genauigkeit auf dem Saturnmond Titan gelandet – dem einzigen Mond mit einer Atmosphäre. Ein Triumph für die Wissenschaft, der die Frage unterstreicht: Wenn nach der Evolutionstheorie die Geschichte unserer

---

[42] I. Bachmann, An die Sonne, in: Werke, hrsg. v. C. Koschel u. a., Bd. I, München 1982, S. 136 f.
[43] J. Templeton, John Templeton Foundation, Radnov/Pennsylvania 2004, S. 9.

Erde von Anfang bis Ende eine berechenbare, in sich zusammenhängende, folgerichtige Entwicklung ist, wenn alles unter dem Gesetz von – innerweltlicher! – Ursache und Wirkung steht, wenn jeder Schritt aus dem vorausgehenden einsichtig folgt: Wo soll da noch Raum sein für ein besonderes Eingreifen, „Inter-venieren", „Dazwischen-Kommen" Gottes? Etwa bei der Entstehung des Lebens oder später bei der Erschaffung des Menschen? Von der Entstehung des Lebens (Biogenese) soll in diesem Kapitel, von der Entstehung des Menschen (Hominisation) im nächsten die Rede sein.

1. Seit wann gibt es Leben?

Naturwissenschaftliche Forschung wie historisch-kritische Bibelforschung haben es zunehmend plausibel gemacht: Die *Paradies-Tradition von Adam und Eva* und ihrem Sündenfall (Gen 1–3; Röm 5,12–21) ist als symbolische Erzählung vom Menschen als solchem (hebr. *Adam* = der Mensch, oder Menschen = kollektiver Begriff) zu verstehen. Sie bietet keine historischen Berichte von einem konkreten Menschenpaar; der noch von Papst Pius XII. propagierte „Monogenismus" – die Abstammung aller Menschen von Adam und Eva – wird auch von römisch-katholischen Theologen heute kaum noch vertreten. Nicht um naturwissenschaftliche Aussagen geht es in den ersten Kapiteln der Bibel, sondern um eine religiöse Deutung der von Anfang an gegebenen menschlichen Grundsituation.[1]

Immer wieder haben Theologen früher versucht, schon vor der Urgeschichte des Menschen und den Wundern des Alten Testaments entscheidende Einschnitte namhaft zu machen, wo der kausale Ablauf unterbrochen und angeblich ein unvermitteltes *„über-natürliches" Eingreifen Gottes* in den sonst ungestört natürlich ablaufenden Gang der Geschichte nötig wurde. Aber nach all den theologischen Rückzugsgefechten müssen Theologen heute wenigstens zugestehen, dass sich sowohl der Kosmos im ganzen wie der Mensch zumindest dem Leibe nach „natürlich" entwickelt haben. Seit etwa 3,5 Milliarden Jahren hat sich auf unserer Erde Leben entwickelt, seit etwa zweihunderttausend Jahren gibt es Menschen. Da müssen nicht nur Theologen sich fragen: Ist es richtig, sich jetzt noch darauf zu versteifen, dass schon das Leben und erst recht der Menschengeist („Geistseele") durch unmittelbaren Eingriff, direkte Intervention des Schöpfers, entstanden seien? Doch zu-

---

[1] Vgl. H. Haag, Biblische Schöpfungslehre und kirchliche Erbsündenlehre, Stuttgart ⁴1968; U. Baumann, Erbsünde? Ihr traditionelles Verständnis in der Krise heutiger Theologie, Freiburg/Br. 1970.

D. Leben im Kosmos?

erst die Frage: Lässt sich Leben überhaupt „de-finieren", „ab-grenzen" vom Unbelebten? Was ist überhaupt „Leben"?[2]

Was ist „Leben"?

Aristoteles, der Begründer der wissenschaftlichen Biologie, postulierte als Charakteristikum allen Lebens die Fähigkeit zur Selbstbewegung oder *Eigendynamik*. Dabei unterschied auch er schon *drei Formen des Lebens*:
– das vegetative Pflanzenleben mit den Vermögen Ernährung, Wachstum und Vermehrung;
– das sensitive Tierleben mit den Vermögen Wahrnehmung, Bewegung, Strebung;
– das rationale Geistleben: eine „anima" (Lebensprinzip) nicht nur „vegetativa" oder „sensitiva", sondern „rationalis": mit Erkenntnisvermögen und Entscheidungsfreiheit, Grundlage für die Erfahrung von Moralität, Schönheit und Sinn. Augustin und entschiedener noch Thomas von Aquin vertreten später die Auffassung, jede menschliche Geistseele sei unmittelbar von Gott aus dem Nichts geschaffen („Kreatianismus") und nicht durch elterliche Zeugung hervorgebracht („Generatianismus").

Heutige Biologen verzichten wegen der metaphysischen Implikationen auf eine philosophische Definition des Lebens, und wegen der zahllosen Übergänge vom Unbelebten zum Leben auch auf eine physikalisch-chemische. Sie begnügen sich mit der Beschreibung von Mindestanforderungen, von notwendigen strukturellen und dynamischen Eigenschaften. Allen Lebewesen, darüber dürfte heute Konsens herrschen, sind *drei dynamische Hauptmerkmale* eigen:
– Fähigkeit zur Erzeugung von Organismen gleicher Art: *Reproduktion*,
– erbliche Veränderungen als Voraussetzung für die Entstehung einer Vielfalt von Lebewesen: *Mutation*,
– Steuerung des Stoffwechsels zur Aufnahme und Umsetzung von Energie und Material aus der Umgebung: *Metabolismus*.

Lebendiges ist immer individuell: Lebewesen sind von der Umwelt abgegrenzte Gebilde, deren kleinste Einheit die Zelle ist. Genauso spannend wie die Frage, *was* „Leben" definiert, ist deshalb die Frage, *wo* Leben existiert. Die viel diskutierte Frage:

---
[2] Vgl. dazu die populärwissenschaftlichen Darstellungen von S. E. Luria, Life – The Unfinished Experiment, New York 1973; dt.: Leben – das unvollendete Experiment, München 1974, Kap. 11: Der Geist; H. von Ditfurth, Der Geist fiel nicht vom Himmel. Die Evolution unseres Bewußtseins, Hamburg 1976; B.-O. Küppers (Hrsg.), Leben = Physik + Chemie? Das Lebendige aus der Sicht bedeutender Physiker, München 1987.

Sind wir allein im Universum?

Direkt gefragt: Gibt es anderswo im Universum Leben, auf anderen Planeten unseres Sonnensystems oder auf anderen Sternen unserer zehn Milliarden Jahre alten Milchstraße? Ich bin mir bewusst: Die Film- und Literaturgattung „Science Fiction" hat die Vorstellung vieler Menschen von „Außerirdischen" mehr geprägt als alle seriöse Wissenschaft. Und warum sich nicht Hypothesen und Modelle ausdenken? Die *Möglichkeit von Leben anderswo* ist doch *nicht* von vornherein *auszuschließen*. Freilich müsste man dafür irgendwo im Universum tatsächlich einen Planeten mit ähnlichen physikalischen Bedingungen finden, wie sie auf der Erde herrschen: der richtige Abstand zur Sonne und die richtige Temperatur, die notwendigen Elemente in den richtigen Proportionen ... Das scheint nicht allzu schwierig: Denn man hat festgestellt, dass die bei vergangenen Sternenexplosionen ausgespienen Wolken eine Fülle von Molekülen interstellarer Materie aufweisen wie Kohlenstoffe, Silikate, Wasser und andere, die für die Entwicklung von Leben nötig sind.

Bis in die 60er Jahre wurde – nicht nur in der New Age- und Esoterik-Szene – über UFOs spekuliert, *Unidentified Flying Objects*. Wissenschaftlich nachgewiesen wurden solche scheiben- oder zigarrenförmige „Untertassen" nirgendwo, vielmehr wurden sie als natürliche oder künstliche Phänomene erkannt oder gar als bewusste Irreführungen entlarvt. Und wie hätten sie auch durch Hunderttausende von Lichtjahren (ein Lichtjahr = 9 Billionen Kilometer) fliegen sollen, ohne dann sichtbar bei uns zu landen?

Angeregt von einem Artikel der Physiker Giuseppe Gocconi und Philip Morrison in der Zeitschrift „Nature", fand aber schon 1960 in Green Park/ West Virginia eine Konferenz über die „Suche nach außerirdischen Intelligenzen" (SETI = *Search for extraterrestrial intelligence*) statt. Bereits 1962 wurde im dortigen National Radio Astronomy Observatory ein Radioteleskop mit einem Reflektor von 91,5 Metern Durchmesser in Betrieb genommen, der allerdings 12 Jahre später zusammenbrechen sollte.

Es war hier, wo der junge Astronom Frank Drake (geb. 1930) als erster das All systematisch absuchte nach leisen außerirdischen Radiosignalen. 1961 hatte er anscheinend begründete Berechnungen und Vermutungen vorgelegt über die Produktionsrate, nach der Sterne sich bilden, über den Anteil der Sterne mit Planeten und über die Zahl der Planeten, auf denen Leben existieren könnte. Andererseits auch Zahlen über das Durchschnittsalter von technologischen Zivilisationen (Hochkulturen). Mit dieser Logik kam er auf die Zahl von ungefähr 10 000 Zivilisationen allein in unserer Milchstraße,

D. Leben im Kosmos?

die zu interstellarer Kommunikation fähig sein sollten. Nach deren Radiosignalen im Weltraum suchte er in den Folgejahren.[3]

Von Anfang an wurde Drake bei der Verbreitung seiner Ideen effizient unterstützt vom damals ebenfalls jungen Carl Sagan (geb. 1934), der wie Drake in den 1970er Jahren als Astronom an die Cornell University berufen wurde und als Autor einer großartigen Fernsehserie über den Kosmos weit über die USA hinaus berühmt wurde.[4] Sagan erhöhte die geschätzte Zahl außerirdischer Zivilisationen in unserer Milchstraße auf eine Million! Intensiv beteiligte er sich an der Vorbereitung von NASA-Weltraumexpeditionen der unbemannten Raumsonden Mariner, Viking und Voyager. Er sorgte dafür, dass Voyager eine Botschaft über die Menschheit für die anderen Zivilisationen im Weltraum mitgegeben wurde: eine goldbeschichtete Aluminiumplakette (etwa 14 × 23 cm) mit Zeichnungen der Lage von Sonne und Planeten und zweier Menschen, Mann und Frau, mit Größenvergleich zur Sonnenantenne der Sonde.[5]

Immer mehr Astronomen schlossen sich nun der Ansicht an, es fänden sich überall im All zwischen den glühenden „Fixsternen" auf Planeten wie Sandkörner verstreut voneinander isolierte Zivilisationen. Ja, aufgrund dieser Impulse bildete sich eine ganze Wissenschaft und Industrie, um mit einer der vermuteten außerirdischen Zivilisationen Kontakt aufzunehmen. Unzählige Filme („E. T."), TV-Shows, populäre Publikationen und wissenschaftliche Unternehmungen aller Art wurden aufgrund dieser Hypothese realisiert – ganz zu schweigen von all den Versuchen, Radiosignale möglicher Planeten anderer Sterne aufzufangen oder eigene Signale zu entsenden ... Was war das Resultat?

Erfolglose Suche

Was wurde nach all diesem ungeheuren wissenschaftlichen, finanziellen und publizistischen Milliardenaufwand an Leben im All gefunden? Bisher praktisch nichts! Alle Versuche waren erfolglos. Nie hat jemand, wissenschaftlich nachweisbar, von einem fernen Planeten mit uns Erdenbewohnern Kontakt aufgenommen – von feindseligen oder friedlichen extraterrestrischen Besuchern auf unserer Erde ganz zu schweigen. Neueste Weltraumforschung hat vielmehr das Gegenteil ergeben: Komplexes Leben auf anderen Planeten und ihren Monden ist zumindest *in unserem Sonnensystem höchst unwahrschein-*

---

[3] Vgl. F. D. Drake (seit 1964 Professor an der Cornell University), Intelligent Life in Space, New York 1962.
[4] Vgl. C. Sagan, Cosmos, New York 1980; dt.: Unser Kosmos. Eine Reise durch das Weltall, München 1982.
[5] Beschrieben in ders., Murmurs of Earth, New York 1978.

lich. Ja, im Februar 2004 erscheint in der New York Times ein Bericht unter dem Titel „Maybe There Isn't Anyone ‚Out There'": „Vielleicht gibt es gar niemanden ‚dort draußen': Nach Jahren der Suche nach Außerirdischen sind wir vielleicht allein im Universum."[6]

Der Artikel beruft sich auf die neueste astronomische Veröffentlichung mit dem provozierenden Titel „Rare Earth", geschrieben von Peter Ward, einem Paläontologen und Spezialisten für die Massenauslöschung von Gattungen (besonders der Saurier), und von Donald Brownlee (ebenfalls University of Washington/Seattle), einem bekannten Astronomen und Chefwissenschaftler für das NASA Stardust-Projekt zum Einsammeln interplanetarischen und interstellaren Sternenstaubs. Ihr Resultat: Fast alle Umgebungen unserer Erde im Universum sind für Leben geradezu schrecklich. Allein auf einem solchen „Paradiesgarten" wie unserer Erde konnte Leben entstehen. Nicht nur der Mars, auch alle *bisher entdeckten größeren Planeten außerhalb unseres Sonnensystems* sind *für die Entwicklung komplexen Lebens völlig ungeeignet.*

So stellt denn der Theoretische Physiker Harald Lesch (Universität München) 2005 unumwunden fest: „Man hat also gesucht und gesucht, aber dabei ist nichts herausgekommen! Gar nichts! Möglicherweise muss man Tausende von Jahre das Universum abhorchen, um überhaupt mal ein Signal von einer außerirdischen Zivilisation zu finden. So war zumindest die Meinung einiger Experten, die nach 20 Jahren vergeblichen Bemühens gemeint haben, möglicherweise müsste man nach unseren Rechnungen 5000 bis 6000 Jahre suchen, bis man überhaupt eine vernünftige Chance hat, die anderen zu finden. Wie dem auch sei – es ist nichts entdeckt worden."[7] Und das ist nach Lesch auch gar nicht erstaunlich. Warum? Es müssen in der Tat *außerordentlich viele schwierige Bedingungen* erfüllt sein, damit Leben wie auf der Erde möglich ist: Ein solcher Planet müsste, um bewohnbar zu sein, eine mittlere Temperatur von ungefähr 15 °C haben. Also nicht wie die näher an der Sonne kreisende glühend heiße Venus (450 °C Oberflächentemperatur), auch nicht wie weiter draußen der eiskalte Mars (–70 °C mittlere Temperatur), wo es sicher kein flüssiges Wasser geben kann. Ein solcher Planet sollte sich zur Vermeidung von stürmischen Winden nicht zu rasch um die eigene Achse drehen (wofür bei unserer Erde bremsend der Mond sorgt). Zugleich sollte er möglichst beschützt sein vom Einschlag großer Ge-

---

[6] W. J. Broad, Maybe There Isn't Anyone ‚Out There', in: New York Times/International Herald Tribune vom 9. Februar 2004.
[7] H. Lesch, Begegnungen mit der dritten Art – Gibt es außerirdische Intelligenz?, Radiovortrag in SWR2 am 16. Januar 2005; ders. u. a., Physik für die Westentasche, München 2003.

D. Leben im Kosmos?

steinsbrocken (der große, schwere Jupiter auf der äußersten Planetenbahn hält sie von unserer Erde fern). In der Tat: Je mehr man über die Bedingungen von Leben auf einem Planeten nachdenkt, um so weniger wahrscheinlich erscheint in unserem weiten Umkreis die Existenz von Außerirdischen.

Die sechs „Star Wars"-Filme von George Lucas mit ihren edlen Weltraumrittern, außerirdischen Hutzelgnomen, Slapstick-Robotern und dem tragischdämonischen Finsterling Darth Vader sind folglich – manche der zahllosen Fans dürften enttäuscht sein – pure Mythologie ohne empirische Basis. Natürlich kann kein Mensch theoretisch ausschließen, dass es irgendwo weit draußen im All doch Leben gibt, und auch der Theologe hat solche Entdeckungen nicht zu fürchten. Doch für uns Menschen auf dem in seinen elementaren Lebensgrundlagen bedrohten Planeten Erde mag das ungefähr so relevant sein wie die Sensationsmeldung, die im September 2004 durch die Medien ging: Ein europäischer Satellit habe eine der größten Kollisionen von Galaxien im All aufgezeichnet. Aber *wo* sind die Tausende von Galaxien aufeinandergeprallt? Nach Auskunft der Beobachtungsstationen in 800 Millionen Lichtjahren Entfernung! Also keine Sorge: Ziemlich weit weg sind diese hurricanähnlichen Verhältnisse im All, wenn man bedenkt, dass allein der Durchmesser unserer Milchstraße, einer Scheibengalaxie, „nur" 100 000 Lichtjahre beträgt, das heißt, dass ein Lichtsignal vom einen Ende zum anderen 100 000 Jahre braucht. Der Abstand zur nächsten großen Milchstraße aber, zum Andromedanebel, beträgt bereits 2,2 Millionen Lichtjahre. Was wir heute in den großartigen Photographien des Hubble-Teleskops feststellen, hat sich im Andromedanebel faktisch vor 2,2 Millionen Jahren abgespielt. Die 2004 gemeldete Galaxienkollision in 800 Millionen Lichtjahren Entfernung bedeutet also für die Menschheit nicht die geringste Gefahr, sie ist kein Grund für Alarmismus oder gar weitere kostspielige Aufrüstung im Weltall!

Die neuesten Ergebnisse der Marssonden lassen darauf schließen, dass es auf dem Roten Planeten mit seiner dünnen Atmosphäre zwar reichlich Kohlenstoff, aber kein flüssiges Wasser gibt und folglich auch kein komplexes Leben, also mehr als Bakterien und Viren. Auf dem Saturnmond Titan kommen nach den Daten der Sonde „Huygens" nur ähnliche geophysikalische Aktivitäten vor wie auf der Erde; wir haben Hinweise auf Niederschläge, Erosion und Fließvorgänge. Aber die chemischen Vorgänge unterscheiden sich grundlegend auf diesem kalten und fremden Mond: Bei −170 °C gibt es kein Wasser, sondern nur flüssiges und gasförmiges Methan! Um so drängender wird jetzt die Frage:

2. Wie entstand Leben?

Für unsere Gegenwart sehr viel relevanter als Nachrichten von fernen Galaxien ist die unbestreitbare Einsicht, dass auf unserer Erde *alles Leben miteinander verwandt* erscheint. Es ist charakterisiert durch linksläufige Moleküle (rechtsläufige gibt es nicht), die vermutlich alle denselben Ursprung haben. Vor allem aber bestehen alle Lebewesen aus Genen, welche dieselben vier Grundbausteine aufweisen. Für uns Menschen heute wichtiger als das Bemühen um eine Definition des Lebens, wichtiger auch als eine Suche nach Leben außerhalb unseres Planeten ist die dritte Frage: nach der Entstehung des Lebens.

Die Träger des Lebens

Gerade in dieser Frage hat die Biologie der letzten Jahrzehnte sensationelle Erfolge zu verzeichnen. Derart, dass Darwins Evolutionstheorie heute als geradezu physikalisch begründet und experimentell nachgeprüft angesehen werden darf, nicht nur auf der Ebene der lebendigen Zelle, sondern schon auf der Ebene der Moleküle. Bereits Darwin hatte die Hoffnung geäußert, dass das Prinzip des Lebens eines Tages als Teil oder Folge eines allgemeinen Gesetzes erkannt würde. Was aber noch vor wenigen Jahrzehnten ein Traum schien, ist heute Wirklichkeit geworden: Die *Molekular-Biologie*, seit der Mitte des 20. Jh. so etwas wie die neue Basis der Biologie, hat dieses Gesetz gefunden; James D. Watson und Francis H. C. Crick erhielten für ihr 1953 vorgelegtes Doppelhelix-Modell zum Aufbau der Erbsubstanz 1962 den Nobelpreis. Dadurch wurde die Biologie ebenso revolutioniert wie wenig früher die Physik durch die Quantenmechanik.

Was an Bakterien und Viren erforscht wurde, gilt auch für höhere Organismen und vermutlich für alles Leben auf diesem Planeten: Elementare Träger des Lebens und seiner Grundeigenschaften sind *zwei Klassen von Makromolekülen*, nämlich Nukleinsäuren und Proteine, welche die Form einer doppelten, ineinander geschachtelten Wendeltreppe haben, eben der berühmten Doppelhelix (griech.: *helix* = Spirale). Sie funktioniert, kurz beschrieben, wie folgt:

Träger der Erbeigenschaften der Organismen sind Kettenmoleküle der *Nukleinsäuren* vom Typ „DNS" (engl. „DNA"), die aus langen, spezifischen Reihenfolgen mit vier verschiedenen Gliedern (Adenin, Cytosin, Guanin und Thymin) bestehen und vorwiegend im Zellkern vorkommen. In den Reihenfolgen der Glieder liegt, sozusagen verschlüsselt im „Genetischen Code", der Bauplan des Lebewesens. Diese Reihenfolgen werden durch eine Art Abdruckverfahren reproduziert und geben so die gleichartige Erbsubstanz von Zelle zu Zelle, von Generation zu Generation weiter. Fehler der Reprodukti-

D. Leben im Kosmos?

on aber können Mutationen bewirken und so zu Organismen mit veränderten Erbeigenschaften führen.

Wie steuert nun die Erbsubstanz DNS das Zellgeschehen? Primär, indem Abschnitte der DNS kopiert werden. Die *Proteine* oder Eiweißstoffe fungieren als Katalysatoren des Stoffwechsels. Sie übernehmen die „Information" von den Nukleinsäuren und führen die ihnen durch diese Bau- und Funktionsanleitung übertragenen Funktionen der lebenden Zelle aus. So funktioniert also das Leben und pflanzt sich fort: eine „Wunderwelt" auf der elementarsten Ebene, wo auf kleinstem Raum Moleküle oft in einer Millionstelsekunde ihre Umsetzungen durchführen.

Man fragt sich unwillkürlich: Steckt hinter der Entstehung des Lebens vielleicht doch ein geheimnisvoller Schöpfungsakt, der die einzelnen Atome, etwa bei der Bildung von Kristallen, so anordnet, dass überhaupt Leben entstehen kann? Doch es finden einzelne Atome auch ohne einen besonderen Schöpfungsakt erstaunlich rasch ihren Weg in die genaue Position. Warum nicht auch bei der Entstehung von Leben? Braucht es da wirklich einen Creator oder zumindest Organisator?

Materie organisiert sich selbst

Wir wissen freilich nach wie vor nicht sicher, wie aus Unbelebtem erstmals Leben entstanden ist. Nicht sicher, welche genauen Ereignisse die *Biogenese* eingeleitet haben. Eines freilich wissen wir: Wie auch immer man diesen Übergang zum Leben im Einzelnen erklärt, er beruht auf biochemischen Gesetzmäßigkeiten und somit auf *Selbstorganisation der Materie*, der Moleküle. Und wie sich aus der Urmaterie durch elektrische Entladungen immer komplexere Moleküle und Systeme gebildet haben, so aus Nukleinsäuren und Proteinen das auf Kohlenstoff basierende Leben.

Doch weswegen steigt überhaupt die Evolution an zu höheren Arten, ohne von äußeren Faktoren erzwungen oder gesteuert zu sein? Das ist die große Entdeckung: *Schon auf der Ebene der Moleküle* regiert das von Darwin zunächst in der Pflanzen- und Tierwelt festgestellte Prinzip der „*natürlichen Auswahl*" und des „Überlebens der Tüchtigsten". Diese Tendenz zur „Fitness" treibt die Entwicklung auf Kosten der weniger tüchtigen Moleküle unaufhaltsam nach „oben"! So kommt es zur Entwicklung von einzelligen, dann von mehrzelligen Lebewesen und schließlich von höheren Pflanzen und Tieren.

Über die frühen Stadien und besonders über die Anfänge des Lebens auf der Erde gibt es zwar noch große Lücken in unserer Erkenntnis, einige grobe Züge zeichnen sich aber ab. Ich halte mich im folgenden an das Szenario, wie es der langjährige Direktor des Tübinger Max Planck-Instituts für Entwicklungsbiologie Alfred Gierer zusammengefasst hat.[8]

In einer frühen Phase vor über drei Milliarden Jahren gab es auf der Erde noch kein Leben. Wohl aber gab es chemische Voraussetzungen für die Bildung von Nukleinsäuren vom Typ RNS mit rein zufälligen Reihenfolgen ihrer Glieder. Rein zufällig entstanden dabei, wie selten auch immer, RNS-Moleküle, die in einem gefalteten Zustand die Synthese der Nukleinsäure selbst katalytisch beschleunigten: Diese Selbstvermehrung in Verbindung mit Stoffwechsel und Mutierbarkeit war sozusagen der Startschuss *fürs Leben*. Von da an kam es durch Erweiterung, Mutation und Selektion von RNS-Sequenzen zur „Erfindung" grundlegender biochemischer Prozesse und Strukturen, vor allem der RNS-gesteuerten *Proteinsynthese*. Von der RNS konnte die Rolle der Erbsubstanz auf die chemisch eng verwandte, aber doppelsträngige *DNS* übergehen, was die Genauigkeit der Reproduktion der Erbsubstanz dramatisch erhöhte.

Später entwickelten Zellen die Fähigkeit zur *Photosynthese*: Das Sonnenlicht wurde unmittelbar als Energiequelle für den Stoffwechsel nutzbar gemacht und damit der anfangs nicht gegebene Sauerstoff angereichert. Es entstanden *Einzeller* mit immer komplizierteren Strukturen und Funktionen: Bewegungs- und Reizleitungsmechanismen, Ionenkanäle in den schon früher gebildeten Zellmembranen, was außerordentlich rasche Übertragung und Verarbeitung elektrischer Signale ermöglichte, die entscheidend waren für die spätere Entwicklung der Nervenzellen von Tieren. Möglichkeiten und Geschwindigkeit der Evolution wurden zudem erhöht durch Mechanismen der sexuellen, zweigeschlechtlichen Vermehrung von Zellen.

Ein weiterer wesentlicher Schritt war die Evolution *vielzelliger Lebewesen* und eine Zelldifferenzierung, die über ein kompliziertes Netzwerk von Genregulation Zellen mit der gleichen Erbsubstanz und verschiedene stabile biochemische Zustände etwa von Muskel- oder Nervenzellen ermöglichte. Mit Hilfe immer neuer „Erfindungen" (etwa die von „Reparaturenzymen") kam es zu immer höheren Stufen von Komplexität, die schließlich eine verlässliche Kopierung von Folgen von Milliarden von Bausteinen der DNS gestatteten, wie sie für die Erbsubstanz von Säugetieren und Menschen unbedingt notwendig war.

Die Evolution vielzelliger Organismen führte schließlich zu Gestaltung und Strukturen der höheren Pflanzen und Tiere, die sich in jeder Generation in einem höchst eindrücklichen Vorgang nach ihrer Befruchtung aus der Ei-

---

[8] Vgl. A. Gierer, Biologie, Menschenbild und die knappe Ressource Gemeinsinn, Würzburg 2005, S. 15–22.

D. Leben im Kosmos?

zelle entwickeln: „Wie unsere Sinne von der Schönheit biologischer Formen beeindruckt sind, so faszinieren unseren Verstand die subtilen Verhaltensweisen der Tiere. Ihr reiches Verhaltensrepertoire ist Ergebnis der Evolution der Gehirne. Verhalten beruht auf der Informationsverarbeitung im Netzwerk der Neuronen, und zwar in Form chemischer, vor allem auch elektrochemischer Signale."[9]

Beim Menschen werde ich auf die mit dem Gehirn gegebenen philosophischen und theologischen Probleme eingehen. Sicher ist: Dass es bei diesen höchst komplexen Prozessen eines besonderen Eingriffs des Schöpfergottes bedurft hätte, ist nach den neuesten biochemischen Ergebnissen nicht einzusehen. Die Entstehung des Lebens ist bei den vorgegebenen materiellen Voraussetzungen und trotz aller noch ungeklärter Fragen *ein physikalisch-chemisch verständliches Geschehen*. Aber: Herrscht bei all dem der pure Zufall?

3. Zufall oder Notwendigkeit?

Vor Jahrzehnten gab es heftigen Streit zwischen dem *Vitalismus*, der zur Erklärung des Lebens ein nicht-biologisches Element, eine schöpferische Lebenskraft, gar Urkraft, die die biologischen Kräfte steuert (Henri Bergson: *élan vital*[10]), annahm, und dem *materialistischen Mechanismus*, der das Leben nach rein mechanischen Gesetzen zu erklären versuchte.[11] In etwa bekamen beide recht: Es gibt Gesetz *und* Zufall, Struktur *und* Neuheit. Es zeigt sich hier dieselbe Problematik wie in der Quantenmechanik: eine Unbestimmtheit, Unschärfe, *Zufälligkeit in den Einzelprozessen*! Zweifellos, der Gesamtablauf der biologischen Evolution ist notwendig, von Gesetzen gesteuert. Dennoch stand die Höherentwicklung immer wieder an einem Scheideweg, und oft ist die Natur beide Wege gegangen: beispielsweise zugleich zu den Insekten wie zu den Säugetieren. Und oft ist sie auch gar nicht weitergegangen; entstanden doch manche Arten, die später degenerierten oder wieder ganz verschwanden. Sackgassen der Evolution.

Vorrang des Zufalls?

Die Einzelereignisse in ihrer zeitlichen Abfolge sind in der Tat unbestimmt: Die Wege der Evolution im Einzelnen sind nicht von vornherein festgelegt. Zufällig sind die jähen, mikroskopisch kleinen Erbänderungen (Mutationen),

---

[9] AaO S. 19.
[10] Vgl. H. Bergson, L'évolution créatrice, Paris 1907, [77]1948.
[11] Vgl. L. Büchner, Kraft und Stoff, Leipzig 1855, [21]1904; J. Moleschott, Der Kreislauf des Lebens, Heidelberg 1852.

aus denen durch lawinenartiges Anwachsen oder Hochschaukeln sich auch im makroskopischen Bereich plötzliche, ungerichtete Veränderungen und neue Erscheinungen ergeben. Aber vielleicht herrscht doch beides in einem: Zufall und Notwendigkeit! Schon der griechische Philosoph und Atomist Demokrit (ca. 470–380 v. Chr.) hatte geschrieben: „Alles, was im Weltall existiert, ist Frucht von Zufall und Notwendigkeit." Unter dieses Motto stellte auch der 1976 gestorbene französische Molekularbiologe Jacques Monod (Paris), der 1965 den Nobelpreis für die Entdeckung der genetischen Steuerung der Enzym- und Virussynthese erhalten hatte, sein bekanntes Buch „Zufall und Notwendigkeit". Doch räumte er dem Zufall entschieden den Vorrang ein: „der reine Zufall, nichts als der Zufall, die absolute, blinde Freiheit als Grundlage des wunderbaren Gebäudes der Evolution".[12] *Alles Zufall* also – und schon deswegen keine Notwendigkeit eines Schöpfers und Erhalters dieses Gebäudes? In doppelter Hinsicht hat Monod recht:

Zu Recht polemisiert Monod, bekennender Atheist, *gegen* die Annahme einer von vornherein gegebenen *Evolutionskraft oder Energie*, die den Aufstieg der Evolution erklären und bis zu einem Punkt Omega führen soll, um so auf einen Schöpfergott zurückzuweisen: Diese aus dem Fortschrittsglauben des 19. Jh. stammende „Kraft" oder „Energie" der „Vitalisten" und auch Teilhard de Chardins stellt – so Monod – eine „animistische Projektion" dar, die naturwissenschaftlich ungerechtfertigt ist.[13]

Ebenfalls *zu Recht* polemisiert Monod, ehemaliger Kommunist, *gegen* eine rein materialistische Biologie, die der ewigen *Materie* eine unbekannte und unerkennbare Kraft zuschreibt. Auch dies ist nach Monod eine „animistische Projektion" und ein „anthropozentrisches Trugbild", das mit „Wissenschaft unvereinbar ist" und klar den „erkenntnistheoretischen Zusammenbruch des dialektischen Materialismus signalisiert".[14]

Aber die Frage ist, ob Monod auch zu Recht gegen einen *Schöpfergott* polemisiert, den er mit seiner Theorie ebenso radikal wie die schöpferische Materie ausschließen will? Diese Frage ist genauer zu untersuchen.

---

[12] J. Monod, Le hasard et la nécessité, Paris 1970; dt.: Zufall und Notwendigkeit. Philosophische Fragen der modernen Biologie. Vorrede zur deutschen Ausgabe von M. Eigen, München ⁵1973, S. 141. Vgl. S. E. Luria, Leben – das unvollendete Experiment, S. 162: „Der Mensch ist nichts als ein – wenn auch ganz besonderes – Produkt einer Reihe blinder Zufälle und bitterer Notwendigkeiten." Die Grundhaltung des amerikanischen Krebsforschers und Nobelpreisträgers für Physiologie ist jedoch nicht existentialistisch-pessimistisch wie die Monods, sondern durchaus amerikanisch-optimistisch, vgl. S. 14 f. 200–203. Die „Weissagung der Genesis" („Ihr werdet sein wie Gott und wissen, was gut und böse ist"), die Luria im Fortschritt der Wissenschaft sich erfüllen sieht (S. 14), ist indessen ein Wort der *Schlange*!
[13] Vgl. J. Monod, Zufall und Notwendigkeit, S. 46.
[14] Vgl. aaO S. 46–55.

D. Leben im Kosmos?

Naturgesetze steuern den Zufall

Der deutsche Physikochemiker Manfred Eigen (Universität Göttingen), dem 1967 für seine Untersuchungen der Kinetik sehr schneller chemischer Reaktionen der Nobelpreis verliehen worden war, hat in seinem Buch „Das Spiel" (1975) die heute weithin von Biologen geteilte Gegenthese zu Monod formuliert: „Naturgesetze steuern den Zufall"[15] – so programmatisch schon der Untertitel. Oder wie Eigen im Vorwort zur deutschen Ausgabe von Monod schreibt: „So sehr die individuelle Form ihren Ursprung dem Zufall verdankt, so sehr ist der Prozess der Auslese und Evolution unabwendbare Notwendigkeit. Nicht mehr! Also keine geheimnisvolle inhärente ‚Vitaleigenschaft' der Materie, die schließlich auch noch den Gang der Geschichte bestimmen soll! Aber auch nicht weniger – nicht *nur* Zufall!"[16] „Gott würfelt also?", fragt auch der Wiener Biologe Rupert Riedl: „Gewiß! Doch er befolgt auch seine Spielregeln. Und nur die Spanne zwischen beiden gibt uns Sinn und Freiheit zugleich."[17]

Gilt das, wird man fragen, auch für das, was Physiker heutzutage dramatisierend (und missverständlich) *Chaos* nennen? Durchaus, auch das „Chaos" ist den Gesetzen der Kausalität nicht entzogen. Das griechische „cháos" meint ursprünglich den leeren Raum, die gestaltlose Urmasse, heute aber in der Alltagssprache zumeist das völlige Durcheinander. In der Physik aber meint Chaos ein hypersensibles komplexes System, wie es sich etwa im Wetter zeigt, bei dem äußerst kleine Ursachen große Wirkungen zeitigen. Vielzitiertes Beispiel: Der Flügelschlag eines Schmetterlings in der Karibik könnte einen Wirbelsturm in den USA hervorrufen. In der Tat lässt sich ein solches System, bei dem Lösungen unregelmäßig und Perioden nicht feststellbar sind, bestenfalls kurzfristig vorhersagen, langfristig aber nicht. Das Netz der kausalen Teilsysteme ist nämlich derartig kompliziert, dass das resultierende Bewegungsmuster „zufällig" ausfällt. Die Chaos-Theorie[18] versucht nun trotzdem mit Hilfe von Computern eine mathematisch-physikalische Beschreibung von solchen dynamischen Systemen (etwa in Strömungsmechanik, Elektronik oder Quantenmechanik), die durch ein determiniertes Zufallsverhalten und die Ausbildung chaotischer Strukturen charakterisiert

---

[15] Vgl. M. Eigen – R. Winkler, Das Spiel. Naturgesetze steuern den Zufall, München 1975. Einseitig E. Schoffeniels, L'anti-hasard, Paris 1973.
[16] M. Eigen, Vorrede zu J. Monod, Zufall und Notwendigkeit, S. XV.
[17] R. Riedl, Die Strategie der Genesis. Naturgeschichte der realen Welt, München 1976, S. 122.
[18] Vgl. A. Kunick – W.-H. Steeb, Chaos in dynamischen Systemen, Mannheim 1986; überarbeitet und erweitert ²1989 („für Studenten geschrieben, die die Anfängervorlesungen in Physik und Mathematik gehört haben"!).

sind. Dies alles besagt: Auch im „Chaos" bleiben kausale Zusammenhänge bestehen, selbst in der chaotischen Unordnung sind Ordnungen festzustellen.

Es bleibt also dabei: Für die Erklärung der Evolution sind Zufall oder Notwendigkeit, Indetermination oder Determination, ja, Materialismus oder Idealismus falsche Alternativen. Doch angenommen, Gott würfele so innerhalb der Regeln, stellt sich noch immer die Frage: Würfelt hier überhaupt *Gott*? Machen die sich selbst organisierende Materie und die sich selbst regulierende Evolution Gott nicht überflüssig?

Gott überflüssig?

Monod steht mit seiner negativen Meinung sicher nicht allein unter den Biologen. Was ist darauf zu antworten? Ich möchte unterscheiden: Eine *unbegründete Annahme* ist es – darin würde ich Monod zustimmen –, aufgrund des Übergangs von der unbelebten Welt zur Biosphäre oder auch aufgrund der molekularen Unbestimmtheit die *Existenz Gottes zu postulieren*; dies wäre nur ein unseliger Lückenbüßergott! Darin stimmt auch der Biologe Eigen dem Biologen Monod zu: „Die ‚Entstehung des Lebens', also die Entwicklung vom Makromolekül zum Mikroorganismus, ist nur ein Schritt unter vielen, wie etwa der vom Elementarteilchen zum Atom, vom Atom zum Molekül, … oder auch der vom Einzeller zum Organverband und schließlich zum Zentralnervensystem des Menschen. Warum sollten wir gerade diesen Schritt vom Molekül zum Einzeller mit größerer Ehrfurcht betrachten als irgendeinen der anderen? Die Molekularbiologie hat dem Jahrhunderte aufrechterhaltenen Schöpfungsmystizismus ein Ende gesetzt, sie hat vollendet, was Galilei begann."[19]

Ob der Schritt vom Makromolekül zur ersten Zelle nicht doch als sehr viel bedeutender angesehen werden muss, ist unter Biologen umstritten. Für uns indessen stellt sich die zentrale Frage: Muss die Ablehnung eines „Schöpfungsmystizismus", wie Monod meint, gleichzeitig die Ablehnung Gottes als eines Schöpfers und Lenkers der Welt nach sich ziehen?

Keineswegs, denn *unbegründet* ist auch die *Annahme*, aufgrund des molekularbiologischen Befundes sei eine *Existenz Gottes auszuschließen*. Darin widerspricht denn auch zu Recht der Biologe Eigen dem Biologen Monod: „In Monods Forderung nach ‚existentieller Einstellung zum Leben und zur Gesellschaft' sehen wir eine animistische Aufwertung der Rolle des ‚Zufalls'. Sie läßt den komplementären Aspekt des Gesetzmäßigen weitgehend außer acht. Die – unserer Meinung nach berechtigte – Kritik an der dialektischen Überbewertung der ‚Notwendigkeit' sollte nicht zur völligen Leugnung ihres

---

[19] M. Eigen, Vorrede zu J. Monod, Zufall und Notwendigkeit, S. XV.

ganz offensichtlich vorhandenen Einflusses führen."[20] Daraus folgt: „Ethik und Erkenntnis dürfen nicht beziehungslos nebeneinanderstehen": Darin stimmt Eigen Monod zu, aber darunter versteht er „eher einen Auftrag an die großen Religionen und nicht gleich deren Verdammung ... So wenig die Naturwissenschaften einen Gottesbeweis hergeben, so wenig postulieren sie, daß der Mensch ‚eines Gottesglaubens nicht bedarf'. Eine Ethik – sosehr sie mit Objektivität und Erkenntnis im Einklang sein muß – sollte sich eher an den Bedürfnissen der Menschheit als am Verhalten der Materie orientieren."[21] Ich kann Eigen nur beipflichten: Die Ablehnung eines Schöpfungsmystizismus schließt die Ablehnung eines Schöpfers und Lenkers der Welt keineswegs ein!

Eine existentielle Alternative

Unter Biologen gibt es so viele verschiedene Meinungen zur Gottesfrage, so antwortete mir Manfred Eigen in einem Gespräch, wie unter den Menschen überhaupt. Die erwähnten entgegengesetzten Positionen zweier Koryphäen der Biologie machen jedenfalls deutlich: Wie jeder Mensch sieht sich auch der Biologe, wenn er tief genug nachdenkt, vor die *existentielle Alternative* gestellt: Sinnlosigkeit des Evolutionsprozesses und eine letzte Verlassenheit des Menschen – oder? Lapidar formuliert, was sich in den unendlich vielen individuellen Variationen des konkreten Lebens abzeichnet:

Entweder ein Mensch sagt nein zu einem Urgrund, Urhalt und Urziel des ganzen Evolutionsprozesses: Dann muss er die *Sinnlosigkeit* des ganzen Prozesses und die totale Verlassenheit des Menschen in Kauf nehmen. Noch einmal Monod: „Wenn er (der Mensch) diese Botschaft in ihrer vollen Bedeutung aufnimmt, dann muß der Mensch endlich aus seinem tausendjährigen Traum erwachen und seine totale Verlassenheit, seine radikale Fremdheit erkennen. Er weiß nun, daß er seinen Platz wie ein Zigeuner am Rande des Universums hat, das für seine Musik taub ist und gleichgültig gegen seine Hoffnungen, Leiden oder Verbrechen."[22] Ich gestehe: Für mich ist dies weder eine hoffnungsvolle noch auch nur eine rationale Aussicht.

Oder ein Mensch sagt ja zu einem Urgrund, Urhalt und Urziel: Dann darf er die grundlegende *Sinnhaftigkeit* des ganzen Prozesses und der eigenen Existenz zwar nicht aus dem Prozess selbst begründen, wohl aber darf er sie vertrauend voraussetzen. Die Frage von Eigen wäre dann beantwortet: „Das Erkennen von Zusammenhängen bringt nach wie vor keine Antwort auf die

---

[20] M. Eigen – R. Winkler, Das Spiel, S. 13. 197.
[21] Ebd.
[22] J. Monod, Zufall und Notwendigkeit, S. 211.

von Leibniz gestellte Frage: ‚Warum ist etwas und nicht nichts?'."[23] Welche Frage ich zu beantworten versucht habe (vgl. Kap. B,5).

Vielleicht gibt es doch mehr Biologen als man denkt, die den Mut haben, wie Rupert Riedl gegen die zahlreichen „postmodernen" Propheten der Gott- und Sinnlosigkeit sich zur Ratlosigkeit der Wissenschaft und zur Notwendigkeit eines vertrauenden Ja zu bekennen: „Selbst der Atheist, Mechanist, Monist unserer Tage braucht die Frage nach den Ursachen dieser Welt nur vor den Urknall zu verlegen, und er wird zugeben müssen, daß er sich mit all unserer Wissenschaft in derselben Ratlosigkeit befindet, die er als Ursache des Bärenkultes, törichterweise, belächelt haben mag. – Niemand, so behaupte ich, kann ohne metaphysische Prämissen denken. Man kann sich ihrer nicht bewußt sein; das gewiß. Aber man kann keinen Schritt ins Unbekannte tun, ohne Erwartungen einzuschließen, die meta-physisch sind, die jenseits der uns bereits bekannten Dinge liegen. Der Glaube und seine Kinder, Religion, Philosophie und Weltanschauung, sind jeder Kultur unentbehrlich. – Der Glaube ist der unersetzliche Rahmen für das Unerklärliche."[24] Doch wir müssen noch tiefer bohren.

4. Warum ein lebensfreundlicher Kosmos?

Ungefähr 3,5 Milliarden Jahre hat die Evolution also gebraucht, um Leben im heutigen Reichtum der Gestalten und Verhaltensweisen und schließlich sogar Leben mit Geist hervorzubringen. Eine staunenswerte Entwicklung:

Evolution auf den Menschen hin

Was musste da alles genau „stimmen" seit dem Urknall vor 13,7 Milliarden Jahren, damit solches Leben einmal entstehen konnte! Wir erinnern uns an die kosmischen Naturkonstanten: Die Ladung des Elektrons e, das Plancksche Wirkungsquantum h, die Boltzmann-Konstante k, die Lichtgeschwindigkeit c ... Und wie musste da im Kosmos alles genau (und keineswegs immer symmetrisch) austariert sein, damit nach Milliarden Jahren einmal Leben entstehen konnte: die Feinabstimmung von Energie und Materie, von nuklearen elektromagnetischen Kräften, von Gravitationskraft und Energie durch Kernreaktion in unserer Sonne ...

Entwickelte sich alles dies also ganz und gar *zufällig* auf Leben, auf den Menschen hin? Und das Erstaunlichste von allem: Auf unserer Erde konnte sich schließlich nach Jahrmilliarden aus dem Tierreich sogar Leben mit *Geist*

---

[23] M. Eigen – R. Winkler, Das Spiel, S. 190 f.
[24] R. Riedl, Die Strategie der Genesis, S. 294 f.

D. Leben im Kosmos?

entwickeln: der Mensch. Überträgt man mit einem Zeitraffer die 13,7 Milliarden Jahre Geschichte des Kosmos auf ein einziges Jahr, dann entwickelt sich komplexeres Leben (Algen) erst zu Beginn des 10. Monats, der Mensch aber erst in den letzten Stunden des letzten Tages des Jahres. Die ganze Entwicklung des Kosmos in 13,7 Milliarden Jahren also zielgerichtet auf uns hin? „Das Universum wusste, dass wir kommen würden", hört man bisweilen. Aber weiß denn das Universum überhaupt etwas? Weiß vielleicht der Urknall, was er auslöst? Eine eher komische Vorstellung. Aber wer wusste dann, dass wir Menschen kommen würden? Die Frage, die angesichts dieser ungeheuren Entwicklung unausweichlich bleibt: alles vielleicht doch nach einem „sehr speziellen Rezept" (Martin Rees) für ein lebens- und geistfreundliches Universum?

Einen gedanklichen Ausweg zur Vermeidung solcher Konsequenzen bieten zwar jene „Viele-Welten-Theorien". Da aber solche Spekulationen über imaginäre alternative Universen, wie bereits erwähnt, pure Hypothesen ohne Anhalt in der Empirie sind, stellt sich die Frage mit noch größerer Dringlichkeit: Alles wirklich reiner Zufall? Aber ist reiner Zufall für dieses kosmologische Zentralproblem überhaupt eine Erklärung?

Wenn aber nicht Zufall, was dann? Nun, vielleicht könnte eines Tages doch noch ein Genie die mathematische Struktur der physikalischen Grundgesetze entdecken, die ein Leben auf unserem Planeten ermöglichen. Warum nicht? Doch nachdem bisher alle Bemühungen von Physikern, eine Weltformel zu finden, bei der Einsicht Stephen Hawkings gestrandet sind, dass eine solche aufgrund des Gödelschen Unvollständigkeitsaxioms grundsätzlich nicht möglich sei, bleibt auch den Biologen nicht allzu viel Hoffnung auf eine baldige grundsätzliche Lösung. Und warum sollten in 13,7 Milliarden Jahren nicht auch andere kosmische Lösungen möglich gewesen sein, die gerade nicht zu Leben, gerade nicht zu Leben mit Geist geführt hätten? Dies von vornherein prinzipiell auszuschließen dürfte schwierig sein. Aber was erklärt dann diese unsere Entwicklung?

Ein anthropisches Prinzip?

Einerseits kann man aus den physikalischen Anfangsprinzipien und Grundgesetzen in keiner Weise auf eine Entwicklung zum Leben und gar zu menschlichem Leben schließen, andererseits möchte man den Zufall als leeres Erklärungsprinzip ausschließen: Können so viele „Zufälle" zufällig sein? Angesichts dieses Dilemmas fragen sich manche Physiker und Biologen, ob es nicht vielleicht so etwas wie ein „*Metagesetz*" hinter all den Feinabstimmungen und Naturgesetzen gebe: so etwas wie ein „Supergesetz" über allen Naturgesetzen, welches die Entwicklung des Kosmos durch die 13,7 Milliarden Jahre auf die Entstehung von Leben und schließlich menschlichem Leben hinsteuert? Nein, keine vitalistische Kraft, auch kein von Anfang an gegebenes Bewusstsein der Materie – beides lässt sich nicht beweisen. Erst recht keine Vorsehung eines anthropomorph gedachten Weltenlenkers, der einen detaillierten anthropozentrischen Weltplan ausgearbeitet hätte – was ebenfalls nicht beweisbar ist.

Konkret wird diese Frage seit den 1970er Jahren in der englischsprachigen Welt diskutiert: Nicht wenige Kosmologen, Physiker und Biologen nehmen als „Meta-Naturgesetz" ein sogenanntes *anthropisches Prinzip*[25] an, das garantiert, dass die Anfangsbedingungen und Naturkonstanten unseres Universums von vornherein so beschaffen sind, dass ein „Beobachter", also Leben und Intelligenz entstehen *kann*. So zuerst vom bedeutenden amerikanischen Physiker Robert H. Dicke (Princeton) 1961 „weich" formuliert. Also nicht entstehen *muss*, wie 1973 der britische Physiker Brandon Carter (Observatorium Meudon/Paris) im „starken" Sinn zuspitzte: Der Kosmos sei von Anfang an darauf ausgerichtet und in seinen Grundkonstanten und Grundgesetzen so beschaffen, dass irgendwann unweigerlich Leben und Intelligenz entstehen mussten. Der australische Physiker Paul Davies will deshalb in der Evolution sogar ausdrücklich einen „Plan Gottes" (*Mind of God*) erkennen, überlässt das Urteil allerdings dem „persönlichen Geschmack".[26]

Ein *stark* formuliertes anthropisches Prinzip erscheint mir eine allzu anthropomorphe und anthropozentrische Vorstellung vom Verhältnis des Schöpfers zu seiner Schöpfung zu sein. Würde es nicht ausreichen, das Prinzip im *weichen* Sinn zu verstehen: dass man im Rückblick erkennt, wie der Kosmos *faktisch so ist*, dass Leben und Leben mit Geist möglich wurde? Auch ein solches Prinzip wäre sicher *kein wissenschaftlicher Beweis*, dass Gott den Menschen gewollt hat. Wohl aber dürfte es *ein unübersehbarer Hinweis* darauf sein, dass das Ganze des Evolutionsprozesses nicht sinnlos ist, sondern zumindest für den Menschen, der als erstes Wesen zur Reflexion fähig ist, einen Sinn hat.

Von daher wäre jedenfalls besser verständlich, warum der Mensch und er allein fähig war, mit seiner Vernunft mathematische Formeln zu erarbeiten, um dann festzustellen, dass *die Natur selbst in der Sprache der Mathematik verfasst* ist, die er langsam, langsam zu entziffern vermag. Jede Abänderung

---

[25] Eine hervorragende Einführung in die Problematik (mit den nötigen Literaturangaben) gibt R. Breuer, Das anthropische Prinzip. Der Mensch im Fadenkreuz der Naturgesetze, Wien 1981. Vgl. auch J. D. Barrow – F. J. Tipler, The Anthropic Cosmological Principle, Oxford 1986.
[26] Vgl. P. Davies, The Mind of God. The Scientific Basis for a Rational World, New York 1992; dt.: Der Plan Gottes, Frankfurt/M. 1995, bes. S. 256–259.

D. Leben im Kosmos?

der kosmischen Zahlenwerte hätte nun einmal ein anderes Weltall geliefert, in welchem die Entwicklung von Leben, zumal geistigem Leben, unwahrscheinlich oder gar unmöglich gewesen wäre.

Doch die schwierige Frage: Wie soll die Naturwissenschaft ein solches Meta-Naturgesetz begründen können? Oder muss sie es einfach als Faktum hinnehmen? Theologische Kurzschlüsse sind in jedem Fall zu vermeiden.

Keine Letztbegründung

Auch der bereits zitierte Alfred Gierer hält die Viele-Welten-Theorien für „Gedankenkonstruktionen", die „hinter die Klarheit moderner Wissenschaft zurückfallen, die mit Keplers Planetenbahn- und Galileis Fallgesetzen ihren Anfang nahm". Da erscheint ihm wie manchen anderen Naturwissenschaftlern „das anthropische Prinzip eines Meta-Naturgesetzes – ‚Die Ordnung des Universums ermöglicht Leben mit Geist' – als die bessere Alternative". Doch ob es dafür je „eine mathematisch-logische Begründung gibt", bleibt nach Gierer offen. Wahrscheinlich sei, „daß das anthropische Meta-Naturgesetz – unterstellen wir seine Geltung – ähnlich wie die bekannten Grundgesetze der Physik nur an seinen Auswirkungen zu erkennen, eine Letztbegründung hingegen nicht möglich ist."[27]

Aufgrund meiner erkenntnistheoretischen Ausführungen (Kap. A,7) muss ich das bestätigen: Die Wissenschaft vermag in dieser alle Empirie übersteigenden Frage wohl grundsätzlich keine „Letztbegründung" zu bieten. Für dieses „Rezept" einer Genesis dieser Welt, ein meta-empirisches Gesetz aller Naturgesetze, ist die Philosophie und noch mehr die *Religion zuständig*. Diese vermag den *großen Zusammenhang* zu erkennen und zu interpretieren, der zwischen den unterschiedlichen Ebenen unserer Welt besteht – den Zusammenhang vom Mikrokosmos mit den Elementarteilchen, Atomen und Molekülen über die verschiedenen Formen des Lebens, Zellen und Organismen, bis zum Makrokosmos der Planeten, Sterne, Galaxien und dem Universum als ganzem.

Ich fühle mich in dieser Sicht bestätigt durch den Astrophysiker Gerhard Börner (Max-Planck-Institut Garching/München), der zu den vielen Abhandlungen, die es nun bereits zum „anthropischen Prinzip" gibt, anmerkt, dass man daraus „nicht auf das ‚Prinzip' einer zielgerichteten Schöpfung schließen kann, auf die ‚absichtliche' Entwicklung des Menschen". Derartige Schlüsse könne man innerhalb der Naturwissenschaft nicht ziehen, aber man dürfe sich „vom kosmologischen Weltbild zu solchen Gedanken anregen lassen": „Wollen wir die Entstehung des Kosmos, von Raum und Zeit, als Schöp-

---

[27] A. Gierer, Biologie, S. 43.

fungsakt eines göttlichen Wesens interpretieren, so hindern uns die naturwissenschaftlichen Ergebnisse nicht daran. Im Gegenteil. Der physikalischen Forschung würde sich dies wohl gerade wie das kosmologische Standardmodell des Urknalls darstellen. Ich glaube nicht, dass die grandiose kosmische Entwicklung nur wie ein sinnloses Schauspiel vor leeren Bänken abläuft. Wie der amerikanische Physiker Freeman Dyson bin ich der Meinung, dass ein Zweck dahintersteckt – vielleicht der Plan, ein ständig komplexeres, von vielfältigen Formen und von einem geistigen Prinzip erfülltes Universum hervorzubringen. Doch damit geraten wir in den Bereich der Werte und des Glaubens, in dem wir bescheiden unsere Unkenntnis eingestehen müssen."[28]

Der Mensch erscheint in heutiger religiöser Sicht allerdings nicht mehr als die von Gott direkt geschaffene „Krone der Schöpfung". Wohl aber erscheint er als ein einzigartiges Produkt der Evolution, das aufgrund seines Bewusstseins, seiner Sprache und seiner Freiheit eine einmalige Beziehung entwickelt hat zu seiner Umwelt, zu Erde, Sonnensystem, Milchstraße, Weltall, bildlich zu „Himmel und Erde", wie sie eben in der biblischen Schöpfungsgeschichte poetisch dargestellt wird.

Fazit: Naturwissenschaft und Religion haben beide ihre Berechtigung, Eigenständigkeit und Eigengesetzlichkeit (Kap. A,5–6). Doch können sie sich im Rahmen einer holistischen Gesamtsicht aller Dinge ergänzen:
– Religion kann die *Evolution als Schöpfung interpretieren*.
– Naturwissenschaftliche Erkenntnis kann *Schöpfung als evolutiven Prozess konkretisieren*.
– Religion kann so dem Ganzen der Evolution einen *Sinn* zuschreiben, den die Naturwissenschaft von der Evolution nicht ablesen, bestenfalls vermuten kann.[29]

Man wird in der jüdisch-christlich-muslimischen Tradition statt von Religion noch präziser von *„Glauben"* reden. Glaube freilich nicht verstanden als „das Fürwahrhalten all der Lehrsätze, welche die Kirche zum Glauben vorlegt": so eine traditionalistische römisch-katholische Formel. Glaube vielmehr gut biblisch verstanden als *Vertrauen*: „Glaube ist ein Feststehen in dem, was man erhofft, ein Überzeugtsein von Dingen, die man nicht sieht."[30] Oder philologisch wohl noch genauer in jener sich an Luther anschließenden Übersetzung: „Der Glaube aber ist die Grundlage (griech.: *hypóstasis*) des-

---

[28] G. Börner, Vom Urknall zum Weltall, in: National Geographic, Dezember 2003, S. 112–115, Zit. S. 115.
[29] Vgl. S. M. Daecke, Religion – Schöpfung Gottes in der Evolution. Zum Verhältnis von Evolution, Religion und Schöpfung, in: S. M. Daecke – J. Schnakenberg (Hrsg.), Gottesglaube – ein Selektionsvorteil?, Gütersloh 2000, S. 179–203.
[30] Hebr 11,1.

sen, was man erhofft, und die Gewißheit über Dinge, die man nicht sieht." Unzweideutig wird hier die *Wirklichkeit Gottes* bezeichnet: „Aufgrund des Glaubens erkennen wir, daß die Welt durch Gottes Wort erschaffen worden und daß so aus Unsichtbarem das Sichtbare entstanden ist."[31]

In diesem Sinn glaube ich, was der gemeinsame Glaube von Juden, Christen und Muslimen ist, an Gott als den „Schöpfer des Himmels und der Erde". Doch – muss ich, wenn ich mir diesen Glauben zu eigen mache, dann nicht auch die in der Bibel erzählten *Wunder* des Schöpfergottes akzeptieren? Wie steht es dann mit Gottes unmittelbarem Eingreifen in die Menschheitsgeschichte? Wunder gibt es nicht, wird mancher Naturwissenschaftler kategorisch erklären. Dieser Einwand muss ernstgenommen werden.

5. Wunder

Wie steht es mit den *Wundererzählungen*, die sich schon in der Hebräischen Bibel gerade im Umkreis der Befreiung Israels aus Ägypten finden: die zehn Plagen Ägyptens, der brennende, aber nicht verbrennende Dornbusch, das Rauchen, Beben und Donnern am Berg Sinai, das Regnen von Manna und Wachteln, ferner der Einsturz der Mauern Jerichos beim Schall der Posaunen, das Stillstehen von Sonne und Mond, all die Krankenheilungen und Totenerweckungen und die Himmelfahrt Elijas im feurigen Wagen? Wunder, die sich im Neuen Testament fortsetzen.[32] Was ist davon zu halten?

Durchbrechung der Naturgesetze?

Gott scheint, wenn auch nicht in den Evolutionsprozess, so doch zumindest in die Geschichte Israels eingegriffen zu haben, so eingegriffen, dass hier Wunder nicht in einem vagen, sondern im strengen, neuzeitlichen Sinn geschehen sind: als *Durchbrechung der Naturgesetze*!?

Ich will, ohne auf Details einzugehen, nur knapp einige Punkte zur Sichtung angeben, die mit der Meinung führender Bibelexegeten übereinstimmen. Doch ich möchte dadurch niemanden, für dessen Gottesglauben die wortwörtlich verstandenen Wunder wichtig sind, in seinen religiösen Gefühlen verletzen, sondern denjenigen modernen Menschen, denen die Wunder für ihren Glauben an Gott ein Hindernis sind, eine hilfreiche Antwort geben.

Will man den Wunderberichten der Bibel historisch und hermeneutisch gerecht werden, gilt es zunächst, sich den fundamentalen *Unterschied zwischen dem biblischen und dem modernen Wirklichkeitsverständnis* klarzu-

---

[31] Hebr 11,3.
[32] Vgl. H. Küng, Christ sein (HKSW 8, 39–751), Kap. C II, 2: Wunder?

machen. Die Menschen zur Zeit der Bibel waren gerade nicht an dem interessiert, woran uns heutigen Kindern des rationalen, technologischen Zeitalters so sehr gelegen ist: an den Naturgesetzen. Man dachte nicht naturwissenschaftlich, man verstand daher die Wunder gar nicht als Durchbrechung von Naturgesetzen, verstand sie nicht als eine Verletzung von lückenlosen Kausalzusammenhängen. In der Hebräischen Bibel und im Neuen Testament unterscheidet man deshalb nirgendwo zwischen Wundern, die den Gesetzen der Natur entsprechen, und solchen, die sie sprengen. Denn jedes Ereignis, durch welches Gott seine Macht offenbart, gilt in jener Zeit als Wunder, gilt als „Zeichen", Machttat Gottes. Überall ist er, der Schöpfer und Urgrund, am Werk. Überall können die Menschen sich „verwundern", können Wunder erfahren: im großen wie im kleinen, in der Geschichte des Volkes wie in der Errettung des Einzelnen aus tiefer Not, von der Erschaffung und Erhaltung der Welt bis zu ihrer Vollendung ...

Ergebnisse der Bibelkritik

Die Ergebnisse sowohl der historischen wie der literarischen Bibelkritik sind ernstzunehmen:

Die *historische* Bibelkritik hat gezeigt: Viele verwunderliche Ereignisse, die dem Glauben des damaligen Menschen keinerlei Probleme bereiteten (etwa die Frösche-, Mücken- oder Heuschreckenplage im Zusammenhang des Auszugs aus Ägypten)[33], können auf in Palästina oder Nachbarländern übliche *Naturereignisse* zurückgeführt werden; bei ihnen war die Naturkausalität in keiner Weise aufgehoben.

Die *literarische* Kritik aber hat gezeigt: Bei den Wunderberichten haben wir es nicht mit Protokollen von historischen Ereignissen zu tun. Oft sind verschiedene Überlieferungen vom selben Ereignis (etwa vom Durchzug durch das Meer[34]) zusammengekommen, wobei die jeweils spätere das Wunderbare noch steigerte. Auch gibt es erhebliche Unterschiede zwischen den *verschiedenen literarischen Gattungen*, etwa zwischen einem Hymnus, einer Volkserzählung oder einer Hofchronik ... Schließlich haben Erzählungen wie die vom Sonnenwunder[35], von den wunderbaren Speisungen und Totenerweckungen durch die Propheten Elija und Elischa[36] oder vom Propheten Jona im Fischbauch[37] offensichtlich Legenden-Charakter.

---

[33] Vgl. Exodus 8, 1–31.
[34] Vgl. Exodus 13, 17–22; 14, 1–31.
[35] Vgl. Josua 10, 12 f.
[36] Vgl. 1Kön 17, 7–16. 17–24; 2Kön 4, 18–37.42–44.
[37] Vgl. Jona 2.

D. Leben im Kosmos?

Dies alles macht deutlich: Wunder als Durchbrechung von Naturgesetzen lassen sich in der Bibel historisch nicht nachweisen, und wer dies tun zu können meint, trägt die Beweislast. Es geht ja der Bibel bei ihren Wundererzählungen ohnehin nicht primär um das erzählte Geschehen selbst, sondern um die Deutung des Erzählten, nicht so sehr um die Aussage*form* als um den Aussage*gehalt*. Also nicht der Wissensvermittlung, sondern der Bewunderung sollen die Wundererzählungen dienen. Sie sind unbekümmerte volkstümliche Erzählungen, die glaubendes Staunen hervorrufen sollen. Und sie haben einen tieferen Sinn:

Hinweise für den Glauben

Wunder sollen *Zeichen der Macht Gottes* sein: Großes hat der Herr an uns getan! Diese Erzählungen wollen Gottes Wort deuten und den Glauben stärken; sie stehen also im Dienst der Verkündigung der Macht und Güte Gottes. Es wird nirgendwo ein Glaube abverlangt, dass es Wunder gibt, oder auch, dass dieses oder jenes Geschehnis wirklich ein Wunder ist. Vielmehr wird einfach Glaube an Gott erwartet, der in dem Menschen, der solches tut, am Werk ist, und für dessen Wirken die Wundertaten bezeichnend, also „Zeichen", sind.

Konkret: Nicht das Beben des Berges Sinai ist wichtig, sondern die Botschaft, die Mose bei dieser Gelegenheit vernimmt. Nicht die Plagen Ägyptens sind wesentlich, sondern das Zeugnis von Gott, der seine rettende Macht demonstriert. Nicht der wunderbare Durchzug durch das Meer ist bedeutsam, sondern die Botschaft von Gott, den das Volk als Gott der Befreiung erfährt. Die Wunder stehen demnach in der Bibel als Metaphern, so wie in der Poesie Metaphern auch nicht die Naturgesetze ausheben wollen.

Daraus erhellt: Solche Wundererfahrung steht nicht in Konkurrenz mit einem vernünftigen, naturwissenschaftlich-technologischen Weltverständnis. Nicht Beweise Gottes wollen die Wundererzählungen sein, sondern *Hinweise auf sein Handeln in der Welt*: Hinweise, die aber nur durch den Glauben an ihn (und nicht an ein zweites, böses Prinzip) ihre Eindeutigkeit erhalten. Die Botschaft dieser Erzählungen zielt auf den Menschen, und zwar in all seinen Dimensionen: Körper und Geist, Raum und Zeit, Individuum und Gesellschaft. Was verkünden sie? Sie verkünden keinen unveränderlichen weltlosen und geschichtslosen Gott, der apathisch Welt und Mensch ihrem Schicksal überlässt, sondern einen Gott, der sich in die Geschicke der Welt „einmischt", sich für das Volk und den einzelnen engagiert. Sie verkünden einen Gott, der Welt und Mensch nicht allein lässt, der Geschichte für den Menschen nicht zu einem dunklen, verhängnisvollen Fatum werden lässt, sondern zu einem im Glauben erkennbaren Zusammenhang von Ereignissen.

Die unterschiedlichen biblischen Bilder und Wunder können somit auch in einem evolutionären Weltverständnis richtig interpretiert werden. Dies führt indes zu einer grundsätzlichen theologischen Frage, auf die ich jetzt näher eingehen möchte:

6. Wie Gottes Wirken denken?

Gerade in einem vernünftigen Vertrauen auf Gott sollte der Mensch vermeiden, naturwissenschaftliche Erkenntnisse und religiöse Bekenntnisse zu vermischen: Man darf nicht aus (durchaus lobenswerten) ethisch-religiösen Impulsen dem Evolutionsprozess mit Hilfe eines anthropischen Prinzips die Richtung auf einen bestimmten Endzustand Omega und damit eine Sinngebung zuschreiben, die nun einmal nicht die Wissenschaft, sondern nur der religiöse Glaube geben kann. Ich habe für ein Ja zu einem „Alpha" als „Grund" von allen Dingen plädiert und werde auch für ein „Omega" als „Ziel" plädieren. Aber es muss klar bleiben, dass es sich dabei um ein Ja „jenseits von Wissenschaft"[38], um ein Ja des vernünftigen Vertrauens, handelt.

Auch wer ein anthropisches Prinzip annimmt, braucht auf keinen Fall ein „übernatürliches" Eingreifen Gottes in den Weltprozess zu vertreten. Im Gegenteil:

– Nach Auffassung der Biologen erscheint ein unmittelbares übernatürliches Eingreifen Gottes bei der Entstehung und Weiterentwicklung des Lebens mehr denn je als unnötig.
– Aber zugleich sind führende Biologen der Auffassung: Der Evolutionsprozess als solcher schließt, naturwissenschaftlich gesehen, einen Urheber (ein Alpha) und ein letztes Sinn-Ziel (ein Omega) weder ein noch aus.
– Auch für einen Naturwissenschaftler als Menschen stellt sich die existentielle Frage nach Ursprung und Sinn-Ziel des ganzen Prozesses, der er nicht ausweichen sollte, auch wenn er sie als Naturwissenschaftler nicht beantworten kann. Dies schließt allerdings ein aufgeklärtes Gottesverständnis ein:

Ein vergeistigtes Gottesverständnis

Eine allzu äußerliche, anthropomorphe Vorstellung wäre es zu meinen, Gott als Herr und König „kontrolliere" oder „steuere" die Ereignisse, auch die scheinbar zufälligen, sogar die subatomar unbestimmten Abläufe. Wie stün-

---

[38] So C. Bresch, Zwischenstufe Leben. Evolution ohne Ziel?, München 1977, Epilog, S. 296–299.

D. Leben im Kosmos?

de es denn da um all die Verschwendungen und Sackgassen der Evolution, wie um die ausgestorbenen Arten und die elend umgekommenen Tiere und Menschen? Und wie um die unendlichen Leiden und all das Böse in dieser Welt und Weltgeschichte? Darauf hat eine solche Konzeption von einem Herr-Gott keine Antwort.

Zu Recht sieht man das biblische Verständnis Gottes als *Geist* als besonders hilfreich an für eine evolutionäre Weltsicht. Der biblische Befund ist sehr aufschlussreich: Greifbar und doch nicht greifbar, unsichtbar und doch mächtig, lebenswichtig wie die Luft, die man atmet, energiegeladen wie der Wind, der Sturm – das ist der Geist. Alle Sprachen kennen ein Wort dafür, und ihre je verschiedene geschlechtliche Zuordnung zeigt, dass der Geist nicht so einfach definierbar ist: „Spiritus" im Lateinischen ist männlich (wie auch „der" Geist im Deutschen), „Ruach" im Hebräischen weiblich, und das Griechische kennt das Neutrum „Pneuma". Geist ist also jedenfalls etwas ganz anderes als eine menschliche Person. „Die Ruach": Dies ist nach dem Anfang des Schöpfungsberichts im Buch Genesis jener „Lufthauch", „Braus" oder „Sturm" Gottes, der sich über den Wassern bewegt. Und „das Pneuma": Dies steht auch dem Neuen Testament zufolge im Gegensatz zum „Fleisch", das heißt, zur geschaffenen vergänglichen Wirklichkeit, und ist die *von Gott ausgehende lebendige Kraft und Macht*.

Geist ist also nicht wie in der griechischen Philosophie die göttliche Vernunft, sondern ist jene unsichtbare Gotteskraft und Gottesmacht, welche schöpferisch oder auch zerstörerisch wirkt, zum Leben oder zum Gericht, die in der Schöpfung genauso wirkt wie in der Geschichte, in Israel wie später auch in den christlichen Gemeinden. „Heilig" ist der Geist, insofern er vom unheiligen Geist, dem Menschen und seiner Welt, unterschieden wird und als Geist des einzig Heiligen, Gottes selbst, angesehen werden muss. Der Heilige Geist ist also Gottes Geist.

Auch im Neuen Testament ist der Heilige Geist nicht – wie oft in der Geschichte der Religionen – ein magisches, substanzhaftes, mysteriös übernatürliches Fluidum dynamischer Natur (kein geistiges „Etwas") und auch kein Zauberwesen animistischer Art (kein Geisterwesen oder Gespenst). Auch im Neuen Testament ist der Heilige Geist niemand anderer als *Gott selbst*! Gott selbst, sofern er der Welt und dem Menschen nahe ist, ja, innerlich wird als die ergreifende, aber nicht greifbare Macht, als die lebenschaffende, aber auch richtende Kraft, als die schenkende, aber nicht verfügbare Gnade.

Der Unendliche wirkt im Endlichen

Für ein neuzeitlich-evolutionäres Wirklichkeitsverständnis, bei dem Gott als Geist in der Welt und die Welt in Gott ist, die Transzendenz in Immanenz, ist grundlegend:

Gottes Geist wirkt in den gesetzmäßigen Strukturen der Welt, ist aber mit ihnen nicht identisch. Denn Gott ist reiner Geist und wirkt in der Weltgeschichte fortdauernd nicht in der Weise des Endlichen und Relativen, sondern als der *Unendliche im Endlichen* und als das Absolute im Relativen. Schon im Abschnitt „Wie Gott denken?" (Kap. C,4) habe ich auf zwei Gesichtspunkte hingewiesen:

Gottes Geist wirkt nicht von oben oder außen als unbewegter Beweger in die Welt hinein. Vielmehr wirkt er als die dynamische wirklichste Wirklichkeit *von innen* im ambivalenten Entwicklungsprozeß der Welt, den er ermöglicht, durchwaltet und vollendet. Er wirkt nicht erhaben über dem Weltprozess, sondern im leidvollen Weltprozess: *in*, *mit* und *unter* den Menschen und Dingen. Er selbst ist Ursprung, Mitte und Ziel des Weltprozesses!

Gottes Geist wirkt auch nicht nur an einzelnen besonders wichtigen Punkten oder Lücken des Weltprozesses. Vielmehr wirkt er *ständig* als schöpferischer und vollendender Urhalt im System von Gesetz und Zufall und so als weltimmanent-weltüberlegener Lenker der Welt – allgegenwärtig auch im Zufall und Unfall – unter voller Respektierung der Naturgesetze, deren Ursprung er selber ist. Er selbst ist der auch alles Negative umfassende, alles durchwaltende *Sinn-Grund* des Weltprozesses, was freilich nur in vertrauendem Glauben angenommen und verstanden werden kann. Um alle Missverständnisse zu vermeiden, hier noch eine weitere Präzisierung:

Keine Konkurrenz zwischen Gott und Welt

Es dürfte jetzt klar geworden sein: Welt *oder* Gott – das ist keine Alternative: weder die Welt ohne Gott (Atheismus) noch Gott identisch mit der Welt (Pantheismus)! Sondern Gott *in* der Welt, und die Welt *in* Gott. Gott und Welt, Gott und Mensch also *nicht als zwei konkurrierende endliche Kausalitäten nebeneinander*, wo die eine gewinnt, was die andere verliert, sondern *ineinander*: Wenn Gott wirklich der alles umfassende unendliche geistige Urgrund, Urhalt und Ursinn von Welt und Mensch ist, wird deutlich, dass Gott nichts verliert, wenn der Mensch in seiner Endlichkeit gewinnt, sondern dass Gott gewinnt, wenn der Mensch gewinnt.

Keith Ward (Oxford), der, wie wir hörten, kenntnisreich und detailliert sich mit einigen englischsprachigen „neuen Materialisten" auseinandergesetzt hat (Kap. B,2), hält es für ganz unwahrscheinlich, dass allein die natürliche Auslese vernünftige Wesen hervorgebracht habe; zur Erklärung des gan-

D. Leben im Kosmos?

zen Prozesses sei es einfacher, die Hypothese eines in jedem Moment aktiv oder passiv bestimmenden unsichtbaren Einflusses Gottes anzunehmen.[39] Der um den naturwissenschaftlich-theologischen Dialog ebenfalls hochverdiente Biochemiker und Theologe Arthur Peacocke (Oxford) hat sich viel Mühe gemacht, das Einwirken Gottes auf das Universum und so Gottes spezielle Vorsehung mit physikalischen Kategorien verständlich zu machen.[40] Auch andere haben versucht, Gottes Wirken mit der Quantenwelt zu verbinden oder in der Chaostheorie zu verorten. Doch werden gegen solche Versuche manche physikalischen und theologischen Einwände erhoben. Der um den Dialog nicht weniger verdiente Physiker und Theologe John Polkinghorne (Cambridge) dürfte recht haben: „Es ist nicht möglich, das kausale Netzwerk so aufzuknüpfen, daß man sagen kann, Gott tat dies, ein Mensch jenes und die Natur ein drittes. Der Glaube mag hier zwar unterscheiden können, aber keine Nachforschung kann Gottes Handeln demonstrieren."[41] Der alles umfassende Schöpfungsplan des Universums muss also richtig verstanden werden: nicht als ein detaillierter, bereits existierender Entwurf in der Vorstellung Gottes: „Das tatsächliche Gleichgewicht zwischen Zufall und Notwendigkeit, Kontingenz und Möglichkeit, das wir wahrnehmen, scheint mir mit dem Willen eines geduldigen und subtilen Schöpfers übereinzustimmen, der zufrieden damit ist, seine Ziele zu verfolgen, indem er den Prozess initiiert und dabei ein Maß an Verletzlichkeit und Unsicherheit akzeptiert, das das Geschenk der Freiheit durch Liebe immer kennzeichnet."[42]

Theologie darf sich also nicht zuviel zumuten und ihre Neugierde zu weit treiben. Mir kommt da immer wieder der berühmte „Gnadenstreit", die wichtigste Auseinandersetzung um Gnade und Freiheit im 16./17. Jh., in den Sinn. Damals wollte man das Rätsel lösen, wie sich Voraussicht und Allmacht Gottes und die Freiheit des Menschen verbinden lassen. Nach endlosen Streitereien zwischen Dominikanern und Jesuiten und mehr als 120 Sitzungen in Rom verbot schließlich Papst Paul V. 1611 beiden Parteien, die Gegenpartei zu verketzern. Bis heute wartet man auf die damals in Aussicht gestellte päpstliche Erklärung, die „opportune", zu geeigneter Zeit, veröffentlicht werden soll. Sie wird heute weniger denn je benötigt. Die meisten Theologen haben erkannt, dass es hier nicht um eine zu lösende Rätselfrage, sondern um das unergründliche Geheimnis des Wirkens Gottes selber geht.

---

[39] Vgl. K. Ward, God, Chance & Necessity, London 1996, S. 76–95.
[40] Vgl. A. Peacocke, A Theology for a Scientific Age, Oxford 1990; dt.: Gottes Wirken in der Welt, Mainz 1998, besonders Kap. 3 und Kap. 9.
[41] J. Polkinghorne, Science & Theology, London 1998; dt.: Theologie und Naturwissenschaften. Eine Einführung, Gütersloh 2001, S. 123.
[42] Ders., One World: the Interaction of Science and Theology, Princeton 1987, S. 69.

Und dies dürfte auch gelten für die Frage, wie ein allwissender Gott nicht nur die determinierten Vorgänge, sondern auch die zahllosen Zufallsprozesse, welche die Evolution vorantreibt, voraussehen kann.

Theologisch relevant ist für mich das *Dass (id quod)* des Wirkens von Gott und Kosmos, Gott und Mensch, nicht aber das *Wie (modus quo)* des Zusammenwirkens, das uns letztlich verborgen ist und das wir auch gar nicht zu entschlüsseln brauchen. Da ist mir ein anderer Aspekt wichtiger, wie er von der biblischen Botschaft nahegelegt wird: Die meisten Wunder ereignen sich ja für den glaubenden Menschen nicht im Kosmos, sondern im *Herzen des Menschen*, wo Gottes Geist wirkt, der nach dem Apostel Paulus kein unheiliger Menschengeist, Zeitgeist, Kirchengeist, Amtsgeist ist, aber auch kein Schwarmgeist, sondern der Heilige Geist, der Geist der Freiheit und Liebe, der weht, wo und wann er will. *Gottes Geschenk*, um das der Mensch auch in schweren Stunden – und wer hat sie nicht? – bitten darf, um immer wieder neu zu einem Leben und Wirken in Frieden, Gerechtigkeit, Freude, Liebe, Hoffnung und Dankbarkeit befreit zu werden. Und es gibt für mich keinen schöner vertonten Hymnus auf Gottes Geist als das „Veni Sancte Spiritus", „Komm, Heiliger Geist", den Stephan Langton, Erzbischof von Canterbury, schon um 1200 dichtete und der die Wirkung des Geistes Gottes als Licht beschreibt (ich zitiere nur einige Strophen):

O lux beatissima,	Strahlend Licht, dein seliger Glanz
reple cordis intima	Fülle Geist und Sinne ganz,
tuorum fidelium.	mache leicht, was sonst zu schwer!
Sine tuo nomine	Ohne daß du in uns webst
nihil est in homine,	ohne daß du uns belebst,
nihil est inoxium.	sind die Herzen tot und leer.
Lava quod est sordidum,	Wasche, was im Schmutz vergeht!
riga quod est aridum,	Gieße, was zu trocken steht!
sana quod est saucium.	Heile all das Leid der Welt!
Flecte quod est rigidum,	Biege, was zu fest und hart!
fove quod est frigidum,	Taue, was zu Eis erstarrt!
rege quod est devium.	Halte fest, was stürzt und fällt!
Da tuis fidelibus,	Denen, die dir hier vertraun,
in te confidentibus,	die auf keinen Sand mehr baun,
sacrum septenarium.	schenke alle Gaben dein!

Aber hier überschreiten wir ein wenig die Grenzen dieses Kapitels über Naturwissenschaft und Religion. Ich weiß natürlich, dass Physiologen solche Regungen nicht im Herzen, sondern im Gehirn lokalisieren, allesamt durch physikalisch-chemische Prozesse determiniert. Dieser Problematik müssen wir uns stellen. Dies soll geschehen im nächsten Kapitel, in dem das Werden des Menschen, die Problematik Gehirn und Geist, die Hirnforschung und die Erfahrung der Freiheit und einiges mehr zur Sprache gebracht werden.

E. Der Anfang der Menschheit

Rund 8000 Kilometer Meer liegen heute zwischen Australien und Afrika. Aber vor zwei Milliarden Jahren bildeten beide einen großen Südkontinent (Gondwanaland) – zusammen mit Indien, Neuseeland, Südamerika und der Antarktis. Doch diese riesige Landmasse ist in der späten Kreidezeit, vor rund 130 Millionen Jahren oder noch später, zerbrochen und immer weiter auseinandergedriftet. *Afrika* ist geologisch gesehen ein sehr alter Kontinent, an welchem sich wie nirgendwo sonst die geologische Geschichte unserer Erde studieren lässt. Gleichzeitig ist Afrika historisch gesehen auch ein *uralter Wohnraum von Menschen* – höchst bedeutsam für die Anfänge der menschlichen Kultur, die für die Urgeschichtsforscher schon in der Altsteinzeit (Paläolithikum) mit den „Werkzeug herstellenden Lebewesen" einsetzt.

1. Physische Entwicklung des Menschen

Die *Hominisation* erforderte nicht nur eine Veränderung von Körpermerkmalen. Sie erforderte vor allem die Entfaltung der geistigen Leistungsfähigkeit – Voraussetzung für die Entwicklung von Technik, Kultur und gesellschaftlichem Leben. Doch zuerst: Übereinstimmung besteht unter Fachleuten darüber, dass das *Aufrichten zu dauernd zweifüßiger Haltung* und Fortbewegung für die Entwicklung des Menschen grundlegend war. Den meisten Forschern zufolge trat diese Veränderung ein, als infolge von Klimawechsel die großen Wälder zurückwichen, die Savannen sich ausweiteten und sich auch die Ernährungs- und Lebensweisen der Frühmenschen veränderten. Erst später erfolgte eine erhebliche Vergrößerung des Gehirns, besonders der Assoziationsareale der Großhirnrinde, was für die weitere Entwicklung des Menschen entscheidend sein sollte.

Die Stammesgeschichte

Wenig Übereinstimmung aber gibt es bis heute in der Frage, zu welcher Zeit sich die für den Menschen charakteristischen kognitiven Fähigkeiten und das

Erkenntnisinteresse an Gegenständen der Umgebung ausgebildet haben. Dass dabei die Entwicklung der Sprache eine wichtige Rolle spielte, ist anzunehmen.

Weithin übereinstimmen dürfte die stammesgeschichtliche Forschung heute in zwei gegenläufigen Grundeinsichten:

Erstens: Der Mensch hat sich im Laufe von mehreren Millionen Jahren *aus seinen tierischen Vorfahren entwickelt*: Eine ganze Reihe anatomischer und physiologischer Besonderheiten tritt zumindest in Ansätzen auch bei den nächsten Verwandten des Menschen auf, den höheren Primaten, den *Menschenaffen*: von der Chromosomenzahl über die Zahnstellung bis zur Entfaltung des Gehirns. Analogien auch zu menschlichen Empfindungen wie Angst, Gleichgültigkeit und Freude. Analogien beim Sozialverhalten: Lange Kindheit, späte Geschlechtsreife und Ausbildung komplizierter Sozialstrukturen und sozialer Verhaltensweisen, oft als spezifisch menschlich angesehen, charakterisieren schon die Menschenaffen. Selbst die Bildung von (averbalen) Begriffen, einfache Schlüsse und Urteile sowie Ansätze von darauf basierendem planvollem Handeln lassen sich bei ihnen feststellen, sogar Vorstufen einer Ich-Vorstellung. Und doch:

Zweitens: Der Mensch nimmt *gegenüber allen Tieren eine Sonderstellung* ein: Nicht nur ist er das einzige Lebewesen mit aufrechtem Gang bei senkrecht gehaltenem Rumpf. Er ist auch das Lebewesen mit dem am höchsten entwickelten Gehirn. Vor allem besitzt der Mensch *Bewusstsein*, das Voraussetzung ist für Sprache. Der Mensch zeichnet sich so aus durch die Fähigkeit, sachorientiert zu denken und zu sprechen. Einzigartig ist der Besitz einer *komplexen syntaktischen Sprache*. Sie unterscheidet den Menschen auch von seinen nächsten Verwandten, den Schimpansen. Zwar können diese Wörter und deren Bedeutung lernen und bestimmte Aufgaben durch Nachdenken lösen, doch verfügen sie weder über ein Sprachzentrum in der Großhirnrinde (das nach seinem Entdecker Paul Broca benannte Broca-Areal), noch über eine zum Sprechen geeignete Struktur von Kehlkopf und Stimmbändern. Unbestritten ist: Der Besitz einer Sprache mit komplexen Satzstrukturen hat die geistigen Fähigkeiten des Menschen ungeheuer gesteigert. Nur er besitzt die Fähigkeit zu *strategischem Denken*, das Handlungsalternativen abwägt. Nur er hat die Fähigkeit zur *Selbstreflexion*. Bewusstsein und Sprache sind Voraussetzung für abstraktes Denken und gerichtete, intentionale Geisteszustände wie Liebe und Hass, Hoffnungen und Befürchtungen, Überzeugungen und Wünsche. Dies alles ist die Grundlage für kulturelle Fortentwicklung, für Religion, Philosophie und Wissenschaft.

Kein anderes Wesen gibt es, das wie der Mensch immer neu auch über seinen Ursprung nachsinnt und forscht – nicht nur in Religion und Philosophie, auch in Paläontologie und Naturwissenschaft überhaupt. Wo aber hat

E. Der Anfang der Menschheit

dieses für unsere Erde entscheidende Abenteuer Mensch begonnen? Wo stand nach der neuesten Forschung die Wiege der Menschheit?[1]

Aus Afrika kommt der Mensch

Vor etwa sechs Millionen Jahren hatte es sich – nach den neuesten Funden zu schließen – abgespielt: Das Geschlecht der *Hominiden, Frühmenschen,* das zum modernen Menschentyp führte, begann sich abzuspalten von jenem Geschlecht, aus dem sich seine engsten Verwandten, die *Menschenaffen,* entwickelten. Zwar unterscheiden sich die Gene der Menschen von denen der Schimpansen nur in etwa einem Prozent der Kettenglieder der Erbsubstanz DNS. Doch handelt es sich dabei immerhin um 30 Millionen unter den drei Milliarden Bausteinen des Genoms. Die älteste mit Sicherheit bekannte Hominidengattung sind vor circa 5 Millionen Jahren die afrikanischen Australopithecinen („südliche Affenartige"), die sich zweibeinig und kletternd fortbewegten, aber keine Werkzeugkultur entwickelten. 2,5 Millionen Jahre vor allen Schriftkulturen begannen dann Mitglieder der Hominidengesellschaft *Steinwerkzeuge* herzustellen: der *Homo habilis* („fähiger Mensch") behaute scharfkantige Abschläge aus kleinen Flusskieseln, wozu sich auch nach intensivstem Training kein heutiger Menschenaffe fähig zeigt. L. S. B. Leakey[2] hat die ältesten uns bekannten Werkzeuge im vulkanischen Tuff auf dem Grund der Olduwaischlucht in Kenia ausgegraben und sie aufgrund der Schichten auf das Alter von 2,16 bis 2,12 Millionen Jahren datieren können. Unterdessen wurden zahlreiche weitere Funde gemacht.

Afrika und die übrigen Kontinente entwickelten sich in der *alten und mittleren Steinzeit* recht ähnlich. Werkzeugfunde und Grabstätten lassen die Entwicklung vom Homo habilis bis zu unserem direkten Vorfahren, dem Homo sapiens, deutlich verfolgen. Vor 2–1,5 Millionen Jahren taucht der *Homo erectus* auf, der „aufrecht gehende Mensch", dem heutigen Menschen in der Körpergestalt weithin ähnlich. Seit etwa einer halben Million Jahren beherrscht man in den Gruppen und Horden den Gebrauch des Feuers. Eine gewisse Zwischenstufe vor 200 000 bis 35 000 Jahren bildete dann im kalten eiszeitlichen Europa der *Neandertaler*. Mit seiner gedrungenen, kräftigen Körpergestalt, seiner fliehenden Stirn und seinem großen Gehirnvolumen war er aufgrund des teilweise abweichenden Erbmaterials (durch neueste DNS-Analysen bestätigt) wohl doch kein direkter Vorfahre, aber immerhin

---
[1] Einen knappen präzisen Überblick über die Geschichte der Vor- und Urmenschen gibt der (mit einer Forschergruppe in Afrika tätige) Paläoanthropologe F. Schrenk, Die Frühzeit des Menschen. Der Weg zum Homo sapiens, München 1997.
[2] Vgl. L. S. B. Leakey u. a. (Hrsg.), Adam or Ape. A Sourcebook of Discoveries about Early Man, Cambridge/Mass. 1971.

ein Verwandter des Homo sapiens. Seine psychischen und intellektuellen Fähigkeiten sind in der Forschung umstritten. Sicher war er nicht, wie früher angenommen, noch beinahe eine wilde Bestie, andererseits aber auch nicht, wie später übertrieben behauptet, dem modernen Menschen beinahe gleich. Nicht zu bestreiten sind: eine entwickelte Werkzeug- und Jagdtechnik, zum ersten Mal in der Menschheitsentwicklung Totenbestattungen mit Grabbeigaben, sprachliche Kommunikation und Informationsvermittlung, vor allem von der Eltern- auf die Kindergeneration.

Manche Gelehrte sind der Meinung, der *Homo sapiens*, der anatomisch moderne Mensch, der Mensch wie er heute ist, habe sich fast zeitgleich an mehreren Orten der Welt entwickelt. Aber die meisten Forscher sind aufgrund überwältigender und auch allerneuester Funde davon überzeugt: Der Homo sapiens kommt aus einer vermutlich nicht sehr großen Gruppe von Frühmenschen des *tropisch-subtropisch warmen, wildreichen Afrika*, die vor etwa zweihunderttausend Jahren aller Wahrscheinlichkeit nach östlich des großen afrikanisch-syrischen Grabenbruchs (*Rift Valley*), nördlich des Sambesi, gelebt haben.

In der Jungsteinzeit, wohl vor weit mehr als 100 000 Jahren, hatte dieser Homo sapiens, vermutlich in kleinen Horden, seinen weiten Weg über den Globus angetreten; vor 40 000 bis 30 000 Jahren verdrängte er in Europa und anderswo den Neandertaler. Erste Skelette wurden in Cro-Magnon/Dordogne gefunden. Während aber sein nächster Evolutionsverwandter in Afrika, der Schimpanse, auf seinem Weg der Entwicklung drei unterschiedliche Unterarten ausbildete, entwickelte sich der Homo sapiens ziemlich einheitlich. Er ist der Schöpfer der berühmten Höhlenmalereien, er beginnt Flötenspiel, Schneiderhandwerk, Keramiktechnologie und brennt im Ofen Ton-Figurinen. Er verfügt über eine artikulierte Sprache und wohl auch über symbolische Begriffe. Die Erdbevölkerung in der Jäger- und Sammlerzeit betrug vermutlich nur wenige Millionen. Erst die Ausbreitung der *Landwirtschaft* vor rund 10 000 Jahren brachte ein starkes Bevölkerungswachstum, eine Differenzierung von Kulturen und schließlich vor rund 5000 Jahren mit der Erfindung der *Schrift* im Zweistromland und fast gleichzeitig in Ägypten die ersten Hochkulturen – der Beginn der geschichtlichen Zeit.[3]

Nie zu vergessen: Aborigines, „Buschmänner", Asiaten, Europäer oder Amerikaner – dies alles sind keine verschiedenen Menschenarten, sie bilden eine einzige Menschenart, bilden *dasselbe Menschengeschlecht*. Und wenn wir auch sehr unterschiedlich sind in den äußeren Merkmalen, wir haben

---

[3] Vgl. I. J. Gelb, A Study of Writing. The Foundation of Grammatology, Chicago 1952, dt.: Von der Keilschrift zum Alphabet, Stuttgart 1958; H. Haarmann, Universalgeschichte der Schrift, Frankfurt/M. 1990.

E. Der Anfang der Menschheit

vermutlich alle, wie molekulargenetische Analysen zeigen, einen gemeinsamen biologischen Ursprung. Unter der Haut sind wir allesamt Afrikaner. Wie aber stellt sich in dieser Stammesgeschichte des Menschen die Entwicklung von *Religion* dar?

Früheste Spuren von Religion

„*Naturvölker*" *und* „*Kulturvölker*" sind kein Gegensatz. Denn wenngleich etwa die Ureinwohner Afrikas oder Australiens keine Schrift, keine Wissenschaft und Technologie im modernen Sinn entwickelt haben, so verfügen sie doch über eine „Kultur". Ihr Denken ist logisch, plausibel, geprägt von einer „Leidenschaft für Ordnung", um Dinge und Beziehungen zu klassifizieren. Gerade in den australischen *Stammeskulturen* legt man großen Wert auf Kultur; ist sie doch zentrales Unterscheidungsmerkmal des Menschen gegenüber Tierwelt und Wildnis. „Kultur" (engl.: *civilization*), umfassend verstanden und Religion einschließend, ist die Gesamtheit der Kenntnisse und Verfahrensweisen, die eine bestimmte menschliche Gesellschaft kennzeichnen, seien sie nun technischer, wirtschaftlicher, wissenschaftlicher, sozialer oder religiöser Art.

Die heutigen Jäger und Sammler Australiens und anderer Kontinente sind keineswegs stehengebliebene „*Steinzeitmenschen*". Auch diese Ureinwohner haben sich verändert. Von der Altsteinzeit trennt sie eine *lange kulturelle Geschichte* von mehreren Jahrzehntausenden. Sie sind nicht etwa vorrational, prälogisch, wie die ersten Kulturanthropologen (Wissenschaftler vom Menschen und seiner Kultur) dachten, in Deutschland Ethnologen (Völkerkundler) genannt. Zu Unrecht sieht unser „westlicher Blick" nur unsere westlichen Kulturen im historischen Zusammenhang, die anderen Kulturen aber bloß im geographischen. Zwar verwenden die Ureinwohner sehr einfache Techniken, doch besagt dies keineswegs eine einfache, gar unveränderlich-statische Kultur. Leben sie doch keineswegs in einem zeitlosen Zustand. Vielmehr haben sie, wie Anthropologen unserer Tage feststellten, von Zeit zu Zeit Rituale und Gesänge, aber auch künstlerische Stilmittel und Techniken von anderen Stammesgruppen übernommen, haben neue heilige Gegenstände entdeckt und ihre Mythen veränderten Gegebenheiten angepasst.[4]

Für die Frage nach der Entwicklung von Religion waren die *Aborigines* Australiens lange Zeit ein religionswissenschaftlicher Testfall. Die Kultur-

---

[4] Vgl. M. Charlesworth, Philosophy of Religion: The historic approaches, London 1972. Vgl. auch Charlesworths Textsammlung: The Problem of Religious Language, Englewood Cliffs/N. J. 1974; ders., Religious Inventions: Four Essays, Cambridge 1997, besonders Essay 2: The invention of Australian Aboriginal religion.

anthropologie entwickelte sich vor allem in der wissenschaftlichen Auseinandersetzung mit den Aborigines-Stämmen, und früh hatten sich hier *Fronten* gebildet:

Gelehrte des späten 19. Jh., deren wissenschaftliches Denken vom Evolutions- und Fortschrittsdenken geprägt war, etwa Sir James G. Frazer (1854–1941)[5], sahen die ganze Menschheitsgeschichte in einem vorgefassten *Stufenschema*: zuerst *Magie* – dann *Religion* – heute *Wissenschaft*. Von Darwin fasziniert, nahmen sie ohne zu hinterfragen an, die frühen Menschen seien allesamt Menschen ohne Religion, ohne Gott oder Götter gewesen. Erst langsam hätten sich aus magischen Praktiken religiöse Gewohnheiten und Wahrheiten, Opfer und Gebete entwickelt.

Im Gegenzug versuchten andere Gelehrte, die statt an Darwin an die Bibel glaubten – so in seinem vielbändigen Werk P. Wilhelm Schmidt (1868–1954) und seine Wiener Kulturhistorische Schule[6] – ein umgekehrtes Entwicklungsschema zu begründen: Die Uraustralier seien von einem *Urmonotheismus* ausgegangen. Erst mit der Zeit habe sich dieser zum Polytheismus entwickelt und sei schließlich zur bloßen Magie degeneriert. Immerhin würden australische Stämme noch einen „Großen Vater" kennen.

Beide Extremtheorien sind heute ad acta gelegt. Ihnen fehlt schlechterdings die empirische Basis, weil sich die Kulturen der verschiedenen Stammesgruppen in Wirklichkeit ganz und gar unsystematisch entwickelten. Es entsprach einem abendländischen hierarchischen Werteverständnis anzunehmen, ganz generell habe sich quasi stufenweise aus der Magie die Religion entwickelt, aus dem Seelenglauben der Geisterglaube, aus dem Geisterglauben der Götterglaube und aus dem Götterglauben schließlich der Gottesglaube. Heute herrscht unter den Forschern Übereinstimmung: Phänomene und Phasen durchdringen einander. Mehr als von *Phasen und Epochen* (ein „Nacheinander") spricht man deshalb von *Schichten und Strukturen* (ein „Übereinander"), die sich in ganz verschiedenen Entwicklungsstufen, Phasen oder Epochen finden können. Und die „Urreligion" des Menschen, gar ein „Urmonotheismus"? Auch darüber besteht in der Forschung heute Übereinstimmung: Eine *Urreligion* ist empirisch *nirgends zu finden*.

Doch *erste Spuren beginnender Religiosität* finden sich schon in Altsteinzeit und Mittelsteinzeit, so in der neuesten Darstellung der vorgeschichtli-

---

[5] Vgl. J. G. Frazer, The Golden Bough. A Study in Comparative Religion, Bd. I–II, London 1890, Bd. I–XII ³1907–15; dt.: Der goldene Zweig: das Geheimnis von Glauben und Sitten der Völker (abgekürzte Ausgabe), Leipzig 1928; ders., Totemism and Exogamy. A Treatise on Certain Early Forms of Superstition and Society, Bd. I–IV, London 1910.
[6] Vgl. P. Wilhelm Schmidt SVD, Der Ursprung der Gottesidee, Bd. I–XII, Münster 1926–55.

E. Der Anfang der Menschheit

chen Religionen von Ina Wunn[7]. Das Mesolithikum ist in religiöser Hinsicht weniger arm als früher angenommen: „Offensichtlich war die Vorstellung von übermächtigen Wesen verbreitet – anders machen die Maskenfunde keinen Sinn. Im Bereich religiösen Handelns waren Rituale üblich, die entweder in Zusammenhang mit dem Jagdverhalten oder mit Übergängen im Lebenszyklus standen. Große Bedeutung hatte der Totenkult. Beisetzungen nach mehr oder weniger festen Regeln sollten den Übergang in die nächste Welt sicherstellen und/oder den Hinterbliebenen die ungebrochene Gemeinschaft mit den Toten ermöglichen."[8] Es waren dann die Neandertaler, „die mit ihrer Sorge um das Schicksal ihrer Verstorbenen in Sachen Religion und Jenseitsglaube einen Weg eingeschlagen haben, der die religiösen Vorstellungen der folgenden Jahrtausende bestimmte"; daraus „entwickelte sich die Vielfalt der prähistorischen Religionen, auf denen dann die Religionen der geschichtlichen Zeit aufbauen und ihren Siegeszug antreten konnten."[9]

Doch wenden wir uns nun der Frage nach der psychischen Entwicklung zu und besonders dem Problem der Freiheit in der Geschichte des Menschen.

2. Psychische Entwicklung des Menschen

Für die mit den Griechen einsetzende klassische europäische Philosophie besteht das *Wesen des Menschen* in der Fähigkeit zum Geist und zur Gemeinschaftsbildung. Aristoteles, der geniale griechische Denker, der aufgrund seiner überwältigenden empirischen Kenntnisse bis ins Mittelalter „der Philosoph" und die naturwissenschaftliche Autorität schlechthin war, ist es, der die bis heute wirksame Definition des Menschen geprägt hat. Er sieht den Unterschied des Menschen zum Tier im Vernunftvermögen und definiert den Menschen als „zoon logon echon", ein Vernunft besitzendes Wesen (lat. *animal rationale*), das zugleich ein „zoon politikón", ein geselliges, zum geregelten gesellschaftlichen Leben befähigtes Wesen ist; in Stoa und Christentum wurde dann besonders das Moment der Freiheit hervorgehoben. Schon aristoteles betonte: Nicht die Seele sei zornig oder bedrückt oder denke, wie sie ja auch nicht webe oder ein Haus baue, vielmehr tue der Mensch dies kraft seiner Seele!

Das Leib-Seele-Problem

Schon bei Platon, dem Lehrer des Aristoteles, und von ihm her auch bei Augustinus und vor allem bei Descartes findet sich jedoch ein zugespitzter

---
[7] Vgl. I. Wunn, Die Religionen in vorgeschichtlicher Zeit (= Die Religionen der Menschheit, Bd. 2), Stuttgart 2005, bes. Kap. 2.
[8] AaO S. 199.
[9] AaO S. 465.

Dualismus: Der Mensch wird verstanden als eine antagonistische Einheit von Geist (*res cogitans*) und Körper (*res extensa*), von Freiheit und Gesetzmäßigkeit, was eine physisch-psychische Verknüpfung schwierig macht. Andererseits stellt auch der pantheistische *Monismus* eines Spinoza, der nur eine einzige, göttliche Substanz mit zwei Attributen, Ausdehnung und Denken, annehmen will, keine Lösung dar: Die Welt und all ihr Elend völlig in die Gottheit integrieren und das Einzel-Ich nur als Modifikation der einen göttlichen Substanz verstehen? Albert Einstein wird diesen spinozistischen Determinismus übernehmen und gerade deshalb Schwierigkeiten haben, die nichtdeterministische Quantenmechanik zu akzeptieren (vgl. Kap. A,3). Zwischen Dualismus und Monismus vermittelnd, vertrat Gottfried Wilhelm Leibniz (1646–1716) einen psychophysischen Parallelismus, demzufolge der Schöpfer Seele und Leib synchronisiert, ohne dass sie aufeinander wirken. Doch dies erwies sich als reines Postulat ohne empirische Grundlage.

Die Anthropogenese, das Werden des Menschen, ist zweifellos unter zwei verschiedenen Gesichtspunkten zu betrachten: Sie bedeutet eine körperliche Veränderung, also eine *Bio-Evolution*, aber auch eine geistige Entwicklung, eine *Psycho-Evolution*. Zunächst wurde erstere erforscht aufgrund der zahllosen Fossilienfunde, die sich mit ständig verbesserten Methoden der Altersbestimmung (Aminosäuredatierung) immer genauer untersuchen ließen. Dann aber versuchte die Analyse der Verhaltensweisen all der tierischen Organismen bis hin zum Menschen die Evolution psychischer Prozesse verständlich zu machen: auch die Entstehung von Bewusstsein, Intentionalität, Subjektivität.

Mehr und mehr wurden jedoch Modelle von Ganzheitlichkeit und Leib-Seele-Einheit entwickelt. Auch die vergleichende Verhaltensforschung hat gut begründete Evolutionsmodelle erarbeitet, so dass der traditionelle platonisch-augustinisch-kartesianische Leib-Seele-Dualismus hinfällig, aber keinesfalls völlig überwunden wurde. Dieser war ja ohnehin in Erklärungsnöten, wenn er ihre Wechselwirkung erklären sollte; die Zirbeldrüse tief im Gehirn, von Descartes als Sitz der Seele angenommen, war empirisch nicht als solcher zu erweisen. Und wie soll ein rein geistiges Wesen physikalische Energie generieren?

Psyche statt Seele

Die psychische Entwicklung kann heute aufgrund der Integration genetischer, physiologischer und ethnologischer Theorien erklärt werden. Aus diesem Grund wird der Ausdruck „Seele" – verstanden als Träger (Substrat) psychischer Vorgänge und Erscheinungen oder auch als aristotelische „Form" (Entelechie) des Leibes – als naturwissenschaftlicher Begriff kaum

E. Der Anfang der Menschheit

noch verwendet. Statt dessen spricht man von *„Psyche"*, und diese meint kein vom Leib unterschiedenes Lebensprinzip, sondern allgemein die Gesamtheit bewusster und unbewusster emotionaler („seelischer") Vorgänge und geistiger (intellektueller) Funktionen.

Auch eine zeitgemäße Theologie hat schon längst die dualistische Weltsicht aufgegeben: Körper und Geist sind nicht zwei Welten, der Mensch ist nicht aufgebaut aus zwei ganz verschiedenen „Stoffen". Deshalb spricht man heutzutage vom *„Verhalten"* der Tiere wie des Menschen und benutzt so eine Terminologie, die den Unterschied von Körperlichem und Seelischem absichtlich hinter sich lässt. Jede Verhaltensweise umfasst Züge, die früher in Körperliches und Seelisches zerlegt wurden. Schon früh hat der evangelische Theologe Wolfhart Pannenberg die Einsichten der Verhaltensforschung aufgenommen und das uns wohlbekannte eigentümliche *Erlebnis einer besonderen seelischen Innenwelt* wie folgt erklärt: „Für die anthropologische Verhaltensforschung erklärt sich dieses Erlebnis aus der Besonderheit unseres leibhaftigen Verhaltens selbst. Die Innenwelt eines lautlosen Denkens und Vorstellens sondert sich erst dem Menschen, der schon sprechen kann, von der Außenwelt ab ... Die Sprache, die die Bedingung für das Entstehen einer besonderen seelischen Innenwelt ist, entsteht selbst im leiblichen Umgang des Menschen mit seiner Umgebung. Die Unterscheidung der Innenwelt und Außenwelt ist also keine ursprüngliche, sondern eine abgeleitete Tatsache, die aus dem leiblichen Verhalten des Menschen erwächst. Daraus folgt: Es gibt keine dem Leibe gegenüber selbständige Wirklichkeit ‚Seele' im Menschen, ebensowenig aber auch einen bloß mechanischen oder bewußtlos bewegten Körper. Beides sind Abstraktionen. Wirklich ist nur die Einheit des sich bewegenden, sich zur Welt verhaltenden Lebewesens Mensch."[10]

Selbstverständlich kann auch der naturwissenschaftlich gebildete Mensch noch immer *metaphorisch* von „Seele" reden: negativ (ein „seelenloses" Haus), antiquiert (ein Dorf von 500 „Seelen"), poetisch (die „Seele Europas"), liturgisch („Es freut sich meine Seele im Herrn") oder modern abgekürzt (SOS: „Save Our Souls" = „Rettet unsere Seelen"). Solange man es metaphorisch und nicht objektivierend meint, sind Missverständnisse vermeidbar. Doch wird man heutzutage eher als von einer ehrlichen, treuen, guten „Seele" von einem ehrlichen, treuen, guten „Menschen" sprechen; auch dem zeitgenössischen „Seel-Sorger" geht es um den ganzen leibhaften Menschen und nicht nur um dessen unsterbliche Dimension.

---

[10] W. Pannenberg, Was ist der Mensch? Die Anthropologie der Gegenwart im Lichte der Theologie, Göttingen ⁶1981, S. 35 f.

Zusammengefasst also:
- Es ist weder die Seele noch nur das Gehirn, sondern der eine ganze Mensch, der atmet, erlebt, empfindet, denkt, will, leidet, handelt: das „Ich", eine „Person".
- Leib und Psyche, Gehirn und Geist sind also immer gleichzeitig gegeben und bilden – Psychologen und Mediziner legen darauf heute in Theorie und Praxis großes Gewicht – eine psycho-somatische Einheit.
- Körperliches und Psychisches sind demnach nie – nicht einmal im Traum – isoliert zu haben.
- Viele körperliche und psychische Eigenschaften (oder zumindest Dispositionen) werden, an die elterlichen Chromosomen gebunden, jedem Individuum schon in die Wiege mitgegeben.
- Jedem Bewusstseinszustand liegt von daher ein psycho-physischer Prozess zugrunde: keine geistige Tätigkeit ohne ein neuronales Substrat.

Doch nun drängt sich die Frage auf: Folgt aus all dem, dass Geist ein bloßer Sekundäreffekt von Gehirntätigkeit ist?

Bedingte Freiheit

In der Französischen Aufklärung des 18. Jh. begann ein *mechanistischer Materialismus* die kausale physische *Determiniertheit* auf den ganzen Menschen auszudehnen: Der Mensch wird zum „Maschinenmenschen" (J. O. de Lamettrie)[11], der vom Tier nicht wesentlich verschieden und dessen Willensfreiheit eine Illusion sei. Unter dem Einfluss von Friedrich Engels und Ernst Haeckel dachten auch Theoretiker des Marxismus auf dieser Linie. Und zweifellos ist solcher Determinismus auch heute noch bei manchen Neurowissenschaftlern, die philosophisch dem 19. Jh. verhaftet geblieben sind, die oft wenig reflektierte Voraussetzung.

In bewusstem Gegensatz zu Materialismus und mechanistischer Naturwissenschaft versteht der französische *Existentialismus* des 20. Jh. den Menschen aus seiner Freiheit, durch die er sich selbst zu dem bestimmt, was er ist: „Es gibt keinen Determinismus, der Mensch ist frei, ja, der Mensch ist Freiheit", heißt es in des frühen Jean-Paul Sartre radikaler programmatischer Schrift „Der Existentialismus ist ein Humanismus". Der Philosoph und Schriftsteller sieht die riskante Freiheit des Individuums als Chance und zugleich als Zwang, seinen Lebensentwurf selbst zu gestalten. Nicht Willkür und Beliebigkeit sind dabei gefordert, sondern Engagement und Verantwortung. Der Mensch sei entweder ganz und immer frei, oder er sei es nicht;

---

[11] Vgl. J. O. de Lamettrie, L'homme machine, Leyden 1748.

E. Der Anfang der Menschheit

auch der Gefangene und Gequälte sei und bleibe frei. Eine Philosophie der Résistance, geboren im Schatten des Zweiten Weltkriegs und der nazideutschen Besetzung. Doch unter dem Einfluss des Algerien- und Vietnamkriegs immer mehr sich dem Marxismus annähernd, gab der „Philosophe engagé" durch sein Eintreten für die stalinistische Sowjetunion, China, Kuba und die RAF seine ursprünglichen Intentionen weithin auf.[12]

Auch Sartre betont, dass die Freiheit des Individuums immer nur in einer bestimmten „Situation" realisiert wird und so immer auf *Grenzen* stößt. Diese Grenzen sind inzwischen noch sehr viel deutlicher geworden durch die Ergebnisse der Verhaltensforschung: Der Mensch ist in *doppelter Weise präformiert* – durch Umwelteinflüsse wie durch Erbanlagen – und ist doch in Grenzen *frei*.

Umweltgesteuert und vorprogrammiert

Einerseits: Der Mensch ist *umweltgesteuert*, geprägt durch äußere Einflüsse, abhängig von Bedingungen, ist vielfältig konditioniert und somit in seinem Verhalten weithin voraussagbar. Dies machen sich amerikanische Verhaltensforscher wie der radikale Behaviorist B. F. Skinner zunutze, die deshalb einen auf das Gute hin programmierten Menschen fordern, der von einer „Verhaltenstechnologie" gesteuert werden müsse.[13]

Aber: Selbst Skinner leugnet die menschliche Freiheit nicht. Er weiß: Der Mensch ist nicht *nur* umweltgesteuert, ist nicht *total* konditioniert, nicht *völlig* voraussagbar. Zweifellos formt die Umwelt den Menschen und seinen Willen. Aber zugleich formen der Mensch und sein Wille auch die Umwelt, insofern er der Umwelt als autonomes System gegenübertritt.

Andererseits: Als stammesgeschichtlich gewordenes Gebilde ist der Mensch *genetisch vor-programmiert*: Er ist, wie die deutschsprachigen Verhaltensforscher (Ethologen) in der Schule des Nobelpreisträgers Konrad Lorenz betonen, in seinen Verhaltensformen, Handlungsweisen, Reaktionen von ererbten Programmen angetrieben und gesteuert. Die Erbanlagen sind für das Individual- und Sozialverhalten von grundlegender Bedeutung.[14]

Auch hier ein *Aber*, von Ethologen selbst betont: Das Angeborene wirkt nicht als ein völlig bestimmender Faktor, nicht als unabwendbares Geschick,

---

[12] Zum 100. Geburtstag Sartres erschien eine hervorragende Einführung in sein Leben und Werk vom deutschen Philosophen H.-M. Schönherr-Mann, Sartre. Philosophie als Lebensform, München 2005.
[13] Vgl. B. F. Skinner, Beyond Freedom and Dignity, New York 1971; dt.: Jenseits von Freiheit und Würde, Hamburg 1973.
[14] Vgl. K. Lorenz, Das sogenannte Böse. Zur Naturgeschichte der Aggression, Wien 1963; ders., Über tierisches und menschliches Verhalten. Aus dem Werdegang der Verhaltenslehre. Gesammelte Abhandlungen, Bd. I–II, München 1965.

das ich lediglich zu erdulden und hinzunehmen hätte. Wie der Lorenz-Schüler Irenäus Eibl-Eibesfeldt sagt: Die einseitige „Ansicht, der Mensch würde nur durch Lernen programmiert, ist falsch, ebenso falsch, als würde einer behaupten, der Mensch sei zur Gänze vorprogrammiert"[15].

Glücklicherweise scheint die *Determinismusdebatte in der Pädagogik* der 1970er Jahre überwunden. Je nach weltanschaulicher Einstellung war damals die Auffassung vertreten worden, der Mensch sei zu zehn oder zu fünfzig oder zu neunzig Prozent durch die Umwelt oder aber umgekehrt durch die Gene bestimmt. Man hat sich inzwischen weithin darauf verständigt, dass der Mensch als „ganzer" durch seine Gene und als „ganzer" durch seine Umwelt bestimmt ist. Doch: die Willensfreiheit des Menschen wird heutzutage in neuer, radikaler Weise in Frage gestellt durch eine Wissenschaft, welche die Problematik „Geist und Körper" auf die Frage „Geist und Gehirn" zuspitzt: die neurophysiologische Hirnforschung.

3. Gehirn und Geist

Schon aus der stammesgeschichtlichen Forschung ergibt sich, dass der menschliche Geist nicht vom Himmel fiel, sondern ein *Evolutionsprodukt* darstellt. Wir stellten fest: Das menschliche Gehirn ist nicht einzigartig; manche geistige Fähigkeiten des Menschen haben Vorstufen bei den Menschenaffen. Setzen wir also voraus: Ohne Gehirn gibt es keinen Geist und ohne die Aktivität bestimmter Hirnzentren keine geistige Leistung. Dann stellt sich aber die entscheidende Frage, die man nicht theologisch überspielen darf:

Durch physikalisch-chemische Gehirnprozesse determiniert?

Die Faszination der Hirnphysiologen für ihr Forschungsobjekt ist verständlich: Die Evolution hat mit dem menschlichen Gehirn zweifellos ihr *natürliches Spitzenprodukt* hervorgebracht. Das weitaus komplexeste Gebilde im ganzen Universum, gegenüber dem auch ein komplizierter Computer noch recht einfach wirkt! Diese (nur im Vergleich mit dem kleineren Gehirn des Menschenaffen große) „graue Masse" mit ihren Tälern und Höhen weist Schichtstrukturen und Funktionsbereiche auf, in denen über zehn Milliarden Gehirnzellen arbeiten: mit Hilfe tausender von Milliarden Verknüpfungen und leitenden Verbindungen, die sich über hunderttausende Kilometer erstrecken. Die Hirnvorgänge sind Resultat sowohl genetischer Anlage wie auch sozialen Lernens! Dabei ist das Hirn keine nach der frühen Kindheit fixierte

---

[15] I. Eibl-Eibesfeldt, Grundriß der vergleichenden Verhaltensforschung. Ethologie, München ³1972.

E. Der Anfang der Menschheit

Masse, wie man lange glaubte. Vielmehr zeigt es eine erstaunliche Plastizität, Regenerationskraft und Verwandlungsfähigkeit, und zugleich erweist es sich für unsere Selbst- und Weltwahrnehmung als erstaunlich stabil. Durch neue Anforderungen können im Gehirn zeitlebens neue Neuronenverknüpfungen aufgebaut, andere aber auch abgebaut werden.

Die *neurophysiologische Hirnforschung* hat uns in den letzten Jahren großartige Erkenntnisse geschenkt: Sie lieferte mit Hilfe der funktionellen Kernspintomographie durch neue bildgebende Verfahren – Positronenemissionstomographie PET, funktionelle Magnetresonanztomographie fMRT – beeindruckende neue Entdeckungen: Da die Nervenzellen (Neuronen mit ihren Fortsätzen) bei erhöhter geistiger Tätigkeit mehr Sauerstoff und Zucker verbrauchen, lässt sich in den aktivierten Hirnarealen eine erhöhte Sauerstoffbeladung verschiedener Gehirnteile messen. So lassen sich auch Bewusstseins-Zustände mit Aktivitäten verschiedener Gehirnbereiche korrelieren. Uns ist indes nur bewusst, was mit der Großhirnrinde (Cortex) verbunden ist, und auch dies nur zu einem kleinen Teil; die Prozesse außerhalb davon sind unbewusst.

Nach allen diesen Forschungen ist es unbestreitbar geworden: Sämtliche psychischen Vorgänge stehen in enger Verbindung mit den elektrochemischen Vorgängen zwischen den Nervenzellen im Gehirn, und diese funktionieren nach den *Naturgesetzen der Physik*. Welche Konsequenzen man auch immer daraus zieht: Kein Philosoph oder Theologe sollte in die Diskussion mit einem Neurobiologen eintreten, ohne diese physikalisch-biologischen Voraussetzungen ernstzunehmen und das humane Potential der Gehirnphysiologie anzuerkennen. Wer da für die Willensfreiheit vorschnell dogmatisch Gott in die Debatte einbringt, der von den Menschen eine freie Gegenliebe wolle, oder gar Gottes Menschwerdung einführt, welche die Erlösung aus Unfreiheit und Angst bringe[16], redet von vornherein am Naturwissenschaftler vorbei. Er verpasst die Chance, diesem nach voller Anerkennung seiner wissenschaftlichen Leistung doch in präziser Weise die Frage nach der möglichen eigenen dogmatischen Voreingenommenheit zu stellen, die auch an Hirnforscher zu stellen ist. Denn keine Wissenschaft hat einen Alleinvertretungsanspruch: Wie sich Philosophen und Theologen auf die biologische Hirnforschung einlassen sollten, so Hirnforscher auf Fragestellungen der Philosophie und Theologie. Wie auch immer: Statt Grabenkämpfe zu führen, versuche ich auch hier Brücken zu bauen. Zu diesem Zweck jetzt zugespitzt die Frage:

---

[16] So der katholische Moraltheologe E. Schockenhoff in einer Diskussion mit dem Neurologen G. Roth, in: Der Spiegel Nr. 52/2004.

Willensfreiheit eine Illusion?

Hirnforscher haben immer mehr Entsprechungen festgestellt zwischen dem Auftreten eines bestimmten Bewusstseinsvorganges oder -zustandes und der Aktivität einer bestimmten (makroskopisch identifizierbaren) Hirnregion, beziehungsweise der (mikroskopischen) neuronalen Schaltkreise, aus denen die Hirnregion aufgebaut ist. Diese Erkenntnisse sind unbezweifelbar und erfreulich. Neurophysiologen haben nun allerdings begonnen, aus diesem Befund folgenreiche Thesen zum Ich- oder Selbstbewusstsein des Menschen abzuleiten: Wir erführen uns zwar in unserem Wollen, Entscheiden und Handeln als frei; doch zeige uns ihre Wissenschaft, dass wir uns täuschen. Das Gehirn mit seinen unbewussten neuronalen Prozessen komme unserem Willen ständig zuvor.

Dem tief in unserem Gehirn verborgenen limbischen System mit den Basalganglien, unserem emotionalen Erfahrungsgedächtnis, schreibt etwa der Bremer Forscher Gerhard Roth die „Letztentscheidungen des Menschen" zu: Das bewusste Ich sei „nicht der eigentliche Herr unserer Handlungen" und „*Willensfreiheit im starken Sinn eine Täuschung*". „Wir Menschen erleben uns bei unserem Denken, Fühlen, Wollen, unserer Handlungsplanung und der Ausführung unserer Handlungen als frei. Unser Ich empfindet sich dabei als Verursacher dieser Zustände und Handlungen. Dies aber ist offensichtlich eine Illusion. Psychologische und neurowissenschaftliche Experimente und Beobachtungen zeigen vielmehr, daß Gedanken und Absichten, die uns in den Sinn kommen, weithin durch das limbische System veranlaßt und gesteuert werden, das besonders stark auf das Stirnhirn einwirkt."[17]

Das Gefühl also, der Urheber unserer Handlungen zu sein, sei eine ebenso hartnäckige Täuschung wie die frühere Vorstellung, wir Menschen stünden im Mittelpunkt des Universums. Faktisch seien alle unsere Absichten und Entscheidungen, Ideen und Wünsche durch physiologische Prozesse determiniert. Alles werde vom Unbewussten, vom *limbischen System gesteuert*, wo schon im Kindesalter beispielsweise darüber entschieden werde, ob ein Mensch ein Triebtäter werde oder nicht. Diese Auffassung Roths wirft freilich die Frage auf, welche Konsequenzen eine solche Anwendung neurophysiologischer Erkenntnisse für Recht und Ethik hätte.

Sind also *alle unsere alltäglichen Erfahrungen von Freiheit trügerisch*? Oder sind, umgekehrt gefragt, solche Schlussfolgerungen aus neurowissenschaftlichen Experimenten vielleicht doch durch bewusste oder unbewusste

---

[17] G. Roth, Das Ich auf dem Prüfstand – Die Hirnforschung und ihre Sicht vom Menschen, Radiovortrag in SWR2 am 10. Juni 2004; ders., Aus Sicht des Gehirns, Frankfurt/M. 2003.

E. Der Anfang der Menschheit

philosophische Annahmen eingefärbt? Darin, dass eine Ich-Instanz für die Entscheidungen verantwortlich zeichne, behauptet auch Wolf Singer vom Max-Planck-Institut in Frankfurt, irre sich unsere Intuition „auf dramatische Weise".[18] Singer sieht nämlich keinen wesentlichen Unterschied zwischen bewussten, vermeintlich von uns gesteuerten Gehirnvorgängen und unbewussten, automatischen. Singers Sichtweise will „der trivialen Erkenntnis Rechnung" tragen, „daß eine Person tat, was sie tat, weil sie im fraglichen Augenblick nicht anders konnte, denn sonst hätte sie anders gehandelt."[19] Denn? So etwas nennt man in der Logik eine „Petitio principii", einen Zirkelschluss, der voraussetzt, was er beweisen möchte: „Sie konnte nicht anders, weil sie nicht anders konnte." Ein Zirkelschluss entsteht leicht, wenn ein Hirnforscher empirisch nur das feststellt, was von seinem Bewusstsein strukturiert ist und mit seiner Hilfe belegt wird. Der Physiker oder Chemiker als solcher wird den Menschen ja ohnehin kaum als individuelles historisches Wesen in seiner Einmaligkeit betrachten.

Neurowissenschaftliche Verharmlosung von Verantwortung und Schuld

Bei solchen Argumentationen ist nun freilich erstaunlich, mit welcher Nonchalance ein Neurophysiologe wie Roth aufgrund von kurzatmigen Experimenten, auf die ich zurückkommen werde, seine neurowissenschaftliche Hypothese von der Illusion der Willensfreiheit als „ein tiefgreifendes Problem der Begründung" dem *Strafrecht* zuschiebt. Dieses halte fälschlicherweise an einem „Schuld- und Verantwortungsprinzip" fest, das „alle Fähigkeiten des Menschen, sich frei und richtig zwischen Recht und Unrecht zu entscheiden", voraussetze.

Das Strafrecht kennt selbstverständlich eine eingeschränkte Schuldfähigkeit. Aber ist das Mentale prinzipiell bloß ein Epiphänomen des Neuronalen? Man müsste sich doch überlegen: Welche *Pseudoentlastung* bringt dem Verbrecher eine solche neurowissenschaftliche Hypothese: Nur ja keine Schuldgefühle – alles Illusion! Von den horrenden Naziverbrechen gegen die Menschlichkeit möchte ich gar nicht reden. Gleichzeitig mit Roths Referat aber war in der deutschen Presse ein Schauerbericht zu lesen über eine Clique erwachsener Männer und Frauen im Saarland, die einen fünfjährigen Jungen mehrfach vergewaltigten und schließlich umbrachten. Sind also solche Scheusale und überhaupt alle die Erwachsenen, die in Deutschland jedes Jahr (mindestens) 15 000 Kinder missbrauchen, aufgrund der Mechanismen des

---

[18] W. Singer, Selbsterfahrung und neurobiologische Fremdbeschreibung. Zwei konfliktträchtige Erkenntnisquellen, in: Deutsche Zeitschrift für Philosophie, Nr. 2/2004.
[19] Ebd.

limbischen Systems unfrei und deshalb durch ein perfektes wissenschaftliches Alibi von Schuld und Verantwortung entlastet? Die Opfer und ihre Eltern werden für solche neurowissenschaftliche Verharmlosung der Schuld von Kinderschändern wenig Verständnis aufbringen. Statt differenziert über persönliche Verantwortung und Schuld (und natürlich auch positiv auf die Verdienste) zu reflektieren, sich nur auf „Verletzung gesellschaftlicher Normen" zu berufen, wie Roth dies tut, wirkt schal angesichts fast totaler Vergleichgültigung solcher gesellschaftlicher Normen.

„Bedenklich" finden da Autoritäten für *forensische Psychiatrie* wie Hans-Ludwig Kröber (Berlin) „die Neigung mancher Hirnforscher, nun auch als Hirndeuter aufzutreten und vor Laien und staunenden Journalisten unter Demonstration vieler bunter Bilder zu verkünden, daß die Willensfreiheit widerlegt und die strafrechtliche Verantwortlichkeit eine Fiktion sei … In Wirklichkeit ist es ein recht weiter Weg von den Bildern aus dem PET, dem funktionellen Positronen-Emissions-Tomographen, bis hin zur Frage der strafrechtlichen Verantwortlichkeit."[20] Wann also sind wir strafrechtlich verantwortlich? „Wenn wir imstande sind, unsere Entscheidungen von vernünftigen Erwägungen abhängig zu machen, wenn wir also imstande sind, unsere Wünsche kritisch zu bewerten."[21]

Im Tübinger Universitätsklinikum freut man sich seit Januar 2005 zu Recht über die Installation eines der modernsten Diagnosegeräte Europas (Kosten 3,4 Millionen Euro), einer Kombination aus einem Computertomographen (CT) und einem Positronen-Emissions-Tomographen (PET), das kleinste Ansiedlungen von Krebszellen frühzeitig erkennen lässt. Doch leider sind neurowissenschaftliche Hypothesen, die unser Selbstverständnis als freie Menschen für Selbsttäuschung erklären, dafür mitverantwortlich, dass die Hirnforschung, die mit Hilfe solcher Geräte phantastische Fortschritte macht, heutzutage nicht nur *Hoffnungen* auf die Bekämpfung schwerer Krankheiten wie Alzheimer, Parkinson, Schizophrenie, Depression und auf die Rückgewinnung von Autonomie und Entscheidungsfreiheit hervorruft. Sie fördert auch *Ängste*, wir Menschen würden zu kalten Bio-Automaten; von Neuronen gesteuert könnten wir allen möglichen bewusstseinsmanipulativen Eingriffen ausgesetzt werden und so unsere Identität und Autonomie verlieren.

---

[20] H.-L. Kröber, Die Hirnforschung bleibt hinter dem Begriff strafrechtlicher Verantwortlichkeit zurück, in: C. Geyer (Hrsg.), Hirnforschung und Willensfreiheit. Zur Deutung der neuesten Experimente, Frankfurt/M. 2004, S. 103–110, Zit. S. 107 f.
[21] AaO S. 109. Vgl. auch die Warnung des Frankfurter Strafrechtlers K. Lüderssen, Ändert die Hirnforschung das Strafrecht?, in: C. Geyer, Hirnforschung, S. 98–102, an die Hirnforschung, „die (wohl schuldlos) in die Gefahr einer selbstsuggestiven Metaphysik geraten ist" (S. 102).

E. Der Anfang der Menschheit

Erfreulicherweise werden sich nun aber auch Hirnforscher der Problematik solchen reduktionistischen Vorgehens, das vor allem an den Gemeinsamkeiten (und weniger an den Unterschieden) zwischen Menschenhirn und Menschenaffen-Hirnen interessiert ist, zunehmend bewusst. Dass der Mensch zwar besser denken, der Affe aber besser klettern könne, ist eine dieser lächerlichen Nivellierungen. Und so ist es jetzt, nach der Würdigung der Fortschritte der Hirnforschung, an der Zeit, ebenso deutlich ihre Grenzen aufzuzeigen.

4. Grenzen der Hirnforschung

Über das „*Wo*" im Gehirn gibt die funktionelle Kernspintomographie – oft recht grobe – Auskunft, aber *nicht*, „*wie*" kognitive Leistungen durch neuronale Mechanismen zu beschreiben sind. Aus den bunten Mustern allein, die Tomographen aus der Hirnaktivität eines Menschen erzeugen, lassen sich nie dessen Gefühle und Gedanken ablesen. Und was die „sehr indirekten" Messmethoden der Gehirnareale betrifft, so sei das „in etwa so, als versuchte man die Funktionsweise eines Computers zu ergründen, indem man seinen Stromverbrauch mißt, während er verschiedene Aufgaben abarbeitet."[22] Natürlich gibt es zahlreiche Überlegungen über die biologischen Grundlagen eines Ich-Bewusstseins, aber können diese interessanten Spekulationen die *Erklärungslücke zwischen physischen Prozessen und Bewusstsein* wirklich überwinden? Nein, je genauer die Neurowissenschaftler die Funktionsweise unseres Gehirns zu beschreiben vermögen, desto deutlicher wird, dass all ihre Messungen und Modelle just den zentralen Aspekt des Bewusstseins nicht erfassen: das subjektive Innewerden von Qualitäten wie Farbe oder Geruch, einer Überlegung oder einer Emotion: Es sei notwendig, führt David Chalmers (Tucson/Arizona) aus, das „bewußte Erleben (*conscious experience*) als irreduziblen Wesenszug anzuerkennen".[23] Dass sich das Verhältnis von Gehirn und Bewusstsein ebenso mit einem Schlag klären wird wie das Geheimnis der Vererbung durch Francis Crick und James Watson, ist selbst nach Christof Koch, Cricks Kollegen, nicht zu erwarten.[24] Daher kam es 2004 in der Hirnforschung zu einer überraschenden konstruktiven Selbstkorrektur:

---

[22] Ebd.
[23] Vgl. D. J. Chalmers, Das Rätsel des bewußten Erlebens, in: Spektrum der Wissenschaft, Digest-ND, Heft 4/2004, S. 12–19. In derselben Nummer weitere aufschlussreiche Aufsätze zum Rätsel Gehirn. Vgl. ders., The Conscious Mind, Oxford 1996.
[24] Vgl. C. Koch, Die Zukunft der Hirnforschung. Das Bewußtsein steht vor seiner Enthüllung, in: C. Geyer, Hirnforschung, S. 229–234.

Ein Nichtwissen auf der entscheidenden Hirnebene

Wenige Monate nach Gerhard Roths aufsehenerregenden Publikationen veröffentlichen 2004 elf führende deutsche Neurowissenschaftler – darunter nun bemerkenswerterweise auch die zitierten Roth und Singer – ein „*Manifest über Gegenwart und Zukunft der Hirnforschung*"[25]. Es sei der Eindruck entstanden, die Hirnforschung „stünde kurz davor, dem Gehirn seine letzten Geheimnisse zu entreißen", meinen die Forscher einleitend. Zur Beruhigung einer alarmierten Öffentlichkeit ziehen sie nun für ihre kühn voranstürmende junge Wissenschaft eine nüchtern differenzierende Bilanz.

Mit Hilfe neuer Methoden seien bedeutende *Fortschritte* erzielt worden:
- einerseits auf der *obersten* Ebene: Erforscht wurden Funktionen und Zusammenspiel größerer Hirnareale; die speziellen Aufgaben der Großhirnrinde und der Basalganglien (Schaltstellen für Muskelkoordination) und so eine thematische Aufteilung des Gehirns nach Funktionskomplexen: Sprache verstehen, Bilder erkennen, Töne wahrnehmen, Musikverarbeitung, Handlungsplanung, Gedächtnisprozesse und Erleben von Emotionen;
- andererseits auf der *untersten* Ebene: Wir verstehen heute weithin die Vorgänge auf dem Niveau einzelner Zellen und Moleküle: die Ausstattung der Nervenzellenmembrane mit Rezeptoren, die Funktion von Neurotransmittern, den Ablauf von intrazellulären Signalprozessen, die Entstehung und Weiterleitung neuronaler Erregung;
- *nicht* aber auf der *mittleren* Ebene: Wir wissen „erschreckend wenig", was innerhalb von Hunderten oder Tausenden Verbänden von Zellen geschieht: „Völlig unbekannt ist, was abläuft, wenn hunderte Millionen oder gar eine Milliarde Nervenzellen miteinander ‚reden'."[26]

Das alles läuft hinaus auf ein *Nichtwissen gerade auf der entscheidenden Ebene der Hirnaktivitäten*. Denn auf dieser wird das Zustandekommen von Gedanken und Gefühlen, Absichten und Effekten, Bewusstsein und Selbstbewusstsein ermöglicht: „Nach welchen Regeln das Gehirn arbeitet; wie es die Welt so abbildet, dass unmittelbare Wahrnehmung und frühere Erfahrung miteinander verschmelzen; wie das innere Tun als ‚seine' Tätigkeit erlebt

---

[25] Vgl. Das Manifest. Über Gegenwart und Zukunft der Hirnforschung, in: Gehirn und Geist. Das Magazin für Psychologie und Hirnforschung, Nr. 6/2004, S. 30–37. Unterzeichnet ist das Manifest von den Professoren Christian Elger (Bonn), Angela Friederici (Leipzig), Christof Koch (Pasadena), Heiko Luhmann (Mainz), Christoph von der Malsburg (Bochum/Los Angeles), Randolf Menzl (Berlin), Hannah Monyer (Heidelberg), Frank Rösler (Marburg), Gerhard Roth (Bremen), Henning Scheich (Magdeburg), Wolf Singer (Frankfurt/M.).
[26] AaO S. 30–33.

E. Der Anfang der Menschheit

wird und wie es zukünftige Aktionen plant, all dies verstehen wir nach wie vor nicht einmal in Ansätzen. Mehr noch: Es ist überhaupt nicht klar, wie man dies mit den heutigen Möglichkeiten erforschen könnte. In dieser Hinsicht befinden wir uns gewissermaßen noch auf dem Stand von Jägern und Sammlern."[27] Ein Lob der akademischen Bescheidenheit (auch Theologen betätigen sich bisweilen als schiere „Jäger und Sammler")!

Die großen Fragen der Neurowissenschaften

Die Neurowissenschaftler, die das Manifest „Über Gegenwart und Zukunft der Hirnforschung" unterschrieben haben, zeigen sich erfreulich zurückhaltend bezüglich der „großen Fragen": „Wie entstehen Bewusstsein und Ich-Erleben, wie werden rationales und emotionales Handeln miteinander verknüpft, was hat es mit der Vorstellung des ‚freien Willens' auf sich? Die großen Fragen der Neurowissenschaften zu stellen ist heute schon erlaubt – daß sie sich bereits in den nächsten zehn Jahren beantworten lassen, ist allerdings eher unrealistisch. Selbst ob wir sie bis dahin auch nur sinnvoll angehen können, bleibt fraglich. Dazu müßten wir über die Funktionsweise des Gehirns noch wesentlich mehr wissen."[28]

Man kann nur zustimmen: Noch so raffinierte bildgebende Verfahren einer „Cyber-Phrenologie" können in der Tat den Traum von einer Verkörperung des Geistes nicht erfüllen. Eine theoretische Neurobiologie wird, so hoffen manche, eines fernen Tages die klassische Hirnforschung ergänzen wie die Quantenphysik die klassische Mechanik, um dann „sozusagen das kleine Einmaleins des Gehirns zu verstehen". Mag sein, doch heißt das im Klartext: Die *Hirnforschung* bietet zur Zeit *keine empirisch nachprüfbare Theorie über den Zusammenhang von Geist und Gehirn*, von Bewusstsein und Nervensystem. Insofern darf man hoffen, dass sich alle Hirnforscher in Zukunft vor reduktionistischen Statements hüten und sich an die Schlusssätze ihres Manifestes halten: „Aller Fortschritt wird aber nicht in einem Triumph des neuronalen Reduktionismus enden. Selbst wenn wir irgendwann einmal sämtliche neuronalen Vorgänge aufgeklärt haben sollten, die dem Mitgefühl beim Menschen, seinem Verliebtsein oder seiner moralischen Verantwortung zu Grunde liegen, so bleibt die Eigenständigkeit dieser ‚Innenperspektive' dennoch erhalten. Denn auch eine Fuge von Bach verliert nichts von ihrer Faszination, wenn man genau verstanden hat, wie sie aufgebaut ist. Die Hirnforschung wird klar unterscheiden müssen, was sie sagen kann und was außerhalb ihres Zuständigkeitsbereichs liegt, so wie die Musikwis-

---

[27] AaO S. 33.
[28] AaO S. 34.

senschaft – um bei diesem Beispiel zu bleiben – zu Bachs Fuge einiges zu sagen hat, zur Erklärung ihrer einzigartigen Schönheit aber schweigen muß."[29]

Bestätigungen dieser anti-reduktionistischen Sicht gibt es in Fülle: Der Tübinger Verhaltensneurobiologe Niels Birbaumer etwa, der plant, mit einem neuartigen Magnet-Enzephalographen auch die elektrische Hirnaktivität von Ungeborenen, ihre Wahrnehmungs- und Lernfähigkeit, zu untersuchen, empfiehlt seinen Kollegen „bescheidene Zurückhaltung bei der Generalisation und Interpretation neurobiologischer Daten". Er könne nichts über einen freien oder unfreien Willen sagen, da sich ein solcher nicht messen lässt: „Weder freier noch unfreier Wille läßt sich beobachten, da wir kein neuronales Korrelat von Freiheit kennen. Freiheit ist zwar auch ein Konstrukt des Gehirns wie alles Verhalten und Denken, das der Mensch produziert, aber es ist auch und primär ein historisch, politisch und sozial gewachsenes Phänomen, das sich nicht nur auf Hirnprozesse rückführen läßt."[30]

Interessant in diesem Zusammenhang der Positionswechsel des amerikanischen Hirnphysiologen Benjamin Libet. Er war es, der als erster schon 1985 die viel zitierten verhaltensphysiologischen Experimente durchgeführt hatte, denen zufolge das Gehirn etwa beim Heben des rechten oder linken Fingers oder Arms (eine sehr kleine Willenseinheit!) ein neuronales „Bereitschaftspotential" aufbaut, das dem subjektiv erlebten Handlungswillen um 350 bis 400 Millisekunden voraus sein soll.[31] Doch bindet dieses „Bereitschaftspotential" überhaupt den Willen? Im Jahr 1999 nun erklärt Libet, dass das Bewusstsein, das zeitlich nachhinkt, durchaus in der Lage sei, das, was das Gehirn als Handlung suggeriert, zu unterbinden. Der „freie Wille" habe also bei allem Handlungsdrang zumindest die *Macht des Veto*. Libets Schlussfolgerung ist nunmehr, „daß die Existenz eines freien Willens zumindest eine genauso gute, wenn nicht bessere wissenschaftliche Option ist als ihre Leugnung durch die deterministische Theorie."[32]

Gegenüber solchen kurzzeitlichen Experimenten vom „Willensruck", dem ein „Bereitschaftspotential" vorausgehe, beruft sich der Tübinger Philosoph Otfried Höffe auf ein überzeugendes Gedankenexperiment bei Kant: Da wird jemand unter Androhung der unverzögerten Todesstrafe aufgefordert, ein falsches Zeugnis gegen einen ehrlichen Mann abzulegen: „ob er da, so

---

[29] AaO S. 37.
[30] N. Birbaumer, Hirnforscher als Psychoanalytiker, in: C. Geyer, Hirnforschung, S. 28.
[31] Vgl. B. Libet, Do We Have a Free Will?, in: Journal of Consciousness 6, 1999, S. 47–57; dt.: Haben wir einen freien Willen?, in: C. Geyer, Hirnforschung, S. 268–289; ders., Mind Time. The Temporal Factor in Consciousness, Cambridge/Mass. 2004.
[32] Ders., Haben wir einen freien Willen?, S. 287.

E. Der Anfang der Menschheit

groß auch seine Liebe zum Leben sein mag, sie wohl zu überwinden für möglich halte. Ob er es tun würde, oder nicht, wird er vielleicht sich nicht getrauen zu versichern, daß es ihm aber möglich sei, muß er ohne Bedenken einräumen."[33] Es ist ihm also nach Kant beides möglich: zu lügen oder die Lüge zu verweigern: „Er urteilt also, daß er etwas kann, darum, weil er sich bewußt ist, daß er es soll, und erkennt in sich die Freiheit, die ihm sonst ohne das moralische Gesetz unbekannt geblieben wäre."[34] Dazu Höffe: „Wo man sich durch Erziehung und Selbsterziehung die Haltung der Ehrlichkeit erwirbt, insofern sich die volle Wirklichkeit der Moral zu eigen macht, deshalb selbst in schwieriger Lage ehrlich bleibt und ebenso hilfsbereit oder couragiert, dort zeigen Moral und Willensfreiheit ihre Realität."[35]

Im übrigen fängt man erst neuerdings an, diese kurzatmigen Experimente zu hinterfragen. Man weist darauf hin, dass der Experimentator schon durch die Versuchsabsprache dem Gehirn Impulse erteilt, die sofort eine unbewusste neuronale Tätigkeit auslösen. Aufschlussreicher als die Analyse von Millisekunden vor einer programmierten Fingerbewegung wäre zweifellos die Analyse der Vorgeschichte eines Individuums, die Entscheidungsprozesse unseres ganzen Gehirns ermöglicht, in einer bestimmten Situation *dem limbischen Reflex gerade nicht zu erliegen*. Darin besteht ja genau die Willensfreiheit: in der Fähigkeit des Menschen, sich Werte und Ziele zu setzen und im Handeln zu verfolgen, unabhängig von äußerer oder innerer Fremdbestimmung, vielmehr in Selbstbestimmung, also in „Autonomie", in „Selbstgesetzgebung" des Ich. Aber: gibt es in Wirklichkeit überhaupt ein Ich?

Chemie und Physik erklären nicht das Ich

Anders als die Autoren des Hirnforscher-Manifests hält es Wolfgang Prinz (Münchner Max-Planck-Institut für Kognitions- und Neurowissenschaften) noch längst nicht für ausgemacht, dass aufgrund der Hirnforschung „,unserem' Menschenbild beträchtliche Erschütterungen ins Haus stehen": Wie die Schönheit einer Bachschen Fuge, so könne auch das Menschenbild von jeglicher Reduktion und Dekonstruktion unberührt bleiben: Was jedoch sicher revidiert werden müsse, sei der kaum reflektierte Naturalismus, der dieses Menschenbild und auch das mancher Hirnforscher präge. Menschen seien das, was sie sind, nicht nur durch ihre *Natur*, sondern vor allem auch durch ihre *Kultur* – und das durch und durch, bis in die tiefsten Wurzeln ihrer

---

[33] I. Kant, Kritik der praktischen Vernunft, §6, Anmerkung, in: Werke (hrsg. von W. Weischedel) Bd. IV, S. 140.
[34] Ebd.
[35] O. Höffe, Der entlarvte Ruck. Was sagt Kant den Gehirnforschern?, in: C. Geyer, Hirnforschung, S. 177–182, Zit. S. 182.

kognitiven Leistungen und die hintersten Winkel und Windungen ihrer Gehirne. „Deshalb kann Hirnforschung hier zwar sicher vieles, aber gewiß nicht alles ausrichten. Als neue Leitdisziplin der Humanwissenschaften, die sie gerne wäre, taugt sie jedenfalls nicht."[36] In einem Gespräch wird Prinz noch deutlicher: „Die Biologen können erklären, wie die Chemie und die Physik des Gehirns funktionieren. Aber niemand weiß bisher, wie es zur Ich-Erfahrung kommt und wie das Gehirn überhaupt Bedeutungen hervorbringt."[37]

Der Philosoph Peter Bieri (Berlin) hält die angeblich empirische Widerlegung der Willensfreiheit für „ein Stück abenteuerliche Metaphysik": „Man sucht in der materiellen Zusammensetzung eines Gemäldes vergebens nach der Darstellung oder Schönheit, und im selben Sinn sucht man in der neurobiologischen Mechanik des Gehirns vergebens nach Freiheit oder Unfreiheit. Es gibt dort *weder* Freiheit *noch* Unfreiheit. Das Gehirn ist der falsche logische Ort für diese Idee ... Unser Wille ist frei, wenn er sich unserem Urteil darüber fügt, was zu wollen richtig ist. Der Wille ist unfrei, wenn Urteil und Wille auseinanderfallen ..."[38]

Der Philosoph Thomas Buchheim (München) bemerkt im Anschluss an Aristoteles[39], dass der Mensch das meiste von dem, was er tut, kraft seines Gehirns tut: „So wenig wie meine Hand jemanden ohrfeigt, sondern ich, so wenig entscheidet mein Gehirn, sondern ich ... Dadurch, daß ich mit dem Gehirn denke, denkt aber doch noch nicht das Gehirn statt meiner."[40] Und während Tätigkeiten wie Husten, Schwitzen und Träumen unfrei und oft sogar unbewusst sind, so ist das Führen eines mathematischen Beweises nicht nur bewusst (wie Singer meint), sondern „bei Bewußtsein auch bejaht (zustimmend beurteilt), also absichtlich oder gewollt"[41], und dies entscheide nicht ein Gehirn (eine fehlerhaft objektivierende Rede) oder gar nur die „Nervennetze", sondern das entscheide ich, eine Person. „Wenn wir also als ganze Menschen für unsere Taten büßen, dann sollten wir sie auch als ganze Menschen begangen haben."[42]

Gegen die Vorstellung vom Primat der Materie oder des Gehirns formuliert der Rechtsphilosoph Reinhardt Brandt (Marburg) die These: „In keiner Gehirnzelle und in keiner Synapse hat man und wird man das Äquivalent

---

[36] W. Prinz, Neue Ideen tun Not, in: Gehirn und Geist, Nr. 6/2004, S. 35.
[37] Ders., Der Mensch ist nicht frei. Ein Gespräch, in: C. Geyer, Hirnforschung, S. 26.
[38] P. Bieri, Unser Wille ist frei, in: Der Spiegel, Nr. 2/2005.
[39] Vgl. Aristoteles, De anima I,4, 408b 7–15.
[40] T. Buchheim, Wer kann, der kann auch anders, in: C. Geyer, Hirnforschung, S. 158–165, Zit. S. 161.
[41] Vgl. aaO S. 162.
[42] AaO S. 164.

E. Der Anfang der Menschheit

eines Urteils, besonders keine Verneinung entdecken ... Solange eine Urteils- oder Erkenntnisbildung und besonders eine Verneinung nicht entdeckt wurden, läßt sich der Geist nicht auf noch so dynamische und demokratisch vernetzte Prozesse des Gehirns zurückführen."[43] Der Neurologe und Philosoph Detlev B. Linke (Bonn) hat unter dem Titel „Die Freiheit und das Gehirn"[44] herausgearbeitet, wie gerade der *Kreativität* im menschlichen Denken und Handeln eine entscheidende Rolle zukommt und sich darin des Menschen Denk- und Handlungsfreiheit manifestiert.

Im Anschluss an Peter Bieri unterscheidet der Philosoph Jürgen Habermas scharf zwischen Ursachen und Gründen: „Wer unter dem kausalen Zwang einer auferlegten Einschränkung", also unter einer *zwingenden Ursache* steht, ist in der Tat unfrei. Wer aber dem „zwanglosen Zwang des besseren Arguments" unterliegt und sich nach *Gründen* zu einer Tat entscheidet, ist frei. Die vom Experimentator induzierte Krümmung eines Armes oder Fingers aber sei gar keine freiheitliche Handlung im Sinn moralischer Verantwortung. Eine solche sei immer das Ergebnis einer komplexen Verkettung abwägender Überlegungen über Ziel und Mittel, Ressourcen und Hindernisse. Die Kommunikation unter Menschen, die für den Diskursethiker Habermas im Mittelpunkt des Interesses steht, sei kein „blindes Naturgeschehen", das quasi hinter dem Rücken des Subjekts abläuft. Schon im Neugeborenen entwickle sich der Geist des Menschen nur im sozialen Miteinander durch wechselseitige Beeinflussung (Interaktion), durch Kooperation und Unterricht. Und insofern residiere der Geist keineswegs nur im Gehirn, sondern sei in der ganzen menschlichen Person „verkörpert". Das Ich sei zwar sozial konstruiert, aber deshalb noch keine Illusion.[45] – Hier ist nun noch ein weiterer Aspekt wichtig:

Erfahrung der Freiheit

Auch Hirnforscher setzen in ihrem alltäglichen Selbstverständnis die verantwortliche Urheberschaft bei sich, ihren Mitarbeitern und den Patienten ständig voraus. Dieses Selbstverständnis einfach als Epiphänomen zu erklären, verrät einen deterministischen Dogmatismus, der zu hinterfragen ist. Dabei ist die Laborperspektive durch die Perspektive der Lebenswelt zu ergänzen, Außen- und Innenschau sind zu verschränken. Neben der neurophysiologi-

---

[43] R. Brandt, Ick bün all da. Ein neuronales Erregungsmuster, in: C. Geyer, Hirnforschung, S. 171–176, Zit. S. 175.
[44] Vgl. D. B. Linke, Die Freiheit und das Gehirn. Eine neurophilosophische Ethik, München 2005.
[45] Vgl. J. Habermas, „Um uns als Selbsttäuscher zu entlarven, bedarf es mehr", in: Frankfurter Allgemeine Zeitung vom 15. November 2004.

schen Methode ist die *Introspektion* keineswegs zu verachten. Muss sie doch faktisch ständig auch vom Neurophysiologen geübt werden, wenn er seine Bilder und festgestellten Prozesse interpretieren will. Auch er muss dann, statt in den Kernspintomographen, „in sich selber hineinsehen": Die jedem Menschen mögliche Selbstbeobachtung, unterstützt durch Verhaltensbeobachtung anderer, kann nicht nur zurückschauen. Sie kann die psychologischen Vorgänge sogar gleichzeitig im Ablauf erfassen.

Jeder Mensch hat bekanntlich seine eigene Perspektive auf die Dinge, wie der Psychiater Manfred Spitzer (Universität Ulm) kritisch anmerkt: „Also für mich sind die Dinge nochmal ganz anders als für jemanden, der sozusagen von außen auf mich draufschaut. Für mich ist der Himmel blau. Wer auch immer in meinem Kopf herumstochert, mit welchen Methoden auch immer, er wird nichts Blaues finden. Und so wie ich mich auch immer jetzt und hier entscheiden kann, so kann es durchaus sein, dass *jemand, der in meinem Kopf herumstochert, nie diese Freiheit findet*. Dennoch: Für mich bin ich immer frei, genauso wie für mich der Himmel immer blau ist."[46] Spitzer, sehr um die pädagogische Umsetzung dieser Einsicht bemüht, ist sogar der Meinung: „Je besser wir unsere Handlungs- oder Entscheidungsmaschinerie kennen lernen werden auf neurowissenschaftliche Art, desto freier werden wir."[47]

Das Individuum erfährt andere und sich selbst immer wieder als unberechenbar, weil frei. So oft sagt ein Mensch nein, wo man ein Ja erwartet, und ja, wo man ein Nein fürchtet. Deshalb werden Wahl- und Börsenprognosen – wenngleich Menschen allzu oft dem Herdentrieb verfallen – häufig widerlegt. Ich erfahre es an mir als unbestreitbare Tatsache: So sehr ich auch in meinem ganzen Dasein äußerlich und innerlich abhängig und bestimmt bin, bin ich mir dessen bewusst, dass dieses oder jenes zu guter Letzt eben doch an mir liegt, ob ich rede oder schweige, aufstehe oder sitzenbleibe, ob ich dieses oder jenes Getränk oder Kleidungsstück, diese oder jene Reise vorziehe. So sehr mein Gehirn spontan entscheidet, dass mein Auge jemanden anschaut oder mein Fuß einem Hindernis ausweicht: Sobald es jedoch nicht wie in jenen Experimenten nur um physische Kurzvorgänge (etwa Heben eines Arms oder Fingers) geht, sondern um langzeitige Prozesse, die meine Reflexion erfordern – etwa die Wahl eines Berufs, die Annahme eines Jobs, die Wahl eines Lebenspartners –, da muss ich mich mit verschiedenen Denkinhalten und Handlungsalternativen auseinandersetzen, muss mich entschei-

---

[46] M. Spitzer, Es gibt nichts Gutes, außer man tut es – Die Hirnforschung und die Frage, was uns zum Handeln antreibt, Radiovortrag in SWR2 am 13. Juni 2004.
[47] Ebd.

E. Der Anfang der Menschheit

den und unter Umständen auch meine Entscheidung korrigieren. Die ganze Lebensgeschichte kommt hier in den Blick.[48]

Der Tübinger Entwicklungsbiologe Alfred Gierer hat deshalb recht, wenn er neben der Neurophysiologie und der Introspektion als dritten Zugang zu unserem Bewusstsein und zu unserer Freiheit unsere *willentlichen Handlungen* hervorhebt: „Informationstheoretisch ausgedrückt, kann die objektive Analyse von Gehirnvorgängen nur einen Teil der Information über Bewusstseinszustände und -vorgänge ergeben; die intersubjektive Vermittlung bewussten Erlebens durch die Sprache erschließt mehr, die willentliche Handlung noch einmal mehr. In gewissem Maße sind alle drei Zugänge zueinander komplementär, aber auch zusammen ergeben sie noch kein vollständiges Bild."[49] Wenn man sich statt an die „etwas angestaubte, vor-quantenphysikalische Mechanik des 19. Jahrhunderts" besser an die Einsichten der mathematischen Entscheidungstheorie halte, dann sei „mit prinzipiellen Grenzen der Entschlüsselung der Gehirn-Geist-Beziehung zu rechnen."[50] Dies würde auch das uralte Grundproblem der Willensfreiheit betreffen: „Der Wille anderer ist mit objektiven Mitteln vermutlich nicht vollständig zu erschließen. Der Mensch kennt sich nicht einmal selbst zur Genüge – der Blick nach innen ist unvollständig –, und er erlebt sich in vieler Hinsicht erst in seinen eigenen Handlungen."[51] Für die Problematik Hirn und Geist sei hier eine letzte Horizonterweiterung angemahnt:

Der geistige Kosmos

Die moderne Hirnforschung hat noch nicht im entferntesten so weit das Rätsel der Entstehung des Geistes im Menschen erklärt wie etwa die Mikrobiologie die Entstehung des Lebens. Der geistige Kosmos mit allen Wundern der *Wissenschaft, Kunst, Musik, Kultur, Philosophie und Religion* tritt ihr kaum vor Augen, obwohl gerade diese Mächte die neuronalen Prozesse prä-

---

[48] Wer an einer ebenso verständlichen wie hochdifferenzierten Darstellung der Problematik der Willensfreiheit interessiert ist, die der Mensch sich immer wieder neu aneignen müsse, dem sei empfohlen: P. Bieri, Das Handwerk der Freiheit. Über die Entdeckung des eigenen Willens, München 2001. Was meine eigene Lebenswelt und Lebensgeschichte betrifft, hatte ich schon in den ersten vier Jahrzehnten mehr als genug Gelegenheit, die verschiedenen Dimensionen der Freiheit auszuloten: vgl. H. Küng, Erkämpfte Freiheit. Erinnerungen, München 2002, TB-Ausgabe München 2004 (Serie Piper 4135).
[49] A. Gierer, Biologie, Menschenbild und die knappe Ressource Gemeinsinn, Würzburg 2005, S. 73. Vgl. ders., Die Physik, das Leben und die Seele, München 1985; ders., Die gedachte Natur. Ursprung, Geschichte, Sinn und Grenzen der Naturwissenschaft, München 1991.
[50] Ders., Biologie, S. 73.
[51] AaO S. 45.

gen. Von der konkreten Lebenswelt ist die Hirnforschung weit entfernt und noch weiter von der Welt der *Geschichte*. Für die Geschichtswissenschaft wäre eine zerebrale Erklärung durch einen „neuronal turn", wie vom Frankfurter Mediävisten Johannes Fried vorgeschlagen[52], eine wenig ergiebige „extreme Denksportaufgabe", wie der Neuzeithistoriker Markus Völkel darlegt: „Was sollte uns wohl dazu bewegen, die Kathedrale von Chartres, den Code civil oder die Machetennarben der Opfer von Ruanda als ‚reine Epiphänomene neuronaler Prozesse' zu deuten?"[53]

Die faszinierenden Bilder vom Gehirn geben also zunächst nur Auskunft, *wo* Denken, Wollen, Fühlen stattfinden, nicht aber, so stellten wir fest, *wie* Denken, Wollen und Fühlen zustande kommen, und erst recht nicht, *was* die Inhalte dieses Denkens, Wollens und Fühlens sind. Wer die neuronalen Erregungsmuster betrachtet, sieht keineswegs dem Menschen beim Fühlen, Denken und Wollen zu. Eine Landkarte ist noch keine Landschaft, ein Kartograph kein Geograph, erst recht noch kein Wanderer. Die verschiedenen Farbmarkierungen der betroffenen Gehirnzonen beim Musikhören oder bei einer Bildbetrachtung lassen weder Musik erklingen noch ein reales Bild vor unseren Augen entstehen.

Der Neurobiologe erfasst am Gehirn nur, was messbar und experimentell verifizierbar ist. Doch in dieser hirnphysiologischen Perspektive kann die menschliche Gefühlswelt, können Freiheit, Wille, Liebe, kann das Bewusstsein, das Ich, das Selbst, nicht adäquat beschrieben werden. Und wie soll nun der Neurobiologe im Gehirn entdecken können, dass es nicht nur die Möglichkeit des *Selbstbezugs* ist, die den Menschen vom Tier unterscheidet, sondern (wie auch immer man persönlich dazu stehen mag) der *Transzendenzbezug*. Das Tier hat keine Religion. Allerdings: so fruchtbar eine psychologische Untersuchung der religiösen Gefühle, Akte und Erfahrungen und ein Vergleich mit pathologischen Phänomenen (Halluzination usw.) sein kann, wie sie schon früh William James durchgeführt hat[54], so wenig hilft eine „Neurotheologie" evangelikaler Apologeten weiter, die sogar einen neurobiologischen Gottesbeweis führen wollen, weil der Mensch Glauben und Religion brauche wie Essen und Trinken.[55]

---

[52] Vgl. J. Fried, Geschichte und Gehirn. Irritationen der Geschichtswissenschaft durch Gedächtniskritik, in: C. Geyer, Hirnforschung, S. 111–133.
[53] M. Völkel, Wohin führt der „neuronal turn" die Geschichtswissenschaft?, in: C. Geyer, Hirnforschung, S. 140–142, Zit. S. 141.
[54] Vgl. W. James, The Varieties of Religious Experience. A Study in Human Nature, New York 1902; dt.: Die religiöse Erfahrung in ihrer Mannigfaltigkeit. Materialien und Studien zu einer Psychologie und Pathologie des religiösen Lebens, Leipzig 1907.
[55] Zur Kritik vgl. F. W. Graf, Brain me up! Gibt es einen neurobiologischen Gottesbeweis?, in: C. Geyer, Hirnforschung, S. 143–147.

E. Der Anfang der Menschheit

Der Göttinger Neurobiologe Gerald Hüther weist in seiner hervorragenden „Bedienungsanleitung für ein menschliches Gehirn"[56] erneut auf das plastische Potential des menschlichen Gehirns hin: Je nach Nutzung verändert es sich und wird so, wie wir es benutzen. Ja, wir können uns zu jedem Zeitpunkt unseres Lebens entscheiden, unser Gehirn künftig etwas anders zu gebrauchen. Anders als Gänse oder Maulwürfe haben wir Menschen „ein Gehirn, das sich erst durch die Art seiner Benutzung gewissermaßen selbst programmiert. Wir müssen uns also entscheiden, wie und wofür wir es benutzen."[57] Die primitivste Stufe der Erkenntnis ist die auch bei Affen angelegte „Wenn-Dann-Erkenntnis". Wer aber auf der Stufe dieses einfachen Ursache-Wirkung-Zusammenhangs stehenbleibt, bleibt primitiv. Viele Menschen entdecken denn auch bald, dass bei den meisten Phänomenen mehrere Ursachen zusammenwirken. Die höchste Stufe der Erkenntnis aber ist die *Selbsterkenntnis*. Nur dem menschlichen Gehirn ist es gelungen, eine „übergreifende Vorstellung vom Wesen des Menschen und seiner Stellung in der Welt zu entwickeln ..., die des transzendentalen (oder transpersonalen oder kosmischen) Bewußtseins".[58] Es gibt eine ganze Reihe von (heute oft vergessenen) Grundhaltungen, um sein Gehirn umfassender, komplexer und vernetzter zu benutzen als bisher: „Sinnhaftigkeit, Aufrichtigkeit, Bescheidenheit, Umsicht, Wahrhaftigkeit, Verläßlichkeit, Verbindlichkeit ..."[59]

Freiheit: eine Erfahrung also nicht nur des Denkens und Fühlens, sondern des Tuns. Eine *Erfahrung* aber *auch des Nichttuns, des Versagens und Schuldigwerdens*. Denn im Vollziehen kann ich auch dieses Negative unmittelbar erfahren: Ich habe es nicht getan, aber ich hätte es tun sollen; ich habe das Versprechen gegeben, aber nicht gehalten; ich bin selber schuld, ich anerkenne meine Schuld, bitte um Entschuldigung; ich fordere aber auch vom anderen Anerkennung seiner Schuld, wo ich nicht schuld war ...

Ja, was wäre Sittlichkeit ohne Verantwortung, was Verantwortung ohne Freiheit, was Freiheit ohne Bindung? Gerade in einer Zeit drohender Orientierungslosigkeit, Haltlosigkeit und Sinnlosigkeit ist diese Frage – um der bedrohten und zu stärkenden Menschlichkeit des Menschen willen – sehr ernstzunehmen und dabei zu bedenken: Auch die Sittlichkeit, das Ethos des Menschen hat sich erst langsam entwickelt! Und zeigt bei aller Wandelbarkeit seit der Menschwerdung des Menschen doch eine gewisse Konstanz.

---

[56] Vgl. G. Hüther, Bedienungsanleitung für ein menschliches Gehirn, Göttingen 2001.
[57] AaO S. 99.
[58] AaO S. 118.
[59] AaO S. 123.

5. Anfänge des menschlichen Ethos

Die Frage nach dem Anfang aller Dinge schließt also ein: Woher kommen denn bestimmte ethische Werte, Maßstäbe und Normen? Auf sie ist in gebotener Kürze und Knappheit einzugehen. „Eine Ethik können nur Menschen haben. Biologische Fakten anzuerkennen heißt nicht, der Verantwortung ledig zu sein, eine solche Ethik zu entwickeln", schreibt der Molekularmediziner Gerd Kempermann (Berlin).[60]

Evolutionsbiologische und soziokulturelle Faktoren

Auch Theologen sollten nicht bestreiten, dass das ethische Verhalten des Menschen in seiner biologischen Natur verankert ist.[61] Zu Recht stellen Soziobiologen wie Alfred Gierer die *evolutionsbiologischen Faktoren* in der Entwicklung zu ethischem Verhalten heraus: Der Mensch, aus dem Tierreich stammend, war zunächst vor allem *egoistisch* orientiert und musste es sein. Gerade in den frühen Phasen der Menschwerdung war der Mensch um seines Überlebens willen stark an die biologischen Grund- und Rahmenbedingungen gebunden. Doch schon bei höheren Tieren findet sich ein genetisch angelegtes kooperatives Verhalten vor allem unter Verwandten oder sozial Vertrauten. Vielleicht kann man hier schon eine Art *„reziproker"* Altruismus feststellen, verstanden als eine Disposition, anderen auf eigene Kosten auch ohne absichtliche Ausrichtung zu helfen: „Wie du mir, so ich dir". Eine Leistung wird gegeben für erwartete Gegenleistung.

Mit ebensoviel Recht weisen deshalb Sozialforscher auch auf die *soziokulturellen Faktoren* hin, die für ethisches Verhalten in den verschiedenen Gesellschaften eine Rolle spielen. Eine biologisch-mechanistische Interpretation reicht in der Tat nicht aus, um die Herkunft der ethischen Werte und Maßstäbe zu erklären. Es ist keine Frage, dass sich beim Menschen mit der *Sprachfähigkeit* auch eine einzigartige *Kooperationsfähigkeit* ausbildete, die bei allem genetisch angelegten Lernvermögen sozial gelernt sein wollte. Mit der Evolution des strategischen Denkens entwickelte sich auch die Fähigkeit zur *Empathie*, zum Mitempfinden mit anderen in ihren Befürchtungen, Erwartungen und Hoffnungen, ein Mitempfinden, das für menschliches Sozialverhalten grundlegend wurde.

Auf den biologischen Grundbedingungen konnte nach der Zeit der Jäger- und Sammlerhorden die höhere kulturelle Entwicklung aufbauen. Die *konkreten ethischen Normen, Werte und Einsichten* haben sich allmählich – in

---

[60] G. Kempermann, Infektion des Geistes. Über philosophische Kategorienfehler, in: C. Geyer, Hirnforschung, S. 235–239, Zit. S. 239.
[61] Vgl. A. Gierer, Biologie, S. 75–93.

E. Der Anfang der Menschheit

einem höchst komplizierten soziodynamischen Prozess – herausgebildet; in diesem Sinn wird eine „autonome Moral" heute auch von aufgeschlossenen theologischen Ethikern vertreten.[62] Je nachdem, wo sich Bedürfnisse des Lebens anmeldeten, wo sich zwischenmenschliche Dringlichkeiten und Notwendigkeiten zeigten, da drängten sich von Anfang an Handlungsorientierungen und -regulative für menschliches Verhalten auf: bestimmte Konventionen, Weisungen, Sitten, kurz: bestimmte ethische Maßstäbe, Regeln, Normen. Sie wurden im Lauf der Jahrhunderte, ja Jahrtausende überall in der Menschheit erprobt. Sie mussten sich sozusagen einschleifen.

Ur-Ethos als Basis eines Welt-Ethos

Es gibt kein Volk ohne Religion und erst recht kein Volk ohne Ethos, das heißt: ohne ganz bestimmte Werte und Maßstäbe. Schon in den Stammeskulturen finden sich ungeschriebene, *nicht satzhaft formulierte Normen*, ein Familien-, Gruppen-, Stammesethos, überliefert in Geschichten, Parabeln und Vergleichen, das sich – wenn als „gut" erkannt – universalisiert:
- ein Sinn für *Gegenseitigkeit, Gerechtigkeit, Großzügigkeit* (etwa im wechselseitigen Schenken),
- eine tiefe *Ehrfurcht vor allem Leben* (etwa bei Konfliktregelungen, bei Gewaltbestrafung, beim Umgang mit der Natur),
- bestimmte *Regeln für das Zusammenleben der Geschlechter* (etwa Inzestverbot und Ablehnung von Libertinismus),
- großer *Respekt vor den Alten* (und zugleich Sorge für die Kinder).

Es ist auffällig: Bestimmte elementare sittliche Standards scheinen sich überall auf der Welt zu gleichen. *Ungeschriebene ethische Normen* bilden nach Auffassung von Kulturanthropologen den „Felsen", auf dem die menschliche Gesellschaft aufgebaut ist. Man kann dies ein „Ur-Ethos" nennen, das den Kern eines gemeinsamen Menschheitsethos, eines Weltethos, bildet. Dies ist gerade nicht im Sinn einer einzigen, in irgendeinem Stamm oder Volk vorfindbaren (aber tatsächlich nicht auffindbaren) „Urreligion" gemeint. Im Gegenteil: Ein solches „Ur-Ethos" findet sich in allen möglichen Stämmen und Völkern. Ein „Welt-Ethos" hat also sein Fundament nicht nur (synchronisch) in den heute gemeinsamen Grundnormen der verschiedenen Religionen und Kulturen. Es gründet sich auch (diachronisch) auf den schon in vorgeschichtlicher Zeit (vor dem Einsetzen schriftlicher Quellen) sich durchsetzenden Grundnormen der Stammeskulturen. Auch wenn selbstverständ-

---

[62] Ich verweise auf die zahlreichen Veröffentlichungen von: A. Auer, F. Böckle, C. Curran, G. Gründel, G. Hunold, W. Korff, D. Mieth u. a.

lich nicht jede Norm Element eines ursprünglich schon gegebenen Ethos ist, lässt sich doch zur Betonung der bei allen Transformationen gegebenen Kontinuität sagen: Heute gelebtes *Welt-Ethos* im Raum *basiert* letztlich *auf* einem biologisch-evolutiv vorgegebenen, in der Zeit erprobten *Ur-Ethos*. Doch was bedeutet dies für das Ethos der Hochreligionen, vor allem für das der Bibel, die ja auch für die ethische Orientierung vieler Naturwissenschaftler relevant ist?

Auch biblisches Ethos hat eine Geschichte

Erst nach Perioden von Eingewöhnung und Bewährung kam es zur *allgemeinen Anerkennung solcher eingelebter Normen*, die später auch satzhaft formuliert werden. Ja, in einzelnen Kulturen wurden sie unter den Willen des Einen Gottes gestellt, exemplarisch in den „*Zehn Geboten*" *der Hebräischen Bibel*, wie sie Israel nach der Sinai-Tradition durch eine Gottesoffenbarung erhielt: Nicht nur „nicht morden, stehlen, falsches Zeugnis ablegen, Unzucht treiben", sondern: „Ich bin der Herr, dein Gott ... Du sollst nicht ...!" (Ex 20,1–17; Dtn 5,6–21).

Auch die zehn Gebote haben freilich eine Geschichte durchgemacht. So wenig wie die Erzählungen vom Anfang und Ende der Welt sind die ethischen Weisungen der Hebräischen Bibel vom Himmel gefallen. Die alttestamentliche Forschung[63] hat das breit nachgewiesen: nicht nur für das spätere Ethos der Propheten und das noch spätere – schon sehr „säkular" klingende – Ethos der Weisheitsliteratur, sondern auch und gerade für das frühe Ethos des mosaischen Gesetzes. Die Weisungen der „zweiten Tafel" für die zwischenmenschlichen Beziehungen reichen jedenfalls in die vorisraelitischen, halbnomadischen sittlichen und rechtlichen Traditionen zurück; sie haben im Vorderen Orient zahlreiche Analogien. Damit ist nicht ausgeschlossen, dass eine Reihe einprägsamer Grundanweisungen für das Jahwe-Volk von der Schar des Mose aus der Wüste mitgebracht und Gesamtisrael vererbt worden ist.

Aber wie auch immer es sich mit dem Ursprung der Zehn Gebote verhält: Diese fundamentalen Minimalforderungen für ein menschliches Zusammenleben liegen in ihrem Ursprung dem Jahweglauben voraus und sind, wenn man sie mit dem Ethos der Völker zwischen Ägypten und Mesopotamien vergleicht, nicht spezifisch israelitisch. Was ist dann *spezifisch israelitisch?* Dass diese *Forderungen der Autorität des Bundesgottes Jahwe unterstellt* werden, auf den sich die Pflichten der „ersten Tafel" und vor allem das

---

[63] Für das Ethos der Hebräischen Bibel sind wichtig die Veröffentlichungen von A. Alt, W. Eichrodt, J. L. McKenzie, G. von Rad, W. Zimmerli u. a.

E. Der Anfang der Menschheit

Grundgebot der Bindung an Jahwe allein unter Ausschluss anderer Gottheiten beziehen!

Das Eigentümliche der biblischen Sittlichkeit besteht also nicht darin, dass man neue ethische Normen gefunden, sondern darin, dass die überlieferten Weisungen unter die legitimierende und schützende Autorität des einen wahren Gottes und seines Bundes gestellt wurden. Die aufgrund menschlicher Erfahrungen entstandenen Normen sind damit für Israel kein unverbindliches Menschengesetz oder ein nur allgemeines Gottesgesetz, sondern die kategorischen Forderungen des aus der Geschichte bekannten einen wahren Gottes der Väter. Durch die Aufnahme des vorgefundenen Ethos in das neue Gottesverhältnis kommt es zu einer neuen Motivation des Sittlichen (entscheidende Motive werden Dankbarkeit, Liebe, Gewinn des Lebens, geschenkte Freiheit) und zu seiner Dynamisierung (bestehende Normen werden weitergebildet, neue entwickelt oder übernommen).

Was aber bringt nun gegenüber dem Ethos der Hebräischen Bibel das spezifisch christliche Ethos Neues? Das Christentum ist ja nach wie vor für einen Großteil der westlichen Naturwissenschaftler der implizite weltanschauliche Hintergrund; doch spielen in der globalen „Scientific community" immer mehr Einflüsse auch anderer Religionen eine Rolle.

Das eine Licht und die vielen Lichter

Gibt es das *unterscheidend Christliche* in der Ethik? Man sucht es vergebens, wenn man es abstrakt in irgendeiner Idee oder einem Grundsatz sucht, irgendeiner Gesinnung, einem Sinnhorizont oder einer neuen Disposition oder Motivation. „Vergebung", „Liebe", „Freiheit"? So unaufgebbar sie für Christen sind, spezifisch sind sie nicht. Danach leben und handeln auch viele andere. Handeln im Horizont einer „Schöpfung" oder „Vollendung"? Auch das tun andere: Juden, Muslime, Humanisten verschiedenster Art. Was aber ist dann das Kriterium des Christlichen, das unterscheidend Christliche? Es ist nicht ein abstraktes Etwas, auch nicht eine Christusidee, eine Christologie oder ein christozentrisches Gedankensystem, sondern ist *der konkrete gekreuzigte Jesus als der lebendige Christus*, als der Maßgebende.

Jesus als konkrete geschichtliche Person besitzt eine Anschaulichkeit, Vernehmbarkeit und Realisierbarkeit, die einer ewigen Idee, einem abstrakten Prinzip, einer allgemeinen Norm, einem gedanklichen System abgehen. Er kann auch für die glaubenden Menschen ein in vielen Weisen zu realisierendes Grundmodell einer Lebensschau und Lebenspraxis darstellen. Er ermöglicht konkret das, wonach man heute angesichts der Orientierungslosigkeit, Normenlosigkeit, Sinnlosigkeit, der Drogensucht und Gewalttätigkeit von allen Seiten ruft: eine neue Grundorientierung und Grundhaltung, aber auch neue Motivationen, Dispositionen, Aktionen, schließlich einen neuen Sinnhorizont und eine neue Zielbestimmung.

Deshalb wird Jesus schon im Neuen Testament *das Licht* genannt: „das Licht der Menschen" (Joh 1,4), „das Licht der Welt" (8,12). Von ihm lässt sich lernen, was einer Ellbogengesellschaft von Egoisten so sehr fehlt: Rücksicht zu nehmen und zu teilen, vergeben zu können und zu bereuen, Schonung und Verzicht zu üben und Hilfestellung zu geben. Hängt es doch von den Glaubenden ab, ob das Christentum, indem es sich wirklich nach seinem Christus richtet und sich von ihm das Licht, die Strahlkraft, den Geist geben lässt, eine geistige Heimat, ein Zuhause des Glaubens, der Hoffnung und der Liebe zu leisten vermag.

Nach dem Neuen Testament können auch *Nicht-Christen* den wirklichen Gott erkennen, ist Gott auch ihnen nahe. Und wenn auch Jesus Christus für Christen als das Licht das entscheidende Kriterium für christliches Handeln ist, so kommen Christen doch nicht darum herum zu sehen, dass es auch *andere Lichter* gibt:

- Für Millionen von Menschen, ein Großteil von ihnen verstreut in aller Welt, ist Mose die Leitgestalt und der große Befreier, und ihre Wegweisung für das Leben finden sie in der Tora der Hebräischen Bibel.
- Für hunderte Millionen von Muslimen in Vergangenheit und Gegenwart ist der Koran das „Licht", das ihren Weg erleuchtet, ist es der von Gott gesandte Prophet Muhammad gewesen, der diese Botschaft des Koran auf eine überzeugende Weise persönlich verkörpert.
- Für hunderte Millionen von Menschen auf dieser Erde in Vergangenheit und Gegenwart ist Gautama der „Buddha", der „Erwachte", der „Erleuchtete" und so das große „Licht".
- Für Millionen von Chinesen ist Konfuzius in seiner Lehre und seiner Grundhaltung der Menschlichkeit noch immer das Licht der Orientierung.
- Für hunderte Millionen von Indern ist der Hinduismus mit seinen verschiedenen Strömungen und vielfältigen Ausprägungen, mit seinem Glauben an eine allumfassende kosmische Ordnung (*dharma*) der orientierungsgebende Lebensrahmen.

Wenn über sechs Milliarden Menschen diesen Planeten bevölkern, so steht es keiner Religion zu, der anderen ihren Weg zum Heil streitig zu machen. Vielmehr gilt es in Anerkennung der Freiheit der Menschen, insbesondere der realen Glaubensfreiheit, die je eigenen Glaubenspfade zu respektieren und im Dialog einander zu begegnen, um sich so besser zu verstehen. In der einen Weltgesellschaft geht das Schicksal der Erde alle Menschen an, welcher Religion, Philosophie oder Weltanschauung auch immer sie anhängen. Die

Weisungen des Weltethos können für diese Weltverantwortung eine Grund-Orientierung sein, was die spezielle Orientierung an der eigenen Religion oder Philosophie keineswegs ausschließt. Im Gegenteil, jede kann auf ihre Weise zu einem Weltethos beitragen.

Was aber ist die Zukunft der Menschheit? Was die Zukunft der Erde, des Kosmos? Da zumindest physikalisch die Theorie vom Anfang und die vom Ende des Kosmos zusammenhängen und sich auch in den biblischen Visionen verschiedene Parallelen zwischen Anfang und Ende finden, möchte ich in einem Epilog auf das – uns freilich ebenso wie der Anfang verborgene – „Ende aller Dinge" zu sprechen kommen.

Epilog: Das Ende aller Dinge

Wie schon beim Propheten Joel (2,10) ist auch im Neuen Testament davon die Rede, dass sich in der letzten Drangsal die Sonne verfinstern und der Mond seinen Schein verlieren wird, dass die Sterne vom Himmel fallen und die Himmelskräfte erschüttert werden (Mt 24,29). Sind dies im Lichte physikalischer Endzeittheorien nicht gespenstisch genaue Visionen? Doch vor theologischen Kurzschlüssen über das Weltende muss ebenso gewarnt werden wie vor Kurzschlüssen über den Weltanfang! Auch hier hat die Theologie einiges gutzumachen, was bei Naturwissenschaftlern verständliche Vorurteile entstehen ließ.

Physikalische Hypothesen vom Ende

Selbstverständlich spekulieren auch Astrophysiker über das Ende: In rund fünf Milliarden Jahren würde die Andromeda-Galaxie mit unserer Milchstraße zusammenprallen, und Milliarden Sterne würden durch das Universum gewirbelt. Zugleich würde die Sonne zu einem „Roten Riesen" anschwellen. Dann aber würde alles noch vorhandene Leben auf unserer Erde absterben. Ist das alles so sicher? Vieles, was da über die „letzten drei Minuten" des Universums physikalisch gelehrt wird, ist spekulativ. Der amerikanische Physiker Paul Davies gab denn auch seinem Buch, das die futurologische Forschung gut zusammenfasst, den sachgemäßen Untertitel „Mutmaßungen über das letzte Schicksal des Universums".[1]

---

[1] Vgl. P. Davies, The Last Three Minutes. Conjectures about the Ultimate Fate of the Universe, New York 1994; dt.: Die letzten drei Minuten: das Ende des Universums, München 1998.

Der Großteil der Kosmologen geht heute davon aus, dass *unsere Welt alles andere als stabil, unwandelbar, gar ewig* ist: eine „Welt zwischen Anfang und Ende" (Harald Fritzsch[2]). Umstritten ist jedoch die Frage, die man sich nach der Entdeckung der bisher ältesten Strukturen (Fluktuationen) des Universums im April 1992 von Neuem stellt, ob die Expansion des Weltalls, die mit dem Urknall begonnen hat, einmal zum Stehen kommt und danach wieder in Kontraktion übergehen wird oder ob sie dauernd weitergeht.

Die *erste Hypothese* geht aus von einem „pulsierenden" oder „schwingenden" Universum, das sich allerdings, wie wir hörten, bisher in keiner Weise verifizieren ließ: Einmal werde sich die Expansion verlangsamen; sie komme zum Stillstand und schlage in Kontraktion um, so dass das Universum sich in einem viele Milliarden Jahre dauernden Prozess wieder zusammenzieht und die Galaxien mit ihren Sternen schließlich immer rascher aufeinander zufallen, bis es möglicherweise – man spricht von mindestens 80 Milliarden Jahren nach dem Ur-Knall – unter Auflösung der Atome und Atomkerne in ihre Bestandteile zu einem erneuten großen Knall kommt, zum *Big Crunch*, zum End-Knall. Dann könnte vielleicht in einer erneuten Explosion wieder eine neue Welt entstehen. Vielleicht: denn mehr als reine Spekulation ist ein solches zwischen Phasen der Kontraktion und der Expansion „oszillierendes" Universum nicht. Ja, es braucht schon einen starken „Glauben", ohne alle empirische Belege anzunehmen, dass auf jeden Big Crunch ein neuer Big Bang folgen werde, der eine neue Welt mit total anderen Naturgesetzen hervorbringen würde.

Die *zweite Hypothese*, die heute die Mehrheit der Astrophysiker hinter sich scharen dürfte: Die Expansion des als sehr flach (neuestens vom französischen CNRS) vermessenen Universums schreitet ständig fort, ohne abgebremst zu werden und in Kontraktion umzuschlagen. Ja, das Universum, beschleunigt möglicherweise durch eine über das ganze *Universum* verteilte „dunkle Energie" (Vakuumfluktuationen?), *dehnt sich immer rascher aus*. Auch hier machen die Sterne ihre Entwicklung durch: Wenn ihr Energievorrat verbraucht ist, kommt es bei schweren Sternen zur Supernova-Explosion (mit einer möglicherweise eine Milliarde mal größeren Leuchtkraft als die Sonne); da stürzt der innere Teil der Masse durch Gravitation ins Zentrum, und es bildet sich ein Neutronenstern. Bei kleineren Sternen, wie etwa der Sonne, bildet sich zum Schluss ein „Weißer Zwerg", vielleicht so groß wie unsere Erde; dieser wird durch den Druck der Elektronen gegen ein Kollabieren durch die Gravitationskraft stabilisiert. Werden sich so aus der im Inne-

---

[2] Vgl. H. Fritzsch, Vom Urknall zum Zerfall. Die Welt zwischen Anfang und Ende, München 1983. Vgl. sein neuestes Werk: Das absolut Unveränderliche. Die letzten Rätsel der Physik, München 2005.

ren der Sterne umgewandelten, ausgestoßenen Materie neue Sterne und Sterngenerationen bilden, so werden auch in diesen wieder Kernprozesse vor sich gehen, bei denen die Materie im Sterninneren schließlich zu „Sternenasche" (Eisen und Nickel) verbrennt. Langsam wird Kälte im Kosmos einziehen, Tod, Stille, absolute Nacht. Aber schon lange vorher bläht sich unsere Sonne zuerst auf zu einem „Roten Riesen" und verschluckt die Erde, bis auch sie erlischt, weil ihr Wasserstoff verbraucht ist.

Auch dies alles reine Spekulation? Keineswegs, denn die ständig weitergehende Ausdehnung des Universums ist beobachtbar, und die verschiedenen Stadien von Sternentwicklung wurden von den Astronomen erstaunlich präzise verifiziert. Doch soll man sich Angst machen um etwas, was sich, wenn überhaupt, erst in 5 Milliarden Jahren ereignen wird, wenn der Wasserstoffvorrat im Inneren der Sonne erschöpft ist?

Apokalyptische Visionen vom Ende

Das drängende, bedrohliche Problem für den durchschnittlichen Zeitgenossen ist nicht so sehr das Ende unseres Universums, von dessen ungeheurer zeitlicher wie räumlicher Ausdehnung die biblischen Generationen ohnehin keine Ahnung hatten. Das Problem ist vielmehr der Untergang der Welt *für uns*: das Ende unserer Erde, genauer der Menschheit: Weltuntergang als *Ende der Menschheit – von Menschen gemacht*.

Viele „wiedergeborene Christen" zitieren angesichts all der Weltkatastrophen, Kriege und Hungersnöte, Erdbeben, des Tsunami und anderer Naturkatastrophen die bedrückende, furchterregende Vision aus dem Neuen Testament und schüren damit Ängste: „Ihr werdet von Kriegen hören, und Nachrichten über Kriege werden euch beunruhigen. Gebt acht, laßt euch nicht erschrecken! Das muß geschehen. Es ist aber noch nicht das Ende. Denn ein Volk wird sich gegen das andere erheben und ein Reich gegen das andere, und an vielen Orten wird es Hungersnöte und Erdbeben geben. Doch das alles ist erst der Anfang der Wehen ... Sofort nach den Tagen der großen Not wird sich die Sonne verfinstern, und der Mond wird nicht mehr scheinen; die Sterne werden vom Himmel fallen, und die Kräfte des Himmels werden erschüttert werden" (Mt 24,6–8.29).

Nun braucht man heute keine Weltuntergangsgeschichten von Poe bis Dürrenmatt zu lesen und keine Katastrophenfilme anzusehen, um zu wissen: Wir sind seit Menschengedenken die erste Menschengeneration, die durch die Entfesselung der Atomkraft *fähig* ist, *der Menschheit ein Ende zu bereiten*! Die „kleinen" Atombomben auf Hiroshima und Nagasaki und der Reaktorunfall in Tschernobyl haben den Menschen überall gezeigt, was ein Atomkrieg großen Stils bedeuten würde: Die Erde würde unbewohnbar.

Heute aber, da durch das Ende des Kalten Krieges die Gefahr eines großen Atomkrieges eher gesunken ist, fürchten noch mehr Menschen „kleine" Atomkriege zwischen nationalistisch fanatisierten Völkern oder ausgelöst von Terrorgruppen. Sie fürchten aber vor allem den Umweltkollaps, der unsere Erde ebenfalls zerstören könnte: Klimawandel, Überbevölkerung, Müllkatastrophe, Ozonloch, verdorbene Luft, vergiftete Böden, chemikalienverseuchte Gewässer, Wasserknappheit ... Selbst der hier verschiedentlich für die eher hypothetische Viele-Universen-Theorie zitierte britische Astronom und Kosmologe Martin Rees (vgl. Kap. B) ergeht sich in seinem neuesten Buch unter dem Titel „Our Final Century?" – zu deutsch „Unsere letzte Stunde" – angesichts der höchst realen „manmade problems" in düsteren Prognosen, Katastrophenszenarien und Kritik an der Naturwissenschaft.[3]

Apokalyptische Visionen, die durchaus Wirklichkeit werden können, wenn sich die Menschheit nicht energisch zu mehr Abwehr- und Reformmaßnahmen auf allen Gebieten – vom Klimaschutz bis zur Geburtenregelung – aufrafft. Doch gerade in der westlichen Führungsmacht USA steht bisher eine öko-soziale Umkehr noch aus.[4] Vielmehr haben dort die verbrecherischen Großattentate muslimischer Fanatiker vom 11. September 2001 zu einem beispiellosen Boom der „*christlichen*" *Endzeit-Literatur* geführt. Der seit den ersten technischen Zukunftsromanen von Jules Verne in den 60er Jahren des 19. Jh. verbreitete moderne Fortschrittsglaube ist in nachmoderne Skepsis und Pessimismus umgeschlagen. Historie und Phantasie, Apokalyptik und Esoterik, Christliches und Pseudochristliches mischen sich hier. Millionenauflagen erreichte der auf elf Bände angewachsene Roman „Left Behind" eines Lutherischen Verlagshauses, der zeigt, wie „die Bösen" bei der Wiederkunft Christi verstoßen und „zurückgelassen" werden. Noch bekannter ist der verfilmte Band „*Armageddon*", in dem Christen im Endkampf die Kräfte des Bösen besiegen, wobei sich die Amerikaner selbstverständlich mit „den Guten" identifizieren und so vielfach auch in der Gegenwart schon ihre militaristische Politik und Präventivkriege um Öl und Hegemonie legitimieren. Bereits Präsident Ronald Reagan, nicht immer klar zwischen virtueller und realer Wirklichkeit unterscheidend und einen „Star War" voraussehend, glaubte wie die Zeugen Jehovas an „Armaggedon",

---

[3] Vgl. M. Rees, Our Final Century? Will the human race survive the twenty-first century?, London 2004; dt.: Unsere letzte Stunde. Warum die moderne Naturwissenschaft das Überleben der Menschheit bedroht, München 2005.
[4] Zu der hier nicht zu behandelnden Problematik eines neuen Paradigmas von Weltpolitik und Weltwirtschaft vgl. H. Küng, Weltethos für Weltpolitik und Weltwirtschaft, München 1997 (HKSW 20); TB-Ausgabe München 2000 (Serie Piper 3080); H. Küng – D. Senghaas (Hrsg.), Friedenspolitik. Ethische Grundlagen internationaler Beziehungen, München 2003.

nach der Apokalypse (16,16) der mythische Ort, an dem die Dämonengeister „die Könige der gesamten Erde" für den großen Endkampf versammeln, aus dem die Vernichtung dieses Systems der Dinge hervorgeht.

Schlimm ist, dass manche Menschen spannend geschriebene Romane wie Dan Browns „The Da Vinci Code" vom „Letzten Abendmahl" und dem „Heiligen Gral" als historische Werke ansehen, ja, dass sogar ein intelligenter amerikanischer Präsident wie Bill Clinton einen (mit Unterstützung der neokonservativen Kreise im Pentagon reich dokumentierten) Roman über die Bedrohung der USA durch einen biologischen Angriff für bare Münze nahm und entsprechend Anweisungen an die Militärs erteilte.[5] Alle diese Apokalyptiker mit ihrer riesigen Gefolgschaft konservativer Christen bedürfen dringend der Aufklärung über das, was die apokalyptischen Passagen der Bibel wirklich meinen.

Der Sinn der biblischen Visionen

Wer in den Berichten des Neuen Testaments von der letzten Drangsal, der Verfinsterung der Erde und des Mondes, vom Herunterfallen der Sterne und der Erschütterung der Himmelskräfte exakte Voraussagen über das Ende der Welt oder zumindest unserer Erde vor sich zu haben meinte, wer sie als eine Art chronologischer „Ent-hüllung" (*Apo-kalypsis*) oder als Informationen über die „letzten Dinge" am Ende der Weltgeschichte auffassen würde, würde die Texte missverstehen.

Wie die biblischen Erzählungen vom Schöpfungswerk Gottes der damaligen Umwelt entnommen wurden, so die von Gottes Endwerk der zeitgenössischen Apokalyptik, einer von Endzeiterwartungen geprägten Zeitströmung um die Zeitenwende in Judentum und Christentum. Die gespenstischen Visionen der Apokalypse sind eine eindringliche Mahnung an die Menschheit und den einzelnen Menschen, den Ernst der Lage zu erkennen. Aber wie die biblische Protologie keine Reportage von Anfangs-Ereignissen sein kann, so die biblische Eschatologie keine Prognose von End-Ereignissen. Die Bibel spricht deshalb auch hier *keine naturwissenschaftliche Faktensprache*, sondern eine *metaphorische Bildsprache*. Auch hier wieder gilt von der *biblischen Sprache*:
- *Bilder* sind *nicht wörtlich* zu nehmen; sonst wird der Glaube zum Aberglauben.
- Bilder sind aber auch *nicht abzulehnen*, nur weil sie Bilder sind; sonst verkommt die Vernunft zum Rationalismus.

---

[5] Vgl. R. Preston, The Cobra Event, New York 1997; dt.: Cobra, München 2001. Vgl. dazu die entlarvende Kritik des Baslers Historikers P. Sarasin, Anthrax. Bioterror als Phantasma, Frankfurt/M. 2004.

– Bilder dürfen nicht eliminiert oder auf abstrakte Begriffe reduziert werden, sondern sind *richtig zu verstehen*: Sie haben ihre eigene Vernunft, stellen Realität mit ihrer eigenen Logik dar, wollen die Tiefendimension, den Sinnzusammenhang der Wirklichkeit aufschließen. Es gilt also, die von ihnen gemeinte Sache neu aus dem Verstehens- und Vorstellungsrahmen von damals in den von heute zu übersetzen.[6]

Alle diese biblischen Ankündigungen können also für uns keinesfalls ein Drehbuch von der Menschheitstragödie letztem Akt sein. Denn sie enthalten keine besonderen göttlichen „Offenbarungen", die unsere Neugierde hinsichtlich des Endes befriedigen könnten. Hier erfahren wir gerade nicht – gewissermaßen mit unfehlbarer Genauigkeit –, was im Einzelnen auf uns zukommt und wie es dann konkret zugehen wird. Wie die „ersten Dinge", so sind auch *die „letzten Dinge" direkten Erfahrungen nicht zugänglich*. Für die „Ur-Zeit" wie für die „End-Zeit" gibt es keine menschlichen Zeugen. Und wie uns keine eindeutige wissenschaftliche Extrapolation gegeben ist, so auch keine genaue prophetische Prognose der definitiven Zukunft von Menschheit, Erde, Kosmos. Auch das biblische Bild der großen öffentlichen Gerichtsverhandlung der gesamten Menschheit, also der Milliarden und Abermilliarden von Menschen, ist eben ein Bild.

Was ist dann der *Sinn* dieser poetischen Bilder und Erzählungen vom Anfang und Ende? Sie stehen für das durch die reine Vernunft Unerforschliche, für das Erhoffte und Befürchtete. In den biblischen Aussagen über das Ende der Welt geht es um ein *Glaubenszeugnis* für die *Vollendung des Wirkens Gottes* an seiner Schöpfung: Auch am Ende der Geschichte von Welt und Mensch steht – Gott! Deshalb hat die Theologie keinen Anlass, das eine oder andere wissenschaftliche Weltmodell zu favorisieren, wohl aber das Interesse, den Menschen Gott als Ursprung und Vollender der Welt und des Menschen verständlich zu machen. Auch hier ist nämlich jeder Mensch vor eine Option, eine Glaubensentscheidung gestellt. Nach der Botschaft der Bibel geht die Geschichte der Welt und das Leben des Menschen hin auf jenes *letzte Ziel der Ziele*, das wir Gott, eben *den Vollender-Gott* heißen. Und wenn der Mensch ihn auch wie den Schöpfergott nicht beweisen kann, so kann er ihn doch mit gutem Grund bejahen: in jenem für ihn so vernünftigen, geprüften, *aufgeklärten Vertrauen*, in dem er schon Gottes Existenz bejaht hat. Denn wenn der Gott, der existiert, wahrhaft Gott ist, dann ist er nicht nur Gott für mich jetzt und hier und heute, sondern Gott auch am Ende.

---

[6] Einen Überblick über das Verständnis des Welt-Endes bei katholischen und evangelischen Theologen bietet K. P. Fischer, Kosmos und Weltende. Theologische Überlegungen vor dem Horizont moderner Kosmologie, Mainz 2001.

Epilog: Das Ende aller Dinge

Wenn Alpha, dann auch Omega: Gott, wie es in der Liturgie heißt, von Ewigkeit zu Ewigkeit.

Sterben ins Licht hinein

Ich persönlich habe Blaise Pascals „Wette" angenommen und setze – nicht aufgrund einer Wahrscheinlichkeitsrechnung oder mathematischer Logik, wohl aber aufgrund eines vernünftigen Vertrauens – auf Gott und Unendlich gegen Null und Nichts. Ich glaube nicht an die späteren legendarischen Ausgestaltungen der neutestamentlichen Auferstehungsbotschaft, wohl aber an ihren ursprünglichen Kern: Dass dieser Jesus von Nazaret nicht ins Nichts, sondern in Gott hinein gestorben ist.[7] Im Vertrauen auf diese Botschaft hoffe also ich als Christ wie viele Menschen auch in anderen Religionen auf ein Sterben nicht in ein Nichts hinein, was mir höchst irrational und sinnlos vorkommt. Vielmehr auf ein Sterben in die allererste-allerletzte Wirklichkeit, in Gott hinein, was – jenseits von Raum und Zeit in der verborgenen Realdimension Unendlich – alle menschliche Vernunft und Vorstellung übersteigt. Welches Kind würde schon ohne besondere Kenntnis dem Kokon einer Raupe die freie, nicht mehr an die Erde gebundene, lichtvolle Existenz eines Schmetterlings zutrauen! Des bleibenden Risikos dieser Wette auf unbedingtes Vertrauen hin bin ich mir selbstverständlich bewusst, aber ich bin der Überzeugung: Selbst wenn ich die Wette im Tod verlöre, hätte ich für mein Leben nichts verloren, nein, ich hätte in jedem Fall besser, froher, sinnvoller gelebt, als wenn ich keine Hoffnung gehabt hätte.

Dies ist meine aufgeklärte, begründete Hoffnung: Sterben ist Abschied nach innen, ist Einkehr und Heimkehr in der Welt Urgrund und Ursprung, unsere wahre Heimat: ein Abschied – je nachdem – vielleicht nicht ohne Schmerz und Angst, aber hoffentlich doch in Gefasstheit und Ergebenheit, jedenfalls ohne Gejammer und Wehklage, auch ohne Bitterkeit und Verzweiflung, vielmehr in hoffender Erwartung, stiller Gewissheit und (nachdem alles zu Regelnde geregelt ist) *beschämter Dankbarkeit* für all das Gute und weniger Gute, das nun endlich definitiv hinter uns liegt – Gott sei Dank.[8]
So kann ich denn das unfassbare Ganze der Wirklichkeit verstehen:
Gott als Alpha und Omega, der Anfang und das Ende aller Dinge.

---

[7] Zum ursprünglichen Verständnis der biblischen Auferstehungsbotschaft vgl. H. Küng, Christ sein (HKSW 8, 39–751), Kap. V: Das neue Leben; ders., Credo. Das Apostolische Glaubensbekenntnis – Zeitgenossen erklärt, TB-Ausgabe München ³2001, Kap. IV: Höllenfahrt – Auferweckung – Himmelfahrt.
[8] Vgl. W. Jens – H. Küng, Menschenwürdig Sterben. Ein Plädoyer für Selbstverantwortung (HKSW 10, 320–360).

Und deshalb ein *Sterben ins Licht hinein*:

Mit dem Wort vom Licht auf der ersten Seite der Bibel im Buche Genesis habe ich dieses Buch begonnen.

Mit dem Wort vom Licht auf der letzten Seite, der Offenbarung des Johannes, möchte ich sie beschließen:

„Und es wird keine Nacht mehr geben, und sie brauchen weder das Licht einer Lampe noch das Licht der Sonne. Denn der Herr, ihr Gott, wird über ihnen leuchten, und sie werden herrschen von Ewigkeit zu Ewigkeit" (Offb 22,5).

Dankeswort

Schon in den 70er Jahren des vergangenen Jahrhunderts hatte ich mich im Anschluss an mein Buch „Christ sein" (1974) intensiv der Frage „Existiert Gott? Antwort auf die Gottesfrage der Neuzeit" (1978) zugewendet und dafür den neuesten Forschungsstand der Astrophysik wie der Mikrobiologie im Hinblick auf die Kosmologie studiert. Im Jahr 1994 konnte ich mit meinen Tübinger Kollegen vom Physikalischen Institut, den Professoren Amand Fäßler, Friedrich Gönnenwein, Herbert Müther, Herbert Pfister, Friedemann Rex, Günther Staudt und Karl Wildermuth in einem Semester-Kolloquium über „Unser Kosmos. Naturwissenschaftliche und philosophisch-theologische Aspekte" meine Auffassungen testen und sie am Ende in 22 Thesen zusammenfassen.

Nachdem ich meine Trilogie zur religiösen Situation der Zeit – „Das Judentum" (1991), „Das Christentum" (1994), „Der Islam" (2004) – abgeschlossen hatte, war für mich die Einladung der Deutschen Gesellschaft der Naturforscher und Ärzte, auf ihrer Jahresversammlung in Passau am 19. September 2004 den Festvortrag zu halten, der herausfordernde Anlass, mich neu mit den Grundfragen der Kosmologie und danach der Biologie und Anthropologie zu befassen.

Es war mir eine Beruhigung, dass ich mein Manuskript in den schwierigen Passagen dem Feedback kundiger Fachkollegen aus den Naturwissenschaften aussetzen konnte. Ich danke ausdrücklich den bereits im Text erwähnten Professoren Amand Fäßler (Theoretische Physik), Ulrich Felgner (Logik, Grundlagen und Geschichte der Mathematik), Alfred Gierer (Entwicklungsbiologie) sowie Regina Ammicht-Quinn (Theologische Ethik).

Das ermutigende Echo einer breiten Öffentlichkeit erhielt ich, als ich im Sommersemester 2005 zum 25. Jubiläum des von Walter Jens und mir neu begründeten Studium Generale an der Universität Tübingen meine Überlegungen in fünf Vorlesungen darbot. In dankenswerter Weise hat das Zentrum für Informationstechnologie des Tübinger Universitätsklinikums alle Vorlesungen auf DVD aufgezeichnet; dem Verantwortlichen der Abteilung Audiovisuelle Medien, Rudi Luik, danke ich sehr.

Zwar habe ich auch dieses Buch von der ersten bis zur letzten Zeile selber von Hand geschrieben. Aber es bedeutete für mich eine unschätzbare Hilfe, redaktionell von dem bestens eingespielten Team der Stiftung Weltethos unterstützt zu werden. Viele stilistische und sachliche Verbesserungen verdanke ich Professor Dr. Karl-Josef Kuschel, Dr. Günther Gebhardt und Dr. Stephan Schlensog, der auch Satz und Layout in gewohnt routinierter Weise besorgte. Für die Erstellung des mehrfach überarbeiteten Manuskripts sorgte zuverlässig Anette Stuber-Rousselle M. A., unterstützt von Inge Baumann und Eleonore Henn. Marianne Saur las das Manuskript immer wieder unter dem Gesichtspunkt der Verständlichkeit, und Katharina Elliger leistete wertvolle Korrekturarbeit. Für den Verkehr mit den Bibliotheken waren zuständig stud. theol. Ulf Günnewig und stud. theol. et rer. nat. Carina Geldhauser, die mir auch bei der Überarbeitung des Abschnitts über Mathematik eine Hilfe war. Ich freue mich darüber, dass auch dieses Buch wieder im Piper Verlag erscheinen kann, bestens betreut von Ulrich Wank (Lektorat) und Hanns Polanetz (Herstellung).

Tübingen, im Juli 2005 *Hans Küng*

Postscriptum: 12. Februar 2009
Ein Brief an Charles Darwin zum 200. Geburtstag

Einführung

Das Original

Darwin zum 200. Geburtstag, in: www.swr2.de/radioclub vom 12. Februar 2009; abgedruckt als: Geburtstagsfeier, in: Horizont, Evangelisch-methodistische Kirche, Gemeindebrief Bezirk Ammerbuch-Entringen, März 2009, S. 10–11.

Tübingen, 12. Februar 2009

My dear Charles Darwin!

Von einem Theologen einen Brief zu erhalten, bedeutete für Sie zu Lebzeiten meist nichts Gutes. Nur wenige stimmten Ihnen zu. Die meisten konservativen Christen, Theologen, Amtsträger in der anglikanischen, katholischen, protestantischen Kirche widersprachen Ihnen, ja beschimpften und verleumdeten Sie. Ihre Evolutionstheorie schien ihnen total in Widerspruch zu Bibel und kirchlicher Tradition zu stehen.

Heute werden Ihnen die meisten Theologen zumindest hierzulande zugestehen: Sie hatten einfach Recht!

Zum ersten: Tier- und Pflanzenarten können sich ändern. Sie sind nicht, wie in der Bibel erzählt, unabhängig voneinander geschaffen. Und folglich sind sie auch nicht unveränderlich.

Zum zweiten: Durch den Kampf ums Dasein („Struggle for life") kommt es zu einer natürlichen Auswahl oder Zuchtwahl. Nur die Bestangepassten überleben („Survival of the fittest"). Die weniger Angepassten aber werden „ausgemerzt".

Zum dritten: Auch der Mensch ist nach Körperbau und embryonaler Entwicklung variabel. Er erweist sich als Abkömmling älterer und niederer Lebensformen und ist so ein natürliches Produkt der biologischen Evolution. Er hat sich im Vergleich zu diesen im Kampf ums Dasein schlechterdings besser bewährt.

Alles dies haben Sie schon 1871 in Ihrem Buch über „Die Abstammung des Menschen" dargelegt – genau ein Jahr nach der Definition der päpstlichen Unfehlbarkeit durch das Erste Vatikanische Konzil. Kein Wunder, dass

Rom anschließend alle Vertreter Ihrer Lehre mit vielerlei Repression und Inquisition als „Modernisten" zu diskriminieren und eliminieren trachtete.

In den vergangenen Jahrzehnten aber haben auch katholische Theologen nach vergeblichen Abschirmungs- und Rückzugsgefechten gelernt, dass die Bibel anders zu interpretieren ist: Sie gibt ja keine naturwissenschaftliche Erklärung von der Entstehung des Kosmos und des Menschen. Vielmehr bietet sie wirkmächtige Bilder und lebendige Metaphern, die nicht ein Beweis für einen „kosmischen Designer" oder „Architekten" sein wollen, wohl aber eine Einladung zum glaubenden Vertrauen auf einen unsichtbaren Gott, der nicht direkt nachweisbar und beschreibbar ist, der das Universum schafft und erhält. Die Bibel beschreibt also keine naturwissenschaftlichen Fakten, sondern deutet sie für unser menschliches Leben und Handeln – auch heute.

Das alles heißt: Evolutionstheorie und Erschaffung von Welt und Mensch widersprechen sich nicht, sie sind aber auch nicht zu harmonisieren. Naturwissenschaft und Religion verhalten sich komplementär, ergänzen sich.

Natürlich, lieber Charles Darwin, wurden Sie auch missverstanden: Sogenannte „Sozialdarwinisten" übertrugen Ihre biologische Theorie von der Auslese, vom Kampf ums Dasein und der Anpassung an die Umwelt, auf den sozialen Bereich. So wurden sozialgeschichtliche Entwicklungen als Auslese und Anpassungsprozesse verstanden und als Legitimation der rücksichtslosen kapitalistischen Wettbewerbsgesellschaft missbraucht, ja, im Nationalsozialismus zur Rechtfertigung eines arischen Rassenprimats und der Eliminierung „rassenfremder" Bevölkerungsgruppen. Da wurden Sie aber gründlich missverstanden! Sie haben ja gerade im moralischen Sinn, in der ethischen Empfindsamkeit den Unterschied des Menschen zum Tier gesehen: in der Fähigkeit, den Egoismus durch Altruismus zu übersteigen und sich so als moralisches Wesen zu entwickeln. Auch als religiöses Wesen?

Ich weiß, lieber Charles Darwin, und es hat mich sehr betroffen gemacht zu hören, wie Sie den Tod Ihrer vielgeliebten Tochter nie verwinden konnten. Sie sind deshalb gegen Ende Ihres Lebens immer mehr zum Agnostiker geworden. Hier zeigt sich nun: Eine rein biologische Betrachtung des Menschen reicht nicht aus, um die existentiellen Probleme des menschlichen Daseins zu verstehen und zu bewältigen. Biologie soll die Basis sein für das Verständnis des Menschen, aber kann ihn nicht in all seinen Dimensionen im Leben und Sterben vollständig erklären. Aber wie immer: auch im Namen meiner Kollegen „many thanks", meinen herzlichen Dank für alles das, was Sie zum besseren Verständnis der Welt und ihrer Entwicklung und schließlich doch auch für ein tieferes Gottesverständnis geleistet haben.

Ihr Hans Küng

Dankeswort

Dieser Band „Glaube und Naturwissenschaft" schlägt einen weiten Bogen vom traditionellen christlichen Credo bis hin zu hochaktuellen und komplexen Fragen der Astrophysik und Hirnforschung. Die theologische Zusammenarbeit mit meinen Tübinger Kollegen und besonders meinem Freund Prof. Jürgen Moltmann war dabei für mich ebenso wichtig wie die Impulse einer Vielzahl kompetenter Naturwissenschaftler, die ich vor allem in Teil D genannt habe.

Dies alles in einem Band zu vereinen war nicht leicht, und ich verdanke viel gewissenhafte Redaktionsarbeit meinem erprobten Team: Mitherausgeber Dr. Stephan Schlensog, Dr. Günther Gebhardt, Anette Stuber-Rousselle M. A., sowie in beratender Funktion Prof. Hermann Häring und Prof. Karl-Josef Kuschel. Schließlich danke ich für die Betreuung auch dieses Bandes dem umsichtigen Lektor des Herder Verlags, Dr. Stephan Weber und seinem Team.

Tübingen, im Mai 2017   *Hans Küng*